21世纪工商管理（MBA）系列新编教材

战略管理

（修订版）

现代的观点

主　编◎任　浩
副主编◎甄　杰　郝　斌　叶江峰

清華大学出版社
北京

内 容 简 介

本书共分为六篇，具体为：战略管理基础、战略分析、战略设计、战略选择、战略实施和战略评估。基于简洁、严谨的内容框架，本书对战略管理经典理论进行了论述，增加了合作战略等更加符合企业现代化发展特征的战略管理内容，表述了企业间战略领导力等现代观点，并专门讨论了新经济环境下战略管理的相关问题。

本书既论述了西方战略管理理论，也阐述了中国传统战略管理思想；不仅阐释了竞争战略的内容体系，而且强调了合作战略的重点内容。同时，全书内容力图实现思想性与工具性并重，着重介绍了战略管理的分析应用工具，并且专门论述了合作战略选择的分析工具。

通过阅读本书，读者不仅能够增强战略竞争意识、提高战略管理能力，还可以树立战略合作思想、掌握战略合作技巧。本书构建了竞争与合作并重的战略管理结构体系，适合中国战略管理教学与实践的发展特点，是体系新颖、结构严谨的战略管理教科书，可以作为各类组织管理人员制定战略的指导手册。

本书封面贴有清华大学出版社防伪标签，无标签者不得销售。
版权所有，侵权必究。举报：010-62782989，beiqinquan@tup.tsinghua.edu.cn。

图书在版编目（CIP）数据

战略管理：现代的观点 / 任浩主编. —修订版. —北京：清华大学出版社，2024.1
21世纪工商管理（MBA）系列新编教材
ISBN 978-7-302-65184-0

Ⅰ．①战… Ⅱ．①任… Ⅲ．①企业战略—战略管理—研究生—教材 Ⅳ．①F272.1

中国国家版本馆 CIP 数据核字（2024）第 019891 号

责任编辑：邓　婷
封面设计：刘　超
版式设计：文森时代
责任校对：马军令
责任印制：刘海龙

出版发行：清华大学出版社
　　　　网　　址：https://www.tup.com.cn，https://www.wqxuetang.com
　　　　地　　址：北京清华大学学研大厦A座　　　邮　编：100084
　　　　社 总 机：010-83470000　　　　　　　　　邮　购：010-62786544
　　　　投稿与读者服务：010-62776969，c-service@tup.tsinghua.edu.cn
　　　　质量反馈：010-62772015，zhiliang@tup.tsinghua.edu.cn
印 装 者：天津安泰印刷有限公司
经　　销：全国新华书店
开　　本：185mm×260mm　　　印　张：25.5　　　字　数：648千字
版　　次：2024年1月第1版　　　　　　　　　　　印　次：2024年1月第1次印刷
定　　价：89.80元

产品编号：080417-01

修订序

《战略管理——现代的观点》自 2008 年出版以来，已历时 15 年，其间，书中所述竞合关系的主线无论在理论界还是实务界都日益受到关注，并在高校教学、企事业单位以及政府部门培训等领域都发挥了重要的指导作用。

笔者见证了战略管理思想在十余年间持续丰富和创新的过程，并将所持战略管理的现代化观点应用于各类组织的战略定位与发展规划中，一方面，帮助地方政府、产业园区、企业等组织制定科学、合理、有效的战略规划；另一方面，也进一步认识到合作战略在其中所扮演的重要角色，并在合作战略方面取得了丰富的成果。特别是当前，全球经济社会发展正面临重大考验，中国高质量发展以及"双循环""双碳"发展战略正打开新发展格局，有必要再次梳理西方尤其是中国的战略管理思想，把握战略管理理论发展的重要特点及趋势，这也促使我们对本书内容进行系统调整并修订。

为此，在修订版中我们进行了如下调整：（1）重新优化了本书体系，将原版的七篇十八章调整为六篇十六章，形成了"战略管理基础—战略分析—战略设计—战略选择—战略实施—战略评估"六大模块的框架。原版中战略创新篇的内容已经融合在这些篇章中，不再单独成篇累述。（2）为了充分体现合作战略的内容，笔者不仅在内涵层面对合作战略进行了深入分析，着重介绍企业间领导力等，并且在第 11 章中对合作战略选择的分析工具进行了专门阐述，以便读者理解与应用。（3）将本书所涉及的各章引例、正文案例、案例讨论等相关内容全部进行了替换，反映了最新实践发展情况；此外，在经典书籍推荐中，将与各篇章内容紧密相关的经典著作推荐给大家，以期获得延伸阅读的效果。

进行战略管理研究是一个既要具备理论基础又必须与时俱进的过程，我们将持续从理论与实践的双重角度关注其最新进展与特征，不断思考，使我们的研究能够紧跟新时代发展的步伐，为推进中国式现代化进程做出应有的贡献。

著 者
2023 年 6 月 19 日

序 言

《战略管理——现代的观点》终于可以付梓了。

本书的写作一直是在这样的前提下进行的：要从现代企业发展的视角去挖掘、去分析、去写作战略管理的新思想、新体系、新方法。在本书中，这种现代性主要体现在以下三个方面。

一、主导思想上的变化。企业间的关系逐渐由竞争关系转向竞合关系、由基于市场的契约关系转向准市场关系（网络关系）是企业组织发展的新趋势。因此，与一般教科书的与对手竞争的单一主线不同，本书采用了竞争与合作双主线，并借此贯穿始终。例如，在第6章基于企业层次的战略识别中，将业务层战略分为竞争战略与合作战略，并提出了4种竞合战略；在第8章现代服务业有关战略识别中，提出和介绍了连锁经营、服务外包等合作战略的方法；在第13章组织结构与战略实施的分析中，对于合作战略的实施，提出了基于建立和优化企业间关系的组织结构创新的形式与方法，如协同化战略与组织结构网络化匹配、外部化战略与组织结构模块化匹配等；在第14章企业文化与战略实施中，分析了兼容性文化与合作战略的关系，并提出了企业间合作战略的沟通机制与方法；在最后章节中分析了电子商务企业间合作战略的模式。

二、体系结构上的变化。战略管理从某种意义上说就是将战略事务结构化和工具化。本书在大量从事企业战略咨询实务的基础上，没有采取一般以内容划分的战略管理三分法体系，而是从逻辑的角度对战略管理的过程做了进一步的结构细分，除了基础篇外，其他内容依次分为战略分析篇、战略识别篇、战略选择篇、战略实施篇、战略评估篇和战略创新篇。战略分析主要包括了外部环境与企业内部资源能力的分析方法介绍，反映了战略管理的起点；战略识别主要包括了层次、生命周期和行业的战略类型，提供给战略策划者可供选择的战略方案的优劣势或适用条件的识别；战略选择主要包括了战略影响因素和战略选择分析工具，意在对设计的战略方案进行比较选择；战略实施则从战略领导、组织结构和企业文化三个方面，考虑战略的执行力；战略评估则从评估流程和评估工具两个方面，研究了战略实施中的控制问题；最后，从战略管理发展的角度，研究了战略创新的新手段和新领域。至此，全书构建了一个内容更为清晰实用且具有开放性的逻辑体系。

三、方法工具上的变化。为了使企业的战略能更好地适应当前的商业生态环境，在本书中更新和增加了不少新的方法和新的工具，如在第8章基于行业类型的战略识别中，增加了先进制造企业和现代服务企业的战略方法；在第10章战略选择的影响因素中，明确提出了影响战略选择的决策者行为、制度和文化三个因素，并据此在战略实施篇第12、13、14章中，分别从战略领导、组织结构与企业文化三个方面进行了有针对性的方法介绍，突出了战略执行力的方法与工具的运用；在第17、18章战略创新中，针对现代商业环境中信息技术手段的普及及电子商务企业的流行，分别介绍和分析了信息技术与战略管理的匹配、电子商务企业的战略模式等变革时代的战略创新工具。另外，本书也力图实现思想性与工具性的平衡，特意编排了本书所使用的战略工具的目录，力图使本书具有更高的应用价值。

在同类书籍众多的状况下，从现代的视角来写作战略管理，是一种挑战，在全体作者的共同努力下，我们花了三年时间，其中将近一半的时间是花在书的提纲、写作思路上的设计与讨论。初稿完成后，又进行了三轮统稿，始得出版。我一直以来想写三本有影响力的教材，我称之为"一体二翼"，即战略管理、组织设计和组织行为。《现代企业组织设计》已于2005年由清华大学出版社出版、《公共组织行为学》也于2006年由同济大学出版社出版，今天《战略管理——现代的观点》的出版，是对自己长期从事战略与组织领域研究与教学的一个检验。这是我和我的团队持续研究与教学的一个新阶段。我们将会在这个领域不断地开拓与创新。

本书由任浩主编，张周、甄杰、郝斌任副主编。林淼、崔树银、邬烈岚、金桥、王作军、徐雯静、邵兴东、陈子丰、周超、戴丽莉、吴轶伦、陈蕴珺、张良和、班小佼也参与了编写。本书的统稿工作由主编、副主编负责，定稿由任浩和甄杰一起完成。本书的出版还获得了多方的支持，他们是清华大学出版社以及与我有过多年良好合作却从未谋面的编辑吴颖华女士，她以信任、谦逊和执着行使着组稿编辑的职责；同济大学教务处与经管学院对企业管理特色专业建设的支持；宝钢集团、美国陶康宁公司、香港招商地产、万科地产、安徽新华传媒股份有限公司、安徽华瑞集团以及铁道部门等企业提供了战略管理的真实事例；九华管理咨询公司提供了从事战略咨询的模型、流程和方法；本书在定稿期间，本人的脚受伤，我的家人、友人以及我许多毕业的、在读的学生纷纷来探望、陪伴和照顾，给予我极大的精神鼓励，在我绑着石膏的腿上的签名、留言使我意外地享受了"难得的假期""特行的和谐""'愈'快假期""足步青云"的创作欢愉。谢谢你们、非常地感谢你们！

本书在主导思想、体系结构以及方法工具上反映了我们的想法，难免会有不当与疏漏之处，敬请读者真诚地指正！

任　浩

2008年端午于华庭

目 录

第1篇 战略管理基础

第1章 目标、绩效与价值 002
  1.1 基本概念 003
  1.2 目标、绩效与价值的关系 011
  1.3 战略管理中的目标、绩效与价值 016

第2章 战略与战略管理 025
  2.1 战略的内涵 026
  2.2 战略管理的内涵、原则与作用 035
  2.3 战略管理体系架构 039

第3章 战略管理历程 046
  3.1 中国古代战略管理思想 047
  3.2 西方现代战略管理思想 056
  3.3 战略管理理论的最新发展 061

第2篇 战略分析

第4章 外部环境分析：行业选择与定位 070
  4.1 外部环境概述 070
  4.2 宏观环境分析 072
  4.3 行业环境分析 076

第5章 企业资源与竞争优势 100
  5.1 战略视角的转变与融合 101
  5.2 企业内部分析 103
  5.3 企业竞争优势分析 115

第3篇 战 略 设 计

第6章 基于层次的战略设计 ·· 124
6.1 公司层战略 ··· 125
6.2 业务层战略 ··· 131

第7章 基于企业生命周期的战略设计 ·· 156
7.1 企业生命周期概述 ·· 157
7.2 创业期企业的战略设计 ·· 158
7.3 成长期企业的战略设计 ·· 164
7.4 成熟期企业的战略设计 ·· 171
7.5 衰退期企业的战略设计 ·· 175

第8章 基于行业类型的战略设计 ·· 183
8.1 新兴行业的战略设计 ··· 184
8.2 成熟行业的战略设计 ··· 188
8.3 零散行业的战略设计 ··· 194
8.4 先进制造业的战略设计 ·· 200
8.5 现代服务业的战略设计 ·· 205

第4篇 战 略 选 择

第9章 战略选择的一般原理 ·· 220
9.1 战略选择的内涵与过程 ·· 221
9.2 战略选择的标准 ··· 225
9.3 战略选择的理论基础 ··· 230

第10章 战略选择的影响因素 ·· 241
10.1 影响战略选择的行为因素 ·· 242
10.2 影响战略选择的制度因素 ·· 245
10.3 影响战略选择的文化因素 ·· 248

第11章 战略选择的分析工具 ·· 256
11.1 竞争战略选择的分析工具 ·· 257
11.2 合作战略选择的分析工具 ·· 271

第 5 篇 战略实施

第 12 章 战略领导与战略实施 ... 282
- 12.1 领导与战略领导 ... 283
- 12.2 战略领导与战略实施的匹配 ... 291
- 12.3 战略领导的能力提升 ... 295

第 13 章 组织结构与战略实施 ... 302
- 13.1 组织结构的内涵 ... 303
- 13.2 组织结构与战略实施的匹配 ... 309
- 13.3 组织结构的战略性调整与变革 ... 317
- 13.4 企业间关系的组织结构创新 ... 323

第 14 章 企业文化与战略实施 ... 333
- 14.1 企业文化概述 ... 334
- 14.2 企业文化与战略实施的匹配 ... 338

第 6 篇 战略评估

第 15 章 战略评估流程 ... 354
- 15.1 战略控制与战略评估 ... 355
- 15.2 战略评估流程的内容 ... 362
- 15.3 战略评估流程的步骤与战略评估方法 ... 363
- 15.4 战略评估流程的注意事项 ... 368

第 16 章 战略评估工具 ... 372
- 16.1 战略过程评估工具 ... 374
- 16.2 战略结果评估工具 ... 377

第1篇　战略管理基础

　　战略一词很早就已经出现，企业高管人员对其十分重视并把它看作管理活动的至高水平。正因如此，各商学院通常把"战略管理"作为最重要的一门课程来开设。然而，正如亨利·明茨伯格在其集大成之作《战略历程：纵览战略管理学派》中提纲挈领地指出的："我们对战略的认识就如同盲人摸象，从未有人具有审视整头大象的眼光，每个人都只是紧紧抓住战略形成过程的一个局部，而对其他难以触及的部分一无所知。"战略是什么？战略管理是什么？战略管理该如何开展？一直以来，理论界对这些基础且核心的问题众说纷纭。

　　实际上，正如以下我们将要讲述的，战略或战略管理是一个内涵广泛而又逻辑严密的概念范畴。为了灵活地制定战略、运用战略，战略理论与实践者需要具备全局、长远而又极富创新性的眼光。但在这之前，我们需要对战略管理的基础理论进行深入的挖掘和探索，因为只有建立在扎实基础上的开拓与创新，才能确保战略的执行力和有效性。

第1章
目标、绩效与价值

 本章学习目标

1. 掌握目标、绩效与价值的基本含义；
2. 明确目标、愿景与使命的重要意义；
3. 了解目标、绩效与价值之间的关系；
4. 掌握战略管理中的目标、绩效、价值及其作用。

引例

我国花卉文化历史悠久，人民群众有养花、赏花、爱花的优良传统。改革开放四十多年以来，我国花卉产业取得了飞跃式的发展。云南爱必达园艺科技有限公司专注于迷你玫瑰的种植，自成立伊始便快速成长，更是于成立三年后获得了一亿元的资本市场 A 轮投资，成为国内设施花卉行业内一颗冉冉升起的新星。但也恰恰在这前后，一切似乎在悄悄地发生变化，市场竞争越发激烈，产品价格一落千丈，内部资金捉襟见肘，爱必达开辟的蓝海市场，逐渐变成了竞争激烈的红海。爱必达陷入了"冰火两重天"的窘境。

面对着日渐激烈的竞争，爱必达如何在其中找到自己的定位和发展方向？在现代农业供给侧结构性改革和乡村振兴战略的指引和驱动下，设施花卉成为各地农业现代化建设的首选产业之一。通过调研，爱必达发现市场上缺的不是产品，而是整体服务。于是爱必达决定将主营业务调整为花卉产业整体服务的提供，将公司的发展目标定位为成为设施花卉领域国内领先的综合服务提供商，并以此为核心优化产品内容和服务模式，将自身的综合服务能力保持15%的年增长率。爱必达通过产品与服务的集成创新，形成了一套系统的设施花卉产品服务体系，从市场咨询、花种引进到温室建设、产品销售，涵盖了设施花卉领域的全部环节。有了稳定的服务模式，爱必达开始积极与各地企业开展业务洽谈，成功与兰州新区签约，为农业示范区建设提供关键设备支撑，同时与国内外相关知名公司签约，打造国际鲜花港项目。至此，爱必达已基本完成向设施花卉综合服务提供商的转型，成功地在西北地区绽放。

爱必达园艺科技之所以能够取得成功，关键在于对价值的重新思考，以及对企业目标的准确定位。由此也可以看出，目标、价值等对企业战略管理的基础性和指导性作用。[①]

爱必达的成功转型来自于其对企业目标与价值的重新思考，从而开创了一片全新的蓝海。这也提醒我们在开展战略管理、进行战略拟定时，应重新反思战略的基本问题，即目标、

---

① 案例来源：张立明等. 设施花卉路在何方？行业领跑者爱必达的坚守与蜕变[DB/OL]. 中国管理案例共享中心. http://www.cmcc-dlut.cn/Cases/Detail/6444，2020.

绩效与价值问题。

　　毫无疑问，目标是制定战略的基础，同时也代表一切战略行动的基本方向。在企业战略管理中，目标的实现与否往往是通过特定的绩效标准来衡量的，通过一定时期内绩效的考评，就能够大致了解战略管理的进展情况以及目标的实现程度，但绩效并不是股东的最终追求，因为绩效向股东价值转化还有一个过程，其中同样充满了不确定性。因此，本章作为全书的理论基础，试图阐述目标、绩效与价值的基本内涵及三者之间的关系，并将在战略管理框架中对三者进行更加深入的分析。

1.1　基本概念

1.1.1　目标

　　彼得·德鲁克指出：任何一个其业绩和结果对企业的生存和兴旺有着直接的和举足轻重影响的领域，都需要有目标[1]。目标之于企业，就好比全球定位系统（global positioning system，GPS）之于茫茫草原上行驶的汽车。目标的存在，为组织的发展指明了方向，有利于组织行动的一致性。同时，明确而合理的目标体系是组织制定战略的依据，组织通过目标导引建立起让自身赖以不断前进的发展战略。

　　1. 目标的含义与特征

　　何谓目标（objectives）？简单地说，目标是特定环境下，组织在预测的基础上所希求的结果。这体现了目标的两个特征，一是目标无法脱离环境而存在，二是目标必须建立在预测的基础上。环境限制了目标的可实现性，譬如同样水平的利润目标，对于分别处在垄断行业与完全竞争行业的企业来说，可实现程度肯定是不一样的。同时，环境的变化也会促使企业组织对目标进行相应的修正。而正是由于环境的多变性，导致了要以预测作为目标制定的基础和前提。从更深层次的内涵来看，目标是企业的一种制度安排，用以确保企业充分利用现有资源，发挥最大的整合协同效应，实现企业价值最大化。

　　基于以上分析，我们将目标定义为：目标是指在一定环境下，以预测为基础而建立的对组织未来状况的概括性表述，是一种用以实现预期的成果和价值的组织制度安排。

　　对目标内涵的界定决定了目标具有以下 5 个方面的特性。

　　（1）预测性。目标是对未来相关参数的设定，因此，它必须建立在预测的基础上。制定目标本身就是一种预测工作，这就决定了目标的预测性。目标的预测性要求企业管理者具备长远的目光，并且能够准确把握未来的环境变化情况和发展趋势。

　　（2）可实现性。企业制定的目标既不能过高，由于难以实现而使组织成员丧失斗志；也不宜过低，由于无法激发组织系统的潜能而造成一定程度的资源浪费。同时，企业在制定目标时还要考虑对各方利益的协调效果，确保利益各方为共同目标而努力，从而保证目标的实现。

　　（3）全面性。目标是企业管理特别是战略管理中的一个整体性要求，它必须在作用时间、作用范围、作用深度和广度等方面具有全面性。在作用时间上，目标既对未来进行理性预期，又以现有条件为基础；在作用范围上，目标既着眼全局，又不排斥局部；在作用的深度和广度上，目标的内容通过不断细分，形成了涉及企业经营管理不同层面的目标及其体系。

---

[1] 彼得·德鲁克. 管理的实践[M]. 北京：机械工业出版社，2006.

（4）可检验性。一般来说，为了对企业的管理活动进行准确的界定和衡量，目标应该是具体的和可以检验的。目标的定量化是使目标具有可检验性的最有效的手段。而对于时间跨度长、战略层次高的目标，最好的方法是采用定性化的术语来对目标的内容进行阐述。

（5）价值性。从某种程度上说，目标设置是企业经营中重要的价值增值活动。首先，目标贯穿着企业经营的全过程，是企业价值链的附着物，当目标体系被很好地应用，企业的价值增值水平会得到质的飞跃。其次，目标制定本身就是一个价值增值活动，这一活动为组织所带来的价值能够抵消对应的成本而创造出新的组织价值。

2. 目标的作用

任何企业都必须作为一个整体来运行，作为整体运行的企业要实现高效，就必须以企业总体目标为导向，企业中的每个成员都朝着同一个方向努力，为一个共同的目标做出自己的贡献。具体来说，目标的作用主要体现在以下 3 个方面。

（1）组织目标是组织制定宏观战略的基础。对管理者来说，目标就好比路标，它指明了组织努力的方向，确定了组织应在哪些领域取得成就及其相应的标准。从逻辑关系上看，战略必须以组织长期目标为基础而制定。同时，组织战略的设计必须以目标为基准，依据不同目标制定的战略必然存在差别。比如，足球比赛中，A 队想要战胜 B 队，一般会采用进攻战略；当 A 队实力明显偏弱，只是求得平局或者至少不要大比分输球时，主教练往往会制定以防守为主的战略。

（2）组织目标可以引导管理者合理、有效地分配人、财、物等资源。计划和控制是组织管理的基本职能，而组织目标与计划和控制密切相关。计划是为了达到既定的组织目标并且以目标为基础而制定的，而控制过程则是以计划为依据的。如果缺乏组织目标，计划和控制工作将无法开展。通过确立组织目标并据此制订详细的资源调配与使用计划，才能把组织的人、财、物以及其他分散的力量组织起来，形成一个有机系统。在企业管理实务中，为了保障组织的有效运行，需要组织各级人员充分沟通，从而在目标确立、计划制订乃至管理控制等环节形成高度的统一，并最终实现组织资源的充分、有效利用。

（3）组织目标为组织与成员的绩效考核提供标准。组织目标确立以后，各部门和岗位都有了工作的依据，并能根据目标进行自我控制、自我引导，使整个组织自动地运转起来。但在同样的资源条件下，每个组织成员的努力程度、能力大小会存在差别，这直接体现为最终工作业绩的差距。如果没有一个统一的标准作为尺度，我们很难知晓哪些业绩是令人满意的，哪些业绩是可以进一步提高的。组织目标则正好起到这样的衡量作用，它作为未来结果的期望基准量，代表着组织的满意度标准。此外，组织目标在作为绩效考核标准的同时，又发挥着激励和鞭策的作用，促使组织成员朝着目标的方向不断努力。

3. 目标的确定

企业目标的制定需要企业各级管理人员进行细致而详细的分析论证，这是一个艰难却又极富成就感的企业管理过程。一般来说，组织目标的确定需要经过调查分析、目标初定、目标细分、评价论证和目标确定 5 个步骤。

（1）调查分析。组织内外部条件对组织目标的高低具有重大影响，因此，制定目标的首要工作就是进行调查分析，主要包括对组织宏观环境、行业状况、组织内部的资源条件进行分析等，并确定可参考的目标值，如组织的前期目标值以及竞争对手的目标值等。需要指出的是，调查分析既要全面周详，又要重点突出。

（2）目标初定。拟定战略目标一般需要两个环节：拟定目标方向和拟定目标水平。目标方向界定了组织需要在哪些方面有所突破并形成期望值，从而指明了组织总的努力方向。目标水平明确了目标方向所界定的期望值的程度与大小，也就相应给组织各方的努力程度提出了要求。在此基础上，形成可供选择的目标方案。

（3）目标细分。目标细分是指将战略目标分割为众多下层目标，下层目标又可以继续分割，直到形成组织运行的底层目标。战略目标与细分的各层目标一起，构成了一个目标体系，组织的这种目标体系有着层次性结构。目标细分需要遵循适度性原则、联系性原则、因地制宜原则、明晰性原则等。此外，组织的目标细分还应该具备较强的可衡量性。

（4）评价论证。对初步建立的组织目标体系进行评价和论证，主要包括论证和评价目标与企业使命和企业目的是否相一致、目标的可行性与激励效应、目标的完善化程度等。在评价论证时，有可能涉及多个方案的比较论证，此时就需要决策者权衡利弊，找出各个目标方案的优劣所在，完善并最终选择最优方案。

（5）目标确定。当目标体系通过论证及修正以后，就可以进入最终的目标确定阶段。目标确定主要是对前期工作的总结与确认，并将拟订的目标体系最终确定下来。目标确定以后，需要在组织高层形成文档形式的文件，并将文件经部门主管层层发放到下层部门，以确保每个责任人都清楚个人的目标及组织的总体目标，从而为其实际工作提供指导。

1.1.2 愿景与使命

十年的企业靠人，五十年的企业靠制度，一百年的企业靠文化。真正能够使企业长盛不衰的不是企业的发展策略、不是企业领导者的英雄魅力、不是企业的规章制度，而是企业的精神，更确切地说，是企业的愿景，以及由此产生的使命感。

1. 愿景

愿景（vision）一词在战略管理领域，原译为"展望"，随着五项修炼理论的风行，它以"愿景"的概念被广为接受，相应出现了愿景领导理论。所谓愿景，就是指企业在其所处的行业内，希望通过自身长期的努力而达到的在企业价值、行业地位、社会形象等方面的综合表现。根据吉姆·柯林斯的研究，愿景是基业长青的公司的关键特质之一[①]。愿景是人们脑海中所特有的意向或景象，它是人们对未来的憧憬，是期盼实现的愿望，是毕生为之奋斗的梦想。愿景应用在公司战略管理中，侧重于描述公司未来期望达到的图景（如未特别说明，本书以下提到的愿景特指公司愿景）。

愿景作为一种未来状况，侧重于构建对未来的期望及向往，回答的是"我们的企业未来图景将是怎样？"这个问题。企业对愿景的描述一般包括企业长期发展的方向、目标、目的、理想、愿望以及企业自我设定的社会责任和义务。具体来说，可以从企业对社会的影响力、在市场或行业中的排位、与客户和股东等利益相关者的关系来描述。愿景的意义不在于"你能做什么，所以你想做什么"，而在于"你想做什么，所以你能做什么"。换句话说，愿景不是一种建立在现有能力基础上的未来预期，而是一种以美好愿望为基础的能力放大模式。愿景能够激发人的潜能，它通过改变心智模式来创造企业经营的奇迹。

一般说来，愿景包括三个要素：期望性、催动性和可实现性。期望性说明这一未来景象是大家都期盼着的，是让人振奋的；催动性表明愿景能够激励人、打动人、感召人、震撼人，

---

① 吉姆·柯林斯. 基业长青[M]. 北京：中信出版社，2003.

使公司员工能够主动为了这一愿景而不懈努力；可实现性意指愿景并非空中楼阁，而是通过努力可以达到的。一个好的公司愿景，必须具有想象力、前瞻性和震撼度，必须清晰可辨且极易理解。比如张瑞敏在《海尔全球行——再造海尔》专题节目中对海尔愿景的描述是：成为一个真正的世界品牌，不管走到全世界任何地方，大家都知道海尔是一个非常好的、众人喜欢的名牌。

基于以上分析，在描述愿景时，必须注重以下3个方面的问题。

（1）愿景必须是对未来景象的战略性描述。愿景描述的不是短期的发展前景，而是在较长时期内，公司发展应该实现的目标。公司制定的三年目标、五年目标，一般不能被称为愿景。与公司短期目标或中期目标相比，愿景可以说是一种"远景"，是需要经过长期不懈的努力才能够达到的，这可能需要二十年、三十年、五十年甚至更长的时间。同时，愿景的描述应该具有战略性。由于跨越的周期很长，环境的变化无法预测，一般企业很难像制定目标一样准确界定愿景，这就要求组织领导者结合企业的发展方向，用战略的眼光来描绘未来的蓝图。

（2）愿景必须简单清晰、概括性强。愿景要成为吸引人、鼓舞人的口号，就必须简单清晰，形象生动，概括性强，语言凝练、概括，内涵深刻丰富。譬如天泰集团的愿景是："成为中国最受尊敬的房地产企业"，盛大网络的愿景是"打造网上迪士尼"等。

（3）愿景必须具有较强的感召力。应该说，愿景是组织文化的重要组成部分，这使得愿景具有一般文化所特有的属性。从这个层面上看，愿景能够使组织产生凝聚力，将各方力量凝结在一起，形成协调一致的组织行动；愿景能够培养组织成员共同的价值认同和使命感，促进组织内部协作。这要求组织在制定愿景时，必须考虑到愿景的感召力。换句话说，组织的愿景必须能够激动人心、鼓舞士气、让人向往。

2．使命

谈到使命（mission），我们不得不引用经典的"三个石匠"的故事。

中世纪的一个吟游诗人在路上遇到了三个石匠。他分别问他们："嘿，干什么呢？"
第一个石匠说："在凿石头呢。"
第二个石匠说："我在雕刻一块基石。"
第三个石匠的回答令人振奋："我在建造一座大教堂。"

这三位石匠在同一个工作地点，做同一项工作，对工作认同却有着天壤之别，这源自他们各自心中不同的使命感，同时也带来了不同的人生命运：第一个石匠仅仅把工作看作养家糊口的手段，后来成为了一个教堂维修工；第二个石匠把工作看作一门技艺，成为了教堂后续工作的管理者；而第三个石匠则把自己的工作看作是一项伟大的事业，于是最终成为著名的建筑大师。

从这个故事中我们可以看出使命的价值与重要性，特别对于企业来说，使命是实现组织价值、激励组织不断前进的核心信念。在巨变的时代中，企业要界定其使命，应回答3个基本问题：我们目前的事业是什么？我们的事业将变成什么？我们未来的事业应该是什么？这其中蕴含着使命的实质，即组织在整个生命周期中需要完成的事业。我们认为，使命是关于企业存在的目的或者说对社会以及利益相关者应做出的贡献的概要性陈述。

使命不仅陈述了企业未来的任务，而且阐明了为什么要完成这些任务以及完成任务的行为规范是什么。基于此，企业使命主要包括以下3个方面的内容。

（1）企业存在的意义或目的性，包括企业终极目的和专业目的。这一内容涉及到企业的价值观念、企业对社会及利益相关者的责任、期望在自身领域做出的贡献等。比如，惠普公司的使命是："为人类的进步和幸福提供技术"。

（2）企业从事的事业领域。这一内容界定了企业的主要活动范围，特别是长期的经营范围和市场范围。比如，苹果电脑公司的使命是："致力于为全球140多个国家的学生、教育工作者、设计人员、科学家、工程师、商务人士和消费者提供最先进的个人计算机产品和支持"。

（3）企业在经营活动中的基本行为规则和原则。这一内容阐明了企业的经营思想和经营方针。比如，通用汽车的使命是成为让顾客满意的行业领先者，该使命强调企业经营的基本原则是让顾客满意。

企业组织在进行使命陈述时，需要注意以下3点：一是应比较宽泛，避免过于狭窄或过于具体而难以实现，反而束缚了企业的发展；二是应比较全面，不仅要反映股东和管理者的利益，同时也应顾及其他利益相关者以及社会发展的需求；三是应对战略选择起到一定的限制作用，也就是说，使命应当引导组织成员对未来的认知。

一般来说，企业使命不是创建时就有的，而是需要一个逐步形成的过程。在创建初期，由于主要任务是生存，企业内部通常还没有形成使命，或者即使有也很模糊。随着企业的不断发展，其使命开始日趋成熟并逐渐清晰。世界500强企业中，绝大多数都有使命陈述书，并将其纳入政策范畴与战略体系中。我国企业也开始用使命陈述来表达自己的战略意图或目的，有的虽然没有形成文字材料，但也已将企业使命看成是企业战略的重要组成部分。具体地说，企业使命的意义与重要性主要体现在以下3个方面。

（1）形成企业内部统一的价值标准并确保组织行动的一致性。企业的使命指明了企业存在的根本目的，为全体员工树立了一个共同奋斗的目标。同时，使命代表着对未来事物的集体认同，从而在组织内部形成统一的价值标准。使命的这种特性，使每个组织成员都能以相同的价值标准为准绳，共同朝着一个方向不懈努力，确保了组织行动的一致性。

（2）引导企业的战略制定与战略选择。企业使命界定了组织存在的目的，实际上，这正是企业发展的远期目标。以此为基础，可以建立起指导组织运行的企业战略。同时，使命明确规定了组织的事业范围，从而避免了战略制定的盲目性。当存在多种战略方案时，使命又可以充当战略选择的标准，确保组织选择合适的战略方案。需要指出的是，战略需要根据环境变化进行相应的调整，因此，不能盲目地将使命与战略过分紧密地捆绑在一起。

（3）树立良好的企业公众形象。企业使命陈述是企业战略中最引人注目、最易被公众了解的部分，也是能够指导和激励各种利益相关群体的部分。一般情况下，组织使命的陈述同时考虑到了利益相关者各方的利益诉求，特别是社会发展的需要。组织这种主动承担社会责任、为社会创造价值的良好姿态，为其在社会公众面前树立了良好的形象。同时，使命是组织区别于其他组织，特别是竞争对手的关键所在，因此可以树立个性化的组织形象。

1.1.3 绩效

1. 绩效的内涵

对于绩效（performance）的界定，理论界并没有公认的权威说法，不同的学者都保留着各自不同的理解。从现有观点中，我们发现关于绩效的争论主要是基于两个方面展开的，一种是绩效的结果论，另一种是绩效的行为论。

结果论学派将绩效看作是组织内员工对目标实现的贡献，持这一观点的学者往往比较看重绩效的实际价值，伯纳丁等人是其中的典型代表。他们认为，绩效是"在特定时间范围，在特定工作职能或活动上生产出的结果记录。"按照他们的说法，绩效管理应该采用以结果为核心的方法较为可取，因为它是从顾客的角度出发的，而且可以使个人的努力与组织的目标联系在一起。我国大部分学者受该观点的影响，对绩效的界定偏向于以结果为基准，比较有代表性的定义包括：绩效是员工的工作结果，是对企业的目标达成具有效益、具有贡献的部分；所谓绩效，简单地讲就是指事物运动过程中所表现出的状态或结果，它包含质和量两个方面的规定，可以通过定性和定量两种方式进行描述和反映，最终通过客观的评价和主观的评价等方式表现出来；绩效指的是完成工作的效率与效能。

行为论学派认为绩效是组织员工的工作行为，该学派主要盛行于西方理论界。譬如施奈德（1995）认为："绩效是个人或系统的所作所为[①]"；墨菲（1990）提出："绩效被定义为一套与组织或组织单位的目标相互关联的行为，而组织或组织单位则构成了个人的工作环境[②]"。前者完全从行为学的角度界定绩效，后者则强调绩效与目标的相关性。比较而言，坎贝尔（1993）的论述则更加全面，成为了这个学派的权威观点。他指出："绩效可以被视为行为的同义词，它是人们实际采取的行动，而且这种行动可以被他人观察到。绩效应该只包括那些与组织目标有关的、并且可以根据个人的能力进行评估的行动或行为[③]。"这一界定包含以下内容：首先，绩效就是一种行为，并且是实际的行动；其次，绩效作为一种行为是可以被观察到的，这也是绩效可评估性的基础；再次，绩效与组织目标有关，是为了实现组织目标而采取的行动。该学派提出，之所以不以任务完成或目标达成等结果作为绩效，主要基于以下 3 个方面的原因：① 员工完成工作的机会并不是平等的，而且并非所有的工作都与任务有关；② 过度关注结果将使人忽视重要的过程和人际因素，使员工误解组织要求；③ 工作结果不仅是员工努力带来的，同时还会受到其他因素的影响，有时甚至是严重影响，从而混淆了员工的绩效值。

实际上，行为论学派的这种认识显得有些避重就轻。可以说，企业组织存在的根本动因是追求某种结果或状态，反映在战略管理中就是企业的使命与愿景。如果因为其他因素的影响而忽略结果，不但会导致难以进行绩效评估，使员工业绩难以量化，而且有可能催生组织内部的形式主义作风。

我们认为，绩效具有行为以及行为所导致的结果的双重内涵。行为是绩效管理的手段，结果是绩效管理的目的。绩效管理的最终目的是激励员工最大限度地发挥自身潜能，为组织目标的实现不懈努力。如果只开花不结果，尽管员工工作积极努力，但无法完成岗位目标和部门目标，那么组织的愿景永远都只是一纸空谈；从另一个角度来说，目标的实现受制于诸多因素，存在偶然性和必然性，这就要求我们不仅要关注目标的实现情况，还要重视目标的实现方式，也就是工作行为。

基于此，我们将绩效定义为：在特定的环境和资源条件下，人们所采取的与组织目标相

---

① SCHNEIDER, HOUGH. Personality and industrial/organizational psychology. in C L COOPER, I T ROBERTSON. International review of industrial and organizational psychology[M]. Chichester: Wiley, 1995.

② MURPHY. Job performance and productivity. in K R MURPHY, F E SAAL. Psychology in organizations[M]. Hillsdale, NJ: Erlbaum, 1990.

③ CAMPBELL, MCCLOY, OPPER, SAGER. A theory of performance. in N SCHMITT, W C BORMAN. Associates personnel selection in organizations[M]. San Francisco, CA: Jossey-Bass, 1993.

关的行为及其实现的结果。我们强调环境和资源条件，是因为不同的外部条件对员工绩效的影响是明显有区别的。此外，绩效所包含的组织行为应该是与组织目标相关的，无关的组织行为不构成绩效，如员工工作中的偷懒行为。需要指出的是，组织内部一般分别评价员工绩效与组织绩效，二者的行为主体、行为方式各不相同。但二者又是直接相关的，体现在：一方面，员工绩效是组织绩效的构成部分，直接影响着组织绩效；另一方面，组织绩效的好坏会在主观上影响员工绩效的评价。

2. 绩效的特点

（1）多因性，即绩效影响因素的多样化。客观地说，绩效是组织资源与外部环境协作的过程与结果。一方面，绩效来源于员工或组织行为。员工努力程度增加，绩效也会相应提高，但员工在推动绩效提高时，有可能会因为企业现有的物力、财力状况不佳而受到限制。同时，绩效受制于资源与环境条件，譬如宏观经济环境、行业发展状况等。此外，企业文化也是影响绩效的重要因素，好的企业文化能够通过激励员工实现更好的组织绩效。

（2）多维性，即需要从多个方面或维度对员工或组织绩效进行评价。在进行绩效评价时，需要同时考虑过程和结果。譬如对一线操作工人进行绩效评价时，不仅要看其产量与质量的指标完成情况，而且要看其生产过程中的原材料使用、能源消耗、设备保养状况、工作态度等。从另一个角度来看，绩效可以分为岗位绩效、关系绩效和管理绩效三个维度。由于绩效评价结果会影响到每一个员工的切身利益，因此评价维度的全面性至关重要。

（3）激励性。组织绩效管理的直接目的是激励组织员工发挥潜能，以更大的热情投入到工作中。当员工绩效没有达到预期目标时，将受到组织制度的惩罚，使员工特别是高层管理人员的个人价值实现受到影响，从而激励员工更加努力地工作，以便在年度收入、个人发展等方面取得突破；当员工绩效超过预期目标时，将得到组织的物质或精神奖励，使员工获得满足感，通过将员工的命运与企业的命运紧密连接，实现奖励与激励的双重目的。

（4）动态性。首先，绩效本身包含着行为，而行为必然是动态的。其次，影响员工绩效的多方面因素处于不断变化之中，因此，员工的绩效也会发生动态变化。再次，绩效的取得有时并不与企业的会计期间相一致。在进行绩效评价时，不能以一成不变的思维对待员工的绩效，一方面不能受其先前绩效的影响；另一方面要看到员工绩效取得的高潮期和低潮期，因为其本期工作的效果有可能在下期得到体现。

1.1.4 价值

1. 价值的内涵

价值（value）来自拉丁语 valere，并且随着价值一词被引入哲学、经济、伦理等领域并被广泛应用，其内涵也不断得到扩展和丰富。应该说，从广义上来看，价值泛指一切人们认为好的观念、行为、现象或事物，它对满足人的需求具有有用性。需要指出的是，价值并非事物本身的特性，它具有相对主观性。如果脱离了需要、意志与情感，也就不会有价值。由于人的需要来源于社会生活，对各种物质现象和观念现象的评价作为社会生活中有意义的活动而发挥作用，并进一步转化为价值。①

---

① 从经济学角度来看，价值的内涵又有其特定的解释。马克思从主体与客体的相互作用角度对价值进行了界定。他指出，价值是凝结在商品中的一般的、无差别的人类劳动，是主体与客体之间的关系表现。在这种关系中，客体的属性在对主体的需求满足中演化为价值。

具体到企业管理学中，人们往往把价值看作是一种能力，比如有人将企业价值定义为：企业遵循价值规律，通过以价值为核心的管理，使所有企业利益相关者（包括股东、债权人、管理者、普通员工、政府等）均能获得满意回报的能力。企业创造了价值，特指企业为利益相关者带来了某种效用，它既可以是物化的，如金钱、股票、奖品等，也可以是精神的，如口头表扬、职位提升、因工作而带来的满足感等。但这一认识的缺陷在于，没有看到价值是主体（顾客、社会等）对客体（企业、股东、员工等）的能动反映这一基本特性。我们承认企业的价值体现为能力，但这种能力应该是为顾客创造价值、使顾客满意的能力，同时，这种能力还应该能为社会的发展做出贡献。只有使顾客满意，企业的利益相关者才能获取相应回报。这种认识是基于以顾客为本的思想。企业的使命不仅是赚取利润，为股东创造财富，而且需要考虑到企业所肩负的社会责任，其中最为关键的是服务于顾客、让利于顾客的责任。当这一责任转变为能力时，企业价值也就得以创造。

基于以上分析，我们认为，企业价值是指企业通过持续经营所赢取的顾客以及社会的满足与认同，是顾客及社会对企业的主观认知。这种价值观是基于顾客、社会等主体对企业的主观认知，只有得到社会的认可，企业才能够持续发展并不断壮大。

2. 企业价值创造的结构体系

企业价值源于企业的能力，具体来说就是为顾客创造价值的能力。随着能力的层层分解，于是便形成了企业价值的层次结构。这张结构图以竞争为出发点，以能力为主线，表明了企业价值的形成过程是企业能力解构的结果（见图1-1）。

企业的价值创造过程，一方面表现为应对市场的竞争能力，这种竞争能力着重于企业的短期价值创造；另一方面表现为寻求持续发展的能力，这种发展能力立足

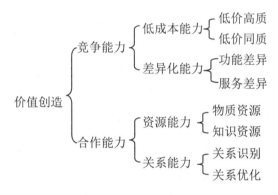

图1-1　企业价值创造的结构体系

于企业的长期兴盛。企业的竞争能力体现为较强的顾客服务能力和较强的产品创新能力。

企业的客户服务能力是指企业满足市场需求、提供优质产品和满意服务的能力。随着市场需求不断的个性化、差异化、多元化，企业需要不断调整产品战略，以适应市场变化。当企业无法跟上市场的步伐时，必然会在市场竞争中被淘汰。同时，服务也是企业制胜的关键。良好的服务不仅能够弥补产品生产中的不足，而且有助于企业树立公众形象，从而为企业创造更大的价值。

产品创新能力主要体现在两个方面，一是差异化，二是更新换代。差异化意味着企业可以提供与众不同的产品或服务，是企业的一种标新立异的行为或能力。创新能力的另一种体现在于产品的更新换代速度。在信息技术日趋发达的今天，产品的更新换代速度不断加快，并直接决定了企业在竞争中的表现。譬如中央处理器（central processing unit，CPU）的两大生产商英特尔公司（Intel）和超威半导体公司（AMD）的竞争中，AMD公司率先推出双核技术，Intel也不甘落后，不久就研发出了第二代双核技术，从而增强了其产品的竞争力。

企业的价值创造不仅在于产品研发与生产，还在于对未来的掌控，这体现为企业的发展能力。发展即成长，一方面来源于企业内部资源的获取，另一方面来源于企业外部市场的扩

张。从内部来看，企业资源主要是物质资源和人力资源。物质资源的获取需要企业长期不断地积累，而人力资源优势的获取则要求企业在员工培养上加大投入，为企业未来发展做准备。从外部来看，企业的发展能力主要体现为市场扩张的能力，如市场渗透、市场开发等。市场扩张作为企业的一种发展战略，往往运用于企业需要不断发展壮大的时期。较好的市场扩张能力为企业在行业中的竞争与发展提供了保障。企业如果满足于现有的市场，不但不能很好地抵御对手的竞争，还有可能被对手抢占市场，从而形成被动挨打的不利局面。

1.2 目标、绩效与价值的关系

1.2.1 目标与绩效

1. 愿景、使命对目标的支持

企业目标体系的建立，需要考虑企业的愿景和使命。愿景和使命是企业制定长期目标并构建目标体系的基础。具体地说，愿景和使命在以下方面为企业目标管理提供支持。

1）引导目标制定

愿景和使命对目标制定的引导作用体现在两个方面，一是战略目标的制定，二是目标体系的构建。

（1）引导战略目标的制定。首先，愿景本身也是组织的一种长期目标。一般来说，组织愿景所涵盖的时间在十年以上，这一过程太长会让人觉得虚无缥缈，可望不可及；太短又不值得追求，达不到激励的效果。而组织的战略目标通常都在十年以内完成，比愿景所涵盖的时间要短。因此，战略目标的制定通常以愿景为导向和依据，特别是在组织愿景陈述得足够清楚的前提下，战略制定也会比较容易。

其次，使命确定了组织未来的任务内容，明确了战略目标的范围。组织使命就是组织的任务陈述，即明确组织未来的主要经营范围、经营目的、经营方针等。这在某种意义上界定了组织战略目标的范围，使战略目标在使命陈述的范围内规制组织运行，避免了组织战略目标的多元化。目前，越来越多的大型跨国公司放弃了多元化的组织战略，将自己的非核心业务剥离，聚焦于少数核心业务上，这被萨缪尔森称为业务聚焦战略。

再次，愿景与使命共同决定了企业的本质及其价值，从而为战略目标提供指引。愿景与使命作为企业文化的组成部分，培养了组织成员共同的价值观，形成了企业内部一致的远景认同，从而在文化层面上指引着战略目标的制定。当愿景与使命比较缓和时，战略目标制定得比较低，主要立足于激励组织成员；当愿景与使命比较激进时，战略目标需要制定得比较高，从而尽可能地激发员工的潜能。

（2）引导目标体系的构建。一是提高目标体系的普适性。目标体系一旦确立，需要被各个部门、各个岗位确认并执行。由于不同的岗位在资源、人才、资金等方面往往大不相同，这使得一般的目标体系构建需要结合具体岗位的实际，以确定岗位目标。但在企业实践中，往往因为集体利益的需要而要求部门或岗位做出一定的牺牲，这时如果没有愿景与使命的引导，仅靠物质激励是很难实现的，或者达不到理想的效果。同时，基于愿景与使命建立的目标体系，一般更多地考虑了企业的长期发展方向和业务范围。当需要在下一个经营周期重新制定目标体系时，往往可以在原有体系的基础上进行修改和完善，从而能够确保工作的便利性、过渡的稳定性，不会引起剧烈的变动以致影响到组织的顺利运行。

二是界定目标体系的覆盖范围。目标体系的覆盖范围包括纵向的目标大小和横向的目标范围。目标大小是目标制定中的核心问题，过高的目标或过低的目标都会影响到组织资源的有效利用。愿景在某种程度上界定了组织在一定时期内的发展方向，为组织目标的细化提供了指引。例如，邓小平同志在改革初期提出，我国发展的长期目标是在 21 世纪中叶达到中等发达国家水平，并因此提出了"三步走"的分期目标。目标范围界定了目标应涵盖的内容，与企业经营业务范围紧密相关，而使命是企业业务范围的综合反映。因此，企业的目标范围必须与企业使命相统一。比如，海信的 3C（通信、消费电子、计算机）使命界定，明确了企业目标的设置应限制在这三个领域内。

2) 协调个体目标

企业内部每个部门、每个班组、每个岗位都有各自的目标，由于目标体系是由总目标层层分解而形成的，在分解的过程中，很可能因为没有注意到目标之间的关系，而使某个或某些分目标偏离了组织航向。而愿景与使命犹如企业的导航图，时时刻刻引导着组织各方以愿景的描述为导向，始终朝着同一个方向前进。当受到某些运作流程中的短板限制而影响到整个组织运行时，愿景与使命能够激励相关人员不断改进工作机制，以更好地协调整个组织的运作机制、实现组织的愿景。同样，当每个员工心中都有明确的愿景与强烈的使命感时，他们就能主动控制成本，为组织的发展贡献自己的力量。

愿景与使命在协调个体目标上的作用，还体现在二者对个体利益的协调上。企业是各种利益个体的组合，利益各方为了实现自身利益目标而参与到企业的经营与运作中来，或者作为顾客参与到产品价值分配中。不同的利益诉求导致了不同的期望、不同的努力程度、不同的发展方向，并最终导致个体目标的不一致。这势必会使组织成为利益纷争的战场，严重制约组织的发展，并导致组织失去前进的方向。愿景所描述的未来图景是企业每个员工、每个利益相关群体所向往的，它超越了物质利益的范畴，是企业不断前进的精神支柱，因此，它具有比物质利益更大的诱惑力和感染力。愿景和使命的存在，可以在很大程度上避免组织的利益纷争，解决组织个体目标不一致的问题。

应该指出的是，愿景与使命作为企业战略和文化的重要组成部分，是企业高层战略思维的具体化。企业高层需要把这一战略思维推广到组织的各个角落，使组织的每个成员、每个利益相关者都能够理解并接受组织的愿景和使命，并真正以此作为自身行动的指南，否则很难起到协调个体目标的作用。

3) 促进目标实现

愿景与使命陈述的重要价值之一就在于其感召力，它们能够最大限度地激发人的斗志与潜能，从而促进组织目标的实现。

借助愿景与使命，组织成员可以清晰地看到组织未来的景象，这种景象振奋人心、让人向往，它代表着组织各方的利益，可以为每个组织成员带来满足感和荣誉感，使组织成员能更紧密地团结到一起，促使个体更加努力地工作，从而最大限度地发挥自己的潜能，最终推动组织目标的实现。

就目前情况来看，越来越多的企业采用设立愿景与使命的方法，来解决组织激励与目标实现问题。通过愿景引导，在组织内部形成一致的价值认同，创造出独特的愿景文化。这种文化是学习力和创造力的源泉，是员工实现个人价值的诱因和动力，并推动组织目标的实现。

2. 目标在绩效管理中的作用

1)目标有助于明确责、权、利

企业开展绩效管理,首先必须明确每个员工的责任、权力和利益关系,而这集中体现在组织目标和个人目标上。当责任没有具体到个人,而是集中在集体层面,个人将不会主动去承担,他们会认为别人可能没有尽全力,因而自己也不必过多地付出努力,这种群体惰性必然会导致组织效率低下。这就要求我们在绩效管理中,把员工的角色定位摆在关键位置,确保人人有事做,事事有人做。同时,评价个人努力程度的标准需要指标化、数量化,以便更科学地评价员工绩效。通过目标的细分,使每个部门、每个岗位上的员工都对自身工作的细节和要求有较为深刻的理解,并据此形成个人的计划性文件,作为未来工作的指导和依据,从而进一步保证工作效率与效果。总的来说,目标的深度分解与细化能使结果管理转化为过程管理,让每个员工都清楚自己的职责和任务,并形成工作中的激励要素。同时,目标体系的合理构建,有利于组织高层的监督与控制,从根本上保证目标的实现并创造更好的绩效。

2)目标有助于绩效标准体系构建

目标体系的合理构建是形成组织绩效标准的基础。通过确定组织目标并层层细分,将目标细化到每一个岗位和个人。与此同时,绩效管理人员应该参与组织目标的制定,从而在一定程度上确保绩效标准与组织目标的一致性、协调性。从这个角度来说,部门目标和岗位目标也可以作为绩效考核的标准。

同时,每个员工都有多种不同的任务,特别是某些岗位,员工可能需要接受多个上级的领导,承担多种职责,此时可以根据组织目标确定该员工具体的任务目标,并据此制定出不同任务的绩效标准。当然,当存在多个任务时,绩效标准的制定应该考虑到不同工作岗位之间的协调。绩效标准一经确立,人力资源部门主管应该与员工进行双向沟通,以进一步明确岗位和个人的责、权、利。在目标实施的过程中,还需要绩效管理人员进行适度的事中控制,以实现监督的即时性和灵活性,从而确保工作计划的有效执行。一旦发现偏差,绩效管理人员应及时予以纠正,以进一步提高组织绩效。

此外,在组织的运转过程中,通过目标与绩效标准的互动与对比,可以进一步完善绩效标准的建立。经过一段时期之后,绩效管理人员可以对员工的工作状况与结果进行中期考核,通过客观的检查与考评,找出原有绩效标准中的不足与差距,并确定改进的方向与方法,从而进一步完善组织绩效标准。

这样,可以让每一个员工都知道:自己需要做什么,做得好的标准是什么,具体工作结果与绩效标准有无差距,多大的努力程度才能确保岗位目标和组织总目标的实现。绩效管理人员通过事前、事中的不断修正与改进,以完善组织绩效标准。

3)目标有助于绩效考核与激励

目标和标准是在绩效考核期开始前就已经确定的,并在考核开始前对员工进行指导,因此可以说,目标在考查员工努力的方向和实现的成果方面是具有启发性的。在追求目标的过程中,一般会留有一定的空间,以激发员工的创造力。在最后的考评中,在考评者与员工双方共同认可的前提下,制定下一个循环的目标和标准。从整个过程来看,目标不仅为绩效考核提供了标准,而且能够起到激励的作用。

具体来说,可以从以下方面挖掘目标的激励价值。

一是通过将考核目标与个人目标相联系,激发员工的工作积极性。个人目标作为员工努力的方向,并不必然具有激励性。只有合理设置目标,并将个人目标的实现程度作为奖惩和职位升降的依据,使目标实现与取得绩效考核的优异评价联系起来,才能激发员工的积极性。

二是通过目标与过程的结合,提高目标的激励性。以结果为考核对象,对绩效取得的过程不加以认真分析、考虑,就会使目标的激励作用大打折扣。因此,绩效管理人员要将目标与过程结合起来,不仅对结果进行考核,同时考核目标是如何实现的,或者为什么没有实现。

3. 绩效考核对目标实现的推动

1)绩效考核能够找出差距,从而便于调整方向

人力资源开发与管理的宗旨是实现组织和个人的共同目标,因此,企业在绩效考核过程中一般根据目标设置指标体系并进行综合评价。不同的指标体系反映了员工在工作中各个方面的表现,既有关于能力的,也有关于努力程度的。通过考核,往往能够发现员工在各个方面与预定标准的差距,从而揭示其在工作中存在哪些方面的不足。有了这些信息,员工可以进一步调整工作方向或者提高努力程度,不断向目标迈进。

2)绩效考核能够调动员工的积极性

通过绩效考核,能够发现各个员工之间的差距,而差距一方面反映了员工的能力差异,另一方面也反映了员工的工作努力程度。从心理学的角度来看,员工之间往往存在攀比的心态。同班组或者同级别同事的业绩表现比自己好,会对个人产生触动,从而激励自己不断努力追赶甚至超越,从而向终极目标迈进。一般来说,企业绩效考核中需要客观地体现出员工之间的绩效差距,差距过小或没有差距,往往不能够激发员工的斗志。

3)绩效考核可以为其他管理活动提供依据

在企业管理实务中,绩效考核能为人员晋升、调职、解雇提供依据,这也是优化资源配置、推动组织目标实现的深层标准。以人员调任为例,一般来说,由于信息不对称,企业员工的招聘与任用往往存在一定的盲目性与随意性,很难做到人尽其才事得其人。而通过绩效考核,能够发现员工在各个方面的工作表现,也就反映了员工所具备的不同的业务能力。当发现员工更加适合于其他工作时,可以及时做出调整,这一方面为员工提供了能更好地发挥其才能的平台,另一方面优化了企业的资源配置,有利于组织目标的实现。

1.2.2 绩效与价值

正如前文指出的,目标是企业的一种制度安排,用以确保企业在现有资源条件下发挥最优的整合协同效应,实现企业价值最大化。

1. 绩效与价值的关系

1)绩效是价值实现的前提

影响企业最终价值实现的因素是多方面的,包括经营绩效的取得、员工士气的提升、企业文化的塑造、长期战略的规划与执行等。其中,经营绩效是价值实现的前提和基础,没有理想的绩效,企业很难在价值上实现飞跃。

企业取得一定的绩效后,员工能够以奖金或福利的形式参与分配,股东则以股票红利的方式获得回报,其他不同的利益相关者也可以通过各种方式参与企业年度成果的分享。这会带来四种效应:一是激励企业员工更加努力地为组织工作,使组织在可预期的未来时期内形成更强的凝聚力;二是通过利润转增股本,帮助企业积累更多的投资资本,为企业进一步的投资开发与扩张提供资金支持;三是提升企业投资者的信心,反映为组织良好的股票市场表

现；四是形成更强的社会认同，塑造极佳的企业社会形象。这四种效应从不同方面提升了企业价值，促进了企业的发展。

需要指出的是，企业的股票市场价值与企业的实际价值并不总是一致的，而是取决于资本市场状态。在强势资本市场下，企业经营信息得到了较充分的披露，投资者往往根据这些信息进行理性投资，股票价值与企业经营绩效紧密联系。在弱势资本市场下，投资者往往无法获取充分的企业信息，从而无法做出客观合理的投资判断，投资行为与企业行为、绩效关联度不大，股票的走势往往并不与企业经营绩效直接相关。

2）价值是绩效的最终表现形式

企业取得经营绩效，最终将反映为企业市场价值的提升。因此可以说，价值是绩效的最终表现形式。

企业存在的根本目的在于完成其肩负的使命以及实现围绕使命而描绘的美好愿景，这也是企业的价值所在。为了完成组织使命，实现未来愿景，企业需要不断锐意进取，在资本保值与增值、企业市场扩张、社会形象树立等方面表现出良好的绩效。但绩效的取得不是企业的终极目标，绩效在企业实现愿景、完成使命的过程中，会逐渐转化为企业的价值。首先，绩效是衡量组织经营成果的过渡性变量，企业的最终目标是价值最大化。其次，资本市场为绩效向价值的转化提供了便利的平台。经营良好的企业往往能够获得投资者的青睐，从而提升企业市场价值。再次，绩效与价值分别代表了经营层面和战略层面的追求，而企业经营永远是为战略的实现服务的。通过战略目标与方针的层层细分，组织可以构建出短期目标体系和经营方针。因此，从企业经营方针的形成和目标的制定过程来看，战略目的和战略方针是企业运行的前提和指导。当经营层面取得一定的绩效时，就意味着组织向战略目标迈进了一步，企业价值也相应得到了提升。

3）绩效管理是提升企业价值的手段

企业价值的提升有赖于企业在不同层面的管理活动，包括战略管理、财务管理、成本控制与管理、绩效管理等。组织通过绩效标准的设定、绩效考核、员工奖惩等，可以在不同层面上规制组织的运行，确保组织战略的有效执行，并最终反映在组织的市场价值表现上。因此可以说，绩效管理是实现企业价值的重要手段之一。

首先，绩效标准的导向作用，确保了组织成员努力方向的明确性。应该说，企业的方向只有一个，即价值最大化。为了实现这一目标，企业往往将其不断细分并分解到各个部门、各个岗位，最终形成组织的绩效标准。在实际工作过程中，员工以绩效标准为工作的指导和努力的方向。通过部门之间、员工之间的沟通与协调，所有员工的努力最终凝聚成为组织发展的合力，并推动组织不断向目标迈进。

其次，绩效考核的规制作用，揭示了绩效差距，明确了组织成员需要继续努力的方向。企业价值的实现过程并非一帆风顺，需要不断进行修正和调整。在绩效管理中，组织高层通过考核与测评，及时发现员工的不足以及部门目标的实现情况。通过对绩效标准的不断调整与协调，一方面纠正员工的行为，保证其努力方向的正确性；另一方面，进一步提高部门绩效，以确保集体不断向目标迈进。可以说，绩效差距的揭示是企业绩效管理的关键环节，它意味着组织可以不断发现不足，并因此得到持续稳定的发展。

再次，组织的奖惩机制激发了员工不断进取的信心和斗志。应该说，企业价值的提高是一个积累的过程，需要领导者在不同层面上、用不同的手段去管理和规范组织的运营，通过各种激励方式，推动组织的价值创造。在绩效管理中，设计奖惩机制是激发员工斗志的重要手段。根据绩效考核的结果，组织可以对员工的工作表现进行奖励或惩罚。奖励是一种正激励，它能够在现有优异表现的基础上，激发员工更多的潜能。惩罚是一种负激励，员工往往因此而受到刺激，并在未来工作中不断努力进取，以争取创造更好的业绩。

2. 绩效向价值的转变

总的来说，绩效向价值的转变需要具备内部和外部两种条件。内部条件指公司代理成本的有效控制，外部条件指公司股票在资本市场的良好表现。不管是内部条件还是外部条件，最终的归宿点都是企业行为。换言之，企业的各种行为决定了企业的绩效能否完全转化为企业价值。

1）转变的内部条件

从企业内部来看，股东与管理层之间的委托代理关系会带来代理成本，代理成本的合理控制是确保绩效向价值转变的关键条件。这是因为：一方面管理层可能从企业经营运作中牟取不正当的个人利益，从而影响到企业价值的创造；另一方面，现有绩效中可能包含管理层短视行为的成分，也就是说，管理层为了取得委托人的认可，而有意采取一些有利于提升企业短期绩效却不利于企业长期稳定发展的行为。只有这两个方面都得以合理规避，才算真正具备了实现企业价值的组织内部条件。为了解决绩效向价值转化的内部问题，公司治理受到了空前的重视，人们开始探寻一条能够解决委托代理问题从而实现有效公司治理的道路。

2）转变的外部条件

从企业外部来看，企业价值的实现主要来源于公司股票的资本市场表现。而股票在资本市场的表现又来自于公司的绩效与行为，包括公司的年度绩效水平、公司管理层的任免、公司利润分配方案的制定、企业的社会公民行为、公司兼并与重组、重大的投资决策、公司股东大会的召开及其相关信息的披露等，这些都会对公司股票价值产生影响，进而影响到企业价值。应该说，资本市场是企业价值的晴雨表，在既定绩效的前提下，公司股票的市场表现好，企业价值自然得到提升，公司股票表现不好，企业价值可能因此下跌。

1.3 战略管理中的目标、绩效与价值

1.3.1 基于战略导向的目标[①]

德鲁克于1954年在《管理的实践》一书中首先提出了"目标管理和自我控制"的主张[②]，并在此基础上发展了这一主张。他认为，企业的目的和任务必须转化为目标，企业的各级主管必须通过这些目标对下级进行领导，以此来实现企业的总目标。如果一个企业没有特定的总目标，则这个企业的诸项活动必定失去方向；如果没有方向一致的分目标来指导各级主管人员的工作，则企业规模越大、人员越多时，发生冲突和浪费的可能性就越大。

应该说，目标管理理论的提出不仅可以激励员工的斗志、规范组织的运行，同时它还具有战略导向性，这主要体现在以下几个方面。

---

① 为了避免内容重复，本节将论述范围限制在目标管理中。
② 彼得·德鲁克. 管理的实践[M]. 北京：机械工业出版社，2006：91-102.

首先，目标管理营造了一种文化，促使组织员工不断努力以向终极战略目标迈进。目标管理包含着一套完整的激励、评估与考核机制，为了实现目标，组织员工需要在工作中不断比、学、赶、超。在员工不断赶超的过程中，自然形成一种竞争文化，使员工以实现组织目标为荣。当然，这种文化的培养需要组织高层的努力，通过将目标管理作为员工考核与升迁的依据，并结合各种手段，使目标真正成为不同部门、不同员工努力的方向。

其次，目标管理构建了一套紧密的组织内部管理体系，使组织各方凝聚在一起。目标管理体系是一种两维结构体系，横向上涵盖了目标设置、目标监管与目标考核等步骤，纵向上包含各种细分目标。可以说，目标管理体系涉及组织的各个岗位、各项工作。而这种体系的建立是以一个战略目标为中心，整个体系都服务于这一战略目标，不同目标之间既相互独立，又互相联系。因此，组织的资源、能力能够很好地聚合，从而形成战略合力。

再次，目标管理是组织愿景的细化体现，强化了组织的使命感。应该说，愿景是组织的最终目标，组织的短期目标和长期目标都是为了实现组织愿景而服务的。但愿景与使命作为组织的长期追求，无法在每一项工作、每个时点上给员工以指导和激励。目标管理中的目标细化过程，其实就是愿景的具体化、日常化的过程。它能使组织愿景与使命深入到员工的日常工作中，从而强化员工的组织使命感。

目标管理的战略导向性为企业战略的执行及战略目标的实现提供了保障，可以作为重要的战略手段。将目标管理提升到战略层次，不仅有利于目标管理的有效执行，而且有利于在组织内部形成良好的激励效应和扩散效应，使每个组织成员都能够知晓目标的战略意义，并为之不懈努力。当然，这并没有否定目标管理工作的实务性和细致性。目标管理工作的开展，往往体现在每一个岗位上、每一个员工身上，需要从每一个细节入手，一点一滴地不断完善。

1.3.2 基于战略管理的绩效

1. 战略管理绩效界定

组织开展战略管理活动，为组织应对市场竞争、实现长期目标提供了良好的保证。但随着市场越来越瞬息万变，组织高层对市场的把握越来越无力，很多情况下，战略无法有效预见未来并提供指导，也因此成为一纸空谈。面对这一两难境地，组织高层显得有些束手无策。因此，需要重视战略管理绩效评估工作，以此提高战略管理活动的成效。为此，我们首先需要明确什么是战略管理绩效。

正如前文所指出的，绩效是指在特定的环境和资源条件下，人们所采取的与组织目标相关的行为及其实现的结果。具体到战略管理中，绩效具有其特定的内涵：首先，战略管理绩效具有长期性，无法在某个特定的会计期间得以体现和进行衡量，因此无法在短期内进行战略管理绩效考核。其次，战略管理绩效以战略目标为衡量标准。企业目标体系是由许多细分目标组成的，不同的目标代表着不同岗位的努力方向。战略管理作为企业跨期间的活动，最终目的是实现战略目标。因此，战略管理绩效的好坏体现为战略管理目标的实现情况。再次，战略管理绩效是在动态的环境和资源条件下取得的。在供应链放大效应作用下，任何因素的微小变化都可能导致战略的重大调整，战略管理因此面临着比一般管理更多的不确定性，对战略管理绩效的评估也更加困难。

基于以上分析，我们认为，战略管理绩效是在长期动态的环境与资源条件下，组织为了实现战略目标而采取的战略行为及其成果。战略管理面对的是完全动态的、未知的环境，其直接目的是实现战略目标。战略管理绩效的取得是企业行为向企业价值转变的关键。组织的短期行为虽然也创造了绩效，但由于绩效向价值的转化需要企业有效的治理机制作保障，同时还需要考虑到绩效取得的战略性，因此无法确保这一转化的长期性。战略管理绩效服务于组织的战略目标，避免了短视和过激行为。同时，它更多地侧重于企业长期目标的实现，是对企业战略行为的考察和评价。

2. 战略管理绩效的长期价值性

战略管理绩效使组织行为以长期价值为导向，组织通过对战略的适时监督与调整，确保了前进方向的一致性和明确性。战略管理绩效的这一作用体现了其长期价值性。

1）战略管理绩效能够提高高层管理人员的战略执行力

通过明确战略管理绩效，能够合理区分工作绩效与环境绩效，从而能够明确组织高层的努力成效。工作绩效是指组织高层开展战略管理工作时的行为及其成果，而环境绩效是指环境因素带来的对组织绩效的影响。组织战略目标的实现是组织内外部资源、条件共同作用的结果，其中不仅包含战略管理人员的努力，还包括环境的作用效果。如果不能明确战略管理绩效，就无从知晓战略管理人员的工作成果。很多情况下，由于战略管理监督者缺位，战略管理行为得不到很好的监控，很难保证战略管理行为的有效性。在很多企业中，战略管理被看作是一个很空的东西，常常成为一纸空谈，根本没有得到很好的执行。

明确的战略管理绩效能够较好地避免战略执行不力的情况。一方面，绩效往往与工作收入直接相关，通过增加工作收入，可以提高战略管理绩效；另一方面，战略管理绩效也需要在年度内进行考核，从而使组织适时调整前进的方向，向终极目标迈进。

在企业实务中，战略监督往往至关重要，它决定着战略执行的成败。为此，企业首先需要解决监督者缺位的问题。这要求企业不断完善公司治理结构，不仅要有独立的董事会，以确保对经理层做出客观的评价和监督，而且要有合理的奖惩机制，以保证经理层工作的积极性，并最终提高战略执行力。

2）战略管理绩效能够避免战略失败

随着信息技术的发展和市场消费倾向的转变，战略失败成为困扰组织高层的核心难题。一方面，战略受环境影响严重，战略执行力的大小不能真正反映出战略管理的工作绩效；另一方面，战略是组织的长期行为，存在跨期间的问题，在整个战略执行期可能出现高层管理人员的更替等情况，从而很难确保战略的连续执行。

外部环境的影响是组织无法回避的问题。组织要么适应环境，要么改变环境。一般来说，适应环境的成本要远远低于改变环境。因此，当环境的变化影响到组织战略执行时，组织需要不断调整战略以适应环境变化。但一般情况下，组织无从知晓自身战略执行的情况，为此，组织需要有明确的战略绩效管理机制。组织应通过有效的战略绩效管理，清楚界定环境的影响及战略的执行状况，并做出适当的调整。

导致组织战略失败的另一个原因是战略的跨期间问题。一般来说，企业战略的执行周期为3～5年，有的甚至更长。在较长的周期内进行战略管理，可能出现很多不利因素，包括高层管理人员的更替而带来的战略沟通与执行问题、执行周期过长而导致的思想麻痹问题、短期利益导向问题等。通过对战略绩效的定期测评，可以很好地化解这些问题，确保战略执行的连续性、长期性和稳定性。

实际上，企业战略管理遵循着"执行—监督—调整—再执行"的发展脉络，通过有效监督战略执行的状况，发现问题，进行调整，并再一次付诸执行。正是这样的循环往复，确保了战略得以有效执行，避免战略失败的发生。

1.3.3 战略导向的价值

创造价值是经营之本。价值的创造可以通过生产或商业两种方式得以实现。前者是通过改变产品的物理形态，把一件在消费者看来相对低价值的产品转变成一件有更高价值的产品，从而创造价值。后者不是通过改变材料的物理形态，而是通过在时间和空间中重新配备商品来创造价值。战略作为企业价值创造的指挥棒，不仅指导着整个企业价值的创造，同时为企业带来战略价值。

1. 战略价值的界定

狭义的观点认为，战略价值是指企业实施战略管理为股东和其他利益相关者创造的价值。从广义上来看，战略价值包含了企业所有战略行为所创造的价值，以及短期行为的长期价值。战略价值体现的不是企业管理活动的长期性，而是价值创造的战略性。换句话说，长期性的管理活动必然带来战略价值，但战略价值并不都是长期性活动创造的，短期行为有时同样具有战略意义与价值。例如，制表工人为了简化装配工作，将手表零件组合成一个个的模块，这引起了产业的革命，越来越多的产业和企业通过模块化来提高产品的竞争力，著名产业经济学家青木昌彦更是称这一现象为新产业结构的本质。

企业战略管理包括战略分析、战略设计、战略选择、战略实施、战略评估、战略创新六个环节[①]，可以说，这六个环节构成了企业管理中的战略性价值链条，表明了战略价值的传递与形成的过程。战略管理的不同环节之间联系紧密，上一个环节的完成情况直接影响到下一个环节工作的开展。每个战略管理环节的有效性和效率是战略价值实现的重要保障。

战略价值的提出，对于组织实现愿景、完成使命意义重大。组织不需要纠结于短期绩效的好坏，不需要过分关注一项投资在当期的回报率，而是可以用更长远的眼光看待企业的经营行为，一切以创造长期战略价值为目的，以完成组织使命为出发点和归宿点。

2. 战略价值的特性

1）长期性

战略价值的外在表现是实现组织的战略目标、保证企业价值的最大化。因此可以说，战略价值与组织战略一样，具有长期性。战略价值的长期性要求管理者更多地看到企业的可持续发展路径和长期价值，以资源的充分有效利用和协同开发为根本宗旨。战略价值追求者不会只注重短期经营绩效的取得或股票市场的表现，而是更多地致力于企业的长期发展和企业价值的不断提升。在追求战略价值的过程中，企业为了保持强劲的发展势头，可能不会轻易分派股利。投资者在无法取得投资收益的情况下，其投资风险无疑加大了，这要求投资者对该项投资进行准确衡量和把握。

2）系统性

从某种程度上说，战略包含着组织行为的系统性。战略行为在层次上远高于一般经营行为，一般经营行为可以是局部的、片面的，但战略行为必然是系统的、全局的。战略价值作为战略行为的结果，同样具有系统性。通过将企业视为一个不可分割的整体，可以提高企业

---

① 本书提出了战略管理的六阶段论，以后章节将对此进行详细分析。

的系统优化程度,为企业创造长远的、持续的总体战略价值。企业管理中不可能只强调某一个部门、某一个战略经营单位的重要性,而必须利用愿景与使命的有效引导,协调各个部门、各个员工的行为,从而形成凝聚力,为企业创造战略价值。企业实际战略管理中包含不同层次的战略,包括公司层战略、业务层战略和职能层战略,这些战略的实施都是为了实现企业的系统战略价值,都必须服务于企业的总体发展方向。

3)协同性

协同性是指不同要素或行为之间,通过边界融合、功能互补等方式,实现系统价值大于各要素价值简单相加的特性。战略价值的协同性体现在价值创造的过程中,在这一过程中,组织利用各种行为与要素的有效整合,创造"1+1>2"的价值放大效应。企业在战略执行中,往往会发现要素之间的内在联系性,并因此能够获得互相促进、互为补充的效果。具体来说,战略价值创造的协同效应体现在管理协同、文化协同和技术协同等3个方面。

3. 战略价值的获取

1)培养核心能力

企业竞争优势理论的资源观认为,企业要想赢得竞争优势,必须拥有对手所不具备的、难以模仿的、无法替代的异质性资源。战略性资源是异质的,是通过企业自身构建的,是一种连贯性政策的积累性结果。基于竞争性的考虑,资源基础论指出,企业所拥有的有价值的稀缺资源对于竞争优势的价值和意义取决于其被仿制的难易程度。此外,可替代性也是影响资源价值的重要特性。

实际上,资源并不能直接转化为价值,企业要想获取战略价值,必须拥有对手所不具备的资源整合能力,即核心能力。因此,培养核心能力成为企业战略价值创造的关键环节。应该说,核心能力是公司战略的核心,它贯穿公司生产与运营的整个过程,是价值创造的源泉。一般来说,企业的低成本战略、差异化战略往往体现了其独特的核心能力。不过,这种能力是无形的,我们无法看到,这种能力的发挥体现为赋予产品难以超越的功能与性能。比如,索尼公司在MP3产品上创造独特音质的能力,国际商业机器公司(IBM)生产性能优质的笔记本电脑的能力,迪士尼乐园娱乐每一位小朋友的能力,丰田汽车公司控制成本的能力等。

核心能力具有动态性,企业建立核心能力并不能达到一劳永逸的效果,需要根据环境的变化相应做出调整。因为环境一旦发生变化,企业原有的核心能力将可能因为不能够满足新的市场需求而无法创造价值。同时,核心能力的动态性也体现为组织的一种能力,即根据环境的变化而动态调整的能力。只有具备动态的能力才能不断为组织更新产品与服务,创造战略价值。

2)整合外部资源

随着市场的日益个性化、差异化、多元化,企业依靠自身能力已越来越难以满足市场需求,整合外部力量成为其重要的发展途径。一方面,利用外部资源可以避免企业投入过多的资金,减少投资成本,实现"借力创收";另一方面,外部资源的利用也降低了企业的运营风险和投资风险。特别是对处于成长期、财力不足的企业来说,从外部寻找资源更是提升战略价值的关键。总的来看,外部资源的整合主要有两种途径:兼并和战略联盟。比较来看,前者更多地发生在20世纪末,而后者在如今则备受青睐,这主要源自二者不同的特点。

兼并强调资源的独立性,即将已有的资源直接纳入组织的运作范畴,以据为己有。企业兼并往往出现在大企业与小企业之间,少数情况会发生"小虾吃大虾"的情况,比如,联想电脑公司兼并IBM公司的个人电脑业务。兼并既能迅速产生价值协同与增值效应,也减少了竞争对手。不过兼并也存在局限性，包括原有企业与被兼并企业在文化融合、资源整合过程中出现的困难，被兼并企业经营状况不良等。同时，兼并意味着企业需要付出金额巨大的投资，并带来了内部管理的困难，这也为企业战略价值的实现带来了风险。因此，兼并日益受到企业高层的排斥，更多的企业转向战略联盟。

战略联盟特指价值链不同阶段的企业及其利益相关群体为了追求价值的增值而进行的群体合作。根据合作企业不同的战略目标，可将战略联盟分为3种方式：① 技术开发联盟，表现为以技术开发和研究成果共享为特征的知识联盟；② 生产合作联盟，即可在联盟各企业之间进行劳动力、制造技术、操作技术等要素的调配的联盟；③ 市场营销与服务联盟，即通过企业之间的渠道整合、服务整合而形成的联盟。战略联盟可以为企业带来以下战略价值：一是技术创新价值，主要通过整合双方或多方的技术力量，进行联合开发，从而取得技术优势；二是规模经济与范围经济价值，即通过资源的整合，实现成本与价值的最优配比；三是新市场开发价值，联盟的建立，有利于企业开发新的市场；四是风险分担价值，更多的企业结成联盟，可以降低经营风险，提高经营价值。

本章小结

1. 目标是指在一定环境下，以预测为基础而建立的对组织未来状况的概括性表述，是一种用以实现预期的成果和价值的组织制度安排。企业价值是指企业通过持续经营所赢取的顾客以及社会的满足与认同，是顾客及社会对企业的主观认知。目标代表了组织发展的根本方向，价值则是企业组织追求的基本目标。目标向价值的转化，有赖于组织绩效的创造以及组织内部合理的机制安排，绩效成为连接目标与价值的桥梁。

2. 企业目标管理的第一步是建立合理有效的目标体系，一方面可以为企业实践提供指导，另一方面可以为绩效考核提供依据。目标在绩效管理中的作用表现在：目标有助于明确责、权、利；目标有助于绩效标准体系构建；目标有助于绩效考核与激励。绩效考核则对目标的实现起到推动效果，一是绩效考核能够找出差距，从而便于调整方向；二是绩效考核能够调动员工的积极性；三是绩效考核可以为其他管理活动提供依据。

3. 经营绩效是价值实现的前提和基础，没有理想的绩效，企业很难在价值上实现飞跃。企业取得经营绩效，最终将反映为企业市场价值的提升，绩效管理则是提升企业价值的直接手段。绩效向价值的转变需要具备内部和外部两种条件，内部条件指公司代理成本的有效控制，外部条件指公司股票在资本市场的良好表现。不管是内部条件还是外部条件，最终的归宿点都是企业行为。换言之，企业的各种行为决定了企业的绩效能否完全转化为企业价值。

4. 从战略层面上说，"目标—绩效—价值"分析体系是整个战略管理的基本出发点和归宿点，整个战略管理活动都必须以目标体系和价值逻辑为指导。将目标、绩效与价值管理提升到战略层次，不仅有利于战略管理的有效执行，而且有利于在组织内部形成良好的激励效应和扩散效应，使每个组织成员都能够知晓组织战略的根本意义，并为之不懈努力。

关键概念

目标（objective） 绩效（performance） 价值（value）
愿景（vision） 使命（mission）

思考题

1. 目标的战略意义何在？企业应如何确定其目标？
2. 目标与使命、愿景的关系是什么？
3. 什么是绩效？目标与绩效的关系是什么？
4. 绩效向价值转化需具备哪些条件？
5. 基于战略的目标管理应该如何开展？战略绩效长期价值性体现在哪里？
6. 何为战略价值？战略价值的特性是什么？企业应该如何获取战略价值？

案例讨论

行业深耕下的嘉数网络成长之路①

从2017年到2021年，江苏嘉数产业互联网有限公司（以下简称嘉数网络）通过一步步的战略调整与升级，赋能母婴行业的品牌商，其收入从2017年的1000多万元增长至2021年的9.5亿元，年均营业收入增长率高达310.67%，嘉数也因此获得了2021年南京成长型企业50强第1名的好成绩。

初创，危机四伏

嘉数网络成立于2016年10月，主要业务为母婴项目的孵化。其母公司在早期的业务运营中，一方面搭建了线上企业对企业的电子商务（B2B）订货平台，供县、乡、镇的各类门店直接订货；另一方面自建了拥有上千名员工的全国物流网络，通过在区域建立仓库，为门店提供配送到店、货到付款以及售后等一站式服务。嘉数网络与其母公司的业务在产品属性方面存在相似性，基于此，嘉数网络的能力和资源得以快速形成。

与嘉数网络合作的第一家外资母婴品牌商是达能集团（以下简称达能），双方于2017年首次建立合作关系。随着二胎政策的全面开放以及下沉市场消费能力的不断升级，达能找到嘉数网络以寻求合作，它想依托嘉数网络的渠道数字化系统获得赋能。在与达能建立合作关系的初期阶段，嘉数网络为达能定制了B2B订货平台——达e购。尽管达能对此非常满意，但在1年的合作时间内，嘉数网络始终存在作为一个提供技术产品的服务商的局限，嘉数网络与达能之间的关系始终拥有一定程度的不平衡。对于嘉数网络而言，自己与达能一直保持着单触点连接，加之互联网迭代速度过快的威胁，极容易在更新换代过程中被客户抛弃。而这套系统的专用性又很高，一旦失去这个唯一的合作伙伴，公司很难在短期内找到需要这套系统的合作商，那么嘉数网络将连最基本的生存都难以维持。

聚焦，深度扎根

2018年前后数字化技术飞速发展，它已经成为深度赋能实体经济的新引擎。2018年9月12日，埃森哲发布的《中国企业数字转型指数》报告中指出，在市场格局快速变化的数字经济时代，企业需要顺应趋势，充分利用数字化加快业务转型以获得增长新动力。但报告数据也显示，我国企业数字化转型成效显著的比例仅为7%，大量企业在数字化转型中仍面

---

① 案例来源：张骁，王娟娟. 赋能他人，成就自己：行业深耕下的嘉数网络成长之路[DB/OL]. 中国管理案例共享中心. http://www.cmcc-dlut.cn/Cases/Detail/6484，2022.

临该不该转、能不能转以及该如何转等困境。同样，在母婴行业中也有很多厂家正在考虑进行数字化转型，但对本公司的具体需求还不够明确。嘉数网络在为达能提供服务的基础上，进一步思考自身的服务定位和优势。嘉数网络提供给达能的数字化系统的各个功能都是模块化的，对于同品类产品，很多模块都能通用，嘉数网络将不同的功能沉淀成一个个独立的模块，然后根据其他品牌商的不同需求快速更改原有模块或组建新的模块，这样既能满足品牌商的个性化需求，也节约了很多时间和成本。

之后，嘉数网络逐渐明确了其发展方向，提出要始终聚焦于母婴行业，致力于为母婴品牌商市场下沉提供综合性的深度赋能服务。嘉数网络认为，由于数字化系统具有重资产属性，为品牌商搭建数字化系统能帮助嘉数网络与品牌商之间建立相对稳定的合作关系，而在此基础上通过与品牌商建立多触点连接以及与行业内多个品牌商建立连接，嘉数网络就能牢牢扎根于母婴行业，紧紧跟随行业发展的脚步，同时也能更专注地服务于这个行业，这不仅有利于快速挖掘和满足行业的新需要，也能帮助嘉数网络为自己建立在母婴行业中赋能的竞争壁垒。

聚能，扶摇直上

经过两年多的战略调整，嘉数网络的业务已经取得了快速成长。数字化技术的飞速发展已经成为企业发展的新引擎。2020年暴发的新型冠状病毒肺炎疫情导致的企业运营和沟通方式的改变，进一步倒逼企业数字化转型的进程。与此同时，各种在线管理工具、人工智能、大数据平台等数字化产品广告铺天盖地而来，数字化似乎一夜之间成为企业生存的灵丹妙药。嘉数网络不满足于仅仅为品牌商提供数字产品，提出以后的技术探索不仅要立足于前沿，更需要立足于品牌商的业务需求，真正给他们提供适用而且实用的技术工具；持续加深对品牌商的业务理解，真正给品牌商建良言、献良策。

通过一段时间的探索，嘉数网络逐渐形成了一种"深耕技术应用前沿"的技术探索路径，不断探索实用技术的前沿发展，将先进技术与品牌商的业务需求联系起来，更好地赋能于品牌商。同时，嘉数网络开始主动挖掘品牌商以及整个行业的潜在新需要，通过为品牌商提供专业的知识和建议，期望同品牌商一起推动整个行业的发展和变革。此外，嘉数网络创建了一个社群集合，将多个有社群业务合作意向的品牌商的独立社群平台嫁接到同一个社群渠道，通过优化社群用户体验、促进用户与母婴门店以及用户与用户之间的互动来提高整个社群的客户转化率。在此之后，当嘉数网络面对强劲对手时凭借其对母婴行业品牌商业务的深刻理解以及对应用技术前沿的不断探索，成功建立起在母婴行业提供赋能的竞争壁垒。

讨论题

1. 嘉数网络服务的母婴行业有什么特点？嘉数网络为什么可以以"赋能者"的角色进军母婴行业？
2. 你认为数字化技术为嘉数网络带来了哪些机遇和挑战？
3. 具体描述一下嘉数网络的业务内容经历了哪几个阶段的转变？
4. 通过实施这种战略，嘉数网络形成了什么样的核心能力？

经典书籍推荐

推荐书目：《好战略，坏战略》，该书的作者是理查德·鲁梅尔特，由蒋宗强翻译，该译本于 2017 年 11 月由中信出版社出版。

  本书分析了构成一个好战略的基本逻辑，即三个核心要素：① 调查分析：分析形势，认清竞争优势和态势，了解竞争对手；② 指导方针：为了克服障碍而制定整体性策略；③ 连贯性活动：采取统一连贯性的行动。围绕这个基本逻辑，《好战略，坏战略》通过剖析包含苹果、IBM、星巴克、英伟达、宜家、沃尔玛等诸多企业的经典商业案例与热点事件，深入浅出地分析了好战略与坏战略的区别，并从九个方面阐述了制定好战略的详尽方法。

  伦敦商学院战略与国际管理学教授加里·哈梅尔推荐本书的理由是"鲁梅尔特提醒企业管理者，战略的实质是必须拥有明确的行动目标，以及为实现它可采取的步骤。他运用大量丰富的案例告诫人们要区分好、坏战略，并且给出如何制定好战略的良策。"

第 2 章
战略与战略管理

 本章学习目标

1. 掌握战略的起源、含义、内容以及战略思维；
2. 明确战略管理的内涵、原则与作用；
3. 理解战略管理的体系架构及其基本逻辑；
4. 了解本书的思路与框架。

引例

并购是企业快速成长过程中十分重要的战略选择之一。2012年以来，互联网企业掀起了大规模的并购浪潮，其中互联网"小巨头"抖音集团（原"字节跳动"）在此浪潮中的表现尤为亮眼。截至2021年10月，抖音集团已成功并购47家企业。抖音集团多次进行并购的行为正式步入广大投资者的视线中，引起了投资市场的广泛关注。

然而需要注意的是企业的并购行为并不仅仅是单纯的"砸钱"活动，从并购企业的目标选择，并购对价的支付，再到并购企业的后期整合，这一系列过程都存在着各种不确定的影响因素，带来的风险也较高。

2020年"抖音"美国版被叫停，再加上新冠肺炎疫情的冲击，抖音集团在这一年举步维艰。敏锐洞察行业发展的张一鸣发现，继直播带货、在线教育后，互联网健康发展成为互联网企业全球新增长空间的一个出口。于是在2020年5月15日，抖音集团支付6亿元人民币完成了对"百科名医"的全资收购。

抖音集团做出的参与主流产业全球竞争的尝试应该给予身处同样境地的中国企业以更多启示——如何从全球产业竞争的分析中找到自身定位，我们依靠什么获取全球竞争的优势。要回答这些问题，首先需要我们掌握战略与战略管理的基础知识。通过本章的学习，能够让你进一步深刻地体会到战略与战略管理的重要性。[①]

在当今经济全球化、贸易一体化、需求多样化等宏观经济环境下，战略的作用越来越突出。很多企业纷纷打出战略牌，以战略手段作为企业规模扩张与价值提升的基本途径。一时间，跨国并购、研发联盟、虚拟经营等战略手段和模式在各行各业中火热开展着，大企业要么兼并小企业以扩张规模；要么与大企业结成战略同盟，以联手抢占市场份额，赢得协同优势。同时，另一部分企业则通过价值链解构，将能力与资源聚焦于少数核心业务上，而将更

---

① 案例来源：周明等. 字节"跳动"的隐形动力——连续并购[DB/OL]. 中国管理案例共享中心，http://www.cmcc-dlut.cn/Cases/Detail/6215，2021.

多的非核心业务剥离,以合理利用外部资源,提升自身的竞争力。诚然,每个企业都会根据自身的实际情况和需要,选择相应的竞争或合作战略,但对于如何选择合适的战略,却没有一个明确的思路,这就需要他们对战略和战略管理具备相当深刻的了解。在本章中,我们将主要介绍战略和战略管理的基本知识,在前两节中,主要讲述战略与战略管理的内涵,而在第3节,我们将构建战略管理的理论体系,该部分内容也对本书接下来的论述起到提纲挈领的作用。

2.1 战略的内涵

2.1.1 战略的起源与发展

1. 战略的起源

"战略"在我国是一个古老的词汇,意为战争的策略。早在春秋末年,我国第一部叙事完备的编年体史书《左传》中已出现了"战略"一词。《左传》中的战争思想,包括战争的本质观、战争与国家治乱的关系、民心向背与战争胜负的关系、战略思想等各个方面。到了战国时期,"战略"一词已广泛应用于军事领域,著名军事家孙武所著的《孙子兵法》更被公认为是有关战略的第一本著作,其战略思想流传百世。《孙子兵法》强调必须在对敌情、作战地理条件等情况充分了解的前提下,选择适宜的作战形式,出奇制胜,其中囊括了从战略分析、战略设计到战略选择的过程。此外,西晋史学家司马彪也有以"战略"为名的著述。当时"战略"的词义是作战的谋略,或者指对战事的谋划。清朝末年,北洋陆军督练处在1906年编写的《军语》中,把战略解释为"筹划军国之方略也"。

在西方,战略这个词是从希腊词汇"Strategos"中衍生出来的,由"军队"和"领导"两个词合成,意指指挥军队的艺术和科学。公元579年,东罗马皇帝莫里斯一世写了一本名为《战略》的书,被认为是西方第一部战略著作,而法国人基尔德1772年写的《战略通论》中则首次提出了战略的概念,书中区分了"大战术"与"小战术"的概念,"大战术"相当于今天所说的战略。克劳塞维茨的《战争论》被认为是继《孙子兵法》后的又一部军事战略巨著。他在该著作中提出,战略是为了达到战争的目的而对战斗的运用,并进一步指出,战略必须为整个军事行动规定一个适应战争目的的目标。此外,19世纪瑞士人约米尼著有《战略艺术》一书,他在书中提出,战略是在地图上进行战争的艺术,它所研究的对象是整个战场。

从中西方战略的起源来看,战略一词是源自军事方面的概念,强调作战的谋略与战术。它解决的是某项具体战事中敌我实力的分析、战地的形势、兵力的部署、应敌的策略以及所要达到的目标等。

2. 战略思想在不同领域中的应用

战略一词源于军事领域,首先在战争中得到了很好的应用,在战争中的成功运用初步展示了战略的重要价值和意义。以第二次世界大战为例,1944年6月6日,盟军在法国诺曼底登陆,开辟了盟军在西欧的第二个战场,也直接加速了德国法西斯的败北。在西欧开辟第二战场,其战略考虑就是:对德军形成夹攻之势,迫使德国军队两面作战,以尽早赢得战争胜利。为此,盟军做了长达两年的准备,具体包括:选择在何处登陆,如何登陆,并要制造各种假象以瞒过德军情报人员。虽然在这场战役中盟军投入了有史以来最大规模的兵力并遭遇了惨重的伤亡，但它是盟军在第二次世界大战中一项最重要的战略行动，并因此彻底扭转了战争的局势。

在企业经营领域，战略特指对未来 5 年或 10 年内企业发展方向、经营方针、经营策略等的谋划。以联想收购 IBM 个人电脑业务为例，IBM 与联想结成独特的营销与服务联盟，联想的 PC 通过 IBM 遍布世界的分销网络进行销售，而 IBM 也将继续为中小型企业客户提供各种端到端的集成 IT 解决方案。结盟之后，新联想成为 IBM 首选的个人电脑供应商，IBM 亦成为新联想的首选维修与质保服务以及融资服务供应商。对于世界 PC 行业来说，联想的这一举措改变了行业格局，形成了新的行业竞争态势。对联想公司来说，其战略意义远不止于此，它不仅意味着联想电脑在市场战略扩张上迈出了一大步，而且对公司未来发展将会产生深远的影响。

实际上，企业经营战略和军事战略有着许多相同的概念和原则，其中最基本的就是战略（strategy）和战术（tactics）的区分。战略是为了实现长期目标而进行的配置资源的整体计划，而战术则是针对一次具体的行动所拟订的计划；战术是为了赢得战斗胜利而进行的资源调配与策略选择，而战略则与赢得整个战争有关，强调行动的全局性。不论是在军事领域还是在商业领域，战略决策都具有三个基本特征：全局性；资源的大量利用；不可逆转性。

3. 企业战略思想的发展

1）计划与控制

20 世纪初，科学管理理论得以创立，使得计划与控制正式成为企业管理的核心思想与手段。泰勒强调通过有计划地挑选、培训和管理工人来提高生产率。法约尔则直接指出，计划与控制是管理的两大职能。在此阶段，财务预算成为重要的计划与控制手段，企业内生产、销售、财务等部门应分别制订年度预算计划。实际上，这也是战略思想应用于企业经营中最早的表现形式。在这一时期内，战略周期相对较短，战略活动更像是战术活动，其直接目的是对资源的利用进行有效控制。因此，在当时的形势下，战略无法对企业的发展起到真正的导向与激励作用。

2）长期计划

从 20 世纪 50 年代初开始，战略在企业管理中更多地被看作是一种长期计划。二战后，技术进步不断推动着世界经济的发展，市场购买力大大提高，相应创造了大量的市场需求，经营机会层出不穷。面对如此欣欣向荣的经济形势，企业所有者不断加大投资、改进管理方法，以期获取更大的收益、实现更快的发展。在这一背景下，长期计划受到空前重视。

与第一阶段相比，这一时期的战略思想注重长期性，一般以 3~5 年为周期。从这个角度来说，长期计划就是战略。但这一时期的战略思想只关注战略的计划特性，而没有考虑到战略作为企业长期资源规划方式与目标实现手段所应具备的其他深层次内涵，战略价值的发挥因此受到了很大的限制。当然，进入 20 世纪六七十年代后，企业增强了对其所处的复杂的外部环境的总体性考察和评估，并在此基础上确定企业的发展方向，这在某种程度上拓展了长期计划的战略内涵。

3）战略管理

1973 年能源危机发生以后，为了克服单纯计划思维的弊病，越来越多的公司开始强调对企业战略的评估与实施，并且随时根据环境的变化修改、调整原有战略，或者制定新的经营战略，从而开创了企业战略发展的新阶段。到了 20 世纪 70 年代中期，企业战略思想开始涵盖战略分析、战略制定和战略选择等过程，战略开始成为企业管理中居于中心地位、具有完整体系的思想方法。

同时，从这一阶段开始，战略思维中包含了"预见"的性质，企业开始更多地利用自身的知识与信息，对未来市场、环境、企业发展状况等进行大胆预测，通过制定、实施创造性的战略，主动迎接环境的挑战。

2.1.2 战略的含义

1. 战略的界定

最早明确把战略的思想内容引进企业经营管理领域的是美国的管理学家切斯特·巴纳德。为了说明企业组织的决策机制，他开始运用战略思想对企业诸因素及它们相互之间的影响进行分析。对于战略，从不同的角度分析，各个学者给出了各不相同的定义。艾尔弗雷德·钱德勒在《战略和结构》一书中指出，战略是长期目的或企业目标的决策，行动过程中的选择，实现目标所需资源的分析[①]。詹姆斯·布赖恩·奎因则认为，战略就是将一个组织的主要目标、政策和行动过程整合为一个整体的方式或计划。一个明确的战略有助于组织根据自己的相对优势和劣势、预期的环境变动以及明智的竞争对手的意外举措来规划和配置资源。虽然这是有关战略的最基本的定义，但这些定义只是简单地将战略等同于计划，只见树木不见森林，没有全面认识战略的内涵。实际上，战略不仅仅是一种计划，按照亨利·明茨伯格的观点，战略还是模式、定位、观念和策略[②]。根据亨利·明茨伯格的总结，有关战略的本质在某些一般领域内有着一致的观点，即战略与组织、环境有关系；战略的本质是复杂的；战略影响着组织的整体利益；战略包括战略的内容以及决定和实施行动的程序；战略不是完全深思熟虑的；战略存在于不同层次；战略包括各种不同的思想过程等。

基于以上分析，我们将战略定义为：战略是指组织为了实现其使命或长期目标，在与环境的互动中所展开的决策行为、采用的行动模式或遵循的基本观念。组织与环境的互动，意味着组织首先对自身进行行业定位。组织的决策行为既可以是深思熟虑的，也可以是即时反应的；既可以是详细计划的制订，也可以是针对特定问题的策略。

2. 战略的特点

战略的内涵决定了其本身具有方向性、整体性、个体差异性、一致性等特点，并且这些特点是战略优势的重要表现。

1）方向性

总的说来，战略的方向性体现在两个层面上，一是战略目标的明确性，二是战略行动的方向性。战略目标代表了长期的前进方向，即未来 3～5 年或者更长的时间内，组织应该朝什么方向走，应该在规模、资源、竞争力等方面达到什么程度。战略行动则是指战略管理中的具体行为，战略的存在使行动变得更加明确，更加有方向，使每一个员工知道工作该如何开展。战略为组织绘制了航线，使组织可以始终朝着明确的方向前进。

2）整体性

战略的整体性不仅强调组织成员的集体努力和行动的协调性，而且强调资源的整体性利用和跨部门整合。同时，组织的价值创造活动必须始终以企业整体为基本点，考虑整体价值

---

① 艾尔弗雷德·钱德勒. 战略和结构[M]. 昆明：云南人民出版社，2002.
② 亨利·明茨伯格. 战略历程：纵览战略管理学派[M]. 北京：机械工业出版社，2002.

的最大化。战略的整体性特点使组织各方能够很好地凝聚在一起,不至于因为利益的分歧或沟通不善而使组织表现出松散的局面。当某个部门或某个员工需要协作时,其他部门或员工能够主动给予协助,从而确保企业价值最大化。

3)个体差异性

不同的公司会采取不同的战略,并且这些战略往往与公司的文化、组织观念、愿景与使命息息相关,通过战略识别即可以理解不同组织的行事方式。一般来说,以技术创新为发展手段的公司往往选择差异化竞争战略,劳动密集型的传统产业中的企业往往趋向于选择低成本竞争战略,而服务型的企业则偏向于选择更能让顾客满意的战略。然而,过分清晰的战略描述也就意味着过于简单,往往使企业无法提高组织体系的丰富性。有时候,这种差异性会导致战略的模式化,不利于组织随着环境的变动适时调整战略,从而丧失可能的市场机会。

4)一致性

战略犹如高度概括性的理论,能够简化整个世界的认识结构,并催生更加快捷的组织行动模式。一方面,战略往往通过简洁明了的语言来表达企业行动的目的、方向以及相应的策略,使组织各方都统一于这一战略陈述;另一方面,战略提供了有关组织存在意义的理念和认识,具有高度的凝聚力。从这个意义上看,战略表现出了一致性,即减少了模糊性、提供了有序性。特别是对于成长初期的企业,利润水平较低,通过战略陈述能够提高组织的战斗力,使组织的各种力量凝聚在一起。

2.1.3 战略的内容

1. 战略的构成

对于战略的构成,国内外不同的学者、不同的教材给出了各不相同的答案,有的认为它由产品与市场群、业务活动领域、经营资源群构成;有的认为它由市场范围、增长向量、竞争优势和协同效应构成。我国大多数学者认为,战略由业务范围、成长方向、战略方针、战略对策构成。实际上,这几种观点并无本质区别,只是侧重点不同而已。以下我们采用国内较流行的观点进行论述,即一个完整的战略应包括:业务范围、成长方向、战略原则、战略对策,这4个方面可以在企业内部产生合力,成为企业经营的主线。

1)业务范围

业务范围特指企业业务所在的行业或产业类型,它是企业开展战略活动、进行市场竞争的主要场所,也是企业赖以生存的主要业务类型和运行空间。业务范围说明了企业在其市场范围内所处的位置,以及是否具有竞争优势。可以说,业务范围的界定是企业战略管理的基础,企业根据不同的业务类型才能制定相应的战略。比如,高新技术行业偏向于技术研发为主的战略,基础装备制造业则偏向于低成本战略,而进入或退出壁垒高的行业则常使用威胁战略。当企业业务范围发生改变,其战略也需要做出相应调整。

近年来,业务归核化和业务聚焦日益成为企业战略调整的主要方向,大型企业纷纷将其核心资源集聚在少数核心领域或强势领域,而将非核心领域或非增值业务剥离出去。正如萨缪尔森指出的,20世纪80年代以来西方大型公司的业务组合有所缩减,企业聚焦于核心业务成为一种趋势。例如,IBM公司通过剥离其PC生产业务,以35亿美元并购普华永道会计师事务所,以10亿美元收购数家中间件(系统软件)公司,全面支持Linux等一系列业务重组,其战略重点完全转向了IT基础设施、业务咨询等战略业务单元。西屋电气公司、美国国际电报电话公司等相当一批大型企业也转向了业务归核战略。[①]

2）成长方向

成长方向也就是企业发展的方向，它代表了企业发展的行进路径。应该说，成长方向包含了企业的战略目标，战略目标包括企业在战略周期内努力发展的总水平与总要求，是企业一定战略时期内的总任务，也是战略主体的行动方向。从另一个层面来看，企业发展方向的选择，取决于产品和市场这两个因素的组合，并因此派生出4个方向：① 市场渗透，即在现有的产品市场条件下，通过增加生产和销售，提高市场占有率，使企业得以发展。一般来说，市场渗透的手段主要有降价、增加广告、增加销售据点等方法，以不改变产品本身而让消费者增加购买数量。通常认为，市场渗透包括成本领先战略、差异化战略、集中化战略三种最有竞争力的战略形式。② 市场开发。市场开发是将现有产品和新市场组合而产生的战略，它特指企业用现有的产品开辟新的市场领域。它立足于发展现有产品的新顾客群或新的市场，从而扩大产品销售量。市场发展可以分为区域性发展、国内市场发展和国际市场发展等，也可以按照不同的市场细分标准进行划分。③ 产品开发。产品开发是指在现有市场上通过改良现有产品或开发新产品来扩大销售量的战略。企业进行产品开发，一方面是满足顾客日益个性化、多样化的需求；另一方面是为了引导新需求的产生，并因此提高企业的经营业绩。比如索尼电子的随身听、苹果公司的ipod（苹果多媒体播放设备）等，都是利用新产品的设计与研发来提高市场占有率的典型案例。④ 多角化，也就是市场开发与产品开发的组合战略，即一手开发新产品、一手开辟新市场，通过两面出击，使企业得到发展。最早的多角化战略强调用新产品去开发新市场，这也是安索夫多角化战略的基本内涵。随着企业战略思想的发展，多角化战略发展为市场与产品的多重匹配，既可以用新产品开发新市场，也可以用新产品扩充旧市场，还可以用老产品开发新市场。这样，多角化战略就演变为前三种战略的组合。

3）战略原则

战略原则是指导战略制定和实施的基本思想，是企业总体战略的灵魂，它对战略方向、战略对策等起统帅作用。战略原则的内容可以概括为：① 顾客原则。一个企业要想在市场竞争中生存和发展下去，必须以市场消费者的现实和潜在需求为出发点，生产出适销对路的商品，才能求得企业的发展。当然，企业在进行充分市场调研的基础上，也可以引导市场需求。② 系统原则。企业是一个有机的整体，因此，战略思想的确立和形成都要着眼于全局性的发展规律和方向，必须树立起整体观点、动态平衡观点和协调观点。③ 竞争原则。企业界的竞争，是人们在认识事物的基础上，按一定的战略、策略所展开的竞争，它能预见到行动将会导致什么样的结果。一方面，经营战略中的竞争思想是优化资源利用的客观要求，同时，竞争也是企业存亡所必须经历的考验。另一方面，在企业内部的竞争也是优化资源配置、提高工作效率的有效手段。④ 市场原则。我国经济体制改革的目标是建立社会主义的市场经济。市场经济承认企业是独立的商品生产者和经营者。因此，企业在制定和实施经营战略时，要以市场营销观念为指导，面向市场，以消费需求为中心。

4）战略对策

战略对策是为实现战略指导思想和战略目标而采取的重要措施和手段。战略对策的主要特征是：① 预见性，即战略对策在更多的情况下应是根据市场调查和预测，而对未来事件

[①] 罗珉. 大型企业的模块化：内容、意义与方法[J]. 中国工业经济，2005（3）：8.

提出的解决办法。② 针对性，即针对战略实施中的需要。③ 多重性。战略对策不应是单一的，而应是一个有机的整体。战略对策越是配套形成系列，就越有利于战略目标的实现。④ 灵活性。战略对策没有一个固定的程式，必须根据具体的情况，从多种可供选择的对策中挑选一种或几种有效的办法，因而具有灵活性，表现为可替代、可补充、有淘汰。

2. 战略的层次

总的来说，企业的战略层次包括公司层战略、业务层战略和职能层战略。

1）公司层战略

公司层战略又称为企业总体战略，它代表了公司最高管理层为企业制定的长期目标和发展方向。企业长期总体规划、经营业务范围与业务组合、不同业务之间的比例、未来业务发展方向等都需要在公司层战略中确定。公司层战略是涉及企业经营发展全局的战略，业务层战略、职能层战略的开展，都必须以公司层战略为根本指导和依据。公司层战略主要包括以下内容：一是决定企业的业务组合和核心业务，这是公司层战略的首要任务，也是企业开展生产经营的基础；二是根据业务组合和各类业务在组合中的地位和作用，决定战略业务单元（SBU）和各战略业务单元的资源分配方式和分配次序，并决定不同战略业务单元之间的利益协调机制；三是建立在战略期内追逐环境变化、对关键环境变化及时做出战略变革决策和行动的机制，一般情况下需要建立与所处环境不确定性程度一致的战略控制系统。

公司层战略的具体类型主要包括以下5种。

（1）单一经营战略。单一经营战略是指企业将业务范围限定在某一种产品上，通过资源聚焦和能力聚焦以实现竞争优势的战略。传统的单一经营战略一般指企业内部只包含一种产品价值链的经营模式，随着世界产业结构的调整，企业经营方式发生了巨大改变，越来越多的企业将原有产品价值链解构，放弃价值链上的非增值环节，而将资源聚焦于原有价值链的某个高端价值环节。单一经营模式最大的不足是高风险性，一旦该类产品业务出现滞销或衰退，企业将难以维持长远发展。

（2）纵向一体化战略。纵向一体化战略是指企业将业务范围覆盖到产品价值链的全过程，包括原材料、零部件生产与供应、产品生产与加工以及产品销售等诸多环节。企业执行纵向一体化战略的目的是取得生产的规模效应和整合协同效应，以巩固市场地位，获取竞争优势。同时，纵向一体化还有助于企业将原有成本中心转变为利润中心。不过，纵向一体化战略往往需要较大的投资额，并且同样存在单一经营战略所面临的业务面过窄的风险。因此，企业在选择纵向一体化战略时，应结合自身特点，谨慎行之。

（3）多元化战略。这是一种与单一经营战略相对的战略，即企业将其业务范围拓展到多个领域，形成分散经营之势。多元化战略一般适用于规模较大、资金雄厚、市场开拓能力强的企业。企业执行多元化战略，一方面是为了分散经营风险，以减少单一经营业务的不确定性所带来的巨大压力；另一方面是为了有效利用企业闲散资源，提高企业单位资本收益。多元化战略有相关多元化与非相关多元化之分。多元化战略的最大缺陷是：一旦企业进入不熟悉的领域，会面临较大的经营风险，20世纪90年代风靡一时的巨人集团就是很好的例证。

（4）联盟战略。随着市场竞争的日趋激烈，企业已无法承受红海战略带来的血腥局面，越来越多的企业开始转向竞争与合作双管齐下的战略。也就是说，不同的企业之间、利益相关群体之间开始结成战略联盟或虚拟组织，通过各方资源的有效整合，形成要素协同与能力协同，从而实现个体价值增值，促进企业发展。在这一战略指导下，竞争已演变成为联盟之间的竞争,而如何解决联盟合作的有效性问题,成为决定企业联盟战略成败的关键。

(5)国际化战略。国际化战略是指实力雄厚的大企业或集团公司将经营视野扩展到国际市场,通过在国外开拓市场、建立生产基地、开展研发合作等方式实现国际化扩张的战略模式。一般来说,商品输出是企业国际化战略的起点。企业只有首先用商品打入国际市场,才有可能在国际社会中树立企业形象,并进一步开展生产、研发等扩张模式。由于跨国经营会面临各种关税和非关税壁垒,越来越多的跨国公司开始将其生产、研发等经营环节直接转移到市场所在国,这样做一方面可以绕过贸易壁垒,另一方面可以利用当地廉价的劳动力和原材料,从而降低生产成本,提高自身的竞争能力。

2)业务层战略

业务层战略也称为竞争战略,主要指企业的战略业务单元(SBU)根据公司层战略所开展的业务发展战略。业务层战略必须建立在现有业务组合和业务发展规划的基础上,并相应选择具体竞争方式和资源配置模式。业务层战略主要包括以下内容:本业务对实现公司层战略可做出的贡献、本业务与其他类型业务的关系;确定本业务的覆盖范围、业务发展的方向;业务的核心环节、增值环节,应该采取的基本竞争战略;业务内各项职能互动对该业务取得业绩的作用;资源分配方式及其相应评价机制;业务发展目标与计划等。

按照美国哈佛大学商学院教授迈克尔·波特的观点,针对特定的战略业务单元,企业的竞争战略包括以下3种。

(1)低成本战略,即通过比竞争对手低的价格向顾客提供商品的战略。这种战略对企业成本控制水平提出了较高的要求,企业必须具有比竞争对手高超的成本控制手段,才有可能在成本水平上处于行业领先地位。一般来说,企业不仅要从内部生产经营中挖掘成本潜力,而且要通过与供应商价值链、顾客价值链的有效整合,才能实现产品成本的进一步降低。同时,低成本战略要求企业建立一系列相关的配套机制,包括质量管理机制、产品定价方法、市场营销战略等。以质量管理为例,假设企业自身成本水平低于同行业其他企业,但如果产品质量也相应降低了,这种低成本则不能为企业带来竞争中的优势地位。

(2)差异化战略。差异化战略也称为标奇立异战略,即通过提供差异化的产品以赢得市场的战略。差异化一般表现在产品功能、设计、包装、材质等方面,顾客往往能够被产品独特的魅力所吸引,并对品牌产生依赖感,从而赢得市场,提高产品竞争力。在个性化、多元化日益成为消费市场发展主流的背景下,差异化成为企业争相追逐的目标,越来越多的企业投重金于研发、设计等领域,以期满足市场的差异化需求。但差异化战略对企业的研发设计能力、资金储备提出了较高的要求,企业必须投入重金才能期望有所回报。同时,企业在执行差异化战略时,也伴随着差异化风险,因为企业无法预见其差异化产品能否获得市场认同、能否为企业创造价值。

(3)目标集聚战略,即企业将目标市场集中于某个较小的范围内,通过对这一市场提供差异化或低成本的产品,获取该市场的绝对优势地位。目标集聚战略针对的是某个单一市场,其目的在于资源的集中,形成相对于竞争对手的优势地位。例如前两年,杭州娃哈哈集团生产的非常可乐,在遭遇"两乐"的疯狂进攻之后,主动选择市场潜力较大的农村地区,通过在农村建立营销渠道、开展品牌宣传,创造了非凡的业绩。目标集聚战略比较适合于本身市场占有率不大、所处行业竞争较激烈而自身又具有一定实力的企业。然而,将经营范围限定在单个市场上,实际上提高了经营风险,这要求企业必须充分了解自身的实力和目标市场的状况,并对未来进行准确且充分的估计。

3）职能层战略

职能层战略是指根据公司层战略对职能部门及其活动的战略地位和发展方向所进行的策划，它是一种对职能活动进行管理的计划。一般来说，职能层战略要比公司层战略详细得多，也更加具体。职能层战略的开展，一方面是为了使公司战略得以在各职能部门有效落实，发挥职能部门的战略性作用；另一方面是为了促进不同职能部门之间、职能部门与业务部门之间的协调。职能层战略主要包括以下内容：公司层战略和业务层战略对各职能的具体要求；特定职能活动与相关职能活动之间的关系，特别是在涉及跨职能运作时的协调关系；职能的发展方向；职能活动的组织安排与资源分配方式。企业主要的职能战略包括以下6个方面。

（1）财务战略。财务战略是企业重要的职能战略，它既关系到企业资金利用与运作的效果，从而影响到企业整体经营成果，又关系到其他各职能部门的运行成效。首先，企业在制定财务战略时需要对资本市场、企业内部战略与资源状况两个方面进行深入分析。其次，企业需要根据上述分析制定一系列的财务计划与政策，如并购计划，资本预算计划，投资管理与股利分配计划，长、短期投、融资计划等。最后，企业还需要对财务职能的组织、人事问题进行战略性安排，以保障财务战略的有效实施。

（2）人力资源战略。人力资源战略必须以公司层战略、业务层战略和其他职能战略为依托，并在此基础上确定人才需求计划。同时，企业还需要对人才市场进行分析，以明确不同职业人才的供求状况、学历层次、薪资水平等。根据以上对内、外部情况的分析，企业需要制订有关人力资源的招聘、选拔、考核、奖惩、培训、员工的职业发展规划等方面的计划和政策。就目前来说，越来越受组织欢迎的是人力资源外包战略，在事业类组织中称之为人事代理。在这一战略模式下，企业只需支付相关职工的基本工资和奖金，而不需要承担其他费用。这种方式大大降低了企业的人力资源成本，而人才竞争力并没有因此而降低。

（3）研发与设计战略。随着企业价值不断向价值链的两端转移，研发与设计成为企业价值的重要来源，与此相关的投入也越来越多，研发与设计开始成为企业竞争的主战场，制定合理的研发与设计战略成为目前企业的当务之急。具体来说，企业研发与设计战略需要关注以下内容：消费市场导向，即市场需求变化情况；企业研发能力，特别是特殊技术人才的储备状况；与外部研发力量合作的可能性等。

（4）采购战略。采购战略用以确定企业采购职能的发展方向，并基于此明确其基本内容与要求。一般来说，企业采购战略的第一步是决定所需的原材料或零部件是自制还是外购。这将影响到企业纵向一体化的程度，以及企业在产业价值链上能否取得协同效应。同时，供应商的选择也是至关重要的。好的供应商能够在货品价格、供应速度、供应量以及相关服务方面表现良好，从而为企业带来更大的价值。这时，企业需要考虑与供应商建立长期合作伙伴关系，并促进双方知识、能力、流程的整合，以进一步挖掘成本空间。

（5）生产战略。生产战略涉及企业产品生产的全过程，因此会直接影响到产品的质量、可靠性、灵活性和创造性。企业执行生产战略，需要明确以下内容：生产环境分析；有关企业生产设施的地点、数量、专业化程度和技术水平等要求；明确生产能力；明确产品范围，以及相关生产环节；明确相关技术要求、自动化程度要求等生产配套要求；界定产品线、新产品比例和引进新产品的速度、产品生命周期的长度安排等；明确产品功能、质量、耐久性等要求。

（6）营销战略。企业开展营销战略，不仅要销售自有产品，提高市场占有率，而且要建立企业的市场声誉和地位。可以说，营销战略是企业竞争力和企业价值得以最终实现的途径。

营销战略的内容包括营销手段与策略选择、定价策略、销售渠道的建立与选择、市场的选择与细分、市场信息的获取以及相应的新产品开发分析等。一般来说，营销战略包括价值策略、广告策略、分销策略、新产品开发策略等，每一种策略分别从不同角度提高企业营销绩效，提升企业竞争力。

2.1.4 战略思维

战略思维包含于企业战略的内涵之中，是企业战略重要的组成部分。良好的战略思维能够从系统角度出发、适应环境变迁、整合各种资源、均衡多方利益、形成战略决策，并带来组织的战略性优势。

1. 何谓战略思维

战略思维是指企业管理者在开展企业经营活动的过程中所具有的全局性、整体性、长远性的思考模式。它使得管理者在预见未来发展趋势、捕捉市场机会、应对紧急问题、规制组织运行等方面具有突出的思考能力。在处理企业自身与动态环境之间的关系时，具有战略思维的管理者往往能够通过有效的整合手段，实现对局势的运筹帷幄。

战略思维在价值取向上偏向于以企业的长期发展、社会公众形象的树立、企业价值的创造为根本出发点和落脚点，从而也使得作为思维主体的管理者在思考问题时独具慧眼且极富战略性。具有战略思维的管理者不仅具备严密的逻辑思维能力，而且在形象思维、跳跃性思维方面也表现独特，往往能够从不同角度、不同侧面深入且广泛地分析问题，并找到最佳的解决方法。

2. 战略思维的类型

一般来说，常用的战略思维方式主要有以下4种。

1）多维型思维方式

多维型思维方式强调从不同角度进行思考，以全面把握问题，避免因忽略某些方面或细节而导致问题得不到解决。一般来说，战略问题涉及的因素多样而复杂，企业战略管理者必须多视角、多维度地进行思考，要全面顾及外部因素与内部因素、关键因素与非关键因素、空间因素与时间因素、实体因素与心理因素等。

2）权变型思维方式

由于外部环境和内部条件的变化，企业无法制定一劳永逸的战略模式，必须根据不同的时机、不同的问题制定相对应的战略。这要求企业战略管理者必须具备权变思维，用动态的、发展的观点看待战略问题，根据自身资源与能力的发展、市场条件的变化等制定适宜的战略。从另一个层面看，权变型思维说明了企业的战略并不总是深思熟虑的，有时由于环境的动态性，只能根据具体情况做出即时的战略决策，亨利·明茨伯格称这种战略模式为"应急战略"。

3）反思型思维方式

反思型思维方式强调通过对过去战略及其执行状况的反思，以促进未来战略模式的形成。一般来说，任何企业战略的制定和实施都受企业过去存在问题的制约。很多情况下，企业战略管理者容易按照原有的思维方式和战略方法去思考、解决问题。这种思维实际上是将战略看作一种模式，是一种向后看的行为。应该说，企业不可能不考虑过去的情况，但过去的战略更多的应该是一种参考，战略管理者对待这种参考的时候，不仅要借鉴其精华，同时要反思其不足，通过总结经验教训以促进新战略的形成。

4）创新型思维方式

创新型思维方式注重战略思维的开拓性与创新性，强调用出其不意的思维去解决现实问题。从某种程度上说，战略就是博弈，各企业主体都希望通过有效的战略帮助企业取得在行业内的竞争优势。在战略博弈的过程中，战略管理者必须不断推陈出新，以创新的思维去面对博弈，才有可能达到出奇制胜的效果。企业管理实务中，创新思维包括理念创新、目标创新、策略创新、组织创新、文化创新等。战略创新的关键是培养自身的创新能力，以创新提高自身的核心竞争力。

2.2 战略管理的内涵、原则与作用

战略管理的三部开创性著作是：1962年钱德勒的《战略与结构》，1965年安索夫的《公司战略》，以及同年安德鲁斯的《商业政策：原理与案例》。自此，战略管理成为企业开展长期资源计划、获取持续竞争优势的重要手段。企业开始利用战略武器进行资源配置与发展规划，确保了企业整体行动的高度一致性和前进方向的正确性。

2.2.1 战略管理的内涵

对于战略管理的内涵，本节主要介绍其定义和特征，有关战略管理内容的阐述将在 2.3 节中涉及。

1. 战略管理的定义

战略管理一词最早由安索夫在其 1976 年出版的《战略计划走向战略管理》一书中提出，他将战略管理定义为：将企业的日常业务决策同长期计划决策相结合而形成的一系列经营管理业务。三年后，在他的另一本著作《战略管理论》中，再一次详细论述了这一定义。作为战略管理的第一个定义，存在很多不足，主要表现在对战略管理形成的理解不足、缩小了战略管理的内涵、忽略了其使命和作用等。与安索夫相比，斯坦纳对战略管理的界定则更加明确而具体，他在其 1982 年出版的《企业政策与战略》一书中指出，企业战略管理是确立企业使命，根据企业外部环境和内部经营要素设定企业目标，保证目标的正确落实并使企业使命最终得以实现的一个动态过程。除此之外，其他战略学家也从不同角度对战略管理的定义进行了界定。总的来说，目前有关战略管理的定义涵盖了以下 5 个方面：① 战略管理的核心是企业战略；② 战略管理的目的是实现长期目标、完成企业使命；③ 战略管理是一个企业与环境互动的动态过程；④ 战略管理包括战略分析、战略计划、战略设计、战略选择与战略评价等活动；⑤ 战略创新成为战略管理中的新内容。

基于以上分析，可以将战略管理定义为：战略管理是指企业为了实现长期目标和使命而开展的、在企业自身能力与环境互动中所进行的战略分析、战略设计、战略选择、战略实施、战略评价与战略创新等一系列的活动及其过程。

2. 战略管理的特征

1）长期目的性

长期目的性说明了战略管理两个方面的特征：一是整个管理过程跨越了较长的期间；二是具有明确的目的。企业战略管理活动的周期较长，企业必须充分考虑到环境的变化以及企业自身资源条件的变化，适时对战略进行调整。只有在明确的目的和长期目标的指引下，才

能确保组织始终朝着同一个方向不断前进。

2）高度全局性

战略管理是一个高度全局性的企业管理活动，这主要体现在：一是战略管理涉及的是组织整体的长远发展；二是战略管理注重的是整体利益最大化；三是战略管理需要对不同部门与个人、不同利益群体进行协调。

3）经营风险性

一般说来，战略管理的风险性来源于三个方面：一是前期投入，即已投入了一定数量的资金；二是对投入成果的较大期望；三是未来的不确定性。企业战略管理实务中，经营风险性及其结果主要表现在：① 战略管理初期，由于环境动荡性较大，战略分析难以进行，无法形成有效的预测，最终致使战略形同虚设，战略投入无法收回；② 战略分析中错误估计了未来的自身能力与外部情况的变化，致使企业战略失败；③ 战略制定与实施不久，市场环境发生了未曾预见的变化，企业不得不花费大量人力、财力，重新调整战略部署；④ 战略管理设计比较完善，预期能够收到较好的成效，但由于管理者的短视行为，致使战略没有得到很好的执行，企业完全偏离原定航向；⑤ 虽然战略最终得以实施，也达到了预期效果，但在战略管理过程中，大量资源与资金被损耗，最终收益无法弥补支出。

4）实物期权性[①]

简单地说，实物期权性是指企业战略管理活动所具有的、能够在未来期间内创造价值的性质。这一性质来源于战略管理的不确定性，即企业无法完全预知未来战略的执行效果与价值创造情况。基于这一特性，企业可以通过将战略管理权力的获取与行使区分开来，将战略风险有效转移。实物期权特性强调战略管理中权力的价值性，企业战略价值的创造来源于这种价值权力的有效运用。

2.2.2 战略管理的原则

战略管理活动虽然是一项操作性很强的工作，但并不意味着无章可循，企业进行战略管理时必须遵循科学的原则，通过原则的指导以提高战略管理活动的有效性与效率。概括地说，在进行战略管理时要遵循以下6个原则。

1. 因应环境原则

成功的企业战略管理重视的是企业与其所处的外部环境的互动关系，其目的是使企业能够适应、利用，甚至影响环境的变化。企业身处社会大系统中，受到各方因素的影响，包括政治、文化、经济、科技、教育、法律等。就企业本身的利益相关者来说，对企业产生影响的还包括顾客、股东、债权人、管理者、供应商、竞争者、替代者、地方政府等。企业战略管理活动必须紧密结合所处环境的特征，以环境为导向，一方面主动调整战略方向与方案，以适应环境变化；另一方面，力求改变环境，以推动企业战略的实施。

---

① 期权是一种能在未来特定时间以特定价格买进或卖出一定数量的特定资产的权利。期权交易是一种权利的交易。在期权交易中，期权买方在支付了权利金之后，获得了期权合约赋予的、在合约规定时间按执行价格向期权卖方买进或卖出一定数量期货合约的权利。期权卖方在收取期权买方所支付的权利金之后，在合约规定时间，只要期权买方要求行使其权利，期权卖方必须无条件地履行期权合约规定的义务。实物期权则是指存在于实物资产投资中且具有期权性质的权利。换言之，就是将期权的观念和方法应用于实物资产。随着战略管理理论的发展，其实物期权性也越来越受到理论界与实务界的重视，越来越多地被应用于企业战略中的资本预算评估、投资决策等领域。

2. 全员参与原则

企业战略管理是一个全局性、长期性的管理活动，它涉及的是企业的长期发展和使命履行问题，关注的是企业长期价值的实现。它要求企业员工在两个方面参与战略的实施：一是战略制定中的参谋与信息支持，二是战略实施中的每一个细分目标的实现。只有每一位员工都参与企业战略管理，树立战略思维，才能确保战略的最终实现。

3. 全过程管理原则

企业战略管理是一个跨越期间的管理活动，在整个过程中涉及很多变化因素，只有通过战略分析、战略设计、战略选择、战略实施、战略评价与战略创新等一系列战略管理活动，在全过程管理模式下高度重视每个战略管理环节，才能确保战略的成功实施。战略管理的全过程管理原则能够确保企业在战略管理全过程中始终按照原有战略计划进行，并开展相应的战略变革与创新活动，以适应环境变化，创造更大的价值。

4. 整体性原则

战略管理强调将企业视为一个不可分割的整体来加以管理，以提高企业的整体最优化程度，实现企业整体价值最大化。整体性原则要求在开展战略管理活动的过程中，整体比部门更受重视，整体利益高于部门利益。战略管理的一项重要任务是完成不同部门与业务之间的系统整合，并相应产生整体的优化。任何部分的调整都必须考虑它可能对整体带来的影响，并通过自身的调整与协调，消除不利影响。此外，企业组织结构与流程的设计、组织职权的安排、企业文化与理念、企业资源分配模式等，都必须服从于企业战略，都必须以整个战略的成功实施为出发点和归宿点。通过不同层面、不同角度的整体性优化，最终推动战略管理的成功实施。

5. 动态性原则

企业战略管理作为一种活动和过程，本身就是动态的，但战略管理的动态性原则强调的是面对外部环境的不断变迁，以及自身战略执行中的问题，战略管理者必须不断地进行反馈与修正，才能真正确保战略的实现。一般来说，战略管理的时间跨度在三年以上，最长可达到十年。在当今科技、经济、文化迅速发展的背景下，如此长的时间跨度意味着巨大的市场变动、技术变迁、企业资源与能力的变化、管理手段的变革、宏观政策的变更等。企业战略管理者只有不断跟踪战略管理过程，及时反馈战略实施效果，并根据需要进行相应的战略修正，才能确保战略的适应性与可实施性。

6. 创新性原则

在战略管理领域，虽然变革已是一个成熟的话题，但对于创新，相关理论研究并不算多，在战略管理教材中明确提出战略创新的更是凤毛麟角。实际上，这恰恰是战略管理理论发展的重要方向，同时也是实务界亟待解决的关键问题。明确战略管理的创新性原则，也就意味着战略不仅仅是传统意义上对某一战略模式的应用，同时还应该是对新知识、新思维、新方法的引入与应用，通过战略创新，开创企业价值创造的新图景。总的来说，战略创新主要表现在两个层面上：一是基于既定要素与能力边界的创新活动，即传统意义上的创新；二是基于要素与能力边界重构的创新活动，即价值创新。

2.2.3 战略管理的作用及其挑战

1. 战略管理的作用

随着企业管理从职能管理走向战略管理，越来越多的企业开始在其组织内部建立战略管理系统，以帮助企业高层进行战略决策。但战略管理作用何在？它能否帮助企业提高效益？这是两个无法用眼睛直接看出答案的问题。为此，图恩和豪斯于 1970 年首先研究了战略管理与经济效益的关系。经过比较研究，他们发现在石油、食品、医药、钢铁、化工和机械等行业中，具有正式战略规划的企业在投资收益率、股权资本收益率和每股收益等财务指标上都明显地好于没有正式战略规划的企业。随后，赫罗尔德、安索夫、鲁宾逊等人又先后研究了不同类型、不同规模的企业战略管理活动与企业绩效的关系，最终的结论普遍证明，采用战略管理思想与方法进行管理的企业，其经济效益要远好于不采用这种思想与方法的企业。

战略管理对企业经济效益的影响，来源于它在以下 5 个方面的作用。

1）有利于确保企业方向的正确性

战略本身就代表了企业的发展方向，战略管理则是建立在既定方向基础上的战略选择与实施过程，但由于战略的长期性特点，使得战略执行过程中很容易偏离既定航向，从而使企业战略目标无法实现。而战略管理活动将企业的长期目标（战略目标）与短期目标（经营目标）结合起来，使企业在追求长期目标的过程中，可以通过短期活动不断检验、调整、修改自身的前进方向，从而避免企业的发展偏离原有方向，确保企业使命的完成。

2）有利于内外环境的结合

企业战略管理实际上是把企业的发展与成长纳入了变化的环境之中，经营与管理工作必须建立在动态的环境基础上，并据此建立企业的动态决策与反馈机制。因此，管理者必须重视经营环境的变化，注意对外部环境的研究，正确把握市场的走势，选择合适的经营领域和产品市场战略。在此基础上，灵活使用企业的各种资源，使之与环境形成有效的整合，并发挥资源的最大效用。

3）有利于资源的优化配置

战略管理本身就是一个全局性的工作，需要照顾到企业运行中的每一个方面，同时将这些不同的方面整合到企业的战略目标上来，以使企业资源得到充分的利用，确保整体利益的最大化。因此可以说，战略管理有利于优化企业的资源配置。具体来说，战略管理的资源配置效力主要体现在：一是有利于各部门内部资源的充分利用，二是有利于企业资源结构优化，三是有利于部门之间资源的整合与协同。

4）有利于组织内部的沟通与协调

在战略管理过程中，很多工作无法在单个部门内部解决，必须通过部门之间的协作才能完成，这使得组织内部自动形成了一种沟通氛围，从而强化了组织协调。特别是在动态的环境下，资源的调配与使用、经营信息的取得都是企业需解决的问题，必须借助有效的战略管理，通过不断的战略调整，协调各部门的利益，从而进一步促进组织内部的沟通。

5）有利于发挥战略的纲领性作用

由于战略管理不仅仅停留在战略分析与战略制定阶段，还需要将战略付诸实施，而战略一旦得以实施，将成为企业发展的总方针，这就使企业的战略在日常生产经营活动中发挥着纲领性作用。此外，在战略实施的过程中，需要根据环境的动态变化，不断对现有战略的执行情况进行评价和调整，进而完善战略管理工作。这种循环往复的过程，使得企业的短期经营行为也必须进行相应的调整，从而更加体现了战略在管理实践中的指导作用。

2. 战略管理的挑战

战略管理在推动企业发展的同时，也给企业高层带来了挑战，包括战略失败的危险、股东利益与社会责任兼顾的问题、如何在竞争中展开合作的问题、如何在快速反应中进行组织协调的问题。企业要想实现有效的战略管理,必须应对这些挑战。

1)战略失败的危险

战略管理是一个系统工程,受到企业经营中方方面面因素的影响,少数几个甚至一个环节或因素没有把握好,都有可能导致战略失败。一般来说,引起战略失败的原因主要有:前提假设错误,对外部环境的认识错误,战略制定的不合理,战略与组织的匹配性差,战略执行不力等。

2)股东利益与社会责任兼顾

最初的财务战略观点认为,企业目标就是为了实现其股东的利益最大化。随着财务理论的发展,有关企业目标的阐述被调整为股东价值最大化或企业价值最大化,这表明企业存在的意义就是为了满足股东的利益诉求。企业战略的社会责任观认为,企业是由股东、雇员、银行、消费者、供应商、政府以及社区等组成的联合体,企业应该按照他们的利益和价值来实施相关战略,并以此作为企业的责任。实际上,战略管理者本身就具有双重身份,他既是公司股东的委托人,代表着股东的利益,同时又作为社会的一员而需要承担社会责任。因此,企业战略管理必须同时兼顾股东的利益与相关者的价值诉求,在赚取利润的同时,兼顾社会责任。

3)在竞争中展开合作

战略管理的一个重要内容是公司作为一个独立的主体应该如何处理与其他独立公司之间的关系。从表面上来看,存在两种选择:一种选择是公司与其他外部公司之间保持竞争性的关系,公司保持自己的独立性,同外部公司发生的交往也都通过市场交易进行;另一种选择则是公司与外部其他公司发展合作性的关系,通过牺牲一定程度的独立性而获取合作的收益,二者并不是绝对的冲突关系。企业在开展竞争的过程中,可以在某些方面与对手展开合作,从而突破技术或市场的一些障碍。企业之间的合作中同样包含着竞争,一方面是不同战略联盟之间的竞争,另一方面是联盟内部为了各自利益与资源的竞争。

4)在快速反应中进行组织协调

迈克尔·波特曾经指出,公司战略就是如何使公司的整体价值大于其各业务组成单位的价值之和[①],因此,进行组织内部协调成了公司战略的重要内容。但是,随着业务单位的增多,协调成本也不断增加。更为重要的是,这在很大程度上降低了业务单位对本身业务所处环境变化的反应能力,缩小了战略调整的空间,导致自身业务灵活性的降低。因此,企业战略管理者必须对组织的灵活性要求与组织的协调需求进行平衡,以确保组织在应对环境不确定性的同时提高企业整体利益。如何实现这一平衡,是摆在每一个战略管理者面前的难题。

2.3 战略管理体系架构

2.3.1 战略管理的理论体系

战略管理本身是一项浩大的系统工程,涉及企业各种资源的分配与开发、各种力量的整

---

① MICHAEL E PORTER. From competitive advantage to corporate strategy[J]. Harvard business review, 1987(06): 43-59.

合、各种活动的协调。战略管理理论体系的构建需要遵循逻辑性、层次性、过程性、明晰性、战略性等原则。逻辑性确保了整个体系的逻辑严密,以便战略管理过程的各项活动环环相扣,每一项活动的开展都以上一项活动为前提并作为下一项活动的依据。层次性要求整个战略体系层次分明,一方面,战略管理不同层次的活动都清晰可辨;另一方面,公司活动的战略、战术、业务层次得以明确划分。过程性意味着战略管理体系的构建以战略过程为基本思路来组织整个体系中的活动,这有利于确保体系的完整性。明晰性意指每一个环节、每一项活动的内容必须非常明晰、清楚,使战略管理者明确每个活动到底该如何开展、应该从哪些方面着手。战略性强调整个体系的战略指导作用,立足于通过战略体系的构建,为企业战略管理实务提供有效的指导。基于以上原则,构建的战略管理理论体系如图2-1所示。

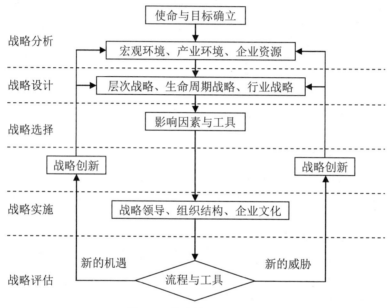

图 2-1　战略管理理论体系

战略管理包括企业为了实现长期目标而开展的战略分析、战略设计、战略选择、战略实施、战略评估与战略创新等活动,在这些活动开展的过程中,必然涉及目标确定、实力分析、环境分析、方案选择、计划与预算、实施监督等一系列的内容。从战略管理过程的角度来看,首先,企业必须确定自身的使命与目标、经营范围和经营思想等,以作为企业战略管理的总体指导思想。然后,进行自身实力与外部环境分析,包括企业资源分析(现有人力与财力资源、需要获取的资源)、行业环境分析(竞争对手情况、行业竞争状况等)、宏观环境分析(经济、法律、政治、技术、文化等环境),从而找到企业发展的突破口。在此基础上,从战略层次、行业生命周期、行业类型等角度入手,设计出战略方案。一般来说,可能有多种方案适合企业的战略形势,但其中必然有一种较其他方案更好,战略高层必须以成本效益最优等为原则,对战略方案进行选择。基于选定的战略方案,企业需要对资源进行分配,以协调企业的工作、人员、资金等。一旦资源、权责分配完毕,已选战略即可正式付诸实施。在战略实施之后,企业应对阶段性的战略管理成效进行监督与评估,及时反馈战略执行状况,并进行相应调整。当新机会出现时,组织应该主动寻求战略创新,重新对环境和自身资源进行整合,以抓住机遇,开创全新的价值空间。当环境的变化对企业发展造成威胁时,战略高层同样需要重新审视内外部局势，在原有战略的基础上进行战略创新。需要指出的是，战略评估的周期并不完全与战略周期相一致，为了确保战略执行的有效性，不仅要在战略实施完毕时进行评估，同时还要在每个经营周期（一般为一年）结束时开展战略评估活动，以便及时发现问题与不足并进行适当调整。

2.3.2 战略管理的基本逻辑

从上述的理论体系可以看出，战略管理的基本逻辑在于：通过内、外部环境等战略分析，进行适应组织及行业特点的战略设计；对设计好的多种方案进行选择并付诸实施；根据外部环境变化，对实施的战略进行动态调整与创新；对战略实施情况进行评估，以确定战略效果。当然，战略管理的不同环节并不是严格按时间继起的，许多活动都是交织出现并需要进行反复修正。比如，战略实施后，需要进行战略创新，战略创新则要求重新进行战略分析与战略设计，并再一次付诸实施。

1. 战略分析

战略分析主要是对企业的外部战略环境和自身资源条件进行分析，其直接目的是寻找外部机会与内部资源的契合点，即企业战略的突破口，并为下一步战略管理活动提供素材和支撑。一般来说，战略分析主要从宏观环境、产业环境、内部资源3个方面展开，本书将在第2篇中对此进行深入分析。

2. 战略设计

传统战略管理教材倾向于既定的战略模式，主要从公司层战略、业务层战略、职能层战略入手，分别论述三个层次内的不同战略模式；然后，在此基础上选择适合于企业自身条件的战略模式。实际上，在外部环境日益动荡化、新经济要素不断涌现的今天，原有战略模式已无法满足企业的需要。新的市场规则、新的行业特点、新的经济规律要求企业采用全新的战略范式。为此，有必要根据不同的情况对战略进行重新设计，以满足不同环境条件下的企业战略需求。作为本教材重要的创新之一，我们将在本书第3篇中从公司层次、生命周期、行业特点三个角度入手，详细论述战略设计问题。

3. 战略选择

战略设计的过程就是找到适合企业发展局势的战略范式的过程，在同一时期内，并不是只有一种范式符合企业发展的需要，这就要求企业进行战略选择。战略选择强调在特定时间、特定背景下，从现有方案中选出最适合企业发展的战略范式。从很多方面讲，战略选择都是企业战略管理的核心。它首先需要满足一定的选择标准；同时，还需要考虑各种影响因素；在明确各种因素以后，利用分析工具进行战略的优劣比较，并最终选出令人满意的战略范式。本书第4篇将对战略选择的相关问题进行论述。

4. 战略实施

从某种程度上说，成功的战略设计并不一定能实现成功的战略实施，战略实施比战略设计更困难，也更重要。因为战略设计得再好，如果不能得以实施或者实施不力，其价值也等于零。实际上，战略实施涉及一系列的管理问题，不同类型、不同行业、不同规模、不同文化的企业，其战略实施可谓千差万别，甚至不同的领导者也会导致不同的战略实施效果。在本书第5篇中，我们将着力分析战略实施与企业家特质、组织设计、企业文化的关系，以期推动战略的有效实施。

5. 战略评估

以往"战略分析—战略选择—战略实施"的战略管理"三阶段模式"造成了事后监督缺位，无法解决战略执行不力的问题，战略评估因此被提上了议程。战略评估不同于战略方案选择，战略选择中的评价着重于选择合适的战略，而战略评估则立足于对战略管理绩效进行评价。需要明确的是，战略评估不仅仅是对战略执行状况的评估，而且是对从战略分析到战略实施，以及包括战略创新的战略管理全过程的评估。战略评估对于组织及时纠正偏差、确保战略执行力意义重大。开展战略评估，需要解决两个关键问题：评估工作如何开展，即评估流程问题；如何评估，即评估工具问题，本书第6篇将重点对这两个问题进行阐述。

6. 战略创新

信息技术、网络技术的发展以及各种新生产方法的出现，使产业发展格局发生了巨大的变化。越来越多的高新技术企业、互联网企业等进入我们的视野，而现有商学院的战略管理教材没有对此问题进行阐述。实际上，新技术、新经济的发展，使原有战略管理范式受到了冲击，新兴企业不可能再按照原有战略范式开展管理，战略管理创新迫在眉睫。简单地说，战略管理创新包含两种模式：一是创新现有的战略管理范式；二是将现有范式引入新经济中，实现匹配创新。在本书中，我们试图将这两种模式结合，以解决高新技术企业、电子商务企业等的战略问题。

本章小结

1. 战略是一个古老而又应用广泛的词汇，在中国古代，战略就已成为军事家们谋划战局的基本战争逻辑和行军思路。战略被引入企业管理中是20世纪的事，被深入应用也不过只有半个多世纪的时间，但战略思想在企业管理中的发展超过了任何一个企业管理学科领域，也受到了企业管理层的高度重视，"战略管理"成为了每一个商学院学生的必修主干课。简单地说，战略是指组织为了实现其使命或长期目标，在与环境的互动中所展开的决策行为、采用的行动模式或遵循的基本观念。

2. 战略具有方向性、整体性、个体差异性与一致性等特点，这些特点是战略优势的主要表现，但同时它们也为企业战略实施带来了不足。战略在企业管理中的应用有赖于战略思维的培养，良好的战略思维能够从系统角度出发，适应环境变迁、整合各种资源、均衡多方利益、形成战略决策，并带来组织的战略性优势。

3. 比较而言，企业管理中对"战略管理"一词的应用要比"战略"晚几十年，最早由安索夫在其1976年出版的《战略计划走向战略管理》一书中提出。战略管理是指企业为了实现长期目标和使命而开展的，在企业自身能力与环境互动中所进行的战略分析、战略设计、战略选择、战略实施、战略评估与战略创新等一系列的活动及其过程。

4. 企业战略管理的作用在于：有利于确保企业方向的正确性，有利于内外环境的结合，有利于资源的优化配置，有利于组织内部的沟通与协调，有利于发挥战略的纲领性作用。与此同时，战略管理也为企业高层带来了挑战，要想完成有效的战略管理，必须应对这些挑战，即战略失败的危险、股东利益与社会责任同时兼顾的问题、如何在竞争中展开合作的问题、如何在快速反应中进行组织协调的问题。

5. 战略管理的基本逻辑在于：通过内、外部环境等战略分析，进行适应组织及行业特点的战略设计；对设计好的多种方案进行选择并付诸实施；根据外部环境变化，对实施的战略进行动态调整与创新；对战略实施情况进行评估，以确定战略效果。

关键概念

战略（strategy） 　　　　　　战略管理（strategic management）
理论体系（theoretical system） 　基本逻辑（basic logic）
原则（principle） 　　　　　　挑战（challenge）

思考题

1. 什么是战略？战略的特性是什么？战略的内容是什么？
2. 什么是战略管理？战略管理的基本原则是什么？战略管理的作用是什么？
3. 战略管理的基本逻辑是什么？
4. 当企业遇到战略失败等挑战时该如何应对？
5. 战略管理与市场营销、财务管理、质量管理、生产管理等一般经营管理有何不同？
6. 试举出一例，说明企业通过有效的战略管理能够在市场竞争中取得优势地位。

案例讨论

飞鹤的战略变革①

1962年，黑龙江农垦总局下属赵光农场成立专门从事奶粉制造的红光乳品厂时，就已经开始使用"飞鹤"作为品牌。当时的飞鹤属于国有企业下的品牌，然而，随着2001年国企改制，飞鹤与多家小奶厂面临被并入完达山集团的境遇，这意味着这个品牌将会消失。时任飞鹤厂长的冷友斌不忍心看到这个品牌被合并，他顶着一千四百多万元的负债压力，购买了"飞鹤"这个品牌，带领员工转战黄金奶源带上的齐齐哈尔市克东县，为飞鹤赢得了高品质奶源优势。

彼时的飞鹤，除了这个品牌之外，只有破败不堪的克东乳品工厂。由于生产资本极度匮乏，以营销和建设渠道为主的市场开拓方式成为飞鹤赚取初期成长资本、建设基础设施并立足市场的重要途径。为了能在行业中生存，冷友斌将发展的重点放在了打开产品销路上，并制定了"市场驱动"的发展战略意图以求尽快打开市场。2001年，飞鹤在克东县建成投产新的奶粉生产线，实现了亿元销售额。

2003年非典疫情期间，受疫情影响，大量产品积压，企业的资金链非常紧张。但在疫情期间，冷友斌代表飞鹤与各经销商建立联系，以预供货的方式解决了经销商们的困难，并与经销商们建立了强纽带关系。非典过后，冷友斌毅然抛弃了传统的大经销商体制，转为只保留一级经销商的扁平化经销渠道，将更多资源用于对"飞鹤"这一品牌的建设，开始实施市场驱动的发展战略。

市场驱动的发展战略带领飞鹤迅速立足于行业市场。然而真正的转折点出现在2008年，

---

① 林海芬，曲廷琛. 从市场驱动到研发拉动：中国飞鹤的战略变革之路[DB/OL]. 中国管理案例共享中心，http://www.cmcc-dlut.cn/Cases/Detail/4759，2020.

当年《新闻联播》报道三聚氰胺婴幼儿配方奶粉事件后，国内乳制品品牌重新洗牌，只有飞鹤和贝因美的产品没有沦陷。飞鹤也趁此机会将市场从黑龙江当地逐渐拓展到全国。然而好景不长，2010年开始，飞鹤无论是通过加大品牌宣传力度还是增强渠道促销力度，销售额再无爆发式攀升，企业利润增长乏力。2010年，飞鹤满怀信心地推出超高端星飞帆产品系列，然而销量并未达到预期，同年4月，飞鹤股价低于20美元，8月份更是跌至6.64美元的历史最低。

冷友斌冷静地与董事会的成员分析出遭遇如此困境的主要原因在于当时的消费者对外资品牌的绝对信任，以及对国产婴幼儿奶粉不可抗拒的抵触情绪，导致当时的国内婴幼儿奶粉市场被外资品牌盘踞。此外，此时国家对于婴幼儿奶粉的管制加强到药品级别，再加上很多大品牌（如伊利、蒙牛）等重回市场，彼时的飞鹤压力很大，市场份额急剧减少。为了能够力挽狂澜，重新争得市场份额，2015年冷友斌找到了上海君智企业管理有限公司进行咨询。经过一系列市场调研后，君智的董事长谢卫山说到，"飞鹤市场份额无法实现上升的主要原因在于消费者对外资品牌的盲目信任，对于国产品牌的信任缺失，所以要想解决飞鹤的发展问题，就要从改变消费者的这种固有认知入手，而不是盲目加入国产品牌价格战的行列……"。

经过这次交流，冷友斌找到了飞鹤一直无法突破的痛点，即"顾客认知与产品线不一致"。虽然飞鹤奶粉一直以来在质量和研发方面都处于行业先进水平，但顾客并不了解，因此改变消费者固有认知成为飞鹤接下来改革的重点。长期致力于中国母乳成分研究的飞鹤，在君智的协助下明确了"更适合中国宝宝体质"的战略定位，而且更加注重研发，将"市场驱动"战略转变为"研发拉动"战略。自此之后，冷友斌启动了大刀阔斧的改革，将重心转移至高端产品，在服务终端突出新的品牌定位。为精简产品组合，他砍掉赢利的低端产品线。在营销上，冷友斌重金请来当红女星章子怡代言，而且在线下推出亲子嘉年华、营养教育等地面推广活动，主要聚焦于消费者感兴趣的话题，并在其中植入营销内容宣传飞鹤"更适合中国宝宝体质"的特点，扩大品牌效应。

依靠高端化定位与营销，飞鹤赚得盆满钵满。不过，随着出生率下滑、产品越发同质化以及价格战，2021年，奶粉行业走到了过去十多年来最艰难的时刻。飞鹤想要单纯依靠营销维持高端化这条路变得越来越难。从上游厂商到中间的代理商、下游的渠道商，全都逃不过"内卷"①二字。

走到现在这个节点，随着生活水平的提升，众多中国妈妈对于奶粉的期待已不仅仅局限在飞鹤提出的"适合中国宝宝体质"的奶粉，妈妈们希望孩子们不仅能够健康成长，而且能够拥有更强健的体魄和更聪明的头脑。由此看来，作为中国奶粉行业的引领者——飞鹤面临着更加艰巨的挑战，需要加大研发力度，更好地满足消费者的需求。

冷友斌认为"国际化、高科技化必然是飞鹤未来的发展方向"。虽然飞鹤目前已拥有12种配方，如提高免疫力功效、重建肠道菌群功效等，但这些仍然较为粗略，不能完全满足消费者的需求。未来，冷友斌想要做婴幼儿奶粉的定制化生产，通过对孕初期母体进行基因测序，对其未来宝宝进行身体特质画像实现奶粉定制。然而这是一个很大的挑战，定制奶粉需要从奶牛的育种阶段就进行特殊化处理，需要从研究各种蛋白的培育开始直到最终奶粉的制成。这对于飞鹤来说任重道远，对于整个奶粉行业来说也是困难重重，究竟飞鹤能不能实现

---

① 同行间竞相付出更多努力以争夺有限资源，从而导致个体"收益努力比"下降的现象。

这个设想，未来的奶粉行业又会如何发展，让我们拭目以待！

讨论题

1. 飞鹤在战略变革前后分别实施什么战略？分析两种战略各自的特点。
2. 结合案例资料分析飞鹤是如何制定新战略的？
3. 飞鹤如何实现新战略落地？进一步分析促使其新战略实现的驱动因素有哪些？

经典书籍推荐

推荐书目：《麦肯锡结构化战略思维》，该书的作者是周国元，于 2021 年 8 月由人民邮电出版社出版。

本书作者基于自己在麦肯锡工作的经验，首次体系化地从思考、交流到实施全流程介绍了结构化战略思维，拆解了其方法论，着重讲了"结构化思维 4 大原则""新麦肯锡 5 步法"和"培养结构化战略思维需要养成的 10 个习惯"，同时把 12 个知识要点用图解的方式做了直观呈现，以帮助读者学习并掌握"自上而下"的结构化战略思维方式和方法，帮助读者在复杂、多变、模糊且不确定的时代冲破专业与经验的禁锢，以数字和逻辑为工具，自信地面对和分解任何问题与挑战，并能快速提出高效且有创造性的解决方案，逐渐成长为解决问题的高手。

知名投资人、溹策资本创始人甘剑平推荐本书的理由是"不论是职场新人，还是想在现有领域中独辟蹊径的管理者，都可以从《麦肯锡结构化战略思维》中学到实用的思考框架和技巧，让工作更加高效"。

第 3 章
战略管理历程

 本章学习目标

1. 了解战略管理理论的发展过程；
2. 比较计划学派和设计学派的差异；
3. 掌握战略管理各主要学派的基本观点；
4. 了解战略管理理论演进的规律和发展趋势。

引例

奇虎360公司（以下简称360公司）创立于2005年9月，是中国第一大互联网和手机安全产品及服务提供商，曾先后获得过鼎晖创投、红杉资本、高原资本、红点投资、Matrix、IDG等风险投资商总额高达数千万美元的联合投资。随着企业的迅速发展，在2011年3月30日，360成功登陆美国纽约证券交易所，证券代码为"QIHU"，首次公开募股（IPO）总计获得40倍超额认购，是2011年中国企业在美国成功的IPO交易之一。然而在2015年6月17日，360宣布其董事会收到创始人周鸿祎的一份不具约束力的提案，该提案提议以现金收购其尚未持有的奇虎全部已发行的普通股，实现私有化。截至2016年7月15日，360公司宣布私有化交易完成，整个规模接近100亿美元，是迄今为止规模最大的中国概念股私有化。短短几年时间，360公司从美国证券市场的明星股变成最大的退市者，一番波折之后重新返回国内市场寻找资本的支持。①

战略管理的兴起虽然只是几十年前的事，但战略思想的起源可以追溯到两千多年以前。可以说，人类文明的发展史同时也是战略得以诞生并不断完善的历史。孙子、老子、孔子、韩非子，这些让人崇敬的古代思想家，为我们铺设了坚实的战略之路；安索夫、钱德勒、安德鲁斯、波特、明茨伯格，这些现代战略学家更是将战略管理理论的发展推向一个又一个高潮。本章通过对战略管理理论发展过程的回顾，介绍了计划学派、设计学派等各主要学派的基本观点，并从理论高度总结了战略管理理论的演进和发展规律。

---

① 案例来源：张文新，刘世哲. 涅槃重生——奇虎360的波折回归路[DB/OL]. 中国管理案例共享中心，www.cmcc_dlut.cn/Cases/Detail/2919，2016.

3.1 中国古代战略管理思想

3.1.1 《孙子兵法》中的战略思想

春秋战国时期，周王朝已经失控，诸侯列国群雄争霸，彼此之间为了势力扩张而进行着常年的争战。"弑君三十六，亡国五十二，诸侯奔走不得保其社稷者不可胜数"描述的就是当时极端动荡的时局，战争和谋略成为各国扩张的主要手段。《孙子兵法》正是在这样的背景下问世的，其作者孙武不仅具备系统而深刻的兵法理论，而且能够将理论应用于实践中，为当时吴国的兴盛立下了汗马功劳。

《孙子兵法》被认为是最早的战略理论著作，并于公元 8 世纪初流传到国外，已被译成十几种语言，其中最早流传到日本，影响也最大。从古代中国到近现代世界各地的战争中，《孙子兵法》中的战略思想得到了广泛的应用。随着人类文明的进步和世界商业的发展，《孙子兵法》被引入商战之中，成为指导企业竞争的重要思想武器，其中，"知己知彼，百战不殆""避实而击虚""以正合，以奇胜"等经典战略思想更是被广大企业管理者所熟知和掌握。

尽管《孙子兵法》在战争、商业等领域得到了非常广泛的应用，但大多数应用者只关注其中的具体内容及其应用，或者只精通某个思想要点，却不能通盘掌握整套兵法理论。究其原因，主要是缺乏对《孙子兵法》中战略思想体系的探讨。正是出于这种思考，我国学者周三多教授在前人研究的基础上，将《孙子兵法》中的经营战略思想体系划分为竞争观、战略目标、战略环境分析、战略方案制定、战略决策、战略实施、战略控制、信息与情报八个部分，通过对各部分之间的逻辑联系的分析，构建了《孙子兵法》战略思想体系（见图3-1）[1]。本书将借助这一理论体系，对《孙子兵法》中的战略思想进行分析。

1. 竞争观

竞争观也就是对待竞争的态度，是企业参与市场竞争、保持稳定发展需要首先确立的基本思想。市场需求的日趋多元化、信息技术的日益完善以及产业结构的不断深化调整，使得企业面临的竞争不断向激烈化、多样化演变。简单地说，市场在变，环境在变，竞争也在变，如果没有树立正确的竞争观，企业将很难在这一激烈的竞争环境中有所作为。现实中，对于如何看待竞争，不同的人持有不同的观点，《孙子兵法》中的竞争观虽然不是放之四海而皆准，但就其竞争态势而言，与我们现实商战中的竞争有着很多共同点。

《孙子兵法》竞争观的核心在于"正视"和"慎视"。正视即不惧，勇于面对竞争，敢于通过竞争与谋略赢得胜利；慎视是指对待竞争所具有的谨慎态度，洞察问题小心细致，慎重地对待每一个问题和细节。

《孙子兵法》强调不畏强手、敢于拼搏、敢于争胜，即"正视"。这实际上代表了一种心态、一种基本的作战指导思想，同时也体现出了战争中该有的雄伟气魄。孙武在《九地篇》中指出："夫霸王之兵，伐大国，则其众不得聚；威加于敌，则其交不得合。是故不争天下之交，不养天下之权，信己之私，威加于敌，故其城可拔，其国可隳。"换句话说，要想取得战争的胜利，首先必须有敢拼敢斗的决心，在气势上压倒对手，让敌人被我们的威风所震

---

[1] 周三多，陈传明，鲁明泓. 孙子兵法与经营战略[M]. 上海：复旦大学出版社，1995.

慑住，从而达到"敌虽众，可使无斗"的效果。这实际上告诉我们，强大的对手并不可怕，战争中或者市场竞争中以弱胜强的事例比比皆是，关键是要敢于面对对手、正视对手、正视竞争。

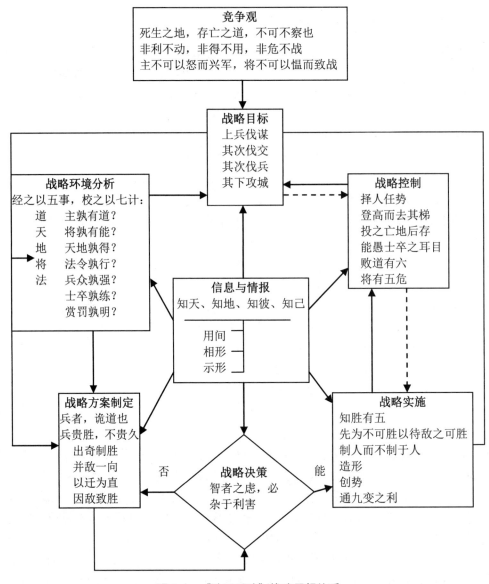

图 3-1 《孙子兵法》战略思想体系

"正视"提高了我们的士气，但要做到有勇有谋，还需要"慎视"。正如《孙子兵法》开篇所指出的："兵者，国之大事，死生之地，存亡之道，不可不察也。"通俗的说法就是：战争是国家的大事，它关系到生死存亡，是不可不认真考察研究的。孙武在《火攻篇》中进一步指出："非利不动，非得不用，非危不战。主不可以怒而兴师，将不可以愠而致战。合于利而动，不合于利而止。怒可以复喜，愠可以复悦，亡国不可以复存，死者不可以复生。故明君慎之，良将警之，此安国全军之道也。"言下之意，战争是如此重要，一旦行动，其结果将无法逆转，因此必须谨小慎微，事先认真思考。企业战略管理中同样如此，管理者的每一次行动、每一个决策都涉及企业及各利益相关者的切身利益，稍有不慎就可能导致整个竞争格局的改变。因此,在做出任何决策时,都需要做到"合于利而动,不合于利而止",而切不可到"亡国不可以复存,死者不可以复生"的时候才如梦方醒。《孙子兵法》中"慎视"的思想贯穿全书,可以说,正是有了"慎视"思想的指导,才有了以后各篇中对谋略的详细论述。这实际上也提醒了企业管理者,在做出详细分析和周密计划之前,对战略问题必须持有认真谨慎的态度。

2. 战略目标

《孙子兵法》的战略目标具有非常完善的层次,主要包括伐谋、伐交、伐兵、攻城四层(见表 3-1)。其中,孙武所主张的最为理想的目标是伐谋,即利用计谋取胜。正所谓"故善用兵者,屈人之兵而非战也,拔人之城而非攻也,毁人之国而非久也,必以全争于天下,故兵不顿而利可全,此谋攻之法也[①]。"也就是说,利用计谋使对手不战而败,这样的兵法才能算是"上兵"。企业经营管理中,一谈到竞争,管理者往往容易联想到价格战、人才的争夺、市场的分割等等,似乎竞争就是不顾一切、你死我活。而事实并非如此,W. 钱·金等人(2005)在《蓝海战略》一书中指出,企业应该避免正面应对市场中的残酷战争,而是要"超越产业边界,寻找他择市场",通过开创全新的利润源来提升企业竞争力。孙武"利用谋略避开与敌人的正面作战,并使敌人降服"的思想与之极其相似。

表 3-1　《孙子兵法》与战略目标

《孙子兵法》	战　略　目　标	对应的企业战略
上兵伐谋	计谋取胜	蓝海战略
其次伐交	外交取胜	关系管理战略
其次伐兵	武力取胜	对抗战略
其下攻城	攻坚取胜	兼并战略

一旦"伐谋"不成,孙武主张的第二种选择是"伐交",即通过外交手段使敌人臣服。战争不是目的,而是为了权势扩张所需采取的手段,如果通过"伐交"就能够让对手臣服,战争就完全没有意义。"伐交"引入企业战略管理中,正好对应了当前研究的热点问题——企业间关系或关系管理。企业间关系理论强调关系是经济租金[②]的重要来源,试图通过关系网络的建立和关系治理来实现企业的价值增值。企业间关系的建立,其根本性目的是有效利用外部资源,并达到内外部资源与能力的有效融合状态,从而在更加广阔的范围内实现资源的优化配置。"伐交"与企业间关系管理一样,都试图通过外交或关系手段,完成与对手(或一般合作者)资源(或势力)的整合,从而可以让对方的势力或疆土为我所用,不用一兵一卒即达到了战争的目的。

当"伐谋""伐交"都不成功时,我们将不得不采用"伐兵""攻城"之策,即企业战略中的对抗竞争,且"攻城"有兼并对手的战略意图和目标。此时,双方往往需要亮出自身的全部实力,不论是企业的资源或实力,还是军队的兵马粮草,都需要被全部投入以赢取胜利。这种情况并不是竞争双方所期望的,因此孙武称之为"下策"。即使不得已而出"下策"时,也要根据敌我双方的力量对比,实事求是地选择合理的战略目标,即"十则围之,

---

① 大意:因此,善用兵打仗的人,使敌军屈服而不用进行交战,夺取敌人的城池而不靠硬仗,灭亡敌人的国家而不需久战,务求以全胜的谋略争胜于天下。这样,军队就不至于疲惫受挫,而胜利可以圆满地收获,这就是谋攻的法则。
② 从全社会看,存在一笔可以利用不同市场的价格差异而赚取的收入,称之为经济租金。

五则攻之，倍则分之，敌则能战之，少则能逃之，不若则能避之。"①

3. 战略环境分析

孙武认为决定战争成败的因素很多，他将其概括为"五事""七计"。"五事"指"一曰道，二曰天，三曰地，四曰将，五曰法。道者，令民与上同意也，故可以与之死，可以与之生，而不畏危。天者，阴阳、寒暑、时制也。地者，远近、险易、广狭、死生也。将者，智、信、仁、勇、严也。法者，曲制、官道、主用也。凡此五者，将莫不闻，知之者胜，不知者不胜"。②"道"代表了内部的文化因素，即是否有一股力量让臣民为了国家的安危而前赴后继；"天、地"代表外部的客观因素，不仅要有好的作战时机，而且要有与之相配合的地理环境；"将"实际上代表了战争中人的能力，特别是统帅的能力，引申到企业战略中就是对高层管理者的能力要求；"法"特指内部制度因素，是确保军心统一、行事一致的基本规范。孙武在"地形篇"中专门对"地"进行了详细分析，指出了地形中的"通""挂""支""隘""险""远"③六种情况。

"七计"包括"主孰有道？将孰有能？天地孰得？法令孰行？兵众孰强？士卒孰练？赏罚孰明？"通俗地说就是："哪一方的国君比较贤明？哪一方的将帅比较有才能？哪一方占据比较有利的天时地利条件？哪一方的法令能得到切实的贯彻实施？哪一方的军队实力强盛？哪一方的士卒训练有素？哪一方的奖赏和惩罚公正？"孙武认为，通过对这些情况的分析，就能够判断谁胜谁负了。在"七计"之中，六项取决于人，充分表现了孙子"以人为本"的思想，这也逐渐成为企业管理的主旋律。

4. 战略方案制定

《孙子兵法》中战略方案的制定是一个系统的过程，其中不仅包括战略的具体设计，还包括对战略指导思想的精辟概括。《孙子兵法》的战略指导思想实际上就是战略方案制定的原则，这些原则在当今的企业管理中都具有极大的价值。

有关战略方案制定的指导思想，《孙子兵法》中主要有以下五条：① 兵者，诡道也。对于这句话的理解，三国时期曹操的注释为"兵无常形，以诡计为道"。客观地说，诡道本身并不是不诚实的诡诈或欺骗，而是一种灵活的应变方法或思想，可以解释为变幻莫测的非常规策略。② 兵贵胜，不贵久，即强调领兵作战应该立足于速战速决，而不宜久拖。所谓"久则钝兵挫锐，攻城则力屈，久暴师则国用不足"，长期的僵持作战，必然导致士气受挫，实力下降，资源供给不足。③ 并敌一向，即集中优势兵力攻击敌人的某一点，通过比较优势赢得战争胜利。在敌弱我强的时候，则以实击虚；敌强我弱或势均力敌时，则"避之分之"。④ 以迂为直，即通过间接的进攻，回避正面冲突，并达到扩大战果的目的。⑤ 因敌致胜，即根据战争对手和外部环境的客观情况，选择有针对性的战略。这是《孙子兵法》中制定战略方案的基本指导思想。

---

① 意为：有十倍于敌人的兵力，就要四面包围；有五倍于敌人的兵力，就要进攻敌人；有一倍于敌人的兵力，就应该设法分散敌人；同敌人兵力相仿，就要设法战胜敌人；比敌人兵力少，就要设法摆脱敌人；各方面条件都不如敌人，则应该避免与敌人交战。

② 大意：一是道，二是天，三是地，四是将，五是法。道指民众意愿与国君相一致，从而能够为国君出生入死；天指季节气候；地指地势的险阻、路程的远近、地形情况等；将指将帅的才智、诚信、仁爱、勇敢、威严；法指军纪、制度等。以上五点，将帅们没有不知道的，然而，只有深刻理解，才能取得最后的胜利。

③ 通指"我可以往，彼可以来"之地，挂指"易去不易返"之地，支指"敌我出击都不利"之地，隘指"隘口"之地，险指"势高而向阳"的地方，远指"对于双方都平等，不宜挑战"之地。

在以上基本战略思想的指导下,《孙子兵法》倡导的战略类型主要有:① 出奇制胜战略,即强调进攻中的突然性,在敌人还没有察觉的情况下向对方发起突然袭击,使之措手不及。"攻其无备,出其不意""出其所不趋,趋其所不意""兵之情主速,乘人之不及,由不虞之道,攻其所不戒也。"一般情况下,出奇制胜战略往往能收到奇效,因为对手在没有任何防备的情况下,无法组织起有效的抵抗,只能被动挨打,同时容易乱了阵脚,从而彻底被瓦解。现代商战中也是一样,竞争者通过向市场提供独特的商品或服务,以赢得差异化优势,始终把对手甩在身后。② 低消耗战略,即在打击敌人的同时,自身却不会有太大的损伤。如"不战而胜""兵贵神速""奇正之变"等,其目的都是"兵不顿而利可全"。所谓"胜于易胜",即兵家在选择作战目标、作战方向时,应注重"避实而击虚",从而以尽量少的死伤赢得胜利。同时,孙武提出"庙算定计""未战先胜"的思想,即首先分析敌我双方的军事实力和外部环境情况,进而做出周密的部署,采取有效的策略,才能够"未战先胜",以最低的消耗获取最大的利益。

5. 战略决策

战略决策要求决策者在多种备选方案中进行选择,《孙子兵法》以"利"作为战略决策的标准,并指出"合于利而动,不合于利而止""非利不动,非得不用,非危不战""智者之虑,必杂于利害"。此处之利,并非"利益",而是有利之势,即某项决策是否应该做出,取决于该决策方案能否将自己带入有利之地。

在选择战略方案、做出战略决策时,孙武十分重视定量的决策分析方法,即"一曰度,二曰量,三曰数,四曰称,五曰胜"。实际上,我们可以将这五个步骤理解为战略决策的一般程序和基本方法。孙武研究战场细分的方法为我们进行市场细分的研究提供了一种全新的思路(见表 3-2)。

表 3-2 孙武战场细分的方法[①]

划分标志	战略细分	市场细分	应采取的对策
地形	1. 通地	双方均便于往来之地区	先占据有利地形
	2. 挂地	易进难退的地区	力求保持能进能退
	3. 支地	双方进入均不利的地区	诱敌进入,防我方被人诱入
	4. 隘地	容量有限但有利的地区	别人若未占满,可以跟进
	5. 险地	影响事业成败的战略要地	抢先占领制高点
	6. 远地	双方势力均难达到的地方	不宜挑战
地势	1. 散地	本企业的传统市场	设置障碍,防止对方进入
	2. 轻地	刚进入的地区	继续深入,站稳脚跟
	3. 争地	双方争夺的有利地区	尽快占地盘,避免大的冲突
	4. 交地	双方均可来往的地区	可设伏待袭来而击之
	5. 衢地	多种力量交界的地区	加强外交攻势,形成三角战略
	6. 重地	深入对方的传统市场	尽量使之本土化
	7. 圮地	交道不便之地	迅速撤离
	8. 围地	易于被困之地	防止被围,保持随时撤出的可能
	9. 死地	不战则亡之地	殊死奋战,速战速决

---

① 周三多,陈传明,鲁明泓. 孙子兵法与经营战略[M]. 上海:复旦大学出版社,1995.

6. 战略实施

孙武认为，战略实施需要以下观点作为指导。

（1）知胜有五：知可以战与不可以战者胜，识众寡之用者胜，上下同欲者胜，以虞待不虞者胜，将能而君不御者胜。通俗地说就是：时机掌握得好的胜，懂得用兵多少的胜，上下同心协力的胜，以有戒备的军队攻打防御松弛的军队的胜，将帅指挥能力强而国君不加干涉的胜。虽然只是简单的一句话，却包括了战略实施所需要注意的机会与实力分析、资源的优化配置、文化的培养、权力的分配等诸多方面的内容，为战略实施提供了有力的支持。

（2）先为不可胜，以待敌之可胜。换言之，带兵打仗，首先要使自己不可战胜，然后再寻求战胜敌人的时机。这实际上代表了一种"保本"思想，即至少不能输，使自己处于不会被打败的境地，再去考虑如何战胜别人。持有这种思想的决策者，至少不会对整个战略的实施带来不利影响，往往只要抓住机会，就能够克敌制胜。

（3）致人而不致于人。《孙子兵法》中指出："凡先处战地而待敌者佚，后处战地而趋战者劳，故善战者，致人而不致于人。能使敌人自至者，利之也；能使敌不得至者，害之也。"先到达战地而等待敌人的就从容、主动，后到达战地而仓促应战的则疲劳被动。因此，善于指挥战斗的人，总是调动敌人而不会被敌人所调动，能使敌人自动送上门的，对我们有利，不能则不利。这实际上是对战争局势的掌控，使对手总是被迫朝着我们设定的道路前进。对于如何致人，孙武认为可以采用的策略包括："先夺其所爱，则听矣"①"因利而制权"②"攻其所必救"③"出其所不趋，趋其所不意"④。

（4）造形。形，即战斗力量的表现。"造形"，就是要加强战备，增强自己的力量，以立于不败之地，然后寻求、等待敌方之可乘之机，恰当地运用进攻和防御方式，以压倒性的优势击败敌人⑤。"善攻者，动于九天之上""善守者，藏于九地之下"。不管处于攻势还是守势，都应该让自身做好充分的准备，在不同的局势下选择合适的策略，并达到最终的战斗目的。"形人而我无形，则我专而敌分"。示形于敌，能给敌人造成一种假象，敌人就不得不分散兵力以应对各种可能性，从而为我方集中力量打击对手创造条件。

（5）创势。《孙子兵法》认为，善战者，求之于势。这意味着，善于指挥战争的人，应该借助战争的气势。"势"可以理解为气势、乘势等，通过在气势上压倒对手，使对方处于心理上的被动、胆怯，从而有利于控制战局。具体来说，"势"在两个方面对战斗起到推动作用：一是给对手的威慑，"善战人之势，如转圆石于千仞之山者，势也"；二是鼓动自身的士气，以提高整个军队的战斗力。

（6）通九变之利。"将通于九变之地利者，知用兵矣"。将帅能够通晓九变好处的，就懂得用兵了。这一战略实施的思想实际上强调战略的灵活性，应该因地制宜，根据具体情况做出相应调整。"战胜不复，而应形于无穷""兵无常势，水无常形"，只要内、外部环境发生了变化，就应该进行相应的战略调整，这也是战略实施的关键。

---

① 首先攻取敌人关键之处，就能使它陷入被动。
② 根据情况是否有利而采取相应的行动，从而掌握作战的主动权。
③ 进攻敌人必须救援的地方，打击敌人的要害。
④ 出兵至敌人来不及奔赴救援的地方，攻击敌人意想不到的地方。
⑤ 周三多. 孙子兵法与经营战略[M]. 上海：复旦大学出版社，1995.

7. 战略控制

《孙子兵法》中的《兵势篇》有言："故善战者，求之于势，不责于人，故能择人而任势。"意思是说，善于指挥打仗的将帅，目光集聚在"造势"上，而不苛求部属，所以他能够挑选到优秀的人才并激发很好的士气。"择人任势"是孙武战略控制中非常重要的思想，在整个战争中，人代表了军队中的有形资产价值，而势则是以"品牌"为核心的无形资产价值，抓住了人和势，实际上也就为战争的胜利创造了条件，整个战局必然控制在我方手中。孙武不仅考虑制胜，而且注意到了战局中的危急之处，指出了战争失败的六种原因：一是"走"，即双方条件相当，去攻击十倍于己的敌人而失败；二是"弛"，虽然士卒强悍，但将帅怯懦，并因此而导致失败；三是"陷"，虽然将帅很强势，但士卒很弱；四是"崩"，整个军队指挥不统一，命令得不到执行；五是"乱"，主将软弱，教导无方，部下无所遵循，杂乱无章；六是"北"，即决策失误所导致的失败。正是这些失误的存在，使得战略控制更加有必要，"择人、造势"也就更加重要。

8. 信息和情报

"知己知彼，百战不殆"，代表了任何对抗或竞争中的核心要素，同时也是《孙子兵法》的灵魂。相比于"知己"，"知彼"需要通过外部手段来做到，因而具有更高的难度。《孙子兵法》将"知彼"的方法分为两类：一类是侦查，"相敌"或"诱敌示形"，也就是通过观察敌人的行动、收集敌人的信息，或者采取其他的利诱方法，使敌人暴露军情；另一类方法即"用间"，试图使用间谍获取情报，尽管"用间"之方由来已久，但在当今的战场、商场中仍然是屡见不鲜。

3.1.2 其他中国古代战略思想

1. 《周易》的"变通"战略思想

立著于两千多年前的《周易》被誉为"东方圣经""群经之首"，它不仅是一本经典的意理类著作，而且是一部富含管理哲学的思想集。以下将从战略管理的角度，对《周易》中的经典战略思想进行介绍和分析。

1) 《周易》的战略管理原则[①]

（1）平衡性原则。《周易》强调动态平衡、中和、中庸与对称。六十四卦中许多卦的交卦排列都是对称的、平衡的，如乾卦与坤卦、泰卦与否卦等。《周易》认为阴阳合德、阴平阳秘有利于社会人生、自然的稳定与发展。在中国传统社会里，求稳、求均、求平衡、求和、求中庸的心态随处可见，在当今的企业战略管理中，平衡同样是重要的经营思想。从内部来看，平衡主要体现在资源的合理配置和利益的均衡分配上，比如，资源分配必须要注意均衡性，避免由于某一个环节资源分配不足而形成整个经营中的短板。从外部来看，平衡主要体现在策略的合理性和竞争的度的把握上。所谓"物极必反"，在与对手竞争中，如果给对手带来的打击过大，将很可能导致对手不顾一切地反扑，造成两败俱伤的后果。

（2）整体性原则。《周易》包含丰富的整体观、系统论思想。它把人—社会—自然看成一个相互影响、密切联系的统一体，并系统地看待三者之间的关系；它把六十四卦看成一个整体，又把每一卦看成一个相对独立的小系统。整体不是简单地等同于各部分之和，而是子系统之间协作的结果。应该说，中国古代思想中的整体观由来已久，在传统中国人的思维里，

---

① 本部分内容改编自颜世富，《周易》的管理思想研究[J]，世界经济文汇，1997，7.

整体利益始终大于个体利益，这完全不同于西方世界的个人主义思想。整体性原则也是现代战略管理的重要原则和指导，战略本身就是一个全局性的工作，如果不重视整体的利益而只关注部门的利益，战略实施的效果必将大打折扣。

（3）阴阳对立原则。阴柔与阳刚之间、落后与前进之间、正面与反面之间总是不可避免地存在一些矛盾，矛盾着的事物或方面总是存在对抗的可能性。这种矛盾的对立性思想代表了一种辩证性逻辑，即思考问题应该从不同角度、不同侧面探究问题的本质。从战略角度来说，任何战略方案的制定、战略决策的做出都存在一定的不确定性，一方面是可观的未来预期收益，另一方面是机会成本的产生和相伴随的风险。这就要求决策者时刻保持冷静的头脑，从不同角度、不同侧面思考问题并做出决策，以确保战略方案的有效性和战略实施价值的最大化。

（4）阴阳转化。《周易》的同一卦之内、不同卦之间，都普遍存在着转化关系。例如，乾卦之内，处于"初九"爻位时，境遇不佳，"潜龙勿用"，只好等待时机；处于"九五"爻位时，形势已经发生变化，"飞龙在天，利见大人"。所谓"否极泰来"，正是阴阳转化的代表。这也使我们看到，任何事物都不是绝对的，只要具备了一定条件，就能够完成相互转化。当战略环境不利于自己时，也不用过于焦虑，也许某个突发事件会将整个局面扭转。同样，处于战略优势地位的竞争者也不能盲目乐观，要充分考虑到环境的变数，做好应对任何变化的准备工作。

2）《周易》的核心战略

（1）讲究知己知彼。乾卦、坤卦、豫卦、晋卦、否卦等都包括知己知彼之意，比如观卦中指出："观国之光，利用宾于王。观我生，君子无咎。观其生，君子无咎。"就是说，一个成大事者，要学会观察、审视自己，同时也要学会观察别人，这样才能做到对各方情况了如指掌。同样，在商战中，我们必须清楚自己的实力，但又不能仅限于此，因为若不清楚对手的情况，将很难选择出合理的战略。

（2）重视刚柔并济。"大有卦"中指出："元亨。无交害，匪咎，艰则无咎。大车以载，有攸往，无咎。公用亨于天下，小人弗克。匪其彭，无咎。厥孚交如，威如，吉。自天祐之，吉，无不利。""大有"就是大的所有，即伟大的事业之意。该卦辞是说，君王应顺应天命、顺从民心，足以统帅百姓，完成伟大事业。引入战略管理，则是指战略的柔性与技巧性，在面对竞争时，不仅要勇敢地应对，选择有效的战术狠狠打击对手，而且要注意采用灵活的策略，通过智取赢得竞争。

（3）随机应变。中国古人提倡舍生取义，但在《周易》的许多卦爻辞里，主张随机应变，身处逆境时要隐忍克制；对于不符合仁义礼信的言论与行为，如果自己不得势时，也不用对着干；认识到自己退隐有好处时，则应毫不迟疑，等到时来运转再大展宏图。这种战略思想在当今信息技术日趋发达、市场需求瞬息万变的情况下显得尤为重要，企业只有根据市场的动态适时调整战略方向，始终以市场为导向，同时兼顾对市场的合理引导，才能够在市场竞争中立于不败。

2. 老子的"无为"战略思想

《老子》一书被认为是中国第一部哲学著作，其中所包含的哲理不仅是中国古代思想的精髓，同时也对当今的企业战略管理起到很好的指导作用。

老子认为，圣人治国，不是要忙于做事，而是要拒绝做过去不应该做的事情，以致"无为"。他的理由是：世事繁杂，种种烦恼，不是因为事情做得太少，而是因为事情做得过多。

《道德经》里写道："天下多忌讳，而民弥贫；民多利器，国家滋昏；人多伎巧，奇物滋起；法令滋彰，盗贼多有。"老子认为圣人治国的第一件事就是拒绝做这些事情。当然，他也注意到现实中存在的问题，而解决的办法就是首先除掉世上祸害的根源，继此之后，实行无为而治。这里他提出"无为"的思想，实际上隐含了另一个前提，即《道德经》中所说的"无为而无不为"。换句话说，国君应当以道为法，自己无为，而让大众各尽其能。这与我们企业管理中的分权与战略决策重心的下移的发展趋势实际上是一样的。企业高层的作用实际上就是构建好整个企业的战略体系，"搭好台"，让下属去"唱戏"，充分将执行权和一部分决策权交给企业员工。

根据老子的思想，道就是万物之所由来。万物在生成过程中，都有"道"在其中。在万物之中的"道"就是"德"，"德"的含义就是"能力"或"品德"，它可以解释为万物本有的品质，也可以解释为在人伦关系中的德行。[①]因此，"德"就是事物的本性，即所谓"万物莫不尊道而贵德""含德之厚，比于赤子"。又如《道德经》所说："百姓皆注其耳目，圣人皆孩之""古之善为道者，非以明民，将以愚之"。他认为圣人应该像孩子一样，并用"愚"来表示。实际上，这里的"愚"和常人的"愚"不一样，是通过修养得来的，即所谓的"大智若愚"。因此，老子主张的是"智治"。毫无疑问，智是一切战略的基础，智者往往能够控制大局，同时灵活应对，以谋取胜。战略管理是一个不确定性极强的工作，涉及对未来的预测以及对每一个步骤的把握，如果战略管理者不具备清醒的头脑和敏锐的思维，将很难控制战略大局。

3. 孔孟的"仁义"战略思想

儒家思想强调"仁义"治国，"仁"既是处理人与人之间关系的最高道德标准，又是决定社会生活的普遍原则。《论语》中有两段话最能体现"仁"的基本精神，一是"樊迟问仁。子曰：'爱人'。"二是"克己复礼为仁"（《论语·颜渊》）。其中，"爱人"是仁的主要内容，"克己复礼"是实现仁的途径。儒家认为"义"和"利"是截然相反的。正如孔子所说的："君子喻于义，小人喻于利。"（《论语·里仁》）

孔子通过从政的实践，对"仁义"有了更深刻的理解。在他的思想体系中，"仁义"包含了以下几个层面的问题。

（1）"仁义"要求统治阶级内部互相尊重，要贯彻"一以贯之"的"忠恕之道"（《论语·里仁》）。"仁"的含义并不仅是"己之所欲，施之于人"，还有另一方面即"恕"，也就是"己所不欲，勿施于人"。这两方面结合起来，称为"忠恕之道"，孔子认为，这就是把"仁"付诸实施的途径，也就是孔子所说的"仁之方"。这种"忠恕之道"在企业战略中的作用非常突出，在整个战略制定与实施的过程中，企业内部的沟通与协调极其重要，企业必须根据战略实施的即时情况和外部环境的变化，对原有战略进行适当调整，而在调整过程中，对人的协调无疑是至关重要的。从关系层次上看，这种内部协调不仅包括上层管理者与下层员工之间的协调，而且包括下层员工之间的沟通与协调，"忠恕"则成为指导协调的基本原则。

（2）"仁义"要求统治阶级能做到"举贤才"（《论语·子路》）。孔子主观上可能是想通过举贤才来更好地推动"周道"，但按个人是否贤能作为取仕的标准，实际上是对周代按照血缘关系为标准来授官封爵的"周道"的否定，这就为普通士人中间的贤才参与政治开了方

---

① 冯友兰. 中国哲学简史[M]. 北京：新世界出版社，2004：88-89.

便之门①。孔子的贤才思想集中体现在当今企业的人才战略上，人力资源无疑已成为企业重要的战略性资源。企业开始越来越重视人才的引进和培养，并通过各种途径网罗优秀人才。同时，"举贤才"实际上对我国民营企业发展中人事问题的解决提供了极好的思路。目前，民营企业发展中的一个重要问题是：家族气息过于浓厚，拥有亲戚关系的员工过多，从而导致了难以管理的局面。通过"举贤才"，割断员工之间的亲属关系并补充新鲜的血液，从而使整个企业"活"起来。

4. 法家的"权术"战略思想

法家与儒家等其他各派根本的区别在于，其他各派主张的治理国家的方法往往不切实际，而法家谋士则立足于现实政治，结合现实情况提出比较切实可行的策略。韩非子是法家的集大成者，在他之前，法家分三派。一派以慎到为首，主张"势"，即权力与威势最为重要。第二派以申不害为首，强调"术"，即政治权术。第三派以商鞅为首，强调"法"，即法律和规章制度。

韩非子认为这三种思想缺一不可。他在《韩非子·八经》篇中说："明主之行制也天，其用人也鬼。天则不非，鬼则不困。势行教严，逆而不违……然后一行其法"。明君如天，执法公正，这是"法"的作用。他驾驭人时，神出鬼没，令人无从捉摸，这是"术"。他拥有威严，令出如山，这是"势"②。三者"不可一无，皆帝王之具也。"

应该说，法家的"权术"战略思想是治理企业的根本。首先，"法"即规章制度，是企业运转的基本保障，是确保企业各方基本行为规范性、保障企业根本利益的准则。其次，"术"是企业高层在应对各种问题时所应采取的基本策略与方法，集中体现了高层管理者的领导艺术与智慧。最后，"势"是管理者威信的代表，是确保企业执行力的重要条件。法家的"权术"思想在企业战略层面显得尤为重要，因为战略的推行具有很大的不确定性，其结果的好坏很难通过绩效考核来准确把握，这也就为战略执行者的"偷懒"行为提供了便利，"权术"则成为保障战略顺利有效执行、维护企业长期利益的有力手段。

3.2 西方现代战略管理思想

3.2.1 20世纪60—70年代的战略管理理论

战略管理理论的产生和发展与社会经济环境息息相关。战略管理理论是特定时代环境下的产物，它是在吸收前人研究成果的基础上，为适应特定的外界环境条件发展起来的。西方的战略管理理论产生于20世纪60年代，在其演进的过程中经历了多个发展阶段，产生了众多的战略管理理论学派。

20世纪60年代，随着企业外部环境的变化，诸如消费者需求结构变化，科学技术的迅速发展，国内外市场竞争日趋激烈，企业意识到必须采取新的管理模式。1962年，钱德勒通过对通用汽车公司、杜邦化学公司、标准石油公司等大型企业经营历史的潜心研究，出版了《战略和结构》一书，掀起了企业战略研究的浪潮。钱德勒在该书中阐述了环境、战略、结

---

① 蔡德贵，刘宗贤. 十大思想家[M]. 香港：中国评论学术出版社，2005：30-31.
② 冯友兰. 中国哲学简史[M]. 北京：新世界出版社，2004：137-141.

构三者的关系，提出了"结构追随战略"的观点，他认为企业战略应当适应环境的变化，而组织结构又必须适应企业战略的要求，随着战略的发展而变化。

在整个 60 年代，设计学派是研究战略管理理论的主流学派。设计学派以哈佛商学院的安德鲁斯教授为代表。安德鲁斯将战略划分为四个构成要素，即市场机会、公司实力、个人价值观和渴望、社会责任，其中市场机会和社会责任是外部环境因素，公司实力与个人价值观和渴望则是企业内部因素。他还主张公司应通过更好地配置自己的资源来形成独特的能力，以获取竞争优势。

设计学派把战略分为战略制定和战略实施两个阶段。设计学派认为，战略制定是领导者有意识的但非正式的战略构想过程，在制定战略的过程中要分析企业的优势与劣势、环境所带来的机会与造成的威胁，即著名的 SWOT（strength，weakness，opportunity and threat）战略形成模型，这一模型也是计划学派的理论基础。该模型表明，形成战略最重要的因素是对外部因素和组织因素进行匹配。正如安德鲁斯所指出的那样，"战略是对公司的实力和机会的匹配。这种匹配将一个公司定位于它所处的环境之中"。因此，该模型考虑了企业面临的威胁与机会（外部评价）和企业本身的优势与劣势因素（内部评价）。

这一模型的主要假定也反映了该学派的一些主张：① 战略形成应当是一个受到控制的有意识的思想过程，企业组织应当经过仔细慎重的考虑才能形成战略；② 主要领导人应当主导整个战略的形成过程，他不负责具体战略计划的制订工作，但应当是整个战略计划的设计者；③ 制定战略时，必须经过充分的设计，在勾画和选择了某种特别的战略，即完成"决策"过程之后，制定过程也就宣告结束；④ 战略应该是清晰的、易于理解和传达的，战略只有简明扼要才能对其进行考查或检验，使其不断得到改进。同样，战略的形成模型也应当是简单的。

计划学派几乎与设计学派同时产生。计划学派以安索夫为代表。安索夫出版的主要著作包括：1965 年的《公司战略》、1976 年的《从战略计划到战略管理》和 1979 年的《战略管理理论》，这些都是理论界公认的企业战略管理的开山之作。安索夫在《公司战略》一书中首次提出了"企业战略"这一概念，并将战略定义为"一个组织打算如何去实现其目标和使命，包括各种方案的拟定和评价，以及最终将要实施的方案"。"战略"一词随后成为管理学中的一个重要术语，在理论和实践中得到了广泛的运用。安索夫提出，战略应当包括四个构成要素：① 产品与市场范围，即确定企业在所处行业中的产品定位与市场地位；② 增长向量，即企业经营的方向和趋势；③ 协同效果，即"大于由公司各部分资源独立创造的总和的联合资源回报效果"，在各业务间存在资源、技术、管理和价值链活动各环节间的匹配关系时，可以实现各因素的联合、共享和节约，产生 1+1>2 的效果；④ 竞争优势，即企业及其产品和市场所具备的不同于竞争对手的能够为企业奠定牢固竞争地位的特殊因素。这不仅发展了战略理论，而且对当时西方企业的管理活动甚至现在的企业管理都起到了很重要的指导作用。从战略要素的内容可以看出，设计学派和计划学派都将市场环境、定位和内部资源能力视为战略的出发点，并且这两个学派对于战略形成的看法也是非常相似的。

以安索夫为代表的计划学派认为：① 战略产生于一个受控的、有意识的正式规划过程，该规划过程被分解成清晰的步骤，每个步骤都采用核查清单进行详细的描述，并由分析技术提供支持；② 原则上由首席执行官来负责整个战略进程，实际上战略实施由全体计划人员来负责；③ 由正式进程得出的战略应当明确制定出来，以便通过细致的目标、预算、程序和各种经营计划来得到贯彻。计划学派"把战略形成看成一个正式的过程"，这个正式的过程由若干步骤构成一个"战略规划模式",其主要步骤包括:第一,目标确定,尽可能量化组织目标;第二,外部审查,即对组织外部的情况进行评估;第三,内部审查,即对组织的优势与劣势进行审视;第四,战略评价,对若干个战略而不是一个战略进行细致描述,选出一个适用的战略;第五,战略运用,战略被分解成许多子战略,或按不同时间加以规划,形成一套完整的有等级区分的战略计划体系;第六,为整个过程制订计划。

20世纪60—70年代的战略管理理论存在一定的局限性:企业战略的制定主要是建立在分析和推理之上,这需要高层管理者对未来环境做出可靠的预测。在经营环境相对稳定的情况下,制定合理的战略并加以贯彻执行是完全可行的。但在经济环境不确定性的情况下,对环境的准确预测就变得困难重重。此外,这个时期的战略管理理论只是方向型和框架性的,可操作性不强。

3.2.2 20世纪80年代的战略管理理论

进入20世纪80年代,随着世界经济的不断发展和大规模机械化生产的出现,西方国家出现了企业兼并浪潮,企业规模变得越来越大,市场结构越来越集中,产业组织的力量超越政治经济环境的力量,一些寡头企业组成托拉斯垄断市场,导致行业间的利润存在巨大差异。许多著名的成功企业大多来自有吸引力的行业,设计学派对此解释能力不足。产业组织理论通过研究产业集中、产品差异化、进入壁垒、规模经济等对市场结构和经营绩效的影响,来说明企业如何获得竞争优势,对于当时的成功企业有着较强的解释能力,因此,产业学派取代设计学派成为影响较大的战略管理学派。

20世纪80年代初,迈克尔·波特深受以梅森和贝恩为代表的产业组织学派的影响,凭借《竞争战略》《竞争优势》《国家竞争优势》三部著作形成了以竞争为基础的战略管理理论。波特通过对美国、欧洲和日本制造业的实践总结,提出企业战略的核心就是要获得竞争优势,即针对决定产业竞争的各种影响力来建立一个有利可图并持之以恒的优势地位。波特认为要通过产业结构分析来选择有吸引力的产业,然后寻找价值链上的有利环节,通过恰当的战略来取得竞争优势。

基于竞争战略的选择,战略管理的一项首要任务就是选择有着潜在高利润的行业。不同产业所具有的吸引力及其带来的持续盈利机会是不同的,企业选择一个朝阳产业,要比选择夕阳产业更有利于提高自己的获利能力。围绕这一命题,该学派采用了各种方法和技巧来分析企业所处行业的状况,其中,最著名的方法是波特的行业五种竞争力模型。这一模型说明行业的盈利能力主要取决于供应商、购买者、当前的竞争对手、替代产品及行业的潜在进入者五种因素。企业需要考虑的第二个战略任务就是如何在已选定的行业中确定自己的优势竞争地位。在一个产业中,不管它的吸引力以及提供的盈利机会如何,处于竞争优势地位的企业要比劣势企业具有较大的盈利可能性。企业的定位决定了其盈利能力是高于还是低于行业的平均水平。在行业不理想、平均盈利能力低的情况下,定位适当的企业仍然可以获得较高的利润。此时,企业可以结合具体形势,选择适当的战略,以增强或削弱其在行业内的竞争地位。低成本、差异化和集中化三种战略是最常用的一般战略。

迈克尔·波特在《竞争战略》这本书中,构造了用于产业结构分析的五种作用力模型,并提出了三种基本竞争战略类型。这五种作用力包括进入威胁、替代威胁、买方砍价能力、供方砍价能力和现有竞争对手的竞争。这五种作用力共同决定产业竞争的强度以及产业利润率,最强的一种或几种作用力占据着统治地位并且从战略形成的观点来看起着关键性作用。

在此基础上，波特总结出了企业为获取竞争优势而采取的三种基本战略：成本领先战略、差异化战略和集中化战略。

1985年，迈克尔·波特又出版了《竞争优势》一书，在该书中，迈克尔·波特引入了价值链（value chain）的概念，用来审视企业的所有行为及其相互关系，进而分析和识别企业竞争优势。价值链活动是竞争优势的来源，企业可以通过价值链活动和价值链关系（包括一条价值链内各活动之间及两条或多条价值链之间的关系）的调整来实施其基本战略。他将企业的经营活动分为基本活动和辅助活动。同一产业中企业的价值链固然有相同之处，但竞争对手之间的价值链却存在着差异，这种差异是企业竞争优势的一个关键来源。企业正是通过比其竞争对手更廉价或更出色地开展这些重要的战略活动来赢得竞争优势的。

概括起来，波特的竞争战略理论的基本逻辑是：① 产业结构是决定企业盈利能力的关键因素；② 企业可以通过选择和执行一种基本战略影响产业中的五种作用力量（即产业结构），以改善和加强企业的相对竞争地位，获取市场竞争优势（低成本或差异化）；③ 价值链活动是竞争优势的来源，企业可以通过价值链活动和价值链关系的调整来实施其基本战略。

相对于战略的制定过程，竞争战略学派更专注于对战略内容（低成本、差异化和集中化等）的研究。它在战略形成方面的意义在于，在制定战略时给出了分析的一种优先顺序，使企业可以在行业的范围内系统考察所面临的机会和威胁，合理选择适用的战略。此外，竞争战略学派将战略分析的重点第一次由企业转向行业，强调了外部环境的重要性，并且为战略的选择过程提供了诸如公司地位、行业吸引力矩阵、价值链分析等极为有用的分析技巧，有效地指导了企业的实际经营活动。

波特将产业组织理论引入战略研究中，并将重点放在行业特征分析上，强调市场结构对企业获利能力的影响。波特做到了产业组织理论和企业竞争战略理论的创新性兼容，并实现了战略制定和实施这两个过程的有机统一，以其对20世纪70年代以后的工业经济时代特征的准确把握，运用宏大的研究视野、完备的理论系统架构、实践指导性强的战略分析工具，成为工业经济时代战略管理理论的终结者。

波特的竞争战略理论一经提出便受到企业战略管理学界的普遍认同，并且成为进行外部环境分析和激发战略选择最为重要和被广泛使用的模型。然而，波特的战略理论也有其局限性。在产业分析中，波特忽略了企业内部条件的差异，认为竞争战略在很大程度上依赖于对高利润产业的正确选择，因此往往诱导企业进入自身并不熟悉的领域或采取无关多元化战略。而事实上，同一产业内企业间的利润差异并不比产业间的利润差异小。另外，波特的价值链分析虽然提供了寻找竞争优势的有效方法，但并没有指出如何根据重要性原则确定企业的核心竞争优势。随着信息经济时代的来临，波特理论正在受到来自各方面的批评和质疑，波特时代正在终结，信息经济时代产生了许多完全不同于工业经济时代的新特征，需要新的战略理论的出现。

3.2.3 20世纪90年代以来的战略管理理论

进入20世纪90年代，随着企业的规模日益壮大，管理层次越来越多，管理幅度越来越大，大企业管理的有效性和效率问题变得非常重要，企业能否灵活有效地综合利用内部资源以适应外部环境的变化，成为企业成败的关键因素。该时期战略管理的主要著作从核心能力、学习型组织和超越竞争等视角出发，涵盖了对技术技能、组织灵活性、适应性学习商业生态系统合作演化等研究。该时期企业战略研究的重点是如何在复杂多变的环境中制定和实施企业经营战略，从而使企业在险恶的环境中不迷失方向并健康发展，特别是在出现战略脱节的情况下，战略思维和战略管理就显得尤为重要。

1. 90年代早期的战略管理理论

20世纪90年代早期，信息技术迅猛发展导致竞争环境日趋复杂，企业不得不把眼光从外部市场环境转向内部环境，注重对自身独特的资源和知识（技术）的积累，以形成企业独特的竞争力（核心竞争力）。1990年，普拉哈拉德和哈默尔在《哈佛商业评论》发表了《企业核心能力》(The Core Competence of the Corporation)一文，自此，关于核心能力的研究热潮开始兴起，形成了战略管理理论中的能力学派。

核心能力是指企业长期积累而成的一种独特能力，可实现高于竞争对手的价值，具有进入多种市场的潜力，是企业获得长期利润的源泉。能力学派强调以企业特有能力为出发点来制定和实施企业竞争战略，该学派有两种具有代表性的观点：一是以普拉哈拉德和哈默尔为代表的核心能力观；二是以斯多克、伊万斯和舒尔曼为代表的整体能力观。核心能力观是指蕴含于一个企业之中且具有明显优势的个别技术和生产技能的结合体；整体能力观主要表现为组织成员的集体技能和知识以及员工相互交往方式的组织程序。两种能力观都强调企业内部行为和生产过程所体现出的特有能力，但核心能力观强调企业价值链中的个别关键优势，而整体能力观则强调企业价值链中的整体优势。

在对一些大公司成败案例进行研究的基础上，能力学派指出，20世纪90年代以来，企业竞争的基本逻辑发生了变化，在90年代以前，市场处于相对平稳的状态，企业战略仍可基本维持不变，企业竞争犹如国际象棋赛争夺棋盘中的方格一样，是一场争夺位置的定位战争，通常以其十分明确的市场细分来获得和维持其市场份额，企业获取竞争优势的关键就是选择在何处进行竞争，至于选择何种竞争方式的问题则处于第二位。但是，在90年代以来激烈动荡的市场环境中，企业能否获得竞争优势取决于对市场趋势的预测和对变化中的顾客需求的快速反应。在这种竞争态势下，企业战略的核心不在于公司产品和市场定位，而在于其行为反应能力，战略重点在于识别和开发难以被模仿的组织能力，这种组织能力是将一个企业与其竞争对手区分开来的标志。

能力学派的理论创新表现在对如何识别和培育企业核心能力的理解上。在能力学派看来，如何识别核心能力已成为一个企业能否获取竞争优势的首要前提。能力学派认为，培育核心能力，并不意味着要比竞争对手在研究开发方面投入更多的资金，也不是要使其各个事业单元垂直一体化，事实上，核心能力来自于企业组织内的集体学习，来自于经验、规范和价值观的传递，来自于组织成员的相互交流和共同参与。

能力学派理论创新的另一个方面是如何制定和实施企业竞争战略的政策主张。有关学者对企业核心能力、核心产品、最终产品及其关系做过一个著名而生动形象的比喻："一个实行多角化经营的公司犹如一棵大树，树干和主树枝是核心产品，较小的树枝是事业单元，树叶、花和果实就是最终产品，提供养分、支撑和稳定性的根部系统就是核心能力。"能力学派主张，要建立一个企业在市场中的长期领导地位，就必须在核心能力、核心产品和最终产品三个层面上参与竞争，并成为胜利者。

核心能力的理论假设是：假定企业拥有不同的资源（包括知识、技术等），形成了独特的能力，资源不能在企业间自由流动，对于某企业独有的资源，其他企业无法得到或复制，企业利用这些资源的独特方式是企业形成竞争优势的基础。该理论强调的是企业内部条件对于保持竞争优势以及获取超额利润的决定性作用。这表现在战略管理实践上，要求企业从自身资源和能力出发，在自己拥有一定优势的产业及其相关产业中开展经营活动，从而避免受产业吸引力诱导而盲目进入不相关产业进行多元化经营。

波特结构理论的缺陷在于过分注重企业的外部分析，核心能力理论则弥补了这一缺陷。但与此同时，由于该理论又过分关注企业的内部，致使企业内、外部分析失衡。为了解决这一问题，1995年，柯林斯和蒙哥马利在《哈佛商业评论》上发表了《资源竞争：90年代的战略》一文。该文章对企业的资源和能力的认识又深入了一层，提出了企业的资源观（resources-based view of the firm）。他们认为，价值的评估不能局限于企业内部，而是要将企业置身于其所在的产业环境，通过与其竞争对手的资源比较，发现企业拥有的有价值的资源。所谓的企业资源是指企业在向社会提供产品或服务的过程中能够实现企业战略目标的各种要素组合。企业可以看作是各种资源的不同组合，由于每个企业的资源组合不同，因此不存在所拥有资源完全相同的企业。只有企业拥有了与其业务和战略最匹配的资源，该资源才最具价值。企业的竞争优势来自于其拥有的有价值的资源。

2. 90年代后期的战略管理理论

20世纪90年代以前的企业战略管理理论，大多建立在对抗竞争的基础上，侧重于讨论竞争和竞争优势。时至90年代中后期，战略联盟理论的出现使人们将关注的焦点转向了企业间各种形式的联合。这一理论强调竞争合作，认为竞争优势是构建在自身优势与他人竞争优势结合的基础上的。但是，联盟本身固有的缺陷，以及基于竞争基础上的合作，使得这种理论还存在许多有待完善之处，企业还在寻求一种更能体现众多优越之处的合理安排形式。进入90年代中期，随着产业环境的日益动态化，技术创新的加快，竞争的全球化和顾客需求的日益多样化，企业逐渐认识到，如果想要发展，无论是增强自己的能力，还是拓展新的市场，都得与其他公司共同创造消费者感兴趣的新价值，企业必须培养以发展为导向的协作性经济群体。在此背景下，通过创新和创造来超越竞争开始成为企业战略管理研究的一个新焦点。

美国学者詹姆斯·弗·穆尔在1996年出版的《竞争的衰亡》一书标志着战略理论的指导思想发生了重大突破[①]。穆尔以生物学中的生态系统这一独特的视角来描述当今市场中的企业活动，但又不同于将生物学的原理运用于商业研究的狭隘观念。穆尔认为，在市场经济中，达尔文的自然选择似乎仅仅表现为最合适的公司或产品才能生存，经济运行的过程就是驱逐弱者。而穆尔提出了"商业生态系统"这一全新的概念，打破了传统的以行业划分为前提的战略理论的限制，力求"共同进化"。穆尔站在企业生态系统均衡演化的层面上，把商业活动分为开拓、扩展、领导和更新四个阶段。穆尔在其理论中详细地论述了商业生态系统，他建议高层经理人员经常从顾客、市场、产品、过程、组织、风险承担者、政府与社会七个方面来考虑商业生态系统和自身所处的位置；系统内的公司通过竞争可以将毫不相关的贡献者联系起来，创造一种崭新的商业模式。在这种全新的模式下，穆尔认为制定战略应着眼于创造新的微观经济和财富，即以发展新的循环代替狭隘的以行业为基础的战略设计。

3.3 战略管理理论的最新发展

进入21世纪以来，全球经济发生了巨大的变化，经济环境越来越复杂和变幻莫测，竞

---

① 詹姆斯·弗·穆尔. 竞争的衰亡：商业生态系统时代的领导与战略[M]. 梁骏等，译. 北京：北京出版社，1999.

争异常激烈，不仅对大企业提出了挑战，而且对众多的中小企业也提出了更高的要求，没有规模、没有品牌、没有特色就有可能随时被淘汰，而要具备这些就需要有战略眼光，对系统、对企业进行战略策划，从而寻找到适合企业成长的最佳道路。美国著名未来学家托夫勒在《企业必须面向未来》一书中说："对没有战略的企业来说，就像在险恶的气候中飞行的飞机，始终在气流中颠簸，在暴雨中穿行，最后很可能迷失方向。"可见，战略在企业发展过程中扮演着日益重要的角色，而战略管理理论的发展也表现出明显的特点和趋势。

3.3.1 战略管理理论发展的特点

从早期的战略思想发展到当今的企业生态系统理论，企业战略理论演进的过程具有如下4个特点。

（1）从战略理论的内容看，存在这样一个发展轨迹，即关注企业内部（强调战略是一个计划、分析的过程）——关注企业外部（强调产业结构的分析）——关注企业内部（强调核心能力的构建、维护与产业环境分析相结合）——关注企业外部（强调企业间的合作，创建优势互补的企业有机群体）。

战略规划理论是以未来可以预测为前提的，该理论认为，战略是要让企业自身的条件与所遇到的机会相适应。随着环境变化的加剧，人们开始认识到未来是不可预测的，环境是不确定的。在这种情况下，以环境变化分析为中心的战略理论开始占据主要地位。20世纪90年代以后，信息技术快速发展，市场环境发生了巨大变化，顾客需求的多样化以及产品生命周期的缩短，客观上要求企业提高自身的能力，全面考虑企业内部要素和外部环境要素，以适应不断变化的外部环境。

（2）从竞争的性质看，竞争的程度遵循着由弱到强，直至对抗，再到合作乃至共生的发展脉络。计划学派忽略了竞争问题，强调战略设计、战略计划过程的自主性；设计学派则建立在竞争性趋强的基础之上；到了结构学派、能力学派和资源学派时代，尽管他们对于竞争优势来源的认识各不相同，但更多地强调对抗性竞争这一点却是相同的；商业生态系统的理论完全不同于以上各种理论，主张企业间通过合作建立共生系统以求得共同发展。

（3）从竞争优势的持续性来看，从追求有形（产品）、外在、短期的竞争优势发展为逐渐追求无形（未来）、内在、持久的竞争优势。结构学派的战略始于对产业结构的分析，形成于对三种基本战略的选择，而这三种战略主要是基于产品的差异性做出的。能力学派则将战略的核心转向了企业内部的经验和知识的共享与形成，这些都是内在、无形的东西，对竞争优势的形成有着长远的影响。

（4）从战略管理的范式来看，战略管理的均衡与可预测范式开始被非均衡与不确定性所取代。无论是计划学派、设计学派还是结构学派，都有一个假设前提，即外部环境是可预测或基本可预测的。因此，制定战略的重点是分析和推理，通过分析、经验和洞察力的结合，就可基本把握战略的方向。能力学派的假设前提则是外部环境的变化是不确定、不均衡的，因此，该学派战略制定的主旨就是比竞争对手更好地掌握和利用某些核心资源与能力，并且能够比竞争对手更好地把这些能力与在行业中取胜所需要的能力结合起来。

3.3.2 战略管理理论发展的趋势

进入 21 世纪，企业面临的环境更加复杂多变，预测行业前景也就变得更为必要，战略管理的重要性自然就显得十分突出。根据战略理论演进的特点和最新进展，战略管理理论将会呈现以下 5 个发展趋势。

1. 战略空间扩大化

行业的界限、企业间的界限日趋模糊，竞争战略的谋划将不再只限于既定的行业内市场份额的竞争、产品或服务的竞争，而更多的是在无边界的范围内对商业机会的竞争。这一竞争必然导致竞争参与者之间在塑造未来产业结构方面展开争夺。竞争基本上存在于不同的联盟之间、不同的商业生态系统之间，由企业或企业联盟组成的商业生态系统将成为参与竞争的主要形式。竞争力的研究对象不再局限于单独的企业个体，而是从企业作为基本研究单元发展到企业与其所处的商业生态系统并举的阶段。在未来变幻莫测的环境中，任何一个企业都不可能也没有实力单独参与竞争，因为整个商业活动的主体是以一个或多个企业为核心的生态族群，即未来的竞争是不同商业群落之间的竞争。对于一个单独的企业个体来讲，竞争更体现在加入或营造有影响力的、能为自己带来实际价值的企业生态系统，并且在系统中寻求一个更为有利的地位，当然也包括争取成为整个群体的领导。企业在竞争与合作的和谐环境中，使自身的优势和潜能充分发挥，降低经营成本和经营风险。

企业竞争的物理空间也由区域性扩大到全球范围。由于竞争已不在某一特定的地理区域或行业界限内进行，企业必须从全球的角度、从跨行业的角度来考虑配置自身的资源，在资金、人力资源、产品研发、生产制造、市场营销等方面进行有机组合，以获得最佳的整合效果。

2. 战略目标扩展化

传统企业战略目标强调与企业拥有的资源相匹配，而未来企业的战略目标将不再过多考虑战略目标与企业所拥有资源的匹配问题，而是较多地追求建立扩展性的目标。因为在未来的市场竞争中，制胜的手段正逐渐发生变化，由单纯地寻找稀缺资源过渡到与寻找稀缺智力和由此而产生的稀缺知识的结合，寻找的范围不局限于企业内部，而是着眼于对离散的创造价值的活动的识别与整合，通过这种方式来为价值增值或扩大稀缺价值的产出。这种战略要求企业不能平均分配资源，而是要创造性地通过各种途径来整合资源，通过与知识的组合来克服资源的限制，从而为顾客创造价值。

战略的制定从基于产品或服务的竞争，演变为在此基础之上的标准与规则的竞争。企业在基于产品或服务竞争的时期，对外部环境采取的是一种规避风险、抓住机遇的做法，通过内部积极主动的行动——扩大产量、提高质量、降低成本、加强营销，利用高效的组织机构等取得规模效益；在对外和对内的行为方式上，被动应对色彩更为浓厚一些。而当企业跨入以标准为核心的竞争阶段后，对外部环境的认识则完全改变，企业除了对外界变化会积极主动地做出反应外，可能还会有意识地制造变革，与行业中具有重要影响的对手或企业联盟合作，创造和制定指导整个行业的技术标准或者竞争规则，通过对标准或规则的掌握来获取高额的利润，从而确定企业的优势地位。总之，企业要对塑造未来产业结构方面的竞争给予更多的注意力，并力求有所作为。

3. 战略制定主体多元化

传统的战略管理理论中，战略制定主要是企业高层管理者的任务，他们在确定总体战略的基础上，再确定业务层和职能层的战略，并且负责战略的实施，这是一种沿着企业等级链从上到下的战略制定模式。然而，在快速变化的环境中，这种战略制定的模式将会失效。因为即便是最优秀的管理者，在面对动态、复杂的竞争环境时也会受到认知的限制和信息的约束，战略制定滞后于环境变化的情况就会出现，无法抓住稍纵即逝的商机。

21世纪的企业战略制定必将是一种全员参与的模式，制定战略不只是企业高层决策人员的特权，普通员工也不再仅仅是战略的接受者与执行者，战略制定这一工作将变得全员化。由于信息技术的日益发展和广泛应用，使得组织结构向扁平化方向演化，信息的传播手段和渠道也变得大众化和多样化，这就导致了在整个企业内部拥有信息的权力趋于平等。信息传播方式的网络化决定了每一个个体在整个网络系统中都是信息传播的一个节点，高层主管不再居于信息传播的中心，普通员工可以有更多的机会参与企业的战略制定，他们具有既是决策参与者又是决策执行者双重身份的特征。

4. 战略模式生态化

在人工智能、数字化、移动互联网快速发展的宏观环境下，企业战略制定者完全依赖自身资源和能力优势来形成市场竞争力的格局逐渐被打破。其一，由于信息化、数字化技术的应用，企业原有的资源或能力优势开始逐渐被侵蚀，需要通过数字化平台、生态链的打造来重塑竞争优势；其二，企业之间的竞争已经演化为生态系统的竞争，单个企业很难在不接触外部生态的情况下赢得市场青睐。企业要想获得市场的认同，必须嵌入到某个有影响力的生态系统或平台中。为此，如何基于生态系统的商业模式来重构公司战略成为很多公司面临的挑战。

特别是近十年以来，在消费升级的拉动下和技术革新的驱动下，企业的价值链开始逐渐演化为生态链，企业原有的战略模式也被生态系统模式所取代。这种战略模式的生态化主要呈现出以下三个方面的特征：一是企业基于价值链重构和外部整合来维持业务体系的运转，通过构建以自身为核心的生态系统或者嵌入到某个具有市场竞争力的现存生态系统而生存，并以此树立自身的竞争优势；二是企业的价值创造过程由原有的单兵作战开始转变为生态系统多主体协作下的多兵作战，强调依赖生态系统的韧性及其网络外部性来构筑壁垒；三是企业专注于产品之外的价值创造潜力，注重生态化所催生的衍生价值，特别是用户流量所带来的未来可变现价值。战略模式的生态化在改变企业业务运行方式的同时，也在重塑整个企业的战略定位和价值，因此会对整个战略管理过程产生深远影响。

5. 战略实施弹性化

由于企业面临的经营环境快速变化，企业的竞争环境发生不可预测的变数增多。在不确定的风险之下，在要求企业的竞争战略与外部变化节奏保持同步的前提下，企业要具备快速的反应能力必须依赖于战略的弹性而伸缩自如。战略弹性（strategic flexibility）是基于企业自身的知识系统对不断变化的不确定情况的应变能力。战略弹性包括：组织结构的弹性、生产能力和生产技术的弹性、市场营销的弹性、管理的弹性和人员构成的弹性。由于战略弹性是来自于企业内部的知识和能力，因此，员工的知识构成及其组合的方式和机制是战略弹性的核心部分。战略弹性一旦建立起来，企业内部的协调系统也就确定了，从而导致对整个系统的模仿或复制的可能性极其微小，由此形成企业的战略优势。

战略管理是企业的高层决策者根据企业的特点和对内、外部环境的分析，确定企业的总体目标和发展方向，制定和实施企业发展总体规划的动态过程。它包括企业总体战略和产品组合、商场竞争、技术创新、企业文化、企业形象、人力、财务等战略，基本上涵盖了企业生产和发展的全过程。从实践来看，一个企业开展生产后，必须围绕一定的计划、目标去运作，这个计划、目标的实质也就是企业战略。作为企业经营者，应当把主要精力放在企业带有全局性的战略问题上，进行战略思考和谋划，确立战略目标，制定战略规划，并实施战略决策。认识战略管理的地位和作用，重视企业的战略管理，有助于决策者从琐碎的日常事务中解脱出来，及时发现和解决那些攸关企业生死存亡、前途命运的重大战略问题；有助于将企业经营活动的视野放在全方位的未来发展和广阔的市场竞争中，以获得更大的发展。由此看来，战略管理理论的发展必将在认识战略管理对企业作用的基础上，强调其对企业发展的指导作用，只有这样，才能使企业在千变万化的市场和全球竞争环境中生存和发展，也才能真正发挥理论源于实践并指导实践的重要作用。

本章小结

1. 战略管理的兴起虽然才几十年，但战略思想的起源可以追溯到两千多年以前。人类文明的发展史同时也是战略得以诞生并不断完善的历史。

2. 中国古代的战略管理思想非常丰富，如《孙子兵法》中的战略思想、《周易》的"变通"战略思想、老子的"无为"战略思想、孔孟的"仁义"战略思想、法家的"权术"战略思想等。

3. 20 世纪 60—70 年代，西方现代战略管理思想的研究成果主要出自两个学派，一是以哈佛商学院的安德鲁斯教授为代表的设计学派；二是以安索夫为代表的计划学派。

4. 20 世纪 80 年代初，迈克尔·波特深受梅森和贝恩为代表的产业组织学派的影响，凭借《竞争战略》《竞争优势》《国家竞争优势》三部著作形成了以竞争为基础的战略管理理论。

5. 波特的竞争战略理论的基本逻辑是：① 产业结构是决定企业盈利能力的关键因素；② 企业可以通过选择和执行一种基本战略影响产业中的五种作用力量（即产业结构），以改善和加强企业的相对竞争地位，获取市场竞争优势（低成本或差异化）；③ 价值链活动是竞争优势的来源，企业可以通过价值链活动和价值链关系的调整来实施其基本战略。

6. 1990 年，关于核心能力的研究热潮开始兴起，形成了战略管理理论中的"核心能力学派"。核心能力是指企业长期积累而成的一种独特能力，可实现高于竞争对手的价值，具有进入多种市场的潜力，是企业获得长期利润的源泉。能力学派是强调以企业特有能力为出发点来制定和实施企业竞争战略，该学派有两种具有代表性的观点：一是以普拉哈拉德和哈默尔为代表的核心能力观；二是以斯多克、伊万斯和舒尔曼为代表的整体能力观。

7. 美国学者詹姆斯·弗·穆尔在 1996 年出版的《竞争的衰亡》一书标志着战略理论的指导思想发生了重大突破。穆尔以生物学中的生态系统这一独特的视角来描述当今市场中的企业活动，但又不同于将生物学的原理运用于商业研究的狭隘观念。他提出了"商业生态系统"这一全新的概念，打破了传统的以行业划分为前提的战略理论的限制，力求"共同进化"。

8. 战略理论演进的背后隐含着其发展规律，这些规律从战略理论的内容、竞争的性质、竞争优势的持续性、战略管理的范式等不同方面，有着不同的表现。

9. 根据战略理论演进的特点和最新进展，战略管理理论将会呈现以下几个发展趋势：战略空间扩大化、战略目标扩展化、战略制定主体多元化、战略模式生态化、战略实施弹性化。

关键概念

战略管理（strategic management）　　设计学派（the design school）
计划学派（the planning school）　　竞争战略理论（competitive strategy theory）

核心能力（core competence） 商业生态系统（business ecosystem）

思考题

1. 简述中国古代的战略管理思想。
2. 简述西方现代战略管理思想的发展与演进过程。
3. 试比较设计学派与计划学派的异同。
4. 试述竞争战略理论产生的时代背景。
5. 试述21世纪的战略管理理论发展的特点和趋势。

案例讨论

"MUJI①神话"的崩塌②

无印良品创立于1980年12月，是一个日本杂货品牌。自创立之初，无印良品一直以合理的价格提供着优质的商品，其极简的设计和"无品牌标识"的形象深受消费者的喜爱。自创立之后，无印良品的业绩增长势如破竹，即便在那个"泡沫破裂后失落的十年"，其他百货公司和知名零售商纷纷沉寂，无印良品却没有出现赤字，被业界誉为"MUJI神话"。然而，创造过"MUJI神话"的无印良品，也曾经遭遇过危机。

一、盲目开设店铺

1993年10月，无印良品首次开设了拥有大型卖场的直营店——无印良品LaLaPort。1995年，无印良品正式公开售股，并于1998年在东京证券交易所二部成功上市。在获得充足的资金后，无印良品又快马加鞭地开设了更多的店铺。

在这一时期，不管是市中心还是郊区的大型购物中心都向无印良品发出了开店邀请，并且申请数量呈逐年递增的趋势。在20世纪90年代后期，无印良品开发负责人的手头经常会有多达四十余个来自各购物中心的开店邀请。对于无印良品而言，以低成本入驻郊区的购物中心并可以租到大型场地开店是非常具有诱惑力的。因此，面对来自各个购物中心的开店邀请，无印良品采取的是比较积极的回应态度。只要条件合适，无印良品就会开设超过一千平方米，甚至达到两千平方米级别的大型店铺。

在店铺平均面积于2002年攀上顶峰之后，无印良品的直营店平均店铺面积开始转为持续缩小状态。20世纪90年代急速推行店铺大型化的无印良品在业绩下滑之后，便开始审视过度追求直营店铺大型化的决策的正确性。

二、快速进行海外扩张

1991年7月，无印良品在伦敦的中心街道上开设了第一家海外店铺。据说无印良品当时制定的目标是2002年之前在欧洲开设50家店铺，但结果只开了21家。究其原因便是店铺的赤字累积。无印良品在英国开设的店铺虽然在1998年实现了扭亏为盈，但由于物流体制不完善等原因，其第二年的营业额再度陷入赤字。

---

① MUJI 为无印良品的英文品牌名称。
② 罗婷婷. 无印良品：危机中"起死回生"，实现 V 型复苏[DB/OL]. 中国管理案例共享中心, http://www.cmcc-dlut.cn/Cases/Detail/2535, 2016.

2000年12月，无印良品在法国巴黎卢浮宫美术馆的地下街设立店铺，在当时日本国内引起了人们热议。然而，在年末在国外开设的店铺增至8家（包括比利时的1家店铺）时，2001年便因为经营亏损而不得不关掉以卢浮宫店铺为首的众多店铺，最终只剩下了4家。无印良品的欧洲战略从此陷入了停滞整顿阶段。

另一方面，1991年11月，无印良品在中国香港开设店铺，并于1995年4月在新加坡开店。其在本土之外开设在亚洲的店铺数量一度达到7家，但后来因为经营不善，这些店铺都没逃过关门的命运。

三、品牌的弱化

无印良品在打造品牌上出现懈怠，也导致其品牌自身出现弱化。无印良品带着"因为合理，所以便宜"的理念在20世纪80年代进入了市场。根据松井（无印良品原社长）的回忆，20世纪80年代亮相的无印良品在1986年前后完成了品牌形象的树立。而现在无印良品所倡导的理念几乎都是在1986年之前确立的。自那之后，无印良品就按照其理念拓展商品领域、扩大店铺规模。在20世纪90年代，这种理念还领先于时代，这使得无印良品的快速发展成为可能。但是时代在进步，消费者的信息收集能力也在飞速提高。同时，其他竞争对手的商品质量也提高到了可以与无印良品相抗衡的水准。在这种情况下，无印良品自十多年前便再未打造和锤炼的品牌必然无法应对市场的巨大变化。

比如，在无印良品飞速发展的20世纪90年代，其商品企划负责人松井甚至深入到西藏的山坳中去寻找素材。松井认为在当时那个时代，"田园牧歌风格的商品"广受欢迎。但是，时代在变化，竞争企业的原料供应及商品开发能力也在不断提高。在这种情况下，无印良品如果还想使用旧的开发方式来创造别具一格的商品就变得非常困难了。

不过，由于品牌理念过于强烈，这使得负责打造品牌的组织构造变得很弱或者无印良品内部根本就不存在这样的部门。对此，松井说道："这是西武集团特有的弱点，即感性和文化优先，无法从公司部门内部的角度出发一点点积累经验，进而成功做成一件事。"也就是说，个人所拥有的知识和技术无法作为部门及企业的资产共享，更无法累积。因此，打造品牌的部门缺失为以后无印良品的业绩下滑埋下了祸根。

无印良品致力于消除"能卖掉就行"的盈利主义，无印良品的思考方式总是从人出发，而不是单纯从物出发。对此，金井政明（无印良品社长）说道："无印良品为消费者留出了一定的自由使用空间。"而金井所提到的自由使用空间，正是无印良品的一大魅力。但就在公司业绩连连攀升时，从人出发也就是处处从顾客角度思考的企业，转变为"只要能够在市场上得到褒奖，就按照业内分析师的观点去生产商品，完全抛弃了从消费者角度出发的换位思考方式"。金井回忆当时的情境说道："销售固然很重要，但当无印良品将心思全用在想方设法生产畅销商品的时候，无印良品原本所拥有的优良品质也就随之消失了，顾客也会弃之而去。尽管事态严重，但当时公司内部早就存在的自满情绪还是促使公司维持现状。"与此同时，无印良品内部也止不住地陷入僵化的沼泽。公司内部采用的是管理型体制，打破腐朽、推陈出新的力量正在不断减弱。在此情况下，无印良品更无法集合力量去改变公司内部背离成立初衷的这一现象了。

四、神话的崩塌

2000年8月，无印良品在东京证券交易所一部上市后，便急速地推进国内和海外事业的同步扩展。同年5月，无印良品顺应IT时代的到来建立了"无印网（MUJI Net）"，主要开展实体店无法展开的业务。同年9月，通过互联网和传真运作的虚拟商店"无印良品网店"

正式开张了。但此时，无印良品已经明显出现了异常情况，无印良品现有店铺的营业额突然大幅度下滑。到了 2001 年，无印良品的销售额相比去年虽然增长了 3.4%，但利润却减少了 51.3%，缩水到原来的一半。加上 2002 年由于亏损加速了店铺关门的速度，无印良品首次出现了减收结算。许多业界人士对此非常惊讶，并将此次事件看作是"MUJI 良品"神话的崩塌。

讨论题

1. 无印良品战略上的失误有哪些？
2. 遭受危机后，无印良品应如何进行战略转型？

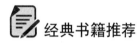

经典书籍推荐

推荐书目：《纵深——华为如何实现持续、正确领先》，该书的作者是曾志和王程宇，于 2022 年 9 月由中信出版社出版。

华为可以说是当今中国最受瞩目的科技企业之一，尤其是它的无线业务，从零做到了全球第一，战胜了无数耀眼的明星企业，在 5G 领域取得了绝对优势。华为无线业务战略部门资深高管曾志、王程宇基于自身十多年在战略领域的实战经验，在新书《纵深——华为如何实现持续、正确领先》中总结了华为高层的战略思考，为我们带来了纵深一体化的战略框架。可以说，该书是对华为无线产品线战略规划过程和方法的一次系统性总结，揭示了其成功的底层逻辑。

此书的两个特点值得注意。一方面，该书的核心是战略而非管理。战略是贯穿各专业职能、以企业高管视角为出发点的全局性思维和视野，而管理是协调组织各方活动来实现既定目标的过程。不同于介绍华为管理经验、管理工具的同类书籍，此书试图提供一个整合的战略思维框架。另一方面，作者努力思考华为成功背后的一般性逻辑，而非止步于对华为实践的描述性介绍，这使得此书呈现给读者的是"模式"而非"模板"，进而引发思考而非给出答案。

第2篇 战略分析

　　战略分析承担着辨识环境影响的任务，需要处理的问题非常复杂。战略的形成过程必须是企业自身的能力与企业外部环境匹配与整合的过程。外部环境包含的因素多而复杂，如何分析这些复杂的因素从而对制定战略做出贡献，是一件非常困难的事情。战略分析是企业战略的起点。在企业战略研究的发展过程中，曾出现过多个学派，如计划学派、环境学派、定位学派、资源学派、认知学派、学习学派、文化学派等。它们都从某个侧面，在一定程度上描绘了战略，推动了企业战略理论与实践的发展，其中，定位学派和资源学派对现代战略管理产生了深远的影响。

　　定位学派的研究揭示了企业如何选择一个富有吸引力的行业并在这一行业中占据优势地位。资源学派的研究主要揭示企业内部独特的资源与能力是赢得竞争优势的关键，主张企业必须拥有对顾客有价值的、稀缺的、对手难以模仿的资源与能力。以上两点都是企业战略分析应当关注的主要内容，也是本篇内容的着眼点。

第 4 章
外部环境分析：行业选择与定位

 本章学习目标

1. 了解企业战略分析的一般内容；
2. 了解企业所处宏观环境的分析内容与方法；
3. 掌握企业所处产业环境的分析内容与方法；
4. 掌握波特的五力模型。

引例

  公牛公司以生产插座起家，通过金座系列转换器、保障儿童用电安全的防触电插座、防拉脱锁插座以及方便快捷的 USB 插座等产品，公牛在为消费者提供安全、便利的用电体验的同时，也在插座市场赢得了较高的市场份额和良好的口碑。在成功和赞誉的簇拥下，公牛公司却并未止步不前，相继展开了装饰墙壁开关、LED 照明、数码配件三项新业务。同时，随着人工智能、5G 等前沿技术的发展，公牛又围绕"智能用电"需求，提出在电工端重点发力，以智能开关、智能插座、智能灯控等系统为主线，以技术融合推出更多智能化产品及全屋智能电工解决方案的战略布局，让消费者更快、更好地享受智能家居的优越性，力争成为"全屋智能家居"的先行者和引领者。回顾公牛公司的发展历程及其未来规划，我们不免疑惑：公牛公司在插座业务上既然如此成功，却又为何冒着风险另辟新的业务领域？本章的学习内容或许会为我们的疑惑带来一些启示。①

  企业虽然是一个独立经营的实体，但无法避免与各种环境之间的交互。企业总是受各种环境的影响和制约，并在这种制约中寻求发展。随着外部环境的急剧变化，企业在制定与实施战略时需要考虑各种因素，并对这些因素的发展趋势做出合理的判断。进入 20 世纪 90 年代以后，这一问题更加突出，如何在越来越复杂多变、充满着风险与不确定性的外部环境中，通过有效的战略管理，保证企业长期稳定的发展，已经成为企业战略管理者不得不面对的难题。要解决这一难题，对企业内、外部环境进行分析必不可少。本章主要讲述企业的外部环境分析，试图通过对宏观环境的梳理和行业力量的解析，为企业的战略发展指明道路。

4.1 外部环境概述

  任何一个企业的生产经营活动都不是孤立地进行的，而是与周围环境发生着各种各样的

---

① 案例来源：郁进东. 公牛集团：小产品大市场[N]. 经济日报，2020-07-21（12）.

联系，离开了与外部环境的交流与转换，企业将无法生存和发展。换句话说，企业生存和发展要受到其所处的外部环境的影响和制约。外部客观的经营条件、经济组织和其他外部因素与企业相互作用、相互联系，并且不断地发生着动态变化。这些处于企业外部、影响企业成败、非企业所能全部控制的外部因素形成了企业的外部环境。一般来说，外部环境力量是不以企业的意志为转移的，且总是处在不断发展变化之中。正因为如此，企业应该认识外部环境的状况、特点及变化趋势，并在此基础上适应它。

4.1.1 外部环境的特点

外部环境作为一种客观制约力量，在与企业的相互作用和影响中形成了以下两个特点。

1. 独特性

虽然企业在经营活动中处于同外部环境的动态作用之中，但是对每个企业来说，它都面对着自己独特的外部条件。即使是两个处于同一行业的竞争企业，由于它们本身的特点和眼界不同，对外部环境的认识和理解也不尽相同，因此，它们不会面对绝对相同的外部环境。外部环境这种独特性的特点，要求企业对外部环境必须具体情况具体分析，不但要把握企业所处环境的共性，也要抓住其个性。同时，企业在战略选择中不能套用现成的战略模式，而是要根据自己的特点，形成独特的战略风格。

2. 变化性

外部环境总是处于不断变化之中。企业与行业竞争者位置的改变，法律义务和法律制约的改变，经济政策的改变等都将引起企业所面对外部环境的变化。有些变化是可预测的、逻辑渐进式的，而有些变化则是不可预测的、突发性的。外部环境的变化性，要求外部环境分析应该是一个与企业环境变化相适应的动态分析过程，而非一劳永逸的一次性工作，企业战略的选择也应依据外部环境的变化做出修正或调整。企业要不断分析、预测未来环境的变化趋势，当环境发生变化时，为了适应这种变化，企业必须改变战略，制定出适应环境的新战略，达成企业战略与外部环境间的新的平衡和匹配。

4.1.2 外部环境的度量

对外部环境的度量，主要通过以下两个维度进行。

1. 环境的复杂性

外部环境的复杂性是指企业在进行外部环境分析时所需考虑的环境因素的总量水平和差异程度。企业外部环境的影响因素多，因素之间的差异大，因素间相互关联，则意味着环境复杂。例如，一个油漆商所面临的外部环境只包括一些竞争对手、供应商和客户，而受政府监管较少，社会风俗的变化对其经营的影响是微乎其微的，因此，它的外部环境是简单的。而一所大学往往是技术、文化和价值交流的融汇点，大学与政府、赞助机构、专业团体、校友会、家长基金会、公司等相互影响，面对着为数众多的外部因素和复杂的外部环境。

2. 环境的稳定性

外部环境的稳定性可以从两个方面来进行考察。一是环境的新奇性，这代表企业运用过去的知识和经验对当前事件的可处理程度。对于稳定的环境，企业可以用过去的经验、知识处理经营中的问题；而对于动荡的环境，企业就无法仅用过去的知识和经验去处理经营中的问题。二是环境的可预测性。随着环境动荡程度的提高，环境的可预测性逐渐降低。在高动荡程度（即低稳定性）的环境里，企业所能了解的只是环境变化的弱信号，企业环境中更多地存在着许多不可预测的突发事件[①]。

由复杂性和稳定性两大维度，我们得到了度量企业外部环境的框架，如图4-1所示。

	简单	复杂
稳定	简单与稳定的状况 1. 外部因素较少，且性质比较接近 2. 因素趋于稳定，如有变化也比较缓慢 例如：软饮料罐装厂、啤酒批发商、容器制造厂和食品加工厂	复杂与稳定的状况 1. 外部因素较多，且性质差异大 2. 因素趋于稳定，如有变化也比较缓慢 例如：大学、电气制造厂、化工公司和保险公司
不稳定	简单与不稳定的状况 1. 外部因素较少，且性质比较接近 2. 因素变化频繁且无预见性 例如：个人计算机公司、时装公司、乐器制造业和玩具制造厂	复杂与不稳定的状况 1. 外部因素较多，且性质相异 2. 因素变化频繁且无预见性 例如：电子公司、航天公司、电子通讯公司和航空公司

环境变化（纵轴）　环境复杂程度（横轴）

图4-1　外部环境的度量框架

在简单与稳定的状况下，不确定的程度很低，企业对环境比较容易把握，在这种条件下，由于环境稳定或可预期，企业对过去环境影响的分析就有一定的实际意义。在复杂与稳定的状况下，不确定性有所增加，外部环境的众多因素都会对企业生产经营带来影响，但这些因素变化不大且往往在预料之中。在简单与不稳定的状况下，不确定性进一步增加，尽管外部环境影响因素较少，但这些因素难以预测，往往与企业初衷相违背。在复杂与不稳定的状况下，不确定程度最高，企业面临着众多变化频繁的外部因素，对企业的行为影响甚大。

4.2　宏观环境分析

宏观环境又称作一般社会环境，是企业各种间接影响因素的总称，包括那些在广阔的社会领域中影响到一个产业或企业的各种因素，处于企业面临的各种环境的最外围。宏观环境的分析可以帮助企业明确关键环境力量及其对企业的影响，预测其发展趋势，并且明确企业目前及未来将要面临的机会和威胁。

进行宏观环境分析的目的或任务主要有两个：一是通过分析，考察、预测与某一行业和企业有重大关系的宏观环境因素将发生怎样的变化；二是评价这些变化将会给行业及企业带来什么样的影响，以便为企业制定战略奠定基础和提供依据。

分析宏观环境的一个重要工具是 PEST 分析模型。该模型从政治法律的（political）、经

---

① 杨锡怀，冷克平，王江. 企业战略管理：理论与案例[M]. 北京：高等教育出版社，2004.

济的（economic）、社会文化的（social & cultural）、科技的（technological）角度分析环境变化对企业的影响。这些环境因素往往间接或直接作用于企业，同时，这些环境因素之间又相互影响，如图4-2所示。

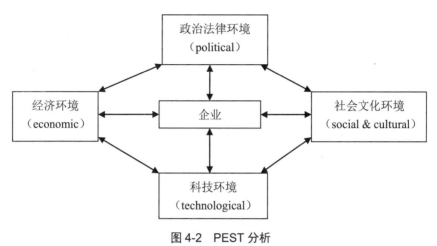

图 4-2　PEST 分析

4.2.1　政治法律环境

政治法律环境因素是指国家政治形势，政府更迭以及政府制定的方针政策、法令、法规[①]，政府机构的组成、办事程序和办事效率等。这些因素常常影响、制约着企业的经营行为，尤其对企业较长期的投资行为影响较大。

具体来说，政治法律环境因素分析包括以下5个方面。[②]

（1）企业所在地区和国家的政局稳定状况。

（2）执政党所要推行的基本政策以及这些政策的连续性和稳定性。政府颁布的各种法律、政策以及推行的其他一些旨在保护消费者、保护环境、调整产业结构、引导投资方向的措施等。

（3）政府行为对企业的影响。作为供应者，政府拥有无法比拟的资源和国家储备，它的偏好与决定极大地影响着一些企业的战略；作为购买者，政府很容易培育、维持、增强、消除许多市场机会。

（4）有关法律法规对企业的影响。法律法规是政府用来维持经济社会有序运行的一种手段，企业行为则是其重要规制对象。政府通过制定法律法规来间接影响企业的活动。针对企业管理的法律法规很多，其主要目的有四个：一是反对不正当竞争，保护企业利益；二是反对不正当商业活动，保护消费者利益；三是保护社会整体利益不受损害；四是促进整个社会

[①] 法律环境分析的主要因素有：一是法律规范，特别是和企业经营密切相关的经济类法律法规，如我国的《民法典》《中外合资经营企业法》《专利法》《商标法》《税法》《企业破产法》等。二是国家司法执法机关。在我国主要有法院、检察院、公安机关以及各种行政执法机关。与企业关系较为密切的行政执法机关有工商行政管理机关、税务机关、物价机关、计量管理机关、技术质量管理机关、专利机关、环境保护管理机关、政府审计机关。此外，还有一些临时性的行政执法机关，如各级政府的财政、税收、物价检查组织等。三是企业的法律意识。企业的法律意识是法律观、法律感和法律思想的总称，是企业对法律制度的认识和评价。企业的法律意识最终都会物化为一定性质的法律行为，并形成一定的行为后果，从而构成每个企业不得不面对的法律环境。四是国际法所规定的国际法律环境和目标国的国内法律环境。

[②] 邵一明，蔡启明. 企业战略管理[M]. 2版. 上海：立信会计出版社，2005：29-30.

经济全面发展。

（5）各种政治利益集团对企业活动产生影响。一方面，这些集团会通过议员或代表来影响政府的决策；另一方面，这些团体也可以对企业施加影响，如通过诉诸法律、利用传播媒介等。因此，企业必须花费时间、财力与各种利益集团抗争。

此外，国际政治形势及其变化，以及和平与战争情况也属于政治环境因素，具体包括国际政治局势、国际关系、目标国的国内政治环境等。对一个开放的国家来说，国际政治形势对企业的影响是显而易见的。

4.2.2 经济环境

经济环境因素主要指国民经济发展的概况、国际和国内经济形势以及经济发展趋势等，具体包括国家和地方经济发展状况、速度，国民经济结构，产业结构，通货膨胀率大小，市场机制的完善程度，利率水平的高低等。经济环境的覆盖面非常广泛，对企业的影响较其他环境因素更大。

具体来说，经济环境因素分析主要包括以下5个方面。

1. 宏观经济周期

宏观经济的发展具有周期性，考察目前国家经济发展处于萧条、停滞、复苏还是增长阶段，对了解一个国家的经济环境至关重要。在众多衡量宏观经济的指标中，国内生产总值（Gross Domestic Product，GDP）是最常用的指标之一，它的总量及增长与工业品市场购买力及增长有较高的正相关关系。一个国家GDP水平低，增长缓慢，企业经营环境相对就较差；如果其GDP增长幅度大，经济形势好，也相应为企业的高速发展创造了条件。

2. 市场规模

市场规模是指一个国家或地区的市场总容量，或者说是商品的总需求水平。一个国家市场的大小，有无市场潜力，对企业的经营影响非常大。一个规模巨大的市场对企业经营发展有利，企业可以大胆实施增长型的战略；如果企业面临的市场很小，则必须小心谨慎，同时应及早寻觅新的市场。衡量市场规模的主要指标有：人均国民收入、消费者的消费倾向和消费结构等。

3. 货币和物价总水平

如果国家货币不稳定，通货膨胀严重，物价总水平上浮比较大，使人们基本生活支出大幅度增加，个人可自由支配收入降低，购买力下降，就会长时间抑制耐用消费品的需求，导致产品积压，生产停滞。而生产资料价格大幅度上涨，使企业生产经营成本上升，也必然对企业经营产生不利影响。同时，高通货膨胀所造成的社会心理压力，将对整个市场的供求关系产生深层次的影响。如果企业不能对此做出准确的估计，或者日后通货膨胀的程度大大超过企业可以承受的范围，则企业既有战略的有效性就会大打折扣。

4. 要素市场

要素市场的完善程度取决于是否具有健全的市场体系和市场运行机制，健全的市场体系包括商品市场、资金市场、劳务市场、技术市场、信息市场等。对企业来说，是否有一个健全的市场体系，决定着企业经营所需要的生产要素能否通过市场交易保证供应。健全的市场运行机制主要指市场运行的自主性，不受政府的干预或控制，使价格信号能如实反映市场的供求情况，从而通过价格信号对企业的生产经营进行调节，因此在健全的市场运行机制下，企业的经营行为能得到价格信号的有效指导。

5. 基础设施

对于经济基础设施的分析也是制定战略时重要的一环，它在一定程度上决定着企业运营的成本与效率。基础设施条件是指一国或地区的运输条件、能源供应、通信设施以及各种商业基础设施，这些因素决定着企业能否保证生产所需、非生产性投资以及与外界的顺利交往。如果一个地区的能源和原材料缺乏，企业生产所需则很难得到保证；交通运输情况差，则企业需要的原材料难以运进，生产的产品难以运出；通信设备落后，增加了企业与外界交流信息的难度，则外界信息不能及时反馈；各种商业基础设施落后或不健全，企业产品到达目标市场的过程就会受到不利影响[①]。

4.2.3 社会文化环境

社会文化环境因素是指一定时期整个社会发展的一般状况，主要包括有关的社会结构、社会风俗和习惯、人的价值观念、宗教信仰、文化传统、人口变动趋势、生活方式、行为规范等。对社会文化环境的分析主要是了解和把握社会发展（特别是文化发展）的现状及未来的趋势。影响企业经营战略的社会文化因素主要包括以下4个方面。

1. 人口因素

人口因素主要包括人口总数、年龄构成、人口分布、人口密度、教育水平、家庭状况、居住条件、死亡率、结婚率、离婚率、民族结构、年龄发展趋势以及家庭结构变化等。人口因素对企业战略的制定有重大影响，如人口总数直接影响着社会生产总规模，人口的地理分布影响着企业厂址的选择等。对人口因素的分析可以使用以下一些变量：离婚率、出生和死亡率、人口的平均寿命、人口的年龄和地区分布、人口在民族和性别上的比例变化、人口和地区在教育水平和生活方式上的差异等。本书第10.3节"影响战略选择的文化因素"中将具体阐述目前世界上人口变动的主要趋势。

2. 教育水平

教育水平是人口因素中一个重要的方面，它直接决定着人口素质。整个社会的文化教育水平高，对企业来说就可以获得高质量的人力资源，反之，教育水平低下，劳动力素质低，就很难满足企业生产经营活动的需要，并影响企业的经济效益。如果企业投入巨资对员工进行培训和教育，就会极大地增加其生产成本。

3. 文化传统

文化传统是一个国家或地区长期形成的道德、习惯、思维方式的总和，它深刻地影响着人们的购买决策和企业的经营行为。不同国家有着不同的文化传统，即具有不同的社会习俗和道德观念，从而会影响人们的消费方式和购买偏好。例如，中国的春节、西方的圣诞节会给某些行业（贺卡、食品、玩具、服装等制造及零售业）带来极好的商机。企业要通过文化传统分析市场，应了解行为准则、社会习俗、道德态度等，并且在经营管理中对拥有不同文化传统意识的人采取不同的管理方法。

4. 价值观

价值观是社会公众评价各种行为观念的标准，包括对物质利益的态度、对新生事物的态

[①] 黎群，高红岩，汤小华. 企业战略教程[M]. 北京：中国铁道出版社，2005.

度、对企业经营风险的态度、对社会地位的态度等。不同的国家和地区，其价值观是不同的。例如，西方国家价值观的核心是强调个人的能力与事业心；东方国家价值观的核心是强调集体利益，注重企业内部关系的融洽、协调与合作。后者的行为特征是个人利益服从民族利益，局部利益服从整体利益，在企业经营中表现为以企业利益为重，容易形成拥有巨大凝聚力的企业精神。

4.2.4 科技环境

科技环境是指社会科学技术的总概况。当今世界正处于科学技术飞速发展的时代，经济增长主要依靠科学技术进步。科学技术的飞速发展既给一些企业提供了有利的发展机会，也给某些企业带来了威胁。企业要在竞争中生存和发展，必须对科技环境进行认真地分析，密切关注科学技术发展的新动向，研究和掌握新技术、新工艺、新材料，以保持自己的竞争优势。一般来说，对企业经营战略产生直接影响的是技术进步，其影响具体包括以下4个方面。

（1）技术进步可以提高企业的生产技术水平，提高生产效率，降低生产耗费，使生产过程简化，缩短产品的生产周期，同时，提高产品的质量性能。

（2）技术进步可以产出大量新型的和改良的产品，从而更好地满足消费者不断提高的需求，创造新的市场，提高市场占有率，同时，技术进步也使产品寿命有普遍缩短的趋势，使企业必须重视制定开发战略。

（3）技术进步可以向企业提供新型的原材料和能源，不仅可以改善原材料和能源供应状况，而且新型能源所导致生产的变革将对企业经营产生很大的影响。

（4）技术进步对员工、管理者的素质提出了更高的要求，企业员工只有不断提高技术水平才能符合时代的要求，此外，员工技术水平的提高又引起了企业整体技术水平的提高。

同时，科技进步对企业的影响又是双重的：一方面，它可能给某些企业带来机遇；另一方面，科技因素会导致社会需求结构发生变化，从而给某些企业甚至整个行业带来威胁。科技的发展，新技术、新工艺、新材料的推广使用，对企业产品的成本、定价等都有重要影响。这种影响就其本质而言，是不可避免的和难以控制的，企业要想取得经营上的成功，就必须预测科学技术发展可能引发的后果和问题，可能带来的机遇或威胁；必须十分关注本行业产品的技术状况及科技发展趋势；必须透彻地了解有关技术的历史、当前发展情况和未来趋势，并进行准确的预测[①]。

4.3 行业环境分析

行业环境分析是企业制定战略时必须考虑的重要问题。影响企业的外部环境因素可分为两大类：一是宏观环境因素；二是行业环境因素。宏观环境因素对企业的影响往往是间接的、潜在的，而行业环境因素对企业的影响则是直接的、明显的，而且宏观环境对企业的影响常常通过行业环境因素的变化来起作用。因此，行业环境分析是企业外部环境分析的核心和重点[②]。

---

① 邵一明. 企业战略管理[M]. 2版. 上海：立信会计出版社，2005.
② 原梅生. 现代企业战略管理概论[M]. 北京：中国商业出版社，1998.

对行业环境进行分析,首先,应该明确行业的主要特征,如行业的性质、在国民经济中的地位和作用、行业所处的发展阶段、行业的市场总容量及未来增长前景、行业的关键成功因素、行业技术变革的速度、行业的市场结构、卖方和买方的数量及相对规模、卖方产品的差别化程度和一体化程度、行业演变的驱动力等。这些特征显然是企业选择行业以及在行业中如何经营要考虑的重要因素。

其次,要对行业的竞争力量进行分析,从而推断出行业吸引力。这是身处其中的企业是否盈利,以及是否取得平均水平以上利润率的基本决定因素之一。

再次,要分析行业中各个企业的市场竞争地位,确定哪些是本企业最强或最弱的竞争对手,为接下来分析竞争对手情况提供线索。

最后,对本企业主要的竞争对手进行分析。所谓"知己知彼,百战不殆",只有认清竞争对手的情况及其未来的行动和目标,才能有针对性地制定措施并采取相应的行动,在竞争中赢得先机。

总之,通过以上四个方面的分析,使企业明确其在行业环境中面临怎样的机会与威胁,在此基础上,再结合自身条件制定和实施适当的战略。

4.3.1 行业主要经济特征的识别

每一个企业总是归属于一个行业或几个行业,这里的行业是指同类企业的集合。一般来说,同类行业使用着基本相同或相似的原材料、生产工艺技术,提供着功能相同的产品,为争夺拥有相同需求的消费者而竞争。一个行业与另一个行业的区别通常表现在经济特征上,换句话说,经济特征是行业之间相区别的标志。因此,认识行业首先应从认识行业的经济特征入手。

1. 行业生命周期

行业的生命周期是指行业从产生直至完全退出经济活动所经历的时间。它是管理学中早已出现的概念,但同时又是研究行业性质最重要的概念。在公司战略中,只有了解行业目前所处的生命周期阶段,才能决定企业在某一行业中是进入、维持还是撤退,以及进入某一行业是采取并购的方式还是采取新建的方式;在业务层战略中,只有把握了行业的生命周期阶段,才能决定企业的竞争战略是定位于差异化还是定位于成本领先。此外,一个企业可能跨越多个行业领域,只有在对其所处的每个行业的性质都有深入了解的情况下才能做好业务组合,避免过大的风险,提高整体盈利水平[①]。

行业生命周期主要包括四个发展阶段:开发期、成长期、成熟期、衰退期,如图4-3所示。识别行业所处生命周期阶段的主要指标有市场发展、市场结构、产品系列、财务状况、现金使用、产品含义、研究和开发等。

在开发期,产品设计尚未定型,销售增长缓慢,产品的开发、推销成本高,利润低甚至亏损,竞争较少,但风险很大;在成长期,顾客认知迅速提高,销售和利润迅速增长,生产成本不断下降,生产能力出现不足,竞争形成,但企业应对风险的能力增强;在成熟期,重复购买成为顾客行为的重要特征,销售趋向饱和,利润不再增长,生产能力开始过剩,竞争激烈,对现有的企业风险较小;在衰退期,销售和利润大幅度下降,生产能力严重过剩,竞

---

① 刘英骥. 企业战略管理教程[M]. 北京:经济管理出版社,2006.

争激烈程度由于某些企业的退出而趋缓，企业可能面临难以预料的风险。

销量	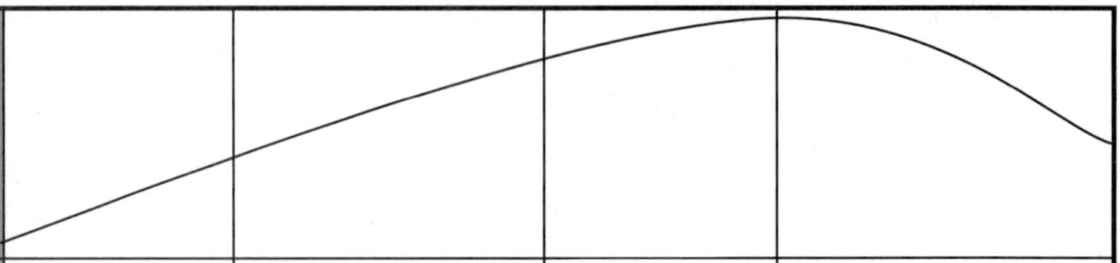			
阶段	开发期	成长期	成熟期	衰退期
市场发展	缓慢	迅速	下降	亏损
市场结构	零乱	竞争对手增多	竞争激烈，对手成为寡头	取决于衰退的性质，形成寡头或出现垄断
产品系列	种类繁多，无标准化	种类减少，标准化程度增加	产品种类大幅度减少	产品差异度小
财务状况	启动成本高，回报无保障	增长带来利润，但大部分利润用于再投资	带来巨额利润，再投资减少，形成现金来源	采取适当的战略，保持现金来源
现金使用	大量使用现金	趋于保本	重要现金来源	现金来源（如果战略不适当可能需使用大量现金）
产品含义	一次性或批量生产，未能流水生产或大量生产	经验曲线上升，成本下降	强调降低成本，高效率	产业生产能力下降
研究和开发	大量用于产品和生产过程	对产品的研究减少，继续生产过程研究	很少，只有必要时进行	除非生产过程或重振产品有此需要，否则无支出

图 4-3　行业生命周期[①]

2. 市场结构

1）市场结构划分标准

市场结构问题本质上反映了一个市场中各个企业之间的竞争关系。通常我们可以根据以下几个标准来划分市场结构。

（1）市场上厂商的数目，即该产品是由一家厂商提供还是由多家厂商提供。一般来说，厂商数目越多，竞争程度越高；反之，竞争程度越低。

（2）厂商所生产产品的差别程度，即产品是否具有同质性。如果产品之间存在差异，消费者在选择的时候就会有所偏好，从而引起企业之间的激烈竞争。

（3）单个厂商对市场价格的控制程度。如果控制程度较强，就会给其他厂商带来较大的进入障碍或生存压力，则该市场的垄断程度高。

（4）厂商进入或退出一个行业的难易程度，即市场壁垒的高低。如果进入或退出壁垒低，则该市场的竞争程度高；反之，该市场的垄断程度高，市场竞争程度低。

2）市场类型的划分及特征

根据上述划分标准，可以将市场结构划分为四种：完全竞争市场、垄断竞争市场、寡头

---

① 资料来源：LUFFMAN. Business policy: an analytical introduction[M]. Oxford: Blackwell Business, 1991.

垄断市场、完全垄断市场。

（1）完全竞争市场。完全竞争市场有四个主要特征：第一，市场上有无数的买者和卖者；第二，同一产业中的每一个厂商生产的产品是完全无差异的；第三，厂商进入或退出一个产业是完全自由的；第四，市场中的每一个买者和卖者都掌握与自己的经济决策有关的商品和市场的全部信息。由完全竞争市场的四大特征，很容易推论出这一市场中价格竞争的激烈程度：企业只能按边际成本定价，没有任何经济利润。

（2）垄断竞争市场。垄断竞争市场是这样一种市场组织，一个市场中有许多厂商生产和销售有差别的同种产品。可以看到，垄断竞争市场的特征与完全竞争市场的特征比较接近，二者的主要差别在于垄断竞争市场上同种产品是有差异的。就是由于这一点不同，导致垄断竞争市场与完全竞争市场在价格竞争方面有很大的差异。

（3）寡头垄断市场。寡头垄断市场是指少数几家厂商控制整个市场的产品及其销售的一种市场组织。寡头垄断市场被认为是一种较为普遍的市场组织，不少产业都表现出寡头垄断的特点。与前两个市场不同的是，在寡头垄断市场中，每一个厂商的定产、定价行为都会对整个市场的产量和价格产生影响，因而，每个厂商的决策都要依赖其他厂商的选择。

（4）完全垄断市场。完全垄断市场是指整个市场上只有唯一的一个厂商的市场组织。具体地说，完全垄断市场有以下三个主要特征：第一，市场上只有唯一一家厂商生产和销售商品；第二，该厂商生产和销售的商品没有任何相近的替代品；第三，其他任何厂商进入该市场都极为困难或不可能。在这样的市场中，垄断厂商可以控制和操纵商品的价格和产量。反垄断经济学家弗兰克·费雪把垄断力量描述为能够无约束地进行活动的能力。

事实上，厂商在市场上拥有垄断力量，并非一定要在仅有唯一厂商的条件下才能实现，只要厂商在市场中的竞争对手很少，竞争对手的全部市场份额不超过30%～40%，厂商就拥有了垄断的力量。例如，1999年美国政府对微软公司的反垄断调查，就是调查它在软件市场上的份额是否形成了垄断力量。此外，我们以上所讨论的只是卖方垄断市场，而考虑垄断市场结构还应考虑买方垄断。如果厂商在其所需投入品市场中面临很少的竞争对手，甚至没有竞争对手，那么该公司就是一个买方垄断者。卖方垄断和买方垄断的分析是紧密相关的。通常针对该问题的讨论都着重于卖方垄断的问题，但所有这些问题对于买方垄断者来说是同等重要的，不同的是，对卖方垄断的讨论集中在厂商的提价能力，而对买方垄断的讨论集中在降低投入品价格的能力[①]。

3）针对不同市场结构的企业对策

现实生活中，完全竞争市场是不存在的，通常只是将某些农产品市场看成是比较接近的完全竞争市场类型。尽管如此，由完全竞争市场的四大特征推导出的结论却不只在完全竞争市场才会出现。事实上，包括多数消费品市场在内的许多市场，虽然并不符合经济学对完全竞争市场的描述，但这些市场也同样面临激烈的价格竞争，从而使得价格趋于边际成本。

在垄断竞争的市场结构中，企业数目很多，生产的产品有差别，而且企业进入或退出市场的限制少，因此便构成了垄断因素和竞争因素并存的基本特征。在现实生活中，垄断竞争的市场组织在零售业和服务业中比较普遍，如餐饮业、食品零售业等。一般来说，企业可以采取价格竞争手段和非价格竞争手段，力争实现利润最大化。在这里，非价格竞争手段实质是形成产品的差异化，主要通过产品的质量、性能、包装、有效的分销渠道、多样的促销方

---

① 刘英骥. 企业战略管理教程[M]. 北京：经济管理出版社，2006.

式等，改变消费者对产品的心理感觉。由于企业数量多并且市场份额小，故企业决策可以相对独立地做出，往往不需要考虑竞争对手的反应。

在寡头垄断市场中，每个厂商的销量在市场总销量中都占有较大的份额，从而企业之间存在着很强的相互依存性或激烈的竞争。每个寡头厂商在采取某项行动之前，首先要推测或掌握自己这一行动对其他厂商的影响以及其他厂商可能做出的反应，然后才能采取最有利的行动。因此，每个寡头厂商的利润都要受到行业中所有厂商决策的相互作用的影响。

严格意义上的完全垄断市场在现实中几乎不存在，但确实存在形成垄断的内在原因，主要原因是十分显著的规模经济，即自然经济。通过对专利和资源的控制，以及政府赋予的特许权等，企业可以处于垄断地位，因此，这些企业还需要对政府的行为予以关注[①]。

3. 关键成功因素

关键成功因素（key success factors，KSF）是指那些影响行业成员在市场上最大限度获利的关键因素，包括特定的战略因素、产品属性、资源、能力以及影响企业盈亏的业务成果。它是公司在特定市场获得盈利时必须拥有的资产和技能。关键成功因素所涉及的是每一个行业成员所必须擅长的东西，或者说企业要取得竞争和财务成功所必须关注的一些因素。

关键成功因素是企业制胜的法宝，也是市场的驱动力量。它在数量上不是很多，一般不超过5个。作为KSF必须满足以下两个条件。

（1）满足顾客需求。顾客是一个行业合理存在的基础，也是企业生存的利润源泉，因而企业必须确认顾客以及他们的需求，才能有效地选择一个为顾客提供产品的价值链环节。

（2）保持企业的持续竞争优势。KSF是在特定行业中能为企业带来竞争优势的资源。企业要获得成功，不仅依赖于选择一个有吸引力的行业，还在于企业的资源和独特技能应与KSF相匹配。只有具备了领先性或差异性并且拥有相对稀缺的能力，企业才能在行业竞争中具有优势。同时，只有不断进行开发和维护，才能持续保持这种优势，从而保障企业的长远发展。

识别核心竞争力应首先根据上述条件确定备选的KSF，并通过系统的评价来识别KSF。以下3个是确认行业的KSF时必须考虑的问题。

（1）顾客在各个竞争品牌之间进行选择的基础是什么？

（2）行业中的一个厂商要想在竞争中取胜需要具备什么样的资源和能力？

（3）行业中的一个厂商要想获取持久的竞争优势必须采取什么措施？

在啤酒行业，其关键成功因素是充分利用酿酒能力（以使制造成本保持在较低的水平）、强大的批发和分销网络（以尽可能多地进入零售渠道）和具有吸引力的广告（以吸引爱喝啤酒的人购买某一特定品牌的啤酒）；在服装生产行业，其关键成功因素是吸引人的设计和色彩组合（以引起购买者的兴趣）以及低成本制造效率（以制定出吸引人的零售价格并获得较高的利润率）；在铝罐行业，由于空罐的装运成本很高，所以其关键成功因素之一就是将工厂设置在最终用户附近，从而使生产出来的产品可在经济的运输范围内进行销售（区域性市场份额远远比全国性的市场份额重要）。

常见的关键成功因素大致可以分为以下8种。

（1）与技术相关的关键成功因素：产品的研发技能、研究开发费用率、产品或工艺改进的技术能力、产品的革新能力、某种技术的专业程度以及使用网络的能力。

[①] 黄旭. 战略管理——思维与要径[M]. 北京：机械工业出版社，2007.

（2）与制造相关的关键成功因素：生产效率、生产周期、固定资产利用率、产品品质、工厂选址、熟练劳动力数量、劳动力生产效率、产品设计和产品工程、依照订单要求灵活生产的能力以及供应商满意程度等。

（3）与分销相关的关键成功因素：分销网络、占据零售商货架的能力、自己拥有的分销渠道和网点、分销成本以及送货时间等。

（4）与营销相关的关键成功因素：技术支持、客户服务水平、履行顾客订单的能力、市场份额、产品线的广度、产品线的宽度、产品的附加价值、产品的营销技巧、广告设计、售后服务、顾客满意度以及顾客忠诚度等。

（5）与技能相关的关键成功因素：工作者的工作技能、质量控制水平、设计方案的专业性、在某一项具体技术上的专业技能、产品改良的能力、开发新产品的能力以及将产品创意转化为产品并投放市场的速度等。

（6）与组织相关的关键成功因素：信息系统的优劣、对市场环境变化的反应速度、应对危机的系统的完善性、组织结构设计的合理性以及管理者的管理才能等。

（7）与财务相关的关键成功因素：经济增加值（economic value added，EVA）、权益净利率（return on equity，ROE）、销售现金比率、现金流动负债比率、已获利息倍数。

（8）其他相关的关键成功因素：企业形象和声誉、品牌价值、设施选址的便利性、办公环境、员工素质、财务资本的可获得性以及对专利的保护程度等[1]。

关键成功因素随着行业的不同而不同，甚至在相同的行业中，它也会因行业驱动因素和竞争环境的变化而变化。对于某个特定的行业来说，在某一特定时点，极少存在4个以上的关键成功因素。在这几个关键成功因素中，有1~2个因素占据较重要的地位。表4-1列举了一些行业的关键成功因素。

表4-1　不同行业中的关键成功因素[2]

工业部门类别	关键成功因素
铀、石油	原料资源
船舶制造、炼钢	生产设施
航空、高保真度音响	设计能力
纯碱、半导体	生产技术
百货商场、零部件	产品范围、花色品种
大规模集成电路、微机	工程设计与技术能力
电梯、汽车	销售能力、售后服务
啤酒、家电	销售网络

如表4-1所示，原料资源是石油工业的关键成功因素，它决定了石油生产者的利润。而在纯碱工业中，生产技术是关键成功因素，企业要获得同样质量的纯碱，汞制作法的效益要比半透膜法高两倍以上，采用后一种方法的企业，无论做出多大的努力来减少额外成本，也不可能在经营上取得成功。

随着行业生命周期的演变，关键成功因素也在发生变化，如表4-2所示。

---

[1] 黄旭. 战略管理——思维与要径[M]. 北京：机械工业出版社，2007.
[2] 徐二明. 企业战略管理[M]. 北京：中国经济出版社，1998.

表 4-2　产业生命周期各阶段中的关键成功因素

阶　　段	投 入 期	成 长 期	成 熟 期	衰 退 期
市场	广告宣传，争取了解，开辟销售渠道	建立商标信誉，开拓新销售渠道	保护现有市场，渗透入别人的市场	选择市场区域，改善企业形象
生产经营	提高生产效率，开发产品标准	改善产品质量，增加花色品种	加强和顾客的关系，降低成本	缩减生产能力，保持价格优势
财力	利用金融杠杆	集聚资源以支持生产	控制成本	提高管理控制系统的效率
人事	使员工适应新的生产和市场	发展生产和技术能力	提高生产效率	面对新的增长领域
研究开发	掌握技术秘诀	提高产品的质量和功能	降低成本，开发新品种	面向新的增长领域
关键成功因素	销售渠道、消费者的信任、市场份额	对市场需求的敏感、产品质量	生产效率和产品功能、新产品开发利用	回收投资，缩减生产能力

同一行业中的不同企业，也可能对该行业关键成功因素有不同的侧重。例如，在书写产业中，英国的派克公司和柯尔斯公司均很成功，但它们对书写行业的关键成功因素各有侧重，派克公司侧重于无孔不入的广告宣传和大量的销售渠道，而柯尔斯公司则侧重于产品质量、产品在消费者心目中的形象和有选择性的销售渠道。

4. 行业演变及驱动力

现代社会经济与技术的快节奏发展使行业形态处于持续的变化之中。近年来，许多行业的内部结构和特征正发生着重大而深刻的变化，其中一些行业向着高度集中的方向发展，而一些产业则趋向分散。例如，经过新一轮的并购浪潮以后，在世界范围内，汽车、银行、飞机制造业的企业规模日益庞大，行业集中度不断提高；信息技术的发展、虚拟企业的出现又使得某些领域的企业规模越变越小。此外，一些行业的传统边界也被重新划分，甚至出现了行业边界模糊化的现象。例如，传统建材行业的边界逐步消失，许多建材产品不仅可作为建筑业的原材料，还可用于汽车、石油、机械电子等行业之中，同时，化工工业、钢铁工业的企业也为建材行业贡献了许多新产品。在这种行业的重新组合与重新界定的巨大变化中，如果企业不能准确地把握新的趋势，势必危及其生存和发展。

4.3.2　行业吸引力分析

根据迈克尔·波特的观点，一个行业中的竞争，远不止在原有竞争对手中进行，而是存在着五种基本的竞争力量（competitive force），它们是潜在进入者的威胁、现有竞争者之间的竞争、替代品的威胁、买方讨价还价的能力以及供方讨价还价的能力，如图 4-4 所示。这五种要素共同作用，决定了行业竞争的性质和程度，它们是形成企业在某一竞争领域内竞争战略的基础。

1. 潜在进入者的威胁

除了处于迅速发展阶段的行业之外，一个行业中，任何新企业的进入都会形成对该行业原有企业的威胁。一般而言，当行业具有较高的投资回报时，就会吸引很多的潜在进入者，而新进入者的入侵将导致整个行业平均利润的下降。

潜在进入者是否真的会采取行动入侵到行业中来，取决于潜在进入者对行业进入壁垒的认知。进入壁垒就是企业进入某一个新行业所要克服的困难（或风险），主要包括：规模经济、学习或经验效应、产品差异、初始投资额、顾客的转换成本、进入分销渠道的难易程度、预期的市场增长率、政府的政策保护和预想的报复。

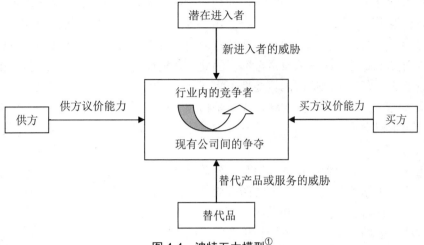

图 4-4　波特五力模型[①]

（1）规模经济。规模经济的作用是迫使新进入者必须以较大的规模进入，并冒着被现有企业强烈反击的风险；如果以较小的规模进入，就要长期忍受产品成本高的劣势。这两种情况会给新进入者制造障碍或带来压力。例如，一家新公司想加入造纸行业是非常困难的，因为造纸企业要想实现高效生产，必须达到一定的产量要求，对一个刚起步的造纸企业来说，很难达到这个产量，这势必使之处于高成本的劣势中。

（2）学习或经验效应。学习或经验效应是指学到更加具有效率的做事方法，从而可以降低成本，这些成本下降主要来自于员工对工作的改进、生产布局的合理化、专门设备和工艺的开发、经营管理的控制等方面。学习和经验效应对那些以知识为基础的企业更为重要。

规模经济与学习或经验效应常常同时存在，但从管理的角度看，两者具有本质的差别，不能混为一谈，如图 4-5 所示。规模经济指的是某一时刻的产量对成本的影响情况，而学习或经验效应指的是累积产量对成本的影响情况。

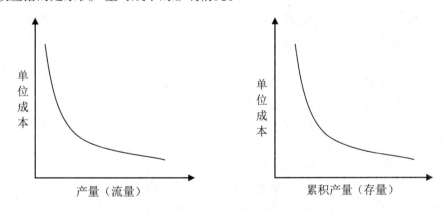

图 4-5　规模经济与学习或经验效应

（3）产品差异。产品差异是指现有企业在产品的功能、质量、品牌信誉、顾客服务等方

---

① 迈克尔·波特. 竞争战略[M]. 陈小悦, 译. 北京：华夏出版社, 2005.

面的与众不同。这些与众不同的方面使新进入者承受压力，它要获得同样的特色必须耗费大量的资金、人力和时间，而且很可能得不偿失[①]。

（4）初始投资额。如果进入一个行业的初始投资额较高，那么能支付这笔投资的新进入者的数量就会很少。例如，对将要进入石油化工行业的新企业而言，筹集所需资金是一个很大的进入障碍。又如，按照现在汽车行业的资金密集程度，要建一个年产 15 万辆汽车的整车厂，至少需要 100 亿人民币的投资金额，因此，在短期内投资建造能与一汽、二汽、上海大众直接竞争的汽车整车制造厂的可能性不大。

（5）顾客的转换成本。这里的转换成本是指顾客从一个供应商转到另一个供应商时所产生的成本（包括机会成本、会计成本和感情成本）。有些时候，转换成本会给新进入者吸引顾客造成很大困难。

（6）进入分销渠道的难易程度。原有的分销渠道已被行业内的企业占领，新进入者必须通过让价、广告津贴等办法来说服中间商接受其产品，这样就会减少自己的利润。产品的销售渠道越有限，它与现有企业的联系越密切，新进入者要进入该行业就越困难。

（7）预期的市场增长率。随着增长机会的不断缩减，进入一个新市场的诱惑力也不断减弱。处于快速增长市场中的企业，对新进入者的抵制不强烈，因为市场提供了足够多的机会。但在一个增长缓慢的市场中，原有企业就要拼命抵制新进入者，因为新进入者会掠夺原有企业的市场份额。

（8）政府的政策保护。政府能够限制甚至封锁某行业的进入，如通过许可证要求，限制新进入者。受这种约束的行业包括：汽车运输、铁路运输、烟草和酒类的销售、煤矿等。政府对行业的约束也可以通过控制来实现，诸如制定空气和水的污染标准、发布产品的安全性和效能的条例。

（9）预想的报复。即使新进入者可以克服上述障碍，也不能马上做出是否进入某行业的决策。新进入者还必须考虑到行业内原有企业对其入侵会有怎样的反应，因此，威慑也是一种进入壁垒。

2. 现有竞争者之间的竞争

行业内的企业并不都是竞争对手，通常的情况是既有竞争又有合作，理解这一点非常重要。行业内企业展开广告战、价格战、服务战等进行竞争的方式比比皆是，但技术合作、委托制造、合资联盟甚至各种暗地里的"卡特尔"也随处可见。行业内企业的竞争程度取决于以下 7 个因素。

（1）主要竞争者的数量和力量对比。行业内企业的数量较多而且力量比较均衡的时候，总会有企业为占有更大的市场份额和取得更高的利润，打击、排斥其他企业，引发行业的动荡。行业内企业的数量很多且力量又不平衡时，中小企业则要依据行业领导者所建立的游戏规则行事，这样的行业比较稳定。当行业内企业数量很少且规模都很大时，行业表面比较平静，竞争却在深处暗流涌动，并最终引发行业结构变化的大地震。

（2）行业销售的增长速度。在行业销售快速增长时，即使是经营能力一般的企业也能随着销售的增长而获得发展，行业竞争强度就弱一些。而当行业销售增长较慢或处于饱和状态时，市场份额之争非常激烈，行业竞争的强度就会增加。

（3）固定成本的高低。当一个行业固定成本较高时，企业为降低单位产品的固定成本，

[①] 屈林岩. 战略管理与企业经营战略[M]. 长沙：中南大学出版社，2001.

势必采用增加产量的措施,结果往往导致价格下跌。与固定成本高低有关的一种情况是产品的库存问题。如果行业生产的产品储存非常困难或费用极高,企业就容易为尽快销售产品而承受降价的损失。

(4) 产品的差异化程度。一个行业的产品若差异性高,购买者按照其偏好来购买产品,生产企业间的竞争就会缓和;反之,产品同质性高,购买者所选择的是价格和服务,这就会使生产者在价格和服务上展开激烈竞争。

(5) 企业的战略意图。企业如果把市场当作解决生产能力过剩的出路,它就会采取倾销过剩产品的办法;多种经营业务的企业,由于实力雄厚,为了本企业的整体发展,有可能采取牺牲盈利的措施,把竞争重点放在某一特定行业上;小型企业为了保持经营的独立性,可能情愿取得低于正常水平的收益来扩大自己的销路,这些都会引起激烈的竞争[①]。

(6) 退出壁垒的高低。退出壁垒既有经济方面的、战略方面的,也有感情方面的。经济方面的投入越大,特别是固定的专用资产投入越大,退出就越困难,企业就容易死守阵地进行殊死搏斗。员工安置等成本过高,也是影响退出的重要壁垒。退出一个行业常常还会让企业在战略上牵连其他业务,有时其损失是巨大的。感情也是一种退出壁垒,它包括主要领导的感情、员工的感情、顾客的感情、公众的感情和政府的感情。退出壁垒高,竞争就激烈;反之,则相对缓和。当企业估计到退出壁垒很高时,对进入该行业就要持谨慎的态度。

(7) 行业传统。在许多传统行业,由于历史的原因,沉淀了各自的游戏规则,企业只在游戏规则的范围内竞争,很少越雷池一步。例如,巧克力行业已成为一个全球性的行业,但在这个行业中大家都遵守一个共同的规则:无论原料价格涨落与否,其最终产品的价格不变。你可以改变包装的大小,但标价不能有大的改变,而在计算机、信息技术等新兴行业,则没有这么多规矩,因此竞争就更激烈。

3. 替代品的威胁

从广义上看,一个行业中的所有企业都在与生产替代产品的行业竞争。替代品为该行业产品的价格确定了一个上限,因为当一种产品的价格高于替代品的相对价格时,人们就转向购买替代品。例如,零售商店不仅同其他零售商店竞争,而且还同邮购商店竞争。因此,管理者必须识别和密切关注那些质量有所改进的或价格有所下降的替代品。

识别替代产品也就是去寻找那些具备本行业产品同种功能的其他产品。有时做到这一点并不容易,可能需要企业分析与该行业相去甚远的业务。例如,证券经纪人正日益受到替代品的威胁,包括不动产、保险业、货币市场基金,以及其他个人资本投资方式,这种情况在权益资本表现不佳时尤为严重。

应当引起高度重视的替代品是:① 价格更低、性价比更高,从而排挤原行业产品的替代品;② 由盈利很高的行业生产的替代产品。在后一种情况下,如果该替代品所处行业中的竞争加剧了,以致引起产品价格下跌或其性能改善,则会使替代品立即脱颖而出[②]。

4. 买方讨价还价的能力

买方的行业竞争手段是压低价格、要求较高的产品质量或索取更多的服务项目,并且从竞争者彼此对立的状态中获利,所有这些都是以牺牲行业利润为代价的。行业的主要购买者讨价还价能力的强弱,取决于众多市场情况特性,具体包括以下 7 个因素。

---

① 屈林岩. 战略管理与企业经营战略[M]. 长沙:中南大学出版社,2001.
② 迈克尔·波特. 竞争战略[M]. 陈小悦,译. 北京:华夏出版社,2005.

（1）产品的差异化程度。如果行业内企业的产品是差异化的，那么行业内企业在与买方的交易中就占有优势；反之，如果行业产品是标准化或差异很小的，那么买方在交易中就占有优势，而且会使行业产品价格下降。

（2）买方对价格的敏感程度。如果客户对价格很敏感，那么客户就会对行业形成较大的成本压力。在以下3种情况下，买方可能会对价格很敏感：所使用的原材料占买方产品成本的比例很大；所使用的原材料对买方产品的整体质量无关紧要；买方的边际利润已经很低。

（3）买方拥有行业内企业成本信息的程度。客户拥有供应商成本信息越准确，客户的讨价还价能力越强。一些大的客户强烈要求获得供应商的成本数据。当供应商的生产成本下降后，客户也会要求同比例地减价。

（4）买方行业与供应商行业的集中程度。如果买方行业的集中程度高，供方只能将产品卖给很少几个客户，此外别无市场，那么买方就拥有较大的谈判优势；反之，供方的行业很集中，买方只能在少数几家供方企业买到这种产品，那么供方就会比较主动。

（5）买方采购量的大小。买方购买产品的数量越大，其讨价还价的能力就越强；反之，就只能成为价格的接受者。例如，由于沃尔玛的采购量非常大，所以它具有很强的砍价能力。

（6）买方的转换成本。如果买方因为转向购买替代品而产生的转换成本很小，买方对在价格方面就拥有主动权；反之，买方比较容易被行业内企业"套牢"。

（7）购买者后向一体化的可能性。后向一体化即购买者也开始从事原材料的制造和销售，也就是说，进入供应商的经营领域，这将提高买方讨价还价的能力。

5. 供方讨价还价的能力

供方讨价还价的能力对行业的影响也很大。供应商的威胁手段一是提高供应价格；二是降低供应产品或服务的质量，从而使下游行业利润下降。在以下6种情况下，供应商有较强的讨价还价的能力。

（1）供应行业由几家公司控制，其集中化程度高于购买商行业的集中程度。这样，供应商能够在价格、质量方面对购买商施加相当大的影响。

（2）供应商无须与替代产品进行竞争。如果存在着与替代产品的竞争，即使供应商再强大有力，他们的竞争力也会受影响。

（3）对供应商们来说，所供应的行业无关紧要。供应商向一些行业销售产品且每个行业的销售额在其总销售额中所占比例不大，此时，供应商更易于运用他们讨价还价的能力；反之，如果某行业是供应商的重要客户，供应商就会为了自己的发展采用公道的定价，通过采取研究与开发、疏通渠道等援助活动来保护购买商的行业。

（4）对买主们来说，供应商的产品是很重要的生产投入要素。这种投入对于买主的制造过程或产品质量有重要的影响，这样便增强了供应商讨价还价的能力。

（5）供应商们的产品是有差别的并且购买者有很高的转换成本。

（6）供应商对买主行业来说构成前向一体化的很大威胁，这样，购买商行业若想在购买条件上讨价还价，就会遇到困难[①]。

综上所述，行业中的企业要面对五种力量的影响，它们必须识别这五种力量并选择恰当的行业作为自己的主攻领域。总的来说，竞争越激烈，获利性越低。因此，那些低进入壁垒、

---

① 原梅生. 现代企业战略管理概论[M]. 北京：中国商业出版社，1998.

买方与供方处在较强的讨价还价地位、替代品威胁严重、行业内企业竞争激烈的行业是没有吸引力的行业，企业难以建立战略性竞争优势，更难以获得超额利润；相反，那些高进入壁垒、买方与供方只有较低的讨价还价地位、替代品威胁较少、行业内企业竞争不激烈的行业才是有吸引力的行业[1]。

4.3.3 战略群体分析

在一个行业中，一个企业的经营状况取决于两个因素：一是它所在行业的整体发展状况，即行业吸引力；二是该企业在行业中所处的地位。上述关于行业主要经济特征、行业吸引力的分析，偏重从整体上分析行业、推断行业的竞争性质和盈利潜力。一个行业的盈利潜力是决定行业中的企业盈利能力的一个重要因素，但一个企业的盈利能力还取决于其在该行业中的竞争地位和能力。因此，企业要想提高盈利，不仅要选择一个有吸引力的行业，而且要提高自身的竞争地位和能力。这需要首先明确行业内各个企业的竞争地位，而战略群体分析就是确定行业内各个企业竞争地位的有力工具。

1. 战略群体的概念

战略群体是指某行业中在某一战略方向采用相同或相似战略的各企业组成的集合。如果行业中所有的企业基本认同相同的战略，则该行业只有一个战略群体；就另一极端情况而言，每一个企业也可能成为一个单独的战略群体。一般情况下，一个行业中仅有几个战略群体，它们有着性质完全不同的战略。每个战略群体内的企业数目不等，但战略类同。

同一战略群体中的各个企业可能在以下几个方面相似：产品线的宽度相似，垂直一体化程度相似，提供给购买者的服务和技术支持相似，用来吸引购买者的产品属性相似，使用相同的分销渠道，依赖相同的技术方式，以及产品的价格或质量处于同一个区间。在同一战略群体内，企业在生产规模和市场占有率等方面可能有所不同，但它们的性质相同，处于相同的竞争地位，因而对环境变化的反应是相同的。同样，不同战略群体面对同一环境因素的变化可能采取不同的行动。例如，对新加入者的威胁，由于关系到本行业整体利益，各个战略群体会联合起来，共同设置进入障碍。与此同时，各战略群体还会设置各自的进入障碍。各个群体的进入障碍不仅阻止行业外部的企业进入本行业，而且还阻止行业内其他群体的企业移向本群体。各个战略群体对替代品的威胁的反应不一，有的群体非常担心替代品的竞争，有的群体由于其产品很难被替代，就不用担心替代品的威胁。此外各个战略群体对价格问题的反应也不一样[2]。

2. 战略群体的特征

如何确定战略群体？很难对这个问题做出清晰的解答。尽管不同的企业在许多方面存在差异，但并非所有的差异都有利于区分战略群体。在《竞争战略》一书中，波特指出，识别战略群体的特征可以考虑以下一些变量：① 产品（或服务）差异化（多样化）的程度；② 各地区交叉的程度；③ 细分市场的数目；④ 所使用的分销渠道；⑤ 品牌的数量；⑥ 营销的力度（如广告覆盖面，销售人员的数目等）；⑦ 纵向一体化程度；⑧ 产品的服务质量；⑨ 技术领先程度（是技术领先者还是技术追随者）；⑩ 研究开发能力（生产过程或产品的革新程度）；⑪ 成本定位（如为降低成本而投入的资金多少等）；⑫ 能力的利用率；⑬ 价格水平；

---

[1] 邵一明. 企业战略管理[M]. 2版. 上海：立信会计出版社，2005.
[2] 原梅生. 现代企业战略管理概论[M]. 北京：中国商业出版社，1998.

⑭ 装备水平；⑮ 所有者结构（独立公司或与母公司的关系）；⑯ 与政府、金融界等外部利益相关者的关系；⑰ 组织的规模。

为了识别战略群体，必须选择这些特征中的 2~3 项，并且将该行业的每个企业在"战略群体图"上标出来。

3．战略群体图的绘制

一般来说，确定企业所属战略群体的战略群体图的绘制过程应包括以下 4 个步骤。

（1）辨析行业中区分各个企业的因素。典型的因素包括产品（或服务）差异化（多样化）的程度、各地区交叉的程度、细分市场的数目、所使用的分销渠道等，可以考虑从波特提出的战略特征变量中进行选择。

（2）按上述差别化特征将各个企业列于一张双变量图中。

（3）把大致落在相同战略空间内的企业归为同一个战略群体。

（4）给每一个战略群体画一个圆，使其半径与各个战略群体占整个行业销售收入的份额成正比，这样就得到了一个双变量的战略群体图，如图 4-6 所示。该图列示了 20 世纪 80 年代欧洲食品工业的战略群体，图中用营销力度和地区覆盖率两个战略特征将 4 个群体清楚地区分开来：A_1 是拥有著名品牌、在全世界范围内进行经营的跨国公司；A_3 是拥有较强品牌和较高的营销能力的国内公司，比 A_1 的份额要小很多；B_2 也是在国内经营，但不是市场领导者；C_3 专门经营自有品牌的产品，并且致力于销售低成本产品。

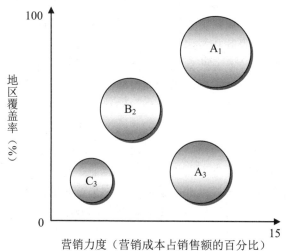

图 4-6　欧洲食品工业战略群体示意图

在行业的整个战略空间中，分配各个战略群体的位置时，必须遵循以下 5 个指导原则。

（1）被选定作为战略群体图坐标轴的两个变量不应该具有强相关性。如果它们是两个高度相关的变量，那么群体图上的各个圆就会沿着一条倾斜线分布，那么战略制定者从这个图中所获得的关于竞争企业相对地位的信息就和依照一个变量所获得的信息没有太大的区别，这样，其中的一个变量就是多余的了。

（2）被选定作为战略群体图坐标轴的变量应该能体现各个企业之间较大的差异。毫无疑问，这一点就意味着必须找出将各个企业区分开来的那些差异，然后用这些差异特征作为坐标轴变量，作为判断哪一家企业属于哪一个战略群体的依据。

（3）战略群体图中坐标轴的变量没有必要一定是数量性变量或连续性变量，它们可以是离散变量或是按类别界定的变量。

（4）战略群体图中各个圆圈的半径必须与该战略群体中各个企业的联合销售额成正比，以便反映每一个战略群体的相对规模。

（5）如果适合作为坐标轴的变量不止两个，那么就可以多绘制几幅群体图，从不同的角度反映行业中各个企业的竞争地位和相互关系。由于一张群体图未必能完整地说明竞争企业的市场地位，因此我们最好用几对竞争变量来绘制战略群体图。

4. 战略群体图的分析

对战略群体图进行分析有助于企业了解自身的战略地位以及企业战略变化可能带来的竞争性影响。

第一，它有助于了解战略群体间的竞争状况，主动地发现近处和远处的竞争者，也可以很好地了解某一群体与其他群体间的不同。例如，从图 4-6 中可以看出，跨国公司 A_1 主要致力于营销（尤其是品牌的推广）及各国之间生产资源的控制，而自有品牌的供应商 C_3 特别注意保持低成本。

第二，它有助于了解各战略群体之间的移动障碍。移动障碍即企业从一个群体转移到另一个群体的障碍。图 4-7 中列示了欧洲食品工业中，企业在各群体间转移的各种障碍。进入 A_1 的市场阻力是很大的，在国内品牌影响力弱、市场覆盖面小的企业，容易受著名国际品牌和由规模经济引发的低价竞争的影响，不能保证其在国际市场中处于有利地位。

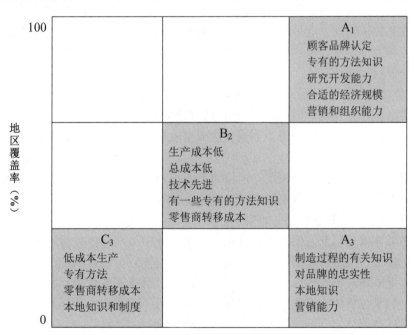

图 4-7 移动障碍汇总

第三，它有助于了解战略群体内企业竞争的主要着眼点。同一战略群体内的企业虽然采用了相同的或类似的战略，但由于群体内各个企业的优势不同，会造成各个企业在实施战略能力上的不同，因而导致不同企业实施同样战略却获得不同效果。战略群体分析可以帮助企业了解其所在战略群体的战略特征，以及群体中其他竞争对手的战略实力，从而选择本企业的竞争战略与战略开发方向。

第四，利用战略群体图还可以预测市场变化或发现战略机会。如图4-8所示，在欧洲食品工业中已存在着"空缺"，这些领域能为新战略或新的战略群体提供机会。当然，重要的是要了解这些领域所能提供的战略机会的可行性，如 B_1（跨欧洲品牌）就很有吸引力，因为它能在跨市场中实现规模经济，难度也远远小于进入 A_1 群体[①]。

地区覆盖率（%）			
100	C_1 跨欧洲自有品牌供应商	B_1 跨欧洲品牌	A_1 跨国著名品牌
	C_2 地区性自有标志供应商	B_2 地区性自有品牌供应商	A_2 地区主要品牌
0	C_3 国家自有品牌供应商	B_3 国内较小的品牌	A_3 国内主要品牌

营销力度（营销成本占销售额的百分比）

图4-8 战略区间分析

1）战略群体内的竞争

在战略群体内部，各个企业的优势地位会削弱彼此间的竞争。例如，当各个企业的经济效益主要取决于生产规模时，规模大的企业就处于优势地位，规模小的企业就处于劣势地位。此外，同一战略群体内的企业虽然采用相同的战略，但各个企业在实施战略的能力上会有不同，即在管理能力、生产技术、研究开发能力与销售能力等方面存在差别。能力强的企业就会占优势，处于有利地位。

2）战略群体间的竞争

在行业中，如果存在两个以上的战略群体，群体间就有可能相互为对方设置进入障碍，导致战略群体间的竞争。一般来说，下列4个因素决定着一个行业中战略群体之间竞争的激烈程度。

（1）战略群体间的市场牵连程度。所谓市场牵连程度，就是各战略群体争夺同一顾客的激烈程度，或者说是它们为争取不同细分市场中的顾客进行竞争的程度。当战略群体间的市场牵连很多时，将导致战略群体间激烈的竞争。

（2）战略群体数量以及它们的相对规模。一个产业中战略群体数量越多且各个战略群体的市场份额越接近，战略群体间的竞争越激烈。战略群体数量多意味着群体离散，某一群体采取降价或其他战术攻击其他群体的机会多，从而激发群体间的竞争；反之，如果群体的规模极不平衡，如某一群体在产业中占有很小的份额，另一群体却占有很大的份额，则战略的不同就很难对战略群体之间的竞争方式造成很大的影响。

（3）战略群体建立的产品差别化。如果各个战略群体以各自不同的战略把顾客区分开来，并使他们有各自偏爱的品牌，则战略群体间的竞争程度就会大大降低。

（4）各集团的战略差异。所谓战略差异，是指不同战略集团奉行的战略在关键战略方向上的离散程度，这些战略方向包括商标信誉、销售渠道、产品质量、技术领先程度、成本状况、服务质量、纵向一体化程度、价格、与母公司或东道国政府的关系等。如果其他条件相

---

① 刘英骥. 企业战略管理教程[M]. 北京：经济管理出版社，2006.

同，集团间的战略差异越大，集团间就越可能只发生小规模的摩擦。不同战略集团奉行不同的战略导致他们在竞争思想上有极大的差别，并使它们难以理解其他集团的行为，从而避免了盲目的竞争行动。

上述4个因素的共同作用决定了行业中战略集团竞争的激烈程度。最不稳定也就是集团间激烈竞争的情况是，行业中存在几个势均力敌的战略集团，各自奉行全然不同的战略并为争取同一类基本顾客竞争；反之，较为稳定的情况是，行业中有少数几个大的战略集团，它们各自为一定规模的顾客进行竞争，所奉行的战略除少数几个方向外并无差异。

3）企业竞争对手的确认

一般来说，战略群体图中，战略群体之间相距越近，它们之间的竞争越激烈。同一战略群体内的厂商是最直接的竞争对手，其次是相距最近的两个群体中的成员。战略群体图中两个相距甚远的战略群内的成员几乎没有竞争可言。

战略群体图作为一种分析工具，既不同于行业整体分析的方法，也不同于单个企业的个别分析方法，而是介于两者之间。它是从行业中不同企业的战略管理中找出带有共性的因素，更准确地把握行业竞争的方向和实质，避免以大代小或以小代大所造成的缺陷。

4.3.4 主要竞争对手分析

一个企业要想在竞争中获胜，必须了解竞争对手，了解对手的强势、弱势和发展战略，同时也要了解自己的公司，了解自己的市场。

主要竞争对手是指那些对企业现有市场地位构成直接威胁或对企业目标市场地位构成主要挑战的竞争者。主要竞争对手是企业经营行为最直接的影响者和被影响者，这种直接的互动关系决定了竞争对手分析在外部环境分析中的重要性。分析竞争对手的目的，是了解他们可能采取的战略行动以及成功的可能性，各竞争对手对其他公司的战略行动可能做出的反应，以及各竞争对手对可能发生的产业变迁和环境的大范围的变化可能做出的反应等。根据波特教授的竞争对手分析模型，对竞争对手的分析有4种诊断要素：未来目标、现行战略、假设和能力，如图4-9所示。

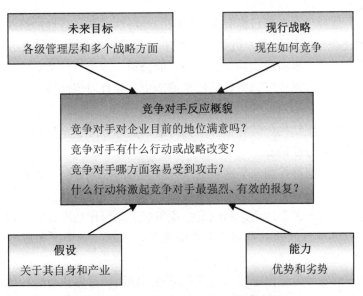

图4-9 对竞争对手分析的内容示意图

1. 未来目标

分析并了解竞争对手的未来目标，有助于了解竞争对手对其自身地位及财务成果的满意度，由此可以推断其将如何改变战略以及对于外部事件（如经济周期）或对于其他公司战略行动的反应能力。

1）竞争对手的未来目标分析

对竞争对手未来目标的分析至少应包括以下几方面内容。

（1）竞争对手已声明和未声明的财务指标是什么？它如何协调各目标（如获利能力、市场占有率、风险水平等）之间的矛盾？

（2）它所追求的市场地位总体目标是什么？是希望成为市场的绝对领导者，行业领导者之一，一般的追随者，竞争参与者，后来居上者，还是仅仅安于做一个积极进取的新手？

（3）其内部各管理部门对未来目标是否具有一致性？如果存在明显的分歧甚至派别，那么是否可能导致战略上的突变？

（4）竞争对手的核心领导者的个人背景及经验，其个人行为对整个组织的未来目标会有怎样的影响？

（5）竞争对手的组织机构特别是在资源分配、价格制定和产品创新等关键决策方面的责权分布如何？奖励制度如何？会计制度和惯例如何？

如果竞争对手是某母公司中的一个经营单位，则对目标的了解应当是对多级领导目标的了解，公司级的、经营单位级的甚至职能部门以及个别经理的目标都要了解。这有助于了解上级公司是否会支持下属公司所采取的行动，确定它是否愿做下属公司对付竞争对手行动的后盾。

2）竞争对手的目标分析

对竞争对手的目标的分析需要包括以下 11 个方面。

（1）竞争对手陈述的财务目标与未陈述的财务目标是什么？竞争对手在制定目标时是如何考虑得失的？

（2）竞争对手持何种风险态度？

（3）竞争对手是否存在对其目标有重大影响的经济性或非经济性的组织价值观或信念？是全体成员共有还是仅高层管理人员具有？竞争对手是否企图在市场上成为领先者？是否想当产业的发言人？是否准备成为独立且有特点的公司，或充当技术潮流的主宰者？竞争对手是否具有信奉某特定战略或职能方针的传统或历史，并且习惯性地把它写进目标？是否对产品设计有严格要求？是否对地理位置有特殊偏爱？

（4）竞争对手的组织结构如何？这种结构对诸如资源分配、定价和产品更新等关键性决策的责任及权利是如何分配的？

（5）竞争对手现有何种控制与奖惩系统？行政人员的报酬如何？销售人员的报酬如何？管理人员拥有股份吗？是否有一个延期补偿系统？如何定期检查执行情况？周期长短？

（6）竞争对手现有何种会计系统和规范？竞争对手如何评估库存？如何分配成本？如何计算通货膨胀？这些会计问题是否能大大影响竞争对手对经营情况和成本的估计以及是否能影响定价方法？

（7）竞争对手的领导阶层由哪些人构成，特别是谁出任首席执行官？他们具有怎样的背景和经历？什么样的年轻管理者将受到奖励？他们明显强调的是什么？公司招聘外来人员是否意味着他们将转变方向？

（8）竞争对手的领导阶层对未来发展方向有多大的一致性？领导阶层内的宗派主张不同的目标吗？

（9）竞争对手的董事会成分如何？是否有足够的产业外人员并带来外部行之有效的观点？董事会中有何种产业外人员？他们的背景及其有关公司情况如何？他们如何经营自己的公司？他们的利益所在？

（10）什么样的合同义务可能限制竞争对手的选择余地？是否存在某些债务限制了某些可能的目标？是否由于许可证的转让或合资合同带来了限制？

（11）在可能对弱小竞争对手的战略行动和扩大市场份额的行为采取报复时，是否存在任何条例、不信任法案或其他政府或社会限制？竞争对手在过去面临过不信任问题吗？由于什么原因？达成了任何一致判决吗？

3）其他需分析的问题

如果竞争对手是某个较大公司的一个经营单位，其母公司很可能对这个单位有所限制或要求，这种限制或要求对预测它的行为非常关键。除以上所讨论过的问题以外，还需回答以下几个问题。

（1）母公司当前经营情况（销售增长率、投资收益率等）如何？

（2）母公司的总目标是什么？从这一点出发，母公司需要它的经营单位做什么？

（3）一个经营单位在母公司的总战略中有何重要的战略意义？母公司将该单位的产品视为拳头产品还是视为边缘产品？该单位的产品在母公司的多样化组合中的位置如何？是处于成长期而作为母公司未来的关键产品之一？还是成熟、稳定的产品从而作为现金的来源？业务经营单位战略上的重要性对所要达到的目标是否有着关键性影响？

（4）母公司为何要经营某种产品（因为剩余生产力、纵向联合需要或为了开发销售渠道以及为了加强市场开发的力量）？这方面的情况为母公司进一步提供了如何看待该经营单位的贡献的依据，以及对其战略地位和行为可能施加压力等方面的信息。

（5）某经营单位在母公司的多样化经营组合中与其他业务的经济关系如何（纵向联合、相互补偿、分担、分享研究开发）？这种关系在母公司对某经营单位的特殊要求中意味着什么？

（6）整个公司的高级领导阶层持何种价值观或信念？他们想将产品打造成所有经营品种的技术上的领先者吗？

（7）母公司是否打算将用于其他经营单位的基本战略同样用于这一单位？

（8）其竞争对手的业务部门所面临的销售目标、投资收益的障碍以及资金的限制情况？已知它和其他兄弟经营单位的经营状况及母公司为它设置的目标，它能在与兄弟部门竞争以获取母公司资金的过程中成功吗？该部门是否足够大或具有足够大的潜力博得母公司的注意和支持？或母公司领导对它很少关心甚至放任不管？其兄弟部门的资本投资额的要求是多少？已知母公司对各个部门的重视级别以及分红后可用资金的估计，该部门还能分得多少资金？

（9）母公司的多样化计划如何？公司是否正计划进入其他消耗资金的领域？或者进入那些意味着今后将长期把重点放置其中的业务领域？母公司是否由于有增效机会而会转而支持该部门？

（10）母公司的组织结构中提供了何种关于该经营单位在母公司眼中的相对状态、地位以及目标等方面的线索？该部门直接向总裁报告还是向有影响力的公司副经理报告，或者它本身是几个较大的组织实体的一部分？组织中是否已有"新人"负责还是正处于更换管理者的时期？

（11）在母公司的总体结构图中，是如何对经营单位领导进行控制和奖惩的？检查周期多长？奖金与工资的比例如何？奖金的基础何在？是否为股份持有者？这些问题清楚地揭示了了解有关业务部门的目的和行为的线索。

（12）母公司奖励了哪些类型的经理？这表明了母公司高层管理者欲强化的战略行动，因而也暴露出业务部门的目标。在母公司中，各业务部门的管理人员更换的频率如何？

（13）母公司从何处招聘业务部门领导？现行领导是内部提升的还是从外公司招聘而来？（暗示了高层领导可能偏好的战略方向）

（14）是否存在对某公司整体的不信任法案、条规或社会敏感因素，从而波及和影响到它的业务部门？

（15）母公司领导，特别是高层领导是否对这个经营单位具有感情？这个经营单位的产品是母公司最早的产品吗？这个经营单位过去的总经理是否在母公司的上层管理机构中工作？是否由现任的高级领导做出合并发展该部门的决策？在这个经理的领导下，是否着手进行任何计划和行动？这些关系都暗示该经营单位将获得非同一般的注意和支持，同时也暗示了撤出障碍。

2. 假设

竞争对手分析的第二个关键性因素是了解每个竞争对手的假设，通常有两类假设。

（1）竞争对手对自己的假设。每个公司都对自己的情况有所假设，如它可能把自己看成社会上知名的公司、产业霸主、低成本生产者、拥有最优秀的销售队伍的公司等。这些对于本公司的假设将指导它的行动方式和反击方式。例如，如果竞争对手自视为低成本的生产者，它可能规定一个削价条例来降低自己产品的价格。

（2）竞争对手对产业及产业中其他公司的假设。正如竞争对手对它自己持一定假设一样，每个公司对产业及其竞争对手也持一定假设，这种假设可能正确也可能不正确。

假设常常是企业各种行为取向的最根本的原因，因此了解竞争对手的假设，有助于正确判断竞争对手的真实意图。对竞争对手的假设进行分析，至少应包括：在公开陈述中，它如何看待自己在成本、产品质量、技术等关键方面的地位和优、劣势？是否有某些文化上、地区上或民族性的差别因素影响到竞争对手对事件的察觉和重视程度？是否有严密的组织准则、法规或某种强烈的信条影响其对事件的看法？它如何估计同行的潜在竞争能力？是否过高或过低地估计了其中的任何一位？它是否预测出了产品的未来需求和行业趋势？其预测依据是否充分可靠？对其当前的行为决策有何影响？

对所有假设的分析能发现竞争对手的管理人员在认识其环境的过程中所存在的偏见及盲点。竞争对手的盲点可能是根本看不清重大事件（如战略行动）何在，也可能是没有正确认识自己。找出这些盲点可帮助公司采取不大可能遭到反击的行动或者采取即使被报复也不会奏效的行动。

3. 现行战略

对竞争对手分析的第三个要素是列出每个竞争对手现行战略的清单。非常有用的一种方法是，把竞争对手的战略看成各职能部门的关键性经营方针的总和，了解它是如何实现各职能部门的相互联系的。对竞争对手进行现行战略的陈述和分析，实际上就是看它正在做些什么，正在想些什么，主要应当关注以下 3 个问题。

（1）其市场占有率如何？其产品在市场上是如何分布的？采取什么销售方式？有无特殊销售渠道和促销策略？

（2）其研究开发能力如何？投入资源如何？其产品价格如何制定？在产品设计、要素成本、劳动生产率等因素中，哪些因素对其成本影响较大？

（3）采取的一般竞争战略属于成本领先战略、特色经营战略，还是集中一点战略？[①]

4. 能力

对竞争对手的能力进行客观评价，是竞争对手分析过程的一项重要内容，因为能力将决定竞争对手对战略行动做出反应的可能性、时机选择和强度。对竞争对手进行能力分析包括以下 5 个方面。

（1）核心能力。竞争对手在各个职能领域内的能力如何？其最强能力在哪个职能部门？最弱能力在哪个职能部门？随着竞争对手的成熟，这些方面的能力是否可能发生变化？是随时间的推移而增强还是减弱？

（2）增长能力。竞争对手发展壮大的能力如何？在人员、技术、市场占有率等方面有增长能力吗？财务方面、对外筹资方面是否能支持增长？

（3）迅速反应能力。竞争对手迅速对其他公司的行动做出反应的能力如何？立即组织防御的能力如何？在财务上、生产能力上、核心产品上是否存在着对竞争者的行动做出迅速反应或发动即时进攻的能力？这种能力将由下列因素决定：无约束储备金、保留借贷权、厂房设备的余力、定型的但尚未推出的新产品。

（4）适应变化的能力。能否适应诸如成本竞争、服务竞争、产品创新、营销升级、技术变迁、通货膨胀、经济衰退等外部环境的风云变幻？固定成本对可变成本的情况如何？各职能领域适应或对条件变化的反应能力如何？能否对外部事件做出反应？是否面临退出障碍？是否与母公司的其他经营单位共用生产设备、推销队伍和其他设备人员？这些因素可能会抑制其调整能力或者可能妨碍其成本控制。

（5）持久耐力。维持一场长期较量的能力如何？为维持长期较量会在多大程度上影响收益？这种能力将由如下因素决定：现金储备、管理人员的一致性、长期财务目标和是否有来自股票市场的压力。

竞争对手的目标、假设和现行战略会影响到它反击的可能性、时间性、性质及强烈程度，而其实力将决定它发起进攻或反击的战略行动的能力以及应付所处环境或发生事件的能力。通过对竞争对手的未来目标、假设、现行战略和能力的分析评价，我们就可以推测其行为动向。比如，将竞争对手的未来目标与现行地位相比较，就可以推测其是否有可能调整战略；根据其未来目标、假设和能力，就可以推测其最有可能做出些什么样的战略变化；也可以预期可能采取的行动的强度究竟有多大；还可以推断什么事件最易激起竞争者之间的竞争，什么行动或事件可以阻止其做出迅速而有效的反应。

---

① 蔡树堂. 企业战略管理[M]. 北京：石油工业出版社，2001.

本章小结

1. 任何一个企业的生产经营活动都不是孤立地进行的，而是与周围环境发生着各种各样的联系，离开了与外部环境的交流与转换，企业将无法生存和发展。换句话说，企业生存和发展要受到其所处的外部环境的影响和制约。

2. 一般来说，外部环境力量是不以企业的意志为转移的，且总是处在不断发展变化之中。正因为如此，企业应该认识环境的状况、特点及变化趋势，并在此基础上适应它。

3. 宏观环境又称作一般社会环境，是企业各种间接影响因素的总称，主要包括政治法律环境、经济环境、社会文化环境和技术环境。

4. 对行业环境进行分析，首先应该明确行业的主要特征；其次要对行业的竞争力量进行分析，从而推断出行业吸引力；再次是要分析行业中各个企业的市场竞争地位，确定哪些是本企业最强或最弱的竞争对手，为接下来分析竞争对手情况提供线索；最后是对本企业主要的竞争对手进行分析。

5. 一个行业中的竞争，远不止在原有竞争对手中进行，而是存在着五种基本的竞争力量，它们是潜在进入者的威胁、现有竞争者之间的竞争、替代品的威胁、买方讨价还价的能力以及供方讨价还价的能力。

6. 战略群体是指某行业中在某一战略方向采用相同或相似战略的各企业组成的集合。

7. 战略群体图作为一种分析工具，既不同于行业整体分析的方法，也不同于单个企业的个别分析方法，而是介于两者之间。

8. 根据波特的竞争对手分析模型，对竞争对手的分析有 4 种诊断要素：未来目标、现行战略、假设和能力。

关键概念

环境的复杂性（the complexity of environment）
环境的稳定性（the stability of environment）
宏观环境（macro-environment）　　　　　行业环境（industrial-environment）
行业生命周期（the lifecycle of industry）　　规模经济（scale economy）
学习效应（the effect of learning）　　　　　关键成功因素（key success factor）
波特五力模型（Machael Porter's five forces model）　战略群体（strategic group）
未来目标（future goals）　　　　　　　　现行战略（current strategy）
假设（assumptions）　　　　　　　　　　能力（capabilities）

思考题

1. 外部环境有何特点？如何对外部环境进行度量？
2. 什么是宏观环境？它主要包括哪几类？
3. 行业的主要经济特征识别主要包括哪几类？
4. 请绘制波特的五力竞争模型，并对该模型进行简要说明。

5. 请简要阐述波特的竞争对手分析模型有哪些诊断要素？

案例讨论

公牛公司的战略演变[①]

20世纪80年代，阮立平大学毕业后被分配到杭州水电机械厂做了一名工程师。天生具有商业头脑的他在业余时间搞起了副业——帮忙推销插座。由于卖出去的插座质量高低不同，隔三岔五就会有顾客投诉插座有问题。学技术出身的阮立平就试着解决了大部分售后问题，可是不久后阮立平发现，坏插座不是个别现象。通过对比各家的产品，阮立平意识到：原来，这些插座都是家庭式小作坊制造的，为了降低成本，他们经常使用劣质材料，产品出厂也没有质量把关，产品常常出现接触不良、短路等问题，甚至连接大功率电器时会冒烟，存在极大的安全隐患，更不要提具有设计美感。由于小作坊过分追逐利润，市场监管不严，插座行业生产秩序一片混乱，似乎大家都不愿意打破这个局面，成为第一家生产优质插座的工厂。难道一定要偷工减料、粗制滥造才可以赚钱吗？阮立平不相信。既然别人不做，那就自己做。1995年，阮立平干脆辞去工程师一职，与弟弟创办了一家生产插座的公司，并给自己的新公司起了个霸气的名字——公牛。

刚刚开始创业，阮立平的想法很简单——生产出用不坏的插座。以前的插座设计十分简陋，线和插线板连接的地方时间一长就会磨损断裂，非常容易引发安全事故。公牛以产品结构设计为突破口，克服了插座松动、接触不良、非正常发热等诸多质量问题。用料方面，公牛坚持使用高品质原材料，不偷工减料。为了研究产品使用的安全性问题，公牛专门成立了课题组。此外，公牛还成立了产品设计中心、电子设计中心以及工程工艺中心。每一个公牛插座的零件，无论是插头、电线、外壳和开关，还是内部铜片甚至螺丝，都要经过全方位安全设计。

解决了基本的质量问题后，公牛开始以用户为中心，根据不同的使用场景来开发不同的新品。公牛十分重视消费者需求研究、产品策划与产品研发创新工作，建立了一支近百人的产品策划与工业设计团队，负责市场调研、客户访谈、需求洞察、产品创意和工业设计，形成了强大的产品策划与工业设计能力。同时，公牛的每类产品都设有专门的研发团队，并设立了品牌与产品策划中心。公牛还在上海和慈溪两地设立了研究机构，专门从事前瞻性基础研究，形成了前瞻性研究、产品策划、产品研发三位一体的强大的技术队伍和产品创新体系。公牛始终把握消费者不断升级的需求变化，深化公司的领先优势，结合最新的设计趋势和技术趋势，除了注重安全耐用外，在方便性和实用性方面下功夫，追求极致的用户使用体验和交互体验，为小小的插座穿上一层层科技的外衣。

雷电天气能损害家用电器，每年58%的雷电会造成家电受损，造成的直接经济损失高达120亿元。欧美发达国家所生产和使用的绝大部分电源插座和转换器都具备防雷功能，而当时国内在这方面几乎是零起点。出于对消费者安全的考虑，公牛针对雷电天气打造出行业内防雷转换器的集大成者——金座系列转换器。

儿童用电安全一直备受家长关注，孩子出于好奇而将手指或笔插入插座极易发生危险。

[①] 赵息，王彤. 狂奔的"公牛"：插座一哥的宏韬伟略[DB/OL]. 中国管理案例共享中心. http://www.cmcc-dlut.cn/Cases/Detail/4637，2020.

公牛在保护儿童安全方面大做文章，推出儿童防触电插座。该类插座采用双层保护门，带电极的插孔全封闭，使得插座承重压能力更强，同时能够防止异物掉入或儿童意外插入异物而引起的触电。儿童防触电插座还可以防止插头单极插入，极大地减少了由此引发触电和短路事故的可能性。

很多人用电时常常被插头松动困扰，误碰会导致插头脱落，使电器突然断电，不仅影响工作生活，还存在一定的安全隐患。公牛研发部门给插座加上了一个防拉脱锁，轻松解决了该问题。插头进去的时候，防拉脱锁扣上下轻微移动，插头插上时会被自动锁住，强化了插座的安全性，也提升了消费者生活的舒适性。

随着互联网时代的到来，人们投入在手机、平板电脑的时间日益增加，没电的情况十分频繁。到处借充电头无果后，很多人为了正常工作，不惜以牺牲手机寿命为代价用笔记本电脑当作电源。公牛的研发团队急消费者之所急，顺势推出了公牛小白 USB 插座，内置优质 USB 充电接口，不用充电头，只要一根数据线，让手机随时电量满满。就这样，当其他品牌的厂商结束价格战，开始关注产品质量时，公牛早已在产品功能和用户体验上发力，再一次引领了整个行业的潮流。

从 1995 年至 2007 年，12 年的时间，公牛公司始终专注于插座即转换器业务。在这十几年中，中国经济高速发展，尤其是房地产吸引了大量资金的投入。但阮立平始终坚持初心，全身心投入于自己熟悉的老本行，专注于做最优质的产品。经过不懈奋斗，阮立平用插座成就了自己的霸业。

虽然转换器业务收入依然保持增长，但增幅大不如从前。同行们也渐渐认识到了产品品质的重要性，开始奋起直追。由于转换器行业的门槛不太高，很多小老板也在盯着这块业务跃跃欲试。此外，由于产品过于单一，如果继续单纯依靠提高产能、扩大规模，会限制公司的进一步发展速度，且"一条腿走路"很容易走不稳，风险过大。同时，追求卓越的阮立平也不满足于公司在转换器这个单一领域取得的成绩，心里藏着拓展自己企业版图的远大抱负，他希望公牛公司能够在新领域打造一片天地。阮立平开始思考进军哪个领域，像房地产这样的领域跨界太远，自己不熟悉，相比而言不如继续围绕民用电工这一行业，不断扩大公牛的能力圈。阮立平决定转变策略，以转换器为起点基于自身优势做产品延伸。

2007 年，阮立平率领公牛进军新业务——墙壁开关。当时公牛将产品定位为"装饰性"开关，打破了原来墙壁开关单一、呆板的样式，从材料、工艺、色彩、款式等多个角度进行创新，创造性地将各种新材料、新工艺和新技术应用于开关插座领域，生产出了众多适合不同家装风格的个性化产品。公牛采用"人机结合"柔性生产模式，在墙壁开关插座业务上完成了开关组件组装、成品组装等多条生产线的自动化改造升级，基本建成业内规模大、自动化覆盖率高的墙壁开关插座自动化工厂，使公司智能制造的生产效率有了明显提升。公司打破了装饰开关产业化的壁垒，利用规模效应发挥成本优势，将装饰类产品成功推向大众。

墙壁开关插座这一新业务让阮立平尝到甜头，他积累了经验，继续大胆探索，加快了新领域的布局。2014 年，他轻车熟路地带领公牛进入 LED 基础照明领域。这次，公牛把握住消费者对视力保护日益重视的需求，以"爱眼"作为产品定位，将高品质理念再次植入新领域，推出了多款具有防频闪、防蓝光等功能的 LED 照明产品，不断在功能上进行产品技术迭代，率先抢占消费者心智，在市场上打开了销路。

2016 年，为顺应消费电子行业的发展趋势，公牛开始培育新种子业务，开辟了数码配件业务，致力于为消费者提供更优质的产品与更好的移动用电体验。消费者在给手机、平板电脑等电子产品充电时经常由于疏忽导致设备过充，这不仅会损害这些电子设备的寿命，还可能引起设备爆炸等不可控风险。公牛推出了业界首款具备防过充功能的充电头。当手机满电后，充电器自动断电，有效解决了过充问题。随后，公牛继续围绕充电做文章，推出无线充电器，进一步增强了充电的便捷性。为了加强信号，让信号更集中，公牛无线充电器内置了隔磁片，由此将磁场阻隔，提高充电效率，提升了消费者的使用体验。此外，公牛无线充电器具备异物识别功能，检测到手机感应时才会进行充电，检测到其他物品时保持断电状态，避免了由于异常发热引发的不安全因素。目前，公牛还推出了数据线、金属车充、移动电源、蓝牙耳机等一系列数码配件产品。公牛虽然在数码配件领域入行较晚，但还是占据了一定的市场份额，并保持着超高的增速。

公牛公司以转换器为根基，不断拓展产品品类，如今已形成了转换器、墙壁开关、LED照明、数码配件四大产品矩阵。随着人工智能、5G等前沿技术的发展，智能家居成为智慧生活发展的大趋势。未来公牛将加强智能化技术应用，围绕"智能用电"需求，在电工端重点发力，丰富家居与装修相关的电工产品线，以智能开关、智能插座、智能灯控等系统为主线，以技术融合推出更多智能化产品及全屋智能电工解决方案，建立以"云""平台""端"为技术方向的智能家居生态体系，让消费者更快更好地享受到智能家居的优越性，力争成为"全屋智能家居"的先行者和引领者。阮立平希望公牛在更高的平台、更大的舞台上，与国际一流的企业同台竞技，成为国际民用电工行业的领导者。

讨论题

1. 试用波特五力竞争模型，对公牛公司最初的插座业务进行竞争力分析。
2. 试用PEST分析模型，分析公牛公司未来发展会面临的机会和威胁。
3. 结合公牛公司的案例，谈谈你对公司成功与外部环境之间关系的理解。

经典书籍推荐

推荐书目：《七个战略问题》，该书的作者是罗伯特·西蒙斯，由刘俊勇等翻译，于2013年3月由中国人民大学出版社出版。

在本书中，作者罗伯特提出以下7个问题：① 谁是你的主要客户？② 你如何在核心价值中为股东、员工和客户排序？③ 你正在追踪哪些关键业绩指标？④ 你已经设定了哪些战略边界？⑤ 你正如何形成创新性张力？⑥ 你的员工如何承诺互相帮助？⑦ 哪些战略的不确定性让你夜不能寐？

针对所提出的问题，罗伯特在书中为读者总结了不同的分析角度得出的不同结论，供读者根据实际情况加以分析判断。该书在宏观战略理论的基础上，为读者进一步细化战略定位布局提供了合理的分析路径。

第 5 章
企业资源与竞争优势

本章学习目标

1. 了解战略视角由企业外部转向内部的原因;
2. 了解组织设计的基本框架及其对企业能力形成的重要作用;
3. 掌握企业核心能力理论及测度方法;
4. 识别何种资源具有竞争价值。

引例

作为全球甜味剂行业的龙头企业,金禾实业最初只是一家来自滁州市来安县的化肥厂。自 1997 年杨迎春接管了这家濒临倒闭的化肥厂后,经过一系列的企业改革,金禾实业作为一家生产合成氨、尿素等化肥产品的基础化工企业成功上市,但是由于所处的行业具有周期性强、极易受到市场经济环境的影响和供需关系波动大的特点,使得金禾实业面临着经营业绩不稳定的困境。

由此,杨迎春将目光投向了周期性弱和受市场波动小的食品添加剂行业,并重点瞄准了新型人工甜味剂——安赛蜜和三氯蔗糖。但是,对于这一有着巨大发展潜力的新领域,金禾实业面临着激烈的市场竞争、竞争带来的安赛蜜产能过剩以及较高的行业进入壁垒等种种难题,是否坚持进入新行业是当时的杨迎春面临的难题。

但历经了从 2006 年到 2020 年长达 14 年的探索后,金禾实业成功跻身全球甜味剂龙头企业行列,其安赛蜜和三氯蔗糖产能均位列全球供应商第一梯队,安赛蜜的产能更是全球第一。①

这个例子非常有趣,如果严格按照战略定位学派的方法,通过产业分析,对于金禾实业来说,进入食品添加剂行业显然是一大挑战,但究竟是什么因素促使它选择进入并最终获得了成功呢?这便是本章所要探讨的主要问题。

正如本篇一开始所介绍的,战略领域大体上是围绕着肯尼思·安德鲁在其经典著作《公司战略的概念》(1971)中首次构想的体系形成的。安德鲁定义的公司战略就是把公司能够(can)做什么(组织的优势与弱势)与可能(might)做什么(环境的机遇与威胁)画上等号。

尽管安德鲁构想的这一体系的强大作用从一开始就受到肯定,但对于如何系统地评价等式两边,经理们却无法给出答案。大多数早期有关企业业绩决定因素的分析仅仅区分了"内

---

① 庄玮玮,王宁. 精耕"细"作,独占"甜"头:金禾实业的战略转型[DB/OL]. 中国管理案例共享中心,http://www.cmcc-dlut.cn/Cases/Detail/6298,2022.

部"和"外部"因素，这些分析通常都很肤浅，只是罗列了种种优势和劣势。我们从第 4 章了解到，对于这一问题的分析，首次取得的重要突破体现在是波特的《竞争战略：分析行业与对手的技巧》一书中。他的研究使得选择"正确的行业"以及取得其中最具吸引力的竞争地位成了众人瞩目的中心。虽然波特后来意识到把企业作为一个整体来看待尚不足以理解竞争优势，并为此设计了价值链分析模型，但是其强调的重点显然是行业层面的现象。

随着普拉哈拉德和哈默尔的核心竞争力与根据能力展开竞争等概念的提出，战略管理研究视角开始从企业外部转向企业内部。战略管理研究视角的这种转变为两种视角的融合提供了条件。

5.1 战略视角的转变与融合

5.1.1 定位学派的困惑

定位学派揭示了全面把握企业所属产业及企业在产业中的竞争地位的重要性，并提供了诸如投资组合规划、经验曲线、营销战略的利润影响、五力竞争模型等多种工具和方法，为业务层面和企业层面的战略增加了严格性和合法性。曾经像通用电气这样的领先企业都建立起庞大的战略规划人员队伍，反映出企业越来越重视战略规划。战略咨询公司更是如雨后春笋般成长并得到广泛承认，但在繁荣景象的背后也掩盖了一些问题。

首先，我们可以设想一下，一个具有吸引力的行业如果门槛很低，那么随着其他企业的大量进入，市场逐渐趋于饱和，行业利润率迅速下降，身处其中的企业将凭借什么展开竞争呢？如果行业门槛很高，其他企业又将凭借什么才能够进入呢？其次，如果按照产业组织理论，企业往往会选择多元化战略进入那些虽有吸引力但自己并不熟悉的行业，其结果往往是经营效果不佳，因此在 20 世纪 80 年代，许多企业发现它们无法在众多领域保持优势地位，纷纷清理非核心业务。再次，产业组织论基本上分析的是结构化的市场，即产业界限已经固定、游戏规则已经确立、市场发育成熟、产品概念明晰的市场，认为企业应成为市场跟随者，根据既定规则行事。然而，也有很多学者强调重新选择而非遵守规则，认为产业变化其实是一个可控的、可创造的过程，企业不应被动地适应，而是应该创造出适合自身的环境。事实上，有很多优秀的企业正是利用本身具有的重新选择能力打破了现有规则，创建了行业的新规则。

在一篇引起争议的名为《行业的作用有多大？》的文章中，理查德·鲁梅尔特采用了政府的统计资料对制造业企业 1974—1977 年的经营业绩进行了研究。他的理论假设相对简单：如果说行业确实是战略形成中最为重要的一个方面，那么，不同行业中企业经营业绩的差异程度应该远远大于同行业内企业之间经营业绩的差异程度。但他研究后得到的结果与他的假设正好相反。统计资料显示，行业内企业之间的利润分散程度是行业之间的 3～5 倍。根据这一统计结果，他强调，企业超额利润的来源最主要的不是外在的市场结构特征，而是企业内部资源禀赋的差异[1]。一个经常被人引用的案例就是西南航空公司，在 20 世纪 90 年代初全行业亏损的情况下，其依然保持着利润的持续增长。

以上这些都反映了企业内部因素对业绩的重要影响，而这恰恰是产业组织论所忽视的，

---

[1] 周三多，邹统钎. 战略管理思想史[M]. 上海：复旦大学出版社，2003.

这为后来资源基础论的兴起埋下了伏笔。

5.1.2 资源基础论的兴起

为了解决定位学派面对的种种困惑，人们提出了许许多多制定战略的新方法，这些方法关注的焦点是企业内部。首先出现的是汤姆·彼得斯和鲍勃·沃特曼提出的卓越公司的经验，紧接着是作为战略管理的全面质量管理、流程再造、核心竞争力、基于能力的竞争以及学习型组织等。无论这些研究成果揭示的是公司内部的哪一方面，我们都可以把它们囊括到企业能力的广义范畴中，关于企业能力会在下一节进行详细介绍。

事实上，虽然企业能力理论在20世纪80年代，特别是90年代以来得到了迅速的发展，但其理论渊源却可以追溯到亚当·斯密1776年出版的《国富论》一书。在《国富论》中，亚当·斯密将经济部门的资源和能力作为内生变量，分析了劳动分工对提高劳动生产率并进而促进经济增长的作用。循着古典经济学分工思想的轨迹，20世纪20年代，马歇尔建立起企业内部成长理论[①]。马歇尔认为，企业内部的职能分工产生了不同的职能单元，各职能单元产生出不同的专门知识和技能，由此导致了企业之间的差异。在马歇尔企业内部成长理论的基础上，安蒂斯·彭罗斯对促进单个企业积累知识以逐渐拓展其生产领域的机制进行了详细、周全的研究。彭罗斯集中研究了企业新知识的促进机制和接下来的企业知识积累机制。她将企业看成是"被一个行政管理框架协调并限定边界的资源集合"[②]。当资源被结合在企业行政管理框架之中，对生产性资源的使用就会产生生产性服务，而生产性服务发挥作用的过程则推动知识的增加。由于生产性服务与知识创造之间存在动态的互动关系，新的管理资源在这一过程中会被不断地创造出来，这些新的管理资源又被用于发展新的管理系统。但是，当一个管理系统被建立起来，管理程序成为惯例，闲置的管理资源就会出现，管理者在内部压力下就必须寻找能够利用这种资源的新领域，从而促进企业的成长。彭罗斯的研究为后来的企业能力理论的发展奠定了坚实的基础。经过多年的沉寂，在20世纪80年代，源于彭罗斯等人的企业能力理论的研究重新成为学者们关注的热点。1982年，里普曼和理查德·鲁梅尔特在《不确定模仿力：竞争条件下企业运行效率的差异分析》一文中提出，如果企业无法有效仿制和复制出优势企业产生特殊能力的资源，那么，企业间已经存在的效率差异状态将永远持续下去[③]。1984年，沃纳菲尔德在《战略管理杂志》上发表了具有里程碑意义的学术论文——《企业资源基础论》。从此，有关企业能力的研究被统称为企业资源基础论（resource-based view of the firm，RBV）。

5.1.3 战略视角的融合

一个成功的战略应该具备什么样的特质？它所依赖的基础应该是什么？这些对于战略实践者来讲是非常现实的问题，该问题在战略管理理论界也得到了充分的研究。对此问题目前为止存在两个从本质上相异的观点：一种是采用了由外及内的视角，认为对于市场的选择以及在其中的定位是制定战略的核心，这以基于产业组织理论进行战略研究的迈克尔·波特为代表；另外一种则采用了由内及外的视角，认为企业所拥有的资源是战略成功与否的基础，

[①] MARSHALL A. Principles of economics. An introductory volume[M]. 8th edn. London: Macmillan, 1920.

[②] PENROSE E T. The theory of the growth of the firm[M]. Oxford: Oxford University Press, 1959.

[③] LIPPMAN S, RUMELT R P. Uncertain imitability: an analysis of inter-firm differences in efficiency under competition[J]. Bell journal of economics, 1982.

以此为代表的就是近十几年来逐渐在战略管理领域占据主流地位的资源基础学派。因此，对成功战略的基础的认识就产生了市场和资源之间的悖论[①]。

这两种观点之间的根本差别在于战略管理者是应该把环境当作起点，进而选择具有优势的市场定位，再获取实施这种选择所需的能力；还是把企业所具有的资源基础作为起点，再选择与其相匹配的市场或环境。具体地说，它们之间存在着以下几个方面的区别：由外及内视角的分析重点是市场而非能力，它的导向是市场或产业驱动的，分析的起点是市场或产业结构，战略的重心是获取有优势的定位，采取的战略步骤是对市场或产业的定位，竞争性武器则是所拥有的结构性优势，如砍价实力及移动壁垒等；而与此相对应，由内及外视角的分析重点是资源而非市场，它的导向是资源驱动的，分析的起点则是企业所拥有的资源及其配置情况，战略的重心是获取独特的资源，采取的战略步骤是培养、发展以及更新企业的资源基础，竞争性武器是独特的资源和模仿性壁垒。

其实，上述两种视角并非相互矛盾，而是互为补充。无论是脱离市场谈论资源，还是脱离资源谈论市场，都是没有意义的。科利斯和蒙哥马利提出了从基于资源的角度看待公司，将上述两种视角做了很好的融合。他们的观点建立在（而不是取代）两种广泛的战略制定方法之上，将针对公司内部现象进行的内部分析同针对行业及竞争环境进行的外部分析结合起来，从而很好地发展了沃纳菲尔德的资源基础论。

5.2 企业内部分析

一般的战略管理教材注重分析企业资产和企业能力这两种要素，认为内部分析就是对企业资产状况和企业能力的分析。实际上，这种观点忽略了企业内部非常重要的一种动态要素：组织设计。组织设计在整合企业内部人、财、物资源，推动组织系统有效运行等方面发挥了重要作用。基于此，我们将从企业资产、组织设计和企业能力三个方面入手分析企业内部实力。

5.2.1 企业资产

一般来说，企业的资产分为有形资产和无形资产两种（见表5-1），而无论是有形资产还是无形资产，影响竞争优势最关键的因素是其中的特有资产[②]。

表5-1 企业资产的分类描述[③]

企业资产		主要特征	关键指标
有形资产	金融资产	➢ 公司的借款能力和内部筹资能力决定了它的投资能力，并使它能够应付需求和利润随时间而发生的波动	➢ 权益负债率 ➢ 净现金流量与资本支出的比 ➢ 贷款利率
	物质资产	➢ 厂房与设备的大小、位置、技术先进性及灵活性 ➢ 土地、建筑物的位置和替代用途 ➢ 原材料储备、限制公司生产可能性组合的物质资源和决定公司成本位置的重要性	➢ 资产回报率 ➢ 固定资产的变现价值 ➢ 厂房规模 ➢ 厂房与设备的灵活性

[①] 金桥. 战略管理十大悖论[J]. 企业管理，2005（8）：14-18.
[②] 汤明哲. 战略精论[M]. 北京：清华大学出版社. 2004.
[③] C.W.L. 希尔，G.R. 琼斯. 战略管理[M]. 孙忠，译. 北京：中国市场出版社，2005.

续表

企业资产		主要特征	关键指标
无形资产	技术	➢ 以专有技术（专利、版权、商业秘密）形式保有的技术储备、技术运用中的专业知识（方法） ➢ 用于创新的资源：研究设备、科技人员	➢ 专利与产品更新的数量 ➢ 专利的数量和意义 ➢ 来自专利许可的收益 ➢ 研发人员占总人员的百分比
	商誉	➢ 通过商标所有权、与顾客的关系而建立的顾客信誉 ➢ 公司因产品、服务的质量、可靠性而享有的声誉 ➢ 公司在供应商（包括零部件供应商、银行及其他借款人、雇员及潜在雇员）、政府机构以及所在社区中的信誉	➢ 知名度与美誉度 ➢ 品牌识别 ➢ 与竞争品牌的差价 ➢ 重复购买 ➢ 公司业绩的水平和持续程度 ➢ 对产品性能的目标测量
	人力资源	➢ 对雇员的培训和雇员所拥有的专业知识决定了公司可以利用的技能 ➢ 雇员的适应性是决定公司战略灵活与否的关键因素 ➢ 雇员的投入和忠诚决定了公司能否实现并保持竞争优势	➢ 雇员在教育、技术及职业方面的合格证 ➢ 源于劳动争端的记录 ➢ 雇员换岗率 ➢ 员工的流动率

1. 有形资产

有形资产包括最基本的财务资源、土地、机器设备、原材料等，也就是一般体现在资产负债表中的事项。由于有形资产基本都可以在市场上获得，它并不为某些企业所特有，所以很难创造出企业的竞争优势。因此，对于企业来说重要的是如何通过组织运作使这些有形资产得到更有效的利用。

2. 无形资产

企业的无形资产包括商誉、专利技术、公共关系、信息系统、员工素质等。事实上，很多公司的市场价值远高于其账面价值，两者之间的差额就是无形资产所创造的价值。在知识经济年代，价值的产生有赖于组织内知识的整合，这也凸显出无形资产的重要性。相对于有形资产，无形资产具有较强的独特性，可以在构筑企业竞争优势方面发挥重要作用，比如可口可乐的品牌价值、微软的专利技术、麦肯锡的高级咨询人员等，但企业必须注重对无形资产的持续维护和投资，否则品牌会折损、技术会过时、员工会流失。

3. 特有资产

顾名思义，特有资产是企业所独有的资产，它不能在市场上轻易获得，竞争对手也难以夺取和复制。事实上，拥有特有资产的企业并不多，大多数企业的资产都是类似的，而且随着时过境迁，特有资产的价值可能会逐渐消失。因此，企业竞争优势的建立主要依赖于如何将资产加以有效整合，形成企业的特色竞争力。

5.2.2 组织设计

蒙牛乳业集团创始人牛根生曾经说过一句话："98%的资源是靠整合"，这里的整合指的就是资产的组织方式。企业资产能否创造竞争优势，组织是关键。但组织设计的重要程度往往被人低估。管理者有时会认为拥有最好的工程师或销售人员就足以保证公司有效运行。虽然资产的质量对获取竞争优势的作用是显而易见的，但这些资产如何被组织起来同样重要。即便是最好的工程师，如果没有给他提供良好的工作氛围和激励措施，他也不一定能够设计出有价值的产品。组织设计的理论体系非常庞大，在此仅作简要介绍，有关内容将在本书第 13 章中进行阐述。

在进行企业组织设计时，必须考虑到企业的因人、因物、因地、因时而不同的特点，即企业管理者与被管理者的个性（因人）、企业集权与分权的纵向原则和分工与协作的横向原则（因物）、企业跨区域的规模原则（因地）、企业不同生命周期的时间原则（因时）。而由上述要素所对应英文单词首字母组成的 CHORT（见图 5-1），其中文谐音为"桥"。桥是指架在水面或空中以便行人、车辆等通行的建筑物，其含义可引申为能起沟通作用的人或事物，而企业的组织设计，其实质就是在企业内、外部的人或事物间架起沟通的平台。

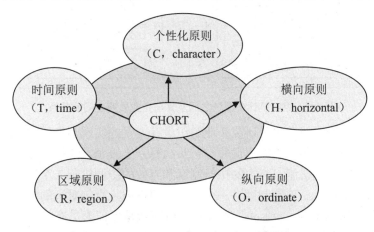

图 5-1　组织设计的 CHORT 原则[①]

组织设计体系可以从多种角度去构架，但是从过程的角度进行更为可行，因为它既便于系统构建，又利于循序渐进。组织设计可由分析、构建、整合与实现 4 个阶段组成[②]。

在组织设计分析阶段中，主要包含企业内、外部环境的分析和设计目标的确定。这种分析的目的是要理清组织设计的前提条件，内、外部的相关现状，并据此界定组织设计的具体目标。

在组织设计的构建阶段，主要包含了 5 个模块的设计，即组织结构、组织职权、组织流程、组织绩效评估和组织激励体系的设计。这 5 个模块既是组织设计的主要内容，彼此之间又存在紧密的内在联系。比如，组织结构和组织职权设计的内容主要解决"做什么"的权责问题；组织流程设计的内容主要解决"怎样做"的方法问题；组织绩效评估和组织激励体系的设计主要解决"要我做"变为"我要做"的做事动力问题。"做什么""怎样做""我要做"是提高企业竞争力必须解决的三大基本问题，而这三大基本问题在组织设计层面上的解决无疑对企业管理水平的提高有推动作用。

在组织设计的整合阶段，主要研究组织设计模块之间及其与企业战略定位的匹配问题。对于某项组织设计而言，除了构建单独模块满足各模块之间的匹配性之外，还必须与企业的战略相适应。组织设计整合思考的实质就是系统思考。从图 5-2 显示的组织设计各模块之间及其与企业战略之间的关系中可以看出：企业组织设计在跟随组织战略的同时，也对组织战略的形成和实施产生影响；组织运行设计在与结构设计相匹配的同时，也在影响着组织结构设计。

---

① 任浩. 现代企业组织设计[M]. 北京：清华大学出版社，2005.
② 任浩. 现代企业组织设计[M]. 北京：清华大学出版社，2005.

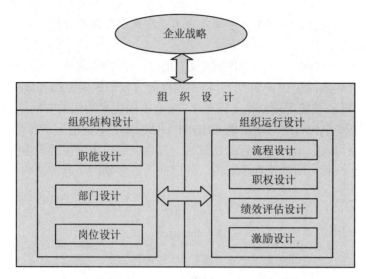

图 5-2　组织设计各模块之间及其与企业战略之间的关系[①]

在组织设计的实现阶段，主要研究企业组织设计方案的实现与发展问题。企业要成功地将设计方案应用到组织当中，必须遵循领导带头执行、上级领导支持、全体员工认可、与战略紧密相连、有效的激励机制、有力的执行制度和有效的协调机制 7 个原则。这 7 个原则归纳起来就是三项软工作、三项硬制度、一个目标。前三项是直接对人的软工作，是做好任何工作的前提，可以用三个 P（person）来表示；后四项是保证人员有效工作的制度，是成功实施组织设计方案的基础，可以用三个 S（system）来表示；最后一项是围绕着正确的战略规划来运作，这是工作的目标和指南，也可以用 S（strategy）来表示。上述七个方面的工作可简称为企业组织设计实现的 3P4S 原则，如图 5-3 所示[②]。

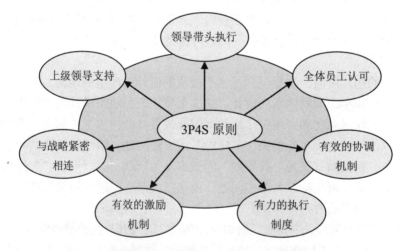

图 5-3　组织设计实现的 3P4S 原则

5.2.3　企业能力

任何企业都是一个通过一系列的价值创造过程来满足顾客需要，同时获得自身利益的系

[①] 任浩. 现代企业组织设计[M]. 北京：清华大学出版社，2005.
[②] 任浩. 现代企业组织设计[M]. 北京：清华大学出版社，2005.

统，都是在设计、生产、销售、发送和辅助其产品的过程中进行种种活动的集合体。所有这些活动都可以用波特的价值链模型来表示（见图5-4），价值活动可以分为基本活动和辅助活动两大类。

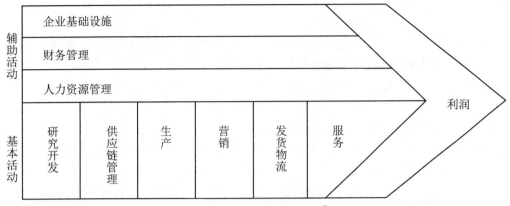

图 5-4　价值链模型示意图①

不管是基本活动还是辅助活动，都是企业价值创造过程中不可或缺的必要环节，企业要进行这些活动，就必须具备相应的能力。由于企业的价值创造活动包括基本活动和辅助活动两大类，相应地，我们也可以把企业能力分为基本能力和辅助能力两大类②。基本能力包括研究与开发能力、供应链管理能力、生产能力、营销能力、服务能力和物流管理能力；辅助能力主要是企业基础设施管理能力、人力资源管理能力和财务管理能力，即除了人力资源管理和财务管理以外的其他辅助管理能力，如图5-5所示。

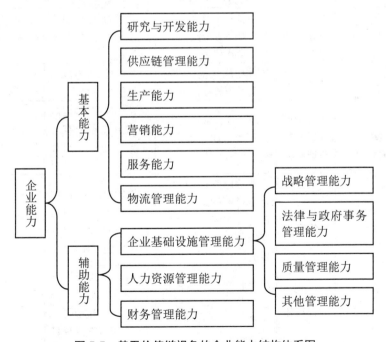

图 5-5　基于价值链视角的企业能力结构体系图

---

① 迈克尔·波特. 竞争优势[M]. 陈小悦, 译. 北京: 华夏出版社, 1997.
② 王锡秋, 席酉民. 企业能力创新与国有企业改革[J]. 学术交流, 2002（1）.

每个企业，都是通过整合、运用各种能力来实现某些功能的。当然，各种功能的重要程度是不同的，那些关系到企业生存和发展的功能可以称为核心功能。企业要实现的功能不同，特别是核心功能不同，需要的能力结构也就不同。当企业面临的环境发生变化或企业目标发生变化时，企业的功能就会发生变化。即使功能不变，在新的环境下，企业为实现同样的功能，往往也需要新的能力结构。

在企业能力系统中，那些发挥关键作用的、独特的能力就是企业的核心能力。这些能力在企业价值创造过程中发挥着关键的作用。换句话说，核心能力在企业产品或服务价值的形成中扮演重要角色。例如，联邦快递可以在美国国内第二天送达文件，麦当劳能够在全世界各地提供标准一致的爽口薯条，索尼公司擅长将消费类电子产品小型化。

普拉哈拉德和哈默尔首先引入了"核心能力"的概念，并指出，核心能力是组织中的积累性学识，特别是关于如何协调不同的生产技能和有机结合多种技术流派的学识。同时，他们认为，一项能力要成为核心能力，必须具有三个重要特征：用户价值、独特性和延展性[1]。其中，用户价值是指核心能力要特别有助于实现顾客看重的价值；独特性是指从竞争的角度看，核心能力必须是独树一帜的能力；延展性是指核心能力必须能够衍生出一系列新的产品或服务。继普拉哈拉德和哈默尔的研究之后，学者们围绕核心能力掀起了理论研究的高潮，发表了大量的研究成果，世界各地的工商企业也开始注重企业核心能力的培养。国内学者将关于核心能力的主要理论观点归纳为整合观、网络观、协调观、组合观、知识载体观、元件—架构观、平台观、技术能力观八大观点[2]（见表5-2），对核心能力理论进行了很好的总结。

表5-2 企业核心能力主要理论观点

理论观点	关注点	能力表示或维度	优点	缺点
整合观 普拉哈拉德和哈默尔 （1990）	不同技能与技术流派整合	文字描述是组织的标志，如索尼的电子产品小型化能力	强调能力整合，便于组织内外良好交流与沟通	分解性差，层次性不强
网络观 克莱因（1998）	技能网络	各种技能及根据其相互关系所构成的网络	可分解性强，直接深入技能层，直观	重点不突出，对组织文化因素考虑不够
协调观 桑切斯（1996） 杜兰德（1997）	各种资产与技能的协调配置	卓越资产、认知能力、程序与常规、组织结构、行为与文化	强调协调配置，因此能力五要素中有三个要素与协调配置有关	层次性不强，过多强调组织、文化因素
组合观 普拉哈拉德（1993） 库姆斯（1996） 郭斌（1998）	各种能力的组合	企业战略管理能力、企业核心制造能力、核心技术能力、核心营销能力、企业组织/界面能力	强调能力的组合，以组合创新过程为基础，可分解性强，具有一定的可操作性	层次性不强
知识载体观 里奥纳德-巴顿（1992） 魏江（1997）	知识载体	用各种知识载体来指示；员工技能、技术系统、管理系统、价值与规范	强调能力的知识特性；可以明确能力载体，具有一定的可操作性，可以深入项目与企业进行研究	更多地强调能力的知识存量特征，对能力的动态性重视不够

---

[1] PRAHALAD C K, HAMEL G. The core competency of the corporation[J]. Harvard Business Review, 1990: 5-6.
[2] 陈劲，王毅，许庆瑞. 国外核心能力研究述评[J]. 科研管理，1999，20（5）：13-20.

续表

理论观点	关注点	能力表示或维度	优点	缺点
元件—架构观 亨德森 科克本（1994）	能力构成	元件能力与架构能力	可分解性和可操作性，具有系统观	层次性与动态性不够
平台观 迈耶和厄特 巴克（1993） 迈耶和里奥纳德（1997）	对产品平台的作用	用户洞察力、产品技术能力、制造工艺能力、组织能力	通过产品平台连接市场，强调市场，四个模块中有两个与市场有关	不全面，对组织文化因素考虑较少
技术能力观 帕特尔和帕维特（1997）	用专利指示的相对技术能力	专利份额与显在技术优势	以专利定量描述	用专利作指标有局限性，没有考虑组织文化因素

普拉哈拉德和哈默尔认为，面对全球化的新一轮竞争，企业管理者不应该再从终端产品的角度看问题，而应从核心能力的角度制定公司的发展战略。他们将多元化的公司形容成一棵大树：树干和主枝是核心产品，树叶和花果是最终产品，而提供营养、滋润和稳定的根系则是核心能力，如图 5-6 所示[①]。

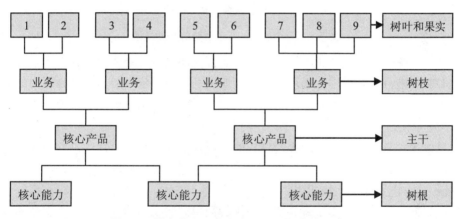

图 5-6　核心能力、核心产品和最终产品关系图

普拉哈拉德和哈默尔还指出，现代企业在三个不同的层次上展开竞争：核心能力层、核心产品层和最终产品层。如果一家企业将全部精力用于生产最终产品，其核心产品依靠外部购买，它可能在最终产品市场上暂时击败对手。然而，其经营活动由于对其他公司有很强的依赖性，易受其他公司的控制，其最终产品也缺乏持续发展的能力；反之，如果一家公司在核心能力的竞争中占据了优势，比如在新技术开发方面处于持续领先地位，它就拥有持续的竞争优势，尽管它在最终产品市场上并没有占据优势抑或根本没有进入最终产品市场。对此，英特尔公司就是最好的例证。20 世纪 80 年代初，英特尔公司开始研制 386 芯片，1986 年 386 芯片全面上市。作为全球 386 芯片唯一的供应商，英特尔公司赚足了利润，但英特尔公司没有就此满足，而是加快了新产品开发的步伐，并于 1989 年推出 486 芯片，1997 年推出奔腾（Pentiun）系列芯片。英特尔公司尽管没有进入电子产品的最终产品市场，但依靠在微处理器方面的核心能力，加上不断推陈出新的核心产品，牢牢掌握了市场的主动权。

---

① PRAHALAD C K, HAMEL G. The core competency of the corporation[J]. Harvard Business Review, 1990: 5-6.

企业在核心能力、核心产品和最终产品三个层次上都可以赢得竞争优势，但三个层次的竞争优势的适用范围和竞争优势的持续时间是不同的。与最终产品和核心产品相比，核心能力所带来的竞争优势的适用范围更广、持续时间更长。基于核心能力的竞争优势会支持并转化为基于核心产品和基于最终产品的竞争优势，基于核心产品的竞争优势会支持并转化为基于最终产品的竞争优势；同时，基于最终产品的竞争优势又会反过来促进基于核心产品和核心能力的竞争优势的发展。三个层次竞争优势的关系如图5-7所示。

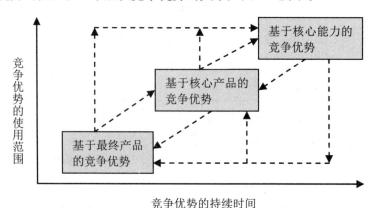

图 5-7　三个层次的竞争优势的互动模型[①]

对于一个希望获得或维持竞争优势的企业而言，加强对核心能力的管理是至关重要的，但要对核心能力进行有效管理，必须能够正确地识别和评价核心能力。核心能力的测度方法可分为非定量描述法、半定量方法、定量方法以及半定量与定量相结合的方法4种类型。[②]

1. 非定量描述法

非定量描述法是采用文字或图表对核心能力进行描述，文字描述法以普拉哈拉德和哈默尔为代表[③]，图示法以坎贝尔[④]、克莱因[⑤]为代表，以技能树和技能网络来描述核心能力。

1）核心能力识别的文字描述法

普拉哈拉德和哈默尔提出了核心能力识别的简单方法，即通过定性分析企业的某项能力是否具有顾客价值、拓展性和稀缺性这样3个特征，来判断该项能力是否为核心能力。后来的研究者们对其框架进行扩展，提出了许多分析方法，比较有代表性的方法如麦肯锡顾问公司的核心能力识别的4步法[⑥]，贾维丹的8步法[⑦]，我国学者方统法的核心能力内外识别模型等[⑧]。

---

① 王伟. 管理创新[M]. 北京：中国对外经济贸易出版社，2002.
② 王毅，陈劲，许庆瑞. 企业核心能力测度方法述评[J]. 科技管理研究，2000（1）：5-9.
③ PRAHALAD C K, HAMEL G. The core competency of the corporation[J]. Harvard Business Review, 1990: 5-6.
④ 安德鲁·坎贝尔，迈克尔·古尔德. 建立核心技能. 载于安德鲁·坎贝尔. 核心能力战略[M]. 大连：东北财经大学出版社，1999.
⑤ KLEIN J, D GEE, H JONES. Analysing clusters of skills in R&D: core competencies, metaphors, Visualization, and the role of IT[J]. R&D Management, 1998, 28(1): 37-42.
⑥ K P COYNE, S J D HALL, P G CLIFFORD. Is your core competence a mirage?[J]. The mckinsey quarterly, 1997(2): 40-54.
⑦ 陈劲，王毅，许庆瑞. 国外核心能力研究述评[J]. 科研管理，1999，20（5）：13-20.
⑧ 方统法. 论企业核心能力的识别[J]. 外国经济与管理，2001，23（7）：9-14.

麦肯锡的凯文·P.科因、斯蒂芬·J.D.霍尔和帕特里夏·奥曼·克利福德提出，可以通过回答以下4个关键问题来确定一项能力是否为企业的核心能力。

（1）我们的技能是不是最卓越的？
（2）该项卓越能力是否具有可持续性？
（3）和其他经济驱动因素相比，该项能力能够产生多少价值？
（4）在企业的整体价值定位中，该核心能力是否必不可少？

贾维丹在1998年提出了一种识别和规划核心能力的8步法，并把它与公司战略规划过程紧密结合。由于核心能力涉及公司的各个部门和单位，因此，各个关键职能部门、所有事业部、重要的跨职能或跨战略事业单位（strategic business unit，SBU）的经理都要参与核心能力的识别和规划工作。同时，为确保高质量的讨论并使参与者有共同语言，这些参与者必须先参加一个概念解析和应用的学习班，然后开始依次讨论下面的8个问题[①]。

（1）我们公司在哪些方面做得非常好？
（2）第一步识别出来的能力存在于公司的哪个层次？
（3）在前面识别出的能力中，公司是否比竞争者做得好？
（4）这些能力有作用吗？
（5）公司的优势持久吗？
（6）公司所在的产业正在发生什么变化？
（7）产业发生变化后，公司的能力会发生什么变化？
（8）公司应从哪里着手提升能力？

方统法认为，企业核心能力的识别，应该从有形（资产）和无形（知识）、静态（技能）和动态（活动）、内部（企业）和外部（顾客和竞争对手）等多角度、多层次着手[②]。具体来说，根据核心能力所具有的三个基本特征：价值特征、资产特征和知识特征，通过进行价值链分析、技能分析、知识分析和资产分析，对核心能力进行内部识别；通过对竞争差异分析和顾客贡献分析，对核心能力进行外部识别，从而建立一个核心能力的识别系统，如图5-8所示。

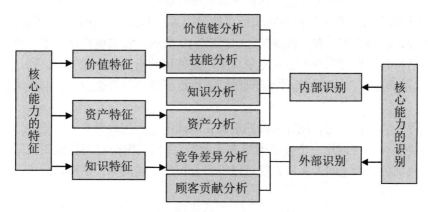

图5-8 核心能力识别系统模型

---

① J KLEIN, D GEE, H JONES. Analysing clusters of skills in R&D: core competencies, metaphors, visualization, and the role of IT[J]. R&D Management, 1998, 28(1): 37-42.

② 方统法. 论企业核心能力识别[J]. 外国经济与管理，2001，23（7）：9-14.

2）核心能力识别的图示法

核心能力的图示识别主要有两种基本方法：一是以活动为基础；二是以技能为基础。

辛德和艾伯伦提出了一种以活动为基础的核心能力识别方法[1]，他们以波特的价值链分析为出发点，认为真正的核心能力是对企业产品价值增值起核心作用的活动，这些价值增值活动能以比竞争对手更低的成本进行，正是这些独特的持续性活动构成了公司真正的核心能力。利用这种方法，他们分析了20世纪70年代后期美国通用电气公司、松下公司和无线电设备公司等公司的核心能力（见图5-9），并认为，通用电气公司的核心能力是营销和良好的产品形象，而松下公司在零配件方面、无线电设备公司在零售方面培育了增值较多的活动（核心能力），从而对通用电气公司造成很大的冲击。

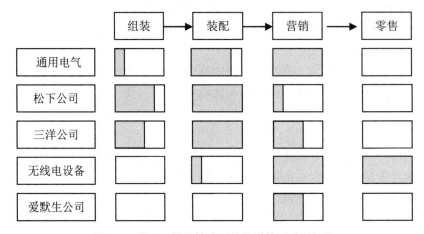

图5-9 通用、松下等公司价值增值活动透视图

坎贝尔和古尔德认为，大多数竞争优势的源泉根植于企业在业务单位上所具有的出众的技能[2]。他们认为能够为一个业务单位画出一棵"技能树"，把"关键业务技能"同市场环境需要联系起来。业务单位想成功地施展一种业务技能，就必须成功地实施其战略活动，大多数战略活动包括一组关键业务技能。这组关键业务技能中的每一种都能够进一步分解为"部件"。部件是按高标准实现关键业务技能所需要的因素。部件可以分解为"子部件"，甚至可以进一步细分，从而构成一棵"技能树"，如图5-10所示。在关键性部件里，公司具有能够开发某些自己特有的诀窍以及不能被竞争对手广泛使用的卓越能力或知识。通过界定"关键业务技能"，精确抓住"关键性部件或子部件"，可以识别和培育企业的核心能力，从而获得竞争优势。

克莱因等认为，核心能力没有明确的定义，因此不能运用数学算法。他们认为，核心能力是一组技能集合，可以用一个技能网络来表示[3]。在识别出公司的技能图的基础上，通过聚类分析，找到各技能之间的关系，就可以得出公司的技能网络，从而表示出公司的核心能力，如图5-11所示。

---

[1] SNYDER AMY V, EBELING. Targeting a company's real core competencies[J]. Journal of business strategy. 1992, 13(6): 26-32.
[2] 安德鲁·坎贝尔，迈克尔·古尔德. 建立核心技能[M]//安德鲁·坎贝尔. 核心能力战略[M]. 大连：东北财经大学出版社，1999.
[3] J KLEIN, D GEE, H JONES. Analysing clusters of skills in R&D: core competencies, metaphors, visualization, and the role of IT[J]. R&D management, 1998, 28(1): 37-42.

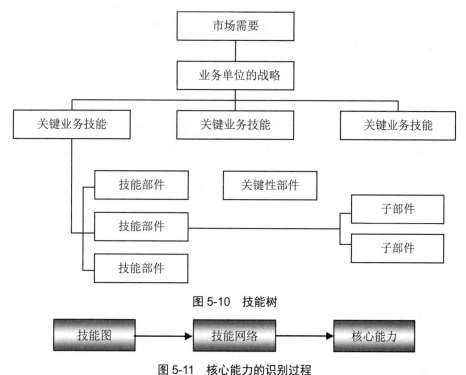

图 5-10 技能树

图 5-11 核心能力的识别过程

技能网络核心能力可以用图 5-12 表示,图中方框表示技能,技能之间的关系用连线表示,技能之间联系的紧密程度可以用连线的粗细来表示,连线越粗,表明两项技能的联系越紧密。

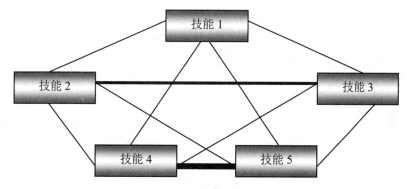

图 5-12 技能网络核心能力

2. 半定量方法

半定量方法是指构造一个指标体系,用主观判断方法对各指标进行评分,然后综合计算出企业的核心能力水平。采用这种方法的典型代表有迈耶等人[1]。

迈耶等人在产品族和产品平台背景下,从产品技术、对用户需要的理解、分销渠道和制造能力 4 个维度来评价核心能力[2],其评价步骤如下:

(1)成立评价小组;
(2)定义产品族;

---

[1] MEYER M H, J M UTTERBACK. The product family and the dynamics of core capability[J]. Sloan management review. 1993.
[2] 许永龙. 转变质量经营观念,提高顾客满意度水平[J]. 机械设计,2001(7):4-7.

（3）确定蕴含在产品族中的核心能力，如总的产品技术、主要用户细分、各时期利用的分销渠道、产品所要求的关键制造过程等；

（4）用五分法对核心能力的这几个维度评分，然后对各维度评分进行加权平均，求出总的核心能力水平。

3. 定量方法

王毅等人所指的定量方法为纯定量方法，不涉及主观评分的半定量指标。在用定量方法研究企业能力时，学者们常常采用专利指标来对核心能力进行定量测度[①②]。

用专利计量法来衡量核心能力存在着很大的局限性，因为专利度量的仅仅是企业的显性知识，而没有考虑企业各种形式的隐性知识，有时恰恰是这些知识构筑了企业核心能力的基础。

4. 半定量与定量相结合的方法

半定量与定量相结合的方法是指设计的测度指标中既有纯定量的指标，也有通过主观评价打分的半定量指标。大部分的研究者采用这种方法对核心能力进行识别与评价。

亨德森将能力分为元件能力和构架能力[③]。所谓元件能力是指局部的知识与能力，这是日常解决问题的基础；构架能力是指运用元件能力的能力，即对元件能力进行有效整合并开发所需要的新的元件能力的能力。运用元件—构架能力框架，亨德森用经过"折旧"处理的专利存量来测度企业在某类基本领域中的元件能力。同时，亨德森设计了以下6个半定量指标来测度构架能力：

（1）在科学共同体中占有重要地位是科学家晋升的主要标准的程度；

（2）企业与研究大学联系的紧密程度；

（3）企业参与一个或多个大学合作研究的紧密程度；

（4）在研究项目解决问题的过程中跨学科或疾病领域交换信息的程度；

（5）对各地域分散的研究机构集中管理的程度；

（6）研究资源分配集中控制的程度[④]。

5. 四类核心能力测度方法的比较与评价

核心能力的识别与评价是企业进行核心能力管理所必需的一项重要工作，尽管许多学者

---

① PRENCIPE A. Technological competencies and product's evolutionary dynamics: a case study from the aero-engine industry[J]. Research policy. 1997(25).

② PATEL P, K PAVITT. The technological competencies of the worlds largest firms: complex and path-dependent, but not much variety[J]. Research policy. 1997(26).

③ HENDERSON, REBECCA, LAIN COCKBURN. Measuring competence? exploring firm effects in pharmaceutical research[J]. Strategic management journal. 1994(15).

④ 关于核心能力识别的问题，国内还有一些学者有研究。比如：杜刚等从市场层面（包括核心业务分析和核心产品分析）、技术层面（包括吸收能力分析、开发与合成能力分析和延展能力分析）和管理层面（包括现有核心能力的保护与发展、高层领导的素质与能力和新核心能力的设想与构建）三个维度出发，建立了核心能力的分析体系及评价方法。陈畴镛和胡隆基利用普拉哈拉德和哈默尔关于核心能力所具有的三个特征（延展性、市场价值性和独特性）建立了一个核心能力识别的指标体系，他们用相关最终产品族数和相关产业数来衡量核心能力的延展性，用相关产品的市场占有率和相关最终产品利润贡献率来衡量核心能力的市场价值性，用综合度、保密度、技术领先度和创新速度来衡量核心能力的独特性，最后利用模糊评价方法对核心能力进行了评价，以确定哪些能力是企业的核心能力。魏江和叶学峰对陈畴镛和胡隆基的评价指标体系进行了扩展，建立了包括价值性、延展性、刚性、异质性和缄默性五个方面十一个指标的核心能力识别评价指标体系，并利用模糊评价方法建立评价模型。

从不同的角度，运用不同的方法对这一问题进行了大量的研究，但直到目前，还没有一种方法被理论界和工商企业广为认同。核心能力识别与评价的非定量方法、半定量方法、定量方法以及半定量与定量结合的方法都各有优点，也都有不足。王毅、陈劲和许庆瑞从核心能力识别与评价需要满足层次性与系统性、全面性、细分性、数据可获得性、合理有效性、可借鉴之处等方面要求的角度，对四类方法进行了比较[1]，比较结果如表5-3所示。

表5-3 四类核心能力测度方法比较

	非定量方法	半定量方法	定 量 方 法	半定量与定量相结合的方法
层次与系统性	较差	随指标体系不同而异	较差	随指标体系不同而异
全面性	较差	不包括定量指标	较差	取决于指标体系设计
细分性	较差	较好	较差	较好
数据可获得性	较好	指标体系设计是关键	较好	指标体系设计是关键
合理有效性	一定范围与层次有效	指标体系设计是关键，主观性较强	有片面性	指标体系设计是关键
可借鉴之处	简洁，便于做浅层沟通	可以详尽地描述核心能力的细节	定量性好	结合定量与半定量方法的优点

值得注意的是，在高度竞争性的环境中，核心能力可能成为一种刚性[2]或者是一种能力陷阱[3]。企业建立起核心能力的同时也就建立起了核心刚性，牺牲了企业的灵活性，核心刚性和核心能力就像是一枚硬币的两面。因此，企业在维系、利用现有能力的同时，也要研究、开发新的能力。有些学者就此提出并讨论了动态能力的问题[4]。动态是指为适应不断变化的环境，企业必须保持不断更新的能力；能力则指战略管理在采纳、整合、重组企业内外技能、资源以便与变化的环境相匹配的过程中扮演的关键角色。

企业能力理论认为，与企业外部条件相比，内部条件对于企业建立并保持竞争优势具有决定性作用；企业内部能力特别是核心能力的建立和维持是保持竞争优势的关键。但是很多学者的研究表明，企业能力与竞争优势之间并不存在必然的逻辑关系，能力只是企业竞争优势的必要条件，而不是充分条件[5]。企业能力的评估不可以孤立地进行，如果没有对企业外部环境予以应有的关注，将导致为建立能力而建立能力的错误倾向。

5.3 企业竞争优势分析

5.3.1 竞争优势的来源

创造竞争优势是所有成功战略的核心。任何竞争优势都来源于企业环境，这里所说的环境是广义的，包括企业资产、组织、产业和非市场环境在内的企业内外部环境。竞争优势是

---

[1] 王毅，陈劲，许庆瑞. 企业核心能力测度方法述评[J]. 科技管理研究，2000（1）：5-9.

[2] LEONARD-BARTON D. Core capabilities and core rigidities: a paradox in managing new product development[J]. Strategic management journal, 1992, 13.

[3] LEVINTHAL D A, MARCH J G. The myopia of learning[J]. Strategy management journal, 1993: 14.

[4] TEECE D J, PISANO G, SHUEN A. Firm capabilities, resources, and the concept of strategy[J]. CCP working paper, 1990.

[5] 席酉民，尚玉凡. 和谐管理理论[M]. 北京：中国人民大学出版社，2002.

企业与环境之间关系特征的一种体现。

竞争优势多种多样，按照加斯·塞隆纳等人的观点，可将其分为两种类型：基于企业位置的竞争优势和基于企业能力的竞争优势[①]，前者得益于企业在竞争环境中所处的有利位置，而后者使得企业可以比对手更好地发挥职能，如图 5-13 所示。

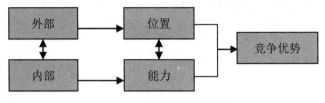

图 5-13　竞争优势的来源

比较直观的理解是，能力主要根植于企业内部环境，位置主要根植于企业外部环境。比如，分析位置优势的学者们往往关注外部环境的机遇和挑战，而对企业内部环境不太重视。按照这种看法，企业取得卓越业绩的途径就是要在产业内寻找优势明显而又能自我防御的位置。相反，分析能力优势的学者们则主要关注企业内部环境，他们致力于寻找企业获取并组织有形及无形资产从而超越对手的种种途径。根据这种观点，企业获取卓越业绩的途径在于利用企业资产和优化组织设计，并对其加以保护以免被对手模仿。

但事实上，这两种竞争优势均依赖于企业的内部和外部环境。优势总是相对于竞争者来衡量的，并要接受潜在客户的评估。只有当竞争对手无法效仿而客户又看重它提供的价值时，其内部能力才能给企业带来益处。一旦进入其他产业，为企业竞争优势奠定基础的能力可能不再提供任何优势。同样，尽管位置优势必定与竞争者相关，但它往往是某种内部环境的衍生物，比如察觉到某种新的需求并组织提供相应服务便意味着某种能力。而企业内部能力必须用来捍卫自己的地位，比如，如果不能通过提升服务水平和制定攻击性价格来削弱竞争者，占优势的企业将失去支配地位。我们之所以将位置和能力之间明确分开是为了强调两种优势存在差异，但大部分企业都同时具备两种类型的部分优势，两者之间可以互相强化。企业的能力优势可以维持和获取位置优势，而位置优势反过来又可以引导和强化能力优势。如果仔细审视某一家企业，我们会发现，很难确切地说明其优势有多少属于位置，又有多少属于能力。

在当今人工智能、数字化等技术快速发展变革的背景下，生态化战略成为企业重要的战略形式，有关企业能力的内涵也得以拓展。不仅仅企业的有形或者无形资源等构成企业能力的基础，基于生态化模式所形成的生态链结构及模式，以及企业对平台生态中信息资源的开发和利用等，均构成企业重要的能力来源。围绕平台生态系统，企业可以从多角度、多维度去理解企业的能力，特别是构造企业竞争优势的核心能力。

如果不把资源理解为狭义的人、财、物，那么无论是位置还是能力，都可以称作企业的一种资源，比如在一个新兴市场，由于早期进入而获得的有利位置和快速响应市场的产品开发能力。一种常见的误区是，用资源基础论来证明战略聚焦于企业内部的合理性。如前所述，资源基础论旨在回答公司的各类资源如何在动态的竞争环境中推动公司业绩的提升，它应是对内外两种视角的融合。

---

① 加斯·塞隆纳. 战略管理[M]. 王迎军, 汪建新, 译. 北京：机械工业出版社, 2004.

以下我们引入竞争优势来源的关键成功因素分析模型（见图 5-14），以便更加清楚地说明内部和外部的优势来源[①]。

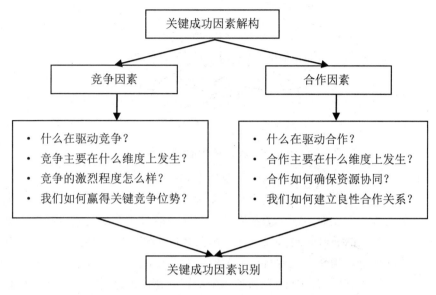

图 5-14　关键成功因素分析模型

首先，我们需要解构关键成功因素的主要构成因素，明确潜在竞争优势来源。

其次，我们通过竞争因素和合作因素分析，来分别寻找可能的竞争优势来源。从竞争的角度来看，我们可以思考以下问题：什么在驱动竞争？竞争主要在什么维度上发生？竞争的激烈程度怎么样？我们如何赢得关键竞争位势？类似地，在合作维度上，我们也可以思考类似的问题：什么在驱动合作？合作主要在什么维度上发生？合作如何确保资源协同？我们如何建立良性合作关系？

最后，基于这些分析，我们可以明确构建竞争优势的关键因素。

5.3.2　具备竞争价值资源的识别

科利斯和蒙哥马利认为，公司资源的价值体现在公司与其赖以生存的环境在顾客需求、资源稀缺性和可获得性三个方面交互作用的结果。价值正是形成于这三个方面的交叉区域：一项资源为顾客所需，不可能被竞争对手复制，同时其创造的利润能被公司获得，如图 5-15 所示[②]。

公司资源的价值取决于它与市场力量的相互作用，因此不能孤立地评价。在特定行业或特定时间里具有某种价值的资源，在不同的行业或时间背景下也许不再具备同样的价值。

资源基础论必须把公司内部的能力（能做好哪些业务）与其外部行业环境（市场需要什么，竞争对手提供什么）联系起来。资源基础论的出现使评估重要资源这一常常是模糊、主观的过程开始有章可循。

[①] 本模型是在 Grant（2008）的基础上改进而来。具体参见 GRANT R M. Contemporary strategy analysis[M]. sixth ed. Malden, MA: Blackwell Publishing, 2008.

[②] 大卫·J. 科利斯, 辛西娅·A. 蒙哥马利. 公司战略：企业的资源与范围[M]. 王永贵, 杨永恒, 译. 辽宁：东北财经大学出版社, 2000.

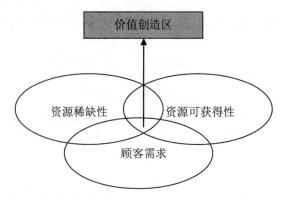

图 5-15 决定资源价值的因素

对资源的价值进行评估包括以下两个重要的步骤。

首先，对资源进行分解。对资源的泛泛分类远不如那些深入的、直接与竞争优势紧密联系的分类方法更有裨益。比如，针对消费者的推销能力就过于空泛且难以操作，可以把它分成几个小类，诸如有效的品牌管理等，从而了解公司的独特性究竟从何而来，并有利于发现其中可实施的潜在成分。当然，企业有价值的资源有时可能是各种技能的综合，尽管每种技能本身并不出色，但当它们被结合起来却是一个不错的整体，这时，竞争优势来源于系统的集成能力，但绝不能以此为由来简化对单个分离资源的详细分析。

其次，对资源的价值进行识别。一种资源能否成为有效战略的基础，必须通过外部市场对其价值进行一系列测试。有些测试大多数人凭借直觉甚至在无意中就能掌握，如一种有价值的资源必须有助于生产消费者需要而且也愿意出钱购买的商品。其他测试则微妙很多，于是通常被误解或误用，因此，常常导致战略达不到预期的效果。科利斯和蒙哥马利提出企业应将其战略建立在能通过下述 5 种测试的资源上。①

1. 独特性测试：这种资源是不是难以模仿？

独特性是创造价值的中心点，因为它限制了竞争。如果某种资源是独一无二的，那么它创造的全部利润更有可能维持下去。倘若企业掌握的资源，其竞争对手可轻而易举地得到，那它创造的价值只能是暂时的。然而，由于没能对此进行严格的测试，很多企业经常把长期战略建立在能够被模仿的资源上。独特性不是一成不变的，竞争对手们最终会找到办法得到最有价值的资源，但通过先发制人，企业可以维持一段时间的盈利。具有独特性的资源至少具备下述 4 种特点中的一个。

（1）物理唯一性（physical uniqueness）。由于具有物理唯一性，竞争对手几乎无法复制这类资源，如绝佳的不动产位置、技术专利等都是竞争对手无法复制的资源。虽然许多公司或许很想把自己的许多资源归入此类，但仔细调查后他们会发现，能归入此类的资源屈指可数。

（2）路径依赖（path dependency）。简而言之，这类资源之所以十分稀有，是因为它们的形成需要一个漫长、复杂的积累过程，如靠经年累月地推销产品获得的品牌内涵、经长期研究累积而得来的技术研发能力等。正因为如此，竞争对手无法立即购买到这些资源，相反，他们必须花相当长的时间来形成这些资源。

（3）随意模糊性（causal ambiguity）。由于既弄不清有价值的资源是哪些，也不知道如何

---

① 大卫•J. 科利斯，辛西娅•A. 蒙哥马利. 凭借资源展开竞争：20 世纪 90 年代的公司战略[J]. 哈佛商业评论，1995（7/8）.

重新生成这些资源，所以竞争对手会望而却步。某一家公司成功的真正原因是什么？我们能列出一连串可能的原因，也可以像它的所有竞争对手一样，尝试确定它的创新方法，但分析到最后我们发现，它的成功经验是别人学不到的。具有随意模糊性的资源常常是指组织能力，它们存在于一个复杂的社会关系网中，甚至可能完全取决于特殊的个人。当大陆航空公司和联合航空公司想照搬美国西南航空公司成功的低成本战略时，它们最学不来的不是飞机制造、航线确定或登机门的快速周转，这些都是明摆着的，照搬起来轻而易举，真正学不来的是美国西南航空公司的那种娱乐化、家庭化、节约与专心致志的文化，因为谁也不明白它到底是什么或是怎样产生的。

（4）经济威慑（economic deterrence）。它出现在一家企业抢在竞争对手之前对一项资产进行大规模投资之时。竞争对手可以同样使用这种资源，但由于市场潜力所限，它不会这样做。如果公司战略是围绕着高额资本投资而形成，且这类投资既对规模敏感，又为特定市场所有，这种可能性就更大。由于类似资源无法重复部署，所以这类资源本身就是一种令人可信的保证，即能够独占市场，挤走那些想效仿类似投资的竞争对手。面对这样的威胁，潜在的模仿者们也许不会同样使用这类资源，因为市场规模太小，以现在的盈利水平无法支持更多的企业。因此，谁能抢先占领市场，谁就有可能拥有对手无法与之竞争的优势。

2. 持久性测试：这种资源多久就会贬值？

一种资源持续的时间越长，就越有价值。与独特性测试一样，这项测试要判断一种资源能否将竞争优势维持一段时间。尽管有些行业多年来发展稳定，但如今大部分行业是动态的，资源很快就会贬值。在一个飞速发展的行业，技术诀窍是一种易被迅速消耗的资产。经济学家约瑟夫·A.熊彼特在20世纪30年代首先认识到这一现象。他记述了此起彼伏的创新是如何让先行者占领市场并获得可观利润的。然而，他们那些有价值的资源很快被仿造，或被新一代更伟大的创新抛到后边，他们创造的可观利润仅是昙花一现。熊彼特对大公司乃至整个行业在"破旧立新"大潮中遭受的打击的描写，也适用于如今许多感受到压力的企业。企业寄希望于大多数核心竞争力能够长久保持下去是危险的，因为它们的生命力有限，而且带来的盈利是暂时的。

3. 专用性测试：谁能捕捉资源所创造的价值？

某种资源创造的利润并非全都自动回流到"掌握"这项资源的企业。事实上，企业创造的价值总是在多方参与者讨价还价后才确定下来，参与者包括消费者、分销商、供应商和雇员。比如，从事杠杆收购（leveraged buyout，LBO）的企业，其至关重要的一项资源是与投资银行界有着千丝万缕联系的网络。然而，这个关系网常常掌握在进行具体交易的个人手中，而不是为企业所有。这些人有可能（而且经常是）离企业而去，建立他们自己的LBO基金或跳槽到其他企业，凭借他们手中的资源获得更多的利润分成。由此可见，把企业战略建立在并不完全属于企业的资源上，企业就难以控制利润。

4. 可替代性测试：一种独特的资源能否被另一种资源超过？

自从波特提出了五力竞争模型以后，每位战略家都一直在仔细研究替代产品的潜在影响。比如，钢铁工业的啤酒罐市场大部分已被制铝厂夺走，而胶卷市场随着数码时代的到来也急剧萎缩。

5. 竞争优越性测试：到底哪家公司的资源更有价值？

经理们评价本企业的资源时，最严重的失误也许就是评估时没有将竞争对手作为参照物。核心竞争力往往成了让人"感觉良好"、大家都懂的练习，每家企业都能找出相对于其他方面的更出色之处，然后称其为核心竞争力。不幸的是，核心竞争力不应该是企业内部比较衡量的结果，而应是同外部严格比较评判，看看自己比竞争对手好在哪里。很多包装消费品企业都说推销术是它们的核心竞争力。或许它们的确都精于此道，但要把企业战略建立在这样的核心竞争力上，企业很快就会陷入困境，因为其他更精于此道的竞争对手也会采用这样的战略。从这个角度讲，将核心竞争力称作特色竞争力（distinctive competence）可能更为合适。

最后，考虑到影响资源价值的条件本身也是不断变化的，因此，不管企业的资源现在多么有价值，企业还要针对环境的变化持续对它们进行评估、投资和升级，并据此在有吸引力的行业制定出有效的战略，使之有助于企业形成竞争优势。

本章小结

1. 战略视角主要有两种：一种是采用了由外及内的视角，认为对于市场的选择以及在其中的定位是制定战略的核心，这以基于产业组织理论进行战略研究的迈克尔·波特为代表；另外一种则采用了由内及外的视角，认为企业所拥有的资源是战略成功与否的基础，以此为代表的就是近十几年来逐渐在战略管理领域占据主流地位的资源基础学派。上述两种视角并非相互矛盾，而是互为补充。无论是脱离市场谈论资源，还是脱离资源谈论市场，都是没有意义的。

2. 一项能力要成为核心能力，必须具有三个重要特征：用户价值、独特性和延展性。其中，用户价值是指核心能力要特别有助于实现顾客看重的价值；独特性是指从竞争的角度看，核心能力必须是独树一帜的能力；延展性是指核心能力必须能够衍生出一系列新的产品或服务。

3. 核心能力的主要理论观点归纳为整合观、网络观、协调观、组合观、知识载体观、元件—架构观、平台观、技术能力观八大观点。核心能力的测度方法可分为非定量描述法、半定量方法、定量方法以及半定量与定量相结合的方法四种类型。

4. 值得警惕的是，在高度竞争性的环境中，核心能力可能成为一种刚性或者是一种能力陷阱。企业建立起核心能力的同时也就建立起了核心刚性，牺牲了企业的灵活性，核心刚性和核心能力就像是一枚硬币的两面。因此，企业在维系、利用现有能力的同时，也要研究、开发新的能力。

5. 公司资源的价值体现在公司与其赖以竞争的环境在顾客需求、资源稀缺性和资源可获得性三个方面交互作用的结果。价值正是形成于这三个方面的交叉区域：一项资源为顾客所需，不可能被竞争对手复制，同时其创造的利润能被公司获得。

6. 一种资源能否成为有效战略的基础，必须通过外部市场对其价值进行一系列测试，主要包括：① 独特性测试：这种资源是不是难以模仿？② 持久性测试：这种资源多久就会贬值？③ 专用性测试：谁能捕捉资源所创造的价值？④ 可替代性测试：一种独特的资源能否被另一种资源超过？⑤ 竞争优越性测试：到底哪家公司的资源更有价值？

关键概念

悖论（paradox） 组织设计（organization design）

企业能力（enterprise capability） 核心竞争力（core competence）
特色竞争力（distinctive competence） 资源基础论（resource-based view）
物理唯一性（physical uniqueness） 路径依赖（path dependency）
随意模糊性（causal ambiguity） 经济威慑（economic deterrence）

思考题

1. 谈谈战略视角由企业外部转向企业内部并进而融合的原因。
2. 企业内部分析应从哪几个方面入手？
3. 企业的核心能力应具备哪些特征？
4. 企业核心能力的主要理论观点有哪几种？主要测度方法有哪些？
5. 企业竞争优势的来源是什么？有哪几种类型？
6. 决定资源价值的因素有哪些？如何对资源的价值进行评估？

案例讨论

跨国物流——竞争优势的构建与维持①

在一所大学的半工半读工商管理硕士（PMBA）的课堂上，同学们纷纷请教广西昆仑公司总经理黄薇彤是如何带领广西昆仑公司成长为当地最大的民营企业，以及如何帮助公司建立竞争优势并进行维持的。

广西昆仑公司成立于2004年，最开始为一家矿业公司，后转型做口岸建设，2005年建立了第一个口岸。2009年，该公司引进战略合作伙伴——漫妮科技有限公司，并由黄薇彤女士担任总经理，在她的带领下，新的昆仑公司旗下的第二个口岸（布局边民互市点）很快开建。2012年，广西昆仑公司开始运用边民互市政策，经营跨境物流与进出口贸易，带领边民开展边民互市贸易。2015年，为进一步解决边民互市贸易货物跨省运送合规的问题，广西昆仑公司首创落地加工模式，旗下的民之天观光食品园项目于2016年6月正式开工。至此，广西昆仑公司的物流园运营管理、跨境物流、进出口贸易、落地加工四大板块格局初步形成。黄薇彤深知口岸的稀缺性是广西昆仑公司构建竞争优势的基础，但并不是全部。

服务与效率

在黄薇彤加入广西昆仑公司之前，公司下辖的水口口岸只负责收过路费，没有其他业务，她经过研究后发现，除了日常的运营外，还可以做很多业务，如跨境物流以及进出口贸易等。于是广西昆仑公司第一个着力点便是改变口岸通关工作人员的服务态度与通关速度。通常报关、通关需5~7天，但在黄薇彤的努力下，水口口岸1天内便可完成所有的手续。当时全国没有任何关区可以达到这种速度，而这个小小的速度改进却大大提升了客户的收益，因为货物每提早一天通关每公斤可能多赚0.5元，而延后一天就可能亏0.5元。在保证高质量的服务和效率之外，广西昆仑公司每年都不断更新相应的基础设施并第一个试行海关修改的通关政策。

---

① 董梦杭，吴学良. 跨国物流：竞争优势的构建与维持[DB/OL]. 中国管理案例共享中心，http://www.cmcc-dlut.cn/Cases/Detail/5998，2022.

多方共赢

黄薇彤进一步发现广西由于地处边境,被国家允许开展多种贸易形式,有国际贸易、边境小额贸易和边民互市贸易。而国际贸易不如沿海城市有优势,边境小额贸易因改善了速度和服务步入正轨,黄薇彤将重点放在了边民互市贸易上。边民互市贸易政策是政府为了扶持边境地区人民脱贫致富而设立的,其中一项规定是每位边民每天往返边境有 8000 元的免税额度。黄薇彤认为贸易得靠企业带动,因为边民不可能每天买回 8000 元的东西。黄薇彤与海关沟通后达成共识,海关允许昆仑公司由边民借由互市贸易的免税额度将商品带入国境,再由昆仑公司向边民收购。凭着这样的办法,广西昆仑公司一个口岸差不多一天有四千万营业额。为了进一步扩大业务量,黄薇彤想了一套方法来吸引边民参与。通过建立边民互助组,推选出一位组长和企业对接,企业将货运任务分派给各个组长,由组长组织组员进行货运。昆仑公司还建了扶贫房帮助贫困边民。

落地加工

边民互市政策在广西等边境是合法的,但是一旦边民互市贸易的货物跨越省份运送,会因没有进口报关单、没有完税证明而被认定为走私。黄薇彤想到了企业收购农产品落地加工模式来解决这一问题,即将向边民收购的货物在当地进行加工,交税给当地政府,这样一来,加工后的货物在任何省份都是合法的。如此,也就相当于把"通道式经济"转化为"在地加值经济"。黄薇彤在一次与广西省委书记的座谈会上将自己的方案适时提了出来,经过一年努力,从中央到地方,该政策层层落实。2016 年,民之天观光食品园项目开工。直至今日,全国已有三分之一的食品大厂转移到了崇左市,不仅带动了当地经济的发展,更是解决了无数边民的就业问题。

讨论题

1. 广西昆仑公司竞争优势的来源是什么?
2. 广西昆仑公司是如何构建与维持竞争优势的?

经典书籍推荐

推荐书目:《战略的智慧》,该书的作者是约翰·R. 韦尔斯,于 2020 年由机械工业出版社出版。

在当今快速变化的商业世界里,公司要想保持领先地位,就必须不断调整战略定位并有所创新,很多公司在这方面做得并不好。适应变化的能力是衡量一家公司"智商"的重要标准。为什么有些公司的"战略智商"被证明非常低?是什么原因导致了公司的惰性及其致命危机?领导者怎样做才能帮助自己的公司变得更"聪明"?本书明辨了导致公司惰性的几个关键因素——战略、组织结构和人力资源,并就如何打造更"聪明"的公司这一目标给出了切实可行的建议。

第3篇 战略设计

　　企业基于外部环境和内部资源分析,选择依存行业和发展定位,从而进入战略设计阶段。依据不同的视角,战略设计可以为企业提供丰富的待以选择的具体战略。明晰这些战略的含义、类型,并理解具体战略的优势与风险,就可以把握其适用条件,为企业进行战略选择做好准备工作。

　　本篇对于经典的战略设计内容进行了梳理,并在此基础上试图与新的观点相融合。在基于层次的战略设计中,主要介绍了公司层战略和业务层战略,与传统业务层战略强调竞争战略不同,把合作战略作为企业业务层战略的重要选择和必然趋势。在基于企业生命周期的战略设计中,以创业期、成长期、成熟期和衰退期4个阶段,描述了各期可供选择的战略类型。在基于行业类型的战略设计中,介绍新兴行业、成熟行业以及零散行业中适用的战略类型,并根据近年来行业发展动态,对先进制造业和现代服务业中较有价值的企业战略给予了关注。

第 6 章
基于层次的战略设计

本章学习目标

1. 理解企业战略的层次性;
2. 掌握企业公司层战略设计的内容、含义和类型;
3. 掌握企业业务层战略设计的内容、含义和类型;
4. 理解各种战略层次的优势和风险;
5. 掌握战略联盟的主要类型、内容、特征和优势。

引例

传统广告公司的生存环境在大数据的影响下正在发生巨大变化。传统广告公司迫切需要进行转型发展以适应环境的改变,而企业采用数据驱动的决策模式已被证实能够有效推动自身的发展。一项通过对 179 家大型公司的调研发现,采用数据驱动型决策模式的公司能将其生产力提高 5%~6%。此外,谷歌、脸书、腾讯、百度、阿里等互联网科技公司纷纷涉足广告领域,推动了广告业技术创新发展,使广告业真正具有了"技术密集型"的内涵。可见,面对大数据带来的广告市场环境变化,传统广告公司需要选择与之相适应的业务领域,比如可以通过程序化购买与程序化创意来适应发展环境,并推动广告产业的智能化发展。例如,美国的视频广告公司 Tubemogul 就先是与户外广告平台 Sitetour 合作,成功实现了户外媒体的程序化购买,接着又与埃培智(IPG)集团旗下的 Cardreon 达成合作,共同开发电视广告程序化购买工具,从而在广告信息传播领域全面展开基于机器智能的程序化广告投放业务。①

从上述案例可以看出,企业的可持续发展必须时刻关注环境变化,在总体发展方向、具体业务领域方面均要有科学合理、切实可行的战略设计。实际上,企业的战略是有层次的,一般根据组织层次和目标的不同分为三级战略,即公司层战略(总体战略)、业务层战略(经营单位战略)、职能层战略(功能战略)。这三级战略层层推进,上层战略指引下层战略,是下层战略追求的目标;下层战略反映上层战略,是上层战略实现的基础,三者的关系如图 6-1 所示。

本章主要介绍企业的公司层战略(corporate-level strategy)和业务层战略(business-level strategy),论述企业可在哪些领域整合资源求得发展,即"做什么";企业在这些领域采用什么战略形式展开竞争与合作,即"怎么做"。功能层战略包括市场营销战略、生产战略、财

---

① 马二伟. 大数据时代传统广告公司业务战略转型研究[J]. 新闻与传播评论,2021(2):62-71.

务战略、人力资源战略、研发战略，这些战略在相关领域都有具体研究，故本章不再进行详细论述。

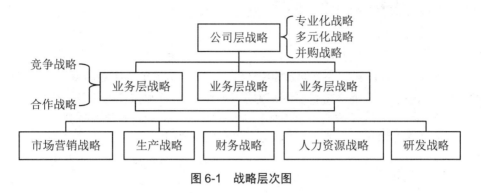

图 6-1 战略层次图

6.1 公司层战略

公司层战略又称为总体战略，是由企业的战略使命和战略意图产生的，指一家公司在多个行业或产品市场中，为了获得竞争优势而对业务组合进行选择和管理的行为[①]。公司层战略主要关注两个问题：公司应该经营哪些业务？应该如何管理这些业务？公司层战略是企业的总体战略和最高战略，决定着企业的发展目标和方向。根据企业经营产品种类和进入行业的数量，可以对公司层战略进行如下划分，如表 6-1 所示。

表 6-1 公司战略的分类[②]

行业数量	产品种类	
	单品种	多品种
单行业	单一化战略	系列化战略
多行业	一体化战略	多元化战略

一般来说，根据企业所处的行业和业务领域、所提供产品和服务的种类，公司层战略可分为专业化战略和多元化战略。其中，专业化战略具体表现为单一化战略、系列化战略和一体化战略三种形式。同时，由于并购战略是企业实现专业化战略、多元化战略的一种更具时效的战略方式，因此本节主要介绍三种战略，即专业化战略、多元化战略和并购战略。

6.1.1 专业化战略

1. 专业化战略的含义与类型

专业化战略是指企业致力于发展一个行业或领域，或者提供一类产品或服务的战略。

企业专业化战略包括单品种和单行业组成的单一化战略、多品种和单行业组成的系列化战略、单品种和多行业组成的一体化战略。单一化战略是指企业只在一个领域经营且只提供单品种的产品或服务时运用的战略，如麦当劳专注经营全球快餐连锁业务，沃尔玛则致力于

[①] 迈克尔·A. 希特，R. 杜安·爱尔兰，罗伯特·E. 霍斯基森. 战略管理：竞争与全球化[M]. 北京：机械工业出版社，2002：220.

[②] 黎群. 企业战略管理教程[M]. 北京：中国铁道出版社，2005：105.

成为最大的全球零售商；系列化战略是企业在一个领域内面向不同的市场或顾客提供多种产品或服务的战略，如索尼主要生产系列化家电用品；一体化战略是企业在产业链的不同领域开展活动，但主要向市场提供同一类产品或服务的战略。

2. 专业化战略的优势

（1）资源集中。企业能把全部资金、技术以及其他方面的资源和能力集中于单一领域内开展竞争与合作。在快速增长和变革的产业中，实行专业化战略能为企业赢得巨大的利润空间。

（2）定位清晰。企业能够将自己的精力集中于自己了解和擅长的业务，这样就不会盲目陷入一个完全不能预知的领域或不能增加新价值的行业。例如，可口可乐公司曾经决定进入别的行业，它收购了哥伦比亚影片公司，还收购了大型葡萄酒生产企业。但它随后发现，自身不仅缺少在新涉足产业中取得成功所需要的竞争力，而且也没有预见到其中的诸多竞争对手。于是可口可乐公司得出结论：进入这些产业只能降低其盈利能力，并不能创造价值，最后赔本卖掉了收购的企业[1]。

（3）获得持续竞争优势。实行专业化战略的企业长期深耕某一领域，在本行业内已经积累了成熟的经营理念和经验，取得了规模经济和范围经济效应，形成了企业良好的声誉和特有的形象，有利于培育顾客的忠诚度，获得持续发展的动力。

3. 专业化战略的风险

（1）欠缺战略应变能力。在科技进步对产品创新产生显著影响、信息技术广泛应用的时代形势下，实行专业化战略的企业经营领域单一、目标市场狭窄，使其难以面对产品周期不断缩短、消费者个性化需求不断改变或新的替代品出现等无法预料的局面，一旦行业出现问题，难以做出及时有效的战略调整，如数码相机逐步取代传统相机、大容量移动硬盘取代软盘等，严重阻碍相关企业的发展。如果所面对的领域衰落或前景暗淡，会直接影响企业的生存，因此，企业必须时刻关注市场变化和产品变革，制定防御危机的前瞻性战略设计。

（2）错失发展机遇。企业长期深耕某一领域，将所有资源集中于某一行业，会错过把资源和能力放在其他创造价值的产业领域所带来的新机遇，增加了机会成本。此外，如果产业规模和领域受到限制，则会束缚企业优势的发挥。例如，世界著名的太阳镜生产商欧克利，在该产业内极为成功，但因太过专一，其发展潜力远未发挥出来，因而最近决定进入运动服产业[2]。

（3）专用资产锁定危机。专业化带来的专业化投资，容易形成较高的退出壁垒，当发生经营危机时，企业可能会因缺乏灵活性而难以退出，陷入"过度专业危机"[3]。

6.1.2 多元化战略

随着市场创新、产品创新、技术创新和顾客需求的变化，企业经营结构也将发生变化。企业为了开拓新市场、新产品和客户群，降低单一经营的风险，往往会在几个领域里寻求发展，也就是实施多元化发展战略。

多元化战略是指企业面向不同的市场和顾客，在多个领域和行业内开展活动，提供不同的产品和服务的战略。多元化可以分为两类，既相关多元化和非相关多元化，在多元化的程

---

[1] C. W. L. 希尔，G. R. 琼斯. 战略管理[M]. 北京：中国市场出版社，2005：32.
[2] 黄旭. 战略管理[M]. 北京：机械工业出版社，2007：144.
[3] 高红岩. 战略管理学[M]. 北京：清华大学出版社，北京交通大学出版社，2007：133.

度方面，可以分为三个层次，即低度多元化层次、中度多元化层次和高度多元化层次，如表 6-2 所示。

表6-2 多元化层次[①]

低度多元化层次		
主导业务型	70%～95%的收入来自于某一项业务	
中度多元化层次		
相关约束型	超过 70%的收入来自主导业务，所有业务共享产品、技术、分销渠道	
相关联系型（相关和无关混合体）	不到 70%的收入来自主导业务，各个业务之间的联系是有限的	
高度多元化层次		
无关型	不到 70%的收入来自主导业务，各个业务之间没有相关性	

相关多元化（related diversification strategy）是指企业在与其原来的资源、市场、产品、技术或顾客等相关的新领域里寻求发展，新领域与原领域有着战略上的适应性和关联性，如海尔既生产冰箱、空调，还生产彩电、洗衣机等。非相关多元化（unrelated diversification strategy）是指企业涉足或开拓的新市场、研发的新产品和提供的新服务与原有领域不相关，也没有技术和市场的关联性。这种战略因为对资金、力量研发和销售渠道等要求很高，因此一般是实力雄厚的集团公司才会采用，例如，海尔集团除了生产电视、空调等家电外，还在软件和医药等领域开展研发和经营活动；美国通用公司除生产火车车头、灯泡和电冰箱外，还经营发电厂。根据既有事业领域和将来事业领域之间的关联程度，多元化战略可具体划分为同心多元化战略、水平多元化战略和复合多元化战略。实行多元化战略会为企业发展带来诸多优势，同时，也使企业面临相应的风险。

6.1.3 并购战略

当企业需要实行多元化或一体化战略，或者开拓新市场或开展新业务时，合并与收购是一种较普遍的战略选择。

1. 并购战略的含义

（1）合并（merger），是指两家公司在相对平等的基础上将相互的业务进行整合，通常将二者拥有的资源和实力合在一起能够比各自独立发展产生更强的竞争优势[②]。企业之间通过合并，同时有偿转移所有权和经营权，实现资产、资源和要素合并的产权交易形式，共同组成一个具有独立法人地位、统一经营的新企业。

（2）收购（acquisition），是指一家企业购买另一家企业的部分或全部股权，将被收购企

---

① 迈克尔·A. 希特，R. 杜安·受尔兰，罗伯特·E. 霍斯基森. 战略管理：竞争与全球化[M]. 北京：机械工业出版社，2005：126.
② 迈克尔·A. 希特，R. 杜安·受尔兰，罗伯特·E. 霍斯基森. 战略管理：竞争与全球化[M]. 北京：机械工业出版社，2002：262.

业的业务纳入自身的战略投资组合，从而达到更加有效地利用其核心竞争力的目的[1]。通过收购，被收购方出让产权和放弃法人资格，资产、资源和经营活动等都归属于收购企业，并以收购企业的名义开展经营活动。收购包括横向收购和纵向收购、善意收购和恶意收购等。

尽管合并和收购这两种战略举措在所有权的处理方式、合并后企业的名称与地位等方面存在显著差异，但实质上都是通过资源和要素的有效利用和整合，提升企业的竞争力，因此我们把合并和收购统称为并购战略。

2. 并购战略的类型

（1）横向并购，是指处于相同行业，采用相近工艺、设备和资源，生产相同或相近产品的竞争性企业之间的并购，如TCL收购阿尔卡特手机业务、联想收购IBM个人电脑业务等都属于横向并购。这种并购通过共享企业资源和集中资本实现规模经济，能够迅速扩大生产规模和市场份额，提升企业的整体竞争优势。

（2）纵向并购，是指企业并购某一种或多种产品和服务的供应商或分销商及其配送渠道等的行为[2]。纵向并购一般发生在生产和经营过程紧密衔接，在供应链和价值链上实现资源、产品或工艺互补的企业之间，如食品加工企业收购面粉生产企业、食品销售企业等。这种并购有利于实现范围经济，降低交易成本，缩短生产周期，有助于企业开发新产品、新技术，但同时也可能带来管理成本的上升。

（3）混合并购，是指处于不同行业、不同市场，而且资源、产品和工艺没有相关性或相关性不大的企业之间的并购，如有的房地产集团并购餐饮、旅游等行业中的企业。这种并购或是为了研发新产品，发展多元化战略，或是为了开辟新的市场领域，从而扩大目标市场和产品市场，降低经营风险，提高企业的盈利能力。

3. 并购战略的优势

（1）提高市场份额。通过并购同行业企业或价值链上的相关企业，能够减少竞争对手的数量，扩大销售渠道和经营市场，增强企业的竞争能力和讨价还价的能力，从而获得更高的市场份额。

（2）降低新领域的进入壁垒，避让生产经营风险。当企业试图研发新产品、开拓新市场、进入新行业时，往往会遇到资金、技术、研发人员、顾客、政策和竞争对手的阻碍，形成进入壁垒，而且由于需要达到一定的生产规模，因此会导致生产过剩，引起其他企业的强烈抵制，破坏整个行业的盈利能力。企业通过并购能有效跨越这些壁垒，从资源配置、快速获得新技术等方面降低进入成本和风险，并保持行业稳定。

（3）降低经营成本和时间成本。企业扩大市场或进入新行业，必须在人、财、物、信息、管理等方面投入大量资源，带来成本剧增。并购战略能使进行并购的企业发挥各自的核心优势，大大降低生产成本、研发成本、经营成本和管理成本。同时，在机遇稍纵即逝的市场经济时代，企业间的竞争就是速度的竞争，进入新市场和新领域的机遇和时间往往决定一个企业的成败，谁进入得早谁就可能在原材料、销售渠道、顾客和企业声誉等方面获得先发优势和领先地位，而并购则可以使企业在短时间内改变自己的市场地位，如Intel公司认识到通信芯片的业务发展非常迅速后，就采用了收购方式在较短时间内开展了通信芯片业务。

---

[1] 迈克尔·A. 希特, R. 杜安·受尔兰, 罗伯特·E. 霍斯基森. 战略管理：竞争与全球化[M]. 北京：机械工业出版社, 2002: 262.

[2] M R SUBRAMANI, N VENKATRAMAN. Safeguarding investments in asymmetric interorganizational relationships[J]. Theory and evidence, academy of management journal, 2003, 46: 46-62.

（4）实现规模经济和范围经济。并购能有效降低交易成本和管理费用，提升企业原有设备、资源、资金、人员和技术的利用率和生产效率，降低原材料的价格，整合原企业的营销渠道，节约营销费用，使各类资源得到合理配置，进行生产协同和经营协同，扩大市场需求和生产规模，实现规模经济和范围经济。

4. 并购战略的风险

并不是所有的并购都能取得预期的效益，如 TCL 集团收购阿尔卡特手机业务部后，没有实现 18 个月扭亏，反而持续亏损；明基公司收购西门子手机业务一年半后，宣布放弃。可见，并购战略还是存在一定的风险，主要表现在以下 5 个方面。

（1）经营管理风险。有些企业并购后，无法实现资源的合理配置和生产要素、生产过程的协调互补，也可能由于不熟悉新行业，从而缺乏管理新产品和新市场的经验和能力。同时，机构、人员的增加也提升了管理成本，这样使得企业分散了投资方向和高层的精力，不但不能实现规模经济，规避发展多元化的风险，还可能丧失原有的优势领域和市场。

（2）财务风险。缺乏计划性和合理评估的盲目并购，会导致企业对并购后的收益过于乐观，过高估计收益，忽略所带来的投资风险。企业用于并购的资金一般数额巨大，使得实施并购的企业需要发挥财务杠杆作用，通过负债投入资金，而且如果被并购企业本身就负有一定的债务，这样并购企业无疑会背负巨大的债务压力。因此，实施并购战略需要在投资收益大于付出的财务成本时才能实行。例如，可口可乐公司打算利用自身在营销上的独特竞争力主导美国葡萄酒市场，但它收购的三家葡萄酒公司在七年中利润微薄，最终不得不将这些公司以 2.1 亿元的价格卖给了约瑟夫·E.施格兰父子公司，这一价格等于当初的收购价格，但如果加上通货膨胀因素则已经出现了很大的亏损[①]。

（3）并购成本过高。出于被并购企业管理层和股东的要求，收购的价格常常高于正常市场价格，一般来说，会高出 30%～50%[②]。同时，由于收购目标企业的价格可能在并购过程中被竞争所抬高，导致企业收购尤其是收购上市公司的代价非常巨大。

（4）文化整合困难。企业文化整合是成功并购的关键。企业并购后，不同企业间不仅面临着管理体制的转变、领导层的更换、资源的重新配置、生产过程的衔接和利益的再分配等问题，还面临着企业文化的整合和重新塑造、企业员工工作模式和心理定势的转换、不同价值观之间的融合等问题。而且，员工关系的处理、文化的塑造相对于企业的经营管理来说是一件非常困难的工作，需要一个相当长的过程。如果企业并购中文化整合处理得不好，则会带来各方面的矛盾和冲突，甚至直接导致并购的失败。在这方面，海尔集团在并购中所采取的文化整合的做法为我国企业并购树立了良好的榜样。

（5）对象选择和评估失误。合理选择并购对象是并购成功的前提，因此必须准确地对并购企业进行评估，包括生产经营领域、财务状况、企业文化等，还要考虑其董事会和员工可能给并购带来的阻力。由于信息不对称造成的对目标公司生产、经营和财务状况等方面了解的不充分，评估依据不准确，不但未必能达到预期的目标，反而可能使并购企业背上沉重的负担。

对于并购的原因和并购的问题可以用图 6-2 来说明。[③]

[①] C. W. L. 希尔，G. R. 琼斯. 战略管理[M]. 北京：中国市场出版社，2005：349.

[②] C. W. L. 希尔，G. R. 琼斯. 战略管理[M]. 北京：中国市场出版社，2005：349.

[③] 迈克尔·A. 希特，R. 杜安·爱尔兰，罗伯特·E. 霍斯基森. 战略管理：竞争与全球化[M]. 北京：机械工业出版社，2005：155.

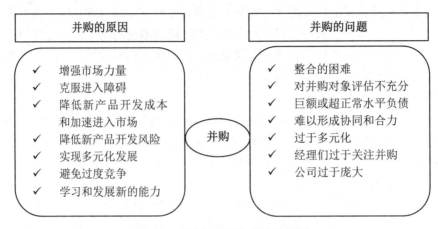

图 6-2 并购的原因和并购的问题

需要指出的是，企业必须根据外在的市场环境和行业背景，准确分析自身的资源和能力，从而科学合理地制定并购决策。并非所有的并购都是成功的，如图 6-2 中过于多元化就妨碍并购的成功。并购本来可以帮助企业实现多元化发展，但过度多元化使得管理者更多地依赖财务控制而不是战略调控来评价各业务部门的绩效，会引起各部门经理以牺牲长期投资为代价来追求短期利益；同时，过度多元化使公司倾向于用收购行动代替自我创新。另外，经理们如果过于关注并购，则会忽视对公司取得长期竞争优势相关环节的关注，从而不能客观地评价并购所取得的成果[①]。

5. 选择并购战略时应考虑的因素

（1）战略是前提。依据企业战略选择并购目标，寻求并购对象与自身战略的契合点，通过并购增强自身的战略能力，才能真正达到并购的目的。只有在两种情况下实施大型并购才是明智的：一种情况是该并购能加强公司目前的竞争基础；另一种情况是公司的竞争基础有所改变，该并购能够使公司在行业中处于领先地位或者跟上行业的步伐[②]。

（2）分析是基础。进行充分的 SWOT 分析，合理评估自身和目标企业，包括合理评估自身实力和对目标企业进行充分的产业、法律、经营、财务、产品市场、竞争环境、管理能力和企业文化分析，这样才能为并购奠定良好的基础。

（3）整合是关键。并购之后的系统整合是整个并购战略的关键，缺少战略合作基础或评估不合理的并购可能因为成功整合而走上良性发展的道路；反之，有良好的战略合作基础或评估充分的并购可能因为整合不力而导致效果不佳甚至失败。这里讲的整合主要包括战略、业务、制度、组织结构、人事和企业文化整合等。海尔就是这方面的一个典范，它非常注意并购过程中根据自身和目标企业的特点和形势实现有效的整合，它在 13 年中成功并购了 16 家企业。海尔在并购时主要选择那些硬件和人才条件较好，但管理不善的企业。张瑞敏形象地称之为：好鱼吃不到，坏鱼不能吃，只能吃半死不活的"休克鱼"，通过输入"海尔文化"，很快激活"休克鱼"，使之起死回生。[③]

---

① 迈克尔·A. 希特，R. 杜安·爱尔兰，罗伯特·E. 霍斯基森. 战略管理：竞争与全球化[M]. 北京：机械工业出版社，2005：155-157.
② 戴维·哈丁. 并购的基石[J]. 哈佛商业评论，2007（3）：126.
③ 黎群. 企业战略教程[M]. 北京：中国铁道出版社，2005：122-123.

6.2 业务层战略

企业在制定了总体战略后,不管是实施专业化战略还是多元化战略,都需要在经营领域和业务层中具体贯彻实施。因此,公司层战略指引业务层战略的方向,业务层战略是实现公司层战略的途径。业务层战略的核心是一种企业专有的商业模式,能够帮助它在同对手的竞争中获得竞争优势[1]。与传统业务层战略强调竞争战略相比,合作战略成为企业业务层战略的重要选择和必然趋势。

6.2.1 竞争战略

迈克尔·波特认为,企业的竞争战略就是采取进攻性或防守性行动,在产业中建立起稳固的地位,成功地应对新的竞争对手入侵、替代品威胁、买方议价能力、卖方议价能力以及现存竞争者之间的竞争这五种竞争作用力,从而为公司赢得高人一等的投资收益[2]。如何在"五力"中胜出?选择进入什么行业?在行业中的地位、竞争优势和前景如何?这就必然要涉及企业的竞争战略。相对而言,根据目标市场和竞争优势的不同,企业的一般竞争战略可以划分为三种类型:成本领先战略(cost leadership strategy)、差异化战略(differentiation strategy)和集中化战略(focus strategy),如图 6-3 所示。

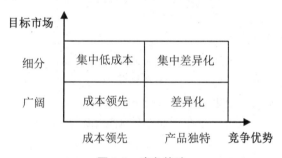

图 6-3 竞争战略

三种竞争战略的比较如表 6-3 所示。

表 6-3 产品/市场/独特企业竞争力的选择和基本竞争战略[3]

	成本领先战略	差异化战略	集中化战略
产品差异化	低(主要指价格)	高(主要指独特性)	低到高(价格或独特性)
细分市场	低(大众市场)	高(大量细分市场)	低(一个或少数几个细分市场)
独特企业竞争力	制造和物料管理	研发、销售与营销	任何一种独特企业竞争力

1. 成本领先战略

1)成本领先战略的含义

成本领先战略又称为低成本战略,指企业在生产和研发、财务、营销、人力资源等方面

---

[1] C. W. L. 希尔, G. R. 琼斯. 战略管理[M]. 孙忠, 译. 北京: 中国市场出版社, 2005: 153.
[2] 迈克尔·波特. 竞争战略[M]. 北京: 中国财政经济出版社, 1989: 38.
[3] C. W. L. 希尔, G. R. 琼斯. 战略管理[M]. 北京: 中国市场出版社, 2005: 158.

最大限度地降低产品、服务和管理成本，使成本显著低于行业平均水平或主要竞争对手，从而使企业与顾客受益于这种低成本的战略。这样的企业可以追求规模经济、原材料优势、先进专利技术等来降低成本。实施这种战略的企业必须有很高的市场占有率，往往能以成本优势在市场中获取较大的份额和提升自身的品牌优势，如中国春秋航空公司通过不提供空中餐饮削减成本，戴尔电脑采用网上直销等，它们都在自身行业领域拥有大批的忠实顾客。

2）成本领先战略的类型

根据价值链的各价值创造环节，低成本战略可分为以下 5 种类型。

（1）服务或产品简化型。通过削减产品或服务的一些不必要的附加功能，专注核心品质和基本功能的开发。

（2）研发创新型。通过运用先进的专利技术改造产品的外观、体积和功能等，在降低成本的同时，提高质量和实用性，如实行配件的模块化和标准化等。

（3）营销创新型。缩减中间环节和销售渠道，如采取直销、网络销售等方式，大大节省管理成本，从而使顾客得到实惠。同时，保持适度的广告、推介和服务等，给企业带来长远的成本优势。

（4）材料节约型。通过采购和外包环节，降低原材料和中间品的成本，并在生产经营过程中奉行节约，从而降低产品的成本。

（5）人力资源成本降低型。通过降低人工成本，并利用激励约束机制提高员工生产效率，或通过加强员工参与、员工互助等，改进人力资源管理质量，培育组织忠诚感，这样依然能在人工成本偏低的情况下稳定员工的留职率。

3）成本领先战略的优势

（1）规模经济效应。低成本战略一般有很大的目标市场，产品数量多，在整个价值链环节都能够体现低成本的价值创造思想，因此容易获得规模效应。这种规模效应又进一步提高了市场份额和利润，从而可以把更多的收益投入到硬件设备、研发等价值链生产和创造环节中，从而创造更多的利润，强化企业在行业中的领导和优势地位，形成规模经济的累积递进效应。

（2）形成进入障碍。生产规模大、市场广、价格低会使企业拥有先发优势，对原材料供应和顾客产生一定的限制作用，给新进入者很大的压力和阻碍，尤其是那些准备生产经营同质产品的企业。同时，按照博弈论的观点，新进入的企业往往受到学习曲线和经验曲线的限制而处于被动地位，因此未必会轻易进入此类市场。

（3）防止竞争者的威胁。利用成本优势，会从竞争对手处争夺市场和顾客，尤其在竞争激烈的领域和消费者对价格非常敏感的时期，这种效应更加显著，取得的利润会高于行业平均水平。

（4）增强了与买方、卖方讨价还价的能力。如果买方有强大的讨价还价能力，会使整个行业利润降低，部分企业因而退出市场，而低成本企业通过低成本优势保护企业利润，降低买方的谈判能力。同时，低成本战略要求企业占据广阔的市场和大批量生产以降低价格和边际生产成本，需要大量的供应商提供原材料，尤其是低成本企业在市场中处于主导地位的时候，供应商的发展就必须考虑生产商的要求，从而提高低成本企业讨价还价的能力。

4）成本领先战略的风险

（1）利润水平较低。有时过度追求低成本会带来较低的利润水平。如果要获得超额利润，企业要保证价格降低幅度小于成本降低的幅度，或市场占有率提高时，产品销售数量增加。

（2）竞争对手和新加入者的模仿。其他企业通过低成本模仿和学习效应，会快速打入市场，抢占市场份额和顾客。因此，企业应该注意生产其他竞争对手很难模仿或替代的产品。

（3）用户偏好发生转移。受社会观念转变、产品多元化和市场多元化的影响，顾客可能更注重个性、时尚、附加值高的产品。

（4）市场敏感性迟钝。企业管理层过多关注如何控制成本，而忽略顾客变化和市场要求，可能导致失去市场。

（5）低价优势丧失。技术上的突破导致性价比更高、功能更强大的新产品出现，使企业由过去的投入和学习效应、经验效应所带来的优势丧失，如果不能及时采取技术和产品创新措施，就不可避免失败的命运。

5）成本领先战略的适用条件

（1）市场规模方面。当自身的市场占有率很高时，企业提高了承担风险的实力，即使企业降低价格，仍能通过低成本获得高于行业平均利润的效益，因为这时的低成本只是相对于竞争者低，而不是绝对低成本。

（2）购买者方面。有大量的对价格敏感的购买者，顾客偏好相近或一致，这时大量讨价还价的顾客就更看重价格，不太注重产品种类的差异，低价比产品特色和附加性能更有吸引力。同时，消费者有较强的讨价还价能力时，也需要企业实行低成本战略。

（3）竞争者方面。产品生产标准化，消费者使用产品的方式趋近时，现有竞争企业间的价格竞争非常激烈，这时消费者更倾向于价格低廉的产品。

（4）供应商方面。供应商众多且谈判能力较弱时，有利于企业提高对原材料价格的控制能力和谈判能力，在价值链的原材料供给上实现低成本。

（5）产品方面。当产品基本上是标准化和同质化时，实现差异化的技术和方法很少，这时替代产品也难以上市，这为大规模生产提供了有利条件。

（6）转换成本方面。顾客如果从消费一个企业的产品转向消费另一个企业的产品时所负担的成本低，则更倾向于转向质量相近而价格更低的产品。

（7）行业新进入者方面。低成本领导者能通过降价阻止新进入者抢占市场和顾客，低成本战略的降价能力成为新入者的进入壁垒。

6）成本领先战略实施过程的误区

（1）战略目标偏离。当某个行业的企业都致力于实施低成本战略时，往往会引起激烈的竞争，这种过度的竞争可能会使企业的发展偏离自己的战略目标。

（2）过度重视生产活动的成本。许多企业把成本的降低片面地理解为生产原料、设备价格的降低，生产效率的提高等，却忽视价值链上的其他环节，因此，企业应该认真地研究价值链各环节的成本降低空间。

（3）过度关注成本削减。许多企业实行低成本战略时，低价成了其追求的主要目标，甚至违背市场经济规律，影响产品的需求和企业的整体发展，也引起本行业整体利润的降低。2001年，捷威公司为了减少客户服务成本，要求客服人员不再为购买捷威电脑后却安装自购软件的顾客提供帮助，从而使公司服务不好的恶名传播开来，结果公司不得不于半年后改变政策，恢复了全方位的顾客支持[1]。因此，企业在追求低价的同时，必须清晰把握市场和顾客的变化、价格敏感度的变化或新产品的影响。

---

[1] C. W. L. 希尔，G. R. 琼斯. 战略管理[M]. 北京：中国市场出版社，2005：161.

（4）缺少内在协调和优化。许多企业过度看重生产部门，认为部门间的协作无足轻重。其实部门之间的体制不顺、协作不强会直接引起产品质量的下降。例如，人力资源部门对员工的激励和研发部门的投入等，表面上看增加了成本，实际上是提高了效率，降低了总成本。

（5）忽视创新活动。创新是企业降低成本和提高市场占有率的重要途径。创新可以发生在某个环节，如生产、研发、人力资源管理等方面，也可以是整个价值链的创新，如价值链的优化、重新配置等。现在一些企业不是寻求价值链的创新，而是在现有的有限空间里寻求增值，不但效率低、增长空间有限，还会面临残酷竞争的"红海"。因此，企业应该跳出这个固有的模式，站在整个行业和价值链的高度去探索和创新，开创属于自己的一片"蓝海"。

7）成本领先战略途径选择

企业在实行低成本战略时，必须根据前面分析的风险和存在的误区进行合理的战略途径选择，这样才能避让风险和免入误区。除了传统的追求规模经济、降低关键资源的投入成本、强化内部协作与资源优化配置等，最关键的是提高企业的学习能力和进行价值链的创新。

（1）发挥学习和经验曲线效应，打造学习型团队和企业。波特指出："在某些业务领域中，存在一种为人们注意的趋势，即在一种产品的生产过程中，产品的单位成本随着公司累积经验的增加而下降。成本的下降是由于工人们改进了他们的工作方法并提高了效率（经典的'学习曲线'）、布局的合理化改进、专门设备及工艺的开发、操作与设备的更加协调、产品设计上的改进使之更便于制造、经营的衡量与方法的改进等。"[①]某项活动或工作的成本会因为员工学习能力的提高和经验的积累而显著下降，在一些高新技术和外资企业中更是如此。在企业中建立运作和奖励机制，使员工之间、项目团队之间和部门间注重知识的分享与整合，发挥学习和经验效应，充分挖掘隐性知识并使之转化为企业的显性知识。这样不但促进了知识和经验的转移，提高了知识和技能接收的效率，降低了时间的损耗和传递的成本，而且这样的协作和分享还提升了凝聚力，有利于信息的扩散和共享，从而增加了创新的机遇，并使高的创新效率带来高的创新绩效。

（2）改善或重构价值链。企业必须站在整个价值链的高度去寻求、维持竞争优势，而且更重要的是不断创新，创造竞争优势。价值链把企业的各单元作为整体中的不同价值创造的职能模块，突出部门之间的协作，使整个生产、经营、管理活动作为一个总体，在产品、技术、研发、人员、采购、营销等环节，以最小的成本提供顾客所需要的产品和服务。对价值链的某个环节，如采购环节的改善、面向顾客进行的研发和营销创新，都可能会引起蝴蝶效应（the butterfly effect）[②]，使整个企业成本显著降低。如果每个环节都能进行创新和完善，那么企业的效益将会得到巨大的提升。

2. 差异化战略

1）差异化战略的含义

差异化战略是企业通过向顾客提供行业内其他企业无法提供的、独特的产品或服务，以独具一格的特色来获取竞争优势的战略。实施差异化战略的企业并非不在意成本，但它更注

---

① 迈克尔·波特. 竞争战略[M]. 北京：中国财政经济出版社，1989：16.
② 蝴蝶效应是美国著名气象学家洛伦兹在20世纪70年代提出的。20世纪60年代初，洛伦兹在进行"数值天气预报"试验时发现，计算机中输入的资料如果发生微小的变化，最终计算结果会出现巨大的差异。1972年12月29日，在华盛顿召开的美国科学发展学会上，洛伦兹发表了一个伟大的演说——不可预测性，即一只在巴西翩翩起舞的蝴蝶，有可能会在美国的得克萨斯州引起一场龙卷风，这就是著名的蝴蝶效应。

重的是独特的产品和经营特点,而且必须以这种独特的优势来满足顾客的需求,这样就可以通过提高产品或服务价格增强盈利能力,从而超越竞争对手。奔驰、劳力士、英特尔等公司都是这方面的典范,它们所拥有的特性,要么代表品质过硬,要么彰显身份地位,要么特别符合某类人群的个性偏好。

2)差异化战略的类型

差异化战略主要可划分为技术先进型(宝马)、一流服务型(中国移动)、生产质量型(英特尔)、独特营销型(戴尔电脑)、特定顾客群型(强生婴儿产品)、独特管理型(麦当劳)、一流形象和商誉型(星巴克)、多种功能或及时更新换代型(微软 Windows 操作系统)、独特产品和外观设计型(苹果电脑、劳力士)等。

3)差异化战略的优势

(1)获取溢价和较高的利润水平。基于不同的顾客需求和个性偏好,差异化产品降低了顾客的价格敏感度,产品价格高于同类竞争企业产品的价格,因此可获得较高的溢价,提升了利润水平。

(2)强有力的进入壁垒。实施差异化战略的企业一般拥有雄厚的研发实力、人才优势和高质量的产品,并注重发挥品牌和产品的独特优势,在细分市场上或特定顾客群中培育了较高的品牌忠诚度,这种顾客群的回馈和认可又给予实施差异化战略的企业以强大的利润支撑,使得其他企业难以进入该行业与之抗争,如运动品牌耐克(Nike)、阿迪达斯(Adidas)就受到了各国年轻人和运动员的喜爱。

(3)对于原材料成本增长有更大的容忍空间。企业的原材料成本、人工成本都在不断上涨,差异化战略的企业以高溢价收入更关注于市场价格而不是成本,同时也可以把成本的上升传递给顾客,所以更能容忍原材料价格的上涨,从而拥有更大的竞争优势。

(4)增强讨价还价的能力。一方面,实施差异化战略的企业往往拥有较好的声誉和经济实力,而供应商往往愿意与这样的企业合作,因此,这类企业在面对供应商时有较强的谈判能力。另一方面,实施差异化战略的企业因为产品的独特性和吸引力,也不大可能遇到强势的购买者,因此,无论是面对供应商还是顾客,这类企业都拥有谈判的优势。

(5)防止替代品的威胁。实施差异化战略企业的产品和服务具有独特的优势和品质,也拥有大批的忠诚顾客,因此在与竞争者的较量中往往处于主动和有利地位。同时,这类企业的产品在不断进行研发和创新,其产品和服务本身就具有强大的竞争优势。

4)差异化战略的风险

(1)非真正的差异化或不合适的差异化。有些产品或服务的差异化只是形式上的差异,或者所拥有的差异点不是顾客真正需要的,因此不能真正体现出价值或功能的独特性,这样的差异化不会被顾客所认可,反而会影响企业的声誉。

(2)超过了顾客的承受能力。差异化产品有较高的溢价,尤其是随着原材料的涨价,这些成本也会转移给顾客,并可能超过顾客的承受能力和心理期望。如果顾客对某种产品价值的认同和偏好不足以使其接受高价格,则会转去选择物美价廉的替代产品,这也是一些实施低成本战略的企业战胜实施差异化战略企业的重要原因。

(3)竞争对手的模仿和威胁。如果竞争对手推出更有力的替代产品或差异化产品,尤其是价格更低的产品,就有可能破坏顾客的忠诚度。因此,企业在实施差异化战略时,要特别注重提供难以被模仿的无形的品质、服务和声誉等。

（4）顾客需求的差异化程度下降。随着科技的进步和社会观念的变化，顾客的差异化需求的方向可能转变，直接影响到其对差异化产品的需求。

5）差异化战略的适用条件

（1）企业实现差异性的途径多。企业中存在许多途径可以实现与竞争对手的差异，同时这种差异被顾客认为是有价值的。

（2）顾客的需求和产品的功能多样化。不同地域、年龄、性别和职业的顾客有各种不同的需求，企业的产品能满足这些需求。

（3）独特的差异化方法。企业的竞争对手很少采用差异化的方法，或者采用差异化方法的对手少，或者相对于竞争对手来讲，采用的差异化方法是无法比拟的。

（4）研发创新的速度快。实施差异化战略企业的产品和服务必须面向市场，满足顾客不断变化的个性需求和消费观念，因此企业要拥有强大的研发能力和创新能力，产品更新换代和特色产品生产的高效率至关重要。

（5）企业在行业中的声望高。企业要在本行业或相关行业中有较高的声望，这样才能在与供应商和顾客的讨价还价中占有优势。

（6）企业的营销能力强。实施差异化战略企业的产品更新速度快，产品生产周期短，若要为顾客所接受和认可，就必须有高素质的营销团队，同时要改进营销方式和营销理念，使顾客能更方便、直接地体验产品。例如，英特尔公司著名的"Intel Inside"广告营销活动就是一个成功的案例，这次广告活动发起于1991年，是为了区分它的微处理器与AMD以及其他半导体厂商的产品。许多轶事描述了英特尔区分其微处理器的成功：一个对计算机知之甚少的老太太坚持所买的机器必须带有"Intel Inside"标识[①]。

（7）具有较强的吸引力。实施差异化战略的企业更多地强调创造性成果，因此它应该具备良好的工作和生活条件，以吸引更多的创造型人才、高级技术人员，如宝洁公司就拥有企业的博士后科研流动站。

6）差异化战略实施过程的误区

（1）溢价过高。溢价是企业追求差异化战略的主要动力，但过高的溢价会超过顾客的承受能力。因此，企业应该合理定价，在获取溢价的同时保持对顾客的持久吸引力。

（2）过度差异化。企业过度追求差异化，会由于较多地关注非核心、非必要的产品或服务的差异，非但无法得到市场的认可，反而使成本增加，利润降低。

（3）目标顾客定位失误。买方市场的划分是企业实行差异化战略的前提，而有的实施差异化战略的企业对目标顾客定位失误或未能及时根据顾客偏好变化及时转变，因此必须正确定位买方市场，同时，应该根据消费观念、收入水平等的变化，动态更新和跟踪顾客的资料、偏好的变化，以便制定更有针对性的对策。

7）差异化战略途径选择

企业在细分市场的基础上，可以使用不同形式或组合的差异化战略。选择差异化战略的途径主要有以下4种。

（1）产品差异化战略。这是企业实行差异化战略比较常用的一种形式。产品的差异化主要体现在产品的特色、外观、性能、风格、安全性等。

（2）服务差异化战略，主要包括订货、配送、维修、顾客培训、咨询等环节。服务差异

---

① L. J. 布儒瓦第三，艾琳·M. 杜海米，J. L. 斯廷珀特. 战略管理[M]. 2版. 北京：中信出版社，2004：113.

化战略必须做出特色，新东方为需要提高外语学习能力和有出国需求的顾客提供不同的辅导和服务，受到了顾客的肯定。

（3）渠道差异化战略，主要体现在广告宣传、媒体推介、产品展示、分销渠道、分销网络等。例如，戴尔笔记本电脑在采取直销的同时，为了提高顾客的体验感，特别设立了顾客体验区，使顾客在上网购买之前就能体验到不同产品的不同性能。

（4）形象差异化战略。这种战略往往给顾客留下深刻的印象，在提高销量的同时也提升了企业形象，主要表现在品牌标志，如宝马、奔驰；企业形象宣言，如"海尔，真诚到永远""农夫山泉有点甜"都使顾客难忘；与典型事件结合，大力提升企业形象，如移动用户拨打"10086"时，就会听到"欢迎致电2008奥运合作伙伴——中国移动"，蒙牛成为宇航员专用饮品，都提升了品牌形象，使这些企业名利双收。

实际上，随着生产设备的改造、柔性生产等生产技术的进步、信息技术的高速发展和全面质量管理等观念的深入，已经模糊了成本领先战略和差异化战略的界限。许多企业抓住了这种机遇，实现两种战略的结合，有的也称之为"最佳价值战略""价值创新"，目标是使顾客能用相同或相近的价格，购买到价值更高的产品，使企业可以同时在低成本和差异化中受益。如果顾客对价格和市场都很敏感，采用这样的战略往往对顾客产生很强的吸引力。实施低成本战略的企业可以利用新技术在保持低成本的同时实现产品与服务的差异化；实施差异化的战略企业也可以实现规模经济，以降低成本。丰田公司就追求差异化和低成本两种战略的结合，采用部件标准化的方式实现低成本，如SUV不同车型的底盘只有三种，因此既提高了装配效率和设备利用率，节省了生产成本，同时又保持了高度的个性化和市场细分。在低成本市场，它的凯美瑞很畅销，在豪华高端市场，雷克萨斯也受到了市场的广泛认可[1]。当然，这种战略会同时迎来实施低成本战略和差异化战略竞争对手的激烈竞争，因此必须在产品质量、价格和个性化方面做好融合，使消费者感觉到物有所值。

3. 集中化战略

有的企业受到自身资源、技术水平或品牌形象的制约，无法实施低成本战略，也无法执行差异化战略，它就要利用自己有限的资源和专业优势采取集中化战略，在一个特定的细分市场上获得竞争优势。

1）集中化战略的含义

集中化战略又称聚焦战略、专一战略、利基市场战略等，是企业集中力量为某一特定的细分市场提供产品和服务，或重点经营某类产品的特定部分、特定的市场层面，在某一局部建立竞争优势的战略。成本领先和差异化战略是在全行业或市场范围中寻求成本优势和经营特色，而集中化战略与前两种战略的不同之处在于集中有限的资源，针对某个特定的、相对狭小的目标市场，发挥专业优势，为这个市场提供的产品或服务可以是低成本的，也可以是有特色的，也可能是两者兼而有之的。

2）集中化战略的类型

（1）从企业的角度可分为集中低成本和集中差异化两种战略。集中低成本是指在某个细分市场中，通过实行低成本战略来提供比竞争对手更低的价格，从而获得竞争优势；集中差异化是指在某个细分市场中，通过实行差异化战略来提供满足顾客个性偏好的产品或服务，从而获得竞争优势。劳斯莱斯、香奈儿、哈根达斯等都成功地运用了集中差异化战略，它们

---

[1] L. J. 布儒瓦第三，艾琳·M. 杜海米，J. L. 斯廷珀特. 战略管理[M]. 2版. 北京：中信出版社，2004：125.

的目标顾客是偏好世界先进水平产品和服务的高层次消费者。

（2）从目标市场的角度可分为集中顾客市场、集中地区市场、集中产品线市场等战略。这三类战略将在本部分的战略途径选择中详述。

3）集中化战略的优势

（1）目标市场明确。实施集中化战略的企业目标市场明确，一般较为狭窄，执行效率高，因此比较易于决策和管理。

（2）客户响应度高。实施集中化战略的企业同顾客最接近，最理解顾客的观念、偏好、需求，对他们需求的变化最先感知，因此其产品能最大程度地满足顾客需求。

（3）替代品的威胁小。实施差异化战略和低成本战略的企业要面对整个市场或很多利基市场，而实施集中化战略的企业可以针对竞争对手的薄弱环节或无法细化的市场发挥差异化或低成本的优势，在某个局部领域占据上风。同时，因为面对相对狭小的顾客群，因此，这类企业拥有较高的顾客忠诚度，减少了替代品的威胁。

（4）顾客的讨价还价能力有限。实施集中化战略企业的顾客对企业提供的产品有更强的个人偏好和情感，同时，只有少数企业能提供他们需要的产品，因此对这些企业的依赖程度更高，讨价还价的能力受到限制，使企业可能从顾客那里获得较高的溢价。

（5）产品或服务的品质高。大型实施差异化和低成本战略的企业要管理种类繁多的市场，而实施集中化战略企业狭小的目标市场使其更有利于集中力量，把各类资源用于专一市场，提高产品质量和营销水平，从而增加企业利润。

（6）创新能力强。实施集中化战略的企业常常要迎合顾客的个性化需求，为其提供定制化的产品和服务，而且集中化战略能发现尚未满足和开发的市场机遇，这就为开发顾客所需要的创新产品提供了空间。

（7）新市场机遇多。实施集中化战略企业新的利基市场、同低成本和差异化公司进行竞争的机会几乎是无限的[①]，因此他们发现新开拓市场和新需求的机会多、能力强，既可以扩展细分市场，又可以在某个细分市场深入挖掘，使产品和服务更加专业化。

4）集中化战略的风险

（1）盈利能力受限。实施集中化战略的企业因为面对狭窄的目标市场，产品生产量小，难以实现规模经济；同时生产成本高，产品更新费用高，较高的成本会损害盈利能力。

（2）与供应商的谈判能力弱。因为采购数额小，使其在采购数量和价格上处于不利地位，生产和利润增长也会受到供应商的牵制。

（3）细分市场减少或消失。技术的发展和顾客偏好的变化、特定顾客的市场需求变为大众消费者需求等，都可能影响集中化企业的利基市场，甚至使其消失。

（4）企业转换的成本高。由于企业集中力量和优势于狭窄的利基市场，当市场的差异化消失、顾客偏好变化或新技术带来的替代品出现时，企业则难以及时应对突变的形势，产品转换的成本高，从而带来巨大的压力。

（5）较大的细分市场潜力会导致竞争更加激烈。如果细分市场的发展潜力较大，就会吸引很多的竞争对手参与到细分市场的竞争，降低利润率。

5）集中化战略的适用条件

（1）行业和目标市场有多个细分市场。竞争对手不可能满足所有细分市场的特定要求和

---

① C.W.L.希尔，G.R.琼斯.战略管理[M].北京：中国市场出版社，2005：168.

顾客偏好，行业的细分市场多，使企业选择进入市场的视野更加开阔，因此它可以选择与自身的资源和能力匹配的细分市场。

（2）市场上存在显著不同的顾客群。顾客群对产品有不同的需求或对产品的使用有不同的偏好。

（3）细分市场的竞争度小。行业领导者忽略这个细分市场，细分市场的竞争者很少甚至没有，这样不但避开了激烈的竞争，而且可以通过较好的企业商誉和优良的服务来抵御竞争。

（4）企业资源有限。当企业没有足够的资源和实力进入整个市场或多个利基市场时，就必须集中有限资源和能力来有效地迎接挑战，选择特定的狭小的市场。

（5）细分市场有足够大的盈利空间和成长潜力。目标市场虽然狭窄，但产业和行业前景广阔，还存在很大的盈利空间和继续发展的可能。

6）集中化战略实施过程的误区

（1）选择细分市场失误。有些企业发现潜力大、前景好的细分市场时，可能会盲目进入，未进行科学的竞争力分析，未能与企业自身的资源和能力匹配，结果当投入全部资源时，很可能会全军覆没。因此，在企业进入细分市场前，除了对市场进行成长潜力分析以外，还必须论证企业资源与市场的匹配程度。

（2）容易忽视竞争对手。实施集中化战略的企业在细分市场上占有优势，顾客也有较高的忠诚度，因此容易忽视潜在的竞争对手。在科学技术飞速进步的时代，一些低成本和差异化的企业也有能力在细分市场抢占一席之地。因此，实施集中化战略的企业应该密切跟踪市场、顾客的变化和竞争对手的动向，加强研发和积极创新，并提前制定好防御措施。

7）集中化战略途径选择

集中化战略总体上都是从成本和差异化中寻找战略切入点，具体到细分市场和产品，则可分为顾客集中、地区集中、产品线集中等战略。

（1）顾客集中。利用忠诚的顾客群作为经营重点，可以区分不同性别、不同职业、不同年龄、不同收入、不同爱好等的顾客群，关注他们的心理特点和特性偏好。例如，阿迪达斯、劳力士表、IBM 电脑等都瞄准高收入、追求高品位的客户。

（2）地区集中。把细分市场的重点放在某个特定的区域中，如城市与乡村、发达地区与不发达地区、工业区与文化区等，针对不同的地区特点、文化特点、传统习俗和细分市场提供产品。例如，农村电压不稳给彩电在农村的销售带来阻碍，海信集团就针对这个问题生产了宽带电压电视机，提高了自己在农村彩电市场的占有率。

（3）产品线集中。企业把产品线的某一部分作为经营重点，专门为某类产品的中间品、零配件和某类行业的标准化等提供产品和服务，可以降低大量的成本，如米其林轮胎在轮胎专业市场上首屈一指。

6.2.2 合作战略

近年来，一方面，企业基于资源、技术、人才等展开的竞争日趋激烈，面对经济全球化的发展，任何一个企业都不可避免地面对全球范围的竞争。另一方面，随着信息技术的迅猛发展、科学技术的日新月异、管理观念的不断进步、管理方式的不断改善、产品类型的日益复杂，任何一个企业都不可能单独控制所有信息、所有产品、所有技术和所有的价值增值环节，同时，传统价值链的各环节实现价值增值的空间越来越小，依靠企业内部的协作、流程改进等都不能从根本上推动企业形成持续竞争优势。在资源日益稀缺、专业化水平越来越高的形势下，企业要摆脱传统的激烈竞争，就必须通过企业组织间的合作，充分利用组织间的网络资源和信息资源，实现合作共赢，开拓出一片新的价值增长空间。因此，达尔文式的市场竞争秩序开始渐渐被生态系统式的合作竞争秩序所取代，经济世界的运行并不都是强者驱逐弱者的过程，在企业之间也存在与自然界类似的"生物依存链"，企业间应该联合起来营造并努力维护一个共生的经济生态环境[①]。企业间的关系逐渐由竞争关系转向竞合关系、由基于市场的契约关系转向准市场关系（网络关系）是企业组织发展的必然趋势。合作战略（cooperative strategy）是企业间合作以实现共同目标的一种战略[②]。

1. 合作战略的类型

与竞争战略相比，竞合（coopetition）是合作战略的根本特征，企业间通过合作实现更高层次的竞争，通过竞争又促成了更高阶段的合作，在合作竞争的往复运动和协同作用中不断进步和发展。从竞争与合作的程度看，合作战略可以划分为松散型、竞争主导型、合作主导型、竞合对等型四种形式，如图6-4所示。

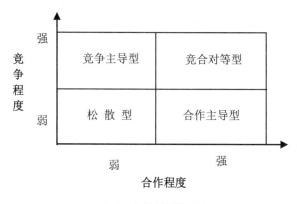

图6-4 合作战略的形式

松散型合作战略是指企业间合作性和竞争性都很弱的合作形式。这种合作战略一般是企业之间依据自然的依附和协作关系建立起来的，如供应链上小供应商、销售商等依存于大的制造企业或中心型企业，大企业为小企业提供信息、技术上的指导，这些企业之间主要靠自然的协作关系而不是明确的契约等进行管理。网络中心型联盟也属于这种形式，是企业之间为了利用合作方的核心优势和资源而建立的一种网络式的合作形式，一般有一个中心企业，每个企业都是网络中的结点，企业之间联系松散，可以在网络平台上较为灵活地进出，使得合作网络保持动态平衡。这种形式比较灵活，可以发生在企业之间，也可以发生在企业与其他组织之间，如虚拟企业与现实企业、虚拟企业之间、企业与高校和科研机构之间、企业与政府之间、企业与非营利组织之间等。松散型合作战略中没有明确的股权和契约关系，企业之间因为实力不等而自然形成一种协作关系。松散型合作战略也体现在同一产业链各个环节的企业之间，这些企业为了统一零部件标准、产品生产标准而达成协议，结成联盟[③]。这时，保护核心能力和学习的战略目标就退居次要地位，联盟的主要目标就是维持战略的灵活性和

[①] 陈菲琼. 基于合作与竞争的战略联盟稳定性分析管理世界[J]. 2007（07）：103.

[②] T. A. HEMPHILL. Cooperative strategy, technology innovation and competition policy in the United States and the European Union[J]. Technology analysis and strategy management, 2003, 15(1): 93-101.

[③] 朱青松. 企业战略联盟类型与影响探析[J]. 当代经济管理, 2006（4）：23-26.

创造附加值[1]。

竞争主导型合作战略是指同一行业或市场相近、竞争激烈的企业之间为了给新进入者设置进入壁垒、维持市场份额或避免打价格战而形成的，如价格联盟、市场垄断联盟等。这种合作战略竞争关系突出，合作关系脆弱，是为了避免过度竞争而进行的比较被动的合作，并非为了创造更广泛的价值空间，有时也违背了市场规律。在这种合作关系中，企业力求最大化地学习对方的特异能力，而尽力保护自身的核心资源和能力，即隐性知识[2]。竞争使各公司为自身的特异能力设置障碍，使合作变得困难，双方倾向于把关系发展为零和博弈。因而，对隐性知识的保护和隔离成为影响关系投入的主要因素[3]。

合作主导型合作战略是指在研发、生产、经营等领域中存在密切关系的企业，为了开拓新的价值空间和获取更大的市场份额，通过优势互补、资源协同而结成的共生共赢的合作形式。这种合作战略成员之间合作意愿强烈、合作持久而紧密，合资、相互持股、研发协议、定牌生产、知识联盟等就属于这种战略形式。在这种形式中，企业之间依赖性高，任何一方的"背叛"都会给合作方带来重大的损失，而合作企业之间长期形成的信任、承诺等关系资本会使背叛者付出巨大的成本和遭受针锋相对的"报复"，因此能最大程度地降低机会主义行为，稳定性强，如微软和英特尔之间的合作就是合作主导型战略。在这一形式下，企业之间的互动水平较高，合作企业不是将保持灵活性和保护核心能力作为首选的战略目标，而是将相互学习作为首要任务[4]。在这种关系中，双方共同目标的实现比各自的利益最大化或者机会主义行为更加重要，双方追求正和博弈[5]。

竞合对等型合作战略是指企业之间形成既高度合作又高度竞争的合作关系。这种合作战略中，企业之间竞争与合作相互依存、相互促进、共同发展，竞争促进了合作，合作推动更高质量、更高层次的竞争。该战略分为几种情况：一是合作伙伴企业之间在一定的领域或市场中为了共同的利益保持高度合作关系，而在其他领域或市场又保持高度竞争，如日本三大公司——松下、索尼与日立联盟，共同生产与高清晰电视机相容的统一制式盒带式录像机，而后三家公司便展开市场份额的竞争；通用汽车公司与沃尔沃公司在美国实行联盟，建立重型卡车合资企业，这两家企业在别的市场中仍进行竞争[6]；二是在价值链的一些阶段合作，而在其他阶段则成为潜在的竞争对手，如在研发阶段合作，在生产、销售阶段竞争，如 IBM 与西门子公司的合作，在联盟内部集中于知识与技术的创新，并在芯片设计、制造和测试等方面共享新技术，但在其他方面仍保持竞争关系[7]；三是合作拓宽既有市场，相对于竞争狭小的市场而言，企业都从合作中得到了更多的利益。四是企业之间联合制定产业、行业标准或与实力强大的企业进行谈判，抵御其他垄断标准或增加谈判筹码，争取扩大联合利益，如航空公司的竞争对手在向飞机制造商订购飞机时就会站到联盟的队伍中去；通信行业的巨头

---

[1] 李新春. 企业联盟与网络[M]. 广州：广东人民出版社，2000：2.
[2] KALE P, SINGH H, PERLMUTTER H. Learning and protection of proprietary assets in strategic alliances: building relational capital[J]. Strategic management journal, 2000, 21(3): 217-238.
[3] 徐亮，张宗益，龙勇. 竞争性企业间合作关系研究[J]. 科学学与科学技术管理，2007（02）：148.
[4] 李新春. 企业联盟与网络[M]. 广州：广东人民出版社，2000：28.
[5] BRANDENBURGER A M, NALEBUFF B J. The right game use game theory to shape strategy[J]. Harvard business review, 1995, 73(4): 57-71.
[6] 朱青松. 企业战略联盟类型与影响探析[J]. 当代经济管理，2006（04）：25.
[7] 雷银生. 企业战略管理教程[M]. 北京：清华大学出版社，2006：14.

们在行业标准的抢夺上，结成不同的合作阵营，如在制定 TDMA 数字移动电话标准时，欧洲的通信公司包括德国的西门子、芬兰的诺基亚等大的跨国公司以合作求竞争，共同推广 GSM 标准，打败了日本公司的标准。为了分散产品研发的技术风险和成本，竞争对手们往往实施合作策略，共渡难关[①]。

四种合作战略形式的比较如表 6-4 所示。

表 6-4　各种战略合作形式中战略目标和特征的重要性/程度

目标（特征）	合作战略类型			
	松　散　型	竞争主导型	合作主导型	竞合对等型
公共收益	Ж	0	ЖЖЖЖ	ЖЖЖ
私有收益	Ж	ЖЖЖЖ	ЖЖЖ	ЖЖЖ
保持灵活性	ЖЖЖ	Ж	ЖЖ	ЖЖЖЖ
增加附加值	ЖЖЖЖ	Ж	ЖЖЖ	ЖЖ
保护核心能力	ЖЖ	ЖЖЖЖ	Ж	ЖЖЖ
组织学习	Ж	ЖЖЖ	ЖЖЖЖ	ЖЖ
依赖程度	Ж	Ж	ЖЖЖЖ	ЖЖЖ

注："Ж"表示程度或重要性大小："ЖЖЖЖ"表示非常重要/非常高，"ЖЖЖ"表示重要/高，"ЖЖ"表示一般，"Ж"表示不重要/低。

2. 合作战略的主要形式：战略联盟

战略联盟（strategic alliance）是企业间合作战略的主要表现形式，构建战略联盟是企业战略设计的重要趋势，本书将对战略联盟进行深入分析。

1）战略联盟的定义

战略联盟最早是由美国数字设备公司总裁简·霍普兰德和管理学家罗杰·奈格尔提出的，随即在理论界和实业界引起巨大的反响[②]。20 世纪 80 年代以来，战略联盟这种形式在世界范围内迅速涌现。

国内外关于战略联盟的理论主要有战略管理理论、交易成本理论、资源基础理论、资源依赖理论、组织学习理论等。关于战略联盟的定义林林总总，各国学者分别从资源角度、组织角度、股权角度、契约角度和组织行为角度等给出了各种定义。因为战略联盟本身具有复杂性、动态性和开放性的特点，想要给出一个非常精确的定义非常困难。综合学者们的观点，我们认为，战略联盟是介于市场交易与企业一体化之间的一种柔性组织，是两个或两个以上的企业为了获取持续的竞争优势，而在一致的战略目标下通过正式或非正式的契约联合起来，实现资源共享、优势互补、风险共担、要素水平双向或多向流动的一种较为稳固的合作伙伴关系，联盟各方在既竞争又合作中达到共赢。

战略联盟是市场与企业间的中间组织形态，它不同于传统的科层组织，是一种具有战略柔性和开放性的新的组织形式。它不仅是一般市场交易中的合作，而且是关系企业战略发展和核心能力的合作；联盟各方是为了获得持续的竞争优势而基于"长期愿景"结成的一种合作伙伴关系，并不仅谋求短期或局部利益；联盟各方除了依靠市场/价格、股权制度、契约/协议等"硬约束"实现合作，还依靠信任、承诺等"软约束"进行合作；联盟各方在投入自

[①] 钱言. 基于生态位理论的企业间关系优化研究[D]. 上海：同济大学，2007.
[②] 张毅. 企业战略联盟的组织形态演进[J]. 商业研究，2005（24）：1.

身资源构建联盟的同时,保持自身的独立性和平等性;联盟各方的合作机制主要通过契约、股权或某些法律规范、行业规范来实现;联盟不仅体现为合作,而且是还有竞争,联盟各方可能在某些领域进行合作,而在其他领域又展开竞争。

由图 6-5 可以看出,随着企业组织规模的扩大和组织的成熟,管理层关注的重点从起初的生产、销售转向联合和革新,战略联盟成为企业实现高阶段成长、化解危机的重要途径。

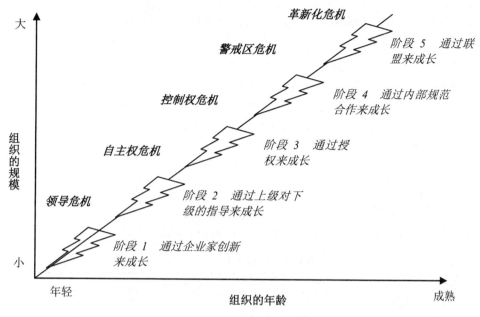

图 6-5 战略联盟的途径①

2)战略联盟与竞争战略、并购战略的关系

(1)战略联盟与竞争战略的关系。二者是矛盾的对立统一体,相互依存、相互促进,没有竞争就没有合作,反之亦然。竞争是合作中的竞争,通过合作实现效益更好、效率更高的竞争;合作是带有竞争的合作,这样才能共生共赢。具体来说,竞争战略是以具有战略刚性和科层结构的企业为基本单位的竞争主体,而威廉姆森在论文《交易费用的经济学:契约关系的规则》中认为,竞争战略是"中间规制结构",是一种不稳定的组织形式,能够通过节约纯粹市场交易中的各种交易费用来提升企业制度竞争力②。战略联盟正是这样一种处于企业和市场之间的中间组织,具有战略柔性;竞争战略强调价值的创造发生在企业内部,企业之间的合作影响了价值的分配,而合作战略认为价值的源泉和优良的绩效源于企业之间的互相依赖的结构③;竞争的结果是"零和博弈",一方的获益必然伴随着另一方的损失,而合作的结果是"正和博弈",一方的成功也意味着合作者的利益增加;竞争战略的目标主要是使企业获得预期的私人利益,而合作战略表现出对公共利益和私人利益的追求,在努力维护自身私人利益的同时,又通过联盟来拓展新的价值空间,共享联盟创造的新的利益。总之,现代企业必须处理好竞争与合作的关系,在认识到各种竞争关系的同时,把战略发展的重点转

---

① 孙树杰. 牛津新战略教程[M]. 北京:人民邮电出版社,2005:131.
② 王淼. 企业的适应性战略[M]. 北京:经济管理出版社,2004:135.
③ DAGNINO G B, PADULA G. Coopetition strategy: a new kind of interfirm dynamics for value creation[J]. The European academy of management second annual conference-innovative research in management, 2002(5): 9-11.

移到充分挖掘、发展、利用各种合作关系上来，这样才能赢得企业独特的竞争优势。

（2）战略联盟与并购战略的关系。从企业地位看，战略联盟中的企业地位平等、相互扶持，在主要领域保持独立运作，而按照博弈论的观点，实力不等的企业间的关系是一种博弈，实力强大的企业的最佳战略是不合作，因此并购就是企业间强弱竞争关系的结果，最后经过全方位融合，成为一个新组织；从资源整合利用角度看，战略联盟能够根据形势迅速整合利用其他企业的资源，但这种资源具有不稳定性和暂时性，而并购战略可能在获取所需资源的同时也获取了冗余资源，但所获得的资源具有稳定性和长期性；在组织效率方面，战略联盟效率高、成本低、风险小、管理灵活，更容易抓住市场机遇，而并购的成本高、效率低、时间长、管理复杂，而且经过复杂的整合之后，企业原来所寻求的机遇可能已经失去；从组织学习的角度看，并购是内部学习为主，而战略联盟是外部学习为主；从经营风险来看，战略联盟的成员间是一种不完全契约行为，可能因为信息不对称和权益不能完全清晰界定，产生机会主义行为和核心技术溢出等风险；而并购主要是人员整合、管理整合和文化整合，有很大的难度；从管理沟通角度看，并购主要是通过内部公司治理，而战略联盟则主要是通过沟通和协议；从组织形式看，并购主要是合并、重组、兼并等，而联盟则主要是战略伙伴型、协议型、股权型。

3）战略联盟的类型

本书根据学者们不同的研究视角，对战略联盟的类型进行了整理，如表6-5所示。

表6-5 战略联盟的主要分类

研究的视角	战略类型
治理结构	股权式（合资、相互持股）、契约式（研发协议、定牌生产、特许经营、市场推广或分销协议、合作营销）
价值链的角度	横向、纵向、混合
合作的正式程度	实体联盟、虚拟联盟

下面对其中的主要战略类型加以介绍。

（1）从治理结构看，战略联盟分为股权式和契约式两种。股权式战略联盟包括合资与相互持股投资等。合资是指两家或多家公司间共同出资、利润共享、风险共担，组建新企业进入新的市场领域，如联合利华就是20世纪20年代由英荷合资组建的公司；相互持股投资是指合作方相互持有股份，与合资公司不同，相互持股没有成立新公司，合作方保持相对的独立性，一般不涉及资产和人员的组合。

契约式战略联盟包括研发协议、定牌生产、特许经营、市场推广或分销协议以及合作营销等。研发协议是为了打入目标市场、开拓新的经营领域，由合作方制定研发新技术、新产品的协议，协议规定各方的资源投入、运行机制、责任义务、效益分享、风险分担等内容。定牌生产是指当一个企业拥有著名品牌和商誉，但没有足够的生产条件和能力或不愿投入大量的固定资产来进行大规模生产时，其他管理基础和商品质量较好但产品的市场占有率不高的企业可以利用拥有的专用性资产为知名企业代工，并以该品牌进行产品销售。世界最大的微波炉生产商格兰仕就是年产一千五百多万台微波炉的小家电"巨人"，每年有六成的产品被贴上众多世界知名的微波炉商标，目前其产品已经占领了七成的国内市场和三成的国际市场份额[①]。特许经营是指拥有专利、专有技术、品牌形象等无形资产的企业，通过特许加盟

---

① 王方华. 企业战略管理[M]. 上海：复旦大学出版社，2006：371.

的形式让其他企业进行统一经营的合作形式，麦当劳就是一个成功的特许经营企业。市场推广或分销协议指在信息技术和经济一体化迅速发展，企业不可能在整个市场中独立建立完整的分销体系的情况下，联合其他具有分销优势和先进销售系统的企业进行销售，从而既扩大了市场，也扩大了品牌的影响力。瑞典的阿斯特拉公司是一家规模较小但研发能力较强的制药公司，多年都未能成功在美国市场立足，后来通过与美国最大的制药公司默克公司合作，由后者负责临床试验、注册登记和在美国市场销售产品，才得以成功打入美国市场并占据了很大份额[①]。合作营销也叫联合销售，是指两个以上的企业或品牌拥有不同的关键资源，而彼此的市场有某种程度的区分，它们交换或联合彼此的资源，合作开展营销活动，以创造竞争优势。例如，微软初出茅庐时就将"Windows"与久负盛名的个人计算机厂商 IBM 公司的电脑结合，实行联合营销。

（2）从价值链的角度看，占领联盟分为横向联盟、纵向联盟和混合联盟三种。横向联盟是指价值链上相同或相近价值增值环节的企业之间的合作，如生产联盟、研发联盟、联合销售等。由于具有资源同质和领域相近性，横向联盟易于获得规模经济优势。例如，美国石油公司与美孚石油公司于 1996 年的合作，双方共享输油管道、储油设备和加油站等，每年预计节约 5 亿美元，营业额也猛增到 200 亿美元[②]。

纵向联盟是指处于价值链或供应链上不同价值环节的企业之间的联盟，如生产商与供应商、销售商之间的联盟。实行纵向联盟的企业间具有核心资源的异质性和经营领域的差异性，因此能产生资源互补优势。

混合联盟是指处于不同行业、不同价值链上的企业之间的联盟。这种联盟主要是一些企业为了开辟新市场、开发新产品等而与目标市场的企业组建的联盟形式。例如，美容院可以与酒店联盟，借助酒店的良好声誉和影响力达到宣传自身的目的，同时，还可以分享其资源平台，吸纳新客源；而酒店也可以获取美容院的顾客资源，比如，持美容院的 VIP 卡可以在合作酒店享受 8 折优惠；而持酒店的 VIP 卡可在美容院享受 7 折优惠。

4）战略联盟的特点

战略联盟是企业组织领域的创新，与传统的企业组织相比具有许多新的特点，具体表现在以下几个方面。

（1）从组织角度看，具有边界模糊性和组织松散性的特点。

① 边界模糊性。战略联盟是不同企业组成的战略共同体，既有同行业内部的合作，也有不同行业之间的合作，在不同的时期，合作的内容和程度也会有差异，因此战略联盟超越了单个企业内部的层级和边界，没有固定的边界和模式，甚至有些公司因为日益增多的合作关系，已经很难归入某个特定产业。

② 组织松散性。战略联盟的各方主要依靠契约或协议进行管理，而且主要就合作的领域进行管理和控制，既有长期合作，也有短期合作，合作各方的关系并不非常正式，可以随时因为市场机遇的出现而联合，也可以因为目标的完成而解体并组建新的联盟，这与企业内部各职能部门和业务单元之间较刚性的管理模式有所不同，因此体现出较强的组织松散性。虚拟联盟、网络组织的发展更是体现了这一特点。

（2）从相互关系看，具有战略一致性、合作竞争性、地位平等性和相对独立性的特点。

---

① 陈继祥. 战略管理[M]. 上海：上海交大出版社，2004：341.
② 陈继祥. 战略管理[M]. 上海：上海交大出版社，2004：341.

① 战略一致性。体现在企业寻求合作的对象、领域与自身的长远发展和核心能力的提升具有一致性，企业间资源、核心优势、品牌的互补与协作，都是为了提升企业的核心竞争力和战略适应能力，而不是盲目合作。在战略目标的指引下，各方才能贡献核心资源，才能捕捉重要的市场机遇。如果企业之间的战略目标不一致，就会影响合作的效果甚至导致失败。

② 合作竞争性。战略联盟中的合作并不是单纯地强调合作，而是指在竞争基础上的合作，在某些环节合作，在某些环节又竞争，是一种竞合关系。合作是暂时的、表面的，竞争是长远的、深入的。同行业竞争企业之间的合作会带来规模经济，不同行业间的企业在合作中也有博弈，从而在竞争中发展，在发展中竞争。这种现代概念的合作过程并未弱化竞争，而是在动态的合作中产生了新型竞争者，构筑了新的行业体系，创造了新的竞争类型。这种竞争类型就是合作竞争[①]。合作与竞争是同等重要的，二者力量的失衡会导致联盟的不稳定，只有平衡这两种资源配置方式在联盟中的作用，才能使联盟既有凝聚力又有活力，从而创造出胜人一筹的经济租金[②]。合作竞争超越了传统的市场竞争模式，通过合作开拓新的市场空间和新的价值空间。

③ 地位平等性。现代的企业合作是依据协议贡献资源或资本，在相互信任、优势互补、共生共赢基础上的一种平等的合作关系。企业间合作的这种地位不会因资本和资源的多少受到影响，而主要体现在合作方贡献的具有重要战略作用的异质性资源，这种资源能帮助企业提升核心能力和把握重要的市场机遇。

④ 相对独立性。合作联盟的各方虽然共同投入资源和有形、无形资产，但还会在各自领域内保持相对独立性，在合作关系上体现出平等性、独立性，在某些环节上体现出竞争性。正是因为这种相对独立性的存在，才使得合作组织和网络间能充分利用对方的资源，保持合作的稳定性和持续性。

（3）从合作范围看，具有范围广泛性的特点。从合作的对象来看，合作已不限于两个企业，也不限于某个行业内部，可能是价值链上不同企业、企业与高校和研究机构的合作，还可以是虚拟企业与现实企业的合作，从而形成一个合作网络；从合作的领域来看，可以是价值链上某个环节的合作，也可以是全方位的合作；从合作的资源看，既有有形资源的合作，也有无形资源的合作。例如，韩国三星公司与日本企业合作进入轿车市场，与中国航天公司合作进入喷气式飞机市场，与美国微软公司合作进入多媒体市场，构建了合作网络，体现了合作的广泛性。

（4）从管理角度看，有管理复杂性、机动灵活性的特点。

① 管理复杂性。企业联盟具有边界模糊性和动态性，企业之间的文化冲突，项目小组之间以及不同制度之间、高层之间存在的冲突和矛盾会使管理过程难以控制，而且市场条件的变化也会给企业合作带来难以预测的影响，从而使对合作的管理具有一定的复杂性。

② 机动灵活性。企业之间的合作具有组织松散性，所以各企业能摆脱刚性体制的束缚，在战略决策、制定协议、合作领域、运行机制和战略调整等方面都体现出灵活性的特点，双方合作时不一定需要建立复杂的管理机构或投入大量的资本，易于组建和解散，降低了退出成本和转换成本。虚拟合作组织因为其组建方式为网络更加体现出这个特点。

（5）从合作成效看，具有利益共享性和协同高效性的特点。

[①] 本杰明·古莫斯·卡瑟尔斯. 竞争的革命：企业战略联盟[M]. 邱建, 吴镝, 译. 广州：中山大学出版社, 2000：2.
[②] 陈菲琼. 基于合作与竞争的战略联盟稳定性分析[J]. 管理世界, 2007（07）：108.

① 利益共享性。合作企业之间根据协议和契约制定的规则,在贡献出资源的同时,共同拥有和分享取得的利润,这种利润的分享又促进了企业的进一步合作。

② 协同高效性。随着经济一体化和分工的日益深化,单凭企业自身的能力无法在整个领域或市场建立竞争优势。在合作网络中,合作方都会把优势资源投入到合作共同体的创建中,发挥各自的核心优势,推动合作战略的发展。合作共同体能发挥整体效益和协同效应,完成单个企业无法完成的复杂的、高难度的重大任务。

5)战略联盟的优势

(1)获取稀缺资源,优化资源配置。企业的资源越来越稀缺,而通过不完备的市场来获取资源有时是无效的、失灵的,而且企业的很多资源都是嵌入组织内部的,如各种知识、经验和专用技能往往难以与组织剥离,更难以通过市场交换获取,同时,购买和使用其他企业的专利技术等又受到较多钳制,因此,单个企业获得稀缺资源的成本和代价是高昂的。通过合作可以避免更加激烈的对抗和竞争,减少由于对抗而产生的资源浪费和成本攀升,这些成本和资源会产生显著的经济效益,此外,企业之间还可以实现技术与资源的互补,从而实现配置最优化和利用效率最大化,从而取得较高的垄断利润。

(2)开拓新的市场空间。如果企业想进入一个具有竞争壁垒的领域,则可以采取与该领域的企业合作的方式;如果企业发现一个新机遇,但自身条件和资源尚不支持它抓住该机遇,则可以通过选择具备条件的企业进行合作,共同开拓新市场,进入新的业务领域。

(3)提升核心竞争力。当今市场上的激烈竞争迫使企业都将资源集中于最有竞争优势的领域,但通过单项核心能力取得竞争优势变得十分困难,同时,单凭企业自身也难以保持和提升这种核心竞争力。通过企业间的合作,能实现资源和优势互补,还可以通过诸如外包战略等合作形式,将非核心业务外包,在发挥各自的专业化优势的同时降低管理的复杂性,集中资源和能力发展核心业务,提升核心竞争力。

(4)降低交易成本,分担经营风险。科斯在《企业的性质》中提出,企业的层级管理是对市场机制的代替,合作则是企业在市场交易成本与企业管理成本之间的博弈,为人们利用交易成本理论分析企业之间的合作行为提供了理论基础[①]。从威廉姆森的交易费用决定理论看,战略联盟的建立将促进联盟伙伴之间的"组织学习",从而提高双方对不确定性的认知能力,减少因交易主体的"有限理性"而产生的各种交易费用[②]。战略联盟是介于企业与市场之间的一种中间交易形式,因此创建了一种制度优势,作为一种新的制度安排,企业间的合作降低了市场交易成本、信息搜寻成本、讨价还价成本、谈判签约成本、监督和违约成本,在合作中形成的关系资本也有效地降低了协调成本、减少了共享价值活动中的妥协成本、避免了僵化成本,又可以由于组织规模非扩大化而降低组织成本。同时,研发型、品牌型企业往往凭借自身强大的研发力量和卓越的品牌形象,与劳动力成本低的劳动密集型企业合作,大大降低生产成本,如耐克就把运动鞋的生产工厂放在中国。从避让风险的角度看,合作方之间的信任、承诺以及专用资产的投资减少了各种履约风险和机会主义风险,合作研发降低了研发成本和开发新产品的风险,企业管理层之间相互参与管理、参与决策和信息反馈等降低了企业孤军奋斗的风险。

(5)获取规模经济效益。规模经济的概念起源于美国,是在产业经济学家张伯伦、马歇

---

① R H COASE. The nature of the firm[J]. Economica, 1937: 28-35.
② 陈继祥. 战略管理[M]. 上海:上海人民出版社,2003: 33.

尔、贝恩等将其不断完善的基础上形成的[①]。规模经济是指随着产量的增加、生产规模的扩大，使产品的单位成本下降。规模经济分为内部和外部两种，内部规模经济主要指单个企业生产单一品种的过程中，随着生产规模的增加，降低了单位产品生产或经营的成本而带来的经济性；外部规模经济指企业通过生产链或价值链向外部延伸，与其他企业进行合作而促进资源协同、生产规模扩大而带来的经济性。随着内部价值空间的挖掘已经接近极限以及经济一体化的迅速发展，单纯依靠企业内部的力量已经难以获得和保持竞争优势，因此企业通过与外部企业合作，能够最大限度地利用合作企业的资源形成协同优势，而无须通过设备和组织的扩张就可以实现高效而低成本地研发、生产并扩大市场份额。在利用其他企业的资源发挥协同优势、提高市场份额的同时，企业在合作过程中也不断创新，采用新技术、研发新产品，从而降低了长期平均生产成本，实现了规模基础上的效益递增。

（6）获取关系资本，实现长远关系性租金。关系资本（relational capital）是指建立在相互信任、友好、承诺等基础上的联盟成员所专有的独特性关系资源[②]。通过联盟形成的关系资本能够为联盟伙伴带来其他企业无法复制和模仿的竞争优势，是创造性关系租金的核心要素。关系资本来源于关系交换，这种交换是以有形资源、无形资源的交换为基础的，是一个长期持久的过程，信任、情感和承诺这些无形资源是这种关系资本的核心要素。企业在战略联盟中拥有了独特的伙伴关系资源，成为其所占有的关系资本，并得到从中而来的关系性租金。由于相互信任以及继续留在合作网络中的愿望，合作成员的机会主义倾向会降到最低，因此，关系资本能有效消除联盟中的机会主义行为并获取长远利益。根据经济学理论，无论企业什么时候拥有稀缺而异质的资源，都会获得帕累托租金（Pareto rents）或李嘉图租金（Ricardian rents）。在战略联盟中，关系资本是企业拥有的特质和无形资源，建立在长期合作与信任的基础上，"独立性机制"和"资源位势障碍"是租金来源完全不能仿制或难以仿制的原因[③]。联盟伙伴关系资本自然附有的排他性、模仿者的认知限制、时间劣势、独特的沟通方式、文化的融合性等增强了仿效的难度；而且，关系资本的形成可以使企业参与到更大的关系网络中，类似于"滚雪球"现象，借助合作方的关系拥有更多的无形资源，推动企业形象和声誉的提升，使联盟合作者获得独特和倍增的关系性租金。

（7）促进知识共享，有利于企业创新。知识共享是指在感知交易各方特定信息和诀窍的基础上，经过学习、吸引、融合和创新改善原有知识的价值，形成新的战略知识的过程，它强调对知识的学习和能力的获取[④]。知识、经验因为市场失灵、信息不对称、知识产权保护等原因，交易成本昂贵，难以通过市场机制进行交换和购买。此外，隐性知识存在于个人、团队和组织的特殊技能和协作关系之中，内化于组织或团体内部规范、决策程序和组织文化之中，具有无形性、整体性、转移难、转移成本高、路径依赖强等特性，同时，传统的企业边界对隐性知识的传递和分享也会产生强大的阻碍。战略联盟正是破解这种边界阻碍、有效促进知识，特别是隐性知识转移的最佳形式。战略联盟具有信任、承诺和资源互补的特征，汉森认为信任和相互交换促进了公司间的深度接触和相互了解，提高了隐性知识转移的效率。[⑤]合

[①] 毛蕴诗，李新家，彭清华. 企业集团：扩展动因、模式与案例[M]. 广州：广东人民出版社，2000：58-97.
[②] 常荔. 论基于企业战略联盟的关系资本的形成[J]. 外国经济与管理，2002（07）：29.
[③] 董俊武. 从关系资本理论看战略联盟的伙伴关系管理[J]. 财经科学，2003（05）：83.
[④] 王淼. 企业的适应性战略[M]. 北京：经济管理出版社，2004：142.
[⑤] HANSEN M T. Gargiulo. The searh-transfer problem: the role of weak ties in sharing knowledge across organization subunits[J]. Admin.sci.quart. 1999(44): 82-111.

作企业间通过一定的规则和方式，如项目团队、合作研发等途径，有效地发挥学习效应和经验曲线的功能，各方都要贡献出知识与经验，提高组织学习的能力和水平，从而促进了技术扩散和知识扩散，增加了合作企业间的经验积累和知识储备量，也增加了社会的知识积累；同时，知识联盟不仅使企业学习到了合作方的新知识和能力，还有利于产生新交叉知识、新专业能力和研发出新产品，推动创新氛围的形成和创新成果的产出。这种新的产出不仅避免了合作方之间在产品、技术领域的竞争，还打开了新的市场。梅利莎·A.席林通过对分布于11个高科技工业水平制造业、3663个联盟中的1106家公司进行实证分析发现，如果一个公司参与到一个集群或联盟网络中，会比那些没有展示这些特征的网络中的公司获得更高的专利水平，表现出更好的知识创造能力，从而也实现了协作带来的创新效益[①]。同时，供应链企业之间的合作能使企业之间相互吸收对方富有创意的、针对性强的建议，而这些建议多来自市场和企业需求，并会推动新产品的出现。

（8）获得协同效应。按照系统论和协同论的观点，系统的功能并不是各要素功能的简单叠加，而是整体（母系统）的属性与功能大于各孤立部分（子系统）功能的总和。正如恩格斯所说："许多人协作，许多力量融合为一个总的力量，用马克思的话来说，就造成'新的力量'，这种新的力量与它的一个个力量的总和有本质的差别。"[②]企业间合作建立在组织适应性，即企业间的互补性与一致性的基础上，这种适应性能够有效实现资源和优势协同，能显著降低资产投入的成本、信息搜寻的成本、产品的单位成本等，促使资源、技术的互补和功能的放大，产生新的力量、新的创造性和显著的规模效应。

（9）形成行业壁垒，缓解激烈竞争。同行业内部的企业或供应链、价值链上的企业实行合作战略，能有效防止新竞争对手的进入。通过契约、协议或承诺等建立的合作关系具有很强的"排他性"，从而形成行业壁垒，避免或缓解竞争的加剧。此外，在供应链和价值链上的企业合作能提高生产的效率、减少库存成本和交易成本，如耐克、戴尔都是通过与供应链上的企业合作而成为行业中的佼佼者。

6）战略联盟的风险

战略联盟是具有一定松散性、战略柔性的中间组织，在运行过程中不可避免地具有风险性，致使战略联盟的失败率一直居高不下。除了面临财务风险、市场风险、环境变化风险等，战略联盟的风险主要表现在以下9个方面。

（1）缺乏战略一致性。联盟合作各方在合作前就需要通过一定的机制确定共同的目标，这样才能在"共同愿景"的指引下，合理配置联盟各方的资源以实现竞争优势。而在实际合作中，有的联盟合作方依然只关注自身目标，忽略了联盟总体战略目标，导致资源分散，甚至使原有资源和核心优势"衰竭"，直接影响联盟的稳定性。

（2）机会主义风险。威廉姆森在分析交易成本时，提出了有限理性（bounded rationality）和机会主义（opportunism）两个假定。他认为，在现实市场条件下，人们因为信息的缺乏和市场的不确定性难以做出理性的选择和判断，信息充足、条件有利的一方会利用这种优势投机和欺诈他人，导致交易成本的增加和利益分配的失衡。具有不同资源和核心优势的联盟成员，不能完全清晰界定其权益分配，而且成员之间可能产生阶段的目标差异和文化差异，甚

---

① MELISSA A SCHILLING. Interfirm collaboration networks: the impact of large-scale network structure on firm innovation[J]. Management science, 2007(7): 1113-1126.
② 马克思，恩格斯. 马克思恩格斯选集：第三卷[M]. 北京：人民出版社，1972：166.

至产生冲突,很难培养和形成信任与承诺,同时,联盟中存在公共利益和私有利益的冲突和"搭便车"行为,这种冲突使企业可能通过机会主义实现自身利益最大化而损害伙伴利益[①]。企业担心如果自身采取合作态度,而对方会采取机会主义行为侵害自身利益,因此会陷入"囚徒困境"而导致不合作,由此严重影响联盟效率。

(3)道德风险和逆向选择。由于企业在合作过程中的有限理性、信息不对称、有意的误导、掩盖真相等,使得合作方无法全面真实地了解和评估对方的实际能力,从而出现道德风险和逆向选择等行为。道德风险是指企业利用信息不对称和其他误导手段,降低自己的专用性资产投入、人员投入或技术投入,从而以较小的成本投入获取较大的利益,这实质上损害了其他合作方的利益。逆向选择是指由于缺乏对真实信息的掌握,致使合作方中综合实力较差、贡献率较低的企业成为合作的主体,导致合作的效率和质量降低。

(4)信誉风险。信誉不仅代表了过去的企业商誉和形象,同时也反映了未来的预期收益和隐性收益,因此信誉不仅是社会学领域的范畴,更是经济学领域的范畴。信誉在给企业带来收益的同时,也在无形中提升了合作伙伴的声誉,因此,信誉是企业合作的重要参考。有着良好信誉的企业更容易找到合作方并进行真诚的合作,而经常欺诈和背叛的企业会受到其他企业的排挤和报复。在战略联盟中,有的企业因为追求一时的利益或评估不足而选择与信誉差的企业合作,既影响了自身声誉,同时失去了与真正具有良好信誉的企业合作的机会,反而损害了长远利益。因而,选择合作对象时应该深入评估对方的信誉状况。

(5)缺乏文化兼容性。联盟文化是企业合作的"润滑剂",同时也为知识转移、联盟技术创新创造了良好的条件。文化兼容性不仅指企业文化、观念和核心价值观的相近性,还指对不同企业文化的融合性、包容性。在选择合作伙伴时,如果缺乏科学合理的评估,联盟企业间的文化、核心价值观差异过大或根本无法包容,就会导致管理和经营上的各种冲突,影响联盟合作的质量,因此应该在联盟中注重推进联盟文化的塑造。

(6)冲突风险。联盟合作方之间由于存在目标差异、信息不对称、利益分配失衡和机会主义等风险,会带来各种矛盾和冲突。这些冲突主要有根本性冲突(动机冲突)、契机性冲突(技术冲突、过程冲突和学习冲突)、复杂性冲突(组织冲突)[②],必须科学分析这些冲突的危害和效益,对于带有破坏性的根本性冲突和复杂性冲突要建立预防和协调机制,而对于破坏性和建设性共存的契机性冲突要加强引导,以使契机性冲突向有利于联盟建设和提高合作效益的方向转化。

(7)培养竞争对手的风险。联盟企业之间的合作更倾向于组成知识联盟、研发联盟,提升创新能力以获取竞争优势。从合作的角度出发,各方在贡献资源、能力的同时,也希望对方分享知识,开展"学习竞赛";从竞争的角度看,现代企业的竞争从有形资源、产品的竞争转向无形资源、核心能力的竞争,因此合作企业各方又会尽力保护自己的知识、技术和能力以避免外溢。这种"学习"与"保护"之间的博弈使企业在"竞赛"中成长,同时也培养了其他企业的"学习能力",从而在价值链上可能产生潜在的竞争对手。

(8)依赖风险。战略联盟各方会在合作中相互依存、共生共赢,但同时保持着地位平等、相互独立,这样才能贡献自己的资源并保证联盟的稳定。但企业之间的依存关系可能使某些

---

① DAS T K, TENG B S. A resource-based theory of strategic alliance[J]. Journal of management, 2000, 26(1), 31-61.
② 郑楠,杜跃平. 合作创新联盟伙伴冲突成因与冲突管理策略的探讨[J]. 华东经济管理,2005(09):110.

企业走向另一个极端,即对其他企业的关键资源、技术或能力形成长期依赖,忽视自身学习能力和创新能力的培养,从而陷入一种依赖状态。一旦被依赖的企业采取机会主义行为或发生背叛时,往往会给依赖企业造成致命的打击。

(9)套牢风险。战略合作必然伴随着资源和资本的投入,那些投入到特定合作领域的专用资产,其功能和使用空间都较为狭窄,很难转移到其他领域或实现其他功能,因此以专用资产投资越高,就意味着由此可能产生的沉没成本(sunk costs)越高,甚至可能形成"套牢"效应(hold-up)。当合作的目标、领域、市场变化或发生违约行为时,专用资产的投资带来的损失将是巨大的。在这种情况下,除了对契约、协议进行动态调整外,进行专用资产投资的企业还可以向合伙企业索要抵押品,或者要求对方在另一合作领域投放专用资产,同时,也可以通过双方的合作来建立信用承诺关系,从而建立起长期的信任。

7)战略联盟的适用条件

(1)从进入新领域的角度看,前景好的新领域,研发价值、创新度高的新产品会带来巨大的盈利能力和市场空间,但可能对企业产品的时效性要求高、风险大,需要投入大量的成本和专用资产。各具优势的企业联合在一起,不仅能发挥战略联盟"灵活机动,运作高效,组建迅速"的优势,及时捕捉市场机遇,而且能发挥各自的核心优势,提高专用资产的使用效率,显著减低资金风险、研发风险和专用资产的沉没风险。

(2)从合作伙伴角度看,有关研究显示,联盟失败多数情况下是源于伙伴选择失误或伙伴关系问题(见图6-6①),因此合作伙伴的选择是决定联盟成功实现目标的关键。

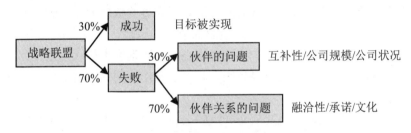

图6-6 战略联盟失败的原因

选择战略联盟的合作伙伴时应考虑以下4点。

① 具有战略一致性。联盟各方是建立在长期愿景一致、长远利益协同基础上的合作,只有在相适应或相容的组织体系、战略协调行为下,才能实现资源协同、优势互补。

② 具有资源互补性。异质资源能产生互补性,同质资源会产生规模效应和范围效应,这种资源的协同不仅提高了资源的使用效率,而且使结合而成的新资源变得稀缺、难以模仿、不能分割。各方的这种优势、能力和资源差异不应过大,以免引起力量的失衡,反而破坏了协同性。

③ 合作方应有较好的信誉和合作的背景。只有建立在相互信任和长期承诺的基础上,才能最大限度地降低机会主义风险,并通过建立良好的关系资本使各方受益。

④ 企业文化的融合性。文化的融合对于联盟的治理、人员的整合、目标的达成具有重要影响。联盟企业间应该具有良好的文化兼容性、融合性和互补性,能够有效减少成员冲突和管理成本,增强各方的沟通,同时也培养信任机制,有助于形成学习型、创新型联盟。

---

① 董俊武. 从关系资本理论看战略联盟的伙伴关系管理[J]. 财经科学, 2003(5): 81.

（3）从竞争角度看，两家或多家小公司，难以同大公司竞争，为了摆脱大公司的"钳制"，可以实施联盟战略来扩大市场，寻求规模经济效益和范围经济效益。

8）战略联盟实施过程的误区

埃森哲公司的调查发现，49%的公司认为它们的联盟无法达到预期的效果[1]，而导致联盟失败的原因既有外部市场的变化、机会主义风险等，还有企业自身的原因。科学分析企业可能陷入的误区并采取有效的规避措施，才能真正实现战略联盟的预期目标。

（1）过分强调合作或竞争。战略联盟本身就是在合作中取得竞争优势，因此过分强调竞争或合作都会导致联盟力量的失衡，使联盟的稳定性受到威胁。一方面，过分强调合作会使合作方通过"学习竞赛"等途径学习本企业的核心能力，导致自身优势丧失，却培养出强大的竞争对手，同时，容易养成对合作方的依赖心理，忽视自身核心能力的发展。另一方面，如果过分强调竞争，则会分散联盟资源，降低专用资产投入的数量和质量，降低凝聚力、信任、承诺和联盟各方的关系资本，使得"道德风险""套牢"等机会主义倾向增加，联盟整体发展受阻。因此，在战略联盟中，合作各方的管理层应该对竞合有正确的认识，根据自身战略的发展和联盟契约，合理把握合作与竞争的"度"，使得竞争和合作这一对张力能平衡协调，从而推动企业长远发展。

（2）过度看重与大公司的合作。许多小企业会因为看重大公司、跨国集团的声誉、品牌、稳定的市场、独特的管理经验或出于"搭便车"的考虑等，而愿意与大公司合作，许多大公司也会对联盟中的小公司给予必要的支持与指导。然而，很多小公司因为自身学习能力、管理经验和资源的缺乏，可能会对实力强大的合作者形成过度依赖的心理和局面，一旦联盟解体或市场剧变等情况发生，这些小公司就会面临很大的风险，或者会被大公司"鲸吞"。因此，在联盟中，小公司必须发展和保护自身的核心能力，正确进行联盟定位，注重学习能力的培养和知识的整合，在学习经验、提高能力和寻求合作的同时，避免形成过度依赖合作者的局面。

（3）忽略了联盟过程治理。组建战略联盟的出发点之一是为了迅速整合资源，捕捉宝贵的市场机遇、开辟新市场或研发新技术，而同时，战略联盟会因为合作各方的管理方式、核心优势、人员、企业文化等方面存在差异而导致"内部冲突"，此外，联盟会因为市场环境、顾客偏好等的变化而产生"外部冲突"。因此，战略联盟成立后并不是一劳永逸的，也未必能获得长期持续的合作性租金。战略联盟组建好后，更重要的是进行联盟的动态治理和调控，这同时也是一个不断"纠偏"的过程，能有效调整和纠正联盟组建前的失误，因此必须根据内部和外部情况的变化，及时、动态地调整合作的目标、内容和方式，在联盟过程中建立"沟通"机制，在冲突较大时进行必要的谈判以达成共识。

（4）合作伙伴选择上的失误。有的企业为了短期利益，而未能考虑联盟目标与自身发展战略的一致性、合作伙伴的匹配性，包括信誉、适应性、互补性、协同性、文化差异性和企业高层和谐性等因素，盲目选择与大公司或知名公司合作，盲目依靠合作方进入前景暗淡的领域和市场。战略伙伴选择失误会给企业带来高昂的管理成本，产生较高的退出壁垒和失败风险。因此，在组建战略联盟前，必须对合作方和自身的战略目标、核心优势和互补效益进行科学合理的评估，审慎选择合作伙伴，以确定合作的必要性和可行性。

---

[1] 叶祥凤. 建立战略联盟的误区与对策分析[J]. 统计教育，2004（04）：46.

本章小结

1. 企业战略一般根据组织层次和目标的不同分为三级战略，即公司层战略（总体战略），业务层战略（经营单位战略），职能层战略（功能战略）。本章从公司层战略和业务层战略的角度对企业战略设计进行了介绍和分析。

2. 公司层战略主要包括专业化战略和多元化战略。专业化战略包括单一化战略、系列化战略和一体化战略；多元化战略包括相关多元化和非相关多元化战略。当企业需要发展多元化或一体化战略，并购是一种较普遍的战略选择，主要包括横向、纵向和混合并购，并购战略在带来优势的同时，也不可避免地带来战略风险。

3. 根据目标市场和竞争优势的不同，企业一般竞争战略可以分为成本领先、差异化和集中化战略。本章在介绍各种竞争战略的含义和类型的基础上，着重分析了各种战略的优势与风险、适用条件、实施误区与避让和战略途径选择等，以期为企业经营实践提供借鉴。

4. 企业的合作战略主要通过战略联盟这种形式表现出来，战略联盟成为企业实现高阶段成长、化解危机的重要途径。本章从竞合角度出发，深入分析了战略联盟的类型和特点，并从关系资本、知识共享等新视角探究了其优势，提出了适用条件及要求，强调了联盟治理的重要性。

5. "合作同竞争一样重要""以合作求竞争"等战略合作理念已经成为理论界和企业家的共识，现代企业应该自觉地把自己看作是一个组织生态系统的一部分，树立竞合的战略理念，选择适当的战略联盟形式，在竞争中合作，在合作中竞争，才能实现共生共赢，可持续发展。

关键概念

公司层战略（corporate-level strategy）　　多元化战略（diversification strategy）
相关多元化（related diversification strategy）
非相关多元化（unrelated diversification strategy）
合并（merger）　　收购（acquisition）
成本领先战略（cost leadership strategy）　　业务层战略（business-level strategy）
差异化战略（differentiation strategy）　　集中化战略（focus strategy）
合作战略（cooperative strategy）　　战略联盟（strategic alliance）
合资（joint ventures）　　相互持股投资（equity investments）
定牌生产（original equipment manufacturer）　　交易成本（transaction costs）
关系资本（relational capital）　　套牢效应（hold-up）

思考题

1. 企业多元化战略和并购战略的适用条件有哪些？
2. 企业一般竞争战略主要有哪些类型？各有什么优势和劣势？
3. 企业战略联盟与一般竞争战略有何不同？

4. 运用合作竞争的有关理论和经济学理论，分析战略联盟的优势和风险。

案例讨论

八年回首，三次反杀①

第一次反杀：浴火重生

个人计算机安全时代，我们当时还叫金山毒霸，同时代的竞争对手有瑞星、江民、卡巴斯基以及后起之秀360。猎豹作为其中一支并不算强大的队伍，顶住了360的最强火力，不惜自我攻击，宣布全网免费。一年之内，减少存量收入95%，推出新业务：网址导航和猎豹浏览器。试想，本已命悬一线，处在垂死挣扎的边缘，自我革掉大头收入的95%有多难呢？某种意义上，我们牺牲了金山毒霸过去所有的业务积累。我们意识到，如果不壮士断腕，拥抱这次变化，我们必然消失，没有第二条生路。

现在结果如何呢？去年，也就是2017年，猎豹整体收入近五十亿元规模，而瑞星前年只有几千万元的收入了。这就是一个时代的变化——大潮来临，唯有拥抱。

第二次反杀：天外飞仙

互联网时代，我们用个人计算机免费模式重构了商业，从那一批古董级企业中幸存下来；等到移动互联网竞争开始加剧，一批安全产品，如91、豌豆荚、茄子、UC等，各种小的安全工具、巨头杀入时，要么投降，要么卖掉。还是猎豹，杀出重围。也就是传说中的那个小酒馆的故事，我们决定全力以赴，向海外移动。

那场硬仗打下来，猎豹变得不一样了，大家开始真的相信梦想了。当时不少同事，从珠海举家搬迁北京，参与了那场猎豹清理大师的攻坚战。很多人可能从未想过，我们能从一个总部在珠海的一个小渔村走出来，变成了一家全球化的美国上市科技公司。也正因为这一招天外飞仙，才有了猎豹今天全球化的基础。

第三次反杀：跑向未来

还记得三年前，我去刚成立的广州办公室，员工跑过来跟我说："傅总，为什么我们没有那么多创新业务？我们只是做海外呢？"我当时给他一个回答，创新要和体量挂钩。当时，我们只有把一件事情做好的能力，一旦分散精力或搞所谓创新，就可能丧失大好机会。

然而，今天的猎豹不一样了。我们在体量、研发能力和收入规模上，都不是一家小公司了。我们已经是一家有超过二十年安全技术和产品积累的企业。我们有能力基于AI和区块链为我们的业务赋能，抓住这个时代属于我们的机会。

于是，我开始认真地思考：能支撑我们跑向未来的，到底是什么？什么才是我们最重要的？什么才是决定性的？

讨论题

1. 从战略层面考虑，你认为猎豹走向成功的原因是什么？
2. 猎豹具有什么突出的战略优势？

---

① 傅盛. 公司的本质是什么？[J]. 管理通鉴，2018（4）：104-109.

📝 **经典书籍推荐**

推荐书目:《战略管理:打造组织动态能力》,该书的作者是陈劲和焦豪,于 2021 年由北京大学出版社出版。

目前的战略管理教材大多依据西方主流战略管理理论进行内容上的展开,普遍忽视变革时代动态能力的重要性,对知识和创新的内容涉及不多,对数字科技时代的新竞争优势总结得不够,对源自东方的战略思想和战略智慧则完全忽视。《战略管理:打造组织动态能力》整合了战略管理传统理论和前沿思想,以战略视野、动态能力、知识创新、中国传统文化等内容为显著特色,将欧美的战略逻辑、中外的战略艺术和中国的战略哲学高度结合,战略思维和战略管理工具齐全,应用面广泛。

第 7 章
基于企业生命周期的战略设计

 本章学习目标

1. 掌握企业生命周期的概念和相关理论；
2. 明确企业不同生命周期的战略选择类型；
3. 识别企业不同生命周期阶段各种战略的优缺点；
4. 明确如何根据企业的生命周期进行战略选择。

引例

面对竞争激烈的体育用品市场，一个主打瑜伽服饰装备的加拿大品牌——露露乐蒙脱颖而出。目前，露露乐蒙的线上销售形势大好，但其线下门店体验也在销售中扮演着重要角色。

如今，露露乐蒙更像是一种社交工具。每周，其实体店都会开展各种活动，如瑜伽、冥想、长跑以及高强度间歇训练，从而吸引当地的瑜伽社群与运动爱好者，以点带面地接触目标人群，在消费者内心建立独一无二的品牌形象。2016 年，露露乐蒙实现净利润 23 亿美元，同比增长 14%。

露露乐蒙首席执行官洛朗·波德万表示："对于女性消费者而言，产品的功能性并非是她们最关注的，所以我们几乎不打广告。卖什么都不如卖体验，只有当你走进了消费者心里，消费者才愿意走进你的店里，所以永远都不要低估一件衣服所蕴含的情感价值，我想这就是露露乐蒙的品牌温度。"

巴克莱银行策略主管乔治·艾伦表示，无论如何，面对网络电商铺天盖地的攻势，夹缝中求生存的实体店更应主动谋变革。电商是用价格与便利打击实体店，那么实体店就要用体验与服务扳回这一局。①

露露乐蒙是一家加拿大的体育用品公司，其核心产品——瑜伽用品系列享誉全球，是近年来全球最为火爆的体育用品公司。在较短的成长过程中经历了企业不同的发展阶段，露露乐蒙在每个发展阶段实施了不同的发展战略，这些战略对它今日的成功起到了至关重要的作用。现代战略管理理论认为，企业有着自身的生命周期，企业在其生命周期的不同阶段，应该采取不同类型的战略，以适应企业自身的能力水平和外部环境的变化，从而获得最大的经济效益。

---

① 案例来源：Lululemon 全球垄断之路的辉煌，敌不过管理层的撕扯[EB/OL]．（2022-03-11）．https://zhuanlan.zhihu.com/p/479337645．

7.1 企业生命周期概述

7.1.1 企业生命周期的含义

生命周期这一概念为探讨企业的成长和变化提供了一条有益的思路。企业和人一样，有自己的婴儿期和成熟期，也有类似的生老病死，当它们沿着生命周期的轨迹发生变化时，系统遵从的是一种可预知的行为模式。在每一个阶段，这些系统都会遇到某种困难或问题并必须将它们克服。有些时候系统无法成功地解决自己的问题，这就需要外部力量的支持，借助具有不同禀赋的外部能量，把系统从困境中解脱出来[①]。

所谓企业的生命周期，是指一个企业的诞生、成长直至最后消亡的过程。随着企业由其生命周期的一个阶段向下一个阶段的演进，其结构、领导风格和管理系统都会演变为一种相对可预见的模式。生命周期的各个阶段在本质上是按顺序演进的，它遵循的是一种规律性的进程。

7.1.2 企业生命周期与组织特征

1972 年，美国哈佛大学的拉芮·E.格利纳教授在《组织成长的演变和变革》一文中，第一次提出了企业生命周期的概念，他把企业生命周期划分为五个阶段。1983 年，美国的罗伯特·E.奎因和克姆·卡麦尔森在《组织的生命周期和效益标准》一文中，则把组织的生命周期简化为四个阶段。1999 年，理查德·L.达夫特在总结格利纳、奎因和卡麦尔森等人理论的基础上，提出组织发展须经历的 4 个主要阶段：创业阶段、集体化阶段、规范化阶段和精细化阶段，并从结构、产品或服务、奖励与控制系统、创新力量、企业目标、高层管理方式 6 个方面对组织在这 4 个阶段的特点进行描述，如表 7-1 所示。[②]

表 7-1 生命周期四个阶段的组织特征

要素	阶段			
	创业阶段	集体化阶段	规范化阶段	精细化阶段
结构	非正规的，一个人全权指挥	基本非正规，有一些程序	规范化的程序，劳动分工，增设职能专家	行政式机构内的团队工作，小企业式的思维
产品或服务	单一的产品或服务	以一种主导产品为主，有些变异	形成一个系列的产品或服务	多个产品或服务系列
奖励与控制系统	人治的，家长式的	人治的，但强调对组织成功所做的贡献	非人格化的，通过规范化的制度	广泛、多方面的，与产品或部门的情况相适应
创新力量	作为所有者兼管理者的个人	管理者和一般员工	独立的创新小组	制度化的研究开发部门
企业目标	生存	成长	内部的稳定和内部的扩张	声望，完善的组织
高层管理方式	个人主义的，创业	超凡魅力的，方向指引	控制之下的授权	团队式，抨击行政式机构

[①] 伊查克·爱迪思. 企业生命周期[M]. 北京：华夏出版社，2004：11.
[②] 国内学者杨杜（1996）从规模与业务范围探讨企业成长理论，他认为企业的长期发展过程是一个由原始多元化、小规模生产到专业化大规模生产，再到多元化持续成长的过程。刘苹、陈维政（2003）认为企业生命周期可以分为创业期、成长期、成熟期和衰退期。周三多、邹统钎（2002）将企业成长历程总结为专业化、多元化和归核化三个阶段。

7.1.3 企业生命周期的驱动力

根据美国学者伊查克·爱迪斯的观点，在企业发展的过程中存在着四种主要功能，即执行功能（P）、行政功能（A）、创新功能（E）和整合功能（I），这就是 PAEI 分析法[①]。这四种功能在企业发展的不同阶段具有演变规律，形成了企业生命周期的驱动力。

如果一个企业的行动力（P 要素）很强，它往往有明确的目标、极强的执行力，整个企业以行动至上，员工行动依循企业目标，不畏辛苦，只求结果，但缺乏耐性。行动力这个要素能让企业在短期内产生效益，它代表着企业具有目的性的业绩表现。

一个企业如果具备良好的规范能力（A 要素），企业就会重视规范和程序，具体表现为企业的员工习惯于依照一定的步骤与程序来做事，整个企业呈现出一种规矩的状态，工作讲求方法，员工主动遵循公司的规章制度，公司所有的规范都是由大家讨论决定的。A 要素使管理系统化、程序化和组织化，使企业在短期内产生效率，它保证正确的事情在恰当的时间内，以恰当的强度，依照恰当的顺序发生，这就是行政管理。要做到这一点，管理上就要有条理、讲逻辑，而且要注重细节。P 要素和 A 要素能够在短期内使企业产生效益和效率，只要具备这两个要素，企业就能够在短期内盈利。

企业如果具备了 E 要素，即具备创新和冒险能力，也就充满了创新和学习的力量。企业重视构思新点子、发展新产品、开拓新市场、发展新事业、学习新事物和采用新方法，这是企业取得长期效益至关重要的生命力要素。要想取得长期效益，企业家必须预测长期事件，并且在它到来之时做好应对的准备，这就要求企业具备两个因素：创造力和风险承受力。

而 I 要素则是整合的力量。整合意味着把企业的机械意识转变为有机意识，具体表现为企业非常注重团队建设，经常进行各种系统的和跨部门的整合，经常开展维系关系的活动，这些都是 I 要素的力量。I 要素使得企业具有长期效率。

PAEI 对一个企业而言非常重要，它们是企业的生命力要素。如果这四种力量都能够有效地发挥作用，那么企业就会既有效益又有效率，既有主动性又有有机性，它在短期和长期都得到很好的发展。但是，这四种力量不只是相互依赖的，还经常会彼此钳制，这使得实现这些目标非常困难，在实践中要同时达到这些目标几乎是不可能的。在企业生命周期演进的各阶段中，这四种力量的发展有先有后，力度有强有弱。在其合力作用下，企业组织沿着生命周期的各个阶段演进，因此，必须协调好这四种力量，只有协调好它们，企业才能顺畅运营，否则，企业就会由于无法解决这四种要素之间的矛盾而难以生存。

本章基于企业生命周期的战略设计，将按照国内学界普遍认同的企业生命周期的四个阶段即创业期、成长期、成熟期和衰退期为基础展开讨论。

7.2 创业期企业的战略设计

7.2.1 创业期企业的特点

企业在创业阶段，其内部各种机制和制度尚未建立和健全，诸如产品市场、生产条件、

[①] ICHAK ADIZES. Organizational passage-diagnosing and teating lifecycle problems of organizations[J]. Organizational dynamics, 1979(01): 3-25.

管理制度、人才资源和企业规划等都在酝酿、构建当中。在企业初创时期，由于企业规模小、员工少，企业的管理人员往往身兼数职，职责不清，企业缺乏一套科学合理的管理制度，面临的不确定因素较多，企业应付环境变化的能力很弱。

处于创业期的企业，既面临可以不断成长的机遇，同时也要应对成长中的困难。此时，人们对企业的产品尚未接受，销售增长缓慢；企业负担较大，通常没有利润甚至亏损。实力弱小、经验不足的企业，不得不面对由于资金不足、生产不稳定、创业者分道扬镳等问题而导致企业夭折的风险。创业期企业应解决的关键问题是：为企业的发展争取一个良好的商业环境，避免产品定位失当的陷阱，重视销售，注意对人、财、物的恰当投入以确保企业正常运转。

7.2.2 创业期可供选择的战略类型

创业期企业无论是在内部实力、应变力，还是外部的市场占有率、顾客认知度等方面，都比不上处于盛年期的企业。因此，创业期企业必须根据自身实力和所面临的环境采取适宜的战略，才能顺利渡过创业期。德鲁克认为创业期的战略有4种，即孤注一掷战略、攻其软肋战略、生态利基战略和创新战略。[①]

1. 孤注一掷战略[②]

孤注一掷战略是指企业集中一切力量，力争在某个市场或某个行业内建立持久的领先地位的战略。这种战略的特点是风险很大，因此不允许有任何的失误，也绝不会有第二次机会。但是，如果该战略取得成功，企业将会飞速发展。例如，瑞士的霍夫曼罗氏公司，原来是一家非常不起眼的小公司，20世纪20年代中期以前，一直苦苦挣扎在亏损的边缘，于是它决定将赌注下在当时新发现的维生素上。当时，整个科学界还没有完全接受维生素这种物质的存在，罗氏将所有资金和贷款全部投入生产和营销这种新物质，结果一举成功。六十年后，罗氏公司几乎占据了世界维生素市场的一半份额，年收入高达几十亿美元。后来，罗氏公司又两度使用该战略，一次是进军人们不看好的磺胺类药品市场，另一次是全力投产几乎所有科学家都怀疑的镇静剂市场，均获得了很大的成功。

1）孤注一掷战略的优缺点

将有限的资源和能力集中于某个特定的市场或行业的企业，相对于那些将资源和能力分散于多个市场或行业的企业，能够在特定的市场或行业内获得更高的经营效益。因此，对于实力较弱的创业企业来说，孤注一掷战略可以最高效率地使用企业现有的资源和能力，赢得竞争优势。

该战略最大的风险就是只有一次成功机会，企业往往要投入所有资源，因此对市场、行业及商机的判断要非常准确，否则很可能全盘皆输，没有翻身的机会。故该战略只适用于极少数创新，在大多数情况下，企业最好使用其他战略，因为大多数创新机遇所带来的成果不足以弥补孤注一掷战略所投入的成本、努力和资源。

2）孤注一掷战略的实施条件

（1）创业企业应该具有远大的战略目标。实施孤注一掷战略的企业应该致力于开创一个新行业和新市场，或者创造一种新的工艺以改进产品的性能或服务，而不是追求短期的盈利

---

① 彼得·德鲁克. 创新与企业家精神[M]. 北京：机械工业出版社，2007：181.
② 彼得·德鲁克. 创新与企业家精神[M]. 北京：机械工业出版社，2007：181.

和简单的模仿。

（2）创业企业必须进行非常仔细的分析。创业企业应对外部环境和自身能力进行仔细分析，在各种创新机会中找到适合自己发展的机会，而不是将突发奇想的"点子"运用于企业经营之中。

（3）创业企业必须集中力量去实现目标。实施孤注一掷战略的企业必须集中企业所有力量，设定明确的目标，然后倾注全部的努力，当这些努力开始产生成果时，企业必须大规模地调动资源，以保持领先优势。

2. 攻其软肋战略[①]

攻其软肋战略是创业企业利用老企业的战略疏漏而实施的创业战略，主要包括创造性模仿和企业家柔道两种战略。

1）创造性模仿战略

该战略主要是指在创新中模仿别人的创新。实施创造性模仿战略的企业在等待别人推出"近似的创新产品或服务"之后，才推出"真正的产品或服务"来满足市场需求。这种采用创造性模仿的产品或服务可能成为行业的标准，从而夺取竞争对手的市场。它的目标是成为市场或行业领袖，甚至控制整个市场或行业。例如，个人电脑市场原本是苹果公司的构想，IBM却着手设计了一种今后能成为个人电脑行业标准的机器，从而占领了大部分个人电脑市场，取代了苹果公司在个人电脑领域的领导地位，成为业界领头羊。

实施创造性模仿战略的企业是在某种产品或服务的市场地位已经确立之后才开始进入该市场的，市场的划分已经形成或正在形成。因此，创造性模仿者较原始的创新者可以通过市场分析减少不确定因素带来的风险。与孤注一掷战略相比，创造性模仿战略的目标市场更集中，同时风险较低，企业可以集中有限的资源和能力在更小的市场上获取竞争优势。

实施创造性模仿战略的企业必须基于原始创新产品或服务开拓市场，只有在原有创新者的产品或服务取得了成功，并开拓了较大的市场空间时，创造性模仿才可能成功。如果原有创新产品或服务市场开拓不足，创造性模仿就很容易失败。同时，如果创造性模仿者对目标客户的需求和未来产品或服务的发展趋势把握不准确，就会导致模仿品在被推向市场时就已经不符合市场需求，进而导致创业企业的失败。此外，该战略需要一个快速成长的市场，比较适合在高科技领域中使用。

2）企业家柔道战略

企业家柔道战略是为避免与行业内领导者发生正面冲突而实施的竞争战略，即先进入一个行业内领导者未设防或不重视的领域，然后集中企业的资源和能力占领该细分市场，凭借在该细分市场取得的领先地位所获得的资源和能力，再次利用企业家柔道战略向新的细分市场进军，步步蚕食行业内老企业的市场占有率，最后获得特定市场或行业的领导地位，进而控制整个市场或行业。例如，日本索尼公司在第二次世界大战期间，购买了贝尔实验室的晶体管生产经营许可权，当时美国人拒绝使用晶体管。于是索尼公司利用这种技术，针对真空管过重且极易烧毁的缺点，制造出了便于携带，接收范围和质量更好的晶体管收音机，三年后，索尼公司占据了美国的低端收音机市场，五年后，则占领了全球收音机市场。

实施企业家柔道战略的企业会尽量避免与行业内领导者发生正面冲突，仅为行业内的一个狭小的细分市场提供产品或服务，因此，不容易受到老企业的反击，进入壁垒较低，风险

[①] 彼得·德鲁克. 创新与企业家精神[M]. 北京：机械工业出版社，2007：182.

较小。实施企业家柔道战略的企业一般都会以市场为中心,以顾客需求或偏好的变化为导向,因此,成功的几率较大。

实施企业家柔道战略的前提是先对行业内现有竞争者、供应商和客户的习惯进行仔细分析,然后再审视整个行业市场,找到阻力最小之处予以击破。企业家柔道战略成功的关键是利用行业内老企业的陋习和疏忽,发现企业的创业机会,同时在企业创业和发展的过程中极力避免出现老企业的种种陋习。企业家柔道战略同样要求一定程度的真正创新,以区别于原有的产品和服务,使自己与众不同,满足市场的需求。

3. 生态利基战略

生态利基战略的目标是取得控制权,其目的是在小范围内获得实际的垄断地位,使企业免遭竞争和他人的挑战。最成功的生态利基战略的整个着眼点是尽量让自己显得不起眼。由于其产品已经成为某个程序中必不可少的基本要素,因此,无人愿意与它竞争。生态利基战略有三种方式:收费站战略、专门技术战略和专门市场战略。[①]

1)收费站战略

所谓收费站是指创业企业所推出的创新产品或服务已经成为某个生产过程处理程序中的重要部分,不使用这种产品或服务的损失远远大于购买这种产品或服务的费用。同时,这种产品或服务的市场又十分有限,先进入者必然能够占领整个市场,不会引来其他竞争者。这位先进入的创业家就在行业内建立了收费站,赢得了收费站的竞争优势。例如,在医药行业,有一种酶能够帮助医生在进行老年白内障外科手术时减少步骤,从而使得整个手术程序更加和谐、合理。当美国的爱尔康公司研制出这种酶并取得了专利时,便拥有了收费站的位置,因为任何一位眼科大夫都需要它,无论爱尔康公司对酶如何定价,与整个白内障手术费用相比,这个价格就显得微不足道了。同时,这种酶的市场相当有限,全球一年的销售额只有 5000 万美元。很显然,这不值得任何人去尝试开发一种与之竞争的产品,就算这种酶的价格降低,全世界也不会因此多出一例白内障手术。

由于收费站产品或服务的特殊性,顾客对收费站的产品或服务的价格一般不会太敏感,他们不会因为价格低而大量购买产品或服务,也不会因为价格高而减少产品或服务的购买量。因此,建立收费站的创业企业可以利用垄断产品获得高额利润。由于收费站的市场容量非常有限,较少的企业就可以使市场达到饱和状态,过度的竞争只会降低产品或服务的价格,而不能增加购买量,因此,对其他竞争者吸引力较小,提高了行业进入壁垒,增加了企业的利润。

收费站企业抗风险能力较弱,其市场需求量取决于其所依附的处理程序和产品的需求,很难增加或控制自己的业务,也会受到替代品的威胁,故企业不能滥用收费站的垄断地位来榨取顾客,对产品或服务的定价应该适当,不能为了追求超额利润而制定高价格。

2)专门技术战略

专门技术战略是企业凭借自己在某种产品上的特殊技能获得竞争优势的战略。专门技术战略是一种差异化战略,能为企业带来独特的优势。创业企业可利用自己的专门技术,在行业内的特殊领域成为领先者。由于具有特殊技能和工艺,其产品也会成为行业的标准,因此会大大提高进入壁垒,减少竞争者的侵入。例如,德国的罗伯特·博世公司生产的电火花塞、燃油喷射系统、ABS 刹车系统和汽车音响,已供应给无数个大汽车品牌。

[①] 彼得·德鲁克. 创新与企业家精神[M]. 北京:机械工业出版社,2007:201.

企业实施专门技术战略必须具备以下5个条件。

（1）专门技术必须是一种真正的创新，需要创业企业系统地调查创新机会，寻找可以控制的特殊技术，并能为创业企业建立独自控制的领域。

（2）专门技术应用的最好时机是在一项重大科学发明的初期，或在一个新行业、新市场、新潮流出现的初期阶段。这样，一方面，企业可以利用先进的科学技术；另一方面，企业有充分的时间来发展这一特殊技能。

（3）必须拥有与众不同的独特技术。

（4）必须不断改进技术，保持企业在技术上的领先地位。

（5）通常使用储备超前技术的策略来维持自己的领先地位。

企业实施专门技术战略也有一定的风险：一是由于专门技术集中在非常狭窄的范围内，企业往往会丧失进入其他领域的商机；二是占据专门技术利基的厂商往往需要依赖他人把自己的产品或服务推向市场，如果相关的行业处于衰退阶段，则实施专门技术战略的企业将不可避免地受到影响；三是当企业所拥有的专门技术变成了普及的技术时，企业就丧失了竞争的优势。

3）专门市场战略

专门市场战略是指企业通过细分行业市场，找出潜在需求的专门市场，然后占领该市场的战略。专门市场战略与专门技术战略比较相似，就是要对新趋势、新产业或新市场进行系统的分析，并做出特殊的创新贡献，两者的主要区别在于专门市场战略基于企业对市场的特殊认识，而专门技术战略基于企业创新性的技术。目前在中国，许多企业在某一特定的细分市场占有领先地位，我们通常称之为"隐形冠军"。例如，德生，全球最大的收音机生产企业之一；圣雅伦，全球第三、中国第一的美妆工具制造商；明珠星，全球最大的石英钟制造企业，它们都选择聚焦于狭窄的市场，专心做自己最擅长的事情，力图在一个市场领域形成自己绝对的竞争优势。这些冠军企业往往具有影响或者制定行业规则的能力和回避价格竞争的地位，可以长期保有较高的利润率。

专门市场战略也是一种差异化战略，企业利用自己在专门市场上的领先地位获得超额利润。但是，如果企业占领的专门市场发展得过分成功，使之成为大众化市场，则会引来大量的竞争对手。

实施专门市场战略需要做到以下3点：

（1）系统分析行业市场，找出潜在需求的特殊市场；

（2）为专门市场提供产品或服务，占领该市场；

（3）以顾客需求为中心，不断改进企业提供的产品或服务，维持企业在专门市场上的领导地位。

4. 创新战略

创新是创业的基础和手段。熊彼特最先提出创新的概念，他认为所谓创新是把一种从未有过的生产要素的新组合引入生产体系。这种新组合包括五项内容：引进新产品、引进新工艺、开辟新市场、掌握新的原料或供应来源、实现新的组织形式。其中，产品创新、工艺创新和市场创新是创业期企业最有意义的创新。

1）产品创新

根据熊彼特的观点，产品创新就是引进新产品的过程。因此，企业发展的秘诀就是开发出具有强大市场竞争力的高质量、高附加值的产品。

产品创新的过程包括以下 4 个环节。

（1）提出产品创意，即提出对新产品的设想，为开发新产品提供更多的选择和机会。产品创意必须与企业的发展战略目标相一致。

（2）创意甄别，即对提出的创意加以评估，研究其可行性，从中挑选出可行性较高的创意加以实施的过程。通过创意甄别，企业可以淘汰不可行、可行性较低的创意，将企业有限的资源和能力集中于成功几率较大的创意上。

（3）市场试验，即将新产品用初步营销方案推向真正的消费市场。

（4）推出新产品，推出新产品时需考虑推出新产品的范围、针对的目标顾客、推出的方法等。

产品创新的方法主要包括以下 5 种。

（1）市场补缺。对现有的市场进行细分，查漏补缺，进入其他企业不屑于进入的领域。

（2）标新立异。在原有产品上开发出对消费者具有吸引力的特殊功能，使新产品迅速打开市场。

（3）人无我有。提供创新的产品或服务来满足人们的潜在需求，进入冷门行业，获取高额利润。

（4）人有我优。以质取胜，树立名牌意识，充分利用媒体宣传扩大新产品的知名度。

（5）跟随超越。在开发新产品时借鉴原有产品的优点，经过消化、吸收、创新，发展成为具有特殊功能的新产品，在借鉴中创新，并逐步超越竞争对手。

2）工艺创新

根据熊彼特的观点，工艺创新就是将一种新的工艺引入生产过程。工艺创新包括两个层次的内容：一是创造一种生产新产品的新工艺；二是以新的工艺来生产市场上已有的产品。创造一种生产新产品的新工艺与产品创新密切相关，新产品的诞生往往会创造一种新的生产工艺，这种生产工艺会随着新产品的发展而不断完善。

工艺创新的方法主要包括以下 4 种。

（1）独立研制，即凭借自己的科研知识和技能进行创新。

（2）联合研制，即利用各单位、各部门在资金、人力、市场等方面的优势进行工艺攻关，对强大的竞争对手造成快速、迅猛的打击。

（3）技术改造，即在原有的生产技术和设备基础上，运用现代的先进生产技术、设备和工艺对其进行工艺改造。

（4）技术购买，即通过多种方式引进先进技术。通常，购入的技术一般需要改进才能满足企业自身发展的需求。

3）市场创新

根据熊彼特的观点，市场创新就是开辟一个新市场或者掌握新的原材料或供应来源。市场创新是指企业从微观层面促进市场构成的变动和市场机制的构造，以及伴随新产品的开发对新市场的占领、开拓，从而满足新需求的行为。市场创新包括开拓新市场和创造市场新组合。

开拓新市场包括 3 个方面：一是地域意义上的新市场；二是需求意义上的新市场；三是产品意义上的新市场。例如，美国的能量吧房（Power Bar），致力于开发一种便于携带的能量食品，帮助运动员更有效地比赛，创造了全新的产品类别，并因此而成立了公司，开辟了一个全新的市场，公司随后还成功开发了第二条全新产品线——Harvest Bar。

创造市场新组合是从微观的角度促进对已有市场的重新组合和调整，建立一种更合理的市场结构。具有创造精神的企业通过市场创新创造市场，提出新的产品概念，建立新的标准和市场秩序，赢得竞争。

市场创新的方式有以下 3 种。

（1）产品方式，即以一种独特的新产品或服务来开拓新市场。

（2）价格方式，即利用价格工具开拓市场、赢得竞争优势。

（3）广告方式，即利用广告将新产品推向市场，让顾客了解产品性能的市场途径创新。

7.3 成长期企业的战略设计

7.3.1 成长期企业的特点

成长期是企业成长最快的阶段，此时，企业的规模效益开始出现，市场开拓能力也迅速加强，销售量增长快，市场份额扩大，产品品牌和企业的名声已为世人所知晓，企业开始获取较多的利润。在这个阶段，企业会面临新的格局，企业产权结构可能发生变化，股权开始出现多元化或社会化，创始人雇请职业经理人，自己逐渐从管理层淡出，并逐步推行授权管理和规范化管理。但成长期是矛盾多发期，这些矛盾包括股权资源优化、贡献利益分享、组织结构变革、文化冲突、管理挑战等一系列问题。这一时期在创始人、管理层和董事会之间，家族成员之间以及老人和新人（CEO 和其支持者）之间会冲突不断。此外，在成长期的后期，随着企业资本积累的完成，企业容易掉入盲目多元化的陷阱。因此，在成长期，企业应高度重视战略管理，使企业的业务内涵更加清晰，主业更加明确，管理更有章法；同时，使文化和组织结构更能适应企业发展的需要，否则，企业将会在一系列冲突与变革中提前走向衰亡。

7.3.2 成长期可供选择的战略类型

由于每个企业所处外部环境和所拥有的内部资源条件不同，处于成长期的企业在战略设计时也有不同的选择，其基本类型如表 7-2 所示。

表 7-2 企业成长战略的基本类型

密集型发展战略	一体化发展战略	多元化发展战略
1. 市场渗透	1. 后向一体化	1. 同心多元化
2. 产品开发	2. 前向一体化	2. 水平多元化
3. 市场开发	3. 水平一体化	3. 复合多元化

1. 密集型发展战略

密集型发展战略又称为集中增长型战略，是指企业现有产品与市场尚有发展潜力，于是充分挖掘自身潜力，实现自我发展的战略。其具体形式包括市场渗透、产品开发和市场开发。

1）市场渗透

市场渗透是指企业利用自己在原有市场上的优势，积极扩大经营规模和生产能力，不断提高市场占有率和销售增长率，强化企业的竞争优势。市场渗透战略主要是以销售战略的具体形式得以实现。

销售战略是联系产品与市场的一种战略。它由产品、销售渠道、促销和定价四个战略组成。

（1）产品战略。这是企业依据目标市场的需求对产品组合的深度、广度和相关性做出的决策。企业为了寻求长期稳定的发展，必须持续保持最佳的产品组合，并对产品构成因素做出战略决策。

（2）销售渠道战略。这是以最经济的方式，建立和维持分销渠道，以最有效的方式将企业产品送到预定的细分市场上去。销售渠道有四种基本结构，即生产者—消费者；生产者—零售商—消费者；生产者—批发商—零售商—消费者；生产者—代理商—批发商—零售商—消费者。在这四种基本结构中，第一种是直接销售渠道，后三种是间接销售渠道。企业应当在充分调查和研究市场特性、产品特性、渠道特性乃至企业特性的基础上，坚持以下原则，选择对企业最为有利的销售渠道：

第一，要考虑销售渠道的经济效益，以流通成本最低为原则；

第二，销售渠道提供商品的时间、场所和方法都要以满足目标市场的消费者或用户为前提；

第三，为了在竞争中获得更多消费者的认同和赞誉，销售渠道应该与竞争对手的渠道有显著差别，要有自己的独特性；

第四，销售渠道能妥善地对各流通环节分配利润，并有能力控制和指导渠道的成员；

第五，保持良好的市场反馈，所选择的销售渠道应与企业内市场营销部门保持密切联系并作为市场营销系统的一环。

（3）促销战略。这是指生产企业将产品、劳务及信誉的信息，通过各种方式传达给消费者，促进和影响其购买行为，企业根据市场状况、产品特性、销售力量等制定总的促销方向、规划及具体手段。

（4）定价战略。企业能否达到预定的销售目标，与企业产品价格密切相关。定价战略大致可分为特定价格维持策略、差别定价策略、折扣策略和心理价格策略等。其中，特定价格维持策略又分单位标价法、习惯标价法、优质标价法等；差别定价策略又分顾客差别定价法、用途差别定价法、时间差别定价法、地区差别定价法；折扣策略又分现金折扣法、数量折扣法、时间折扣法；心理价格策略针对消费者心理状态和消费者价格意识可分为零头标价法、系列价格法、声望价格法。

采用市场渗透战略，一般来说，会面临较为激烈的市场竞争，企业应在产品质量、价格、包装、服务、厂牌商标和企业声誉等方面下功夫，不仅要巩固原有市场份额，而且还要积极设法争取潜在客户，以此来增强企业在市场竞争中的优势，促进企业发展。

2）产品开发

产品开发是指企业依靠自己的力量，努力改进老产品，开发新产品，提高产品质量，从而使现有企业不断成长和发展。

（1）整顿老产品战略。这可以从产品生命周期理论和产品分类理论两方面进行分析。一是产品生命周期理论。典型的产品生命周期一般呈 S 形，分为投放、增长、成熟、衰退四个时期。所实施的产品战略因其所处的具体时期不同而有很大差别。二是产品分类理论。企业的经营资源有限，因而必须选择能产生较大效益的产品或服务进行投资。对于有发展前途的产品力促发展，积极扶持，采用发展战略；对于能产生大量现金的产品则保持其市场占有率，采用维持战略；对于无发展前途的产品，则采取放弃战略。

（2）开发新产品战略。在现代竞争条件下，有远见的经营者都把新产品当作企业的生命，投入最好的技术设备和最优秀的人员,不惜花费大量资金去进行新产品开发。企业开发新产品的途径有两个:一是收买生产新产品的工厂,购买专利或购买产品许可证;二是自己设置研究开发部门,自行开发新产品。

产品开发战略一般适用于技术力量较强和技术基础较好的企业,企业要积极创造条件不断进行技术开发和产品开发工作,以求保持自己的产品在技术上的先进性以及在功能、质量、价格等方面的优势。

3)市场开发

市场开发是指企业在原有市场的基础上去寻找和开拓新的市场,进一步扩大产品销售,从而促进企业继续成长和发展。市场开发战略主要有确定目标市场战略和开拓国际市场战略两个层次。

(1)确定目标市场战略。这是指每个企业都要为自己选择一定的市场,以决定企业的产品结构和服务方向。目标市场的确定不仅仅是找出目标,还意味着对本企业渗入该市场的能力进行客观评价。确定目标市场的基础在于市场细分,市场细分有利于企业分析和发掘新的市场机会,制定最佳的销售战略。

(2)开拓国际市场战略。由于国内市场趋于饱和、竞争日益激烈,企业往往向国外销售产品。企业进入国际市场时,要先后考虑6个方面的主要问题:了解并把握国际市场环境;决定向哪个国家发展;决定进入哪个市场;决定如何进入市场;决定市场计划;决定市场组织。企业进入国际市场的战略有三种选择,即出口产品、合资经营和直接投资。由输出产品、合资经营到直接投资的战略实施过程,是企业生产和经营不断国际化的过程。当企业直接在国外开办子公司进行生产和销售时,该企业就已经成为跨国公司了。

市场开发战略适用于其产品在原有市场的需求量已趋于饱和的企业,只有开拓新的市场,打开新的销路,才能使企业得到进一步发展。但是,企业要开拓某一个新市场,事先必须掌握它的特点和要求,选择合适的销售渠道,采用正确的营销手段和方法,否则,就会遭受很大的风险和损失。例如,20世纪60年代和70年代初,日本汽车制造厂家纷纷进入欧洲市场,以经济实惠的产品赢得了客户对于低成本、低附加值产品的需求,从而获得了成功。进一步地,日本厂商依靠所取得的经验,开始制定其他具有更高利润的发展战略。20世纪80年代末期,日本厂商开始生产比竞争对手更可靠、质量更好而价格却等同于竞争对手的产品,获得了更大的市场优势。到了20世纪90年代,许多日本公司的产品在欧洲市场上已足以同当地竞争者抗衡。

2. 一体化发展战略

一体化发展战略是指企业充分利用自己在产品、技术、市场上的优势,根据物资流动的方向,使企业不断向深度和广度发展的一种战略。一体化发展战略主要包含3种:后向一体化战略、前向一体化战略和水平一体化战略。同时,前向一体化与后向一体化又统称为纵向一体化,而水平一体化又称为横向一体化。一体化发展战略是企业非常重要的成长战略,它有利于深化专业分工协作,提高资源的利用深度和综合利用效率。

1)后向一体化

企业产品如果在市场上拥有明显的优势,可以继续扩大生产与销售,但会由于原材料、外购件供应不足或成本过高,从而影响到企业的进一步发展。在这种情况下,企业可以依靠自己的力量,扩大经营规模,由自己来生产原材料或配套零部件,也可以向后兼并供应商或与供应商合资兴办企业,组成联合体,统一规划和发展。例如,水产养殖公司投资兴办养殖饲料公司，汽车制造公司拥有自己的汽车零配件公司等，均属此种战略。同时，后向一体化也包括销售企业与生产企业的一体化。

后向一体化可以将原来作为一个成本中心的原材料供商应变成利润生产中心，尤其是当供应商具有规模边际收益时，这是非常有吸引力的战略选择。它可以使企业摆脱因依靠外部原材料供应而带来的不稳定性，同时也可以减少企业由于主要供应商利用市场机会抬高价格而造成的脆弱性。企业实现后向一体化战略之后，不仅能够保证交货期、享受低价格的优惠，还可以提高产品质量。

2）前向一体化

从物资的移动方向看，前向一体化朝着与后向一体化相反的方向发展。一般是指，生产原材料或半成品的企业，根据市场需要和生产技术的可能条件，充分利用自己在原材料、半成品方面的优势和潜力，决定由企业自己制造成品，或者与生产成品的企业合并，组建经济联合体，以促进企业不断成长和发展。例如，林业公司兴办木材加工厂，纺织企业投资服装公司等，均属此种战略。同时，前向一体化也包括生产企业与销售企业的一体化。

对于一些原材料制造商来说，通过前向一体化战略进入产品制造领域有助于实现更大的产品差异性，从而摆脱价格竞争的不利因素。此外，生产与销售的一体化有利于市场信息准确、及时地反馈，使企业能迅速了解消费者对产品设计、包装、质量、服务等多方面需求的信息，迅速对产品设计、生产和促销手段加以调整，从而增强企业产品的市场适应性。

前后两种一体化统称为纵向一体化，它既具有诸多优点，同时，也存在一些不足之处。

（1）纵向一体化的优点。一是可以实现在生产销售、采购、控制和其他领域内的规模边际效益。把存在技术差异的生产环节放在一起，有可能实现高效率；企业在安排、协调生产活动以及对紧急事件做出反应时的成本都较低；一体化企业可减少收集某些类型的市场信息的总成本，节约市场交易的销售、谈判和交易成本，稳定上下游的关系，提高总资产报酬率。二是可以降低供给和需求的风险。纵向一体化可以确保企业在产品供应紧缺时期得到充足的原材料或半成品，或在总需求很低时有一个产品输出的渠道。三是可以抵消议价实力与投入成本扭曲。企业通过对其上下游进行整合，不仅可以降低供应成本（后向整合），或者提高价格（前向整合），而且可以通过消除与具有很强实力的供应商或者顾客所做的无价值活动，使企业的经营效率更高。四是可以提高竞争力。纵向一体化可以使企业得到某些战略优势，如较高的价格，较低的成本或较小的风险，从而提高产业的进入壁垒。竞争者广泛的一体化能够占用许多供应资源或者拥有许多满意的顾客或零售机会，比没有纵向一体化的企业拥有更多优势。

（2）纵向一体化的缺点。一是要求生产的规模经济性。纵向一体化企业内部各生产单位一定要达到一定的规模经济效应，才能体现出它的竞争优势。二是增加对企业资金的需求。需要企业投入大量的资金去进行上下游的收购、扩张，进入新的市场领域，对企业的资金实力要求较高。三是降低了机动性。纵向一体化提高了选择其他供应商及顾客的成本，同时经营方向的调整也更为困难。四是降低了企业在技术、研发方面的开放性。纵向一体化意味着一个企业必须承担发展自己技术实力的任务。如果企业不实施一体化，供应商经常愿意在研究、工程等方面积极支持企业。五是弱化激励。纵向一体化意味着通过固定的关系来进行购买与销售。上游企业的经营绩效考核更多是来自于内部销售而不是外部的市场开拓。在经营效益上更多地依赖于上下游企业，长期来看，可能会使企业的市场竞争力受到削弱。六是增加了管理控制的难度。纵向一体化的企业在组织架构、业务模式、技术要求、生产方式等方面不同,因此,使纵向一体化企业的管理控制具有很大的复杂性和难度。如果管理组织投入的精力与新的经营活动不适应,可能不会达到纵向一体化的预期目标。

3) 水平一体化

它是指企业以并购处于同一生产经营阶段的企业为其长期活动方向,促进企业实现更高程度的规模经济并迅速发展的一种战略。在我国,实行水平一体化战略的企业日益增多。国家为了推进经济结构调整,改变某些产业内布点过多、力量分散、无法形成规模经济的状况,制定了鼓励产业中的优势企业并购劣势企业的政策。例如,国内最大的两家汽车公司——中国第一汽车集团有限公司(一汽)和东风汽车集团有限公司(二汽),已先后在全国各省市并购了数十家汽车厂,组成集团;煤炭行业,在国家整顿、关闭小煤矿的同时,许多大型煤矿企业通过并购加大了扩张的步伐;房地产业的龙头企业万科房产,为了加快企业发展的步伐,采取先进入区域市场与当地主要企业形成战略合作关系,然后进行项目公司的股权收购,快速扩张了其在全国范围内的房产开发业务。

(1) 水平一体化的优点。一是有利于形成规模经济。水平一体化通过收购同类企业进行规模扩张,从而大大降低了成本,取得竞争优势。同时,通过并购往往可以获取被并购企业的技术专利、品牌等无形资产。二是减少竞争对手。水平一体化是一种并购企业竞争对手的增长战略。通过实施水平一体化,可以减少竞争对手的数量,降低产业内企业相互竞争的程度,为企业的进一步发展创造良好的产业环境。三是便于生产能力的扩张。水平一体化是企业生产能力扩张的一种形式,这种扩张相对简单和迅速。

(2) 水平一体化的缺点。一是管理协调难度加大。由于并购双方在历史背景、人员组成、企业文化、业务风格、管理体制等方面存在不同,因此收购后,母公司面临较大的对被收购企业进行整合的风险。事实证明,水平一体化的并购存在着整合的风险。例如,惠普公司对康柏公司的并购,并未达到"1+1>2"的效果,其 CEO 黯然离职。二是政府法规的限制。水平一体化容易形成产业内的垄断结构,因此,各国法律法规都对此做出了限制性规定。

企业具体应选择哪种一体化战略,将取决于对以下三个方面的研究,即选择的战略与企业长期利益及战略目标的相关程度;对企业在整个行业中地位的增强程度;对企业竞争优势的增强程度等。

3. 多元化发展战略

多元化战略的含义在第 6 章中已有介绍。实行多元化战略的企业在原主导产业范围以外的领域从事生产经营活动,通过开发新产品或开展新业务来扩大产品品种或服务门类、增加企业的产量和销量,扩大规模,提高盈利水平。企业多元化发展意味着企业将涉足新的发展方向,即企业将从现有的产品和市场中分出的资源和精力投入到其他产品和市场上。目前,多元化发展战略已经成为大企业,特别是跨国公司普遍采用的战略。

1) 多元化发展战略的类型

根据现有事业领域和将来的事业领域之间的关联程度,可以把多元化发展战略分为同心多元化、水平多元化和复合多元化。

(1) 同心多元化。同心多元化是以现有的产品市场为中心,向水平方向扩展事业领域,也称横向多元化。其特点是新增的产品或服务与原有产品或服务在大类别上、生产技术上或营销方式上是相似的、相关联的,可以共同利用本企业的专门技能和技术经验、设备或生产线、销售渠道或顾客基础。采用这种战略一般不会改变企业原来归属的产业部门。例如,广东美的电器公司,同时生产空调、电熨斗、吸尘器、电饭煲、取暖器、饮水机等各类家用电器；上海汽车集团除生产中高档乘用车外，还开始向微型车、货运车、重型卡车等领域进军。

同心多元化包括3种类型：

① 市场开发型，即以现有产品为基础，开发新市场；

② 产品开发型，即以现有市场为主要对象，开发与现有产品同类的产品；

③ 产品、市场开发型，即以新开拓的市场为主要对象，开发新产品。

这种战略由于是在原有的市场、产品基础上的变革，因而产品内聚力强，开发、生产、销售技术关联度大，管理变化不大，比较适合于原有产品信誉度高、市场广阔且发展潜力还很大的大型企业。

（2）水平多元化。水平多元化是指虽然与现有的产品、市场领域有些关系，但是通过开发完全异质的产品、市场来使事业领域多元化，不能共用企业原有的专门技能、设备、生产线、销售渠道等。例如，生产万宝路香烟的美国菲利浦·莫里斯公司先后收购了米勒酒业、通用食品、纳斯贝克饼干公司，此外，集团还兼营专用纸张、包装材料、房屋建造和设计等业务。

水平多样化包括3种类型。

① 技术关系多元化。这是以现有事业领域中的研究技术或生产技术为基础，以异质的市场为对象，开发异质产品。在技术关系多样化的情况下，一般来说销售渠道和促销方式是不同的，这对于市场营销的竞争是不利的。这种类型的多元化一般较适合于技术密集度较高的行业中的大型企业，如由彩电生产加入数字视像音响、多媒体产品的生产。

② 市场营销关系多元化。这是以现有事业领域的市场营销活动为基础，打入完全不同的产品市场。市场营销多元化利用共同的销售渠道、共同的顾客、共同的促销方法、共同的企业形象和知名度，因而具有销售相乘效果。但是，由于没有生产技术、设备和材料等方面的相乘效果，不易适应市场的变化，也不易应付全体产品同时老化的风险。这种类型的多元化适合于技术密集度不高，市场营销能力较强的企业，如宝洁公司利用它的市场地位和营销能力，从生产淋浴液、洗发水到洗衣粉、香皂、牙膏、牙刷等多样化的产品。

③ 资源多元化。这是以现有事业所拥有的资源为基础，打入异质的产品、市场领域，求得资源的充分利用。例如，本田在摩托车和汽车业中的美名使它在进入割草机经营领域时不用支付大笔广告费就立刻获得了承认和信任；佳能在照相设备领域的信誉是一项帮助其进入复印设备领域的竞争性资产；松下可以更轻松、花费更少的资金进入微波炉市场。

（3）复合多元化。这是从与现有的事业领域没有明显关系的产品、市场中寻求成长机会的战略，即企业所开拓的新事业与原有的产品、市场毫无相关之处，所需要的技术、经营方法、销售渠道必须重新取得。

复合多元化可划分为以下4种类型。

① 资金关系多元化。这是指一般关系的资金往来单位随着融资或增资的发展，上升为协作单位。

② 人才关系多元化。当发现企业内具有专利发明人才或特殊技术人才时，就利用这种专利或技术向新的事业发展。

③ 信用关系多元化。这是指接受金融机关的委托，重建由于亏本而濒临破产的企业或其他经营不力的企业。

④ 联合多元化。这是指为了从现在的领域中撤退或者为了发展成大型的企业，采用企业联合的方式进行多元化经营。

2）多元化发展战略的优点

（1）产生协同效应。协同效应是两个事物有机地结合在一起，发挥出超过两个事物简单相加的联合效果。企业的协同效应表现在如下4个方面。

一是管理协同效应，即生产的产品或经营的业务，在经营决策的基准上大致相同，对管理的方法或手段的安排比较一致。企业经营的产品之间在管理上是否具有共享性是决定企业多元化战略成功与否的重要因素。

二是营销协同效应。当不同的产品有共同的销售渠道和顾客时，往往会产生协同效应。同时，由于面对共同的市场，因而企业不需要为新产品额外增加更多的各种营销费用，从而使企业单位营销费用降低。

三是生产协同效应。如果新老产品在生产技术、生产设备、原材料以及零部件的利用上具有类似性，那么在产品生产上就会获得协同作用。

四是技术协同效应。企业在实行多元化经营时，可以充分利用贯穿于这些产品之间的核心技术，大大减少新产品研究开发费用，并提高新产品成功的概率。

（2）分散经营风险。由于市场和顾客需求快速变化，新产品换代周期日益缩短，企业采用专业化战略的风险逐渐增加，当新产品越来越多地赢得市场和顾客时，专业化企业将举步维艰。实行多元化战略，有助于企业生产处于多个领域、多种生命周期的产品，使企业能够根据市场和顾客需求变化及时调整产品结构，从而使不同产品处于不同的生命周期，避免了单一产品主宰企业命运的局面，通过平衡企业的经营周期，把经营风险分散到不同的领域，保持企业有利的竞争地位。

（3）增强市场力量。多元化的企业可以凭借其在规模以及不同业务领域经营的优势，在其中一个业务领域实行低价策略，并用其他业务领域来进行支撑，从而达到战胜竞争对手或迫使其退出的目的；可以通过互利销售，扩大市场份额。同时，多元化的企业与其他多元化企业相互竞争时，可以相互制约，使企业的竞争环境相对缓和。

（4）有利于提高资本利用效率。实行多元化战略的企业可以通过建立内部的财务融通体系，如建立内部银行、财务公司等，为下属子公司提供金融服务业务，包括金融业务、外汇买卖、租赁等，从而降低企业融资成本，增加融资渠道，并提高资金的使用效率。

（5）有利于培养公司的整体竞争优势。多元化培养的是公司综合性、全方位的竞争优势，有利于企业保持动态的竞争能力。例如，烟草行业普遍实行多元化发展战略，主要是因为香烟的市场容量增长有限，且经常受到消费者、卫生机构、环境保护主义者的控告和司法机关巨额的判罚，烟草企业的多元化战略，既是为了生存，也是为了重整企业形象。

（6）有利于寻求新的发展机遇。当企业所处行业竞争激烈或正在逐步衰退，经营领域发展缓慢或产品已经趋于市场饱和、产品竞争力低时，企业则可以通过实施多元化战略，开拓新领域和新产品，以寻求新的发展机遇。

3）多元化发展战略的风险

多元化一定能为企业带来持续竞争优势吗？迈克尔·波特对33家美国企业35年来的多元化进程进行的研究发现，平均来说，每个公司有80次多元化活动，其中收购占70%，20%来自自己创业，10%是合资。然而，如果多元化的业绩表现不佳，结果则是灾难性的，而实际上超过60%的收购业务最终被取消[①]。可见，多元化战略未必与企业业绩正相关，而是可

---

① M E PORTER. Form competitive advantage to corporate strategy[J]. Harvard business review, 1987(516): 43-59.

能导致企业的竞争能力和盈利能力降低,其风险表现在以下几个方面。

(1)企业资源分散,原有竞争优势丧失。企业进入新的业务领域后,会减少对原产业或产品的资金、资源、研发力量和管理的投入,而这些一般是企业的主营产业或核心产品,这样不仅降低了企业原有的竞争力,同时也影响了对新产业的支持力度,使企业的经营面临困境。

(2)管理成本上升,管理难度增大。企业多元化战略体现边际收益递减和边际成本递增的规律。企业进入一个新领域或开发一种新产品,总会与原来的行业或产品在生产技术、工艺、营销渠道、人员素质要求等方面产生不同程度的差异,企业在新行业中缺乏管理经验和应付困难的技能,整合、分工、协调和学习成本较高。同时,多元化会使企业规模不断扩大,相应地机构和人员增多,管理成本增大。企业通过并购方式进入多元化领域后,企业文化的冲突和融合也将非常艰难并耗费巨大的成本。各项业务之间缺乏战略上的一致和协调,使企业总体的经营效果并不一定比专业化经营效果好。

(3)行业进入风险和退出壁垒高。进入一个新领域,企业必然要投入大量新的资金和其他资源,这本身就意味着风险,尤其是在市场竞争激烈和行业前景不清晰的情况下,企业进入新行业时会出现选择失误;同时,选择退出时,企业也会遇到退出壁垒,投入的资金、设备、人员和学习成本可能无法收回。企业实施专业化战略还是多元化战略,实施什么样的专业化战略和多元化战略,没有固定的模式,要根据市场状况、行业发展前景和企业自身条件进行综合分析。

(4)有可能导致企业核心能力的缺失或削弱,陷入大而不强的尴尬境地。很多学者认为,多元化本身并不能必然带来竞争优势,只有基于企业核心能力的、科学的多元化战略才是企业成功的基础,如韩国大宇集团的"章鱼战略"之所以失败,就是因为其专注扩张而忽视了自身的核心能力建设。

4)多元化发展战略的适用条件

(1)需求增长率的停滞。当原有产品处于生命周期后期时,其进一步发展受到一定限制,企业必须考虑进入需求可能急速增长的新产品市场,开展多种经营。

(2)市场集中程度。市场集中度高的行业,企业若要追求较高的增长率和收益率,只有进入本企业以外的新市场。企业所属行业的集中程度越高,越能诱发其从事多种经营。

(3)需求的不确定性。只生产和销售单一产品的企业,其增长率和收益率被该产品的需求动向所左右。如果该产品的需求动向有很大的不确定性,企业为分散风险,便会开发其他产品,积极采取多种经营战略。

(4)企业内部有实施多样化战略的潜力。若企业积累了大量的资金、人力、技术等,或企业规模较大,经营资源丰富,可以考虑从事多样化战略。

(5)与企业经营目标有差距。当企业的经营活动未能达到预定的增长率、收益率等目标时,往往会考虑开展多种经营来弥补。

7.4 成熟期企业的战略设计

7.4.1 成熟期企业的特点

企业进入成熟期意味着进入盛年期和稳定期,这是企业生命周期中最理想的黄金时期。

在这一时期，企业的灵活性（flexibility）和可控性（controllability）达到平衡，既不过于幼稚也不老态龙钟，同时具备年轻和成熟、纪律和创新的双重优势。此时的企业通常有稳定的市场份额，产销两旺，组织良好，制度健全，企业文化业已形成，新的业务在企业中萌生，并开始为新生命周期的启动提供机会。在成熟期，企业不应满足于保持既得利益和地位，而要积极进取，重视顾客需求，注意对市场的响应速度，提升顾客满意度和市场美誉度；企业要加强变革管理，避免形式主义和官僚主义，避免机构臃肿、人浮于事；企业要进一步增强自主创新的能力，通过国际化、战略联盟等手段，加快在国内、国际两个市场的发展，加强对未来趋势的研判。

7.4.2 成熟期可供选择的战略类型

处于成熟期的企业主要采用稳定型战略。顾名思义，稳定型战略是在企业的内外部环境约束下，企业使自身的资源分配和经营状况基本保持在目前状态和水平上的战略。实施稳定型战略，企业目前所坚持的经营方向、正在经营的产品和面向的市场领域以及企业在其经营领域内所达到的产销规模和市场地位等都大致不变或以较小的幅度增长或减少。

从企业经营风险的角度来说，稳定型战略的风险是相对较小的，对于那些曾经成功地在一个处于上升趋势的行业和一个较少变化的环境中活动的企业来说会很有效。稳定型战略主要依据前期战略，它坚持前期战略对产品和市场领域的选择，它以前期战略所达到的目标作为本期希望达到的目标。因而，实施稳定型战略的前提条件是企业过去的战略是成功的。对大多数企业来说，稳定型战略也许是最有效的战略。

1. 稳定型战略的类型

稳定型战略的基本类型包括无变化战略、维持利润战略、暂停战略和谨慎实施战略 4 种类型。

1）无变化战略

无变化战略遵循的是"无为而治"的战略思想。采用这一战略的企业可能是基于以下两个原因：一是企业过去的经营相当成功，并且企业内外环境没有发生重大的变化；二是企业并不存在重大的经营问题或隐患，因而企业战略管理者认为没有必要进行战略调整，或者害怕战略调整会给企业带来利益分配和资源分配的困难。一方面，我国相当多的国有企业没有将企业的发展和企业管理者的收入挂钩，因此，管理人员缺乏改变企业经营战略的动力。另一方面，一些企业的上级部门只是按企业利润来确定管理者和员工的收入水平，弱化其他考核指标的效力，那么这些企业的管理者和员工就不希望企业进行重大的战略调整。在这两种情况下，企业的管理者和职工可能不会调整战略，因为这种调整可能会在一定时期内降低企业的利润总额。采用无变化战略的企业除了每年按通货膨胀率调整其目标外，其他都暂时保持不变。

2）维持利润战略

这是一种以牺牲企业未来发展来维持目前利润的战略。该战略注重短期效果而忽略长期利益，其根本意图是渡过暂时性的难关，因而往往在经济形势不太景气时被采用，以维持企业过去的经营状况和效益，实现稳定发展。但如果使用不当，维持利润战略可能会使企业的元气受到伤害，影响长期发展。例如，美国铁路行业在 20 世纪 60 年代处于十分困难的状况，许多铁路公司实施稳定型战略，通过减少铁路维修和保养费用来减少开支，维持分红。然而不幸的是，这一困难时期延续到了 70 年代，铁路行业的状况恶化严重，最终使得这些铁路公司的经营受到了影响。

采用维持利润战略的另一种情况是集团公司从"金牛"型分厂或分公司中拿走很多的利润，却不增加对它的投入。这是由于"金牛"型的分厂已经没有什么发展前途了，它所产生的利润要用于发展新产品，开拓新市场，否则企业集团就不能得到长期稳定的发展。

企业采用维持利润战略的常见原因有：

（1）集资股东要求企业增加股东的分红；

（2）原有市场增长缓慢，现有项目已经没有什么发展前途；

（3）企业经营体制发展变化，如承包人承包到期前夕的不良短期行为；

（4）企业经营者对国家减免税收政策信心不足，不考虑企业长远计划。

3）暂停战略

在一段较长时间的快速发展后，企业有可能会遇到一些问题使得效率下降，这时就可采用暂停战略，即在一段时期内降低企业的目标和发展速度。例如，在采用并购发展战略的企业中，往往会在新并购的企业尚未与原来的企业很好地融合在一起时，先采用一段时间的暂停战略，以便有充分的时间来实现资源的优化配置，从这一点来说，暂停战略可以实现让企业集聚能量，为今后的发展做准备的功能。

采用暂停战略通常是一种临时性的措施，其目的是让企业得到休整，使企业的发展速度和管理力量、资源相一致。1986年以后的一段时期里，广州市某家电集团高速扩张和发展，此后由于管理力量不足，跟不上这种发展的要求，企业管理尤其是产品质量管理跟不上去，出现了许多产品质量问题。在这种情况下，该企业集团不是主动而是被迫地采用了暂停战略，直到1992年该公司才开始重新进入新的发展阶段。

企业采用暂停战略的常见原因有：

（1）企业在高速发展后效率下降或管理不善需得到休整；

（2）企业在新建或兼并若干分厂或小企业后，管理力量和资金不足，需进行调整等。

4）谨慎实施战略

如果企业外部环境中的某一重要影响因素难以预测或变化趋势不明显，企业的战略决策就要有意识地减缓，以做到步步为营，这就是所谓谨慎实施战略。比如，某些受国家政策影响比较大的行业中的企业，在国家某项可能的法规公布之前，就有必要采用谨慎实施战略，一步步稳固地向前发展，而不是盲目地大干快上，置未来可能实施的政策于不顾。

2. 稳定型战略的优点

（1）企业经营风险相对较小。由于企业基本维持原有的产品和市场领域，从而可以利用原有的生产经营领域、渠道，避免了开发新产品和新市场所必需的巨大的资金投入、激烈的竞争抗衡，甚至开发失败的巨大风险。

（2）企业不必改变原有的资源分配模式。由于经营方向与过去大致相同，因而稳定型战略不必考虑原有资源的增量或存量调整，相对其他战略来说，显然要容易许多。

（3）保持企业规模、资源、生产能力等方面的协调，可以避免因企业发展过快、过急造成失衡，避免资源浪费，效益不佳。

（4）保持人员的相对稳定性，可以充分利用现有人力资源，保持人员安排上的相对稳定，减少人员调整、聘用和培训的费用。

（5）能给企业一个较好的修整期，使企业积聚更多的"能量"，以便为今后的发展做好准备。从这点上说，适时的稳定型战略是未来实施增长战略的一个必要的酝酿阶段。

3. 稳定型战略的缺点

（1）稳定型战略的执行是以包括市场需求、竞争格局在内的外部环境的基本稳定为前提的，一旦企业对于环境基本稳定的判断有误，就会打破战略目标、外部环境、企业实力三者之间的平衡，使企业陷入困境。因此，如果环境预测有问题，稳定型战略就面临很大的风险。

（2）特定细分市场的稳定型战略往往隐含着较大的风险。由于资源不够，企业会在部分市场上采用稳定型战略，这样做实际上是将资源重点配置在这几个特定的子市场上，如果对这部分特定市场的需求把握不准，企业可能更加被动。

（3）稳定型战略容易使企业的风险意识减弱，甚至形成惧怕风险、回避风险的企业文化，这就会大大降低企业对风险的敏感性、适应性以及冒风险的勇气，从而也增大了以上所述风险的危害性和严重性。

4. 稳定型战略的影响因素

采取稳定型战略的企业，一般处在市场需求及行业结构稳定或者较小动荡的外部环境中，因而企业所面临的竞争挑战和发展机会都相对较少。但是，有些企业在市场需求以较大幅度增长或是外部环境提供了较多发展机遇的情况下也会采用稳定型战略。一般来说，这些企业由于资源状况不足以使其抓住新的发展机会而不得不采用相对保守的稳定型战略态势。下面分别来讨论企业外部环境和企业自身实力对采用稳定型战略的影响。

1）外部环境

外部环境的相对稳定性会使得企业更倾向于稳定型战略。影响外部环境稳定性的因素很多，大致包括以下 5 个方面。

（1）宏观经济状况会影响企业所处的外部环境。如果宏观经济在总体上保持总量不变或低速增长，那么企业所处行业的上游、下游产业也往往只能以低速增长，这就势必影响到该企业所处行业的发展，使其无法以较快的速度发展。因此，由于宏观经济的增速较慢，导致某一产业的增长速度也降低，这就会使该产业内的企业倾向于采用稳定型战略，以适应这一外部环境。

（2）产业的技术创新速度。如果企业所在的产业技术相对成熟，技术更新速度较慢，企业过去采用的技术和生产的产品无须经过太大的调整，就能满足消费者的需求并与竞争者抗衡。这样使得产品系列及其需求保持稳定，从而促使企业采取稳定型战略。

（3）消费者需求的偏好变动。消费者频繁的偏好转移势必使得企业在产品特性和营销策略上与过去的做法有所不同，否则将会被竞争对手击败，而这种策略上的变动毫无疑问将影响到企业的经营战略。因而，企业若继续采用稳定型战略，就很可能陷入被动。从这点看，稳定型战略适用于消费者需求偏好较为稳定的企业。

（4）产品生命周期（或行业生命周期）。对于处在行业或产品成熟期的企业来讲，产品需求、市场规模趋于稳定，产品技术成熟，新产品的开发难以取得成功，以产品为对象的技术变动频率低，同时，竞争对手的数目和企业的竞争地位都趋于稳定，这时提高市场占有率、改变市场地位的机会很少，因此较为适合采用稳定型战略。

（5）竞争格局。如果某企业所处行业的进入壁垒非常高或由于其他原因使得该企业所处的竞争格局相对稳定，竞争对手之间很难有较为悬殊的业绩表现，则企业采用稳定型战略可以获得最大的收益，因为改变竞争战略带来的业绩增加往往是不如人意的。

2）企业自身实力

企业战略的实施一方面需要与外部环境相适应，另一方面需要企业有相应的资源和实力，也就是既要看到外部的机会与威胁，又要看到自身的优势与劣势。

当外部环境较好，行业市场需求增长时，企业便具有有利的发展机会，但这并不意味着所有的企业都适合采用增长型战略。如果企业资源不够充足，如可以用来投资的资金不足，研究开发力量较差或在人力资源方面无法满足增长型战略的要求时，就无法采取扩大市场占有率的战略。在这种情况下，企业可以采取以局部市场为目标的稳定型战略，以使有限的企业资源能集中在某些自己有竞争优势的细分市场，维护市场地位。

当外部环境较为稳定时，资源较为充足的企业与资源较为稀缺的企业都应当采用稳定型战略，以适应外部环境，但两者的做法可以不同。前者可以在更为宽广的市场上选择自己战略资源的分配点，而后者则应当在相对狭窄的细分市场上集中自身资源，以求稳定。

当外部环境较为不利，比如行业处于生命周期的衰退阶段时，则资源丰富的企业可以采用稳定型战略。而对那些资源不够充足的企业来说，则应视情况而定，如果它在某个细分市场上具有独特的竞争优势，那么也可以考虑采用稳定型的战略；但如果本身不具备相应的特殊竞争优势，那么不妨实施紧缩型的战略，以将资源转移到其他发展较为迅速的行业中。

7.5 衰退期企业的战略设计

7.5.1 衰退期企业的特点

企业渡过成熟期，将向两个方向演化：或进入新一轮的上升通道，或跌入不可逆转的下降通道。通常，大部分企业在成熟后期即出现衰退症状。企业内部斗争激烈，客户反而被忽视，企业关注的不再是如何令客户满意，而是在政治手腕上耗费精力。同时，企业束缚于厚厚的规程手册、大量的文书工作等，呆板的规则、政策窒息了企业的革新和创造力。当企业无法产生所需的现金，而支出却不断增加时，企业便面临死亡。死亡可能突然到来，也可能会推迟，使企业病态地存续数年。当然，只要企业通过调整组织愿景，再造工作流程，重新规划工作架构，掌握市场焦点，创立新业务，不断注入新技能、新使命和适应环境变化的反射能力，企业就会重现一个崭新的状态；在投资组合、资源分配、运营战略等方面，就会有健康的表现，从而使企业逃脱衰退和死亡的厄运，实现蜕变和复兴。

7.5.2 衰退期可供选择的战略类型

处于衰退期的企业在经营领域方面进行收缩和撤退，并通过采取相应的战略使企业迅速摆脱不利的竞争地位。具体来说，衰退期企业战略的基本类型如表 7-3 所示。

表 7-3 衰退期企业战略的基本类型

转变、紧缩、全面改组战略	放弃、分离、清理战略
1. 转变战略	1. 放弃战略
2. 紧缩战略	2. 分离战略
3. 全面改组战略	3. 清理战略

1. 转变、紧缩、全面改组战略

企业转变、紧缩、全面改组战略是为了使处于衰退或不利竞争地位的企业重振旗鼓，在原经营领域或已经改变的经营领域中重新确立自己的竞争地位。该战略可分为以下 3 种类型。

（1）转变战略。企业的转变战略分为两大类型：一是战略性转变；二是操作性转变。前者是指企业在原经营领域中或进入新经营领域进行的战略转变，包括改变企业的关键领导人、重新分配组织内部的责任和权利、改变组织结构、调整产品结构、转变具体战略形式等；后者则是以提高效益、降低成本和投资、缩减资产、加快收回资产为中心的战略转变，包括收入增加战略、成本削减战略、资产减少战略以及复合战略（前几种战略的综合）。以汽车行业为例，成立于 1923 年的克莱斯勒公司，始终与美国的通用汽车公司和福特汽车公司三分天下。但是进入 20 世纪 70 年代之后，该公司却一蹶不振，多年亏损，到了 1979 年，公司几乎资不抵债，濒临破产。于是，克莱斯勒聘请了在福特公司屡建功勋的艾柯卡出任公司总经理。艾柯卡上任后，重新选用了公司的高级管理人员，建立了通畅的具有其领导风格的决策系统，重构了运营系统，并且注重市场调研，果断调整了产品的发展方向，不断推出新产品。经过四年的苦心经营，该公司于 1983 年提前 7 年还清了联邦政府贷款，彻底摆脱了困境。

在某一具体经营情况下，企业应当选择哪一类转变战略，需要考虑以下 3 方面问题：① 该经营项目是否值得挽救，转变、放弃、清算，何者更适合？② 拟挽救的经营项目当前经营状况如何？③ 该经营项目的战略实施情况如何？然后依据该项目的经营状况及战略地位来具体选择采用战略性转变还是操作性转变，如表 7-4 所示。

表 7-4　企业战略的选择分析

当前经营状况	当前战略地位		
	弱	一般	强
坏	清算或战略性转变	放弃或操作性转变	操作性转变
中	战略性转变	战略性转变或不变	操作性转变或不变
好	战略性转变	战略性转变或不变	操作性转变或不变

（2）紧缩战略。当经济衰退、产业进入衰退期、市场对企业产品或服务的需求减少等情况发生时；或是由于企业经营失误造成企业竞争地位虚弱、经营状况恶化时，只有采用紧缩战略才能最大限度地减小损失，保存企业实力。此外，企业或是为了谋求更好的发展机会，把有限的资源分配到更有效的使用场合，也会主动地实行紧缩战略。

紧缩战略是一种相对消极的发展战略，通常企业实行紧缩战略只是短期性的，其根本目的是使企业撑过风暴后转向其他的战略选择。可以说，紧缩战略是一种以退为进的战略态势。紧缩战略有以下 3 个特征。

① 对企业现有的产品和市场领域实行收缩、调整和撤退战略，比如放弃某些市场和某些产品线系列，因而从企业规模来看是在缩小，同时，一些效益指标，如利润和市场占有率等都会有较为明显的下降。

② 对企业资源的运用采取较为严格的控制，往往只投入最低限度的资源，尽量削减各项费用的支出，因而紧缩战略的实施过程往往伴随着大量员工的裁减，一些奢侈品和大额资产的暂停购买等。

③ 紧缩战略具有短期性。紧缩战略具有明显的过渡性，其根本目的并不在于长期节约开支、停止发展，而是为企业今后的发展积聚力量。

（3）全面改组战略。全面改组战略是经营结构的重新组合，通常包括原有经营单位的分离和新单位的接管两重意义。企业分离的经营单位不仅包括那些竞争力弱、处于衰退或缺乏吸引力的产业，同时也包括那些尽管经营还能盈利，但已不再适合企业战略发展需要的经营单位。企业采取这种战略基于以下5个条件：

① 企业整体经营的前景暗淡，这主要是因为其内部包含了过多的成长缓慢、处于衰退阶段或者竞争性差的经营单位；

② 一个或多个企业的关键性经营单位陷于困境；

③ 新的高层领导人员接管了该企业，从而重新确立企业的经营发展方向；

④ 新技术、新产品的出现以及企业为了进入富有潜力的新产业而实行一系列接管战略；

⑤ 企业面临重要机遇，需要进行大规模接管，为了筹集资金而卖出公司现有的经营单位。

2. 放弃、分离、清理战略

该战略可以分为以下三种类型。

（1）放弃战略。放弃战略是指将企业的一个或几个主要部门转让、出卖或者停止经营。这个部门可以是一个经营单位、一条生产线或者一个事业部。

在放弃战略的实施过程中通常会遇到一些阻力，具体包括以下3种。

① 结构上或经济上的阻力，即一个企业的技术特征及其固定资本和流动资本妨碍其退出，如一些专用性强的固定资产很难出售。

② 公司战略上的阻力。如果准备放弃的业务与企业的其他业务有较强的联系，则该项业务的放弃会使其他有关业务受到影响。

③ 管理上的阻力。企业内部人员，特别是管理人员对放弃战略往往持反对意见，因为这往往会影响他们的业绩考核。

鉴于此，要克服这些阻力，通常可以采用以下办法：在高层管理者中，形成"考虑放弃战略"的氛围；改进工资、奖金制度，使之不与"放弃"方案相冲突；妥善处理管理者的出路问题等。

（2）分离战略。分离有两种形式：一是将某一经营单位从公司分离出去，此单位在财务和管理上有其独立性，母公司只保留部分所有权或者完全没有所有权；二是找到某位愿意进入该经营领域的买主，将这一经营单位出卖。

当企业出现以下3种情况时，可考虑采用此战略：

① 公司经营内容或经营状况与整体经营不协调；

② 公司财务上的需要，某个经营领域的分离能使公司获得现金流，增加公司财务的稳定性和主导经营的优势；

③ 当公司在某一特定市场形成垄断时，将受到政府法律和有关规则的限定而进行分离。

（3）清理战略。清理是指卖掉企业的资产或停止整个企业的运行而终止一个企业的存在。显然，清理战略对任何企业来说都是在所有其他战略都失败时才会被启用。但在确实毫无希望的情况下，企业尽早地制定清理战略，可以尽可能多地回收企业资产，从而减少全体股东的损失。因此，清理战略在特定情况下，也是一种明智的选择。清理分为自动清理和强制清理两种。前者一般由股东决定，后者须由法庭判定。清算是所有战略选择中最为痛苦的一种，对于单一经营的企业来说，它意味着结束了企业的生命。对于多种经营的企业来说，它意味着一定数量的工厂被关闭和职工被解雇。在毫无希望的情况下，早期的清算比被迫破产更有利于股东的利益，否则一味地在该领域中继续经营，只能耗尽企业的资源。

当出现以下 4 种情况时，可考虑采用清理战略：

① 技术的发展促使新的替代产品出现；

② 消费者偏好或价值标准的改变导致经营的恶化；

③ 竞争过于激烈，市场供给严重超过需求；

④ 人口迁移造成需求过度减少。

本章小结

1. 所谓企业生命周期，就是指一个企业的诞生、成长直至最后消亡的过程。国内学界普遍认同的企业生命周期分为四个阶段，即创业期、成长期、成熟期和衰退期。

2. 企业的发展过程中存在 4 种主要功能，即执行功能（P）、行政功能（A）、创新功能（E）和整合功能（I），这 4 种功能在企业发展的不同阶段具有其演变规律，形成了企业生命周期的驱动力。

3. 创业期企业必须根据自身实力和所面临的环境采取相应的战略。德鲁克认为创业战略有四种，即孤注一掷战略、攻其软肋战略、生态利基战略和创新战略。

4. 由于企业所处外部环境和所拥有的内部资源条件不同，处于成长期的企业在战略设计时也有不同的选择，主要包括密集型发展战略、一体化发展战略和多元化发展战略。其中，密集型发展战略包括市场渗透、产品开发和市场开发战略；一体化发展战略包括后向一体化、前向一体化和水平一体化战略；多元化发展战略包括同心多元化、水平多元化和复合多元化战略。

5. 成熟期企业采取稳定型战略，包括无变化战略、维持利润战略、暂停战略和谨慎实施战略。

6. 衰退期企业采取转变、紧缩、全面改组战略以及放弃、分离、清理战略。

关键概念

企业生命周期（the corporate lifecycle）

多元化发展战略（diversity development strategy）

一体化发展战略（integrative development strategy）

稳定型战略（steady-going strategy）

收缩战略（shrinkage strategy）

思考题

1. 关于企业的生命周期理论主要有哪几种？

2. 企业生命周期每个阶段的主要特征是什么？

3. 选择企业的发展战略时需要考虑的主要因素有哪些？

4. 关于企业的创新可应用于什么战略类型中？

第 7 章 基于企业生命周期的战略设计

案例讨论

露露乐蒙的核心竞争力①

一、精确细分市场定位和产品定位——"瑜伽、年轻女性、高价、休闲+运动"四大维度

与其他体育用品公司覆盖多个品类场景、多以男性为出发点、覆盖各年龄段不同，露露乐蒙在初始阶段剑走偏锋，专业定位于瑜伽领域，且受众群体基本为年轻女性消费者。瑜伽是近二十年才在全球风靡起来的运动，参与者多是 25~40 岁、收入高、对生活品质有要求的女性，而这类女性的品牌忠诚度、高价接受度和对产品的舒适度、时尚性要求高，一旦抓住这类高端群体，将有助于企业获得行业领先地位、定价能力、稳定的品牌忠诚度、复购能力以及自动口碑宣传。露露乐蒙也是借势于此，才得以快速流行起来。而如此细分的市场定位，也避开了与耐克、阿迪达斯的直接竞争，使得公司在早期发展时有足够的空间来发展壮大，当更多的运动品牌加入女性运动市场时，露露乐蒙已经抢占先机，获得差异性优势。

露露乐蒙产品定位的另一大特色是将"运动"与"休闲"结合起来，拓展了用户群体和消费场景。露露乐蒙不仅在瑜伽裤的功能性上做到了极致专业，而且在时尚方面也远超竞争对手，是传统的、千篇一律的瑜伽裤难以比拟的，这也触及了除瑜伽运动者之外的另一更大群体——爱美的年轻女性。在北美市场，因其十分出色的时尚设计，露露乐蒙早已被消费者们不仅仅当作运动裤来使用，在街头，也可以作为休闲紧身裤来穿搭。紧身裤于 20 世纪 80 年代初期随着健身与有氧运动的兴起而备受追捧，2005 年开始被当作迷你裙的内搭，近年来则被更年轻一代的消费者用来直接与 T 恤进行搭配。一时间，无论是在照片墙拥有过亿粉丝的金·卡戴珊、肯达尔·詹娜等明星超模，还是欧美的年轻人都把不同颜色或印有各种花纹的紧身裤当作"街头服饰"，穿衣场景的界限被进一步打破。

精确的细分市场定位战略，是露露乐蒙大获成功的根源所在。现在，对于很多一线城市的中产阶级而言，一条露露乐蒙瑜伽裤和戴森吹风机一样，是身份地位和生活方式的标志，通过 21 年的努力，如今的露露乐蒙已经成为"运动品牌中的爱马仕"，用户以拥有一件露露乐蒙而自豪。作为露露乐蒙的明星产品，一条露露乐蒙瑜伽裤在中国的零售价在 750 至 1000 元之间，而耐克的紧身裤的售价则为 300 至 700 元。而露露乐蒙公司也从未考虑过降价，这是产品定位战略的需要。

露露乐蒙瑜伽裤坚持卖得贵且不打折的底气，一方面是由于市场对瑜伽裤和紧身裤的旺盛需求。随着 Athleisure 风潮（休闲运动风）近年来的常态化，对当下年轻人而言，瑜伽裤和紧身裤已经成为日常着装的一部分。另一方面，则是出于维护高端品牌的需要。坐拥强大的品牌号召力和顾客忠诚度，维持高价也相当于维护了顾客群体的身份地位，也维护了公司的行业定价权，这是公司产品定位的根本所在，不能为了追求销售额的扩大而盲目降价，这是杀鸡取卵的愚蠢行为。

二、极其优秀、充满高科技含量又能兼顾时尚性的产品

好的产品定位和营销策略只是品牌成功的助推器，真正能让消费者买单的，是品牌设计

---

① Lululemon（露露乐蒙）如何在小众行业里成为卓越？[EB/OL]．（2020-03-30）．https://zhuanlan.zhihu.com/p/90464728．

及生产出的高质量的产品。露露乐蒙的产品在"运动专业性"和"时尚性"两大方面都做到了极致的优秀，而这样的产品，是能让年轻女性爱不释手的。

专业性方面：露露乐蒙创办的灵感来源是创始人奇普·威尔逊在参加瑜伽课的过程中，发现女性穿着棉涤纶混纺织的瑜伽服，不仅达不到贴身排汗的效果，并会伴有尴尬的透视现象。在露露乐蒙之前，女性瑜伽服多来自于改小的、改色的男士健身服，专门为女士设计的运动服并不常见。这些为女性带来的不便是奇普·威尔逊窥见商机的诱因。于是在1998年，他开设了包括设计室、零售店及瑜伽房在内的露露乐蒙公司，开始为全球女性生产品质出众、舒适透气、时尚美观的运动系列产品。露露乐蒙经过多年的改良设计，拥有包括"Luon"在内的多项专利，其产品在柔软性、透气度、贴合度、面料材质、舒适度、排汗性、防透视等方面都是瑜伽服里最好的，有效解决了当时瑜伽服舒适感弱、排汗性差、不够贴身等短板。面料方面，公司始终从客户角度出发，针对不同的使用和运动场景，创新出各种类型的面料技术，以公司著名的"Align Pants"为例，产品使用了"Nulu技术"，具备"裸裤感"，穿着时仿若无物，在锻炼时毫无束缚感，广受消费者好评和赞誉。

同时，与当时大多数综合类运动服饰品牌不同，公司的产品还融合了很多人性化及时尚感的设计，如隐形口袋、裤脚反光等细节设计既实用又充满时尚感，此外，公司改变了运动裤一贯的单一纯色调，将各色花样、图案融入款式中，使人们在运动之后可以随意走出健身房，出入公共场合。这是公司与其他国际运动品牌相比的差异化和竞争力所在。早期市场上的运动品牌普遍注重运动功能，对时尚的关注度不高，这使得同时具备功能性和时尚性的露露乐蒙的产品能迅速脱颖而出，很多不练瑜伽的女性都注意到了该品牌。

时尚性方面：露露乐蒙的时尚性可以概括为——传递舒缓和优美的运动形式，巧妙避开了竞技体育的对抗性和激烈性。在产品设计上，露露乐蒙下了极大的功夫，参考了各种体形特点进行改良，如将紧身背心拉长，搭配瑜伽裤外穿，就可遮挡部分臀部，加上"暗兜""双面穿""夜晚闪"等时尚元素设计，让品牌迅速以实用、舒适和科技感的姿态亮相市场。慢慢地，一件简单T恤搭配一条露露乐蒙瑜伽裤，脚踩一双运动鞋，这种方便又时尚的Athleisure（Athlete+leisure，即运动风和休闲风的结合）穿搭风格成为一道亮丽的风景线。

虽然品牌已经创立多年，品质也已有口皆碑，露露乐蒙仍始终关注着顾客的反馈，并及时进行产品改进及更新。每当扩张到一个新的城市，露露乐蒙就会与当地的瑜伽室进行商业资源置换，教练会被免费提供一年的瑜伽服，同时也需要向露露乐蒙总部反馈学员对于该品牌服装的修改意见。

三、业内首屈一指且独特的营销能力

不同于传统的体育用品公司主要依靠广告和明星代言人进行品牌营销，露露乐蒙几乎从不打广告，它是社群营销的鼻祖。

露露乐蒙的成长在很大程度上依靠瑜伽文化和瑜伽社群的捆绑，通过各种口碑相传的社群活动，创造与消费者的共同回忆，深度绑定消费者，提高消费者忠诚度，而消费者忠诚度是品牌溢价的基础。奇普·威尔逊是位雄心勃勃的创业专家和营销天才，他选择与全球各地的瑜伽教练或健身教练合作，通过提供一年免费服装等方式邀请他们担任品牌大使。而在顾客方面，每周为社区顾客提供免费的瑜伽课程，组织跑步俱乐部，试图通过营造一种温馨健康的社群氛围，让顾客和品牌间，从单纯的利益关系升华为朋友和家人的感情。它不仅仅是卖产品，更是宣扬瑜伽运动、健康生活的现代精神。露露乐蒙的包装袋上，写满了各种各样的励志口号，以及积极的生活态度标语。凭借这一创新推广模式，露露乐蒙迅速积累了规模

庞大的粉丝，培养了品牌文化社群，而瑜伽裤则成为品牌文化的一种"图腾"和象征。加拿大主流媒体还曾经将这一现象（对 Lululemon 的狂热爱好）比喻为"邪教式的"（Cult-like）。

具体来说，瑜伽教练在其领域都相当于一个关键意见领袖（key opinion leader，KOL），他们对学员的影响力越深，就越能为露露乐蒙带来流量，双方互惠互利，由此打开局面。换句话说，现在市面上炒得沸沸扬扬的"私域流量"思维，露露乐蒙其实早就参透了。这项给瑜伽教练提供免费服装的传统一直延续到今天——露露乐蒙每进驻一个新城市，就会找二十个左右当地的瑜伽教练，以服装赞助的形式进行合作。其次，露露乐蒙的门店除了能买衣服外，还能练瑜伽。露露乐蒙将自身门店分为了普通门店、旗舰店、展示店、实验店，其中旗舰店能为前往购买产品的消费者推荐附近的健身课程和健身房；展示店用来和用户进行沟通、开展各种活动，诸如提供瑜伽课程以及销售有限范围的产品；实验店则相当于它的设计工作室。除门店外，露露乐蒙还会在社区免费开设瑜伽课，少则百人，多则上万人，比如在曼哈顿的布莱恩公园，露露乐蒙每周举办两次开放课，每次大约四百人参加，前来参加的人大多穿着露露乐蒙的瑜伽服，声势之浩大吸引了大量人群的关注，为露露乐蒙带来了大批的隐性用户。而且，参与露露乐蒙免费课程的用户，在与露露乐蒙进行近距离接触之后，能更加深刻地体会到露露乐蒙的产品、品牌以及理念，相当于一次深刻的体验营销。由此一来，露露乐蒙通过"建立社区"的方式，让消费者建立起了露露乐蒙与瑜伽之间的对等关系，从而加深了用户对露露乐蒙的品牌认知度。

"饥饿营销"是露露乐蒙品牌推广的另一主要策略。作为休闲运动产品，时尚性永远面临着"快速迭代、不断创新"的艰巨任务。露露乐蒙在这方面做得也很好，与时尚界翘楚 ZARA 类似，露露乐蒙每次生产的服饰库存量极低，更新换代的速度极快，消费者永远都猜不透下次进店铺会看到什么新款，让顾客永葆一份好奇心，想要在换季时一探究竟。这也是快销服饰品牌 ZARA、H&M 的惯用策略，新鲜感与紧迫感并存，用"此时不下手，下次就没有"的心理压迫感，让一贯纠结的女性用户，果断入手露露乐蒙低库存、高轮转的商品，而这是非常依赖公司拥有优秀的产品设计团队和时尚潮流眼光的。

另外，2019 年开始，露露乐蒙已开始逐步推行付费会员服务，进一步增强品牌与消费者之间的联系，从而提高顾客忠诚度。据悉，这项会员计划的年费初步定为 128 美元。在支付会费后，会员不仅可以根据自己的需要选择免费获得一条瑜伽裤或是参加品牌组织的健身课程和活动，在线上平台购物也可以享受免邮服务。

四、市场定价能力

在利好的大趋势下，耐克（Nike）、安德玛（Under Armour）、维多利亚的秘密（Victoria's Secret）等竞争对手也先后开始把目标瞄准女性瑜伽裤、运动文胸等产品，开始触及休闲运动领域。尽管入局的竞争对手越来越多，细分领域的竞争也越发激烈，但是它们并不能像露露乐蒙一样拥有定价权，特别是其明星产品——瑜伽裤的定价权。据 2018 年统计数据，露露乐蒙的产品变现 DSO 指数为 2.8 天，远低于 Under Armour 的 32.85 天和 Nike 的 38.1 天。露露乐蒙能够持续把握定价权的核心原因是强大成熟的品牌号召力和产品创新能力。品牌文化、品牌号召力和创新设计能力不是一时半会能够培育起来的，而是经过了长久精心的培育，也有极强的生命力，很难被竞争对手所超越，这是维持产品高溢价的关键所在。

定位精准+独特营销+强大的创新设计能力是露露乐蒙能够取得成功的三大因素，市场定价能力是后续衍生出来的核心竞争力，与茅台在白酒行业里的定价权高度相似。

讨论题

1. 露露乐蒙在发展初期采取了什么样的发展战略?
2. 你如何理解露露乐蒙发展过程中所展现的竞争力?
3. 你认为露露乐蒙所面临的主要风险有哪些?

经典书籍推荐

推荐书目:《企业生命周期》,该书的作者是伊查克·爱迪思,于 2017 年由中国人民大学出版社出版。

伊查克·爱迪思是全球有影响力的管理学家之一,他是企业生命周期理论的创立者,组织变革和治疗的专家。他在研究、辅导过上千家企业后,写出了《企业生命周期》一书,以系统的方法巧妙地把一个企业的发展比作一个像人一样的生命体,把企业生命周期分为 10 个阶段:孕育期、婴儿期、学步期、青春期、壮年期、稳定期、贵族期、官僚早期、官僚期、死亡。爱迪思生动、准确地描述了企业每个阶段的特征并提出相应的对策,揭示企业发展的基本规律,告知企业管理者和创业者如何判断出现的问题,如何安排结构、人员和制度,以便让组织充满竞争力和活力。该书所提出的理论和规则解释了企业为什么会成长、老化和死亡,以及在这些不同的阶段,企业应采取的应变之策。书中描述和分析的是企业在成长过程中通常会选择的路径,以及企业为了避免成长和衰老过程中的典型问题而应该选择的最佳路径。

第 8 章
基于行业类型的战略设计

 本章学习目标

1. 了解新兴行业、成熟行业、零散行业的特点;
2. 认识上述各行业中企业战略设计时所面临的问题;
3. 了解先进制造业和现代服务业的特点;
4. 掌握先进制造业企业和现代服务业企业战略设计的内容。

引例

每年的 12 月 3 日是喜马拉雅 FM 的 "123 知识狂欢节"。2017 年,喜马拉雅 FM 举办了第二届 "123 知识狂欢节",第一届的热门爆款产品《好好说话》,销售额为 555 万元。2017 年的爆款则是《蔡康永的 201 堂情商课》,销售额突破 1000 万元。

第二届 "123 知识狂欢节" 的总销售额从第一届的 5088 万元猛增至 1.96 亿元,同比增长 284%,知识付费 "钱" 景大好。

2017 年的跨年夜,喜马拉雅 FM 又联合浙江卫视推出了国内首档知识年终秀 "2018 思想跨年盛典",做了一场别出心裁的跨年晚会,为喜马拉雅这一年在知识付费领域的摸索画上了句号。

对于平台的表现,喜马拉雅 FM 的 CEO 余建军内心是欣喜的,毕竟在 2016 年知识付费的新模式爆发后,行业内外不断有质疑与困惑,但他还期待有更多企业加入,一同培育用户的付费意愿,"知识付费至少还需要经过数年的发展和演变",因为市场依然缺乏大量细分品类的优质内容,而作为最节省时间、最方便获取的媒体,知识付费的音频时代才刚刚开始。对于喜马拉雅 FM 而言,加固音频生态壁垒始终都是工作重心。①

在企业发展过程中,对其影响最直接、作用最大的环境因素是行业环境因素。不同的行业,其基本特性、发展趋势以及行业发展阶段和竞争力量、范围都大不相同,而这都将对企业的战略行为产生重大影响。因此,不同行业中的企业,应根据自身经营实力和行业因素条件,确定正确的战略思想,制定有效的经营战略,只有这样,才能在激烈的市场竞争中立于不败之地。本章主要介绍新兴行业、成熟行业和零散行业中的战略设计,同时,伴随信息技术的发展,先进制造业以及现代服务业的战略设计日益成为战略管理学者和企业管理人员关注的焦点,因此,对这两个行业战略设计的介绍也成为本章讨论的重点。

---

① 赵俊杨,韩璐. 喜马拉雅经济学[J]. 管理通鉴,2018(4):52-55.

8.1 新兴行业的战略设计

由于技术进步、相对成本关系的变动、新的消费需求的出现等，新兴行业不断涌现。那么，何谓新兴行业？处于新兴行业的企业在战略设计时需要重点考虑哪些问题呢？

8.1.1 新兴行业的概念与特征

所谓新兴行业，主要是指采用微电子技术、信息技术、生物工程、新材料、新能源、海洋工程、空间技术等新兴技术而发展起来的一系列行业。新兴行业一般处于产业生命周期的成长阶段。为适应新的消费需求的变化或者其他社会、经济、技术因素的变化，新兴行业的企业往往通过技术创新提供新产品或新服务。新兴行业是相对于传统产业而言的，新兴行业的发展主要受科学技术水平的影响。

一般来说，新兴行业具有以下4个特点。

1. 技术存在不确定性

在一个新兴的行业内，存在着大量的技术上的不确定性，什么样的产品构造是最佳的，哪一种生产技术最有效，都需要时间来证明。首先进入该行业的企业需要对产品的最佳结合进行试验，并且，为了使生产过程最有效率，还需要在生产技术上进行创新。技术上的不确定性要求企业不断投入研究和开发资本，这将引起企业成本结构的改变。

2. 行业标准尚未统一

在行业处于新兴阶段时，有关行业活动、行业关系、行业评判等方面的统一标准尚未形成。首先进入市场的企业，往往可以使自己企业的产品特征、组织方式、经营方式或分销渠道成为行业标准的基础，从而形成特殊的"在位"优势。这种"在位"优势将成为阻碍其他潜在竞争者进入市场的有力障碍。

3. 企业战略具有不稳定性

处于新兴行业中的企业缺乏"正确的"战略指导，它们需要逐步摸索来寻找适合该行业发展、适合自身情况的战略类型。此时，由于缺乏必要的有关竞争对手、消费者特性、行业结构和发展路径等方面的信息，各企业不得不摸索各自的发展战略，以实现产品定位、市场定位以及市场销售等，并且企业产品和生产技术尚不成熟，从而使企业具有决策上的不确定性和战略上的不稳定性。

4. 初始成本下降迅速

由于产量较低，没有可行的学习曲线，因此企业初始成本较高。然而随着工艺的改进，工厂布局的合理化，成熟的经验曲线的学习和工人熟练程度的提高，企业在生产规模扩大的同时，生产成本会迅速下降。

此外，新兴行业在发展中通常会面临不同程度的限制或威胁。这些负面的影响因素包括：缺乏获得原材料和零部件的能力、原材料价格的迅速上升、缺乏基础设施、缺乏产品或技术标准、不稳定的产品质量、顾客困惑、在金融界较差的形象和信誉、获得监管部门批准的困难以及受新兴行业威胁的实体的反应等。

8.1.2 新兴行业的技术创新战略

新兴行业中的企业要在激烈的竞争中立足并占据有利地位,必须有较强的技术创新能力并选择适当的技术创新战略,这里主要介绍进攻型、跟进型、防御型和钻空隙型4种技术创新战略。

1. 进攻型创新战略

企业技术创新的进攻型战略是一种主动、自觉地进行技术创新,力求在产量、工艺、技术、组织和市场等方面领先于竞争对手的战略。实质上,这种战略是以自我为主的"自主创新"战略。

采用这种技术创新战略,要求企业把技术创新的目标集中在争取技术领先方面,根据新产品、新技术或新工艺的需要来进行组织创新和市场开拓。实施这种战略的关键是企业拥有雄厚的科技人才资源和研究开发经费,能够持续进行研究与开发活动,从而保证企业能够始终有占据市场优势地位的创新产品,要求企业能够承受技术创新活动带来的巨大风险,能够超前看待这些创新项目潜在的巨大市场前景,敢于冒风险运用企业资源并组织社会资源开展创新活动。

实施进攻型创新战略的企业,能够拥有新技术、新产品、新工艺等创新产品的专利权或专有技术权,其创新成果受到知识产权保护,可以在较长时期内源源不断地获得高额利润。尽管创新的风险很大,但成功后的获利相当丰厚。

2. 跟进型创新战略

企业技术创新的跟进型战略是一种先引进后消化式的创新,带动组织变革和市场开拓,力求产品、工艺、技术等方面尽快缩小与先进水平差距的战略。实际上,这是一种跟跑速进的"引进创新"战略。采用这种技术创新战略,要求企业在认真分析国内外市场前景和技术性能的基础上,把技术创新的目标定位在引进先进技术、工艺或产品上,以求迅速消化并在此基础上有所创新,从而赶上或超过先进水平,发挥后发优势。实施这种战略的关键是企业必须有灵敏的信息网络,较强的消化吸收能力,必要且较充足的资金保证(国内外经验表明,顺利消化引进成果的费用为引进费用的3~5倍),要求企业家切实把引进项目的消化创新摆在首要位置,想方设法进行二次创新,推动企业成为技术领先者和输出者,并逐步转向自主创新。

实施跟进型创新战略的企业,由于不是自己开发新技术、新工艺、新产品等,而是在竞争者有了创新成果并打开市场后再引进这类创新项目,挤进市场或开辟新市场,实际上是在明确知道市场后再生产新产品,因此失败的风险很小。同时,企业花费的经费和时间也比自主创新要少得多,从而可以在较长时期内获得高额利润。

3. 防御型创新战略

众所周知,在商品市场上没有长盛不衰的产品。任何产品都有其投入、成长、成熟和被淘汰的生命周期,而且在科学技术迅速发展,科技成果转化为新技术、新工艺、新产品的周期不断缩短的今天,许多产品的生命周期越来越短,如电子计算机、家用电器等产品表现得更为明显。但是,不同产品的生命周期是不一样的,一个产品的生命周期的长短受多方面因素的影响,有时甚至在出现了替代产品或更新产品后,一种产品仍能保持相当的市场占有率或特有的目标市场。因此,企业可以通过了解产品的生命周期特点,采取防御性创新战略来延长产品的盈利时间。

企业技术创新的防御型战略是一种对现有产品进行系列延伸、中短期开发，以使企业的市场占有率和利润在较长时期内保持稳定的战略，这是一种自我改良的"抢摊创新"战略。采用这种技术创新战略，要求企业密切注意产品的生命周期，在产品进入成长期后便注意及时开发研制换代产品和系列产品，努力形成规模生产能力，不断降低产品成本和市场销售价格，一方面扩大企业创新产品的市场占有率，另一方面抑制后来企业的进入。这样就可以使企业在市场上保持主动，延长创新产品的生命周期。

实施防御型创新战略的企业，由于是在原有创新产品的基础上进行延伸开发、系列扩展，企业的科技人员和广大职工对此较为熟悉和乐于接受，容易取得明显成效，整个生产节奏可以保持平稳，使企业获利水平得以不断提高。

4. 钻空隙型创新战略[①]

所谓钻空隙型创新战略就是指企业在进行技术创新时，通过研究分析市场上主要企业（市场份额的主要占有者）产品系列的薄弱环节（质量、性能、外观、方便、实用）或不足之处，研制出自己的特色产品，抢占市场的某一方面；或者通过找出没有被其他竞争产品所覆盖的市场面，用自己的创新产品去填补市场空隙的开发创新战略。实际上，这是一种在夹缝中求发展的"挤占创新"战略。

采用这种技术创新战略，要求企业具有一定的技术能力和资金实力，而且善于分析市场、捕捉市场潜在机会，通过技术创新（也可以借助外来智力发展横向联合）研制特色产品，或使类似产品具备其他企业产品所没有的特殊功能，从而适应特殊购买者或市场的需求。

实施钻空隙型创新战略的企业，可以在激烈的市场竞争中，通过有针对性的产品创新，完善创新成果，进行市场开拓并扩大市场占有率，为企业滚动发展赢得时间和资金支持。该战略尤其适合于那些后进入市场的中小企业，有利于它们逐步积累力量，在目标市场取得突破，争得有利的市场地位，获得较好的生存与发展机会。

8.1.3 新兴行业的分销渠道控制战略

分销渠道控制是渠道管理者实现其渠道管理计划而对分销渠道运作的管理过程。通过实施正确的价格战略、产品线战略、所有权战略，对渠道进行有效控制，有利于新兴行业中的企业制定合理价格、提供合理产品组合的宽度与深度、缩短交货期、稳定市场秩序、实现分销渠道管理目标，达到顾客期望的服务水平，提高渠道服务产出。影响企业分销渠道控制的因素主要有价格因素、产品因素和渠道成员因素等，据此，分销渠道控制战略分为以下3种类型。

1. 渠道价格控制战略

价格是影响厂商、经销商、市场和消费者的重要因素，因此，合理而准确的价格政策是保障厂商利益，调动经销商的积极性，吸引消费者，战胜竞争对手，保证市场占有率的关键。对于新兴行业中的企业而言，价格控制战略包括价格维持战略和价格差异化战略。

（1）价格维持战略。该战略是指新兴行业中的企业控制产品价格，渠道成员不能以低于或高于企业制定的价格来销售产品，这也被称为转卖价格维持战略。实施价格维持战略有以

[①] 李培生. 论企业技术创新战略选择[J]. 财经问题研究, 1996（10）: 59-60.

下 6 个方面的优点：
① 防止价格折扣行为，有利于维护市场秩序，能够保证客户得到更多的信息和服务；
② 避免经销商由于潜在的提价冲动而背离厂商和顾客的利益，有效维持价格的竞争力；
③ 合理价格的维持能够稳定利润率；
④ 支持品牌"价格—质量"形象，鼓励经销商尽力推销自己的产品而不是竞争者的产品；
⑤ 保证本品牌的广泛分布和易获得性；
⑥ 可观的利润使渠道成员退出协议的代价高，可以防止价格维持者转变为价格折扣者。

（2）价格差异化战略。该战略是新兴行业中的企业对不同的细分市场采取不同的价格策略的行为。企业之所以能够实施价格差异化战略，主要是因为新兴行业市场本身存在差异化，由于市场存在着不同的需求，成本、价格敏感度和竞争通常会因细分市场的不同而显著不同，采取单一价格的销售战略不利于价格竞争，也不利于获得利润。

2. 渠道产品线控制策略

产品线控制是由渠道管理者控制渠道成员经营的产品线的深度和宽度，主要有独家交易战略和捆绑销售战略。

（1）独家交易战略。独家交易是指新兴行业中的企业要求其经销商只能经营其产品或品牌，或者最起码不能经营其直接竞争对手的产品和品牌的交易行为。独家交易使经销商更为依赖其供应商，供应商因此能获得经销商的忠诚。

具体说来，独家交易战略具有以下 4 个方面的好处：
① 排除了竞争者同与自己具有独家交易关系的经销商合作的可能；
② 与经销商保持长期独家交易的关系可以使供应商较容易预测未来的销售情况，有利于供应商在生产和后勤保障上的工作安排；
③ 经销商可以获得稳定的货源和进货价格，有效降低管理成本；
④ 经销商可以获得供应商提供的促销支持和其他帮助，同时避免经营多个品牌所带来的存货成本的增加。

（2）捆绑销售战略。捆绑销售是指供应商要求经销商除了购买其需要的产品或服务外，还要购买供应商的其他产品或服务的销售行为。实施捆绑销售策略能有力地维护本品牌的销售，同时压制其他竞争品牌的销售，采取捆绑销售还有其他方面的好处：
① 可以用要捆绑的产品或服务（如复印纸）来衡量被捆绑的产品或服务（如复印机）的使用率；
② 可以利用利润低的被捆绑的产品或服务（如剃须刀架）来带动利润高的要捆绑的产品或服务（如剃须刀片）的销售；
③ 把被捆绑的产品和要捆绑的产品放在一个包装容器中进行销售，可以节省渠道成员的产品包装成本。

3. 渠道所有权控制战略

渠道管理者要想有效控制市场，会通过控制所有权来进行垂直整合。实施垂直整合包括自建具有渠道功能的组织单位（内部扩张）和收购其他渠道成员（外部扩张）两种方式。无论是通过内部扩张还是外部扩张方式进行整合，都可以使渠道成本降低，提高渠道管理效率，而且还会对价格控制、产品线控制和市场覆盖率控制产生更加有利的影响。新兴行业企业通过控制所有权来达到多渠道分销的目的。多渠道分销策略可以通过价格挤压和"水平合并与共谋"等方式来争取更有利的竞争地位，进而加强对渠道和市场的控制。在某一个特定市场中，卖方的竞争对手如果是一个强大的经过垂直整合的公司，就有可能遭到这个对手的价格挤压，如建筑用铝材的制造商在原材料价格上涨时都会面临压力。水平合并与共谋又称为横向整合渠道系统。在多渠道营销的情况下横向整合可以有效地控制市场和抵御竞争[①]。

8.2 成熟行业的战略设计

许多行业从迅速增长时期过渡到较为适度增长时期，可称为进入成熟期。这时，行业的竞争环境会发生一些根本性的变化，需要企业做出各种战略性的反应。进入成熟期后，市场对资源开始新的配置方式，使得成熟行业下的竞争环境和方式发生巨大变化，企业必须对原有的经营战略进行调整，以适应市场的变化。

8.2.1 成熟行业的概念与特征

成熟行业是指一个正在从快速成长转向明显更慢的发展阶段的行业。当一个行业的几乎所有的潜在购买者都已经成为该行业产品的使用者时，就可以说该行业是一个成熟的行业了。

一般来说，处于成熟行业中的企业所提供的产品足以从数量上满足市场需求，同时，生产产品的技术和工艺也基本上不存在保密性，大部分企业都具备了必需的甚至是相同的技术水平，维持着微利的经营活动，而且消费者也变得更为成熟，他们对产品的要求更多地表现为带有个性化的和特别的要求。综上，成熟行业表现出以下 5 个特征。

1. 产品技术成熟

成熟行业中的产品技术成熟，企业在产品制造和供应方面进行技术突破的可能性较小，而且市场尚未形成对新技术的期望。由于行业增长速度缓慢，技术更加成熟，消费者对企业产品的选择越来越取决于企业所提供产品的价格与服务的组合。

2. 竞争程度加剧

行业的低速增长导致竞争的加剧。由于行业不能保持过去的增长速度，市场需求有限，企业在保持自身原有市场份额的同时，将注意力转向争夺其他企业的市场份额，这样，在向成熟转变的过程中，行业内部形成较为激烈的竞争，主要表现在三个方面，一是众多企业对缓慢增长的新需求的竞争；二是企业相互之间对现有市场份额的竞争；三是注重成本和服务方面的竞争，并由此出现竞争的国际化趋势。

3. 收购兼并增多

在行业的成熟阶段，一些企业利用自身优势进行兼并与收购，从而产生行业集团。同时，这种行业集团也迫使一些企业退出该经营领域。伴随着行业的不断成熟，即使是一些竞争能力比较强的企业也常因对战略与环境的不适应而遭到淘汰。所有这些变化都迫使企业重新审视其经营战略，进行战略调整。

4. 生产能力可能过剩

行业低速增长，企业的生产能力缓慢增加，有可能产生过剩的生产能力，企业需要在行

---

① 尹晴晴. 价格、产品线与所有权渠道控制策略[J]. 当代经济，2007（03）：32-33.

业成熟期中裁减一定的设备和人力。

5. 研究开发、生产、营销发生变化

在成熟行业中，企业面对更为激烈的市场竞争、更为成熟的技术、更为复杂的购买者，必然要在供、产、销等方面进行调整，将原来适应高速增长的经营方式转变为与缓慢增长相协调的经营方式。[①]

8.2.2 成熟行业的品牌战略

对于成熟行业中的企业而言，可供选择的竞争战略，除了波特教授的三个基本竞争战略之外，还有很多可供选择的战略，相关战略已在其他章节进行了介绍，本节仅论述成熟行业中的企业的品牌战略。

品牌战略是市场经济中竞争的产物。所谓品牌战略就是公司将品牌作为核心竞争力，以获取差别利润与价值的企业经营战略。品牌是企业的一种宝贵资产，企业管理者的一个重要任务就是通过连续的营销活动建设企业的品牌形象，达到品牌资产增值的目的。通过对产品、品牌关系的分析，对于成熟行业中的企业而言，有以下 6 类品牌战略可供选择，即产品品牌战略、直线品牌战略、范围品牌战略、伞状品牌战略、根源品牌战略和支援品牌战略。

1. 产品品牌战略

产品品牌战略指的是公司每推出一种产品（或服务），都会赋予它独有的品牌命名，每种产品和它的品牌都是为自己特定的市场服务。比如，美国著名的宝洁公司采取的就是这一战略，在我国国内的洗发水市场，常见的就有海飞丝、飘柔、潘婷等，其中，海飞丝针对去头屑，飘柔强调头发的顺滑，潘婷则着重于头发的营养，三者各有特点，各有特定消费群体，也各有自己独立的品牌。

产品品牌战略的优势在于即使对于某一个特定的细分市场，消费者的需求也是有差异的，对同种产品的功能需求也各有不同。企业生产不同的产品，使用不同的品牌，每一种品牌都可以专注于某一种性能，从而在这个专一市场上满足多方面的需求，以期获得最大的市场份额。消费者由于能够看到品牌之间的差别，即使面临同类的诸多产品时，也能轻松地找到最符合自己需求的品牌产品。

产品品牌战略允许企业在向市场上投放新产品时进行一定程度的冒险。由于新推出的品牌与已有的品牌没有直接的联系，即便失败，也不会殃及企业其他品牌。同时，由于产品的品牌在一定程度上掩盖了企业品牌，企业品牌只有在后台起作用，因此会获得一个相对宽松的选择和发展空间。

产品品牌战略可以间接地得到零售商的支持。各零售商在展示和摆放商品时，每一种品牌的产品所占据的货柜面积相差不大，因此，实施产品品牌战略可以不花费额外费用就能获得较多的展示面积，既经济又划算。当然，对于企业来说，每推出一种新的产品就是推出一个新品牌，都需要昂贵的广告、促销和媒体的费用。即使产品本身性能很相近，不同品牌的产品也要分别做推广，造成企业资源的浪费。

2. 直线品牌战略

直线品牌战略指采用同一个品牌名称，生产能满足类似需求的相关产品的品牌战略。应

---

① 钟耕深，徐向艺. 战略管理[M]. 济南：山东人民出版社，2006：56-64.

当明确，采用直线品牌战略的产品之间首先是有很强的相关性，其次是要解决一个共同的需求。这种战略的优势很明显，比如为了满足同种需求推出诸多产品，有利于形成良好的企业形象。产品之间的相关性使推出新的产品变得比较容易，能减少相当一部分推广费用。但同时，产品的相关性限制了品牌的远期扩展，而且由于产品之间是相似的，当有重大革新的产品出现时，为了保持现有产品的利润率，往往会将其推迟投向市场，从而限制了品牌的发展。

3. 范围品牌战略

范围品牌战略指同一竞争范围内的许多产品，使用统一的竞争口号和品牌。这种战略比较常见，其优势在于通过统一品牌名称，能在一定程度上避免品牌外的盲目扩张。企业广告塑造的是企业独特而统一的品牌总资产，这一资产可以方便地推出新产品，促销费用非常低，营销渠道易于维持和拓展。范围品牌战略经常碰到的问题是在产品质量上的不明确，因为多种产品使用同一个品牌，很难使人相信每个产品都很优秀，任何一个其他的品牌都可以宣称它同这个品牌具有同样的功效。

4. 伞状品牌战略

伞状品牌战略主要是指同一个品牌支持多个类别的产品，每一种产品都处在各自不同的市场上，有自己独立的推广和促销机构。伞状品牌战略的主要优点就是能统一品牌资产，能在较大范围内获得规模效益。由于品牌影响的范围比较广，与人们接触的机会较多，容易形成强大的品牌形象，为品牌进入全新的领域做好了铺垫，也节约了大量的开支。对于一些较小的市场，产品进入时甚至无须任何推广投资。

伞状品牌战略的另一个优点是品牌的发展几乎不受限制。每个独立的部门掌握自己的营销机构，可自主决定如何根据部门产品的特点，利用公司的资源扩大部门的市场份额。当然，前提是各部门产品必须质量良好。一般情况下，只有实力雄厚，在各方面都能生产出优质产品的公司才采用这一战略。

伞状品牌战略容易遇到的一个问题是在同一品牌下有许多部门，容易将公司的注意力转移到节约成本上去，而忽视创建品牌的目的在于盈利。仅有品牌知名度是不够的，每个部门都必须利用自己的能力为品牌的发展尽力。另外，一种产品的失败也会影响到同一个"保护伞"下的其他产品。

5. 根源品牌战略

根源品牌战略不再使用单一的品牌，而是为每个产品指定自己的品牌。此种战略的优势来自于它能提供两级个性化的品牌，母品牌能为子品牌提供品牌识别，子品牌又能进一步完善和丰富母品牌。该战略的限制来自于要求每个子品牌都要遵从母品牌的核心观念、营销精神且具有一致性，一般不能将品牌延伸到与母品牌不一致的领域内。如果想获得更大的自由度，那么支援品牌战略则是更好的选择。

6. 支援品牌战略

我们能经常见到凯迪拉克、旁蒂克、别克、雪佛兰和欧宝等著名品牌的汽车，在这些汽车的标志旁边可以很轻易地找到 GM，即这些品牌的支援品牌——通用汽车。支援品牌允许在广阔的范围内集群产品品牌、直线品牌或者范围品牌，它只是作为处于第二位的因素来保证和支持各个分支品牌。顾客实际上购买的是各个分支品牌。支援品牌战略能提供极大的自由性。同根源品牌一样，支援品牌也是从每个分支品牌上获取利润。每个分支品牌都有自己独特的、强有力的品牌形象，反过来也会增加支援品牌的魅力。

综上所述，企业选择品牌战略主要应从产品特性、消费者特性、企业的战略和市场的特点等方面来确定[①]。

8.2.3 成熟行业的国际化战略

企业的国际化经营是指企业为了寻求更大的市场，寻找更好的资源，追逐更多的利润，突破国家界限，向国外发展经营业务，参与国际分工和交换，实现产品交换国际化、生产过程国际化、信息传播与利用国际化以及企业组织形态国际化的过程。一般地说，当企业经营活动与国际经济发生某种联系的时候，企业国际化经营的进程就开始了。通常，成熟行业中的企业在设计国际化战略时，主要有以下6种方式。

1. 全资拥有子公司方式

这种方式是指跨国公司完全拥有和控制海外子公司，该子公司是总公司组织结构中的一部分，总公司对子公司投入资本和人力资源。总公司主要通过两种形式建立子公司，一是在海外建立一个全新的企业；二是在海外收购一家现有的企业。就企业的国际化战略而言，新建企业和收购旧企业各有利弊。

1）新建企业

（1）比较容易控制投资的规模，因而，这种海外市场直接的进入可能耗资不大。

（2）对于那些财务资源有限的小公司更为适合。

（3）无须忧虑企业现存的一些固有问题。

（4）可以采用最新的生产技术。

（5）企业可以自由地选择海外市场的地点，因而可选取各项成本较低的地点。

（6）所在国政府通常比较欢迎这种新建的企业，因此很可能得到政府的补助或是税务上的优惠。

许多电子行业的跨国公司，如苹果计算机公司、王安计算机公司、英特尔计算机公司等都采取了这种国际化战略方式。

2）收购旧企业

（1）能够很快进入海外市场。

（2）能够很快收回投资。

（3）可以先于竞争对手进入市场。

（4）由于购买了现有的企业，可以避免一些文化、法律以及管理上的问题。

（5）通过收购可以购买一些关键的资产，如管理技能、商标或者销售网络。

（6）不会扰乱所在国的竞争环境。

一些小型企业往往采取这种购买企业的国际化战略方式。但是必须指出，收购现有企业存在着潜在的危险。首先，评价所要购买企业的资产费时、费力，耗资相当大，同时，还存在着如何使所购买的企业与本企业在经营上产生协力优势的问题。此外，把原来比较独立的公司并入大公司也有一定的困难，如文化上的差异、管理方式的不同、组织结构方面的不同、权力和其他政治因素的影响等。

2. 建立国际合资企业方式

该方式是指两个或者两个以上来自不同国家的合资者，在其中一个合资者的国家里共同

[①] 田地. 论品牌战略问题[J]. 经济论坛，2005（10）：54-56.

拥有和控制一家企业。

（1）建立合资企业可以实现如下战略目标：

① 节约财务支出，从而降低投资的成本；

② 合资企业可以增加销售额，大量节约生产成本；

③ 合资企业可以建立一种高效的销售渠道，从而降低营销成本；

④ 使合资各方都保持一定的独立性；

⑤ 合资企业能较容易地进入外国市场，同时，可以减轻东道国政府对于海外企业可能取代本地企业的恐惧感。

（2）合资企业一般呈现以下两种主要形式。

① 非股权合资：非股权合资是指合资一方仅为另一方提供服务。通常的情况是：提供服务的一方比另一方的规模要大，这种形式并不常见。

② 股权合资：这里往往涉及一家跨国公司与当地的一家企业进行合资，双方都要投入一定的资本、技术管理技能等。

（3）建立合资企业存在以下3个有利因素。

① 合资伙伴可以互补不足，从而降低风险。例如，一家小公司有技术，但是没有生产能力，他可以与另一家有生产能力的企业进行合资；又如，一家没有现金但是有着丰富国际经验的企业，可以与另一家没有经验却有大量资金的企业合资。

② 合资可以迅速进入销售网络。

③ 合资适合与新崛起的国家进行合作。

3. 许可证方式

许可证是一种特殊的形式，企业通过颁发许可证的方式，允许其他企业有偿使用其专利、商标或者知识产权，但被许可的企业只能在特定的区域内销售该企业的产品并且有时间限制。

（1）许可证方式的适用条件：

① 当产品处于生命周期成熟阶段时，企业常采用该方式，因为在这一阶段，竞争越来越激烈，利润不断下降，企业往往不愿意投资进入国外市场；

② 在外国政府要求新进入的企业大量投资时，这种方法较为有利，企业可通过许可证方式允许当地公司经营，从而降低投资成本；

③ 许可证出卖方往往是一个小型企业，并且缺乏财务和管理资源；

④ 那些在研究和开发方面投入大量经费的企业往往成为许可证的卖方，而那些不愿在研究和开发上耗资的企业往往是许可证的买方；

⑤ 在遇到进入市场障碍的情况时，许可证是推销某种产品或服务的非常有效的方法。

（2）许可证方式存在的主要问题：

① 转让技术需要大量监察成本，以确保在使用技术过程中严格遵守合同规定；

② 许可证的卖方要冒着培养出自己竞争对手的风险；

③ 很难确定转让技术带来的有利条件；

④ 可能在当地很难找到一家能够消化这种技术的企业，这在发展中国家较为常见；

⑤ 许可证的买方常常是在买了技术以后才知道他要获得什么；

⑥ 如果许可证使用费以滑准法计算，许可证买方买入技术后，增加产量可能会导致付

出的使用费降低；

⑦ 在许可证的合同执行期间，许可证卖方必须向买方出让一部分销售区域，如果这种安排没有达到预期的结果，再进行谈判是相当昂贵的；

⑧ 可能出现一些资金调配问题，如外汇管制措施、买方拒绝偿付等。

4. 特许经营方式

特许经营的方式很多，但是在这种安排下，往往是一方有偿使用另一方的商标、标记、产品线以及操作方法。如果说许可证与制造业务相关的话，那么，特许经营方式是和零售业务密切相关的。

特许经营这种方式在快餐业、旅馆业应用得相当广泛，在国际上也广泛被采用（如麦当劳的汉堡包）。特许经营往往要求买方企业预先偿付一部分使用费，然后按照营业额的百分比付费。作为特许经营的提供方，他们往往要给予必要的技术支持，并提供一些必要的商品或者设备，以保证达到技术要求。

特许经营这种方式使得特许的一方获得稳定的收入，而被允许经营的一方得到一种产品或者服务以及营销的组合，这样，很快便能够进入某一市场。

采用特许经营方式具有以下几个好处：

（1）企业不需要投入大量的资本便可在一些地方很快建立市场；

（2）这种方式使得企业不需要培训专门的管理人员进行管理；

（3）对于小型企业，这是一种很好的创业战略，与自行创业相比，特许经营的风险小得多。

与特许经营活动相关的风险主要包括质量控制不力、经营不善以及特许经营店的互相竞争。

5. 海外生产方式

海外生产往往是把一部分的生产工序转移到国外，以降低成本。海外工厂常建在劳动成本比较低的国家，而最终产品则常销往跨国公司的本国市场。这种海外生产的方式在电子工业和纺织品工业中比较常见。

（1）海外生产战略可以用于以下情况：

① 产品需要大量的非熟练工人；

② 产品的价值远比重量要高，即高产值、低重量，这对于降低成本是必要的；

③ 生产国家的关税低廉；

④ 产品往往标准化程度比较高，而且生产程序也趋于标准化。

（2）海外生产的有利因素：

① 它可能是竞争优势的重要来源；

② 产品和生产程序的标准化使得管理工作容易开展；

③ 许多国家或地区都有海外生产的条件和设施；

④ 由于电子通信科技发达，使得海外生产的管理较为容易。

美国苹果计算机公司目前广泛采用这种海外生产战略。

6. 出口和进口方式

该方式对那些想尝试国际化经营的小企业最为适合。同时，对于那些已进入国际市场而又不愿大量投资的大型企业来说，采用这种方式也是一种较好的选择。

（1）导致企业出口和进口成功的因素：
① 企业有出口推销方面的专家；
② 不应采取凌乱的海外销售战略，应集中向那些最重要的海外市场出口；
③ 必须慎重地选择、培训、控制海外的中间媒介，以确保有效地从海外市场得到反馈。
（2）出口和进口方式的好处：
① 海外销售成本较低，风险小；
② 能提供给企业广泛的服务；
③ 有关单证和外汇的文件事项可以由专家来处理；
④ 任何规模的企业都可以采用这种战略；
⑤ 银行可以提供各种财务方面的支持；
⑥ 这种方式仅仅是一种过渡型的战略。
（3）出口和进口方式的问题：
① 由于生产的产品要适应许多市场，所涉及的成本可能相当高；
② 尽管有着税务方面的优惠，如果出口销量小，固定成本就相对较高；
③ 一些国家可能不允许解聘工作绩效差的推销商；
④ 虽然无须在生产设备方面进行投资，但是企业可能要投资促进营销的有关设备；
⑤ 企业在海外市场上的代理可能表现不佳；
⑥ 那些小企业往往管理不善。

8.3 零散行业的战略设计

零散行业中包含了成千上万家中小企业，该行业有代表性的竞争特点是缺乏拥有巨大市场份额或为购买者所公认的市场领导者。这些行业涉及零售业、医药保健业、计算机软件开发业、运输与汽车修理业、餐饮业等。

8.3.1 零散行业的概念与特征

零散行业是指由若干竞争力相近的中小规模企业组成的，竞争呈现均衡状态的行业。在零散行业中，没有一个或几个企业在行业内拥有决定性的优势，其基本特点是行业中企业的市场占有率没有明显优势，既不存在规模经济，也没有一个企业能够对行业的发展产生重要影响。总体来说，零散行业具有以下4个特点。

1. 行业进入壁垒较低

零散行业不存在规模经济或经验曲线效应；运输成本通常较高，制约了企业扩大规模或增加生产点；库存成本较高或销售不稳定，使小规模、低专业化的设备或批发系统通常比规模较大、专业化程度高的企业更具灵活性；与顾客集团和供应商交易时的讨价还价能力低等，这些都使零散行业具有较低的进入壁垒。

2. 市场需求大且多样化

通常，在零散行业中市场需求量大，但顾客的偏好是多样化的。每一个顾客都希望产品有不同式样，不愿接受标准化的产品，也准备或能够为这种需求付出代价。因此，对某一特殊产品式样的需求量很小，这种数量不足以支持某种程度的规模生产、批发来保证大企业发挥规模优势，从而使得具有差异性的数量众多的小企业来满足顾客多样化的需求。

3. 无规模经济

零散行业中，有些产品或服务的提供需要迅速反映时尚和形势的变化；生产过程要按每个顾客的需求单独进行组织；生产经营活动需要在现场实施和控制；在销售的实现过程中，企业需要对顾客进行面对面的服务。这些行业中的小企业缺乏大规模生产的经济性，却具有更大的灵活性。当顾客对服务质量的要求过于精细时，小企业就会变得更有效率。

4. 缺少领导型企业

零散行业由于自身特点，企业众多但每个企业规模较小，缺乏足够的资源和能力以获得较大的市场份额，因此也就缺少领导型企业。[1]

8.3.2 零散行业的成因

造成行业零散状态的基本经济原因有以下 8 个。

1. 进入障碍较低

进入障碍低的行业只要表现出一定的获利潜力，就会形成较大的吸引力，以至于大多数投资人和资本都可以轻易地进入该行业。特别是对新的投资人来说，进入障碍较低使他得以用最初的小额积累开始创业尝试。

2. 缺乏规模经济或经验曲线作用

规模经济和经验曲线作用都带有歧视性，只有具备足够的固定投资、适宜的行业技术、丰富的组织行业活动和企业活动经验的企业才能拥有进入行业并获得成功的可能。零散行业的形成，恰恰是由于缺乏规模经济或经验曲线。

3. 交通运输成本较高

较高的交通运输成本有可能抵消大规模生产的经济性，使企业宁可在不同的地方设厂也不愿将全部的生产能力集中在一个地理区域。除了单纯的运输成本外，某些不宜长途运输及长久保存的产品也更适宜进行零散生产。

4. 较高的储存成本或较大的销售波动

在产品需求市场波动较大时，企业一方面可以进行大规模生产以满足需求高峰时的需要，并在需求较低时将产品储存起来；另一方面，企业还可以较小的规模生产，放弃销售高峰时的某些机会并承担较高的经营成本。对不宜长期存放、产品式样经常改变且市场波动很大的行业，较小的生产规模及较低的销售能力更具有灵活性。

5. 企业不具备与客户或供应商相抗衡的规模

行业的客户或供应商的规模很大时，产业中规模差距悬殊的企业在与这些巨大的客户或供应商打交道时的利益差别并不明显。这时，企业更注重规模之外的能与客户或供应商抗衡的力量，如差别化、连续的产品更新或升级，便利的供应条件等。

6. 市场需求的差别较大

某些面对个人的行业，如服装业、计算机软件设计、摄影等，消费者的需求本身就是零散的，他们宁可对为数不多的、与众不同的产品支付更高的价格，而不愿与他人使用相同的但价格较低的产品。

---

[1] 刘颖. 企业战略管理[M]. 北京：中国电力出版社，2007：36-45.

7. 较高的退出障碍

较低的进入障碍和较高的退出障碍共同作用，使明智的投资人在被低进入障碍和高行业平均利润率吸引的同时，采用较小的投资规模，以便在获取行业利润的同时，又避免无法退出的较大损失。那些在投资时没能预计到退出障碍的企业，则在进入行业成熟阶段后不断进行兼并，以尽可能地消灭或减少竞争对手。

8. 政府对规模的限制

政府对规模的限制有两层含义。一层是中央政府对投资审批权限的规定，迫使投资人采取较小的投资规模，以避开较为严格的中央审批程序。在中国外商 3000 万美元以上的投资均要经过中央审批，在一定程度上造成投资在地区上的小规模重复。另一层是当地政府对投资的某些限制，如对本地投资者的偏爱和有意扶持。有时，政府出于抑制垄断的考虑，对具有自然垄断性质的社会基础设施采取一定的零散投资的约束[①]。

8.3.3 零散行业的战略误区分析

零散行业独特的结构特征造成了一些特殊的战略误区，常见的误区包括以下 4 个。

1. 寻求支配地位

零散行业的基本结构决定了寻求支配地位注定要失败，除非可以从根本上出现变化。造成行业零散状态的基本经济原因通常会使企业在增加市场份额的同时面对效率降低、产品差异性减弱以及供应商和顾客想法各异的问题。

2. 缺乏战略约束力

零散行业的竞争结构要求市场集中或专注于某些严格的战略原则。执行这些原则要有充分的勇气舍弃某些业务，也要采用某些与传统企业不一致的做事方式。一项无约束力的或机会主义的战略可能在短期内发生作用，但从长期看，这种做法将使企业无力应付零散行业中巨大的竞争压力。

3. 过度集中化

许多零散行业中的竞争实质在于人员服务、当地联系、营业近距离控制、对波动及式样变化的反应能力等。在许多情况下，集权化组织结构对生产效率有消极作用，因为它延缓反应时间，降低激励水平，造成熟练员工流失。尽管集中控制对管理零散行业众多单位企业是有用的甚至是关键的，但集中化结构仍可能是一种灾难。

4. 假设竞争者具有同样的目标和管理费用

零散行业的特殊结构意味着行业中有许多小型、私营企业。另外，经营者们可能存在非经济动机。在这种情况下，设想这些竞争者具有一个股份公司通常所具有的管理费用结构或目标是一个严重的错误。他们经常在家中工作，使用家庭劳动力，避免了管理成本及满足雇员利益的需要。尽管这些竞争者可能是"无效率"的，但这并不意味着他们的成本比同产业的股份公司更高。同样，这类竞争者可能会对相较于股份公司的低利润水平感到满意，他们可能对保持产量和为雇员提供工作机会更感兴趣。因此，他们对价格变动或其他行业事件的反应与"正常"企业相比可能极不相同[②]。

[①] 钟耕深，徐向艺. 战略管理[M]. 济南：山东人民出版社，2006：68-73.
[②] 黎群. 企业战略管理[M]. 北京：中国铁道出版社，2005：47-51.

8.3.4 零散行业的战略

对在零散行业中经营的企业来说，进行战略定位是关键的一环，而战略定位需要正视现实：一是行业缺乏必要的集中度，二是行业中的企业缺乏对供应商或用户的支配力量。零散行业中的企业进行战略定位的宗旨是取得足以获得成功的市场份额，常见的战略包括以下两种。

1. 目标市场定位战略

零散行业中的企业应根据企业参与市场开发方式的特点，在分析行业市场发展现状和未来发展趋势的基础上，正确分析自身优势和劣势，扬长避短，制定目标市场定位战略，该战略应该注重以下4个方面。

1）营造竞争优势

在现代激烈的市场竞争中，决定企业能否生存的不只是资金、时间、技术、规模，而是有没有竞争优势。由于零散行业企业实力相对较弱，无法经营多种产品以分散风险，因此，零散行业企业要迎合市场需求的变化，就要不断进行创新，创新是其生存的重要手段。零散行业企业要在市场竞争中求得生存与发展，就必须学会在市场缝隙中寻找机会，扮演好市场补缺者的角色，通过选择能使企业找到发挥自身优势的细分市场来进行专业化经营，集中力量于某个特定的目标市场，或严格针对一个市场，或重点经营一个产品和服务，创造产品和服务的优势。

采用这种经营方式有3方面好处：① 零散行业企业可以通过扩大生产批量、扩大专业化程度和提高产品质量来增加规模经济效益；② 随着需求多样化和专业化程度的提高，大企业也普遍欢迎这些专业化程度高、产品质量好的零散行业企业为其提供配套产品；③ 经营目标的集中，有利于零散行业企业提高管理水平和技术水平，争取市场有利地位。

当然这种战略并非尽善尽美，由于它过分依赖某种产品或技术，一旦市场发生变化和需求下降，就会给零散行业企业的生存带来威胁。因此，为了尽量减少经营风险，采用这种战略的零散行业企业还必须注意以下3点：① 界定目标市场。通过市场调研，将某一特定细分市场对企业的要求同企业自身的素质相比较，找到能够发挥企业优势的目标市场。零散行业企业的经营定位应该确定在生产产品价值不大并且具有相当专业水准的产品上，制造出满足特定消费者群体需求的专用产品。② 提高企业技术创新能力。企业要在自己立足的目标市场上创造竞争优势，提高企业的产品开发能力，做好产品的更新改造工作。任何产品都有自己的寿命周期，因此，零散行业企业要想在目标市场上占据有利地位，就必须不断开发出新产品，以满足消费者的需求。它要通过与科研机构和大专院校的联合或技术引进等多种方式，提高企业的技术创新能力，不断开发新产品和新工艺，以产品优势或成本优势来满足消费者的多层次、多样化、个性化的需求。③ 加强市场营销。产品从企业到消费者手中，营销是一个很重要的环节。零散行业企业市场应从多个方面展开营销攻势，以某一特色营销来吸引消费者的注意力，从而达到使消费者认识、了解，最后接受其产品和服务的目的。对于零散行业企业而言，市场营销的重点是增加销售渠道，加强与经销商的合作。

2）突出特色经营

零散行业企业规模小的特点使其难以达到规模经济，要以低成本在行业内处于领先地位可谓举步为艰，因此，零散行业企业很难与大企业在成本和价格上抗衡。然而，零散行业企业可以另辟蹊径，利用自己与顾客接触多、对市场需求反应快的优势，突出自己的产品和服务特色。零散行业企业采用特色经营策略可以大大提升企业的竞争能力，因为企业的某种经营特色一旦建立，就会赢得用户的信任，满足用户的需要，建立起比较长远的优势地位，而不被其他企业所替代。零散行业企业采用突出特色经营策略时，要处理好经营特色和成本之间的关系。因为强调经营特色一般要以成本提高为代价，如增加设计和研发费用、使用成本较高的原材料等。因此，零散行业企业必须根据自己的经营能力、与其他企业的成本差距、市场的发展状况等来处理经营特色和成本之间的关系。此外，零散行业企业还要有产权保护意识，通过法律手段维护自己已经取得的特色产品或服务的专有权和垄断权，以免遭受其他企业特别是大企业的排斥，为自己赢得良好的发展环境。

3）寻求市场缝隙

零散行业企业应该时刻注意寻找别人难以发现的市场缝隙。为此，零散行业企业要敏锐地捕捉市场的新需求，发现新市场。市场缝隙就是市场的空白地带，谁能率先寻找到它，谁就能为自己开辟出新天地。市场缝隙一般是大企业在追求规模经济效益的过程中所忽略或难以涉足的经营领域。

采用这种经营战略的零散行业企业所选择的产品应该具有的特征是：

（1）生命周期较短的产品，加工工艺简单，生产周期短，所耗资金少；

（2）被主要竞争对手所忽略；

（3）零散行业企业自身有能力向空白市场提供这种产品。

另外，对于那些技术集约型的零散行业企业而言，若能利用自身技术、人才优势，选择一些以"小""特"为特征的机械、电子产品，也不失为一种良策。采用这一战略，要求零散行业企业建立起一套高效、灵敏、准确的信息系统，因为这种战略的成功在很大程度上取决于市场信息的准确性和及时性。

4）确定定位方式

零散行业企业必须有适当的定位方式，并选准一个切入点，提升企业的竞争力。一般有以下5种定位方式。

（1）避强定位，是指企业应尽力避免与实力最强的或较强的其他企业直接发生竞争，而将自己的产品定位于另一市场区域内，使自己的产品在某些特征或属性方面与最强或较强的对手有比较显著的区别。避强定位是一种"见缝插针""拾遗补缺"的定位方法，其优点是能够使企业远离其他竞争者，在该市场上迅速站稳脚跟，树立企业形象，从而在该市场上取得领导地位。当然，该定位方法往往意味着企业必须放弃某个最佳的市场位置，很可能使企业处于较差的市场位置。

（2）迎头定位，是指企业根据自身的实力，为占据较佳的市场位置，不惜与市场上占支配地位的、实力最强或较强的竞争对手发生正面竞争，而使自己的产品进入与对手相同的市场位置。这是一种与市场上最强的竞争对手"对着干"的定位方式。显然迎头定位有时会是一种危险的战术，但不少企业认为这是一种更能激励自己奋发向上的、可行的定位尝试，一旦成功就会取得巨大的市场优势。实行迎头定位，必须知己知彼，尤其应清醒估计自己的实力；不一定试图压垮对方，只要能够平分秋色就已是巨大的成功。

（3）创新定位，是指企业寻找新的尚未被占领但有潜在市场需求的位置，填补市场上的空缺，生产市场上没有的、具备某种特色的产品。采用这种定位方式时，公司应明确创新定位所需的产品在技术上、经济上是否可行，有无足够的市场容量，能否为公司带来合理而持续的盈利。

（4）重新定位，是指企业在选定了市场定位目标后，如定位不准确或虽然开始定位得当，但市场情况发生变化时，如遇到竞争者定位与本公司接近，侵占了本公司部分市场，或由于某种原因消费者或用户的偏好发生变化，转移到竞争者方面时，所进行的二次定位。一般来讲，重新定位是企业为了摆脱经营困境，寻求重新获得竞争力和增长的手段。不过，重新定位也可作为一种战术策略，并不一定是因为陷入了困境，相反，可能是由于发现新的产品市场引起的。例如，某些专门为青年人设计的产品在中老年人中也开始流行后，这种产品就需要重新定位。

（5）情感定位。有时消费者购买某个品牌的产品时，不仅是要获得产品的某种功能，更重要的是想通过品牌表达自己的价值主张，展示自己的生活方式。随着经济发展水平的提高，消费者追求个性化的趋势越来越强，尤其是女性、年轻人和高收入的消费群体，对新潮、时尚、科技等个性化产品的追求越来越强烈，喜欢与众不同的感觉，喜欢表现自我，有较强的品牌意识。以这些消费群体为目标顾客的企业应该注重情感定位，这样才能与目标顾客群的价值观发生共鸣，形成相对稳固的品牌偏好和品牌忠诚。

2. 专业化经营战略

专业化经营战略是指集中企业所有资源和能力于自己所擅长的核心业务，通过专注于某一点带动企业的成长。核心业务是指在企业从事的所有经营领域中占据主导地位的业务，核心业务构成了企业的基本骨架。专业化包括两个方面的意思：一是行业专业化，即企业专注于在某一个行业内经营；二是业务专业化，即企业专注于行业价值链中某一环节的业务。

对于零散行业企业而言，企业的专业化应重点注意以下3个方面的内容。

（1）产品、服务的技术水平。技术是企业专业化的一个非常重要的因素，是企业专业化的基础。企业所提供的产品和服务包含了多少高新技术，应用了多少先进的手段，这些将直接构成企业的专业化。技术越尖端、方式越先进，企业的专业化水平的基础将越牢固。

（2）产品、服务的技术独特性。技术对企业专业化的贡献，不在于技术的科学价值。无论多么先进的技术，都必须通过特定的产品和服务造福于人类才能真正转化为生产力，通过对技术的应用和创新，形成自己独特的产品和服务，从而占据独特的细分市场，拉开与竞争对手的差距，避开激烈的市场竞争。在特定的技术基础上，差异化越明显，专业化越强。

（3）产品、服务的技术市场认同度。追求技术的尖端性、独特性必须以市场为导向，如果一个高科技产品、一个具有独特性能的产品不被市场接受，或者是有限的接受，就不会给企业带来多大的利润。只有那些得到市场认可，受市场欢迎的高科技产品，才是企业追求的专业化产品。

专注于核心业务求发展，是零散行业企业成长最基本的战略，也是企业成长的必由之路。与通过扩大业务范围来获得企业增长的方式相比，专注于核心业务的做法更值得鼓励，这种成长方式更有助于增强企业的核心竞争力，建立稳固的竞争优势，因而它所推动的增长也会更加健康、更加稳定、更加长久。管理大师彼德·德鲁克对此指出：系统地把注意力集中在生产率上的企业，几乎肯定可以取得竞争优势，并且会很快获取市场优势。

与零散行业的经营环境相适应，一家企业应该只经营自己最擅长、对企业最有价值的核心业务，而把那些谁都能做、附加值低、非核心的业务委托给外部的协作企业完成。作为企业的领导者，应该明白有些业务别人做比自己做更好的道理，应该审慎地分析业务环境和自己的专业能力，主动放弃覆盖整个产业链的一体化运作模式，专注于企业的核心业务。

不同的企业业务对企业价值的影响有很大的差异。一般来说，企业的业务活动可以分为以下三类。

第一类是企业的核心业务。这类业务是指只有企业自己可以做或者必须自己做,并且通过它们使企业区别于竞争对手的业务。这是企业存在的根本,没有这些业务,企业就没有存在的必要,因此这些业务往往是战略性的,是企业竞争力的主要载体。

第二类是企业的基础业务。这类业务是指企业必须自己做,别人无法替代,但难于和竞争对手区别开来的业务,如餐饮行业的食品卫生、航空行业的安全等,这是企业经营的"保健性"因素,也就是说,做得不好就直接给企业造成负面影响,做好了也不大可能在顾客心目中留下深刻的印象。当然,如果与竞争对手相比做得特别好,这些业务可能提升企业的竞争力,形成竞争优势。

第三类是企业的辅助业务。这类业务往往不是企业的核心业务和主营业务,但它对核心业务和主营业务有较大的支持作用,管理得不好会影响核心业务的运营,因此要仔细筛选并管理好这类业务。例如,制造企业非关键零部件的供应、直销企业的物流配送服务以及工厂环境卫生及绿化服务、员工上下班班车服务等。由于其他专业企业从事该类业务更有优势,因此,企业通常将这些业务进行外包。

企业正确的做法是:牢牢抓住第一类核心业务,加强核心业务领域的竞争力;认真管理好第二类基础业务,使其充分发挥对核心业务的支持作用,或直接转化为企业的竞争优势;对于第三类辅助业务则要将其积极主动地外包给合格的企业,将大量可以由合作伙伴来完成的业务外包,有助于企业将有限的人力、物力、财力资源集中于对企业发展有重大影响的业务活动,这将使企业拥有更快的反应速度、更高的运营效率和更强的竞争优势。

8.4 先进制造业的战略设计

先进制造业水平的高低已成为衡量一个国家经济发展水平的重要标志,是一个国家和企业竞争力的集中体现。先进制造业是社会财富的主要来源,世界经济的竞争归根到底是先进制造技术和先进制造能力的竞争,谁掌握了先进制造技术,谁就能更好地占领市场,就能在市场中立于不败之地。

8.4.1 先进制造业的含义

1. 先进制造业的概念

先进制造业是指依靠科技创新降低能源消耗、减少环境污染、增加就业、提高经济效益、提升竞争能力,能够实现可持续发展的制造业。在技术层面上,1994年年初,美国联邦科学、工程和技术协调委员会下属的工业和技术委员会先进制造技术工作组提出了有关制造技术的分类目录,这是首次对先进制造技术内涵的较系统的说明。根据这一目录,先进制造技术主要包括三个技术群:主体技术群、支撑技术群和制造基础设施(制造技术环境)。这三个部分是一个完整的体系,缺一不可,否则很难发挥预期的整体功能效益。从本质上说,先进制造技术是传统制造技术、信息技术、自动化技术和现代管理技术等的有机融合。

2. 先进制造业的特征与理念

先进制造业吸收信息技术、新材料技术、自动化技术和现代管理技术等先进技术,并以现代服务业互动为特征。与传统的制造业相比,先进制造业的不同点主要体现在:在生产方式上,由单一产品的大规模、标准化生产,转变为可根据社会需求小批量、多品种生产,具有更强的灵活性和适应性；在增长方式上，更注重依靠科技进步，减少能源消耗和环境污染，提高经济效益，使产业和产品的科技含量更高，人力资源优势得到充分发挥；在发展观上，着眼于未来，更注重信息化程度、无形资产的比重、技术创新的能力，更重视节约型、集约化和可持续发展。

概括起来，先进制造业的新理念有四点：一是以人为本，二是科技创新，三是环境友好，四是面向未来。先进制造业以人的发展作为出发点和落脚点，以科技进步和创新为动力，注重劳动者素质和能力的提高；强调生产与生态平衡，发展与环境的和谐，坚持高效益、高技术、低消耗、广就业的发展价值取向，是一种资源节约型的、面向未来的、可持续发展的制造业发展道路。

3. 先进制造业的范围

先进制造业不仅包括高新技术产业，也涵盖运用高新技术和先进适用技术改造的传统产业。以上海为例，上海发展先进制造业的战略重点包括以下产业：

（1）支柱产业：电子信息、汽车、石化、精品钢材；

（2）装备产业：电站和输配电设备、轨道交通、微电子装备、精密加工装备、重点专用装备、能源类装备、新型环保装备、智能化测量和自动控制设备；

（3）战略产业：船舶工业、航空航天、核能工业、海洋工程；

（4）新兴产业：光电子、生物医药、新能源和节能、新材料；

（5）都市产业：服装服饰、食品和农产品精深加工业、包装印刷广告制作业、工艺旅游纪念品业、化妆品及清洁洗涤品业。

8.4.2 先进制造业的标准化战略

在经济全球化的趋势下，我们已经进入了标准化时代，而标准化的作用也在逐步发生变化，尤其在先进制造业的高技术标准领域，出现了激烈的竞争，其背后则是企业利益、国家利益的竞争。

1. 关于技术标准

（1）技术标准已经从过去主要解决产品零部件的通用和互换问题，更多地变成一个国家实行贸易保护的重要壁垒，即所谓非关税壁垒的主要形式。世界贸易组织要求成员在贸易中消除关税壁垒，但是，发达国家出于对本国产业的保护，探索出环保要求、反倾销、反补贴、质量认证、技术标准等新兴的非关税壁垒。20 世纪 80 年代以来，发达国家的非关税壁垒明显加强，而技术壁垒已占其中的 30%以上。

（2）技术标准与技术专利紧密相关。通过建立标准，将专利技术纳入标准体系内部，一方面，采用标准就必须对其中的知识产权付费，这是标准的产权效应；另一方面，采用一个标准就必须采用标准涉及的全部专利，这是标准的捆绑效应。

（3）技术标准越来越成为产业竞争的制高点。对于先进制造业来说，经济效益更多地取决于技术创新和知识产权，技术标准逐渐成为专利技术追求的最高体现形式。日本索尼公司就提出过如下理念：三流企业做产品，二流企业做技术，一流企业做标准。

2. 如何实施标准化战略

先进制造业已经进入了标准化时代，必须从技术战略向标准战略转移，做到积极改革，勇于创新。以下 3 点是先进制造业企业实施标准化战略的途径选择。

（1）建立以企业为主导的标准制定体系。先进制造业企业以自主知识产权为基础，积极参与国家和行业标准的制定，提高企业的竞争力，保护产业利益。企业通过实施标准战略，使自主创新成果尽快形成标准，支撑创新成果产业化，成为技术市场的引领者和规则的制定者，在市场竞争的大格局中争取有利的位置。企业自主品牌崛起的必要条件是标准的崛起，即要真正成为市场的主导者，掌握游戏规则。同时，鼓励行业协会真正代表企业的利益，鼓励其成为技术联盟和技术标准的支持力量。

（2）先进制造业企业应该积极参与国际标准化活动，参与国际标准的制定工作。在与国际接轨和接受国际标准的同时，大力提倡自主知识产权标准的制定。这就要求企业逐步建立、完善自己的知识产权战略和政策，要将知识产权政策、产业研发政策和标准化政策协调起来。我国海尔集团截至 2004 年年底，参与了 86 项国家标准的制定与修订；参与 IEC 国际标准 2 项；累计申请专利 5469 项，是国内申请专利最多的企业。海尔通过创新，在国际标准领域和企业标准体系建设方面不断取得显著成绩，标准战略为海尔的国际化奠定了坚实的基础，极大地提升了海尔的国际标准竞争力。海尔集团积极参与国家标准和国际标准的制定工作，争取把握市场竞争的主动权。到目前为止，海尔集团获准主持网络家电、家居集成、超低温冷柜以及便携式冷藏柜 4 项国家标准，这标志着海尔集团已经开始从参与技术水平竞争和专利竞争转向参与标准竞争。

（3）改革标准化管理体制，由政府主导标准化向市场主导标准化转变，政府部门发挥统一管理、监督和综合协调的作用。

8.4.3 先进制造业的模块化战略

1. 模块化与模块化战略的内涵

1）模块化的界定

自哈佛商学院教授卡利斯·鲍德温和吉姆·克拉克 1997 年在《哈佛商业评论》上发表《模块化时代的管理》这一开创性论文以来，模块化理论逐渐成为产业、组织、战略等领域研究的热点，模块化生产方式也开始成为产业发展的新主导范式。根据著名经济学家青木昌彦的观点，模块化是指将一个复杂的系统按照一定的联系规则分解为可进行独立设计的半自律性的子系统的活动或过程。①这也界定了模块化所包含的以下 3 点含义：① 模块化的实质是对一个复杂系统的拆分，是一种活动或过程；② 复杂系统拆分后所得的子模块仍然是半自律的子系统，"半自律"意味着：一方面，子系统需要在系统层面的规则指导下进行设计、生产与运营；另一方面，子系统承担着独立的功能，只要满足系统设计规则，就可以独自进行任意的变更或创新；③ 模块化系统的运行依赖于其中存在的两种信息：显性信息和隐性信息，显性信息即设计规则，它是用于指导和协调各子模块的基本准则；隐性信息则是子模块自身所拥有的信息，这些信息可以不用对外披露，以便保障子模块的知识产权和系统竞争的规范性。

模块化运行模式强调核心企业在承担传统内部管理职能的同时，还扮演系统设计师的角色，通过制定产业规则，协调整个模块化创新集群的运作：一方面，模块提供商在核心企业事先制定的规则指导下开展模块创新，通过创新竞争赢得合作协议；另一方面，模块集成商

---

① 青木昌彦. 模块时代——新产业结构的本质[M]. 上海：远东出版社，2003.

（一般就是核心企业）利用规则将不同的创新模块整合在一起，并完成规则导向下的协同创新。在整个创新过程中，模块提供商允许拥有隐性信息，以确保自身创新价值的实现；而产业规则可以被看作是显性信息，任何参与者都需要利用这一信息进行模块创新。正是由于模块化对产业领域的巨大冲击，美国《汽车工业》杂志将其与20世纪30年代的福特流水线相提并论，青木昌彦更是形象地将模块化称为"新产业结构的本质"。

2）模块化战略的界定

模块化理论不仅在产业或组织的理论与实践中得到了深入的研究和应用，同时也开始被引入战略管理中，模块化战略成为企业战略发展的新方向。

模块化战略的核心思想在于通过业务重组以实现企业的低成本与差异化优势，这种业务重组并不是传统意义上的业务再组合，而是基于系统设计规则的业务模块化分割与整合。经过重组后的模块本身具有独立的功能，与其他模块之间则可以利用既定的设计规则进行联结与集成，通过对成本中心的剥离以及对利润中心的资源聚焦，实现企业的价值最大化。概括地说，模块化战略是指通过将企业生产制造系统按照一定的联系规则分解为可进行独立设计的半自律性的子系统，并对这些子系统进行剥离与整合以强化企业的持续创新和瞬时反应的策略与方法。它包含以下含义：首先，模块化战略的内容是将企业生产制造系统进行分割与整合，同时还要将非核心子系统剥离；其次，模块化战略的实施需要特定的联系规则为基础和依据，这一联系规则实际上就是上面提到的设计规则；最后，模块化战略的根本目的是强化企业的持续创新与瞬时反应能力。

采用模块化战略的企业，实际上是将资源整合范围扩展到企业外部，同时，还会保留外部资源的选择权和模块之间接口标准的制定权。这样，一方面可以确保资源的有效性，使得企业可以利用最佳的资源，进而形成独立的模块；另一方面，企业在赢得接口标准制定权的同时，实际上就是掌控了整个模块化生产网络中的高端设计价值。从这个角度来说，模块化战略本身是一个典型的价值增值战略。

2. 模块化战略的类型[①]

模块化战略不仅要考虑其本身的实施，同时还要考虑与之相匹配的经营战略模式，因此，我们以下分别探讨模块化本身的控制战略和模块化的匹配战略。

1）模块化控制战略

（1）设计规则控制战略。模块化战略最为突出也最为有效的转变，在于企业控制方式由行政权力控制向设计规则控制的转变。设计规则控制是指利用事先制定好的设计规则，控制和协调整个企业的生产与运行。模块制造商在遵守设计规则的前提下，可以根据其自身优势实现模块作业。整个生产过程实际上是一种规则化生产过程，部件设计与生产模式也得以逐步定型，从而构建整个产品生产过程的核心能力。从另一个角度来看，设计规则制定的过程实质上是一种生产标准化的过程，每一个模块的用料、大小、形状、颜色、质量、接口等都有了统一的规定。当这一标准升级为行业标准时，企业就可以占领价值链的高端，获取由规则设计而产生的设计价值。当然，设计规则并没有规定模块生产中的一切因素，这也为模块的自律性提供了空间，在规则允许的范围内，模块制造商可以使用任何技术、寻求任何程度的创新，并利用创新赢得与其他制造商竞争的胜利。

---

① 张治栋，荣兆梓. 模块化悖论与模块化战略[J]. 中国工业经济，2007（2）：67-74.

（2）制造过程控制战略[①]。第一，生产有序化。模块化制造过程首先是一个生产问题，这就不仅需要进行组织和制度的创新，而且也需要管理和文化的稳定，从而使模块不仅具有一定创新水平，而且还能够保障模块供应；其次模块化不仅是一种创新方法，而且是一种组织工具，并可实现生产过程创新基础上的有序化。第二，工程稳定化。模块化制造过程还是一个工程问题，这就不仅要发挥模块制造个体的判断决策能力，而且也需要利用历史数据的深厚知识积淀，从而要求模块制造个体的知识经验能力遵守专家群体所制定的共同规则，而模块化不仅激励知识动态创新，而且促进知识静态稳定。第三，制造装备化。工艺知识数据和经营理念最终要在装备上有所体现，特别是对模块本身以及模块之间热力光电等关系进行处理，更需要把知识数据和经营理念嵌入制造设备，从而具有与加工制造对象相适应的工艺尺度以及与经营理念相契合的作业规程，并能使复杂模块制造体系在知识数据和经营理念上始终一致。制造过程控制战略使设计规则与制造过程统一起来，也有利于模块化设计师的知识产权保护。

2）模块化匹配战略

（1）规模定制（mass customization，MC）战略。规模定制战略是指一种集企业、客户、供应商、员工和环境于一体，充分利用企业已有的各种资源，在标准技术、现代设计方法、信息技术和先进制造技术的支持下，根据客户的个性化需求，以大批量生产的低成本、高质量和高效率提供定制产品和服务的生产方式。规模定制生产方式包括了诸如时间的竞争、精益生产和微观销售等管理思想的精华，其方法模式得到了现代生产、管理、组织、信息、营销等技术平台的支持，因而具有超过以往生产模式的优势，更能适应网络经济和经济技术国际一体化的竞争局面。规模定制战略有利于实现规模化生产和满足差异化需求。与一般产品的大规模定制相比，模块化生产方式下的规模定制战略能够实现模块组合的多样性，从而促进产业融合创新。同时，利用模块化构件的方法，如共享构件模块化、互换构件模块化、"量体裁衣"模块化、混合模块化、总线模块化、可组合模块化等，可以将模块化构件组合并匹配成可定制的最终产品或服务，从而使整个企业都卷入满足客户个性化的需求之中。

（2）委托制造（original equipment manufacture，OEM）战略。市场需求的多样化与差异化使得企业不得不放弃传统的大规模生产方式，转而采用小规模、多产品线生产。但这种生产方式无疑大大提高了企业生产成本，同时在应对市场快速变化方面的表现也不突出。通过模块化战略的实施，企业可以将各子模块进行委托制造。模块化战略中的委托制造并不是产品的外包生产，而是部件的外包，企业通过部件的采购与组装，最终完成产品的生产。具体来说，委托制造战略的优势在于：第一，有利于企业降低成本。通过部件生产外部化，可以降低内部生产与协调成本，并获得基于外部资源整合的规模效应。第二，有利于产品组合创新。委托制造并不是简单的代工生产，而是涉及生产与改进的综合性过程，制造者可以在规则允许的范围内，大胆进行创新。第三，有利于模块化设计师进行战略控制。模块化设计师主要进行设计规则的制定和完善，能够获得对设计知识的一定的垄断势力，可提高模块化设计水平，但加工外包可能影响产品制造过程中的质量安全，因而可利用其较强的知识垄断能力和较高设计水平对加工制造过程实施控制。第四，有利于强化模块制造企业的专业化优势。通过大规模专业化生产，模块制造企业可以获得深化分工后的专业化优势，同时还能够取得大量生产中的规模效应。

[①] 张治栋，荣兆梓. 模块化悖论与模块化战略[J]. 中国工业经济，2007（2）：67-74.

（3）委托设计（original design manufacture，ODM）战略。委托设计即为客户提供从产品研发、设计制造到后期维护的全部服务，客户只需向 ODM 服务商提出产品的功能、性能方面的要求，甚至只需提供产品的构思，ODM 服务商就可以将产品从设想变为现实。一方面，委托设计战略有利于发挥制造平台作用和调动各方面设计力量，把产品制造集中在一个或少数企业中，有利于发挥大型厂商制造平台的作用，实现规模生产下的低成本与专业化优势。同时，可对模块进行分散设计，充分调动各方设计力量，将各方优势设计资源整合到设计过程中，从而提高整体设计水平；另一方面，委托设计战略有利于激励模块设计创新。虽然模块设计处于模块化系统设计师和模块集成商的控制之下，但只要遵守设计规则、符合制造尺度，就可以进行自主创新与设计，这实际上为委托设计预留了大量的创意空间，从而也就能够激励各方设计力量投入模块设计竞争，并提高专用模块的创新水平。

8.5 现代服务业的战略设计

现代服务业最早由美国社会学家丹尼尔·贝尔提出，贝尔认为，工业社会的服务业主要是交通运输业和零售业，后工业社会的服务业主要是现代服务业。促进现代服务业加快发展，是减少经济发展中能源消耗和环境污染、加快增长方式转变的迫切需要，也是有效增加就业、扩大消费需求对经济增长带动作用的重大举措。现代服务业具有高人力资本含量、高技术含量和高附加值等特点，主要以基础服务、生产和市场服务、个人消费服务三类服务为载体。

8.5.1 现代服务业的含义

1. 现代服务业的定义

现代服务业是相对于传统服务业而言的，它是随着社会经济和科技的发展而发展起来的。国外把现代服务业定义为依托电子信息等高新技术或现代经营方式和组织形式发展起来的服务业，既包括新兴服务业，如网络服务、移动通信、信息服务、现代物流等，也包括对传统服务业的技术改造和升级，如电信、金融、中介服务、房地产等。

2. 现代服务业的分类

虽然目前对细分现代服务业的标准尚未达成一致，但一般都包括批发零售、饭店餐饮、运输仓储、金融保险、房地产、社会性服务等比较大的行业类别。其中，批发零售、饭店餐饮等面向广大消费者、为居民日常衣食住行提供服务的行业，可归类为消费性服务业。运输仓储、金融保险、房地产、会计审计、创意和产品设计、广告、营销和国际贸易、售后服务等各种为制造业和社会生产性活动提供服务的行业，可归类为生产性服务业。生产性服务业也被称作"二点五"产业，它介于二、三产业之间，既是制造业的延伸，又是服务业的重要组成部分。另外，还有社会性服务业，是面向社会整体，提供各种公共品和社会公共服务的行业，比如教育卫生、科学研究、文化、体育和娱乐业以及公共管理、社会组织、水利环境等提高社会整体福利的服务行业[1]。

3. 现代服务业的特点

应该说，现代服务业是相对于传统服务业而言的，从理论归纳的角度分析，传统服务业

---

[1] 袁志刚. 直面现代服务业"短腿"现象[N]. 文汇报，2008-01-07.

一般增加值低、乘数效应小、劳动力素质较差,主要表现出为生活提供服务等方面的特点。与之相比较,现代服务业一般具有以下7个基本产业特性:

(1)与生产性制造业紧密结合,即现代服务业主要为企业产前、产中和产后提供生产性服务,如研发、设计、营销策划、管理咨询、会计审计、法律服务等;

(2)技术密集,即现代服务业科技含量高;

(3)知识密集,即为消费者提供知识的生产、传播和使用服务,使知识在服务过程中实现增值;

(4)人才密集,即现代服务业的从业人员大都具有良好的教育背景、专业知识基础和技术、管理能力,素质较高;

(5)高增值、低消耗,即现代服务业的产出附加值较高,而占用土地、消耗能源较少,其高速度发展不会对资源、环境造成很大的压力;

(6)新兴性、发展性,即在时间上是现代的、新兴的或由过去演变而来的,并在一定程度上体现着时代特征,具有强大的发展趋势;

(7)高集聚、广辐射,即现代服务业可以产生服务的规模效应和各种服务相互融合的集聚效应,从而引起服务的大幅度增值[①]。

8.5.2 现代服务业的连锁经营战略

1. 连锁经营的含义

连锁经营是一种现代化商业组织形式和经营制度,是由在同一经营字号的总部统一领导下的若干个店铺或分支企业构成的联合体所进行的商业经营活动。总部负责采购、配送,店铺负责销售。通过企业形象的标准化、经营活动的专业化、管理方式的规范化以及管理手段的现代化,使复杂的商业活动在职能分工的基础上,实现相对的简单化,把独立的经营活动组成整体的规模经营,形成连锁经营企业的核心竞争力,从而实现规模效益[②]。

通常,根据连锁经营企业经营权和所有权的集中程度,可将连锁经营分为直营连锁、特许经营连锁、自愿连锁3种形式。

(1)直营连锁。直营连锁又称正规连锁,美国称为联号商店、公司连锁,它是指同一资本所有、其店铺均由公司总部全资或控股开设,由同一个总部集中对各店铺的人、财、物以及商流、物流、信息流等方面实施统一管理,共同进行经营活动的连锁经营集团。直营连锁的关键是所有店铺均为同一资本所有,即所有权属于同一公司,这是区别连锁店与其他经营形式的标准。欧美认定直营连锁时一般要求连锁店的数目在11个以上,我国则规定为10个分店以上。直营连锁往往是大资本通过独资、兼并、控股等途径发展壮大自身实力和规模的一种形式,一般具有行业垄断性质,总部公司利用其资本雄厚的特点大量进货、大量销售,具有很强的竞争力。直营连锁是许多国家连锁店的基本形态,在美国有西尔斯·罗巴克百货公司、宾尼公司等典型,在日本有大荣公司等,在我国有国美、苏宁电器连锁店等。

(2)特许经营连锁。特许经营连锁是指特许人将自己所拥有的商标(包括服务商标)、产品、专利和专有技术、经营模式等以特许经营合同的形式授予被特许人使用,被特许人按合同规定,在特许人统一的业务模式下从事经营活动,并向特许人支付相应的费用。

---

① 袁志刚. 直面现代服务业"短腿"现象[N]. 文汇报,2008-01-07.
② 韩素. 连锁经营管理[M]. 哈尔滨:哈尔滨工业大学出版社,2003:6.

特许经营连锁的基本特征是：特许人对商标、服务标志、独特概念、专利、商业秘密、经营诀窍等拥有所有权；特许人授权被特许人使用上述权利；在特许经营合同中包含一些调整和控制条款，以指导被特许人的经营活动；被特许人向特许人支付权利使用费和其他费用。目前，常见的成功的特许经营品牌有肯德基、麦当劳、全聚德、华联、真维斯、李宁运动服、自然美等。特许经营连锁是连锁经营较为高级的形式。

（3）自愿连锁。自愿连锁公司的门店均为独立法人，各自的资产所有权关系不变，在总部指导下共同经营。

自愿连锁的特点是各加盟店保留了单个资本所有权，并在此基础上实行联合，总部同加盟店之间是协商和服务关系，具体表现为集中订货和统一送货，统一制定销售战略，统一使用物流及信息设施。各加盟店不仅独立核算、自负盈亏、人事自主，而且在经营品种、经营方式、经营策略上也有很大的自主权，但要按销售额或毛利的一定比例向总部上交加盟费及指导费。总部经营的利润，也要部分地返还给各加盟店。自愿连锁的组织类型一般为两种：一种是零售业主导型，即自由连锁经营总部是由众多的加盟店出资设立；另一种是批发主导型，即部分批发商根据流通业的发展变化，为强化批发对零售业服务的职能，成立自由连锁集团，吸收众多中小零售店（大部分为夫妻店、个体店）加盟，批发商作为自愿连锁总部，为各连锁加盟店提供有偿服务。

2. 实施连锁经营战略的原因

1）服务业连锁经营是现代服务业的重要特征之一

在快速发展的现代服务业中，既有新兴的高新技术行业，也有传统上一直被认为是劳动密集型的行业。这些传统上被认为是劳动密集型的行业，用现代经营理念和技术手段加以改造，演变成为现代服务业，其中一个重要的突破就是连锁经营的发展。美国人口普查局在1998年按"北美行业分类系统"（NAICS）从350个新行业中遴选出30个有代表性的现代服务业，其中有少数反映高新技术的行业，如光纤电缆、卫星通信、计算机软件等，更多的是传统行业经营方式改变后发展而成的现代服务业，而在这30个所谓现代服务业中，涉及连锁经营的有一半以上，如便利店、仓储俱乐部等。

2）连锁经营在现代服务业中扮演重要的角色

首先，连锁经营的现代服务业处于生产与消费的中间环节，直接体现为生产服务与为消费服务的内涵。各种连锁经营企业植根于社会各个角落，不仅与消费市场有密切的关系，对上游的生产过程也有很大的影响力，这种影响力甚至波及整个国家经济。全球500强企业之首的美国沃尔玛公司凭借它每年两千多亿美元的庞大销售能力，控制着全球供应链。即便在美国经济不景气的年份，其业绩依然不减，为工业部门和服务部门提供了大量的就业机会，向政府缴纳了巨额税金，故有媒体称："一个沃尔玛救了美国经济。"

其次，服务业从传统走向现代需要"成本"，而分散的、低效率的传统服务业是无法消化这种成本的，只有运用连锁方式超大规模经营和高效率运转的特点，才能抵消服务业现代化的"成本"。连锁经营方式出现后，服务业的现代化得以快速发展，其原因就在于此。

最后，连锁经营的服务企业，既是服务产品的供应商，也是现代服务的接受者。它是服务与被服务的统一体。现代服务业不仅为社会提供各种服务，而且是享受各种现代服务的利益既得者。这一方面使现代服务企业自身得到不断的发展，反过来也帮助和推动了为它提供服务的行业的发展。例如，连锁经营企业的计算机管理系统就是IT行业重要的目标客户，一些著名的连锁经营企业是IT行业必争的服务对象。连锁企业随着经营规模的扩大,各个环节越来越专业化,很多专业性强的工作就会外包出去。因此,连锁经营对现代服务业的发展有直接的、强大的推动作用[①]。

3. 实施连锁经营战略的原则

连锁经营之所以能在激烈的竞争中迅速发展,其内因是它适应社会化大生产的要求,实现了商业活动的简单化、专业化和标准化,从而能够获得其他商业形式无可比拟的经济效益。

1)简单化(simplification)

简单化即将作业流程尽可能地"化繁为简",减少经验因素对经营的影响。连锁经营扩张讲究的是全盘复制,不能因为门店数量的增加而出现紊乱。连锁系统整体庞大而复杂,必须将财务、货源供求、物流、信息管理等各个子系统简明化,去掉不必要的环节和内容,以提高效率,使"人人会做、人人能做"。为此,要制定出简明扼要的操作手册,职工按手册操作,各司其职,各尽其责。

麦当劳公司的第一本操作手册有15页,不久便扩展到38页,1958年后多达75页。在操作手册中可以查到麦当劳所有的工作细节。在第三本手册中,麦当劳开始教加盟者进行公式化作业:如何追踪存货,如何准备现金报表,如何准备其他财务报告,如何预测营业额以及如何制定工作进度表等。此外,还可以在手册中查到如何判断盈亏情况,了解营业额中有多大比例用于雇用人员、有多少用于进货、又有多少是办公费用。每个加盟者在根据手册计算出自己的数额后,可以与其他加盟店的结果比较,这样便于立即发现问题。麦当劳手册的撰写者不厌其烦,尽可能对每一个细节加以规定,这正是手册的精华所在。也正因如此,麦当劳经营管理能够快速全盘复制,全世界有上万家分店,却多而不乱。

2)专业化(specialization)

专业化即将一切工作都尽可能地细分专业,在商品方面突出差异化。这种专业化既表现在总部与各成员店及配送中心的专业分工,也表现在各个环节、岗位、人员的专业分工,使得采购、销售、送货、仓储、商品陈列、橱窗装潢、财务、促销、公共关系、经营决策等各个领域都有专人负责。

(1)采购的专业化。通过聘用或培训专业采购人员来采购商品,可使连锁店对供应商的情况较熟悉,能够选择质优价廉、服务好的供应商作为供货伙伴,并能了解所采购商品的特点,有很强的采购议价能力。

(2)库存的专业化。专业人员负责库存,他们善于合理分配仓库面积,有效地控制仓储条件,如温度、湿度,善于操作有关仓储的软、硬件设备,按照"先进先出"等原则收货和发货,防止商品存放过久而变质,减少商品占库时间。

(3)收银的专业化。经过培训的收银员可以快速地操作收银机,根据商品价格和购买数量完成结算,减少顾客的等待时间。

(4)商品陈列的专业化。由经过培训的理货员来陈列商品,善于利用商品的特点与货架位置进行布置,能及时调整商品位置,防止缺货或商品在店内积压过久。

(5)店铺经理在店铺管理上的专业化。店铺经理负责每天维持店铺的正常营业,把握销售情况,向配送中心订货,监督管理各类作业人员,处理店内的突发事件。

(6)公关法律事务的专业化。连锁店通过聘用公关专家,可以以公众认可的方式与媒体

[①] 俞稚玉. 连锁经营在现代服务业中扮演着重要的角色[J]. 上海商业,2004(12):64-67.

和大众建立良好关系,树立优秀的企业形象;而通过专职律师来处理涉及公司的合同、诉讼等法律事务,能确保公司少出法律问题,始终合法经营。

(7)店铺建筑与装饰的专业化。通过专业的房地产专家、建筑师、商店装饰专家的工作,把店铺建在合适的地点,采取与消费者购物行为相一致的装饰方式,使购物环境在色彩、亮度、宽敞度、高度等方面维持在一个较高的水准。

(8)经营决策的专业化。通过任用资深经理,连锁店在店铺形态选择、发展区域、扩张速度等方面均可实现决策专业化,保证决策的高水平。

(9)信息管理的专业化。通过建立或采用配送中心物流管理系统、商品及人事管理系统、条形码系统、财务系统、店铺开发系统、连锁集团数据库系统等信息系统,及时评价营业状况,准确预测销售动态。

(10)财务管理的专业化。任用财务专家实现连锁店在融资、资金流通、成本控制方面的高水平运营。

(11)教育培训的专门化。设立培训基地,任用专职培训人员,持续地为连锁店培养高素质的员工。

3)标准化(standardization)

标准化即将一切工作都按规定的标准去做。连锁经营的标准化,表现在两个方面:一是作业标准化。总部、分店及配送中心对商品的订货、采购、配送、销售等各司其职,并且制定规范化的规章制度,整个程序严格按照总公司所拟定的流程来完成;二是企业整体形象标准化。商店的开发、设计、设备购置、商品的陈列、广告设计、技术管理等都集中在总部。总部提供连锁店选址、开办前的培训、经营过程中的监督指导和交流等服务,从而保证了各连锁店整体形象的一致性。

人们熟知的麦当劳,在标准化方面做得相当出色。其全世界的餐厅都有一个金黄色"M"形的双拱门,都以红色和黄色为主;店铺内的布局也基本一致:壁柜全部离地,装有屋顶空调系统;其厨房用具全部是标准化的,如用来装袋用的"V"形薯条铲,可以大大加快薯条的装袋速度;用来煎肉的贝壳式双面煎炉可以将煎肉时间减少一半;所有薯条采用"芝加哥式"炸法,即预先炸3分钟,临时再炸2分钟,从而令薯条更香更脆;和麦当劳与汉堡包一起卖出的可口可乐,据测在4℃时味道最甜美,于是全世界麦当劳的可口可乐温度统一规定保持在4℃;面包厚度为17厘米时,口感最好,于是所有的面包切成17厘米厚。[①]

4. 现代服务业企业连锁经营战略设计

1)连锁经营集团化

连锁经营集团化是现代服务业企业寻求规模效益,构筑大商业、大贸易持续发展战略的必由之路,连锁经营在市场经济中的强大生命力,源于它能够取得规模经济优势。其实质是把现代化大工业生产的原理应用于商业流通领域,通过实现采购、配送、销售、经营决策等职能方面的专业化,店名、店貌、商品、服务方式的标准化,商流、物流、信息流的集中化,把每个环节、每个岗位上的商业活动,变得像工业生产流水线那样尽可能的简单,从而取得良好的规模效益。扩大连锁经营规模,不仅涉及连锁企业效益问题,而且涉及连锁经营生存发展问题,目前,国内多数连锁企业规模普遍较小,没有形成规模效益,因而缺乏竞争力。

---

① 联商. 连锁经营中的5S原则[J]. 商业时代,2005(12):24-26.

一般认为,连锁分店达到 14 个时,才开始盈利。而 2006 年,销售额居前列的上海华联超市,连锁门店仅 200 余家,更多的连锁公司仅有 7~8 家店铺,在全国像上海华联超市这样初具规模的连锁企业还不多。而世界以销售额排名十大零售连锁公司前 4 位的是:① 沃尔玛(美国,拥有 2561 家分店),② 德龙(瑞士/德国,拥有 2387 家分店),③ 凯玛特(美国,拥有 2000 家分店),④ 西尔斯(美国,拥有 1940 家分店)。连锁店效益与一定的分店数量成正比例的关系,规模经营是提高连锁经营效益的根本保证,在当前买方市场已经形成的条件下,规模化经营更是绝大多数行业取胜的重要秘诀。①

2)加强连锁企业配送中心的共同化和社会化

连锁企业配送中心的建设应把握以下 4 点:① 在配送中心的建设上,要有长远眼光,统一规划,集中部署,以低成本、高效率的原则,分阶段实施;② 政府部门应加强物流基础设施的现代化建设,首先要加强各大城市物流中心、仓库、集装箱中转站以及码头、铁路、航道的规划与建设,为配送中心的建设创造有利的外部条件;③ 连锁企业应该重视配送中心设备设施的投入,积极采用新技术和现代化的机械设备,加强配送中心信息网的建设,不断推进配送中心的现代化管理;④ 实行连锁配送中心的社会化。

连锁企业配送中心的建设可以采取 3 种典型的模式:第一种模式是连锁企业将全部的配送业务委托给其他专业化的物流公司或配送中心来承担,连锁企业专门进行连锁店的卖场管理和营销;第二种模式是连锁企业自办配送中心,承担本企业的全部配送业务,配送设施若自用有余,剩余的配送能力向社会开放,为社会提供配送业务;第三种模式是连锁企业承担 50%以下的配送业务,50%以上由专业物流公司或配送中心承担。这类企业拥有一部分配送设施,可以满足本企业部分配送需要,因各种原因又不愿扩大自身配送中心规模,便委托专业配送中心完成其余的配送业务。

3)实施品牌战略,提高消费者的忠诚度

连锁经营企业所面临的顾客群往往是某一特定区域的消费者,成熟市场的消费者在购物选择中普遍把品牌作为关注重点,具有较强的"认牌选购"心理,品牌一族已成潮流。在此情况下,连锁经营企业应该开发自有品牌。国际上的所有大型连锁企业,都有一定比重的自有品牌商品。英国的马狮公司被称作没有工厂的制造商,它的"圣米高"品牌极负盛名;日本大荣公司的"节约"牌商品深受家庭主妇的青睐,该品牌商品的销售额占大荣公司总销售额的 40%左右。我国发展较成功的商业企业可借鉴上述公司的经验,创建自己的品牌,通过准确的信息,利用自己的网络优势和商誉,提供质优价廉、适销对路的商品和良好的服务,在顾客中树立自有品牌形象。这样就可以极大地培养顾客的品牌偏好,使他们总是乐于购买企业的产品或服务,从而在目前商家竞争激烈的情况下,在一个城市或一个地区形成自己的产品消费群和生产群。

4)找准市场定位

以下五点是现代服务业实施连锁经营战略进行市场定位的原则:① 规模定位要集团化和国际化;② 业态定位要多元化和本土化;③ 业种定位要多样化和特色化;④ 商品定位要廉价化和大众化;⑤ 经营定位要科技化和品牌化。

5)提高管理水平,整合管理理念,提供优质服务

未来竞争中,企业要立于不败之地,一定要有自己的独特优势,连锁商业企业作为一个

---

① 郑勇. 论连锁经营集团化[J]. 科技管理,2003(06):34-36.

经营实体，单靠产品和技术的优势是远远不够的，因为产品和技术的可模仿性很强，而企业管理模式、经营理念和企业文化却往往受其他因素影响，具有很强的异质性与不易模仿性。因此，连锁商业企业必须在管理上下功夫，形成自己独特的管理模式与企业文化。企业要根据自身的特色，制定相关的管理措施与执行标准，提高企业的专业化、标准化管理水平，培育管理竞争力。同时，要创造独特的经营原则，以吸引更多的顾客。例如，沃尔玛在经营的过程中形成了自己独特的经营特色，如"永远不对顾客说不""天天平价""三米原则"等，这些都为其在激烈竞争中取得胜利起到了很大的作用。

6）强化人才观念，提高整体素质，塑造企业文化

连锁商业企业要在激烈的竞争中取胜，人力资源的开发与管理尤为重要。只有良好的设施与理念，并不能够真正满足顾客的需要，必须有高素质的员工将企业的经营理念真正贯彻实施。一方面，企业应该招募优秀的人才；另一方面，应该加强对企业内部员工的教育培训工作，积极创建学习型组织，在竞争过程中不断地学习发展，提高企业的竞争性。同时，要塑造独特的企业文化，良好的企业文化不仅能够为顾客提供更好的服务，吸引众多的忠诚客户，同时还会对自身员工产生潜移默化的影响，加强企业的凝聚力。

8.5.3 现代服务业的服务外包战略

1. 服务外包战略的含义及类型

外包是指企业根据市场需求和自身的竞争优势与劣势，借用外部力量，将外部虚拟资源与内部资源整合在一起，以提高企业竞争力的管理方法和管理模式。外包是企业将传统的、非关键战略性的、非特殊能力的活动外包给其他企业和组织，从而能够集中有限的资源去塑造自身核心能力，为顾客创造独特价值和实现企业自身持续性发展的战略行为。

根据不同的分类标准，服务外包可划分为不同的类型，以内容相区别，服务外包分为信息技术外包服务（information technology outsourcing，ITO）和业务流程外包服务（business process outsourcing，BPO），它们都是基于IT技术的服务外包。前者强调技术，更多涉及成本和服务，其内容包括系统操作服务，即银行数据、信用卡数据、各类保险数据、保险理赔数据、医疗/体检数据、税务数据、法律数据（包括信息）的处理及整合；系统应用服务，即信息工程及流程设计、管理信息系统服务、远程维护等；基础技术服务，即承接技术研发、软件开发设计、基础技术、基础管理平台整合或管理整合等。后者更强调业务流程，解决的是有关业务的效果和运营的效益问题，往往涉及若干业务准则并常常要接触客户，因此，意义和影响更重大，其内容包括企业内部管理服务，即为客户企业提供企业各类内部管理服务，包括后勤服务、人力资源服务、工资福利服务、会计服务、财务中心、数据中心以及其他内部管理服务等；企业业务运作服务，即为客户企业提供技术研发服务、销售及批发服务、产品售后服务（售后电话指导、维修服务）及其他业务流程环节的服务等；供应链管理服务，即为客户企业提供采购、运输、仓库/库存整体方案服务等。

根据服务外包承接商的地理分布状况，服务外包可分为3种类型：离岸外包、近岸外包和境内外包。离岸外包是指转移方与为其提供服务的承接方来自不同国家，外包工作跨境完成；近岸外包是指转移方和承接方来自于邻近国家，可能使用同样的语言，在文化方面比较类似，并且通常提供了某种程度的成本优势；境内外包是指转移方与为其提供服务的承接方来自同一个国家，外包工作在境内完成。

服务外包按其简繁程度，从低端到高端可分为五个层次：一是后勤办公，如数据输入和

转化、文件管理等；二是顾客服务，如呼叫中心、在线顾客服务、远程营销等；三是普通公司业务，如金融、会计、人力资源、采购、信息技术服务等；四是知识服务和决策分析，如研究咨询、顾客分析、证券分析、保险索赔、风险管理等；五是研究开发，如软件开发、数据中心、医药检测与分析、技术系统设计、工程设计、建筑设计、新产品和新工艺设计等。

目前，服务外包广泛应用于IT服务、人力资源管理、金融、会计、客户服务、研发、产品设计等众多领域，服务层次不断提高，服务附加值明显增大。根据美国邓百氏公司的调查，全球的企业外包领域中，扩张最快速的是IT服务、人力资源管理、媒体公关管理、客户服务、市场营销。[1]

2. 服务外包战略设计

成功实施外包战略能帮助企业降低成本，增强竞争优势，提高质量、效益和市场占有率。同时，外包失误也会给企业带来相应的风险，如技术泄漏、外包质量、外包管理以及企业融合的问题。因此，有效实施服务外包战略对于企业能否获得竞争优势至关重要，以下是企业实施服务外包战略的6项原则。

1）确定可以外包的业务

迈克尔·波特认为，企业创造价值的过程可以分解为一系列互不相同但又互相联系的增值活动，如设计、生产、销售等，其总和构成企业的价值链。实际上，并非每个环节都能创造价值，价值创造来自于某些特定的活动，即战略环节，企业的竞争优势实际上就是企业在价值链上某个特定战略环节上的优势。因此，为保持竞争优势，在外包活动中，凝聚核心竞争力的战略环节是不可以外包的。另外，企业不能把那些对整个业务的顺利开展具有决定性影响的业务外包出去，即使从成本上分析，企业在该领域里没有竞争优势，也不能将这些业务外包出去。比如在凯马特与沃尔玛的竞争过程中，凯马特沿着价值链评估其各阶段的竞争优势，决定把物流业务外包出去，而同时沃尔玛却在建立自己的地面运输队，正是这项决策严重影响了凯马特的长期竞争力，最终使凯马特在同沃尔玛的竞争中节节败退。如果生产活动中具有可能使企业形成新的竞争能力和竞争优势的学习机会，那么，企业不应该把这些生产活动外包出去，因为作为竞争优势来源的知识在企业开拓新业务方面越来越重要。

一般来说，企业可将下列业务外包出去：

（1）合作者能比本企业完成得更加出色的业务；

（2）合作者能够以更低的费用完成的业务；

（3）合作者能以更快的速度完成的业务；

（4）合作者能在销售方面取得更大成功的业务；

（5）需要在某一遥远的、拥有不同文化的国家进行的业务；

（6）需要特殊能力的业务，如获取政府基金；

（7）需要昂贵的资源，但可能出现新型资源使其贬值的业务；

（8）由企业内部承包代价太大的业务；

（9）投资回报率较低的业务[2]。

2）在制造业基础上延长产业链条发展国际服务外包

现代服务可以分为消费者服务和生产者服务，因此，承接国际服务外包既可以直接受益

---

[1] 吴洁. 国际服务外包的发展趋势与对策[J]. 国际经济与合作，2007（5）：23-26.
[2] 吕建中. 外包——企业获得竞争优势的手段[J]. 北京工商大学学报，2002（11）：47-50.

于服务业跨国公司的战略化转移,也可以延长制造业产业链条,向制造业跨国公司提供相关的商务服务,如战略咨询与管理、研究开发、产品设计、物流、营销、公共关系、金融服务等。现代服务业企业可以在已有的制造业基础上,充分了解跨国公司新的战略动向和商务模式的变化,以及从制造业外包到服务外包的发展趋势。满足这些企业的商务需求,延长产业链条,是提高利用外资质量和水平的重要内容,也是扩大服务业利用外资,高起点承接服务外包的切入点。

3) 准确评价外包商

外包商信誉、能力的高低会直接影响外包战略的完成,因此,应慎重选择外包商。有的企业注重外包商的文化、灵活性、开展业务的简易性和对成功的承诺;而有的企业则看重外包商的生产经验,开拓市场的能力、创新能力等。一般来说,以提高企业的竞争优势为目的,评价外包商的指标体系应至少由以下3个方面的指标构成:

(1) 投入指标:外包商拥有的固定资产、人力资源、技术资源等生产要素;
(2) 能力指标:外包商的生产能力、技术创新能力等综合能力;
(3) 兼容指标:核心企业与外包商在生产、文化等方面的兼容性。

4) 选择多个外包商

在市场中,垄断往往意味着高额利润,实施外包战略时也一样。企业应选择多个外包商,使其相互牵制,以避免自己失去对业务的控制能力。例如,宝洁公司将物流业务外包时,其最大的合作伙伴中铁物流的业务份额不超过40%。有些企业在实施外包战略时对不同的外包商采取不同程度的控制措施,不仅使他们获得了丰厚的回报,而且企业的技术也得以完整保护。例如,耐克把它的外包商分成三类:一是长期合作伙伴,耐克与这类外包商联合开发新产品,对一些新技术进行共同投资,在这些外包商那里生产最新款式的产品,这些产品价格昂贵、产量低;二是批量生产外包商,耐克不与这些外包商进行合作开发,外包商只为耐克生产某一型号产品,产品产量大,这些外包商无权选择原材料和二级外包商;三是部分拥有型外包商,这些外包商分布在世界各地的发展中国家,由于劳动力成本低而受到耐克的青睐,耐克为这些外包商提供资金和技术支持,这些外包商也只为耐克生产产品。通过不同的控制策略,耐克在发展核心竞争力的同时,也不用担心自身的技术丢失或泄漏。

5) 完善人才培养制度,提升竞争力和发展潜力

随着知识经济的到来,人力资源已经成为企业最为重要的资源。国际外包服务需要的是专业化服务,因此,一个企业承接服务外包的竞争力和发展潜力最终都取决于它的人力资本优势。未来企业能否提升承接国际服务外包的竞争力,关键在于是否能够调整人才培养战略、完善人才培养制度,培养出大批高素质、懂外语的国际化专业人才。

6) 引入双赢模式

所谓双赢模式,是要从传统竞争关系中的非赢即输、针锋相对的关系,改变为更具合作性、共同为谋求更大利益而努力的关系。外包企业之间一方的所得并非以另一方的损失为代价,相反,企业兴旺,双方都会受益,而企业衰落,双方都会受损。因此,在外包经营活动中强调合作双方的利益非常重要。双方应该为了共同的利益,精诚合作,使整个外包活动与企业核心业务相辅相成,产生协同效应,以此获得竞争优势,从而实现双赢目标。总之,随着经济的发展,社会分工日益细化,外包已被认为是一种智慧型的战略选择,它可以缩小战略目标与资源条件之间的差距,是企业培育核心竞争力,获得市场竞争优势的有力手段。企

业正确运用外包战略，可以起到事半功倍的效果。①

　　服务外包企业还应增加企业投入，加强企业内部流程的控制和管理；积极鼓励区域内和区域间服务外包企业的联合；要充分利用制造业的外资优势，促进跨国公司参与服务外包企业发展，寻求国际资金的支持，学习国际服务行业先进的管理经验，最大限度地发挥外资企业的外溢效应；政府应参考制造业区域聚集的经验，制定相应优惠措施扶持国内服务外包企业的发展，发挥规模经济效应，实现服务外包业的资源优化配置，提高分工协作的水平和管理水平。

本章小结

　　1. 新兴行业是指通过某些因素形成的或重新形成的行业，该行业具有技术存在不确定性、行业标准尚未统一、企业战略具有不稳定性以及初始成本下降迅速等特点。新兴行业中的企业必须选择适当的技术创新战略，包括进攻型创新战略、跟进型创新战略、防御型创新战略和钻空隙型创新战略，也可以实施分销渠道控制战略，影响企业分销渠道控制的因素主要有价格因素、产品因素和渠道成员因素。

　　2. 成熟行业是指一个正在从快速成长逐渐转向明显的更慢的发展阶段的行业。该行业具有产品技术成熟，竞争程度加剧，收购兼并增多，生产能力可能过剩以及研究开发、生产、营销发生变化等特点。本章重点介绍了该行业中企业的品牌战略和国际化战略。

　　3. 所谓品牌战略就是公司将品牌作为核心竞争力，以获取差别利润与价值的企业经营战略，包括产品品牌、直线品牌、范围品牌、伞状品牌、根源品牌和支援品牌六个可供选择的战略。

　　4. 企业的国际化经营是指企业为了寻求更大的市场，寻找更好的资源，追逐更多的利润，突破国家界限，向国外发展经营业务，参与国际分工和交换，实现产品交换国际化、生产过程国际化、信息传播与利用国际化以及企业组织形态国际化的过程。实施国际化战略的主要途径包括采取全资拥有子公司方式、建立国际合资企业方式、许可证方式、特许经营方式、海外生产方式以及出口和进口方式。

　　5. 零散行业是指由若干竞争力相近的中小规模企业组成的，竞争呈现均衡状态的行业。该行业具有行业进入壁垒较低、市场需求大且多样化、无规模经济以及缺少领导型企业等特点。该行业中的企业主要采取目标市场定位战略和专业化经营战略。

　　6. 先进制造业企业重点实施标准化战略和模块化战略。

　　7. 先进制造业企业实施标准化战略的途径主要有：建立以企业为主导的标准制定体系；积极参与国际标准化活动，参与国际标准的制定工作；改革标准化管理体制，由政府主导标准化向市场主导标准化转变，政府部门起统一管理、监督和综合协调的作用。

　　8. 模块化战略是指通过将企业生产制造系统按照一定的联系规则分解为可进行独立设计的半自律性的子系统，并对这些子系统进行剥离与整合以强化企业的持续创新和瞬时反应的策略与方法。其类型包括模块化控制战略和模块化匹配战略。

　　9. 现代服务业主要是指依托电子信息等高新技术或现代经营方式和组织形式发展起来的服务业，既包括新兴服务业，也包括对传统服务业的技术改造和升级。现代服务业企业主

---

① 吕建中. 外包——企业获得竞争优势的手段[J]. 北京工商大学学报, 2002（11）：47-50.

要实施连锁经营战略和服务外包战略。

 关键概念

新兴行业（new industries）　　　成熟行业（mature industries）
零散行业（fragmented industries）　先进制造业（advanced manufacturing industries）
现代服务业（modern service industries）

 思考题

1. 什么是新兴行业，新兴行业的特点是什么？适合于新兴行业企业的竞争战略是什么？
2. 什么是成熟行业，成熟行业的特点是什么？适合于成熟行业企业的竞争战略是什么？
3. 什么是衰退行业，衰退行业的特点是什么？适合于衰退行业企业的竞争战略是什么？
4. 什么是零散行业，零散行业的特点是什么？适合于零散行业企业的竞争战略是什么？
5. 什么是先进制造业，先进制造业的特点是什么？适合于先进制造业企业的竞争战略是什么？
6. 什么是现代服务业，现代服务业的特点是什么？适合于现代服务业企业的竞争战略是什么？

 案例讨论

喜马拉雅经济学[①]

音频进化论

创立于 2013 年的喜马拉雅 FM，以音频平台起家，发展初期丰富的"UGC+PGC+独家版权"内容，帮助平台聚集了 4.5 亿激活用户、500 万名主播，迅速成为音频市场占有率第一的品牌。不过，庞大的用户基数只是"长征第一步"，丰富的内容仿佛"淘宝"，用来吸引流量，但总需要"天猫"来提升品质。

在 2016 年接受《21CBR》记者采访时，喜马拉雅联席 CEO 余建军就表示版权竞赛终究"不健康"。于是，在那年的 6 月，《奇葩说》马东便携一众"辩才"在喜马拉雅 FM 上线口才培训节目《好好说话》，课程售价 198 元/年，仅 10 天销售额就达到了 1000 多万元。当天，平台还同时上线了移动音频的首个"付费精品"专区，提供一众大咖的付费作品。

这标志着喜马拉雅 FM 正式步入付费时代，成为知识付费玩家中的一员，并将每年的 12 月 3 日，定为"123 知识狂欢节"。

余建军告诉记者，一是狂欢节当天 5 折的产品特惠降低了用户付费的门槛，帮助内容创作者产生规模化收益；二是制造培养用户习惯的机会，"早年我们花钱买版权来培养用户的收听习惯，现在我们要花时间来培养用户知识付费的习惯。"

事实上，"123 知识狂欢节"这样的营销传播效率比单纯的广告高不少。余建军明显发现，平台用户在这一年中对知识消费的认知有了很大提升，"消费者开始习惯利用碎片化时间汲

[①] 赵俊杨，韩璐. 喜马拉雅经济学[J]. 管理通鉴，2018（4）：52-55.

取知识，从优质付费内容中，已经可以产生量变到质变的满足感。这种转变，是个性化心理成长需求的体现，用户开始愿意为专业和兴趣买单。"

最直观的就是转化率，根据易观《中国知识付费行业发展白皮书 2017》的数据，截至 2017 年 10 月，喜马拉雅活跃用户数超过 3500 万，人均单日启动 App 次数 4.68 次，人均单日使用时长 22.92 分钟，公开用户复购率达到 52.4%，市场排名第一。

而喜马拉雅 FM 平台，出现了越来越多的"致富传奇"，也涌现了以陈志武、蒙曼等为代表的从事传统教育的行业专家，上线了知名学者的"大师课"。其中，诗词大会嘉宾蒙曼的音频节目《蒙曼品最美唐诗》上线 7 天销量就破 300 万，截至 2018 年 1 月，付费播放量达到 1961 万次。

知识觉醒

如果简单将知识付费的发展分为 2014 年前的探索期，众多微博大号和自媒体涌现；2014—2016 年是市场启动期，打赏、付费功能出现；那么 2016 年后，以喜马拉雅 FM、得到、分答、知乎 Live 为代表的新知识付费平台的出现，则是推动行业进入了高速增长期。

这与年轻一代的"知识觉醒"有关。根据艾媒咨询的统计，2017 年知识付费的用户数量预计为 1.88 亿，2018 年会增长至 2.92 亿。消费人群中，80%是处于职场初、中级，希望通过学习来提升自我的"80 后""90 后"。76.4%的用户分布在一、二线城市，月收入在 5000～8000 元的居多，内容则偏好金融财经、教育培训、消费理财类。

对此，余建军也表示，此次"123 知识狂欢节"中，30 岁以下的年轻用户作为主力军，贡献了约六成的交易额，连"00 后"也在父母的支持下购买学习类课程。

消费行为的变化也向行业提出了更高的要求：如何确保优质内容的持续产出，让快餐化的"知识付费"避免沦为"只是付费"。

余建军觉得，平台还是应该输出"网红"轻知识，"不能太严肃"。当前阶段，知识付费要满足的依旧是用户提升认知、丰富谈资、寻找阶级归属的需求。"知识付费与电商不同，后者核心是商品，前者核心是人，针对不同消费场景进行内容输出与投放，完成消费引导，为用户提供深度的知识吸收场景是知识付费平台的职责。"

接下来，他判断知识付费将进入存量市场的竞争，商业模式会逐渐成熟，内容的专业化和深度垂直化会成为明显趋势，而分发也会更智能化、精准化。

为此，在内容上，喜马拉雅 FM 坚持采取邀约制度，主动去寻找优质的内容生产者。平台的作用则是参与课程受众定位、课程内容规划、体系设计、定价和后期的市场推广。课程上线后，平台还会以收听人数、收听时长来判断课程的效果和潜力。"平台会将用户数据推送给内容生产商，知道用户是谁、在哪里，才能够生产出更匹配的内容。"

余建军说，喜马拉雅 FM 现在已经搭建了包括平台社群、音频直播、问答互动在内完整的知识付费体系并支持退款。"2018 年的重点依旧是不断丰富内容、提升撮合销量，进一步完成场景深耕；除此之外，还要帮助更多平台主播实现'微创业'，为内容创业者提供包括内容服务、数据分析、推广、商业化等一系列孵化服务，完善我们的生态圈。"

2018 年 1 月，喜马拉雅 FM 在其"春声"音频 IP 发布会上，一次性释放了近二十个超级 IP，包括郭德纲、王耀庆、杨澜、姚明、郝景芳、梁冬、蒙曼等诸多大咖，并提出"万人十亿新声计划"，宣布在未来一年将投入三个十亿，从资金、流量、文创基金三个层面，全面扶植内容创作者，竭力帮助创作者变现。

讨论题

1. 喜马拉雅 FM 的发展理念是什么？
2. 你认为喜马拉雅 FM 成功的秘诀何在？
3. 试说明余建军在喜马拉雅 FM 发展过程中所起的作用。

 经典书籍推荐

推荐书目：《战略三环：规划、解码、执行》，该书的作者是王钺，于 2020 年由机械工业出版社出版。

该书立足企业战略管理系统建设，案例覆盖金融、地产、医药等三十个行业，分享国际公司战略咨询经验，推动中国本土企业战略落地。本书兼备全球经典战略管理思想和中国企业战略管理实践，能够帮助企业构建高效实用的战略管理体系。书中所提出的战略三环方法论，融合了战略咨询与企业内部战略管理的实战经验并提供大量真实案例和工具指引。

第4篇 战略选择

在大多数情况下，经过战略分析与战略设计这两个阶段，可供战略决策者选择的战略方案不止一种，而是多种可接受的方案。由于战略选择是影响企业生存发展的关键，因此，战略决策者必须利用自己的专业知识、工作能力、业务水平、实际经验等从中进行取舍，帮助组织在一定时期内根据自身的资源等实际情况，有重点地实施一种战略或多种战略组合。如果不加挑选地任意实施某种战略，势必会极大地影响组织的经营发展方向，甚至会导致组织的灭亡。

对于企业来说，如何根据企业的内外部环境选择行之有效的战略，常常是许多企业高层管理者面临的一个重要问题。一般地，企业战略方案的选择是在民主协商的基础上，综合考虑实施战略方案所付出的成本、所能获得的收益以及风险程度三个因素，来选择最适合企业目前发展的战略。当然，战略选择也可能是战略决策者凭借其经验甚至直觉做出决策的过程。战略选择的结果将直接影响企业未来的生存发展状况。本篇将以战略选择的一般原理、影响因素和分析工具为着眼点，详细探讨战略选择的有关问题。

第 9 章
战略选择的一般原理

 本章学习目标

1. 掌握战略选择的内涵；
2. 理解战略选择的原理；
3. 了解战略选择的理论基础。

引例

滴滴这家公司的发展历程，如果用一个词来形容，可谓是"野蛮生长"。它的意思是闯关，既有挑战现有规则的含义，也有应对各路群雄竞争的意思。

事实上，滴滴确实给中国出行市场格局的重塑带来了极大的影响。商场如战场，"一将功成万骨枯"，从摇摇到快的再到优步中国，滴滴的发展史是一场战役连着一场战役。滴滴在行业内的优势地位，是靠一路拼杀得来的。不过，程维（滴滴创始人）固然霸气十足，但他的成功也离不开资本的助力。

在滴滴出行的官网上，关于管理团队，只有两个人的名字：滴滴创始人、董事长兼CEO程维和滴滴联合创始人、董事兼总裁柳青。前者是阿里巴巴业务员出身，后者有国际投行背景，这样的组合很强，也自然很被投资人看好。

有投资人表示，"程维是草根出身，是从底层的销售一步步成长起来的，他对市场的敏锐度、深入一线的执行能力是柳青缺乏的；柳青出身名门，大家风范，人脉资源、国际视野、在资本市场里呼风唤雨的能力，又是程维缺乏的，所以他们这个组合是很快见到了化学反应和叠加效应的。"程维和柳青的搭配，如果不能做出一番大事业，任谁看都是一种巨大的浪费。事实上，他们确实成功了，在海量资本、资源的支持下，滴滴最终胜出，取得了绝对领先的地位。胜利之后，就是接踵而至的问题，或者说，之前的问题开始集中爆发了。打天下是一回事，治天下是另一回事。

顺风车业务本来是关乎滴滴盈利的一个重要业务，甚至可以说是一个解决城市拥堵、社会问题的重大机遇，但滴滴似乎没有真正重视"共享出行"这个事，它的顺风车业务反而成了社会问题的一部分。两人郑重表示，"滴滴不再以规模和增长作为公司发展的衡量尺度，而是以安全作为核心的考核指标……"①

实际上，滴滴在沉淀反思之后，其核心业务趋于精细化，聚焦细分赛道，它依然提出多

---

① 案例来源：关于滴滴的反思和启示："守正"比"出奇"更重要！[EB/OL]．（2021-07-17）．https://baijiahao.baidu.com/s?id=1705524868537546952&wfr=spider&for=pc.

线布局，但与前期的盲目扩张战略不同，滴滴将出行业务聚焦于交通基础设施、车辆与人车关系，围绕车主和乘客，聚焦出行领域细分赛道的绝对领先地位，推出多品牌满足不同群体出行需求。因此，从某种意义上说，战略选择决定了企业发展的命运。本章重点介绍战略选择的一般原理，希望读者可以对战略选择的内涵、原理及其理论基础有深刻的理解。

9.1　战略选择的内涵与过程

9.1.1　战略选择的实质

1978 年诺贝尔经济学奖的获得者、决策理论学派奠基人赫伯特·A. 西蒙有一句名言："管理就是决策"，使决策在管理中的重要性得以充分彰显。决策作为管理的核心内容，贯穿于管理过程的始终，而战略选择又是决策过程中最关键的阶段。

战略选择就是战略决策者通过比较和优选，从可能的两种或两种以上的备选方案中选定一种合理的战略方案的决策过程。选择战略方案并非是一个理性的公式化决策，它需要决策者考虑多种因素，进行多方面的权衡，并且需要借助一些选择分析工具。因此，这一决策过程其实是一种智力活动，它往往比想象的更复杂、更困难，可以说，该过程是战略决策者的专业知识、工作能力、业务水平、实际经验、领导作风和领导艺术的集中体现。2023 年，跨国医药企业葛兰素史克（GSK）正式分拆，剥离消费者健康业务，成为一家更为专注的生物医药公司，这是集团成立二十多年来的最大变革。分拆后的 GSK，更加聚焦医药专长和资源，这里的资源包括研发资源、人才资源、商业资源等。与其他医药企业不同，GSK 同时布局疫苗和药物，以"医防一体"来成就其差异化与竞争力。除产品外，GSK 正与政府机构、当地医疗系统及行业伙伴合作，共同推动疾病预防关口前移，为基层医疗建设汇聚力量，助力提升医疗卫生资源可及性。此外，GSK 也在积极探索数字化创新，运用人工智能、大数据等前沿技术助力医疗服务，帮助患者更好地进行慢病管理。GSK 已与阿里健康、京东健康和百度健康等企业合作，助力患者健康管理，促进"健康老龄化"。正是由于 GSK 进行了新的产业布局决策，才更好地发挥了 GSK 全球科学和技术优势，更加符合中国医疗卫生的需求，从而能深入地拓展中国市场[①]。GSK 之所以能够开始在中国翻开新篇章，主要是该公司在战略决策方面进行了全新定位，明确了"汇聚科学、技术与人才，合力超越，攻克疾病"的新使命。此外，公司在战略方面选择深耕中国市场，通过专注生物医药创新、深挖中国公共健康领域、全方位深入研发和商业化，从而可以不断扩大其商业覆盖范围。

9.1.2　战略选择的方法

战略选择是战略管理过程中最为关键的一环，之所以赋予战略选择如此重要的地位，主要是因为战略选择时形成的决策将使组织在相当长的时期内与特定的产品、市场、资源和技术相联系，进而决定企业的长期竞争优势。可见，战略选择的结果对企业具有持久性的影响，并将决定企业主要经营活动的成败。那么，战略决策者应该采取什么样的方法才能做出令人满意且比较合理的战略选择呢？

---

① 韩璐. GSK 放新招[J]. 21 世纪商业评论，2022（11）：72-73.

1. 主观的直觉判断

战略选择经常需要决策者以往的经验、判断和感觉，从这一点来说，战略选择并非一种精密、纯粹的科学，许多高层管理人员在做出重大决策时并没有依赖严谨的逻辑分析，而是凭借了"直觉""本能""预感"或"内心的声音"。在战略选择具有很大不确定性或没有先例的情况下，直觉对于决策尤为重要。在存在高度相关变量的情况下，当决策者就决策是否正确承受巨大压力时，或者必须在数种都很可行的战略间做出选择时，直觉对于决策很有帮助。例如，1998年克莱斯勒公司经受着来自评论家的批评——公司运作僵化、技术落后、没有灵感，公司不仅远远落后于日本的汽车制造商，还落后于通用汽车和福特。在这种情况下，公司总裁鲍勃·鲁茨决定开发一款大马力的运动型跑车，并以不屈不挠的精神坚持把这个项目向前推进，最终道奇毒蛇运动型跑车（即戴姆勒—克莱斯勒）取得了巨大的成功，帮助公司在20世纪90年代东山再起。然而，令人吃惊的是，鲁茨的这种做法没有任何市场调查作为支持，只是直觉而已。[1]

那么，什么是直觉呢？纽约哥伦比亚商学院的比尔·达根认为，战略直觉不是一种模糊的感觉，也不是一种反应，而是突然闪过的洞察力，能够解决你可能冥思苦想了几个月的问题。进而，达根教授提出了战略直觉如何发挥作用的四点描述：第一，长期在大脑的"架子"上存储信息；第二，进行"思维沉淀"，也就是放松或者清理你的大脑；第三，不同的信息有选择地在大脑中汇聚在一起，形成突然闪过的洞察力；第四，行动的决心驱使你前进。

2. 分析工具的理性运用

然而，战略选择并非如此简单，直觉并不能代表全部。这正如德鲁克所言："只有受纪律约束的直觉才是可信的。"[2]一直以来，虽然由于无法获取完全信息等因素使得"完全理性"的决策只能停留于假设，但人们还是希望决策者能够遵循理性过程。决策管理学派的创始人赫伯特·西蒙早就将"有限理性"概念引入管理决策模型之中。有限理性是把问题的本质特征抽象为简单的模型，而不是直接处理全部复杂性的决策行为。然后，在组织信息处理的限制和约束下，管理者努力在简单的模型参数下采取理性行动，其结果是一个满意的决策而不是一个最大化的决策，即是一个"足够好"的决策。

在此过程中，战略决策者注重对分析工具的理性运用，在了解各种分析工具的基础上，以适宜的分析方法为战略选择提供必要的依据和支持。战略选择的分析工具将在本书第11章中进行详细介绍。

因此，战略选择中的直觉与理性分析不是一个非此即彼式的判断，组织中各层次的管理者应当将他们的直觉和判断融入到战略管理分析中去，让直觉式思维和分析式思维互为补充。

9.1.3 战略选择的特征

战略选择通常具有以下4个特征。

---

[1] ALDEN M HAYASHI. When to trust your gut[J]. Harvard business review, 2001(02).
[2] 彼得·德鲁克认为，有效管理者的决策是一套系统化的程序，有明确的要素和一定的步骤。有效决策方法的5个要素是：① 确实了解问题的性质，是否确属"常态"，只有建立一种规则或原则的决策才能解决问题；② 确实找出解决问题所需的规范，换言之，应找出问题的"边界条件"；③ 应仔细思考确能满足问题规范的正确途径，再考虑必要的妥协、适应以及让步事项，以期该决策能被接受；④ 决策方案，应同时兼顾其能执行的方法；⑤ 注意在执行的过程中，搜集反馈资料，以印证决策的适用性及有效性。参见：彼得·德鲁克. 卓有成效的管理者[M]. 北京：机械工业出版社，2019.

1. 战略选择在本质上是一个相当复杂的决策过程

从战略选择的方法这一角度来看，凭借直觉进行决策并不是主观臆断和简单地拍脑袋，借助分析工具也绝不是程式化的一劳永逸，二者都涉及对趋势、形势、条件、时机、方案、方法以及后果的深入评判。战略选择的任务是要根据不同的环境条件，为组织确定某种行为方式。然而，面对经济日趋全球化，组织所处的环境和所面临的信息越来越呈现出"不确定"的特点，稳定性、精确性和可预测性逐渐被变革性、模糊性和不可预测性所代替，在这样一个机会层出不穷、风险相伴而生的全球化经济环境中，战略选择的过程就变得更为复杂，对于地域分布较广的组织（如跨国公司）或具备多样化产品和服务的组织而言更是如此。

2. 战略选择对决策者的综合判断能力有较高的要求

对于一般性的问题，管理者仅凭单个领域的专长或从某个角度出发就可以发现问题并解决问题，但是，在进行战略选择时，鉴于战略选择过程的复杂性，决策者需要打破职能和运营界限来解决战略问题。无论在哪一个因素或环节上出现判断失误，都会对整个决策产生不良影响，甚至导致战略失败。因此，决策者既要有高瞻远瞩的战略眼光，又必须具有统观全局和全面分析问题的能力，应该在全面考虑与决策相关的各种因素之后做出一个综合性的判断。

3. 战略选择通常需要组织进行艰难的变革

战略选择之所以重要，是因为在战略层面上做出的决策将会影响组织未来的发展方向，而且很多时候会迫使组织适应新的转变或不得不采取某种形式的组织变革，但由于组织文化及组织资源连贯性的限制，这种变革经常难以推进。譬如，对两个拥有截然不同文化的组织进行合并，文化冲突问题在合并后会凸显出来，在实际运营中，组织文化的融合往往很难实现，至少有 70%的合并由于文化原因没能实现其合并前的"承诺"。此外，战略决策还需要管理或改变组织外部的关系和网络，如供应商、分销商和客户，这在一定程度上也存在着难以适应的过程。

4. 战略选择是一个动态循环的过程

战略选择的结果必须与组织所处的环境相适应，并需要注意战略实施条件的限制，满足可行性，这也使得战略选择方案具有相对的稳定性。但是由于组织所处环境的不确定性在增强，战略选择方案的长期影响作用也就受到考验。针对快速变化的外部环境，决策者要密切关注组织发展与环境变化的关系，并根据这一变化对方案进行相应的调整，必要时需要根据环境发生的新的转变重新进行战略选择，从而形成一个动态往复的循环过程。从实际发展趋势来看，战略选择的这一特征将会得到凸显。

9.1.4 战略选择的过程

战略选择过程是选择某一特定战略方案的决策过程，这一过程是基于已经拟定出各种可行性方案以供进一步选择的前提下进行的，备选方案的数量和质量往往决定了最终被选定方案的优劣。此时，决策者需要考虑多种因素，进行多方面的权衡。选择战略方案绝不是一个例行的公式化决策，它要比想象的更复杂、更困难、更具有特性，是一个动态的选择过程（见图 9-1）。事实上，在战略选择的过程中，也包括了战略分析与战略实施的内容，反之亦然，这几个阶段并不能被截然分开。在图 9-1 中，战略选择的内容主要体现在虚线框内。

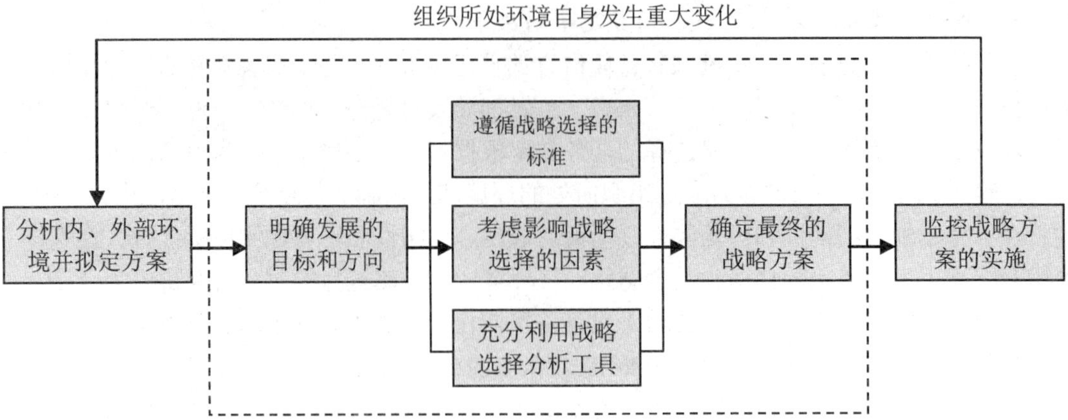

图 9-1 战略选择过程

1. 明确发展的目标和方向

决策目标是战略选择的出发点和归宿，没有目标，战略选择就没有方向；目标不明确，则会导致战略选择的失误。在目标的指引下，决策者才能把握组织发展的方向，考虑是否应该推出新产品、进入新市场，是通过自身发展还是通过联盟和合并获得发展等战略选择方面的问题。因此，决策目标的确定既是进行战略选择工作的前提，也是最终评价战略选择成败的标准。

2. 遵循战略选择的标准

一些原则性的标准可以帮助决策者选择出更易成功的战略，如战略的适宜性、可接受性和可行性。适宜性是一项宽泛的标准，它是指一项战略选择是否适应组织所处的运营环境；可接受性关注的是一项战略选择的预期业绩表现（比如回报或风险），以及该业绩表现与各方期望的符合程度；可行性关注的是一项战略在实际操作中是否可行，组织的资源能力和战略能力是否具有实用性。本章第 2 节将对这三个标准进行详细阐述。

3. 考虑影响战略选择的因素

组织最终的战略选择往往是内部因素和外部因素共同作用的结果。外部因素是一个企业进行战略选择时的间接因素，而内部因素却是企业进行战略选择的直接因素。具体来说，影响战略选择的因素大致可以分为行为因素、制度因素和社会文化因素。决策者必须深入了解这些来自各方面的影响因素，才能在战略选择过程中表现得更为敏感和准确。在考虑未来战略时，还必须充分注意战略实施的现实状况，而战略实施本身有可能成为制约战略选择的重要障碍。本书第 10 章将详细论述影响战略选择的具体因素。

4. 充分利用战略选择分析工具

战略选择过程中除了要做定性分析以外，还要进行定量分析，正如在战略选择方法中谈到的要把直觉与理性分析相结合。目前，在战略选择过程中，决策者经常借助战略评价方法或工具来达到选择理想战略的目的，利用外部市场的机会并中和不利环境的影响，同时加强企业内部的优势并对自身的弱点加以改进。虽然分析工具并非万能的，每种分析模型或方法都有自己的局限性，但决策者要充分利用各种分析工具的优点并规避其不足，使选择结果更趋合理。对于战略选择分析工具的介绍，将在本书第 11 章中进行。

5. 确定最终的战略方案

确定最终的战略方案是战略选择的关键阶段，决策者要在对多种方案进行分析、评价的基础上权衡利弊，做出最终选择，确定能满足决策目标要求的方案。由于组织最终选择哪一种战略既取决于它所处的环境和市场地位，同时也取决于它的文化，尤其是高层管理人员的思维习惯和个性，从而使最终方案的确定更类似于管理评测问题。但不管在这一阶段有什么特色或差异，选择标准都是一样的，那就是选择效果最好且副作用最小、成本最低且受益最大的备选方案。

6. 监控战略方案的实施

战略方案的选择虽然涉及战略评价标准、文化、利益相关者的期望以及各种具体的评价指标和方法，是一个非常复杂的决策过程，但这并不等于最终做出的战略选择就不能更改。确定战略方案以后，还要继续对方案的实施情况予以关注，当组织所处环境或自身状况发生了较为重大的改变时，原来确定的战略方案也许无法适应组织新的发展需要，此时就必须在分析组织内、外部环境的基础上，对原方案进行调整或重新拟定新的战略方案，并再次明确组织发展的方向和目标，进行新一轮的战略选择。从这个意义上来说，战略选择过程是动态循环的。

9.2 战略选择的标准

在战略分析之后，组织可以根据所处的环境进行战略设计，得到一些可供选择的战略方案。战略决策者凭借自己的直觉或运用相应的分析工具，对备选方案进行筛选。然而，通过筛选所拟定的战略方案究竟能在多大程度上取得成功？这一方案的实施能不能实现组织既定的战略目标？为了得到满意的答案，确保所选方案的成功，必须使拟定方案满足一定的标准，增大所选方案成功的机会。一般来说，战略选择方案应该满足三个方面的标准，即战略方案的适宜性、可接受性和可行性（见图9-2）。

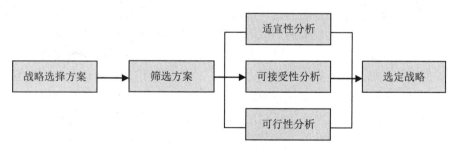

图9-2 战略选择的标准

9.2.1 满足适宜性

适宜性（suitability）是指战略与组织内外环境以及利益相关方期望的匹配程度。适宜的战略方案可以挖掘环境中的机会，避开威胁；发挥组织的优势，避免或弥补劣势；满足相关利益者的期望。因此，在确定组织发展方向和发展方法时，应该从组织外部环境、组织内部资源或能力以及利益相关方的期望三个方面来评价战略选择方案的适宜性（见表9-1）。

表 9-1　战略选择方案适宜性评价实例

发展方向	组织外部环境	组织内部资源或能力	利益相关方的期望
巩固	退出正在衰退的市场； 售出有价资产（投机）； 保持市场份额	通过持续投资和创新建立优势	利用目前的战略，以较低的风险换取更好的回报
市场渗透	争取更多的市场份额，以增加优势	拓展优越资源和能力	
产品开发	拓宽客户需求方面的知识	拓展研发	通过利用现有优势或市场知识，用中等风险换取更好的回报
市场开发	目前市场已饱和； 寻求新机会：地域扩张、进入新的细分市场或开发新的用途	拓展目前的产品	
多元化	目前市场已饱和或在衰退	在新的竞争领域拓展核心能力	通过"榨取资产"，用较高的风险换取更好的回报
发展方法			
内部发展	首次进入某个领域； 无法找到合作伙伴或进行收购	学习与能力拓展，分摊成本	很少有文化/政治阻碍
合并/收购	速度； 供应/需求； 市盈率（P/E）	获取能力； 规模经济	回报：增长或股票价值； 文化冲突问题
共同发展	速度； 行业规范	互补性能力； 向合作伙伴学习	"所需的"进入条件； 降低风险/时尚

资料来源：格里·约翰逊，凯万·斯科尔斯. 战略管理[M]. 北京：人民邮电出版社，2004.

值得注意的是，战略方案必须全面考虑组织所处的外部环境、组织内部的资源或能力以及利益相关方的期望三个因素。如果方案满足了某一种因素的要求，却忽视了其他因素，那么这一战略方案也将是不适宜的。例如，如果外部环境中存在着市场机会，战略备选方案也希望能捕捉和把握市场机会，但组织本身没有相应的资金或能力；或者在组织具备所需要的资金和能力的情况下，却没有对所处环境有足够的认识，无视施行某种战略方案的重要性；或者拟定的战略虽然较好地满足了内外部环境，却违背了一个有影响力的利益相关方的愿望。在上述这些情况下，战略方案的选择都是不适宜的，在实施过程中可能遇到不同程度的阻力，战略方案的成功实施就很难得到保障，那么战略选择也就很可能是失败的。

战略选择方案要保持适宜性，就要不断进行合理化调整，保持战略组成要素内部的一致性，即组织的竞争战略、发展方向和发展方法这三个要素要作为一个整体发挥作用。但随着时间的推移，组织不断发展，各项战略要素也会发生改变，从而导致战略内部的不一致，继而导致业绩下降。这时，组织就必须审时度势做出相应的调整，使战略组成要素之间重新协调起来。可见，寻求内部一致性并非毕其功于一役，而是一个连续的过程。例如，某家具生产商采用低价格扩大销售量的方式参与市场竞争，并以此试图增加自身在本土市场上的份额，在发展方向上选择市场渗透战略，取得规模经济，并摆脱廉价进口商品的威胁。为此，该产商在发展方法上选择了收购战略，大量收购市场份额较小的公司。但如果市场上没有合适的公司可供收购，制造商的成本不能依靠规模经济进一步下降，则仍然要面临廉价进口商品的威胁。这时，公司就可能需要采取内部发展的方式，从竞争对手那里争夺客户以继续提高市场份额。

9.2.2 具有可接受性

可接受性（acceptability）是指战略满足企业的经营者及其他利益相关者期望的程度。由于可接受性关注的是战略预期的业绩结果，因此其评价的主要内容是回报（如利润率、成本—收益等）、风险（如财务比率、敏感性分析等）以及利益相关方的反应（见表9-2）。

表9-2 理解战略选择可接受性的一些标准

标准	用于理解	举例
回报		
利润率	投资的财务回报	资本回报
		投资回报期
		贴现现金流量
成本—收益	更广泛的成本/收益（包括无形资产）	大型基础设施项目
真实选择	决策的次序	实际选择分析
股东价值分析	新战略对股东价值的影响	合并/收购
风险		
财务比率	战略的活力	盈亏平衡分析
		对资本负债率和资产折现力的影响
敏感性分析	测试假设条件/活力	"如果……会怎样"的分析
利益相关方的反应		
	战略的政治因素	利益相关方示意图、博弈论

1. 回报标准

从表9-2可以看出，战略选择方案可能产生的回报应该满足一定的标准，这是衡量方案可接受性的一个重要因素。这里，从四个方面来对备选方案的回报进行评估，即利润率、成本—收益、真实选择和股东价值分析。

在利润率分析方面，主要介绍三种常用的方法。一是已动用资本回报率（roce ratio），它是显示公司资本投资效益及盈利能力的比率。一般来说，已动用资本回报率应该高于公司的借贷利率，否则就会减少股东收益。二是投资回收期（payback period），它主要用来计算累积的经济效益等于最初的投资费用所需的时间，可以分为静态和动态两种。静态投资回收期不考虑资金时间价值，计算以项目的净收益回收其全部投资所需要的时间。动态投资回收期是把投资项目各年的净现金流量按基准收益率折成现值之后，再来推算投资回收期。按静态分析计算的投资回收期较短，决策者可能认为经济效果尚可以接受，但若考虑时间因素，用折现法计算出的动态投资回收期要比用传统方法计算出的静态投资回收期长些，该方案未必能被接受。三是贴现现金流量（discounted cash flow），它类似于动态投资回收期法，是将一项资产在未来所能产生的自由现金流（通常要预测15～30年）根据合理的贴现率（weighted average cost of capital，WACC）贴现，得到该项资产在目前的价值，如果贴现后的价值高于资产当前价格，则有利可图；如果低于当前价格，则说明当前投资价格被高估。

如果通货膨胀率是6%，则资产价值每隔12年就要减半。因此，如果某项战略方案的选定与实施将会于12年后为组织提供30 000 000美元的收益，那么考虑到6%的通膨率，这笔收益的现值就是15 000 000美元。对30 000 000美元的现金流进行折算，它的贴现值就是15 000 000美元。

在成本—收益分析方面，它主要考虑了战略方案的无形收益，弥补了利润率分析的不足。运用这一方法，战略方案的所有成本和收益都可以被赋予一定的货币价值（包括对人员和组织的有形和无形的回报），而不仅仅是项目或战略的"发起"成本和收益。成本—收益分析能使人们对影响战略选择的各项因素有更为清楚的了解，可以避免仅用利润来诠释回报的狭隘。

以真实选择为基础的方法同样关注实施某战略方案的成本与收益，但它更关注战略实施环境的不稳定性。在很多情况下，特定战略的精确成本和收益只有随战略的推进才会逐渐变得清晰。因此，战略选择应该是一系列的"真实"选择，即在战略形成过程的某个时间点上做出的、以前次选择为基础的方向性选择，从而将战略方案评价与财务评估更紧密地联系起来。运用这一方法，可以更好地决定是否要选择实施某项战略方案，以及如果实施该方案是立即实施还是推迟到日后。

股东价值分析（shareholder value added，SVA）是指预测战略选择方案如何影响企业未来的现金流量，从而影响企业（股东）价值的过程。它主要服务于企业战略选择，提供与评价企业收购、清理有关的战略管理会计信息，而且它的诞生和发展使管理会计服务对象提高到战略层次，从而便于管理者高屋建瓴地统筹企业全局。股东总回报率（total shareholder returns，TSRs）是最常用的衡量股东价值的指标。它由当年股价的增值加上每股红利，再除以年初的股价计算而得。股东总回报率有助于以价值为基础的公司为自己设定业绩目标，也可作为指标用于奖励管理者，因此可以使公司所有者与管理者的利益达成一致。

2. 风险标准

组织在实施某个特定战略的过程中面临的风险也是衡量战略方案可接受性的一个重要标准。这里的风险主要表现在战略选择方案将会如何改变公司的资本结构和偿债能力等。

从财务比率角度来看，财务比率可以评价企业的财务状况、经营成果和现金流量。如果选择了某一战略方案，使企业的资本负债率有较大幅度的增加，从而增加了企业的财务风险，那么该方案被接受的可能性就会降低。特定的战略选择也会对组织的资产折现力（即资产易于转变为现金的性质）产生影响，如果这一影响是负面的，那么同样会增加企业所面临的风险。例如，一个迫切希望快速成长的小型零售商，可能在支付店铺装修成本时倾向于对供应商推迟付款或增加银行透支，这样就会降低公司的资产折现力。如果债权人或银行对公司提出还款的可能性较大，那么公司的生存就会面临较大的威胁，公司的财务风险也就较高。

敏感性分析是用来分析将来的实际值对估计值的偏离会对战略决策产生何种影响的方法，它能够预测当支持特定战略方案的假设发生变化时，该战略方案仍能被接受的风险程度。通过敏感性分析，决策者可以知道战略选择方案对哪些因素十分敏感，对哪些因素则不太敏感。敏感性大的因素，即使发生了小的偏离，也会导致战略选择的错误，因此，决策者对敏感性大的因素，在估计其数值时必须特别小心，使数值尽可能精确。敏感性分析也有助于决策者对战略选择方案将来的风险程度做到心中有数，能在选择方案以后，随时根据主要因素的变化情况，采取有效的措施。例如，"十一五"期间，很多企业按其发展战略规划做出建设新上项目的战略选择。在对新上项目进行技术经济分析时，需要重视敏感性分析，注意各有关因素的敏感性程度及其对投资回收率的影响，如生产能力利用率、产品销售价格和原材料费用等。为了保证发展战略规划的实施，企业对每个新上项目的敏感性分析都要认真对待，并应关注国际市场对企业新上项目的影响。

3. 利益相关方的反应标准

由于利益相关方拥有的权力和在支持或反对某项战略时所表现出来的关注程度不同，各利益相关方对企业的战略选择会有不同的反应，而这些反应将直接影响到战略选择方案的可接受性。具体来说，一个新的战略可能需要发行大量新股，由于发行新股会降低有影响力的股东集团的表决权，因此这一战略可能不会被接受；企业同其他公司合并的计划或与新的国家进行贸易的计划可能不会被工会、政府或某些客户所接受；一个新的销售模式或许会放弃原来的销售渠道，产生对抗性反应的风险，从而可能损害战略的成功。例如，2004年2月18日，在联想新三年规划的发布上，杨元庆宣布将对其渠道进行"短链"优化，并且"在现有渠道模式的基础上，辅助以客户为核心的营销模式"。但是，让杨元庆始料未及的是，联想话音甫落，便被听众下结论为"开始准备试行直销"。这些结论给联想带来了无穷无尽的烦恼，联想人第一财季的很大一部分工作已经变成了"安抚渠道"，要反复解释"联想不是要开始大规模直销"，而只是"渠道优化和管理精细化"。杨元庆对此一再强调："这个事情一定要澄清"。当年的7月16日，继和渠道厂商在四川青城山"解释"之后，联想高层又坐下来向外界详解自己的渠道策略。管理市场系统的联想副总裁陈绍鹏在接受21世纪经济报道独家专访时说，"联想和渠道之间的误会都已经澄清"。在此前，陈绍鹏作为低调的"实权派"人物之一，是甚少露面的。[1]

此外，在关注利益相关方的反应时，博弈论有助于理解存在的风险，因为博弈论关注的是一个公司做出某个决策时，竞争对手可能做出的反应。博弈论列出了公司行动和竞争对手反应的多种组合，并对这些组合的成本和收益进行了量化。通过博弈分析，战略选择方案的可接受性也将得到提高。

9.2.3 具备可行性

可行性（feasibility）关注的是组织是否具备实施战略所需的资源和能力。了解可行性的方式有很多，如资金的支持、现金流分析，其他相关的资源配置，组织的有关能力，市场地位的要求，技术的有效性等。这里主要讨论财务可行性和资源配置。

财务可行性的一个有效评估方法是资金流预测，该方法被用于评估一个拟定战略在财务方面是否可行，分析的方法是预测该战略所需的资金和这些资金可能的来源。例如，2004年，港澳珠大桥在进行可行性分析时，便主要进行了基于成本—收益的财务可行性分析。一方面，在成本分析时，香港一国两制中心以澳门第三桥平均造价2.55亿元/每平方米为参考，估算港澳珠大桥的总投资额为150亿元左右；另一方面，按人头收费（不包括对运输工具收费）以及人车流都采取低、中、高三种收费标准进行匡算，计算出2011年港澳珠大桥低、中、高三种收费的收益，该收益为息税前收益（earning before interest and taxes，EBIT）。然后，项目采取建设—经营—转让（build-operate-transfer，BOT）形式并按照投资回收期计算，假设2003—2005年进行预可性研究、可行性研究、审批、立项、设计、融资和筹建；2006—2010年开展五年建设；2011年正式通车，开始回收。基于净现值NPV法计算，在不同投资回报率、增长率和收益下的投资回收期可控制在10~30年，项目财务可行。如果大桥在2010年通车，则投资回收期更短。[2]

---

[1] 资料来源：联想的销售渠道的变革以及为什么？Dell 的营销模式[EB/OL]．(2004-09-03)．http://jincuixx.bokee.com/103333.html.
[2] 赵大英．港澳珠大桥的方案选择与财务可行性分析[J]．经济地理，2004（5）：663-637.

财务可行性也可以通过盈亏平衡分析进行评估，盈亏平衡分析是通过盈亏平衡点（break even point，BEP）分析项目成本与收益的平衡关系的一种方法。各种不确定因素（如投资、成本、销售量、产品价格、项目寿命期等）的变化会影响投资方案的经济效果，当这些因素的变化达到某一临界值时，就会影响方案的取舍。盈亏平衡分析的目的就是找出这种临界值，即盈亏平衡点，判断投资方案对不确定因素变化的承受能力，为决策提供依据。盈亏平衡点越低，说明项目盈利的可能性越大，亏损的可能性越小，项目有较大的抗经营风险能力。财务可行性分析也对各种战略的风险进行评估，尤其是对不同战略方案要求明显不同的成本结构的场合。

资源配置评估可以确定一个特定战略是否具备所需的资源和能力，能够更广泛地了解特定战略的可行性。例如，市场渗透战略的选择主要取决于市场营销和分销专长以及增加市场份额所需要的充足的现金；如果选择产品开发战略，则需要拓展研发能力并增加客户需求方面的知识。

9.3 战略选择的理论基础

战略选择是一个涉及多方面因素的综合性决策过程。它与决策者本身的素质密切相关，是决策者专业知识、工作能力、业务水平、实际经验、领导作风和领导艺术的集中体现，并且还与组织成员、利益相关者以及竞争者等诸多人的因素相关联，因此，有关人性假设的理论可以为战略选择分析提供相应的理论依据。同时，战略选择又受到企业制度发展状况的影响，在现代企业制度下，委托代理机制成为企业组织的基本形式，因此，进行战略选择时又必须研究所有者与经营者之间权责分配的关系。此外，从交易经济学、信息经济学等视角来考察组织经营行为，也可以为组织某一方面的决策目标、决策过程、战略选择等问题提供理论分析的基础。

9.3.1 关于人性假设的理论

人性是指人所特有的通过自己的活动所获得的全部属性的综合，是现实生活中的人所具有的全部规定性。战略选择主要是依靠最高层管理人员的决策，同时也需要其他各层级管理者和员工的介入，并需要考虑组织的利益相关者以及竞争者等。可见，人的发展和对人性的认识与战略选择有着密切的关系，人性假设是战略选择的一个理论基础。中外学者对人性都做过深入的研究，随着历史的不断发展，对人性的研究还将不断完善和丰富。

1. 经济人假设理论

1）经济人假设理论概述

经济人（economic man）的假设，起源于享受主义哲学和英国经济学家亚当·斯密（Adam Smith）关于劳动交换的经济理论，麦格雷戈将这种人性假设概括为 X 理论。具体地说，经济人就是使市场经济得以运行的人，即会计算、有创造性、能寻求自身利益最大化的人。在现代经济理论中，经济人假设主要包含三个基本命题：第一，经济人是自私的，总是追求自身利益，最大化地满足自己的偏好；第二，经济人是理性的，即具有完备或较完备的知识和计算能力，能正确判断自己的利益，从而能最大化地实现自己的利益；第三，只要有良好的法律和制度，经济人追求个人利益最大化的自由行动会无意识地有效增进社会公共利益。这一命题被认为是经济人假说的核心，是经济人的灵魂。经济人假设已经成为西方经济学理论的基本前提和分析工具。按照美国科学史家托马斯·库恩的范式说，经济人已深深融入广大经济学家的思维模式中，成为一个约定俗成的概念，有着特定的内涵和意义。

将经济人假设理论应用于管理领域，导致经济学对企业的分析与对企业家的分析常常融合在一起，即以企业家的偏好代替企业的目标。在新古典分析范式中，工人也是经济人，他们追求的是高工资，因此，在管理过程中，需要应用科学的管理和组织等手段来鼓励工人同企业家合作，共同为提高生产率而努力。重要的是，在这一模式中，战略决策者具有在完备信息条件下，通过理性选择去追求利润最大化的特点。从企业制度角度来看，如果战略决策者集资本所有权与经营权于一身，那么按照马克思的观点，战略决策者的本质就是人格化的资本，此时，战略决策者的选择就等同于企业的选择。这里，出于对资本主义整体运动规律研究的需要，马克思抽象掉了表现在资本家身上的不同个性特点。

新古典经济学对企业家的研究侧重于企业家的特质。马歇尔在对企业家问题进行综合研究的基础上提出了人力资本模式，认为企业家是人力资本这一特定要素禀赋的所有者，从而将古典经济学对企业家内涵的界定从资本深化到人力资本，他同时还明确指出了人力资本的基本特征是报酬递增。熊彼特将企业家视为"革新者"，把"创新"作为企业家的真正职能和必备素质，以区别于企业家的日常工作和单纯的管理行为。只有对经济环境做出创造性反应并推进生产增长的管理者才有资格被称为企业家。从新古典的企业理论出发，企业的战略选择无疑包含以下3层意思。

（1）战略选择是为了创新的需要。战略选择者的利益与企业的内在利益是一致的，创新可以为战略选择者带来利益或效用最大化，也能够为企业带来利益，反过来说，只有战略性的选择才会促进企业创新和改革。

（2）战略选择一般伴有资本增值。战略选择是企业家对某一既定环境的创造性反应。这种创造性反应或者带有物质资本的增加，或者伴有人力资本的增加，通过战略的选择与实施，在使企业增值的同时，也使国家经济增值。

（3）战略选择者一般具有充分与完备的理性，因此，企业家的战略选择与市场变化是一致的。企业家的趋利性行动使市场从非均衡走向均衡，而其间的桥梁则是企业对产品的选择、面对竞争对手的战略行动、企业规模大小的抉择等所组成的企业战略计划。

2）对经济人假设理论的修正

经济人假设尽管消解了人类行为的不确定性和复杂性给经济学研究带来的困难，能够以数学模型来表示简化的世界，从而使科学的经济分析成为可能，却也同时否定了经济学作为一门社会科学存在的基础。因此，该理论一直遭受经济学和社会学主流学界的批评。为了使该理论更切合实际地说明问题，专家学者不断对经济人假设进行修正，如将"完全信息"改为"不完全信息"，将"完全理性"改为"有限理性"，将"利益最大化"改为"目标函数最大化"等。然而，在"自利原则"这一点上则几乎没有丝毫改动，这是因为在绝大多数西方经济学家看来，"自利原则"是人类行为的不可证伪的永恒公理。

对经济人假设的重要修正是将经济主体的完全理性缩小至有限理性。赫伯特·西蒙反复强调，要把经济学建立在一种现实的人类行为的基础上。将有限理性原则运用于战略选择中，他要求战略选择者用满意的准则代替最优化准则，因为战略选择者所做的决策预期是有限合理的。同时，战略选择者不必考虑一切可能的复杂情况，只需考虑与问题有关的特定情况。对工商企业来说，这种令人满意的准则就是适当的市场份额、适度利润、公平价格等，这也是一个企业存在的意义和目的。对经济人假设的进一步修正还包括将"利益最大化"改为"目标函数最大化",将利他主义、非理性行为融入理性经济人的范畴等。

当企业的所有权与经营权尚未分开时,经济人的分析可能更加适用,对于中国正处于蓬勃发展阶段的民营企业来说,追求利润最大化已经成为战略选择的一个根本出发点。而经过修正的经济人理论,特别是有限理论与多目标函数论,可以更好地从不同角度去分析决策者的战略选择行为。只是这种对于经济人假设的修正并没有改变其理性经济人的内核,不能很好地解释由决策者多种偏好推导出企业战略的选择行为。

2. 社会人假设理论

对经济人假设理论的批评导致了社会人假设理论的出现。社会人(social man)假设理论由管理学家乔治·埃尔顿·梅奥于 1933 年提出并不断得到完善。梅奥通过实验得出,人是社会人,影响人生产积极性的因素,除物质因素外,还有社会、心理因素;生产率的高低主要取决于员工的士气,而员工的士气受企业内部人际关系、员工的家庭和社会生活的影响;非正式组织的社会影响比正式组织的经济诱因对员工有更大的影响力;员工最强烈的期望在于领导者能承认并满足他们的社会需要。因此,要调动员工的工作积极性,必须使员工的社会和心理需求得到满足。

社会人的概念考虑了经济生活中人的文化因子,比如,他们认为企业家与其他人的不同之处在于所谓企业家精神,企业家具有特有的一套文化要素。马克思·韦伯认为,新教伦理精神创造了资本家(早期的资本家就是企业家);彼得·伯格认为,在亚洲同样有促使企业家出现的"亚洲资本主义精神";而一些中国学者认为,儒家文化是中国企业家精神的核心。

企业家在进行战略选择时,即使面对同样的外部约束,也会因为其成长的环境不同和归属的社会集团不同,而做出不同的选择。企业战略的选择并不是完全理性的,其背后还有心理效应,这种心理特征可能会使战略选择者的决策看起来是非理性的,如本来是处于社会边缘的弱势群体,却会投身于充满风险的创业中去。同时,由于社会结构和文化因素也存在着较大的差异,因此,不同时期、不同地区的组织在战略选择方面也有着很大的不同。例如,在是否采取退出战略方面,日本企业更强调稳定经营,注重长远,内部制约力很强,但缺乏灵活性,企业决策者一般不主动采取退出战略;相反,美国企业强调短期效益,外部制约力很强,在自由竞争比较充分的条件下,企业决策者更倾向于及早退出短期内无法盈利的领域。

3. 自我实现人假设理论

自我实现人(self-actualizing man)假设理论是美国管理学家、心理学家马斯洛提出的。所谓自我实现指的是,人都需要发挥自己的潜力,表现自己的才能,只有人的潜力充分发挥出来,人的才能充分表现出来,人才会感到最大的满足。这就是说,人们除了上述的社会需求之外,还有一种想充分运用自己的各种能力,发挥自身潜力的欲望。麦格雷戈总结了马斯洛的需要层次论中的自我实现需要和阿吉里斯的不成熟—成熟理论中的所谓成熟个性,也就是自我实现人,将之概括为 Y 理论。

自我实现人假设认为:人一般是勤奋的;人能够自我管理,自我控制;在适当条件下,人能将自己的目标与组织的目标统一起来;人是有责任感的;人具备创造力和想象力,在现代企业条件下,人的能力只是部分得到发挥。该假设还认为管理者应把管理的重点从重视人的因素,转移至创造良好的工作环境上,使员工的能力得到最充分的发挥。

在自我实现人假设下,战略选择者表现出较强的独立与自主的个性,有通过战略决策扩大和丰富经验、以新的挑战挖掘自身潜力的热情。同时，战略选择者是以问题为中心而不是以自我为中心，有较强的社会责任感，因此，在战略选择的过程中，更加注重决策结果的社会效益。在与外界环境的互动中，战略选择者对周围的事物保持着持续的新鲜感，富有创造力，他的这一特点会通过做出的决策促进组织的创新与改革，提高组织对环境的适应性和竞争力。

4．复杂人假设理论

复杂人（complex man）假设理论是 20 世纪六七十年代由美国组织心理学家埃德加·沙因等经过长期研究后提出来的，他们认为经济人、社会人、自我实现人假设各自反映当时的时代背景，适用于特定的环境，而人是很复杂的，不能把人归为一类。几乎同一时期，美国管理心理学家约翰·摩尔斯和杰伊·洛希于 1970 年提出了超 Y 理论，其观点与复杂人假设基本一致。

复杂人假设的基本观点是：人的需要是多样的，随着发展条件而变化，因人而异，因事而差；人在同一时间有各种需要和动机，它们之间会发生相互作用；人在组织中可能产生新的需要和动机；一个人在不同单位工作或在同一单位的不同部门工作会产生不同的需要；由于人的不同，面对相同的管理方式会有不同的反应，所以没有对任何组织都适用的特定的管理方式。复杂人假设认为，管理方法和技巧必须随时、随地、随人、随环境变化而不断变化，强调管理者必备的最重要的能力体现在鉴别情景、分析差异、诊断问题的洞察力上。在复杂人假设的基础上，延伸出权变理论。

决策者在战略选择过程中，会因时、因地、因各种情况不同，做出适当的反应，表现出战略选择者与环境变化之间所存在的一种积极的互动关系。作为复杂人的决策者，其价值取向是多种多样的，没有统一的追求，同时，决策者也会因环境和条件的变化而变化，既可能表现出追逐利润最大化的"经济人"的特征，也可能采取符合追求良好人际关系的"社会人"特点的战略选择行为。

9.3.2 委托—代理理论

委托—代理理论实际上属于相对产权理论的范畴，即主要分析建立在绝对产权基础之上的，关于经济主体之间经济权利和义务关系的理论。

1．委托—代理关系的产生及局限性

委托—代理关系起源于专业化和分工的存在，是随着生产力大发展和规模化大生产的出现而产生的。社会生产力水平越高，委托—代理问题就越突出。社会生产力水平的高度发展，使企业的生产规模不断扩大，这从两个方面促进了委托—代理问题的加深。一方面是资本所有者经营能力的局限性。对于大型企业的生产经营活动，必须由受过专门训练的、具有丰富管理水平的职业经理人来管理，而资本所有者并不具备这样的条件。另一方面，企业生产规模的扩大导致了企业资产所有权的高度分散化。一个企业生产规模的扩大必须有雄厚的资本，单个的资本家很难具有这样的实力，企业往往通过发行股票来从社会上筹集发展所需的资金。特别是大型的跨国公司，绝大部分都是股份有限公司，股权分散在众多股东手中，大多数股东只负责投资，而不负责经营，因此，自然而然地产生了委托—代理问题。同时，专业化分工也产生了一大批拥有专业知识的代理人，他们有精力、有能力行使好被委托的权利。

委托—代理关系已经成为现代企业制度的基本形式。社会化大生产的发展，对企业规模提出了全新的要求，由此产生了公司制。公司制的最大特点就是股份制，包括股份有限公司和有限责任公司。有限责任公司由多个出资人出资组成公司，并将公司委托给某一个出资人或非出资人进行管理，其他出资人或在公司中担任一定职务或根本不担任任何职务，只是保留资产的剩余索取权。股份有限公司则是典型的完全由代理人控制的公司，众多股东出资组成企业，股东代表大会选举产生董事会，董事会聘任企业的总经理来管理企业，由总经理全权负责企业的经营和管理。

但在委托—代理的关系当中，由于委托人与代理人的效用函数不一样，委托人追求的是自己的财富更多，而代理人追求自己的工资和津贴收入、奢侈消费和闲暇时间最大化，因此两者之间必然存在利益冲突。同时，由于主观和客观方面的很多原因，委托人与代理人之间存在着严重的信息不对称。一般来说，代理人拥有更大的信息量，代理人甚至还扮演着信息制造者的角色，从而使代理人成为信息供应者，而委托人则是信息需求者。在企业的委托—代理关系中，即使是在委托人与代理人之间建立一种合同关系或协议关系，由于两者处于经济交易的对立面，他们之间的利益冲突也是不可避免的。代理人很可能会选择有利于自己的信息来提供给委托人，而忽略甚至隐瞒一些对自己不利却对委托人极其重要的信息。由于委托人与代理人的利益不一致，双方的契约是不完全的，信息存在着不对称，就必然产生代理成本。因此，如果没有有效的制度安排，代理人的行为很可能最终损害委托人的利益。

2. 委托—代理理论与战略选择

委托—代理理论说明了所有者与经理阶层由于存在着不同的效用函数，在战略选择过程中常常会有较大差异，如在战略期限、风险程度方面，委托人与代理人有着不同的偏好。在研究企业的战略选择行为时，我们可以借助委托—代理理论，从企业决策者的权力制衡角度分析企业选择某一既定战略方案的原因。同时，也可以更好地理解内部人控制对企业战略选择的巨大影响力。

公司制企业中，资本所有者作为委托人拥有剩余索取权，并以资本增值和资本收益最大化为目标，最终表现为对利润最大化的追求，而很少关注企业的长期发展。因此，股东所选择的战略可能是急功近利的，较少考虑社会影响。

拥有公司控制权的经理人员作为资本所有者的代理人，除了追求更高的货币收益外（更高的薪金、奖金、津贴等），还力图实现尽可能多的非货币收益，如舒适的办公条件、气派的业务旅行和商业应酬、尽管低效但合意的（如听话的）雇员、权势、地位以及晋升和获得更高的未来收入等。此外，非货币收入中可能还包括体现在由文化、社会因子所表现出来的个人价值实现。因此，在战略选择过程中，作为代理人的企业经理人员，可能更多地考虑多元化战略，并且更加关注战略选择对社会产生的影响。同时，由于代理人较为看重个人剩余，也会比较注重企业的长期发展趋势。特别是在缺乏一个较成熟的经理人市场的情况下，由于代理人承受的外部替代压力较小，他们选择企业战略的方式将可能更趋于保守和消极。

9.3.3 交易成本理论

交易成本理论是用比较制度分析方法研究经济组织制度的理论。该理论是英国经济学家科斯于 1937 年在其重要论文《论企业的性质》中提出来的。该理论的基本思路是：围绕节约交易费用这一中心，把交易作为分析单位，找出区分不同交易的特征因素，然后分析什么样的交易应该用什么样的体制组织来协调。

1. 交易成本理论的作用及局限性

科斯认为，交易成本是获得准确市场信息所需要的费用以及谈判和缔造经常性契约的费用，也就是说，交易成本由信息搜寻成本、谈判成本、缔约成本、监督履约情况的成本、可能发生的处理违约行为的成本所构成。

交易成本理论作为新制度经济学中的一个重要分支，说明了企业在一个专业化的交换经济中出现的原因。科斯认为，市场和企业是两种不同的组织劳动分工的形式，而企业之所以能够替代市场，源于交易费用的节约。一般来说，分工和专业化发展的一个后果是市场交易次数的迅速增多，从而导致市场交易费用增加，这在某种程度上抵消了分工和专业化带来的好处。为了降低交易费用，最初人们尽量确定较为固定的交易对象，于是就出现了以一个商人为中心，将产品的不同零件或工序分别承包给许多家庭的分包制度。分包制度的进一步发展，就形成了企业。在企业内部，每个人在生产过程中，都有相应的位置。这种相应的位置又以科层组织形式确定下来，它无须寻找交易对象，人和其他要素所有者实际上和企业达成了长期协议，市场中的讨价还价都被管理者对工人的指挥所替代，于是节约了大量的交易费用，这就是企业存在的原因。

但是企业的运转也是有费用的，如企业中科层组织的运转费用，它包括企业一般管理费用，获取和集中生产要素的费用，效率的损失等。因此，企业通过减少契约的数量而节约交易费用，但是它并没有通过取消契约和企业内的交易来消除交易费用。随着企业规模的扩大，在企业内部组织追加交易的成本可能会上升。企业的规模决定于企业内交易的边际成本等于市场交易的边际成本。相继生产阶段或相继产业之间是订立长期合同，还是实行纵向一体化，取决于两种形式的交易费用的高低。可见，企业的产生是为了节约交易费用，而对企业规模的限制也是为了节约交易费用，采用企业还是采用市场这两种不同的经济组织形式，主要取决于交易费用的高低。

科斯在强调交易费用的重要性时存在着一种片面性，这就是忽视了组织变动对于直接生产等成本的影响。科斯把节约交易费用看作是企业存在的唯一原因，完全忽视了企业组织在发挥协作劳动的社会生产力方面的不可替代的基本作用。事实上，除了交易费用以外，技术革命、需求变化、贸易结构、企业行为等都会影响产业组织的变化。

2. 交易成本理论与战略选择

就企业理论来说，企业内部的组织成本与外部市场运行费用决定了企业的规模与边界，同时也从另一个角度影响了企业战略的选择。运用交易成本理论来分析企业的战略选择，其目的是企业决策者必须将企业的战略发展方向与企业内部的交易成本及市场交易成本结合起来考察，以确定对企业最有利的战略[①]。

在进行涉及企业规模的战略选择时，其实质是确定企业的边界问题，也就是市场与企业组织之间的替代关系。此时，需要衡量交易成本的大小，而测度交易成本大小的参照指标主要有市场的成熟程度和市场的竞争者数量。首先，从市场的成熟度来看，如果企业所处行业已经步入成熟阶段，即进入了平稳发展时期，市场容量和竞争对手的实力相对稳定，那么，战略选择者在选择战略方案时，就比较容易确定最适宜的战略；相反，如果企业所处行业尚处于孕育阶段，存在较多不确定性，面临着较多的市场风险，那么交易成本就会很大，此时，战略方案的选择就必须慎重。其次，从市场竞争者的数量来看，交易对手数量的减少会直接增加信息成本、谈判成本与协调成本。决策者在选择企业战略时，可以通过市场集中度来确定企业的外部竞争环境，即通过市场参与者的数量和参与程度来反映市场的竞争或垄断程

---

① 丁志铭. 大企业战略选择[M]. 北京：经济管理出版社，2004：60.

度，从而能够准确地把握企业在市场中的地位和盈利前景。考虑到企业所生产产品的需求弹性和层次，只有在与同类产品进行比较时，也就是企业在考察同行业的竞争对手时，企业才能根据市场结构的不同情况做出不同的企业战略选择。

9.3.4 信息经济学理论

1921 年，美国经济学家奈特在其《风险、不确定性和利润》一书中指出"信息是一种主要的商品"，提出了企业为获取完备信息而进行投入的必要性。20 世纪 50 年代末 60 年代初，美国经济学家马尔萨克、斯蒂格勒和日本学者宫译等，开始论述信息经济学的相关内容，而信息经济学作为一门独立的经济学科的地位也在 20 世纪 70 年代末 80 年代初最终得到确立。

1. 信息经济学的内涵

在现实中涉及信息的问题上，各种事件可分为确定性事件、风险事件、不确定事件，它们的信息量分别为完全信息、不完全信息和无知。从交易双方所掌握信息的程度来看，信息又有对称信息和非对称信息之分。信息经济学主要是研究在非对称信息情况下，当事人之间如何制定合同契约以及对当事人行为的规范问题，故又称契约理论或机制设计理论。

关于广泛意义上的不完全信息问题，经济学研究的主要内容包括：信息搜寻及搜寻成本，信息与资源配置，不完全信息条件下的经济行为分析，非对称信息和刺激机制的设计，信息与经济组织理论，新福利经济学，等等。美国经济学家乔治·阿克劳夫、迈克尔·斯宾塞、约瑟夫·斯蒂格利茨在信息不对称理论的研究中做出了杰出贡献。其中，研究事前非对称信息的模型为逆向选择模型（adverse selection），研究事后非对称信息的模型为道德风险模型（moral hazard）。非对称信息问题一般可以概括为"委托—代理模型"，由于委托代理理论在前面已有论述，这里主要介绍企业战略选择中的信息搜寻模型和信号传递模型。[①]

（1）信息搜寻模型。搜寻理论认为，人们对信息的搜寻是有成本的。搜寻成本是指搜寻活动本身所要花费的费用，这种费用有时指搜寻活动所需要的开销，有时也可以指等待下一次机会所付出的代价。通过搜寻模型，经济学说明了价格离散现象。在产品价格方面，生产者制定产品价格的活动是一种生产信息的活动，他必须为制定价格支付相应的成本和费用；同时，消费者也必须花费具有价值的时间（和其他资源）去寻找不同的价格。因为在大多数市场中，生成和获得关于价格方面的信息是有代价的，因此，对于同样的商品，交易价格就会有所不同，呈"离散"状态。此时，消费者面临着两种选择：一是通过"随机购买"迅速做出决定；二是通过"搜寻"来获取信息，最终找到最低价格。一旦消费者选择"搜寻"方式，他们必须支付一定的时间和交通成本等，这就构成了搜寻成本。随着搜寻次数的增加，搜寻的边际收益总是下降的。当搜寻活动使搜寻的预期边际收益等于边际成本时，搜寻活动就会停止。与原有的消费者完全理性假设不同的是，消费者在其消费过程中的信息搜寻行为，往往是出于一种直觉的、本能的方式。

正是由于市场价格离散或信息分布的离散，信息需求者进行搜寻才有利可图。假如搜寻成本与个人的收入无关，那么一个人收入的上升会使他增加搜寻的次数，但时间价值一般是搜寻成本的主要组成部分，而一个人的时间总是有限的，其时间价值可以按其收入水平来衡量。这样，随着个人收入的上升，其搜寻某种给定商品的次数将下降；若收入保持不变，搜寻成本的增加总是要降低搜寻的次数。价格离散使市场信息变得不完全，导致了市场代理人

---

① 丁志铭. 大企业战略选择[M]. 北京：经济管理出版社，2004：65.

之间的信息差别。价格离散还激励了人们搜集市场信息的行为。价格离散幅度愈大，市场发育则愈不成熟。因此，价格离散幅度可作为衡量市场发育状况的一种指示器。

搜寻价格信息的边际收益也会随着不同的市场而发生变化。当消费者在搜寻诸如房子、小轿车等耐用消费品的价格信息时，消费者将支付较大的费用以进行较长时期的价格信息搜寻。此外，拟购买商品占消费者总支出的比例也影响着消费者对价格信息所花费的搜寻时间。一般地说，一笔消费支出占消费者预算的比例越大，较长时间搜寻的收益就越大，消费者就会一直搜寻下去，直到搜寻的边际成本等于边际收益为止。就所有的消费者对于所有的商品和劳务而言，搜集信息的边际成本和边际收益相等之点是不同的。事实上，生产和获得关于价格的信息是昂贵的，这就意味着对于某种产品，在大多数的市场上存在着最终交易价格的分布，而不是一个单一价格。

（2）信号传递模型。信号传递模型在本质上是一个动态不完全信息对策。这个对策包括两个参与人，一个叫信息发送者，一个叫信息接收者，发送者拥有一些接收者所没有的同参与人的效用或者支付相关的信息。动态不完全信息对策分为两个阶段：第一个阶段，发送者向接收者发出一个信息或者信号；第二个阶段，接收者收到信号后做出一个行动，对策结束，这时，两个参与人的效用就已确定。迈克·斯宾塞对信号传递模型做了深入的研究。他在专著《市场信号：雇用及相关程序的信号传递》与论文《劳动力市场中的信号问题》中均以人们受教育程度作为劳动力市场的信号。斯宾塞阐明了市场中"经济行为人"怎样借助发布信号来抵消"逆向选择"的影响。信号在此时指"经济行为人"采取的可观察的措施，"经济行为人"采取这些措施，旨在使市场参与者的另一方相信其产品所具有的价值与质量。

在迈克·斯宾塞的就业模型里，劳动市场中雇主和雇员的信息是不对称的，雇员了解自己的能力，雇主却知之甚少。因此，在竞争均衡时，雇主很难确切了解雇员能力的高低，能力具有差别的雇员得到的是相同的平均工资。在这种情况下，生产能力高的雇员所得到的报酬就少于他们的边际产品，而生产能力低的人所得到的报酬则高于他们的边际产品。此时，生产能力高的人就会通过向雇主发出某种信号，让雇主了解到自己较高的生产能力，从而使自己的工资与劳动效率对等。这个信号就是雇员所接受的教育程度。斯宾塞的模型研究了用教育投资的程度作为一种可信的传递信息的工具。在他的模型里，市场交易中具备信息的应聘者可通过教育投资程度来示意自己的能力，而雇主根据这一示意信号便可区别开具有不同能力的人。

信号传递理论还可以应用于其他很多领域，如在金融领域，罗斯指出，某个拥有大量高质量投资机会信息的经理，可以通过筹措资金或红利分配政策的选择向潜在的投资者传递信号。该理论应用于解释经济生活现象方面，如在耐用消费品市场，厂商往往通过提供商品质量保证书来传递其产品的信号，以使消费者相信其产品的质量。而对于上市公司的过度分红行为，根据信息不对称原理，公司的管理层当然比股民更清楚地知道公司的真实业绩。在这种情况下，业绩好的公司就采取多发红利的办法来向股民发出信号，以将自己区别于业绩不好的公司，因为后者发不出红利。证券市场对分红这一信号的回应是股价上升，从而补偿了股民因为分红交纳较高的税而蒙受的损失。可见，信号传递模型已经扩展到了不同的研究领域，具有较强的解释能力。

2. 信息经济学与战略选择

在委托—代理机制下，企业要使自身价值最大化，就必须找到最合适的经理人，使其担任战略选择者，能够在多种战略方案中做出对企业最有利的决策。企业经理应尽量减少道德风险，并向企业所有者及时提供必要的信息。然而，企业所有者在搜寻这样的高质量经理时，同样面临着一个信息成本的约束。根据信息搜寻模型，对经理市场的考察并不是越完备越好，而是要使边际搜寻成本等于边际搜寻收益。因为，随着搜寻时间的增加，搜寻活动给企业所有者带来的效用增加幅度将会出现递减趋势。因此，考虑到企业战略选择的实效性，企业所有者在经理市场中的搜寻活动，必然有一个边界，对经理业务素质和道德水平的了解也是有限度的。这样，企业所有者的偏好与经理的偏好就经常会出现不一致的现象。同样，经理对企业的选择，也要受到信息搜寻成本的制约。尽管不同企业所有者的偏好差异很大，但是，经理并不愿意去了解更多的企业，以获得最合适自己的位置，特别是经理要考虑到求职状态给自身价值所带来的损害，一般不愿意长久地处于失业状态。企业经理所做的战略选择，不一定与自己的爱好相匹配，也可能与企业所有者的偏好相距甚远。从企业所有者与企业经理的不同追求来看，企业战略的选择出现不协调很正常，最终会导致企业的发展受损。

从战略选择者的角度看，企业的战略选择本身是一个信号传递机制。在竞争性的市场中，企业信号发布（同一般水平分离）的要求是不对称信息带来的反应。在推销企业生产的商品或力图提升企业的商誉时，企业可以选择在公众场合进行宣传，如通过广告的形式，让受众或已有的、潜在的消费者认同企业的产品，以使本企业区别于其他企业。企业还可以选择通过公益活动、特色销售等活动贴近消费者，发布一个有利于消费者辨认的信号。实际上，战略选择者对企业的战略选择也是给受众一个明确的信号，这一信号就是通过企业战略让相关厂商、金融资源供给者、消费者等把握企业的发展走向，增强企业的信心。对面临转轨的企业来说，企业战略的选择更是可以为企业赢取必要的回旋空间和时间，使企业的外部资源供给者不至于对企业生存和发展产生疑惑。对于企业的竞争对手来说，企业的战略选择行动可以宣示一种决心，表示合作或威慑的意向，其实质也是发出一个企业行动的信号，以谋求企业的价值最大化。

本章小结

1. 战略选择就是战略决策者通过比较和优选，从可能的两种或两种以上的备选方案中选定一种最合理的战略方案的决策过程。战略选择的实质就是决策，它直接影响企业未来的生存发展状况。

2. 战略选择在本质上是一个相当复杂的决策过程，对决策者的综合判断能力有较高的要求，它通常需要组织进行艰难的变革，而且，战略选择是一个动态循环的过程。

3. 战略选择既需要决策者以往的经验、判断和感觉，又需要进行理性分析。决策者应当将他们的直觉和判断融入战略选择的理性分析中去，让直觉式思维和分析式思维互为补充。

4. 战略方案的选择需要考虑三条原则，即战略方案的适宜性、可接受性和可行性。适宜性是指战略与组织内外环境以及利益相关方期望的匹配程度；可接受性是指战略满足企业的经营者及其他利益相关者期望的程度；可行性关注的是组织是否具备实施战略所需的资源和能力。

5. 战略选择是一个涉及多方面因素的综合性决策过程，有丰富的理论基础。这里主要阐述人性假设理论、委托—代理理论、交易成本理论和信息经济学理论。

第 9 章 战略选择的一般原理

关键概念

战略选择（strategy selection）　　决策（decision）
适宜性（suitability）　　可接受性（acceptability）
可行性（feasibility）　　经济人（economic man）
社会人（social man）　　自我实现人（self-actualizing man）
复杂人（complex man）　　委托—代理理论（principal-agent theory）
交易成本理论（transaction cost theory）
信息经济学理论（information economics theory）

思考题

1. 战略选择的特征是什么？
2. 为什么说战略选择是一个动态的过程？
3. 战略选择一般应满足哪些标准？
4. 战略选择的理论基础包括哪些方面？简述这些理论与战略选择的关系。

案例讨论

滴滴声称盈利来自战略选择①

2017 年 2 月 16 日，滴滴 CEO 程维和总裁柳青通过全员邮件宣布了 2017 年的五大战略关键词及全新升级的组织阵形。这五大战略关键词为：修炼内功、智慧交通、专车决胜、全球布局、洪流落地。根据内部信息，升级之后，滴滴内部将形成两大事业群、一个 FT 团队、多个事业部。两大事业群为快捷出行事业群和品质出行事业群。快捷出行事业群下设出租车事业部、快车事业部、优步事业部、平台运营部和运力中心。

2020 年，滴滴总裁柳青在接受采访时表示，滴滴的核心业务——网约车业务已经在新型冠状病毒肺炎（以下简称新冠肺炎）疫情前实现盈利，并称盈利是来自战略选择。尽管柳青并没有透露具体的数据和盈利指标，但是这无疑给曾经累计亏损 7 年的滴滴注入了一针强心剂。

根据 2019 年胡润全球独角兽榜，滴滴出行排在全球第三的位置，估值 3600 亿，仅次于蚂蚁金服和字节跳动。尽管市场数据漂亮，可实际上滴滴此前一直是处于亏损的状态。在 2018 年 9 月，滴滴创始人程维在给员工的内部信中无奈地承认，"6 年来我们还没有实现过盈利。"

这次是滴滴首次对外宣称实现盈利。柳青还表示，盈利是一种战略选择。早在 2017 年年底，滴滴的创始人程维就定下了 2018 年"整体微盈利"小目标，如今滴滴盈利"虽迟但到"。

在成立之初，滴滴是靠补贴培养用户习惯，从而打下了市场，从司机订单中所获得的抽成收入也几乎全部投入到了补贴上。2014 年，是快车市场竞争最白热化的一年，滴滴打车和

---

① 关于滴滴的反思和启示："守正"比"出奇"更重要！[EB/OL].（2021-07-17）. https://baijiahao.baidu.com/s?id=1705524868537546952.

快的打车疯狂补贴以吸引用户，在当时，用户几乎只需要花 0.01 元就可以打到车。最后，承受不住补贴的滴滴与快的戏剧性地以双方合并的方式结束了这场大战。但是战争结束的时候，滴滴已经补贴了超 14 亿元，快的也称自己补贴了近 10 亿元。这也就意味着，为了新滴滴的诞生，投资人花费了 24 亿元。

如今，尽管补贴力度减小，可是在网约车主业上，滴滴还面临美团打车、首汽约车、曹操出行等网约车新军来争夺市场蛋糕的威胁。再加上新冠肺炎病情的影响，全球经济受到了震荡。优步此前就表示，受新冠肺炎疫情影响，客户量大量减少，已裁掉了约 3500 名员工。

近日，滴滴确立了未来三年的战略目标，即"0188"：安全是滴滴发展的基石，没有安全一切归"0"；3 年内实现全球每天服务 1 亿单；国内全出行渗透率 8%；全球服务用户数量超 8 亿。

除此之外，滴滴还表示，未来三年将全力推进国际化出行、外卖和创新业务发展。

而柳青口中的"战略性选择"又是何意，这一切还需时间的检验。

讨论题

1. 为什么说滴滴的盈利来自战略选择？
2. 你认为滴滴在未来的发展中应该如何进行战略选择？

经典书籍推荐

推荐书目：《战略选择：框架·方法·案例（第二版）》，该书的作者是唐东方，于 2015 年由中国经济出版社出版。

企业几次关键的战略选择远远胜过几万次非关键的表现，战略选择决定了企业的生存、发展与成败。企业如何在关键时刻做好战略选择呢？唐东方在所著的《战略选择：框架·方法·案例（第二版）》一书中提出了一套系统解决企业发展问题的战略选择框架和方法论体系，告诉企业管理者在关键时刻如何做出正确的战略选择的思想、方法及技巧。这套方法论体系能帮助企业消除价格战、广告战、促销战等困扰，摆脱低利润、无利润、负利润等陷阱，解决发展缓慢、停滞不前、走向衰退等难题，帮助管理者系统地解决战略选择和战略决策的困惑，提升企业战略决策能力。

该书采取了方法论与案例紧密结合的形式，书中穿插了大量的实战案例，读者可以边学习方法论边印证理论，从而达到熟练掌握和运用战略选择相关方法论的目的。

第 10 章
战略选择的影响因素

 本章学习目标

1. 掌握影响战略选择的行为因素；
2. 了解影响战略选择的制度因素；
3. 了解影响战略选择的社会文化因素。

引例

在母婴行业消费升级趋势之下，新生代年轻父母对产品品质有着更高的要求。作为一个由设计师创立的品牌，Babycare（白贝壳）以创新设计的背带进入母婴市场，发展到如今几乎覆盖全品类的一站式品牌，除了高品质、高安全、高颜值的产品，也离不开产品背后 Babycare 对全球供应链的深耕。

Babycare 以严格的审核标准优选全球供应链，用严谨的态度对产品生产流程进行监管，打造高品质产品。比如，改变行业潮水方向的 Babycare 紫盖湿巾。在 Babycare 的紫盖湿巾上市之前，市面上的婴儿湿巾普遍较薄，当时的婴儿湿巾市场，各品牌的竞争主要集中在每片单价上，由于对每片单价的追逐不断挤压成本空间，进一步导致产品越做越薄。"存在即不合理"，Babycare 决定做一款厚湿巾。因为缺少成功先例，很多布料商也觉得没必要做这么厚的湿巾，这让寻找合适布料供应商的工作变得十分艰难。Babycare 研发团队为此花费了 4 个月跑遍了全国，好不容易才找到了合适的布料商。但紧接着，切割的刀具又出了问题。因为布料变厚，用来高速切割布料的传统刀具无法满足要求，切坏了好几把，Babycare 研发团队又花费了大量时间做调试。为了解决封口贴容易掉的问题，Babycare 大胆地采用了异形盖的设计。这个云朵形状的异形盖从图纸到实际产品，升级了 3 套模具，只为单手可开合的顺畅手感。普通湿巾的加液倍率是 3.2 倍，清洁力不够且容易干，Babycare 湿巾就把加液量调整为 3.8 倍，配液中的水都是采用 7 重过滤的 EDI 纯水，比矿泉水还干净。

Babycare 对供应链厂商的苛刻实际上是对产品品质的死磕，其最终目的都是为了给用户提供品质更高的产品。①

回顾创业以来在各个关键节点做出的选择，Babycare 的创始人李阔都觉得虽然有理性思考的成分，但更多的是出于作为设计师和产品经理的直觉判断。可见，对于决策者来说，某

---

① 案例来源：Babycare 深耕全球供应链，打造更有品质的母婴产品[EB/OL]. （2022-07-15）. https://www.163.com/dy/article/HCASF5J405149TH2.html.

种选择可以成就一番事业，而另一种选择则足以使之陷入失败。同样，就一个组织而言，其战略选择也面临着类似的境遇。那么，是什么力量促成决策者选择了相应的战略呢？也就是说，影响战略选择的因素都有哪些呢？

10.1 影响战略选择的行为因素

战略方案的选择是组织的一项重大战略决策，是战略决策者通过对若干种可供选择的战略方案进行比较和挑选，从中选择一种最满意的战略方案的过程。很多情况下，这一选择过程并不带有必然性与客观性，而是具有较多的主观性与偶然性。

10.1.1 战略选择者对过去战略的偏爱

一般来说，组织战略选择过程的起点往往是过去已有的战略，这就必然会使战略选择者在选择战略方案时受到过去战略的影响，从而使战略选择过程更多地表现为一种战略演变过程。

以北大方正集团为例，该公司不仅凭借北大的计算机科研力量完成了原始资本积累，而且还形成了自主研发中心，并通过旗下制药企业加速新药研发成果的转化，在医疗领域整合产业链。如果可以实现以研发促销售，以医疗促医药，这个产业链完全可以自给自足，获得可持续发展。方正集团董事长魏新认为，在公司未来的产业方向方面，"北大有的我们都可能会做，北大没有的我们坚决不做"，即坚持要做北大的方正，坚持以北大作为依归。这其中，方正集团涉足的就有化工、稀土和环保等比较有发展前景的行业。[①]因此，北大方正集团是以高科技产品起家，先后向生物工程、精细化工、原材料工业领域进行扩张，每一次战略的调整，都以自己拥有的核心高科技技术为依托，根据现有的战略来选择未来的发展战略。

很多时候，现有的战略方案已经明显表现出弊端，或者可供选择的方案具有较大的成功可能性，但战略选择者为什么仍对不合时宜的战略情有独钟呢？这是因为，现在的战略是由过去某一有影响的领导者所制定的战略演化而来的，而且很可能曾受到过战略选择者的直接影响。特别是，当战略选择者要对现有战略方案的不良后果承担责任时，他们总是将最大数量的资源投入到过去选择的执行方案之中，以显示此战略方案的正确性。这也可以部分地说明为什么在改变过去的战略时，往往需要更换高层管理人员，因为新的管理者在进行战略选择时会较少受到过去战略的约束。

10.1.2 战略选择者对待外部环境的态度

组织的战略选择必然要受到外部环境的影响，这包括股东、竞争对手、顾客、政府、社会等多种因素。战略决策者在进行最终战略方案的选择时，不得不考虑来自组织外部环境中各利益集团的压力，即各影响因素对组织的期望与态度。同时，外部环境这一客观现象又依赖于决策者的主观理解，因此，决策者对外部环境的态度影响着战略的选择。

以美国微软公司为例，其创始人比尔·盖茨积极地参与公司的关键管理和战略性决策，其有关计算机的远见和洞察力一直是微软公司大获成功的关键。在20世纪70年代早期，他

[①] "魏新：归依北大的方正". 财经时报[EB/OL]. （2005-12-25）. https://finance.sina.com.cn/leadership/crz/20051225/12592226179.shtml.

就宣称计算机软件将会是一个巨大的商业市场,并预测软件时代会到来。在盖茨的领导下,微软的使命是不断地提高和改进软件技术,并使人们更加轻松、更经济有效且更有趣味地使用计算机。微软公司上市之后,其市值节节攀高,超越波音、IBM,接着又超过三大汽车公司市值总和,直至突破 5000 亿美元大关,成为全球市值最高的公司,其年营业额超过了世界前 50 名软件企业中其他 49 家的总和。

在计算机刚刚问世不久,几乎所有人包括 IBM 的总裁都认为只有硬件才能赚钱,而盖茨却看到了软件市场的前景,创立了微软公司,并在较短的时间内使其发展远远超出 IBM 等大型电脑公司。可见,即使处于同一环境中,如果由不同的决策者来进行战略方案的选择,由于战略选择者对待外部环境的态度不同,其选择的结果也可能截然不同。

10.1.3 战略选择者对于风险的承受能力

战略选择经常受到战略选择者对于风险的承受能力和态度的影响。如果战略选择者认为,风险对于成功是必不可少的并乐于承担风险,则组织通常会采取进攻型的战略,接受或寄希望于高风险的项目,并因此得到发展的机会。与此相反,战略选择者认为冒较高的风险会对组织造成较大的损失,需要减低或回避风险,则通常会采取保守型的战略在稳定的产业环境中发展,并拒绝从事那些高风险的项目。

以美国苹果公司为例,其创始人乔布斯和沃兹正是凭借其对外部风险较高的承受能力,毅然选择了踏入微型计算机市场。1975 年以前,美国还没有比较实用的个人计算机,当时只有一种业余爱好者使用的微型计算机散件"牵牛星 8800",但因其没有什么适用软件又难以上手,所以只有少数买主,以致整个微型计算机市场还是一片空白。那时,大的计算机公司(如 IBM)只热衷于为政府机关和各大公司生产和研制大、中型计算机,对微型计算机市场有些不屑一顾,而从乔布斯和沃兹的计算机销售情况看,微型计算机市场的潜力十分可观。乔布斯以敏捷的企业家式的头脑和创造性,决定创办自己的公司。开始时,沃兹对这个决定不以为然,后经乔布斯多次劝说,沃兹终于被说服。1976 年,苹果公司在硅谷正式宣告成立。[①] 乔布斯正是凭借着敏锐的洞察力和敢于承担风险的心态投身于个人计算机的开发,创造了辉煌的苹果公司。

10.1.4 中层管理人员参与战略选择的程度

随着外部环境的不确定性日益加剧,组织在战略管理过程中对全员参与性及民主性的要求越来越高。在这种情况下,中层管理人员在战略选择中的角色也逐渐从被动性和操作性向主动性和决策性转变。例如,一家大型电信公司启动了一项重大的变革计划,共在 117 个独立项目中投入了资金。在其中一个取得成功的项目中,某位拥有 20 年资深经验的中层管理者说服高层,向购买了公司网络连接设备和基础设施的客户提供预防性维护服务。这项沟通看似容易,因为该项目能在财务和运营方面带来双重收益,但要克服公司内部种种"政治"障碍而将其付诸实施却并不简单。不过,该中层管理者逐个击破地赢得了所有内部利益相关者的支持。最终,该项目在实施后的最初几年内就给公司带来了约为一千万美元的净利润。[②]

---

① 苹果公司:一个风险企业的成功之道[J]. 电脑知识与技术,2004(12):77-81.
② 为中层管理者喝彩[EB/OL]. (2009-03-16). https://www.docin.com/p-11350513.html.

在战略选择过程中，要采取民主的方式，充分利用中层管理人员熟悉本部门情况、掌握企业一线真实信息的优势，把中层管理人员纳入战略决策层，赋予其一定的战略建议、评价和决策权。通过制度设计，保证中层管理人员有效行使战略决策权，并最大限度地消除他们行使该权力时对自身职业发展不利的顾虑。至于是吸纳部分关键性中层管理人员还是全部中层管理人员，则应该根据企业所处的行业、规模、战略决策者的管理能力、组织设计、企业文化等综合因素而定。当然，这里也要避免中层管理人员的某些局限性，如他们的观点可能部分地受到其个人视野及其所在部门的目标和使命的影响，或者他们更倾向于向高层管理人员推荐那些低风险、渐进式推进的战略选择，而非高风险和突破性的战略选择。

10.1.5 战略选择者对他人的影响力

组织的战略选择需要理性分析，但更多的时候战略方案的选择是由权力来决定的。在大多数组织中，权力主要由高层管理者掌握，如果他们倾向于选择某种战略方案，那么这一方案就会得到一致的拥护，并成为组织最终选择的战略。例如，福特汽车公司的小亨利·福特，国际商用机器公司的老华森，国际电报电话公司（ITT）的哈罗德·基宁等这些有权势的总经理，都曾经大大地影响过所在企业的战略选择，并实现了组织的目标。但这种权力关系下的战略选择有着很大的局限性，因为没有任何人能够掌握足够的信息以保证高层做出的每个决策都是正确的。时间久了，就会发生资源配置不当、机会丧失以及创新受挫等现象。哈罗德·基宁可以一手支撑ITT公司，但是在他退休之后，这家联合企业就如同柏林墙倒塌后的华沙条约组织一样瓦解了。因此，更多的组织在权力分配方面都试图探索出更为有效的方式。

另外，在大型组织中，下属单位和个人（尤其是主要管理人员）往往因利益关系而结成联盟，以加强他们在主要战略问题上的决策地位。不同的联盟有其不同的利益和目标，而组织中最有力的联盟会对战略选择起决定的作用。

10.1.6 竞争者的反应

企业高层领导在做出战略选择时要全面考虑竞争对手将会对不同的战略做出哪些不同的反应，如果选择的是一种进攻型战略，对竞争对手形成挑战的态度，则很可能会引起竞争对手的强烈反击，企业领导必须考虑这种反应，估计竞争对手的反击能量，以及对战略能否取得成功的可能影响。例如，在2004年的央视广告招标中，统一润滑油公司以3600万元夺得第一号标，其总经理李嘉在接受媒体采访时说："我没想到我们的竞争对手会是蒙牛，我还想应该是我们同行的企业，后来一看入围名单里面没有我们同行的企业"。可见，公司高层对同行企业的关注溢于言表。北京蔚蓝远景营销顾问机构总裁曾朝晖认为，不少企业在决定竞标央视广告时，都充分考虑到了对手企业可能采用的宣传策略，并将抢夺高端媒体平台以压制竞争对手作为其营销策略的重要组成部分。[①]

通过关注和分析竞争者的反应，使企业确认应分别在哪些领域集中优势进攻、加强防守或主动退让；应分别对哪个竞争对手采取进攻或回避的做法，从而进行正确的战略选择，争取处于较为有利的竞争地位。

---

① 央视招标：抢夺高端媒体平台成企业重要营销策略[N]．中华工商时报，2004-11-25．

10.2 影响战略选择的制度因素

企业制度是指企业作为一个有机组织，为了实现企业既定目标和实现内部资源与外部环境的协调，在财产关系、组织结构、运行机制和管理规范等方面的一系列制度安排。[①]其中，企业产权制度是企业制度的核心，决定了企业财产的组织形式和经营机制。例如，创办于1984年的德力西集团通过产权制度改革，把财产所有权与经营权彻底分离，从合伙制的家庭作坊企业变成股份合作企业、中外合资企业，直至成为企业集团，形成了多种所有制并存的混合经济模式。企业资本也从创始期的5万元增长到11亿元，员工从8人增至1万余人，厂房面积从100平方米扩大到20多万平方米。1999年，集团实现产值26亿元，出口创汇近2200万美元。该集团还打破地域和所有制界限，在全国范围内进行资本重组。1999年，德力西整体并购拥有1200名在职职工、近千名退休职工的杭州西子集团，半年就扭亏为盈，实现了民营与国有混合经济的协调发展。[②]

从上述案例可以看出，不同的产权制度会对组织的发展产生重要影响，并自然影响着组织的战略选择。本节主要从产权制度和公司治理结构两个方面来分析影响组织战略选择的制度因素。

10.2.1 产权制度

产权是一种通过社会强制而实现的对某种经济物品的多种用途进行选择的权利。产权在现实经济活动中的具体形式有私有产权、集体产权、共有产权和国有产权。产权制度是指人对利益环境的反应规则和经济组织的行为规则，包括产权立法、产权的界定和维护、产权纠纷的处理在内的社会制度；广义的产权制度还包括社会的所有制结构。以企业产权制度为基础和核心的企业组织和管理制度就是企业制度，它包括企业筹资设立的资本组织形式，企业的法律地位、管理制度和分配制度等。依据企业的资本组合方式，企业类型可以划分为个人独资企业、合伙制企业和公司制企业。这种由于企业产权制度的不同而形成的不同类型的企业，在战略选择时也各有其特点。

1. 个人独资企业的战略选择

个人独资企业又称私人业主制，是人类历史上最早出现的、最简单的一种企业形式。其主要特征为私人业主是企业的唯一投资者，享有生产决策和经营管理的全部权力，并对企业债务负有无限责任，也就是说，投资者的全部财产都是有风险的。这种制度安排既可以提高监督的效率，又可以减少代理的成本和风险。但其弱点也很明显，即投资者单一，财力有限，企业规模小，投资风险大，不能适应社会化大生产的要求，在市场竞争中处于不利地位。由于个人资金和个人能力有限，并且很难从银行取得贷款，因此个人独资企业一般不会选择扩张型战略。只有在企业经营状况较好，其提供的产品或服务供不应求，同时，由于个人信誉

---

① 田贵平. 物流经济学[M]. 北京：机械工业出版社，2007.
② 丁志铭. 大企业战略选择[M]. 北京：经济管理出版社，2004.

非常好可以通过银行贷款取得资金的情况下，个人独资企业在战略选择时才会考虑扩张型战略。另外，由于这种企业产权制度自身的特点，其战略选择往往是业主一人进行决策，基本上是受控于业主本人。

2. 合伙制企业的战略选择

合伙制企业是由两个以上的少数人联合投资，合伙人以自己所有的财产对企业债务负无限连带责任的企业。其主要特点是：合伙人对企业负有出资责任，并依据投资份额享有经营决策和利润分配的权利；合伙人对企业债务承担无限连带责任，即每一个合伙人都负有清偿企业全部债务的责任，或者说，债权人有向任何一个合伙人追索全部债务的权利；合伙人之间的契约关系是建立在人际关系的基础上的，当合伙人及其关系发生变更时，合伙制企业也将中止；合伙制企业实行资产所有权与经营权统一。由于合伙制企业具有上述特点，因此在战略选择时是合伙人共同对企业活动做出决策。

合伙制企业克服了个人独资企业的资本限制，比较容易解决资金问题，在战略选择时可以更多地考虑扩大企业规模，促进生产发展。但它也有明显的局限性，如合伙人之间会出现道德风险问题；合伙人之间的契约关系由于是建立在人际关系的基础上，从而其稳定性和延续性较差；合伙制企业要求所有权与经营权合一，使得生产经营活动不够灵活等。这些局限性在很大程度上影响了企业的战略选择，会降低战略选择的时效性和质量。

3. 公司制企业的战略选择

公司制企业是由多个投资者共同投资兴办的企业，投资者以其出资额对企业债务负有限责任，企业以其全部资产对债务承担责任。公司制企业在类型上主要包括股份有限公司和有限责任公司。与合伙制企业不同的是，股份公司是企业法人，实行出资者所有权与法人财产权。出资者即股东，按投入企业的资本额享有权益，包括资产收益、重大决策和选择管理者等权利；企业是享有民事权利、承担民事责任的法人实体，对出资者承担资产保值、增值的责任。

现代公司制企业可以通过大规模发行股票、出让企业股份来筹集企业发展所需要的资本，因而企业的战略选择最初是出于追求股东价值的最大化。但随着企业股东数量的不断增加，股权日益分散，同时由于企业规模的扩大，企业内部职业管理队伍日益庞大，企业资产的所有权和经营管理权逐渐分离，企业管理队伍中的高层经理人员对企业的经营状况更为了解，从而逐渐掌握了企业的实际控制权。此时，企业的战略选择往往被高层管理者所左右，并会出现经理人员在进行战略选择时主要考虑自身利益最大化的现象。

10.2.2 公司治理结构

公司治理包括治理结构和治理机制两方面的内容，合理的公司治理结构是激励机制、约束机制和决策机制，即治理机制发挥有效作用的前提。不同国家由于经济水平、社会文化传统和政治法律制度不同，经过长期的公司发展历程和企业制度的演变，形成了不同的公司治理模式，而这些不同的公司治理模式也影响着公司的战略选择。

从股权结构和监控机制的角度来看，治理结构可分为英美模式和德日模式。前者以股东主权和竞争性资本市场为主要特征，后者则以主银行制度和法人相互持股为主要特征，如表10-1所示。

表 10-1　英美模式和德日模式两种治理模式的特征及差异

	英 美 模 式	德 日 模 式
股权结构	分散	高度集中
内部治理结构	以外部董事为主导； 只有股东大会和董事会，不设监事会	以内部董事为主导； 监事会和大股东负责监督公司经营者
外部治理	靠资本市场的收购和兼并控制公司	兼并与收购远不如英美模式活跃
代理人市场	注重短期经营而忽视长期发展； 频繁的公司接管与破产行为可能造成经济动荡与资源浪费	注重长期规划与发展； 易导致内部人控制
代理人激励	偏重物质激励	偏重精神激励

从表 10-1 可以看出，英美治理结构模式由于有强大的外部市场约束，企业经营的透明度较高，能对业绩不良的企业经营管理者产生威胁，市场机制对公司的控制既有利于保护股东的利益，也有利于以最具生产性的方式分配稀缺性资源，促进经济发展。但同时，股票买卖的投机性有可能使股东热衷于短期炒作，不关心公司的经营与发展，股东主要依靠退出威胁而不是投票参与，经理人员面对股东的分红压力只能偏重于追求短期盈利，对资本投资、研究与开发并不太重视。这容易导致经理人员过分关注有利的财务指标而忽视公司的长期绩效，导致经营管理者的短期化行为。

德日治理结构模式由于股权的集中化，股东普遍重视公司的长远发展；以主银行监督和事业型激励作为约束经理人员行为的主要机制，在一定程度上克服了经理人员的短期行为，避免了外部接管所带来的资源浪费；股东、银行和职工之间利益比较密切，对经营者行为形成较有效的制约。但是，由于内部封闭，资源流动性差，市场机制，特别是资本市场和经理市场难以充分发挥效力，因此，当企业内部监督问题不能得到妥善解决时就会造成资源浪费。由于缺乏活跃的控制权市场，无法使某些代理问题从根本上得到解决；金融市场不发达，企业外部筹资条件不佳，企业负债率高；有参与特定的企业经营活动，重视战略性利益的股东存在，市场对企业的自由支配受到限制。

两种模式的治理结构，由于自身不同的特点，对战略选择也会有很多不同影响。

1. 对战略选择的主体有重要影响

战略管理的主体主要是内外环境的分析者、企业战略的制定者、战略实施的领导者和组织者、战略实施过程的监督者和战略执行结果的评价者，具体来说包括董事会、高层管理者、事业部经理、职能部门管理者以及专职计划人员。[1]不同的治理结构下，董事会和高层管理者在战略选择的目标及作用方面具有较大的差异。英美模式由于股权松散，董事会对战略参与能力较弱，高层管理人员更多的出于对公司在资本市场的表现和自身利益的考虑而进行战略选择；德日模式由于股权较为集中，董事会对公司战略决策的参与意愿和能力都比较强，在公司战略制定和实施过程中表现出积极的态度，对整个过程的控制力也相对较强。

2. 对战略目标的制定有直接影响

在银行、企业等大股东的持股控制下，德日模式公司的高层管理人员进行战略选择时，需将大股东利益要求放在首位，大股东由于持有公司较多的股权，更看重公司的长远发展，以保证自己的投资安全和资产增值，其战略选择也必然体现这一趋势。而英美模式公司股权

---

[1] 丁志铭. 大企业战略选择[M]. 北京：经济管理出版社，2004：155.

分散，股东更多依据公司在资本市场上的表现来衡量经理人员的能力，并决定是否"用脚投票"，因此，高层管理者更注重公司的短期财务指标和股价，以使自己在任职期间不受市场"弹劾"。对于一些将带来高风险、投资期长、收益高的战略，德日模式的公司相对更容易采纳，而英美模式的公司则倾向于选择风险相对较小，投资见效快的战略。[①]

3. 对监督战略选择的过程有较大影响

德日模式公司的董事会（大股东）对经理人员的监督和约束较为有效，但对董事会本身来说，则缺少外部制衡，同时，董事会又对高层管理人员有较强控制力，在这种情况下，对董事会较弱的约束力难免造成董事会的利己行为，依照董事意愿制定的战略就难以避免主观性和独断性，战略选择失误的可能性大大增加。而英美模式下，虽然董事会的监督和约束能力较弱，但由于具有较为完善的市场机制和法律环境，经理人市场发育也相对比较充分，高层管理者对战略选择的后果负有完全责任，经营不善的管理者将在经理人市场中被淘汰，从而使"内部人控制"几率达到最小。

企业治理结构的差异使得美日企业在公司目标优先度选择方面有所不同。美国企业重视投资收益和股东利益，追求利润最大化。日本企业则更强调企业的成长，重视市场占有率和增长率等成长性指标，相对忽视资本收益率和股东利益。在经营战略上，日本企业过去片面追求无止境的规模扩大和全方位的多角化经营，导致大企业病滋生，企业虽规模巨大，但利润很低，甚至亏损。1997年，日本企业囊括了世界500强中亏损最大企业的前5名。在国际化经营方面，日本企业的经营策略过于保守和封闭，只重视对外投资，却极少有投资流入。此外，日本企业对经济全球化的信息产业化反应迟缓，效率低下。相比之下，美国企业则对环境变动做出了主动和迅速的战略反应，在积极扩展国际化经营的同时，还注重信息化投资和信息技术发展。

作为一种微观制度安排，中国公司治理结构的产生与发展具有与西方发达国家不同的初始状态与约束条件。就中国的实际而言，中国的资本市场、代理人市场以及劳动力市场的发展均相对滞后，也就是说，中国企业的生存与发展仍处于一个市场发育不完全与不规范的历史阶段。在中国经济转轨进程之中，许多公司尚未真正实现向公司制的转变，在治理结构方面存在诸多问题，诸如股权结构不合理，"超级股东"控制一切；董事会机构职责不清，独立性不强；监控机制不健全；对管理人员的激励和约束机制不足；"内部人控制"现象严重；公司治理的法制环境不完善等。结合上述对两种治理结构模式的分析可知，中国公司治理结构的现状会对战略选择产生较大的负面影响。

10.3　影响战略选择的文化因素

当前，在世界经济一体化和区域经济集团化的背景下，企业经营国际化已经成为势不可挡的热潮。企业利用跨文化优势，开展跨国经营，在全球范围内实现优势互补。由于跨国经营的企业处于不同的文化背景、地域环境中，在战略选择时必然会遇到前所未有的机遇与挑战。如果忽视各地区的文化因素，就会使战略方案受到负面影响。其实，并不仅仅是进行国际化经营的企业需要关注社会文化问题，在目前的经营环境下，任何一个试图成功选择战略

---

① 丁志铭. 大企业战略选择[M]. 北京：经济管理出版社，2004：156.

方案的组织，都必须深入了解所处的社会文化环境和自身的组织文化特点，只有这样，才能增加战略方案与组织文化的契合度，使方案能够得以顺利实施。

例如，2003 年年底，丰田公司在中国市场推出新的车型。为了配合新车型的推介，丰田在《汽车之友》刊发了两则广告，其一是霸道汽车的广告：一辆霸道汽车停在两只石狮子前面，一只石狮子抬起右爪做敬礼状，另一只石狮子向下俯首，该广告的背景为高楼大厦，配图广告语为"霸道，你不得不尊敬"；其二为"丰田陆地巡洋舰"广告：该汽车在雪山高原上以钢索拖拉一辆绿色国产大卡车。很多读者指出狮子是中国的图腾，有代表中国之意，而绿色卡车则代表中国的军车，丰田公司的两则广告侮辱了中国人的感情，伤害了国人的自尊。事发后，日本丰田汽车公司和一汽丰田汽车销售公司的总裁亲自出面，联合约见了十余家媒体，称"这两则广告均属纯粹的商品广告，毫无他意"，并正式通过新闻界向中国消费者表示道歉。虽然霸道在性能上是一款不错的车，但由于其广告激起了国人的反感，该车型推出以来反响一直平平，第一年销量只有 2000 多辆。2004 年 10 月底，丰田公司把"霸道"更名为"普拉多"，以借此抹去霸道广告风波的负面影响。①

上述有关丰田公司的案例，说明了文化因素对于战略选择的影响作用。本节将从社会文化和企业文化两个方面，对影响战略选择的文化因素进行深入探讨。

10.3.1 社会文化

社会文化包括一个国家或地区的社会性质、人们共享的价值观、人口状况、教育程度、风俗习惯、宗教信仰等各个方面。从影响企业战略选择的角度来看，社会文化主要包括人口和文化两个方面。

1. 人口因素对企业战略选择的影响

人口因素对企业战略的选择有重大影响。例如，人口总数直接影响着社会生产总规模；人口的地理分布影响着企业的厂址选择；人口的性别比例和年龄结构在一定程度上决定了社会需求结构，进而影响社会供给结构和企业生产；人口的教育文化水平直接影响着企业的人力资源状况；家庭户数及其结构的变化与耐用消费品的需求和变化趋势密切相关，也就影响到耐用消费品的生产规模等。

对人口因素的分析可以使用以下一些变量：离婚率，出生和死亡率，人口的平均寿命，人口的年龄和地区分布，人口在民族和性别上的比例变化，人口和地区在教育水平和生活方式上的差异等。目前世界上人口变化的主要趋势包括以下 5 个。

（1）世界人口迅速增长。世界人口的增长意味着消费将继续增长，世界市场将继续扩大。在中国，劳动就业压力将长期存在，同时，随着人口增长，耕地减少，中国农村剩余劳动力将向非农产业转移。

（2）发达资本主义国家的出生率开始下降，儿童减少。这种趋势一方面对以儿童为目标市场的企业是一种环境威胁；另一方面，年轻夫妇可以有更多的闲暇时间和收入用于旅游、在外用餐、文体活动等，因此，可为相应的企业带来市场机会。

（3）许多国家人口趋于老龄化。在中国也有这种趋势，老年人市场正在逐步增大，老年人的消费能力也在逐渐增强，因此，企业应当认真研究老年人的市场。

---

① 回顾：丰田"霸道广告事件"的前前后后. 北京青年报汽车时代[EB/OL]. （2003-12-10）. http://auto.sina.com.cn/news/2003-12-10/52273.shtml.

（4）许多东方国家的家庭状况正在发生变化：家庭规模向小型化方向发展，几世同堂的大家庭数量大为减少。

（5）在西方国家，非家庭住户也在迅速增加。非家庭住户包括单身成年人住户、暂时同居户和集体住户。

在这种发展背景下，许多公司为了赢取老年消费者，以满足老年人多层次、多样化需求为出发点，不断改进、丰富产品及服务，实现专业化、市场化、数字化、品牌化发展。以光明食品集团为例，该公司充分借助在康养领域潜心多年的服务基础，搭建上海康养产业发展平台，进一步优化集团的产业布局，构建"产业+服务"生态圈，打造"点上有抓手，面上有带动，配套有保障，资源有协同"的上海国资康养产业新格局。在护理医院业务板块，光明食品集团积极建设有医疗救护能力和医保支撑的医养结合项目，力争引领带动上海医养康养业务升级；在机构养老业务板块中，利用现有资源，探索旧项目的改建路径，制定错位竞争策略，搭建"机构、社区、居家"深度融合的社区嵌入式养老服务体系；在社区养老业务板块，打造具有康养集团特色的产品、服务，提升社区养老总体效能，提高床位周转率；在居家养老业务板块，有针对性地对接实际需要，探索和开辟"居家养老院"的新模式、商业长护险的新赛道；在域外康养业务板块，盘活集团域外康养资源，形成长三角资源联动，有机衔接市内健康养老体系；同时将借助金融和信息化两大引擎，发展软实力。①

2．文化因素对企业战略选择的影响

文化因素对企业的影响是间接的、潜在的和持久的，文化的基本要素包括哲学、宗教、语言文字和文学艺术等，它们共同构筑成文化系统，对企业文化和企业的战略选择具有重大的影响。

（1）哲学是文化的核心部分，在整个文化中起着主导作用。中国的传统哲学基本上由宇宙论、本体论、知识论、历史哲学以及人生论（道德哲学）五个方面构成，它们以各种微妙的方式渗透到文化的各个方面，发挥着强大的作用。

（2）宗教作为文化的一个侧面，在长期发展过程中与传统文化有密切的联系，在中国文化中，宗教所占的地位并不像西方那样显著，宗教情绪也不像西方那样强烈，但其作用仍不可忽视。

（3）语言文字和文学艺术是文化的具体表现，是社会现实生活的反映，它对企业职工的心理、人生观、价值观、性格、道德以及审美观点的影响及导向是不容忽视的。

企业对文化环境的分析过程是企业文化建设的一个重要步骤，企业对文化环境分析的目的是要把社会文化内化为企业的内部文化，使企业的一切生产经营活动都符合环境文化的价值检验。企业在选择战略时，还必须考虑伦理、社会道德因素。毫无疑问，消费者权益保护、均等就业机会、员工的健康和安全问题、产品的安全性、控制污染以及其他以社会因素为基础的问题，都会对企业的战略选择产生或多或少的影响。

在这方面，世界500强企业之一的美国默克公司毫无疑问做出了表率。20世纪80年代后期，默克公司投入巨资并经过7年的研究和无数次的临床试用，专门开发生产一种药品，用于治疗流行于非洲30个国家及6个拉美国家的河盲症。虽然这种产品根本不能为公司赚钱，但公司管理层认为，这种新药将给患者带来巨大收益，相比之下，这种药品的经济收益

---

① 光明食品集团打造国资康养产业，创建具有国际领先标准的康养服务体系.上海市国资委发布[EB/OL]．（2022-11-23）．https://www.gzw.sh.gov.cn/shgzw_xxgk_cyggcz/20221123/1473517b943c4520abfc93d450d55305.html．

已不重要。有人曾问,默克公司为何投入巨资开发生产一种根本不能赚钱的产品,该公司主席魏格洛斯的回答是,当公司发现一种药品能用来治疗一种足以把人折磨疯的病痛时,唯一符合企业伦理的选择就是:去开发这种产品。魏格洛斯还提到,第三世界的人们会记住默克公司所做出的贡献,一定会对公司心存感激。在公司的长期发展中,管理层已经意识到,此类行为是公司长期战略优势的来源。此外,默克公司在第二次世界大战之后将链霉素带入日本,帮助日本消灭了肺结核。当时默克公司并没有赚钱,但日本人一直感谢默克公司的善举。如今,默克公司已经成长为日本最大的美国制药企业,这绝非偶然![1]

10.3.2 企业文化

一般来说,企业所选定的战略方案与企业文化是否能够很好地匹配,对于该战略方案的成功实施影响重大。因此,在战略选择时,为了保证选择方案的有效实施和不致引起组织中多数人的反对,尤其是某些可以施加影响的重要人物的反对,战略选择者就必须保持组织文化与战略之间的动态适应性。也就是说,一方面,战略选择时要考虑人们对某一选定战略的理解和支持程度;另一方面,也要能说服人们理解选择某种特定战略的必要性以及它会给组织带来哪些益处,从而调整组织的文化和行为。相反,如果忽视了企业文化特色和内部权力状况,战略选择就很可能会走向失败。

以美国的惠普公司为例,1999年7月,惠普宣布高薪聘请朗讯女将卡莉·费奥利娜出任CEO。2000年9月,惠普董事会再次选任卡莉为董事长、总裁兼CEO。2001年9月,卡莉宣布惠普将并购个人计算机巨头康柏。2002年3月,惠普全球股东公决,支持派险胜反对派,新惠普诞生。2003年5月,新惠普"周岁"业绩超过预期,卡莉宣布并购战略完全正确。2004年8月,惠普季度业绩连续低于预期,卡莉随即解雇3位高管。2005年2月,惠普董事会紧急罢免卡莉的所有职务。从企业文化的视角看,老惠普是一家"员工至上"的公司,"惠普之道"的核心就是相信员工、尊重员工,与崇尚客户和股东的典型美国公司有很大的不同。然而,卡莉对于"惠普之道"并不认同,并对企业文化进行了变革。首先,卡莉积极推动惠普改名,将原来带有明显创业者印记的英文标识"Hewlett Packard"(两位创业者惠列特和普卡德的名字)压缩成两个毫无内涵的字母"HP",极力淡化惠普的家族色彩。继而,她又一改老惠普"平民""低调"的作风,俨然一个演艺明星,在惠普CEO历史上破天荒地为自己购买了专机,四处张扬,在惠普内部引起了很多不满。当卡莉发现自己的变革进展缓慢、阻力很大时,又寄希望于通过培训给大家"洗脑",希望大家跟她一起不厌其烦地"change"(改变)。几年过去,内部"洗脑"效果不佳,于是卡莉决心孤注一掷:借助外力——并购康柏,希望像扩股稀释股份一样能用康柏文化"稀释"浓郁的"惠普之道"。结果,"惠普之道"确实受到了冲击,但并未实现业绩增长,市场份额反而在萎缩,且在完成并购的次年就被戴尔公司赶超。问题的症结正是在于,老惠普的文化与其坚实的运营创新机制是一致的,而新惠普文化在不伦不类中找不到经营硬功夫的根基,呈现出的只是一种"看似紧张的低效状态"。[2]

可见,企业文化是一个企业得以长期生存的核心要素。事实上,有很多企业在选择并购战略时获得了成功,而这些企业之所以能够取得战略选择的成功,正是由于它们较好地解决了整合中最为困难的部分,即不同企业文化的融合问题。

---

[1] 默克公司的道德选择[EB/OL]. (2016-01-26). https://www.docin.com/p-1440305985.html.
[2] 反思惠普企业文化变革内伤[EB/OL]. (2007-03-05). http://yintn.cn/research_content.php?nid=88&id=874.

企业文化通常最初来源于企业创始人个人的理念，并随着企业发展进程而得到不同程度上的加强、减弱、修正与更新。在组织生命周期的不同阶段，组织文化表现出不同的特点，而不同特点的文化也影响着组织的战略选择，如表 10-2 所示。

表 10-2　组织的生命周期、文化和战略之间的关系

组织的生命周期阶段	主要文化特点	对战略选择的要求
孕育期	内聚的文化； 以创建者的信仰为主； 不主张外人的帮助	试图不断地成功； 喜欢相关的开发
成长期	文化内聚性减少； 产生不匹配性和关系紧张	容易兼并其他企业； 要求结构性变革； 需要保护新的开发
成熟期	文化习俗化； 产生文化惯性； 战略变革可能受到排斥	喜欢相关的开发； 渐进主义受到欢迎
衰退期	文化变成一种保护	有必要重新调整战略却很难调整； 有必要取消部分或全部产品或业务

如果战略方案的选择与企业文化完全匹配，那么就会大大减少来自企业内部的阻力，并会对战略的成功实施产生积极的支撑作用，相反，如果战略方案的选择与企业文化不相适应，那么，来自组织内部的共同信念等文化因素就会增加该项战略实施的风险。虽然有些时候，特定战略方案与企业文化的契合，可能会阻碍那些与组织文化相左却具有创意和盈利潜力的方案的选择，但总体来说，决策者要重视企业文化对战略选择的要求，特别是当二者可能发生强烈冲突的情况下，更要慎重选择战略方案。

本章小结

1. 影响战略选择的行为因素主要包括 6 个方面，它们是战略选择者对过去战略的偏爱、战略选择者对待外部环境的态度、战略选择者对于风险的承受能力、中层管理人员参与战略选择的程度、战略选择者对他人的影响力以及竞争者的反应。

2. 影响战略选择的制度因素主要有产权制度和公司治理结构。以企业产权制度为基础和核心的企业组织和管理制度就是企业制度，它包括企业筹资设立的资本组织形式，企业的法律地位、管理制度和分配制度等。公司治理包括治理结构和治理机制两方面的内容，合理的公司治理结构是激励机制、约束机制和决策机制，即治理机制发挥有效作用的前提。

3. 影响战略选择的文化因素包括社会文化和企业文化。从影响企业战略选择的角度来看，社会文化可分解为人口和文化两个方面。不同特点的企业文化也影响着组织的战略选择。

关键概念

影响因素（influencing factors）　　　　　行为因素（behavioral factors）
制度因素（institutional factors）　　　　　产权制度（property system）
公司治理结构（corporate governance structure）
社会文化因素（social and cultural factors）

社会文化环境（social and cultural environment）

企业文化（enterprise culture）　　　　　　　内部权力（internal power）

个人独资企业（personal-owned enterprises）　合伙制企业（partnership enterprise）

公司制企业（corporate enterprise）

思考题

1. 影响战略选择的行为因素包括哪些方面？
2. 简述影响战略选择的制度因素。
3. 简述影响战略选择的社会文化因素。

案例讨论

有价值观的企业才有价值①

拥有传统产业基因的母婴赛道在经历新零售转型的过程中，仍面临不小挑战。华兴新经济基金在研究后发现，新一代父母对母婴用品存在"一站式"购齐的强烈需求；此外，消费者对颜值和功能的新诉求，以及现代电商和营销渠道的成熟，给予了新兴品牌赢得差异化竞争优势的机会。而华兴新经济基金被投企业Babycare（白贝壳）作为头部全品类母婴品牌，恰好把握住了机会，用多年来的极致产品体验构建了强大的品牌影响力。

2014年，作为"80后"的何琳在杭州迎来了自己的第一个宝宝，并走上了海淘的道路。何琳选择海淘是因为在国内母婴平台上买的尿不湿质量特别粗糙，她大概一两个月买一次，尿不湿比较重，一般都会选择海运，海运加清关等上个把月也是常事，但是安全，这就够了。此时，母婴新消费品牌Babycare刚刚凭借一款婴儿背带正式杀入母婴赛道。此后，该品牌用"最厚"湿巾改变行业潮水方向、撬动全球供应链做一款三国六企的纸尿裤。如今的Babycare在全渠道已拥有4500万用户、1000万会员，天猫官方旗舰店粉丝数量超过1600万，稳居行业榜首。

2016年，随着二胎政策的全面开放，何琳迎来了家里的二宝，并且开始尝试母婴新锐品牌，她第一次购买的是Babycare的一辆折叠的婴儿推车，品质完全不输国外的品牌，重点是颜值特别在线，设计上也很特别，单手可以打开和折叠。这次的购物体验让何琳觉得母婴新锐品牌真的不一样了，有了自己的风格和调性。在刚刚过去的开学季，何琳又购买了两个Babycare的保温杯作为两个娃的开学礼物。

Babycare创始人兼CEO李阔说，Babycare有三个真理时刻。"当用户浏览网页，发现我们的产品设计和功能卖点正好满足他/她的需求，比如零油漆婴儿床，这是第一真理时刻；当用户在使用产品过程中，发现我们讲的是真的，不是虚假营销文案时，这是第二真理时刻；当他/她再次购买我们的其他产品，并依然拥有不错的体验时，这就是第三个真理时刻。"Babycare的"消费者真理时刻"模型从最初将与消费者的接触点划分为三大"真理时刻"，再用产品和服务完美击穿每一个时刻，让用户体验升级到极致，延长用户生命周期，沉淀用户价值。

---

① Babycare创始人：有价值观的企业才有价值[EB/OL]．（2022-03-28）．https://36kr.com/p/1674318795284487.

多年来，无论是中资还是外资企业，消费品都遵循品类品牌的概念。在何琳的育儿清单上，奶粉是爱他美、奶瓶是贝亲、吸管杯是膳魔师、尿不湿是尤妮佳……很多父母都需要把更多的时间和精力花在做攻略和跨平台品牌采购上。"品类品牌的商业模式是基于供给端B2C的模式出发，不同品类间壁垒太深，人才、技术、供应链隔行如隔山，导致品牌都是'物以类聚'"，李阔说。新一代的母婴人群期待更高效、更轻松的"一站式购齐"，"人以群分"才是母婴消费需求的正确打开方式。填平供需沟壑最好的方式是提供全品类的优质产品，Babycare 提供的是育儿解决方案，而不是一个个单品。

做全品类的生意，好处和难处都显而易见，如何打破品类间的人才、技术、供应链壁垒，是攻坚的重点和难点。Babycare 内部庖丁解牛式的供应链资源匹配流程完美地解决了这个难题。Babycare 更像是一个导演，把做一个产品时将会涉及的所有原材料、工艺、技术、生产设备等一一列出，再利用品牌影响力去连接、整合、深度串联全球的资源，甚至反向推动供应链改造，实现产品品质的突破和用户需求的满足。李阔把 Babycare 的这个模式称为"C2B2M"。

"C"是用户思维，用户不是第一或第二的比较级，是一切问题的起点和终点

"B"是品牌方需要模式创新，存在即不合理

"M"是"连接"的能力大于"拥有"的能力

透过 C2B2M 模式，回顾 Babycare 的拓展品类路线，可以窥见一个规律：一是追随用户成长曲线，产品从婴儿向幼儿过渡；二是从低频的耐用品到高频的消耗品过渡。2021 年除了湿巾，Babycare 在背带、牙膏牙刷、水杯餐具、睡袋床品等多个二级类目中占据了前三位，而且 TOP 类目数量同比增长 86%。目前，在全渠道覆盖 33 个二级类目，近 600 个三级类目的 Babycare 为消费者创造了一个丰富的产品池。

虽然低调，李阔作为创业者的设计师身份却众所周知。Babycare 在有意传递自己的设计基因，包括公司的广告语也强调"为爱重新设计"。李阔说："我们对颜色的拆解是做得很极致的。在我们眼里，红色可以分 100 多种，蓝色也可以分 100 多种，而且多种颜色搭配在一起的和谐度，我们是非常在意的。"李阔认为，高颜值不仅是面向父母的，两三岁的宝宝已经有了审美意识，而宝宝审美的高级感也是需要从小培养的。同理，Babycare 的设计在对审美的极致追求之外，还承载了功能、品质、安全性、体验感等多维度的需求。

2021 年，Babycare 研发端的投入较 2020 年增长了 55%，目前研发设计人员数量已经超过 200 名，说它是一家设计驱动的公司也不为过，只是设计的不止是颜值，设计的外观只是技术层面的技巧，但背后的核心还是用户思维，是在挖掘用户模糊的、潜在的、未被呈现的需求，是对用户满满的爱，这个是 Babycare 的出发心和原点。基于用户思维的全品类企划能力和供应链整合能力为 Babycare 构建了护城河，也赋予其高成长性和高天花板。

从产品层面看，零辅食拼图的强势补齐进一步夯实了 Babycare 全品类的产品矩阵。2020 年 10 月，在收购了一家新西兰辅食品牌后，Babycare 旗下辅食品牌光合星球正式上线，目前已推出了米粉、饼干、果泥、无糖棒棒糖等 100 多个库存单位。全球化的供应链整合能力为 Babycare 新品类发力进行了品质加持。

回顾过去几年，李阔认为，Babycare 的成功是"价值观的胜利"，而不是技巧层面的东西。对价值观的探究和领悟可用 12 个字概括：因何存在，有何不同，走向何方。理解"因何存在"，就能穿透现象看到本质，发现不一样的世界，进而"找到 10 倍好的解决方案"，即诠释"有何不同"。至于 Babycare 将走向何方，李阔表示，有世界观的品牌才有世界，有

价值观的品牌才有价值。Babycare 的愿景是做全球第一的母婴品牌，但在近两到三年内还是会深耕国内市场，继续拓宽护城河。

 讨论题

1. 影响 Babycare 战略选择的因素有哪些？
2. 为什么 Babycare 在选择战略方案时选择做全品类的母婴品牌？
3. 如果你是 Babycare 的总裁，你将如何对公司战略做出选择？

经典书籍推荐

推荐书目：《数字经济：中国新机遇与战略选择》，该书的作者是吕红波和张周志，于2022年由东方出版社出版。

数字经济正成为我国经济社会高质量发展的强劲引擎，发展数字经济是我国把握新一轮科技革命和产业变革新机遇的战略选择。为帮助党员干部深刻领会和准确把握习近平总书记关于发展数字经济重要论述的精神要义，该书结合我国发展数字经济的有关政策规定，分12章介绍数字经济的意义和影响、数字经济的发展现状、掌握发展数字经济自主权、打好关键核心技术攻坚战、数字产业化和产业数字化转型、数字经济监管和规范等问题，结合全国各地发展数字经济的大量成功案例和翔实数据，梳理、总结我国发展数字经济的重大成就，深入解读"十四五"时期我国发展数字经济的战略规划蓝图，包括发展数字经济的战略路线、实现路径、主要任务、重要举措，为党员干部、政府、企业了解数字经济时代的方针政策、发展战略，清晰洞见数字经济时代的大趋势和新机遇提供了政策参考。

第 11 章
战略选择的分析工具

 本章学习目标

1. 掌握竞争战略选择各分析工具的特征及应用条件；
2. 理解合作战略选择各分析工具的应用场景。

引例

上海和达汽车零部件有限公司是某国内上市公司与外商合作的生产汽车零部件的企业。公司于1996年正式投产，配套厂有海大众发、一汽大众、上海通用、东风柳汽、吉利、湖南长风等。

和达公司的主要产品分为五类，一是挤塑和复合挤塑类（密封嵌条、车顶饰条等）；二是滚压折弯类（车门导槽、滑轨、车架管）；三是普通金属焊接类（汽车仪表板横梁模块）；四是激光焊接类（镁合金横梁模块）；五是排挡杆类（手动排挡总成系列）。

1. 问题型业务（高增长、低市场份额）

处在这个领域中的是一些投机性产品。这些产品可能利润率较高，但占有的市场份额很小。公司必须慎重回答"是否继续投资该业务"这个问题。只有那些符合企业发展长远目标、企业具有优势、能增强企业核心竞争力的业务才能得到肯定的回答。

从和达公司的情况来看，滚压折弯类产品由于技术含量不高、门槛低，未来市场竞争程度必然加剧，因此，对于这类产品最好舍弃。由于该类产品目前还能带来利润，不必迅速退出，只需维持必要的市场份额，公司不必再增加投入，当竞争对手大举进入时就可以舍弃。

2. 明星型业务（高增长、高市场份额）

这个领域中的产品处于快速增长的市场中并占有支配地位，但也许不会产生正现金流量。由于市场还处于高速成长阶段，因此必须继续投资，以保持与市场同步增长，并击退竞争对手。

对于和达公司来说，它是国内首家拥有铝横梁的真空电子束焊接系统的，具有技术上的领先优势。因此，企业应加大对这一产品的投入，以继续保持技术上的领先地位。对于排挡杆类产品，由于国内在这个领域的竞争程度还不太激烈，因此也可以考虑进入。和达公司应把这类产品作为公司的明星业务来培养，加大对其的资金支持。在技术上，应充分利用和寻找国外拥有类似产品的厂商进行合作。

3. 现金牛业务（低增长、高市场份额）

处在这个领域中的产品产生大量的现金，但未来的增长前景是有限的。由于市场已经成熟，企业不必大量投资来扩展市场规模。同时，作为市场中的领导者，该业务享有规模经济和高边际利润的优势,因而能给企业带来大量现金流。

对于和达公司来说,其普通金属焊接类产品就是现金牛类产品。由于进入市场的时机较早,产品价格合适,每年都能给企业带来相当丰厚的利润。因此,和达公司应该保持金属焊接类产品的市场份额,并把利润投入到铝横梁和排挡杆类产品中去。

4. 瘦狗型业务(低增长、低市场份额)

该领域中的产品既不能产生大量现金,也不需要投入大量现金,并且没有希望改进其绩效。该业务通常要占用很多资源,多数时候是得不偿失的。

对于和达公司来说,普通塑料异形挤出和异形体复合挤出类产品因设备陈旧等原因,在国内已落后于主要竞争对手,因此,应不断对该业务进行收缩,不必再投入更多的精力和财力,应逐渐把注意力集中在激光焊接和排挡杆业务中去。[1]

战略选择不是一种精密和纯粹的科学,通常需要以往的经验和直观的判断,在具有很大不确定性或所做的事情没有先例的情况下,直觉对于决策尤为重要。然而,在很多情况下,大多数组织并不是依靠决策者天才的直觉才得以生存和发展,而是将直觉与分析结合起来进行战略选择。对于战略方案的选择,一般采用定性分析和定量分析的办法。通常条件下,定性选择的方法主要包括召开座谈会、专家评议、类比法、职工代表大会民主审议等;而定量选择的方法主要是数量模型评价法。同时,根据战略选择的内容与方向,相关分析工具总体上又分为竞争战略选择的分析工具与合作战略选择的分析工具两种主要类型。

11.1 竞争战略选择的分析工具

11.1.1 市场增长率—占有率矩阵法

波士顿咨询集团公司(Boston Consulting Group,BCG)成立于1963年,是一家从事全方位企业管理策略的咨询公司,创始人为亨德森。作为一家著名的企业管理咨询公司,BCG在战略管理咨询领域被公认为先驱。该公司在全球与各个主要行业里的重点企业合作,发展并实施管理战略,实现竞争优势。1970年,该公司创立并推广了市场增长率—占有率矩阵法,广泛应用于战略规划中并得到发展,也被称为波士顿矩阵(BCG矩阵)法。

1. BCG矩阵法的基本特征

BCG矩阵法特别适用于多元化公司在规划其各种业务结构时分析各业务的地位及其相互关系。这种方法是把企业生产经营的全部产品或业务的组合作为一个整体进行分析,常常用来分析企业相关业务之间现金流量的平衡问题。通过这种方法,企业可以了解哪些业务单位可以产生现金等所需资源,并明白这些资源应该被用于支持哪些业务单位才会产生最佳的使用效益。

BCG矩阵法主要包括波士顿咨询公司设计的一个具有四个象限的矩阵图,如图11-1所示。横轴是经营单位相对于其主要竞争对手的市场占有率,代表经营单位的相对竞争地位;纵轴是市场增长率。这两个基本参数决定了整个经营组合中每一经营单位应当选择何种战略。通过矩阵图可以看出BCG矩阵法的3个基本特征。

---

[1] 赵晋. 波士顿矩阵分析在实际案例中的运用[J]. 中国高新技术企业,2008(8):25.

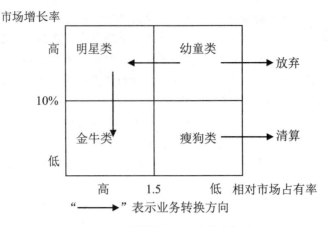

图 11-1　市场增长率——占有率矩阵

1）重视市场，始终把企业的产品放在一个开放的环境中去研究和把握

判断一个企业的产品结构是否合理，封闭式的研究无法认清问题的实质，因为产品结构合理就是指企业生产或经营的全部产品线、产品项目的配备和组合具有市场优势，离开市场也就无所谓优势和劣势，也就失去了评价和调整的基础。

2）科学地选择评价指标

BCG矩阵图并没有采用利润、销售额等绝对值指标来判断产品的市场竞争力，而是选用了市场增长率指标和相对市场占有率指标，这样就能较准确地反映企业的经营业绩和市场地位。

3）根据二维指标形成的4个象限，把业务分别归类研究

二维指标构成的矩阵形成了金牛类、明星类、幼童类和瘦狗类4个象限，这也是经营单位的四种类型。

2. BCG矩阵法对经营单位的业务分类

如上所述，BCG矩阵法将一个公司的业务分成4种类型，即金牛类、明星类、幼童类和瘦狗类。这4种类型的业务各自具有不同的特点。

1）金牛类业务

金牛类业务又称现金牛业务，是指拥有较低的市场增长率和较高的相对市场占有率的业务。较高的相对市场占有率带来高额利润和现金，而较低的市场增长率只需要少量的现金投入。因此，金牛类业务通常能产生大量的现金余额。这样，金牛类业务就可提供现金去满足整个公司的需要，支持其他需要现金的经营单位。对金牛类的经营单位，应采取维护现有市场占有率，保持经营单位地位的维护战略；或采取抽资转向战略，以获得更多的现金收入。

2）明星类业务

明星类业务是指市场增长率和相对市场占有率都较高，因而所需要的和所产生的现金流量都很大的业务。明星类业务通常代表着最优的利润增长率和最佳的投资机会。显而易见，最佳战略是对明星类业务进行必要的投资，从而维护或提升其有利的竞争地位。

3）幼童类业务

幼童类业务又称问题类业务，是指那些相对市场占有率较低而市场增长率较高的业务。高速的市场增长需要大量投资，而由于相对市场占有率低，只能产生少量的现金。对幼童类业务而言，因增长率高，一种战略是对其进行必要的投资，以扩大市场占有率使其转变成明

星类业务。当市场增长率降低以后，这颗"明星"就转变为"金牛"。如果认为某些幼童类业务不可能转变成明星类业务，那就应当采取放弃战略。

4）瘦狗类业务

瘦狗类业务是指那些相对市场占有率和市场增长率都较低的业务。较低的相对市场占有率一般意味着少量的利润。此外，由于增长率低，用追加投资来扩大市场占有率的办法往往是不可取的。因为，用于维持竞争地位所需的资金经常超过它们带来的现金收入。因此，瘦狗类业务常常成为资金的陷阱，对该类业务一般采用的战略是清算战略或放弃战略。

3. 应用 BCG 矩阵法的战略选择

BCG 矩阵法关注企业多元化业务组合的问题，通过考察各个经营单位相较于其他竞争者的经营单位的相对市场份额地位和产业增长速度，来分析一个公司的投资业务组合是否合理，并做出相应的战略选择。对于不同地位的业务单位，一般来说，有四种可供选择的战略方案。一是扩大发展，继续大量投资，扩大战略业务单位的市场份额；二是积极维护，投资维持现状，保持业务单位现有的市场份额；三是获取收入，在短期内尽可能地得到最大限度的现金收入；四是清算放弃，出售和清理某些业务，将资源转移到更有利的领域。

1）针对业务特点的战略选择

针对不同种类经营单位的特点，组织在战略选择时也要采取不同的战略方案，如表 11-1 所示。

表 11-1 应用 BCG 矩阵的战略选择

象 限	战 略 选 择	经营单位盈利性	所需投资	现金流量
明星类	维护或扩大市场占有率	高	多	几乎为零或负值
金牛类	维护或抽资转向战略	高	少	极大剩余
幼童类	扩大市场占有率、放弃或抽资转向战略	低或为负值	非常多或不投资	负值或剩余
瘦狗类	放弃或清算战略	低或为负值	不投资	剩余

由表 11-1 可知，针对经营单位的不同状况，需要做出不同的战略选择。同时，由于经营环境的变化，业务单位在矩阵中的位置会随时间的变化而变化。一般来说，业务单位都要经历一个生命周期，即从幼童类业务开始，继而成为明星类业务，然后成为金牛类业务，最后变成瘦狗类业务乃至生命周期的终点。正因为如此，企业经营者不仅要考察其各项业务在矩阵中的现有位置，还要以运动的观点看问题，不断检查其动态位置。决策者不但要立足每项业务过去的情况，还要观察其未来可能的发展趋势，并根据发展方向的新态势进行新的战略选择。

2）战略选择中易出现的错误

由上述分析可知，组织中各个业务单位具有不同的盈利现状和发展潜力，决策者应根据各业务单位的具体情况选择具有针对性的战略方案。然而现实中，决策者在进行战略选择时容易出现一些错误，主要表现为：一是要求所有的战略业务单位都达到同样的增长率或利润回报水平，或者忽视了各项业务不同的发展潜力和对不同的市场目标的把握；二是决策者留给金牛类业务的资金过多，致使公司无法向新增长的业务投入足够的资金，或对金牛类业务投入过少，从而造成该业务发展乏力；三是保留了太多幼童类业务，使公司发展前景不明朗，并且对每项业务都投资不足；四是在瘦狗类业务上投入大量资金，寄希望于扭转乾坤，但每次都失败。

可见，只有通过认真分析组织内各业务单位的类型，做出与业务单位特点相适应的战略选择，才会使公司现金流量保持平衡，资源得到充分利用。

4. BCG 新矩阵法及其在战略选择中的运用

BCG 矩阵法以两个具体指标的量化分析来反映企业的外部环境与内部条件，有利于加强业务单位和企业管理人员之间的沟通，及时调整企业的业务投资组合。但同时，该分析方法也存在一些局限性，如以市场增长率和相对市场占有率来决定经营单位的地位及其战略过于简单，往往不能全面反映一个经营单位的竞争状况；计算相对市场占有率时只考虑了最大的竞争对手，而忽视了那些市场占有率在迅速增长的较小的竞争者；有些综合性行业的市场占有率难以准确确定；对瘦狗类业务的处理方法是清算或放弃，但实际中，很多瘦狗类经营单位的存在往往可以为明星类或金牛类经营单位的发展提供发展经验和分摊固定成本等。为此，波士顿咨询公司于 1983 年设计出新的矩阵图，如图 11-2 所示。

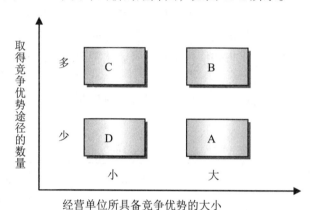

图 11-2 BCG 新矩阵图

在 BCG 新矩阵中，横轴表示经营单位所具备竞争优势的大小，纵轴表示在行业中取得竞争优势途径的数量。BCG 新矩阵也有 4 个象限，分别对应四种不同的经营单位类型（A、B、C、D）及战略。

1）A 类经营单位

具有较大的竞争优势，但取得竞争优势的途径较少。这些行业中存在着规模经济和经验效益；行业内的竞争者为数不多；竞争对手的生产活动大致相同。根据这些特点，最适宜的经营战略是以大量生产为基础的成本领先战略。

2）B 类经营单位

具有较大的竞争优势和较多取得这些优势的途径。所处行业具有多种不同类型的经营活动，在每一专业化的活动中有许多竞争者，但存在一个主导地位的竞争者。对这类经营单位所采取的战略主张在每一活动中进行专门化生产，类似波特的差异化战略。

3）C 类经营单位

具有较少的竞争优势，但具有较多获得竞争优势的途径，C 类经营单位所处的行业一般不存在规模经济；进入和退出行业的障碍较低；在产品和市场中存在较多的可区分开的活动。根据这类单位的特点和所处行业的特点，最适宜集中化战略。

4）D 类经营单位

既没有较大的竞争优势，又缺乏获得竞争优势的途径。这些行业具有如下特征：规模不能影响成本；行业中有许多竞争者进行竞争；进入行业的壁垒很低，但退出该行业的壁垒很高；对所有企业盈利性都很低。处于这种地位的经营单位必须进行战略上的转变才能摆脱困境。

11.1.2 行业吸引力—竞争能力分析法

20 世纪 70 年代，美国通用电气公司（GE）与麦肯锡咨询公司共同开发了新的投资组合分析方法，即行业吸引力—竞争能力分析法。相对于 BCG 矩阵分析法，行业吸引力—竞争能力矩阵（也称为 GE 矩阵）法有了很大的改进，在两个坐标轴上都增加了中间等级，增加了战略的变量，用更多的因素来衡量行业吸引力和企业竞争地位。GE 矩阵不仅适用于 BCG 矩阵法所能适用的范围，也可以通过增减某些因素或改变它们的重点所在，使其适应决策者的具体意向或某产业的特殊要求。

1. GE 矩阵的结构

GE 矩阵包含两个变量（见图 11-3），横轴是行业吸引力，考察的是企业所处的外部环境；纵轴是经营单位的竞争能力，考察的是企业内部实力。从图 11-3 可以看出，横轴的行业吸引力划分为高、中、低三个档次，企业应找出影响行业吸引力高低的若干关键外部环境因素，并以此来评价行业吸引力。纵轴的经营单位的竞争能力也划分为高、中、低三个档次，企业应找出影响企业竞争能力的若干关键内部可控因素，并以此与主要竞争对手相比较来评价企业实力。

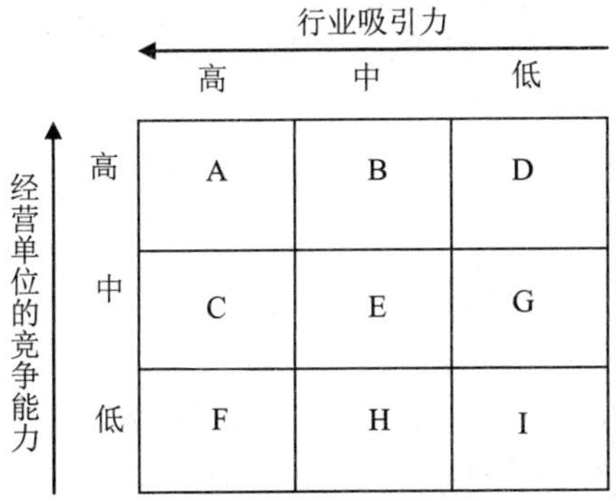

	行业吸引力		
	高	中	低
高	A	B	D
中	C	E	G
低	F	H	I

图 11-3　行业吸引力——竞争能力矩阵

评价行业吸引力和竞争能力的因素有许多，其中，评价经营单位所处行业吸引力强度的因素一般有行业规模、市场增长速度、产品价格的稳定性、市场的分散程度、行业内的竞争结构、行业利润、行业技术环境、社会因素、环境因素、法律因素、人文因素等。而评价经营单位竞争能力的因素一般有生产规模、增长情况、市场占有率、盈利性、技术地位、产品线宽度、产品质量及可靠性、单位形象、造成污染的情况、人员情况等。

2. 评价行业吸引力和竞争能力的步骤

影响行业吸引力和竞争力的诸多因素具有不同的重要程度，一般来说，可选用具有五个等级的里克特（Likert）等级度量法来对各个因素进行赋值（见表 11-2），对每一等级赋予一定的分值，如某一因素很不吸引人，可以给予 1 分的分值，而给很吸引人的因素赋值 5 分。

表 11-2　里克特等级及赋值

等级	很不吸引人	有些不吸引人	一般	有些吸引人	很吸引人
赋值	1	2	3	4	5

由于每个因素的地位和重要程度对不同的经营单位来说是不一样的，因此在赋予各因素级数值的基础上，还要赋予每个因素一个权数，且权数之和等于1。然后，用权数乘以级数，就可以得出每个因素的加权数，将各个因素的加权值汇总，就得出整个行业吸引力和企业竞争能力的加权值。最后，根据行业吸引力和竞争能力的总分值来确定经营单位的位置。

3. GE矩阵分析法在战略选择中的运用

行业吸引力的三个等级与经营单位竞争能力的三个等级构成一个具有九个象限的矩阵，公司中的每一经营单位都可放置于矩阵中的某一位置。根据所处象限的位置不同，决策者在战略选择时对各经营单位应选取不同的战略方案。

1）发展类经营单位的战略选择

发展类是指处于A、B和C位置的经营单位。对于这一类经营单位，公司要采取发展战略，即要多投资以促进其快速发展。因为这类行业很有前途，经营单位又具有较强的竞争地位，因此应该多投资，以便巩固经营单位在行业中的地位。

2）选择性投资类经营单位的战略选择

选择性投资类是指处于D、E和F位置的经营单位。对这一类经营单位，公司的投资要有选择性，选择其中条件较好的单位进行投资，应采取维持战略，即通过市场细分、选择性投资、纵向一体化等努力维持其现有市场地位。

3）抽资转向或放弃类经营单位的战略选择

抽资转向或放弃类是指处于G、H和I位置的经营单位。这类经营单位的行业吸引力和实力都较低，应采取不发展战略。对一些目前还有利润的经营单位，采取逐步回收资金的抽资转向战略；而对不盈利又占用资金的单位则采取放弃战略。

4. 政策指导矩阵法与战略选择

荷兰皇家壳牌公司在GE矩阵分析法的基础上，以"行业前景"代替"行业吸引力"，创立了政策指导矩阵，具体来说，从行业前景和竞争能力两个角度来分析企业各个经营单位的现状和特征，并把它们表示在矩阵上，据此指导企业战略方案的选择。行业前景取决于盈利能力、市场增长率、市场质量和法规限制等因素，分为强、中、弱三个等级；竞争能力取决于经营单位在市场上的地位、生产能力、产品研究和开发等因素，同样分为强、中、弱三个等级，从而把企业的经营单位分成九大类，如图11-4所示。

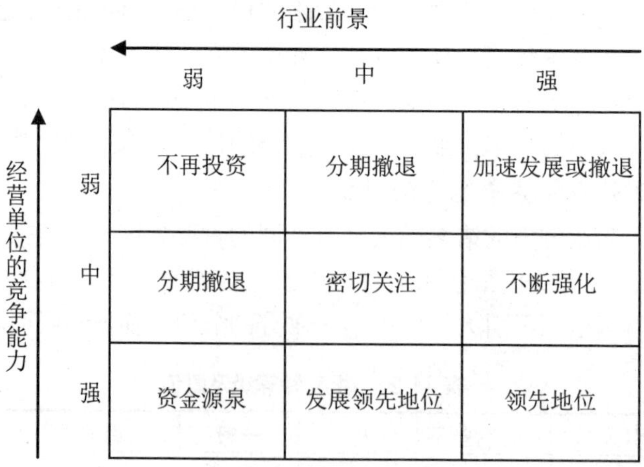

经营单位的竞争能力 \ 行业前景	弱	中	强
弱	不再投资	分期撤退	加速发展或撤退
中	分期撤退	密切关注	不断强化
强	资金源泉	发展领先地位	领先地位

图11-4 政策指导矩阵

由图 11-4 可知，在战略选择时，利用政策指导矩阵可以对不同类型的经营单位采取不同的战略方案。

1）不再投资

对这一区域的经营单位应采取放弃战略，将拍卖资产所得的资金投入到更有力的经营单位中。

2）分期撤退

对这一区域的经营单位应采取的战略是缓慢地退出，以收回尽可能多的资金，将资金投入盈利率更高的经营单位。

3）加速发展或撤退

该区域的经营单位所处行业前景好，但企业竞争能力较弱，公司应选择其中最有前途的少数经营单位加速发展，对余下者采取放弃战略。

4）密切关注

该区域的经营单位通常有为数众多的竞争者，可采取的战略是让其带来最大限度的现金收入，停止进一步投资。

5）不断强化

应通过分配更多的资源，努力使该区域的经营单位向下一个区域（领先地位区）移动。

6）资金源泉

对这一区域的经营单位，应仅投入少量资金以求其未来的发展，而将它作为其他快速发展的经营单位的资金源泉。

7）发展领先地位

这个区域中的经营单位一般会遇到少数几个强有力的竞争对手，因此很难处于领先地位，可采取的战略是分配足够的资源，使之能随着市场的发展而发展。

8）领先地位

应优先保证该区域经营单位需要的一切资源，以维持其有利的市场地位。

11.1.3　战略地位与行动评价矩阵法

战略地位与行动评价矩阵（strategic position and action evaluation matrix，简称 SPACE 矩阵）主要是分析企业外部环境及企业应该采用的战略组合。SPACE 矩阵的两个数轴分别代表了企业的两个内部因素——财务实力（FS）和竞争优势（CA）；两个外部因素——环境稳定性（ES）和产业实力（IS）。矩阵的 4 个象限分别表示进攻、保守、防御和竞争 4 种战略模式。矩阵数轴所代表的 4 个因素对于企业的战略选择具有重要作用。

1. SPACE 矩阵的构建

建立 SPACE 矩阵主要包括以下 5 个主要步骤。

1）列出优势要素

列出企业在财务实力、竞争优势、环境稳定性、产业实力 4 个方面中具有优势的要素。一般来说，每一方面的要素一般不超过 8 个，如财务实力可以用投资回报、杠杆比率、偿债能力、流动资金、现金流动、商业风险、退出成本等指标来衡量；竞争优势可以从市场份额、产品质量、产品生命周期、顾客忠诚度、竞争能力利用率、专有技术知识以及对供应商和经销商的控制程度等方面来评价；环境稳定性可以从技术变革、通货膨胀率、需求变化、竞争压力、需求价格弹性、竞争产品的价格范围和市场进入壁垒等方面来考虑；产业实力可以用发展潜力、利润潜力、财务稳定性、可供资源、市场进入难易程度、生产效率和生产能力利用率等指标来评价。

2）对关键要素进行赋值

财务实力和产业实力方面，要素的分数从"+1"（最差）到"+6"（最好）；环境稳定性和竞争优势方面，要素的分数从"-1"（最好）到"-6"（最差）。

3）计算企业的战略定位数值

将产业实力和竞争优势的分数相加除以关键要素的个数，得出 X 值；将财务实力和环境稳定性的分数相加除以关键要素的个数，得出 Y 值。

4）绘制一个直角坐标系

横坐标轴的右端表示产业实力，左端表示竞争优势；纵坐标轴的上端代表财务实力，下端代表环境稳定性；坐标轴以"1"为单位在"-6～+6"范围内进行刻度，如图 11-5 所示。

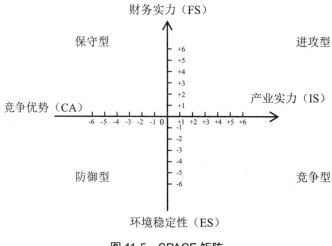

图 11-5　SPACE 矩阵

5）寻找战略类型

在坐标轴上标记点(X,Y)。自 SPACE 矩阵原点到(X,Y)点画一条向量，这一条向量就表示企业可以采取的战略类型。

2. SPACE 矩阵中的战略类型

如图 11-5 所示，SPACE 矩阵的 4 个象限分别代表 4 种战略类型，即进攻型、竞争型、防御型和保守型。这里包括以下 4 种情况。

1）向量出现在第一象限

此时，说明企业所处产业实力较强，拥有竞争优势，但财力有待进一步提升，如图 11-6 所示；或者表示该企业所处产业优势不突出，但环境非常稳定且拥有雄厚的财务实力，如图 11-7 所示。企业应该采取进攻型战略。

采取进攻型战略的企业所在行业吸引力强，环境不确定因素小，公司有一定的竞争优势，并可以用财务实力加以保护。

2）向量出现在第二象限

此时，表明公司处在一个稳定的行业里，拥有很强的财力，但没有很强的竞争优势，如图 11-8 所示；或者表示公司处于竞争劣势，财务实力较弱，所在行业虽然稳定，但处于衰退中，如图 11-9 所示。企业应该选择保守型战略。

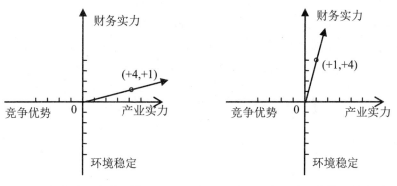

图 11-6　向量出现在第一象限（1）　　图 11-7　向量出现在第一象限（2）

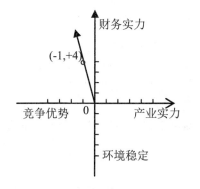 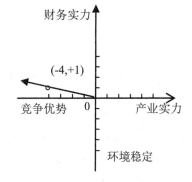

图 11-8　向量出现在第二象限（1）　　图 11-9　向量出现在第二象限（2）

采取保守型战略的企业一般处于相对稳定且增长缓慢的市场里，企业应当提高自己财务方面的稳定性，并尽力解决这一核心问题。处于这种地位的企业应该削减其产品系列，进入利润更高的市场。

3）向量出现在第三象限

此时，表示企业要么在稳定且停止增长的行业中处于绝对的竞争劣势，如图 11-10 所示；要么表示企业财务困难，行业不稳定，如图 11-11 所示。企业应该选择防御型战略，也就是应集中精力克服内部弱点并回避外部威胁。

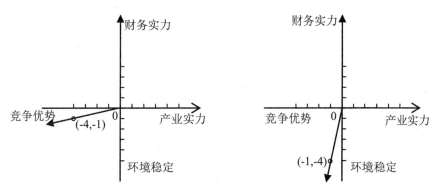

图 11-10　向量出现在第三象限（1）　　图 11-11　向量出现在第三象限（2）

采取防御型战略的企业处于日趋衰退且不稳定的环境中，企业本身又缺乏有竞争力的产品，而且财务实力不强，此时企业需要做好准备从现有的市场中随时撤退，或者是减少投入，逐步退出该行业。

4）向量出现在第四象限

此时，企业所处行业发展迅速，企业竞争力强，如图 11-12 所示；或者表示企业处于不稳定的环境中，企业表现中庸，如图 11-13 所示。企业应该选择竞争型战略。

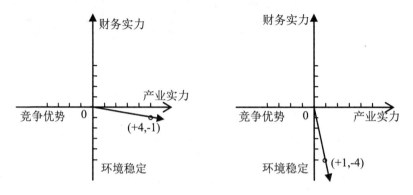

图 11-12　向量出现在第四象限（1）　　图 11-13　向量出现在第四象限（2）

采取竞争型战略的企业所处行业竞争力强，但环境相对处于不稳定的状况，公司拥有竞争优势，但缺乏财务实力，这种情况下，企业应该寻求财务资源以提高市场占有率，并需要增强自己的销售力量来拓展自己现有的市场。

3. SPACE 矩阵在战略选择中的运用

现以某航空公司为例来具体说明 SPACE 矩阵的运用①。按照构建 SPACE 矩阵的步骤，首先选定构成财务实力等 4 个要素的影响因素，并对各变量赋值，如表 11-3 所示。

表 11-3　某航空公司 SPACE 矩阵的评分表

	评分人				平均得分
	总经理	人力总监	财务总监	营销总监	
财务实力（FS）					
投资回报	4	3	4	3	3.5
偿债能力	2	2	2	3	2.25
现金流动	3	4	3	3	3.25
退出成本	2	3	2	3	2.5
商业风险	4	5	4	4	4.25
合计					15.75
竞争优势（CA）					
市场份额	−3	−3	−2	−2	−2.5
产品质量	−2	−3	−2	−3	−2.5
顾客忠诚度	−3	−3	−4	−4	−3.5
专有技术知识	−5	−5	−5	−4	−4.75
对供应商的控制	−5	−6	−6	−5	−5.5
合计					−18.75

① 黄旭. 战略管理：思维与要径[M]. 北京：机械工业出版社，2007：232.

续表

	评分人				平均得分
	总经理	人力总监	财务总监	营销总监	
环境稳定性（ES）					
竞争压力	−4	−3	−4	−4	−3.75
市场进入壁垒	−3	−3	−2	−2	−2.5
需求价格弹性	−2	−3	−3	−3	−2.75
通货膨胀率	−1	−1	−1	−1	−1
技术变革	−1	−2	−2	−2	−1.75
合计					−11.75
产业实力（IS）					
可供资源	5	5	5	4	4.75
财务稳定性	4	5	4	5	4.5
发展潜力	5	6	5	5	5.25
利润潜力	5	5	5	5	5
生产效率	4	5	4	5	4.5
合计					24

分别将各要素的变量平均得分相加，再分别除以变量的个数，从而得出各要素的平均分数。然后分别把竞争优势和产业实力的平均分相加得出 X 值，把财务实力和环境稳定性的平均分相加得出 Y 值，从而找出要求的坐标点(X,Y)。经计算得出 X 的值为 1.05，Y 的值为 0.8，从而坐标点是$(1.05,0.8)$。在 SPACE 矩阵中自原点至点$(1.05,0.8)$画一条向量，如图 11-14 所示。

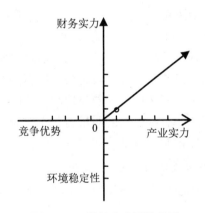

图 11-14 某航空公司的向量

从图 11-14 可以看出，该向量处于第一象限中，因此在战略选择时该航空公司的决策者应该采取进攻型战略。

11.1.4 产品—市场演化矩阵法

美国战略管理学者查尔斯·霍福尔（Charles W. Hofer）提出了产品—市场演化矩阵，该矩阵在许多方面与亚瑟·利特尔咨询公司的生命周期法相似。霍福尔把产品—市场的演化过程分成开发阶段、成长阶段、扩张阶段、成熟饱和阶段和衰退阶段，把竞争地位分为强、中、弱三等。每一经营单位按产品—市场演化阶段（纵坐标）和竞争地位（横坐标）确定其在矩阵中的位置。其中，圆圈的大小代表经营单位行业中的相对规模，圆圈中阴影部分的面积表示经营单位在其行业中的市场份额。

1. 产品—市场演化矩阵的构建

霍福尔提出，虽然不同的多业务公司可能有不同的经营组合，但大多数组合都是三种理想模式，即成长型、盈利型和平衡型的变形体，如图 11-15 所示。

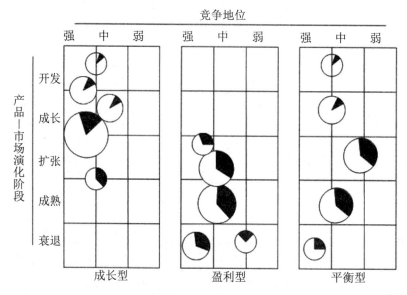

图 11-15　三种典型的产品—市场演化矩阵

图 11-15 中不同的类型表明了企业在资源分配时追求的目的和目标有所不同。在成长型矩阵中，经营单位多集中在产品—市场演化的前几个阶段，在竞争中处于优势的地位，其市场前景也较好，但很可能遇到资金短缺的困难；盈利型矩阵中的经营单位的业务组合多处于产品—市场演化的后几个阶段，虽然其资金比较充裕，但不具备长远发展的潜力，需要寻求新的增长点；平衡型矩阵是许多具有多项业务的公司倾向采取的组合模式，这种模式在提供资金的部门与需要资金的部门（如有限数量的明星类和正在诞生的明星类）之间谋求平衡。同时，对衰退中的经营单位加以控制，保证公司对它们的投资最少，长期战略通常是放弃。

2. 产品—市场演化矩阵在战略选择中的运用

根据企业不同业务部门在产品—市场演化矩阵中所处的位置，企业可以对发展战略进行相应的选择，如图 11-16 所示。

处在开发阶段的经营单位，具有潜在的强大竞争力，公司应将其作为投资的理想对象，通过增加市场份额，大力扩张。在成长阶段，如果公司具有较强的竞争地位，一般应采取发展战略，扩大市场份额；而对于处在竞争弱势的经营单位来说，则应采取市场集中战略。在扩张阶段，具有竞争优势的企业应增加市场份额，通过进行适量的投资来维持其强大的竞争地位；而弱势企业则根据情况选择市场集中或抽资、清算等战略。处在成熟饱和阶段的经营单位一般都是企业的现金牛类业务，是企业资金的主要来源，如果企业的竞争地位很弱，则也可以考虑采取清算、放弃战略。在衰退阶段，即使是竞争地位较强的经营单位也大都选择市场集中、抽资或削减资产等战略，而竞争地位弱的经营单位，就像是 BCG 矩阵中的瘦狗类业务，如果尚能维持，应该尽可能多地创造现金，从长远的角度来看，则应该被放弃。

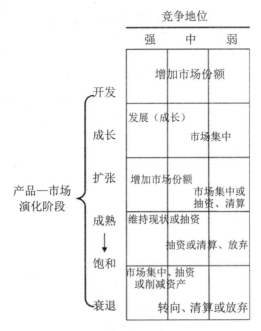

图 11-16　产品—市场演化矩阵在战略选择中的运用

11.1.5　定量战略计划矩阵法

定量战略计划矩阵（quantitative strategic planning matrix，QSPM 矩阵）是战略决策阶段的重要分析工具。该分析工具对备选方案的战略行动的相对吸引力做出评价，从定量的角度来评判其战略备选方案的优劣程度，从而能够客观地指出哪一种战略是最佳的。QSPM 矩阵法的分析原理是：将备选的各种战略方案通过专家小组讨论的形式分别进行评分，评分的依据包括各战略是否能使企业更充分利用外部机会和内部优势，尽量避免外部威胁和减少内部弱点四个方面，得分的高低反映战略的最优程度。

1. QSPM 矩阵及其构建

QSPM 矩阵是基于事先确认的外部及内部因素来客观评价备选战略的工具，同时，良好的直觉判断对 QSPM 矩阵法的运用也极为重要。决策者首先要运用良好的直觉以及对行业的丰富经验剔除一些明显不可行的战略选择，只将最具吸引力的战略列入 QSPM 矩阵。反映各战略差异的是战略的最优程度，它是根据各战略对外部和内部因素的利用和改进程度而确定的。QSPM 矩阵中包括的备选战略的数量和战略组合的数量均无限制，分析的结果并不是非此即彼的战略取舍，而是一张按重要性和最优程度排序的战略清单。

建立一个 QSPM 矩阵（见表 11-4），首先要在矩阵的左栏列出公司的关键外部机会与威胁、内部优势与劣势，而且至少应包括 10 个外部和 10 个内部关键因素；然后在第二栏给每个外部及内部关键因素赋予权重；在矩阵的顶行列出经过筛选的备选战略方案；分析各个战略的相对吸引力，用吸引力分数（attractiveness scores，AS）标出其数值；接着计算吸引力总分（total attractiveness scores，TAS），即用权重乘以吸引力分数；最后，把吸引力总分加总得出吸引力总分和，它表明了在各组供选择的战略中，哪种战略最具吸引力。备选战略组中各战略吸引力总分和之差表明了各战略相对于其他战略的可取性。

表 11-4 QSPM 矩阵的基本模型

关键因素		权重	战略一	战略二	战略三
外部机会	1. 2. ……				
外部威胁	1. 2. ……				
	总计	1.0			
内部优势	1. 2. ……				
内部劣势	1. 2. ……				
	总计	1.0			

2. QSPM 矩阵在战略选择中的运用

以某房地产公司为例，来具体说明 QSPM 矩阵的应用，如表 11-5 所示。

表 11-5 某房地产公司定量战略计划矩阵表[①]

关键因素		权重	市场开发		战略联盟		差异化	
			AS	TAS	AS	TAS	AS	TAS
外部机会	经济发展增加了房产需求	0.11	4	0.44	4	0.44	4	0.44
	"十一五"规划的实施	0.13	3	0.39	5	0.65	3.5	0.455
	住房消费信贷业务发展迅速	0.12	3	0.36	4	0.48	4	0.48
	商品房住宅存在大量需求缺口	0.11	4	0.44	3.5	0.385	4	0.44
	国外资金提供了多种融资渠道	0.08	2	0.16	4	0.32	3	0.24
外部威胁	房地产市场竞争加剧	0.09	3	0.27	4	0.36	4	0.36
	消费者品味提高	0.07	4	0.28	4	0.28	4	0.28
	央行提高第二套房放贷首付	0.13	3	0.39	5	0.65	3	0.39
	外来开发商进入	0.07	3	0.21	4.5	0.315	4	0.28
	人民币汇率提高增加了建筑成本	0.09	3	0.27	4	0.36	4	0.36
	总计	1.0						
内部优势	灵活的反应机制	0.1	5	0.5	4	0.4	3.5	0.35
	较强的资源整合能力	0.15	4	0.6	4	0.6	4	0.6
	准确把握客户心理	0.08	4	0.32	3	0.24	4	0.32
	较好的盈利能力	0.11	4	0.44	3	0.33	3.5	0.385
	人才众多	0.09	4	0.36	3.5	0.315	3.5	0.315
内部劣势	规模较小，融资困难	0.2	3	0.6	4	0.8	4	0.8
	研发经费投入不足	0.07	2	0.14	4	0.28	4	0.28
	内部管理制度不够完善	0.07	2	0.14	3	0.21	3	0.21
	管理的提升未落实	0.06	3	0.18	3	0.18	4	0.24
	内部凝聚力不强	0.07	3	0.21	3.5	0.245	3.5	0.245
	总计	1.0		6.7		7.84		7.47

---

① 黄旭．战略管理：思维与要径[M]．北京：机械工业出版社，2007：245．

从表 11-5 可以看出，各战略方案的优劣排序为：战略联盟（7.84）、差异化战略（7.47）、市场开发（6.7）。这表明战略联盟战略具有较大的吸引力，决策者应考虑选择该战略。在这里，由于外部因素和内部因素的总权重都为"1"，因此可以看作外部因素和内部因素同等重要，这是一种风险中性的反映。决策者可以根据风险偏好，通过调整权重的大小来调整内、外部因素的关系，如果企业集团倾向于采取进取型战略，可以将外部因素权重设置得高一些；相反，如果企业内部倾向于采取稳重型战略，则可以将内部因素权重设置得高一些。

3. QSPM 矩阵法的优点和局限性

一方面，QSPM 矩阵可以相继或同时考察一组战略，如可以相继评价公司层战略、业务层战略和职能层战略，并且同时评价的战略或战略组数量不受限制。另一方面，QSPM 矩阵要求决策者在战略选择过程中将有关的外部和内部因素结合起来考虑，使决策者注意到影响战略决策的各种重要关系，避免关键因素不适当地被忽视或偏重。而且，QSPM 矩阵经过适当修改便可运用于大型和小型的、营利和非营利性的组织，它实际上可以被应用于任何类型的组织。尤其是，QSPM 矩阵可以提高跨国公司的战略决策水平，因为它可以同时考察很多关键性因素和战略。此外，QSPM 矩阵把战略决策者的主观判断定量化，使各方观点、判断都在一个平台上完好地呈现出来，更有助于决策者进行战略选择。

同时，QSPM 矩阵也有一些局限性，如 QSPM 矩阵总是要求直觉性判断和经验性假设。权重和最优程度分数的确定都要依靠主观判断，尽管这些判断所依据的是客观信息，但不同的战略选择者可能在相同的方法下得出不同的结论，这种差别就是由于他们的经验和微妙的直觉不同所造成的。另外，QSPM 矩阵分析结果的科学性还要取决于它所基于的信息和匹配分析的质量。

11.2 合作战略选择的分析工具

11.2.1 社会网络分析法

社会网络分析法关注的是各主体之间的关系结构，涉及的范围较广，从偶然相识的关系直至长期亲密的关系。社会网络分析法假设人际关系是重要的，映射和度量了正式和非正式的关系，以理解是什么促进或阻碍了连接交互单元的知识流，即谁知道谁、谁通过什么通信媒介（数据和信息、语音或视频通信）与谁共享了什么信息和知识。

社会网络分析法是一种社会科学领域常用的量化研究方法，用图和矩阵来表示社会网络，用图论工具及代数模型来研究关系模式，并进一步探索关系模式对社会网络内部行动者及社会网络整体的影响。社会网络研究中网络位置的测量指标主要是网络中心度。网络中心度可以测量企业及企业创始人在创业网络关系中充当中心枢纽和获取投资的程度，常用的量化指标为程度中心度和中介中心度。

程度中心度是指个体与网络中其他个体直接连接的总数，计算公式为

$$Degree_i = \sum_j X_{ji}/(g-1)$$

其中，j 表示一个个体，j_i 表示网络中除 i 之外的其他个体，用于计算个体 i 与其他个体直接联系的数量，g 表示个体的总数。为避免受到网络规模变化的影响，采用（-g）来消除差异并对所采用的中心度指标进行标准化处理。

中介中心度是指个体作为中间人联系网络中其他个体的重要程度,计算公式为

$$Betweenness_i = \frac{\sum_{j<k} g_{jk(n_i)}/g_{jk}}{(g-1)(g-1)/2}$$

其中,g_{jk} 表示个体 j 与个体 k 联结必须经过的捷径数,$g_{jk(n_i)}$ 表示在个体 j 与个体 k 的捷径路径中个体 i 的数量。[①]

根据社会网络中各个企业所表现出来的关系连接程度,可以对合作战略进行方向性选择,主要包括以下 3 种情况。

(1)重视与实力雄厚的企业进行合作。根据社会网络分析法计算的结果,借助合作平台与实力更强的企业形成合作关系。企业主要是寻求吸纳大企业的投资资金,引进大企业的管理理念和发展模式,借助合作平台促进个体的发展与壮大。

(2)选择适当的方式整合所需的重要资源。企业应当根据网络关系情况,积极发现与自身发展相匹配的知识信息、科技人才、创新要素等资源,并基于企业间关系程度、发展内容等选择相应的战略,建立、形成合作关系。

(3)处理好与不同地位的企业之间的合作关系。社会网络分析可以将不同的企业区分为核心、次核心、边缘等不同的关系地位,核心企业具有较多的网络资源,次核心企业具有发展壮大的潜力,边缘企业具有跨界发展的可能或某方面的优势资源,各类企业应根据其他企业的网络地位及特征选择合适的合作战略。

11.2.2 演化博弈分析法

在传统博弈理论中,常常假定参与人是完全理性的,而且参与人是在完全信息条件下进行演化博弈的。但在现实的经济生活中,参与人的完全理性与完全信息的条件是很难实现的。在企业的合作竞争中,参与人之间存在差异,经济环境与博弈问题本身的复杂性所导致的信息不完全和参与人的有限理性问题显而易见。演化博弈理论就是把博弈理论分析和动态演化过程分析结合起来的一种理论。在方法论上,它强调的是一种动态的均衡,比较适用于网络型企业合作。

网络型企业合作是伴随着企业个体成员之间合作关系的形成而兴起的,是个体企业间博弈动态演化的结果。作为网络型企业中的个体,由于缺乏统一管理,每个企业都具有相对的独立性,在共同应对外界竞争的演化博弈中不断学习和调整。[②]

1. 演化博弈下企业间合作的特征

(1)自组织性。在没有权威协调组织的情况下,自组织形成了网络型企业合作的整体特征。最初的若干相互独立的企业在长期重复博弈中,不断改变合作和竞争策略,通过自组织形成了具有企业特征的网络型企业组织。实际上,由于利益最大化的驱使,在网络型企业内部合作的诸多方面都存在着"囚徒困境"博弈[③]。

按照经典博弈论的观点,一次或有限次囚徒困境博弈的最终结果是博弈双方都害怕对方

[①] 张学艳,周小虎,王侨. 基于社会网络分析的独角兽企业关系网络研究[J]. 领导科学,2021(12):64-68.

[②] 张耀峰,耿智琳. 演化博弈视角下的网络型企业合作机制分析[J]. 未来与发展,2011(05):106-110.

[③] H WOLTERS, F SCHULLER. Explaining suppliers -buyer partnerships: a dynamic game theory approach[J]. European journal of purchasing & supply management, 1997(3): 155-164.

的背叛而选择不合作。但事实并非如此，即使在没有政府或权威机构出面组织协调的情况下，合作现象仍然广泛地存在于网络型企业中。这是因为，当博弈是无限次进行或者未知博弈结束期限时，由于考虑到后期博弈的报复性惩罚以及考虑到企业自身声誉等因素，企业在参与博弈的过程中不断根据博弈对手采取的策略以及自身在博弈中所获得的收益来调整自身策略，甚至在某些时候，通过试探性地采取合作策略以争取对方的合作，从而达到共赢的目的。这种情况下，企业成员间的合作得以自发产生并且能够维持在一定的水平。从系统角度来看，网络型企业内成员的合作关系是在个体企业重复博弈的微观作用机制下涌现出来的整体特征，这种合作关系的形成是自组织演化的结果。

（2）独立性。网络型企业与其成员之间没有隶属关系，彼此是相互独立的。网络型企业虽然在整体上具有一般企业拥有的功能特征，但是由于在资金、资源、信息等方面不可能做到完全共享，每个个体成员在生产、销售等方面都具有高度的独立性。因此，网络型企业内部的合作关系也具有以下特征：一是在形式上具有整体联盟特征，但是往往缺少对网络型企业整体合作进行协调管理的专门机构，因而合作很难维持在较高水平；二是由于不具有制定和实施惩罚制度的权威组织，使得即使企业成员单方面采取了不合作策略时，也得不到强制性惩罚；三是由于个体企业具有策略选择的独立性，因此初始采取合作策略、竞争策略的个体共同存在，并且都有可能通过合作共赢或者投机欺诈而有利可图，最终在网络型企业中形成了采取竞争和合作策略的个体企业共存的现象。

（3）动态性。网络型企业中的个体企业在演化博弈过程中所采取的策略不是一成不变的，而是根据环境变化在不断调整。这种个体策略的变化不仅会带来网络型企业合作总体特征的演变，同时会导致网络型企业结构特征的动态演变。因此，网络型企业合作关系具有动态性。在长期的重复博弈中，网络型企业中很少有一直采取合作策略或一直采取竞争策略的成员，其竞合策略是根据博弈收益不断演化的。由于整个市场环境是不断变化的，这就使得在各类新兴企业不断增多的同时，少数经不起市场竞争环境考验的企业面临倒闭。再加上一些只顾眼前利益的小企业的加入，致使网络型企业内部短期博弈甚至一次性博弈的机会大大增加，这都使个体企业为了应对外部环境的变化而改变自身的合作与竞争策略。

2. 演化博弈下企业间合作战略的选择

网络型企业内部的博弈演化导致了一个合作与竞争共存的局面。虽然个体企业采取竞争策略能通过投机获得暂时的利益，但随之而来的报复性惩罚会让其失去长远的利益。网络型企业成员间的相互信任是达成初始合作的原动力，而合作的态度不仅能够让个体企业在供货商定价、合作研发等方面获得优势，而且积累了自身良好的声誉，从而在激烈的市场竞争中为获得更好的合作伙伴和更多的信任奠定基础。因此，对合作伙伴的激励、信任以及对自身声誉的顾忌成为影响合作战略选择的3个主要机制。

1）基于激励机制的合作战略选择

网络型企业各个成员之间在信息共享、产品定价、合作研发等方面都存在"囚徒困境"，即成员之间存在着大量的不合作行为，从而造成企业间合作的不稳定。在重复博弈中，成员可以通过之前博弈过程中的收益情况来决定下一次博弈所采取的策略。于是，为了得到高收益，企业愿意冒一定风险进行试探性互惠合作。当初始的尝试成功后，在接下来的博弈中，为了表示对对方采取合作态度的奖励（正激励），参与博弈的企业会继续保持合作态度，合作也由于收益的提高而产生并维持下来。

但是，这种合作关系并不是稳定的，因为当一方合作时，另一方如果采取竞争策略会得到更高的收益。那么，这种背叛的诱惑往往会导致合作关系的破裂。合作者出于对不合作者的惩罚（负激励），在下一轮博弈中也采取竞争策略，最终导致双方陷入"困境"中。

可见，这种在重复博弈中引入的惩罚和奖励（激励机制）行为必然能有效阻止背叛行为的蔓延，从而促进合作水平的提高。网络型企业中采取激励机制可以有效地控制成员对私有技术信息进行保密以及输送次品等不合作行为。当然，这种维系合作关系的激励行为是在对合作伙伴进行报复的基础上产生的。

需要指出的是，虽然激励机制对网络型企业成员的行为有一定的约束力，能够在很大程度上促进网络型企业成员的合作，但是在现实经济活动中，由于企业间一次性或短期的交易越来越多，改变了以往企业间长期频繁接触的情况，有时长期重复博弈的前提难以保证。当一个成员采取合作策略为其他成员提供帮助后，也许没有机会得到回报。这时，企业声誉作为促进网络型企业合作的机制就显得非常重要。

2）基于声誉机制的合作战略选择

声誉是网络型企业成员在长期经营过程中形成的其他成员对其综合表现的一种评价。查尔斯认为，社会责任等五种因素共同影响着企业的声誉。[①]网络型企业的声誉主要取决于成员的诚信度与责任感。当企业之间的合作更多倾向于短期或者一次性特征时，合作的实现及其表现程度主要就依靠企业的声誉。

对其他企业的声誉进行了解的方式既包括企业之间的直接接触，也涉及口碑等间接渠道。在一次性博弈，即企业之间随机接触的情况下，可以通过间接方式了解企业的相关声誉信息。总体来看，企业声誉的好坏取决于该企业每次和其他企业的博弈历史，并且每个成员的声誉在群体中也是公开透明的。当企业拥有较好的声誉时，便会得到更多的信任，从而可以得到更多数量、更高质量的信息以及更有利的产品定价等；当企业的声誉较差时，则无法得到其他企业的信任，从而影响自身的发展。因此，网络型企业在与其他企业进行博弈时，都会在决策前考虑该策略对自己声誉的影响，从而主动约束自身的行为，并选择有利于企业间合作的相关策略。

声誉是网络型企业成员的无形资产，是成员赖以生存和发展的基础之一。声誉的好坏同时还决定了另一个促进合作的重要机制——信任机制。当对新兴企业成员声誉好坏无法准确评价时，成员之间的信任就成了决定能否达成合作的关键因素。

3）基于信任机制的合作战略选择

信任机制能够减少企业之间在合作时签订契约的成本，增强信息共享，实现网络型企业的整体价值增长。信任是企业合作的最高标准。在网络型企业成员中，两个企业的初次合作也是首次博弈，面临着是否相互信任的考验。

信任在促进网络型企业正常运作中至关重要，培养企业间的相互信任是企业间关系管理的核心问题。大多数网络型企业，尤其是战略联盟等失败的主要原因就是成员间缺少信任。网络型企业内部成员间的博弈实际上就是对彼此是否相互信任的考验。信任对于维持不同类型企业的稳定以及企业间的长期合作都至关重要，相互信任能够有助于减少交易成本、促进知识共享以及增强企业的应急反应能力，从而提升企业间整体合作水平。

[①] CHARLES J F. Opportunity Platforms and safety nets: corporate citizenship and reputation risk[J]. Business & society review, 2000 (1): 85-106.

企业间的彼此信任促进合作的产生。虽然在缺乏信任的条件下也能够产生合作，但是由于人类自身情感等因素的影响，信任确实能够在很大程度上提升网络型企业内部的合作水平。当企业之间具有较高的信任度时，企业会选择更加紧密的合作战略，并有助于合作成效的提高；当企业之间的信任度较低时，企业则会选择较松散的合作战略或增强合作战略中的保护机制，从而降低彼此的知识转移与知识共享等，不利于企业间合作关系的维持。

11.2.3 合作力分析法

合作力分析法认为，企业之间的合作程度可以用合作系数来表示，它是一个由纯粹竞争到合作竞争直至企业间合一的连续体。其中，"合一"是一个不同于"合并"的概念，"合并"强调的是形式与表象，"合一"注重的是内容和实质。合作系数在 0~1 之间，纯粹竞争的企业间合作系数为 0，企业间合一时的合作系数为 1，企业要做的是不断提高与其他组织之间的合作系数，而合作系数的高低主要取决于企业合作力的强弱，企业可以通过合作力的提升来加强、改进与其他组织的合作程度，以有效实现合作目标，如图 11-17 所示。[①]

图 11-17　企业之间合作程度连续体

1. 合作力的三维结构分析工具

企业合作力强弱可以通过三个维度进行评估，即信誉度、资产质量度（简称资质度）、稀缺资源拥有度（简称稀缺度）。用公式表示为：$H=f(x,z,q)$，其中，H 表示企业合作力，f 表示函数，x 表示信誉度，z 表示资质度，q 表示稀缺度。

（1）信誉度。信誉度指企业的践履历史、践履意愿（诚意）和践履能力的程度，类似于美誉度，它与企业的合作历史和档案高度相关。一个信誉度高的企业给人以可靠、值得信赖的美好形象，相反，则给人不牢靠、值得怀疑的丑陋形象。企业信誉度的高低是企业过去、现在及将来的言行留给社会的综合印象，信誉是企业间合作的基石。

（2）资质度。资质度涵盖有形的资产（人力、财力、物力）及无形的品牌价值、信息和知识等，其中，品牌价值、信息和知识可以物化为企业资产。因此，资质度指企业所拥有或控制的物质资源、人力资源、品牌资源、信息资源和知识资源的质与量的程度，是企业实力的综合体现。资质度以"物"的实际成分呈现，是一种实在的、可计量的、使用的价值体现。资质是企业间合作的物质基础和必要条件。

（3）稀缺度。稀缺度指本企业拥有的合作对象所缺乏的各种资源的程度，这种稀缺资源可以是稀缺物质、稀缺人力、稀缺信息、稀缺知识或稀缺能力等，界定了企业能够给合作者所提供服务的质的水平和量的多少。稀缺是企业间合作的关键和纽带。

2. 合作战略选择

根据企业间合作力的大小，f 值越小越倾向"连续体"的左端，即形式竞争关系；f 值越大越倾向"连续体"的右端，即形式合作关系。在竞争关系导向下，企业更加利己，此时，企业间合作选择自私型关系；特别是，当企业的资质度越高时，这种利己的时限就越长，企

[①] 潘成彪. 基于合作的战略：理论、工具与模式[J]. 企业经济, 2008（01）: 67-70.

业间合作选择势利型关系。在合作关系导向下，企业更加利人，企业间合作选择友好型关系；特别是，当企业信誉度越高时，这种利人的时限就越长，企业间合作选择真诚型关系。

（1）自私型（短期利己）。自私型关系中的企业处处为本企业考虑，想方设法树立假想敌，不惜动用大量的人力、财力、物力、时间大打广告战、价格战，一般只注重策略，忽视企业战略，只着眼于当前利益，而不顾长远利益。一个短视的企业往往执行着自私型策略。

（2）势利型（长期利己）。势利型关系中的企业短期也会做出有利于其他企业的举动，但长远来讲还是只顾本企业的利益，他们会举着双赢的牌子，给合作企业一点蝇头小利，但谋取本企业长期利益的最大化，取得未来市场竞争的有利地位才是他们真正的动机和出发点。在波特的竞争战略教导下的企业往往执行着势利型战略。

（3）友好型（短期利人）。友好型关系中的企业视其他组织（如供应商、经销商、行业内同类企业、科研院校）为友好的伙伴，它们期望其他组织与自己一起成长，但它们又过于现实，合作仅停留在短期和表面，而缺乏一个长期、深度合作的战略支持和运行机制。

（4）真诚型（长期利人）。真诚型关系中的企业把其他组织视为人生难觅的知音，它们真诚地为其他组织服务，甚至达到无私的境地，它们深思远虑、高瞻远瞩，其结果是通过利人最终实现利己。

11.2.4 合作内容分析法

基于组织间的相关性角度，可以将合作战略划分为3种，即同质型企业合作战略、互补型组织合作战略和不相关型组织合作战略。[①]

1. 同质型企业合作战略及其选择

同质是指业务内容的相同或地理区域的相同；同质型企业则是指属于同一行业、经营同类产品（服务）或位于同一区域的两个及两个以上企业。同质型企业合作战略有强强合作、弱弱合作、强弱合作和区域内经济合作（集群化）等形式可供选择。

（1）强强合作，指两个及以上实力强劲的同类企业达成的联合意志和进行的联合行动，通过强强合作，合作各方可以避免两雄争斗以致两败俱伤，缓解、减轻乃至消除不理性的竞争。合作双方通过资源、信息、能力、市场等的互助共享，实现成本的节约、技术的突破和市场反应的敏捷，取得规模经济和范围经济。

（2）弱弱合作，指两个及以上实力弱小的同类企业为了谋求生存等而进行结盟，取得"蚁群效应"，提升整体性力量。这种合作主要是整合相关资源，形成群体性力量，从而对抗强势企业给自己带来的生存危机。

（3）强弱合作，指行业内实力强劲的企业与实力弱小的企业之间为了达成各自的目的而进行联合，强弱合作实质上是在企业之间进行有效分工，强者做大事、难事、重要事，而弱者做小事、易事、次要事，取得"联动机车效应"，实现资源的节约、效率的提高、创新的提速。

（4）区域内经济（集群化）合作，指基于产业链各环节的匹配关系以及产业链之间的联动关系等，相关企业所产生的群体式合作。这一现象早在18世纪中后期就随着社会分工和专业化的发展而初现端倪，19世纪末，英国经济学家马歇尔曾在谢菲尔德和兰开夏郡对当时这两个地区较为明显的集群化现象做过研究。目前，集群合作已是普遍的经济现象。集群合

[①] 潘成彪. 基于合作的战略：理论、工具与模式[J]. 企业经济，2008（01）：67-70.

作的价值在于使得集群内的企业从以往零散、杂乱的状态走向系统化、有序化，从而实现外部规模经济和范围经济。美国的硅谷、意大利的萨斯索罗以及中国的中关村等都是集群合作的典范。

2. 互补型组织合作战略及其选择

互补型组织是指在资源、能力、市场等方面互有所长的不同组织。互补型组织合作战略主要有资源性合作、能力性合作和市场性合作等形式。

（1）资源性合作，指任何一方拥有合作对方所需要的经营性资源，通过合作可以实现资源的供应、租用或共享等；一个生产制造企业与位于产业上游的供应商合作，或者与行业内具有资源互补性的同类企业合作都属于资源性合作。

（2）能力性合作，指任何一方拥有合作对方所需要的经营性能力，通过合作建立起有效的互动关系，可以实现能力的相互借鉴、知识的共同积累，从而创造更高的价值，促进更快的发展，如产、学、研一体化。

（3）市场性合作，指任何一方拥有合作方开拓市场所需要的有利条件，通过联手打拼可以获得更高的市场份额，典型的是企业与位于产业下游的分销商合作。

3. 不相关型组织合作战略及其选择

不相关型组织指分别处于不同的产业或领域，不具有直接相关关系及支持关系的各类组织。然而，在经济全球化趋势下，各个组织的间接相关与潜在相关现象日益明显。在经济综合实力中，各个不同产业或领域的相关性也成为一个重要指标。不相关型组织合作战略模式大致可分为自在性合作和自为性合作。

（1）自在性合作，主要指由一定法律、规则所明确规定的合作。例如，由不同产业或领域中的企业所组成的集团公司就是这种自在性合作的代表。

（2）自为性合作，是指自在性合作之外，缺乏法律、规则等明确规定的合作。例如，由产、销、教、研等不同产业或领域的单位结成的非法人资格的合作组织。

执行不相关型合作战略通常可以使企业的多元化经营广度得到拓展，发展速度得到提升。

本章小结

1. 本章讨论的竞争战略选择分析工具主要包括市场增长率—占有率矩阵法、行业吸引力—竞争能力分析法、战略地位与行动评价矩阵法、产品—市场演化矩阵法、定量战略计划矩阵法。

2. 本章讨论的合作战略选择分析工具主要包括社会网络分析法、演化博弈分析法、合作力分析法、合作内容分析法。

关键概念

波士顿咨询集团公司（Boston Consulting Group，BCG）
波士顿矩阵（BCG matrix）
行业吸引力—竞争能力矩阵（GE matrix）
战略地位与行动评价矩阵（SPACE matrix）
产品—市场演化矩阵（product-market evolution matrix）

定量战略计划矩阵（QSPM matrix）
社会网络分析（social network analysis）
演化博弈分析（evolutionary game analysis）
合作力分析（analysis of cooperation force）
合作内容分析（analysis of cooperation content）

思考题

1. 战略选择的分析工具主要包括哪些？
2. 简述 BCG 矩阵法的基本特征。如何运用 BCG 矩阵法进行战略选择？
3. 如何运用 GE 矩阵分析法和政策指导矩阵法进行战略选择？
4. 简述 SPACE 矩阵中的战略类型。
5. 描述产品—市场演化矩阵在战略选择中的应用。
6. 简述 QSPM 矩阵的构建及其优缺点。

案例讨论

基于 GE 矩阵的航天技术应用产业业务战略选择①

业务战略作为企业战略的重要组成部分，关注特定业务领域内战略选择，分析竞争优势和发展路径，实现整合发展资源、创造市场价值、满足客户需求的目标。当前市场竞争日趋激烈，产品生命周期不断缩短，丰富产品种类、拓展业务范围、开展多业务经营已成为企业适应市场环境的首选。

西安航天化学动力有限公司是国内规模最大、综合实力最强的固体火箭发动机装药、总装单位，发挥固体推进剂综合运用和高性能薄膜材料制造领域的技术优势，形成了窗膜项目、高性能挠性覆铜板项目和军民融合产业项目三大航天技术应用产业主营业务板块。公司航天技术应用产业业务种类较多，选择 GE 矩阵开展业务战略选择分析，识别重点业务、拓展优势领域、加快转型升级，有效应对经济下行和新冠肺炎疫情带来的挑战，制定细化、具体的业务战略势在必行。

GE 矩阵法又称行业吸引力—竞争能力分析法、九象限矩阵分析法，是美国通用电气公司委托麦肯锡公司开发的业务战略分析工具，在改进波士顿矩阵的基础上引入多因素衡量业务市场吸引力和业务竞争力并进行量化评分，确定业务在企业经营布局中的地位，制定符合业务发展趋势的战略。

一、建立业务内外部因素评价体系和评分标准

选择公司铝粉业务、特种工艺装备业务、民用固体推进剂业务、涂料业务、胶粘剂业务、挠性覆铜板业务、窗膜业务 7 项航天技术应用产业主营业务为分析对象，综合考虑影响各业务发展的内、外部因素，确定生产规模、研发实力、品牌知名度、成本水平、营销能力、管理水平 6 个业务竞争力评价因素，以及产业政策、市场规模、市场占有率、市场潜力、竞争强度、技术变革速度 6 个市场吸引力因素。

---

① 梁孝明，王健乐. 基于 GE 矩阵的航天技术应用产业业务战略选择探究[J]. 航天工业管理，2021（5）：3-8.

赋予每个因素 1~5 分的分值区间，定义每个分值的评判标准，形成因素评分体系对照表并作为评分依据。

二、确定因素权重并进行评分调查

邀请市场分析、经营管理领域专家分别对 12 个内、外部因素权重进行打分，得到内、外部因素权重。

制作业务内、外部因素评价调查表，并结合内、外部因素评分标准形成调查问卷，邀请公司航天技术应用产业主管领导、主管部门领导、相关业务部门及厂属公司负责人、经营管理人员对每项业务内、外部因素进行评价打分，同时收集上述人员对业务发展的设想和建议，综合调查打分结果，开展业务战略选择分析。

三、计算因素加权得分，在 GE 矩阵中标识业务所处位置

收集调查问卷，汇总业务内、外部因素原始得分，参照因素权重分别计算每项业务的行业吸引力和业务竞争力加权得分。根据业务竞争力和行业吸引力加权得分确定每项业务在 GE 矩阵中所处位置。

四、业务战略选择分析

结合每项业务在 GE 矩阵中的分布情况和 GE 矩阵分析特点，可以将公司航天技术应用产业主营业务分为 3 类。

（1）扩张型。位于第 1 象限，包括窗膜业务，业务竞争力和行业吸引力较强，在行业内有一定优势，需要加大资源投入保持领先水平，进一步寻求行业领导者地位。

（2）成长型。位于第 5 象限，包括特种工艺装备业务、涂料业务、胶粘剂业务、挠性覆铜板业务，业务竞争力和行业吸引力一般，适合采取差异化战略，提升特定细分市场占有率。

（3）维持型。位于第 6、9 象限，包括民用固体推进剂业务、铝粉业务，业务竞争力和行业吸引力较弱，但铝粉业务承担军品科研生产供粉、民用固体推进剂业务承担余废推进剂综合利用的保障任务，应结合业务实际采取提升技术水平，增强发展能力的战略。

讨论题

1. 你认为本案例选用 GE 矩阵进行分析的条件是什么？
2. 你认为还可以应用本章所介绍的其他战略选择工具对本案例进行分析吗？

经典书籍推荐

推荐书目：《创业型非营利组织：社会企业家的战略工具》，该书的作者是美国的 J. 格雷戈里·迪斯、杰德·艾默生和彼得·伊卡诺米，由李博和崔世存翻译，于 2021 年由社会科学文献出版社出版。

日益高涨的社会创业热情为非营利组织提供了形形色色的机遇，但与此同时，很多组织发现随之而来的挑战可能超出自己的能力。该书旨在帮助业内人士获得技能以迎接这些挑战。该书由业内知名学者及从业者撰写，以简明扼要和引人入胜的方式展示了非营利组织普遍使用的成功的行业工具。作者们对各种概念的阐释清晰明了，便于读者掌握组织创业的方法，并学习如何利用这些实用技巧来有效地提高组织的绩效。

第5篇 战 略 实 施

　　战略实施是实现企业战略的过程，企业在选定战略方案后，通过战略目标的分解，设立年度目标、制定策略、配置资源、激励员工，以保障战略的实施。

　　战略实施是战略管理过程中难度最大的一个阶段。战略实施的推进，首先要有与企业战略相匹配的战略领导者，并注重战略领导能力的提升；其次要对企业的组织结构进行构建，使之能够适应所采取的战略，为战略实施提供一个有利的内部环境；最后还要建设能促进战略实施的企业文化，以保证企业战略的成功实施。

　　企业战略的实践表明，一个良好的企业战略仅仅是战略成功的一部分，只有保证有效地实施这一战略，企业的战略目标才能够顺利地实现。

第 12 章
战略领导与战略实施

 本章学习目标

1. 掌握领导的内涵；
2. 了解战略领导的概念及其主要工作；
3. 理解提高企业战略领导力的方法；
4. 掌握领导与战略实施的匹配关系。

引例

田卫 2012 年出任 eBay（亿贝）中国研发中心（CCOE）总经理，她不仅使得 CCOE 从一个松散组合转变为一个内部高度合作、拥有高凝聚力的研发中心，而且使 CCOE 与美国总部之间的工作方式从以前的技术外包机构转变为一个以产品为导向的技术研发中心，CCOE 也获得了快速吸引和积聚人才、高效产出核心产品的良好口碑。田卫毕业于哈尔滨工业大学计算机专业，毕业以来先后在中国航天工业总公司、朗讯贝尔实验室、北大网络北京研发中心、Agilent、Gilbarco Veeder Root、Gilbarco Veeder Root 等单位工作，从研发经理、项目经理、产品经理到总经理，积累了二十多年的跨国企业管理经验。作为一名技术管理人员，田卫在 2012 年接受 eBay 的邀请，空降到自己并不熟悉的互联网行业，她是凭借什么样的力量让 CCOE 这一"技术外包机构"成为 eBay 整体战略中不可或缺的组成部分？

一、文化转型

田卫上任后要考虑的最重要的问题就是：如何让十年来习惯各自为战的部门加强合作？田卫提出对 CCOE 进行文化转型。第一步是从 eBay 组织内部亲自培养组建出一个几乎全新的管理团队——L1，并与 L1 团队之间建立充分信任的关系，先把所有直接下属拧成一股绳；第二步是 L1 团队和技术骨干之间的互相信任，发挥技术骨干的力量，将他们变成 CCOE 的创新之魂；第三步是人人追求卓越，将每一位一线经理培养成生力军。

二、人才梯队计划

人才是组织的核心竞争力，田卫摸索出了一套适合 eBay 的人才培养体系。针对 L1 管理团队，CCOE 请咨询顾问利里克设计了每个阶段为期 7 日共有 3 个阶段的培训课程，并为每个 L1 配备一名技术专家，帮助其决定技术相关的重要决策；针对 L2 层级经理，田卫和利里克一起设计了适用于 CCOE 的管理能力模型，帮助他们更好地认识自己的短板、长处和发展潜力；针对现任和潜在的团队管理者，田卫亲自执教，传授自己的管理经验和知识。

三、领导力赋能

只要下属与公司战略保持一致，在具体执行上田卫会给他很多空间。田卫会帮下属搭建一个舞台,如果田卫看到下属在某一件事上只发挥了自身能力的70%,她一定会帮下属去理顺与美国总部、中国部门之间的关系,让下属发挥出90%,甚至100%。在员工激励方面,田卫采取差异化激励和多元化奖励机制,在员工激励上拉开差距,并采用加薪、奖金、股票三种奖励方式。

四、追求卓越

田卫说过:"我有一个理念,我希望自己怎么样被对待,我就尽量怎样对待别人。关于追求卓越与完美,我对自己更苛刻。"追求卓越似乎已经成了CCOE的共识,员工们都很坚定自己的想法,每个人都敢讲真话、讲实话,就事论事,把每件事做到极致。[①]

eBay的案例让大家对领导在战略实施中的作用有了粗略的认识。要使战略真正落实在行动上,必须发挥领导在实施战略过程中的关键作用。在实施战略过程中,公司高层领导要解决以下两方面的问题。

(1)任命关键的管理人员。一个企业实施新的战略和政策往往需要重新任用管理人员。如果实施成长战略,需要聘用和培训新的管理人员,或者将富有经验且具有必要技能的人员晋升到管理岗位上。为了选拔更多的适合制定和执行企业战略的管理人才,可以采取建立业绩评价系统的方法,以发现具备管理潜力的优秀人才。当然,每一个企业在一定时期所采取的战略是不尽相同的,即使所选择的战略是相似的,由于每个企业所面临的具体情况存在差异,因而在战略实施过程中,也需要不同类型的管理人员。

(2)领导下属人员正确地执行战略。企业高层管理者在选拔合适的经理人员,赋予他们相应的权力与责任的同时,还应采用适当的方式和方法领导他们去实现组织的目标。这些方法包括:实施目标管理;采取相应的激励措施;进行文化调适,建立支持战略实施的企业文化等。

12.1 领导与战略领导

12.1.1 领导与领导者技能

1. 领导的定义

关于领导的概念,不同的学者有着不同的理解,目前,领导的定义主要包括:领导是领导者企图影响他人活动所展现的一种行为形态(赫西和布兰查德,1982);领导是影响一个有组织的群体以达成组织目标的过程(罗奇和贝林,1984);领导是影响别人,使之心甘情愿地为实现群体目标而努力的艺术或过程(孔茨和奥唐奈,1987);领导是引导与影响组织成员努力达成某一特定目标的过程(赫西和布兰查德,1988);领导是给予团体具体目标,以激发部属努力达成目标(巴斯和阿沃利奥,1990)。

从以上定义可以知道领导至少包含两层含义:一是领导是一个动态的过程,进行领导就是引导、指挥、指导与先行;二是领导的目的是指引和影响个体、群体或组织去完成所期望的目标。

我们认为,领导就是指导、带领、引导和激励下属为实现目标而努力的过程。从这一定义可以看出领导具有3个基本要素:① 领导者必须有部下或追随者;② 领导者拥有影响追

---

① eBay公司中的领导力[EB/OL].(2022-04-10). https://wenku.baidu.com/view/930add160a12a21614791711cc7931b765ce7bc7.htm.

随者的能力或力量，它们既包括由组织赋予领导者的职位和权力，也包括领导者个人所具有的影响力，如产生于领导者所拥有的专门知识或特殊技能的影响力，来自于追随者认可的由个人经历或性格产生的影响力；③ 领导者的目的是通过影响部下来实现组织的目标。

2. 领导者与管理者的区别

领导者指的是那些能够影响他人并拥有管理权力的人。管理者与领导者的区别在于，管理者是被任命的，他们拥有合法的权力进行奖励和处罚，其影响力来自于他们所在的职位被赋予的正式权力；而领导者既可以是任命的，也可以是从一个群体中自发产生的，领导者可以不运用正式权力却能影响他人的活动。在理想的情况下，所有的管理者都应是领导者。但是，并非所有的领导者都具备管理者应有的管理能力，因此，不是所有的领导者都应该处于管理岗位上。一个人能够影响别人这一事实并不表明他同样也能够计划、组织和控制。既然（在理想条件下）所有的管理者都应是领导者，下面我们就从管理的角度探讨这一主题。

3. 领导者的技能

成功的领导依赖于领导者合适的行为、技能和行动，而领导者正确的行为与行动又以其必备的技能为基础。领导者应具备的技能主要有3种，即技术技能、人际技能和概念技能。

1）技术技能

技术技能是一个人对某种类型的过程或技术所掌握的知识和能力。例如，会计人员、工程师、文字处理人员和工具制造者所学习到的技能。在操作人员和专业人员层次上，技术技能是工作绩效的主要影响因素，但是当员工升职并拥有领导责任后，他们的技术技能就会显得相对不重要了。作为领导者，在多数情况下，他们基本上不参与其所管理部门的技术技能实践，他们更多地是依靠下属的技术技能。实际上，许多企业的高层领导对企业生产的技术细节并不熟悉。

2）人际技能

人际技能是有效地与他人共事并促进团队合作的能力。组织中任何层次的领导者都不能逃避人际技能的要求，这是领导行为的重要组成部分之一。

3）概念技能

概念技能是按照模型、框架和广泛关系进行思考的能力，如长期计划能力。管理职位越高，概念技能的作用也就越重要。领导者的技术技能涉及的是事，人际技能关心的是人，而概念技能处理的则是观点、思想。

领导者技能分析表明，不同层次的管理者需要的3种技能的相对比例是不同的。管理层级越高，工作中技术技能所占的比例越小，概念技能所占的比例越大。这有助于解释为什么杰出的部门领导者有时无法胜任副总裁的职位，因为他们的领导技能结构不适合更高管理职位的要求，特别是没有突出的概念技能。

12.1.2 领导理论

目前，比较有影响力的领导理论主要有领导特质理论、领导行为理论、领导权变理论和领袖魅力的领导理论。下面对这4种领导理论进行详细的介绍。

1. 领导特质理论

传统的领导特质理论认为，领导者具有某些固有的特质，这些特质是与生俱来的。只有先天具备这些特质的人才可能成为领导者。从20世纪30年代开始，心理学家对特质论进行了大量的研究，但并没有找到总能将领导者和非领导者以及成功的领导者和失败的领导者相区分的特质。这表明，要找到一组特质来鉴别成功的领导者的努力是失败的。但同时，相关研究也表明有一些特质，如较高的智慧、较强的支配性、自信、精力旺盛、富有专业知识等，是与成功的领导者相关的。这说明具备某些特质确实能提高领导者成功的可能性，但没有一种特质能保证领导者一定成功。

对于领导者到底应该具备哪些特质，许多学者进行了相关的研究并各有结论。吉普认为，要想成为卓越的领导者，就必须具备以下特质：身强力壮，聪明但不能过分聪明，外向，有支配欲，有良好的调适能力，自信。与吉普的思路相似，斯托格蒂尔则进一步扩大了特质的范围，认为领导者应该具有下列特质：对所完成的工作有责任感，在追求目标的过程中充满热情并能持之以恒，解决问题时勇于冒险并有创新精神，勇于实践，自信，能很好地处理人际关系并忍受挫折等。瓦伦·本尼斯研究了 90 位美国最杰出和最成功的领导者，发现他们具备 4 种共同的能力：有令人折服的远见和目标意识；能够清晰地表述这一目标，使下属明确理解；对这一目标的追求表现出一致性和全身心的投入；了解自己的实力并以此作为资本。康格和凯南格研究发现，具有领导魅力的领导者的特点是：他们有一个希望达到的理想和目标，为此目标能够全身心地投入和奉献，反传统，非常固执和自信，他们是激进变更的代言人而不是传统现状的卫道士。

2. 领导行为理论

由于领导特质理论并不能说明领导的实质，因此从 20 世纪 40 年代后期开始，研究者开始转向研究领导者的实际行为，其中有代表性的研究主要有莱温的领导风格理论和俄亥俄州立大学的研究。

（1）领导风格理论。为了探讨领导风格类型对群体行为和团体效率的影响，莱温和他的同事们于 1939 年以十一二岁的男学生为对象进行了实验研究。他们将学生分为三组，让这些学生从事假面具的制作活动，轮流采用三种不同的领导风格对他们进行管理。实验结果表明：在民主型领导风格下，团体工作效率最高，对工作比较满意；在专制型领导下，团体的工作效率比较高，但成员间的人际关系很差；在放任型领导下，人际关系固然不错，但工作效率最低，产品的数量与质量都非常差，而且对领导者并不满意。日本学者三隅二不二认为，某一领导风格的效果主要是依工作的性质和状况而变化的。对于容易的工作，民主型领导的效果最好，专制型的领导次之，放任型领导最差；对于困难的工作，专制型领导效果最佳，民主型第二，放任型还是最差。

（2）俄亥俄州立大学的研究。亨普希尔等人在对领导者行为的研究中，提出了领导行为的 9 个维度，分别是：① 主动，指提出新的构想或创意，以领导人激励、助长或抵制新观念和新措施的行为次数为指标；② 成员身份，指领导者与团体成员的非正式交往以及互相服务的次数；③ 代表，指领导人维护团体免受外来攻击，推动团体的共同兴趣及代表本团体的频率；④ 整合，指领导者控制个别成员的行为，鼓励愉快的团体气氛，消除成员之间的冲突或协助个别成员适应团体等行为的表现次数；⑤ 组织，指领导人规定和分配他自己和其他成员的工作；⑥ 管辖，指约束或限制团体或部下的行为；⑦ 信息沟通，指领导者提供信息给下属成员并从他们那里获得信息，推动成员之间的信息交流，或表示他熟悉关于团体的各种事件；⑧ 认可，指领导人表示同意或不同意团体成员的行为；⑨ 生产，指领导人设定成就标准或努力标准，或者鼓励下属成员更加努力提高成就标准。哈尔平和温纳也进行了同样的研究。他们把亨普希尔等人提出的 9 项维度进行了改动，将信息沟通分成向下沟通和向上沟通，从而成为 10 项。根据上述领导行为维度，俄亥俄州立大学研究组收集了 1790 个问题进行分析，最后拟定 150 个描述领导行为的项目，编制成"领导者行为描述问卷"并施测于许多团体。他们对所测结果进行因素分析，得到了两个基本领导行为维度，分别称为体贴（consideration）和主动结构（initiative structure）。

3. 领导权变理论

到 20 世纪 60 年代，不少学者认为，要找到一个适合于任何组织、任何性质的工作和任务、任何对象的固定的领导人格特质、领导风格类型或领导行为方式都是不现实的，因为领导的有效性是由领导者、被领导者及其环境因素等共同决定的，要根据具体情况来确定领导方式，这种观点被称为权变理论或情境理论。著名的研究主要有菲德勒模式和路径—目标理论。

（1）菲德勒模式有 3 个重要的情境因素：① 领导者与被领导者的关系，即领导者对下属信任、信赖和尊重的程度，或者是下属爱戴、信任领导者和情愿追随领导者的程度；② 任务结构，指任务能够清晰地得到阐明的深度和人员对之负责的程度，即工作任务的程序化程度；③ 职位权力，一个领导者利用来自组织的职位所赋予的权力（如聘用、解雇、训导、晋升、加薪等）使下属成员遵从他指挥的程度。

（2）路径—目标理论是 1971 年由加拿大多伦多大学的罗伯特·豪斯教授提出的。该理论是动机期望理论的发展。期望理论认为，一个人被激励的过程受效价（目标价值）和期望值（对实现目标可行性的估计）的影响。根据这种观点，路径—目标理论认为，一个领导者要想激励部下，必须解决 3 个问题：① 使部下认识到实现目标后所能获得的利益；② 提高部下对实现目标的可能性的认识；③ 要使部下在工作中得到满足，以刺激他们的工作动机。领导者如何才能达到上述目的呢？路径—目标理论认为，必须根据部下的状况和环境，采取不同的领导方式。部下的状况主要指部下的人格特性，包括能力、经验、需要等；环境因素包括任务的结构性质、组织的权力系统和工作群体等。

4. 领袖魅力的领导理论

罗伯特·豪斯确定了成功领导所具备的 3 项特质：极高的自信、支配力以及对自己信仰的坚定信念。瓦伦·本尼斯通过对 90 位美国最杰出和最成功的领导者进行研究，发现他们所具有的 4 种共同的能力。不过，在此方面最新、最全面的分析是由麦吉尔大学的康格和凯南格进行的，他们在研究中发现了具有领袖魅力的领导人所拥有的特点，相关具体内容在领导特质理论中已有介绍，故在此不加赘述。

运用领导魅力对下属造成的实质性影响可通过以下 4 个步骤来完成：① 领导者清晰地描述宏伟前景；② 领导者向下属传达高绩效期望，并对下属达到这些期望表现出充分的信心；③ 领导者通过言语和活动传达一种新的价值观体系，并以自己的行为给下属设立效仿的榜样；④ 具有领袖魅力的领导人要以做出自我牺牲和反传统的行为来表明他们的勇气和对未来前景的坚定信念。

12.1.3 战略领导

1. 战略领导的概念

希特等在《战略管理》一书中，把战略领导定义为一种可以预测、展望、保持灵活性和必要时授权他人产生战略变化的能力。战略领导包括通过他人进行管理、管理一个企业而不是一个职能单位、处理在现今竞争格局中呈指数增长的变化。战略领导者是指在企业中拥有并实施战略领导能力的人，一般处于高层管理者的位置，主要包括首席执行官、董事会成员、高层管理团队和事业部经理。由于全球化战略格局的复杂性，战略领导者必须学会如何在不稳定的环境中有效地影响他人的行为[1]。

2. 战略领导的工作内容

有效的战略领导主要从事6项工作，即决定战略方向、开发和维持核心竞争力、开发人力资本、维持有效的组织文化、强化伦理准则、变革组织文化和重组业务。

1）决定战略方向

决定战略方向是指决定公司的长期发展战略，通常着眼于未来的5～10年。一个怀着目标的信念，即长期的远景，正是企业寻求的理想的形象和特性[2]。理想的长期远景包括两部分：核心意识形态和未来展望。核心意识形态通过公司传统来激励员工，而未来展望则鼓励员工拓展其对成就的期望，并要求有显著的变革和进步来实现这个期望[3]。未来展望对公司战略实施过程的许多方面都是一种方向指引，包括激励、领导、员工授权和组织设计。对于在许多行业竞争的公司来说，最有效的长期远景是为那些受其影响的人所接受的。[4]

战略领导者必须花费大量的时间分析公司内、外部环境和现在的经营情况，构思公司的长期远景。大多数战略管理者从许多拥有各种技能的人那里获得情报，以分析公司各个方面的情况。

2）开发和维持核心竞争力

核心竞争力是使一个公司拥有竞争优势的资源和能力，它通常和组织的某项职能绩效相关。公司在许多不同的职能领域建立和发展核心竞争能力以实施其战略，战略领导必须证实战略的实施强化了公司的能力。在许多大型的，尤其是业务相对多元化的公司内，战略领导通过在不同组织单元中运用和发展核心竞争力，从而使其作用得到有效地发挥。

3）开发人力资本

人力资本指的是公司整体劳动力的知识和技能，从人力资本这一角度来看，员工被看作是一种需要投资的资本资源。有效的人力资源管理是一个公司成功制定和实施其战略的决定因素。

有效的培训和发展项目增加了经理人成为成功的战略领导者的机会，随着知识在获取和保持竞争优势中变得越来越重要，这些项目也逐渐变得越来越重要。[5]此外，这些项目培养了知识和技能，并提供了对组织的系统性观点，以构筑公司的战略远景和组织和谐。这些项目还使核心能力的发展受益，并且帮助战略领导者改善对于有效战略领导至关重要的技能。[6]由

---

[1] 迈克尔·希特，R. 杜安·爱尔兰，罗伯特·霍斯. 战略管理：概念与案例：第12版[M]. 北京：中国人民大学出版社，2017.

[2] R ALBUQUERQUE, V FOS, E SCHROTH. Value creation in shareholder activism[J]. Journal of financial economics, 2002,145(2): 153-178.

[3] F M BIDDLE, 2000, Fore!Callaway Golf, maker of Big Bertha clubs, tees up a new ball, Wall Street Journal, February 4,B1; Callaway Golf Co., 2000, The history of Callaway Golf Company, March 13, www.callawaygolf.com.

[4] C M CHRISTENSEN, M OVERDORF. Meeting the challenge of disruptive change[J]. Harvard business review, 2002, 78(2): 66-77.

[5] S W FOLDER, A W KING, S J MARSH, B VICTOR. Beyond products: new strategic imperatives for developing competencies in dynamic environments[J]. Journal of engineering and technology management, in press, 2000.

[6] A M SUBRAMANIAN, W BO, C KAH-HIN. The role of knowledge base homogeneity in learning from strategic alliances[J]. Research policy, 2018, 47(1): 158-168.

此可见，建立人力资本对于有效执行战略是非常重要的。[①]

4）维持有效的组织文化

组织文化包括一整套公司所共享且影响其业务执行方式的意识形态、符号和核心价值观。公司可以通过它所拥有的能力，以及使用这些能力应采取战略行动的方法，来发展其核心能力。因为组织文化影响着企业如何开展业务，并有助于管理和控制其员工的行为，所以它是竞争优势的一种来源。[②]因此，形成公司制定和实施战略的环境，即形成组织文化，是战略领导的一项重要任务。[③]

5）强化伦理准则

当执行战略的过程符合伦理准则时，其有效性会增强。遵守伦理的公司鼓励并使公司各个层次的员工能够进行伦理判断。另外，如果在组织内发生了不符合伦理的行为，这些行为就会在组织内迅速传播。为了正确引导员工的判断和行为，伦理准则必须成为公司战略制定过程中要考虑的因素，并成为组织整体文化的一个部分。事实上，一个基于价值观的文化能最有效地确保员工符合公司伦理要求。

战略领导者面临的挑战是如何采取行动来增强组织实行伦理文化的可能性。公司倾向于在组织内引入一种管理伦理证实项目，虽然这种项目操作起来十分像控制系统，却有助于组织建立价值观，一般可以从以下 6 种方法入手来建立组织的价值观：① 树立目标来描述公司的道德标准，并使这种目标在公司内部得到沟通；② 以公司全体员工和利益相关者的情报和意见为基础，不断修改和更新公司的行为标准；③ 发布行为标准给所有的利益相关者；④ 发展和实施可实现公司道德标准的方法和程序；⑤ 创造和使用清晰的奖励系统来鼓励勇敢的行为；⑥ 创造一种人们重视自尊的工作环境。

6）变革组织文化和重组业务

改变公司的组织文化比维持它更为困难，但有效的战略领导者会认识到什么时候对组织文化进行变革是必需的。在执行战略时，通常要略微改变文化。然而，当企业选择实施与从前完全不同的战略时，就需要一个更为显著有时甚至是剧烈的文化变革。无论变革的理由是什么，形成和强化一个新的文化需要有效的沟通和解决问题的能力，同时需要选择适合的人并建立有效的绩效评价稽核时的奖励系统。

3. 战略领导者的基本素质

战略领导是一种非常复杂且重要的领导方式。没有有效的战略领导者，战略不可能形成并得以实施，从而也无法获得超额回报。由于战略领导是战略成功实施的必备条件，而现有的领导能力可能与要求的差距过大，因此在 21 世纪的竞争格局中，企业迫切需要有效的战略领导者。[④]一个有效的战略领导者，应该具备以下 6 种素质。

1）道德与社会责任感

一个企业战略管理者的道德与社会责任感是指他们对社会道德和社会责任的重视程度。因为企业的任何一个战略决策都会不可避免地涉及他人或社会集团的利益，因此，企业领导

---

① R GULATI, N NOHRIA, A ZAHEER. Strategic networks[J]. Straegic management journal, 2000, 21(Special Lssue): 203-215.

② J HAJDA, B NIKOLOV. Product market strategy and corporate policies[J]. Journal of financial economics, 2022, 146(3): 932-964.

③ M RAHMAN, M LAMBKIN. Creating or destroying value through mergers and acquisitions: a marketing perspective[J]. Industrial marketing management, 2015, (46): 24-35.

④ R PRICE. Technology and Strategic Advance[J]. California management review, 1996, 38(3): 38-56.

者的道德和社会责任感对这些战略决策的后果将产生十分重要的影响。企业的战略会影响以下团体的利益：政府、消费者、投资者、供应商、内部员工和社区居民。而企业战略常常无法同时满足各个团体的利益，企业领导人对各个集团利益的重视程度也不同，这就决定了不同的领导人对不同的战略会持有不同的看法。此时的原则是，企业领导人应该综合平衡各方面的利益。

2) 眼睛向前的素养

企业的领导人不仅要着眼于企业的"今天"，更应该将目光紧紧盯着"明天"，按企业未来的发展要求做出战略决策。领导人的这种远见卓识取决于其广博的知识和丰富的经验以及对未来经济发展的正确判断。当领导人对未来有了科学的判断之后，还应该迅速将判断转化为行动，即采取"领先一步"的做法来及早获取竞争优势。同时，作为一个领导人，应该时刻关注竞争格局，经常分析竞争对手的状况，逐项将自己与竞争对手比较，只有透彻地了解竞争对手，才能谈得上"扬长避短"。国内许多企业的产品之所以能够胜人一筹，原因就在于他们在研究别人的产品时不局限于某一点。

3) 随机应变的能力

它可以定义为接受、适应和利用变化的能力。在今天和未来的世界中，唯一不变的东西恐怕就是变化。因此，企业的领导人必须能够迅速理解并接受变化，愿意主动积极地根据这些变化来调整自己的思想和企业战略，并善于利用变化来变不利因素为有利因素，以达到发展企业的目的，并最终获得成功。

4) 开拓进取的品格

一个企业要想发展壮大，企业领导人一定要拿出"敢"字当头的精神，敢于在市场上、在未知领域中、在与竞争对手的较量中，保持一种积极开拓，顽强不服输的气概。

5) 丰富的想象力

想象是从已知世界向未知世界的拓展，是在对现有事物的梦想中创造出来的。拥有丰富想象力的领导人可以帮助企业创造和利用更多的机会，可以帮助企业进行自我改进和自我完善，并能帮助企业适应千变万化的环境。

6) 某种程度上偏激的形态

英特尔的总裁葛罗夫在《只有偏执狂才能生存》一书中提到，有些因素会使企业的结构发生戏剧性的变化，从而决定企业的生存状态，这些因素是：① 目前的竞争对手；② 潜在的竞争对手；③ 供应链上游企业；④ 客户和消费者；⑤ 和本企业有关的互补性企业；⑥ 关键技术。这些因素的影响力和动态变化均不受本企业的控制，却能制约企业经营的根本格局，其中任何一个因素发生剧变，竞赛的规则就会随之大变，竞争状况也就不可同日而语。因此，要求企业领导人能随时保持某种程度上的偏激心态，在危机显现时，能够抢占有利地位，捕捉机会或者逃离陷阱。

12.1.4 战略领导风格类型

领导风格是指领导者的行为模式。领导者在影响别人时，会采用不同的行为模式来达到目的。企业领导风格就是习惯化的领导方式所表现出的种种特点。习惯化的领导方式是在长期的个人经历、领导实践中逐步形成的，并在领导实践中自觉或不自觉地、稳定地起作用，具有较强的个性化色彩。战略领导风格可分为以下4种类型。

1. 变革型领导

变革型领导是指领导者通过让员工意识到所承担任务的重要意义，激发下属的高层次需要，建立互相信任的氛围，促使下属为了组织的利益牺牲自己的利益，并收获超过原来期望的结果。变革型领导行为的方式可概括为4个方面：理想化影响力、鼓舞性激励、智力激发、个性化关怀。具备这些因素的领导者通常具有强烈的价值观和理想，他们能成功地激励员工超越个人利益，为了团队的伟大目标而相互合作、共同奋斗。

变革型领导的特质主要表现为：转型领导强调领导者激发成员的工作动机与提高成员需求层次；转型领导重视成员个别化关怀与成员自我实现的需求；强调引导成员愿意付出额外的努力，让成员表现超越期望水准；强调改变或引导优质的组织文化；领导者展现其领导哲学与价值时，会以个人魅力来获得成员的认同感；领导者通过对成员的启发，实现成员与组织的共同成长与良性互动；在组织成长的过程中，亦能推动领导者与成员的成长；促成组织效能的提升，以及领导者与成员的自我实现。

2. 魅力型领导

魅力型领导是指领导者能够将企业愿景传递给下属，培养下属对于企业工作以及自我的认知，使其被充分赋予使命感和责任感，让下属们充分相信领导、忠心跟随并尽己所能发挥最大工作效能。魅力型领导者被认为是对下属情感产生深刻影响的领导者，能够将追随者的需求从较低层次提升到较高层次。

魅力型领导者有着下述特征：他们反对现状并努力改变现状；设置与现状距离很远的目标前景；对自己的判断力和能力充满自信；能深入浅出、言简意赅地向下级说明自己的理想和远大目标，并使之认同；采取一些新奇，违背常规的行为，当他们成功时，会引起下级的惊讶和赞叹；对环境的变化非常敏感，并能果断采取措施改变现状；经常依靠专长权力和参照权力，而不仅仅只使用合法权力；经常突破现有秩序的框架，采用异乎寻常的手段来达到远大的目标。

3. 伦理型领导

伦理型领导是指领导者通过个体行为和人际互动，向下属表明什么是规范的、恰当的行为，并通过双向沟通、强制等方式，促使他们遵照执行。伦理型领导建立在3个基础上：领导者的道德特征；领导者阐述的愿景和组织成员参与的组织活动中所包含价值观的道德合法性；领导者和员工在追求组织集体目标时的决策过程和行为的道德合法性。

伦理型领导者具有以下特征：伦理型领导者是品格高尚和正直的；伦理型领导者具有伦理意识，即具有在做出对其他人有重大影响的决策时，感知那些值得考虑的相关道德问题的能力；伦理型领导者以人为本，他们使用所拥有的社会性权力去服务集体利益，而不是领导者的自我利益；伦理型领导者善于鼓舞和赋权，这有助于追随者获得独立的个人特质；伦理型领导者肩负着管理伦理的责任。

4. 谦卑型领导

谦卑型领导是指领导者在组织管理中，具有清晰的自我认知，勇于坦诚自身不足，善于发掘和主动赞赏下属的长处，以开放、包容的心态倾听下属意见并虚心学习，与下属保持良好关系并共同进步的领导模式。

谦卑型领导有着以下特质：领导者能够正视自身的不足，能够客观评价自己，并能够通过自我揭露和反思的方式面对自己的过失并进行改善；赏识他人，即领导者能够欣赏员工的优点，肯定员工在工作中的贡献，并能够及时对员工进行表扬和奖赏；开放学习，即领导者对员工的想法持有开放的态度，能够做到不耻下问，向员工请教经验和寻求帮助，并积极寻找学习前沿技能和知识的途径。

12.1.5 企业间战略领导力

企业间战略领导力作为核心企业为协调和控制成员企业必须具备的一种特殊能力，其实并不是一种单一能力，而是一种由不同层次能力构成的复合能力。企业间战略领导力可以有效引领成员企业协同创造和共享多于竞争对手的价值，其主要分为3个层次，即技术领导力、平台领导力、制度领导力。

1. 技术领导力

技术领导力特指企业开发前沿技术以抢占市场机会的能力，它强调核心企业在技术胜任力结构与方向及相应的创新能力上要明显优于其他成员企业。具体而言，核心企业相对于其他成员企业的技术领导力主要表现在以下3个方面：其一，核心企业掌控产品核心技术，居于产品技术生态系统的领军地位；其二，核心企业能够控制产品的系统技术架构，拥有绝对的技术配置主导权，而一般成员企业则需要基于系统技术架构开展新技术和新产品研发；其三，核心企业享有行业技术标准的话语权，能够在技术发展轨迹方面引导或影响成员企业，使成员企业的技术投入及技术拓展方向保持一致。

2. 平台领导力

在企业间网络情境下，平台特指企业间技术与生产组织的集成化系统。在产品内分工日益细化的微观前提下，平台是促进企业间知识协同、实现技术生态系统价值共创和共享的重要依托。因此，一旦掌控了企业间整合平台，就意味着控制了整个企业间网络的价值主导权。不过，平台的核心企业能否真正成为平台资源的整合者，这在很大程度上取决于其自身的平台领导力。平台领导力是核心企业通过建构技术生产平台并有效整合企业间网络知识与资源而形成的对平台其他成员企业的影响力。核心企业不但要整合成员企业的技术与生产流程，而且还要在成员企业之间合理分配共创的价值。核心企业只有在整合平台资源、实现企业间价值共创和共享方面表现出足够的胜任力，才能彰显其平台领导力。

3. 制度领导力

制度是系统演化过程中自发生成或者由系统主导者建构的用以协调和规制系统成员的行为准则和基本规范。从宏观层面上看，制度外生于企业间网络，是网络企业得以生存的基本环境；而在微观层面，制度则是网络主体有意识的策略反馈和主观建构的结果。核心企业利用既定的网络制度实施企业间的业务协调与关系治理，同时也会反作用于已有的制度体系并推动制度向新的结构演化。核心企业在主动建构制度时，自然要满足其自身的利益诉求，但更应该考虑其他成员企业的诉求和遵守问题，这样才能保证网络运作的效率。同时，任何一种有效的网络制度都应该在维护既定的网络关系和保证网络发展方面具有持续的效力。核心企业能否很好地建构和利用网络内部制度来确保企业间网络协同创造价值，关系到企业网络整体的市场竞争力。

12.2 战略领导与战略实施的匹配

在战略实施中，战略与领导的匹配构成战略与企业内部要素配合的一个重要方面。由于不同的战略对战略实施者的知识、价值观、技能及个人品质等方面有不同的要求，因此，战略要发挥出最大的功效，需要战略与领导者的特点相匹配。例如，当企业实施增长战略时，需要一个创业型的经理人员；实施巩固地位的战略时，需要一个管家型的经理人员等。一般来说，要从对企业或管理的熟悉程度、产业经验、管理职能的背景情况、冒险性、自主性或被动性、处理人际关系的能力6个方面来考察管理者的特征，从而判断其与战略要求的匹配性。

12.2.1 战略实施的五种模式

战略实施模式是指企业领导者在战略实施过程中所采用的手段。戴维·博德温和L. G. 布儒瓦研究了许多企业的不同实践，确定了5种战略实施的模式。

1. 指令型

在这种模式中，企业的战略领导者考虑的是如何制定一个最佳的战略。在实践中，战略计划人员要向战略领导者提交企业经营战略的报告；根据该报告，战略领导者将运用严密的逻辑分析完成战略的制定。一旦战略制定好了，就会强制下层管理人员执行。

这种模式的运用有以下4个约束条件。

（1）战略领导者要有较高的权威，靠其权威来发布各种指令推动战略实施。

（2）战略比较容易实施。这要求战略制定者与战略执行者的目标比较一致，战略对企业现行运作系统不会构成威胁；企业组织结构一般都是高度集权制的体制，企业环境稳定，能够集中大量的信息，多种经营程度较低，企业处于强有力的竞争地位，资源较为宽松。

（3）企业能够准确、有效地收集信息并能及时将信息汇总到战略领导者的手中。因此，这种模式对信息条件要求较高，不适应高速变化的环境。

（4）有较为客观的规划人员。因为在权力分散的企业中，各事业部常常为了强调自身的利益而影响了企业总体战略的合理性。因此，企业需要配备一定数量的有全局眼光的规划人员来协调各事业部的计划，使其更加符合企业的总体要求。

这种模式的缺点是把战略制定者与执行者分开，即高层管理者制定战略，强制下层管理者执行，因此，下层管理者缺少了执行战略的动力和创造精神，甚至会拒绝执行战略。总之，在战略实施阶段，该类型的战略领导者无法起到积极作用。

2. 变革型

在这种模式中，企业的战略领导者考虑的是如何实施企业战略。此时，通常一个好的战略已经建立，在该战略实施过程中，战略领导者需要对企业进行一系列的变革，如改变组织结构、改变管理人员、改变组织优先考虑的事情、改变计划和控制系统等，以促进战略的实施。为进一步增加战略成功的机会，战略领导者往往采用以下3种方法。

（1）利用新的组织机构和参谋人员，向全体员工传递新战略优先考虑的战略重点是什么，把企业的注意力集中于战略重点涉及的领域。

（2）建立战略规划系统、效益评价系统，采用各项激励政策以支持战略的实施。

（3）充分调动企业内部人员的积极性，争取各部门人员对战略的支持，以此保证企业战略的实施。

这种模式在许多企业中比指令型模式更加有效，但它并没有解决指令型模式存在的如何获得准确信息的问题，也没有解决各事业单位和个人利益对战略计划的影响问题以及战略实施的动力问题，而且还产生了新的问题，即企业通过建立新的组织机构及控制系统来支持战略实施的同时，也失去了战略的灵活性，在外界环境变化时使战略的变化更为困难。从长远观点来看，企业在面临不确定的环境时，应该避免采用缺乏战略灵活性的措施。

3. 合作型

在这种模式中，企业的战略领导者考虑的是如何让其他高层管理人员从战略实施之初就承担有关的战略责任。为利用集体的智慧，战略领导者要和企业其他高层管理人员一起对企业战略问题进行充分的讨论，形成较为一致的意见，制定出战略，并进一步落实和贯彻战略，使每个高层管理者都能够在战略制定及实施的过程中做出各自的贡献。

协调高层管理人员的形式多种多样，如有的企业成立由各职能部门领导参加的"战略研究小组"，专门收集在战略问题上的不同观点并进行研究分析，在统一认识的基础上制定出战略实施的具体措施等。战略领导者的任务是要组织好一支合格、胜任的制定并实施战略的管理人员队伍，并使他们能够很好地合作。总的来说，该类型战略领导者的主要作用是协调整个管理团队的力量，并鼓励持不同观点的人员做出各自的贡献。

合作型的模式克服了指令型模式以及变革型模式存在的两大局限性，使战略领导者接近一线管理人员，从而能够获得比较准确的信息。同时，由于战略的制定是建立在集体智慧的基础上的，从而提高了战略实施成功的可能性。

该模式的缺点在于战略是不同观点、不同目的的参与者相互协商、折中的产物，有可能会使战略的经济合理性有所降低，且仍然存在着战略制定者与执行者的区别，仍未能充分调动全体管理人员的智慧和积极性。

4. 文化型

这种模式的特点是企业的战略领导者考虑的是如何动员全体员工都参与战略实施活动，即战略领导者运用企业文化的手段，不断向企业全体成员灌输这一战略思想，建立共同的价值观和行为准则，使所有成员在共同的文化基础上参与战略的实施活动。一旦战略已经制定，战略领导者就作为一个教练，帮助和鼓励不同的职能部门和工作区对实现战略目标的具体细节做出决策。由于这种模式打破了战略制定者与执行者的界限，力图使每一个员工都参与制定和实施企业战略，因此企业各部门人员都在共同的战略目标下工作，使企业战略实施迅速、风险小，企业发展较快。

文化型模式也有局限性，表现为以下3点。

（1）这种模式是建立在企业职工都是有学识的假设基础上的，而在实践中，职工很难达到这种学识程度，受文化程度及素质的限制，一般职工（尤其是劳动密集型企业中的职工）对企业战略制定的参与程度有限。

（2）极为强烈的企业文化可能会掩饰企业中存在的某些问题，企业要为此付出代价。

（3）采用这种模式要耗费较多的人力和时间，而且还可能因为企业的高层不愿意放弃控制权，从而使职工参与战略制定及实施流于形式。

5. 增长型

在这种模式中，企业的战略领导者考虑的是如何激励下层管理人员制定和实施战略的积极性及主动性，为企业效益的增长而奋斗。战略领导者要认真对待下层管理人员提出的一切有利于企业发展的方案，只要方案基本可行，符合企业战略发展方向，在与下层管理人员探讨了解决方案中具体问题的措施以后，就应及时批准这些方案，以鼓励员工的首创精神。采用这种模式，企业战略不是自上而下的推行，而是自下而上的产生，因此，战略领导者应该具有以下 4 点认识。

（1）战略领导者不可能控制所有的重大机会和威胁，有必要给下层管理人员以宽松的环境，激励他们帮助自己从事有利于企业发展的经营决策。

（2）战略领导者的权力是有限的，不可能在任何方面都把自己的愿望强加于组织成员。

（3）战略领导者只有在充分调动并发挥下层管理者积极性的情况下，才能正确地制定和实施战略，一个稍微逊色但能够得到人们广泛支持的战略，要比那种"最佳"的却根本得不到人们热心支持的战略有价值得多。

（4）企业战略是集体智慧的结晶，靠一个人很难做出正确的战略，因此，战略领导者应该坚持发挥集体智慧的作用，并努力减少集体决策的各种不利因素。

在 20 世纪 60 年代以前，企业界认为管理需要绝对的权威，这种情况下，指令型模式是必要的。20 世纪 60 年代，钱德勒的研究结果指出，为了有效地实施战略，需要调整企业组织结构，这样就出现了变革型模式。合作型、文化型和增长型三种模式出现较晚，但从这 3 种模式中可以看出，战略的实施充满了矛盾和问题，在战略实施过程中只有调动各种积极因素，才能使战略获得成功。上述 5 种战略实施模式在制定和实施战略上的侧重点不同，指令型更侧重于战略的制定，而把战略实施作为事后行为；变革型、合作型、文化型以及增长型则更多地考虑战略实施问题。实际上，在企业中，上述 5 种模式往往是交叉或交错使用的。

12.2.2 提高战略领导者的匹配度

和上述 5 种战略实施类型相对应，企业的战略领导者也可以归纳为以下 5 种类型：决策者、制定者、协调者、动员者和激励者，详见表 12-1。

表 12-1 战略实施的五种模式及与之对应的领导者类型

战略类型	领导者研究的企业战略问题	领导者扮演的角色
指令型	如何制定出企业的最佳战略	决策者
变革型	如何将制定好的战略推行实施	制定者
合作型	如何使战略管理人员从一开始就对企业战略承担起自己的责任	协调者
文化型	如何动员全体员工都参与战略实施活动	动员者
增长型	如何激励企业战略管理人员和全体员工执行已制定的企业战略	激励者

为了提高战略领导者与战略实施的匹配度，降低战略失败的风险，可以在 3 个时间节点处理领导与战略相关的问题。[①]

1. 长期：自我定位

今天的公司需要进行自我定位，以实现它们未来 3~5 年的战略目标。例如，在 18 个月内，一家韩国消费品公司成功地将其核心业务扩张到了日本，此后多元化进入非核心业务，如低价住宿。它之所以可以如此快速地深入日本这个以封闭著称的成熟市场，是因为它事先建立了它的领导平台。在该公司推行此举的至少 5 年以前，它就已开始雇用经理人并将他们派到日本，训练他们适应当地市场环境，进而在日本组建起了一支由韩国人组成的本公司的领导团队。

在亚洲许多主要的成长型市场中，具有全球视野的本地领导人极为抢手，而且经常是支

[①] 郭焱. 战略领导力评估[M]. 北京：机械工业出版社，2021.

付高价都难以得到。而那些一般在欧洲或美国接受培训之后回国的人,也可以作为另外的选择。但许多公司认为这些人开价过高,而且缺乏他们所在竞争领域中成功运作的必备知识。公司必须先于市场需求 10 年或更长时间雇用和培养潜在的领导人,然后帮助他们建立取得长期成功所需要的内部网络。

2. 中期:领导培养

公司必须开始为未来 1~2 年培养领导,以适应公司内部的特定职位。这就需要首先确定未来担任职位的领导所需要具备的技能、工作方式与思维方式。许多高管人员会花数年时间培养技术技能,积累行业知识,却很少培养诸如在管理相关利益方和建立人际网络方面的能力。

3. 短期:领导匹配

工作经验与任务拓展是培养领导人的主要工具。提供实现业绩突破的机会不但对实现公司业绩目标非常关键,而且对培养公司最佳人才也非常重要。令人遗憾的是,风险厌恶特征十分明显的公司,总是把员工过去的工作记录与工作经历当成他们未来业绩的指标,以此赋予他们相应的机会。这种方式成功的可能性并不大,因为员工以前的成功经历和所具备的技能,并不一定是在未来实现突破性业绩所需要的。

一个更好的方式是根据企业的业绩目标与个人的发展目标来给现任或潜在的领导以发展机会。这种多层面的方式可使个人素质与机遇更加匹配。要成功实现这一流程,高层经理需要对每个人都有一个更全面的了解,包括职业能力,如领导素质、工作记录、发展潜力以及主要的个性特点。公司可以通过收集此人上级、同事、导师等的主观或客观信息来评估他所具备的这些素质。

要在这三个不同的时间段中帮助领导成长,公司首先必须正确认定公司领导是谁,然后让这些领导认识到这些机遇的潜力。高层经理们必须评估公司的领导与战略实施的匹配度,寻找种种方式在短期、中期和长期内弥补差距。更理想的是,公司应该将领导力举措与战略制定融合在一起,并仔细根据领导情况给予合适的机会。

12.3 战略领导的能力提升

根据威廉·罗斯柴尔德的研究,影响战略领导能力的因素有 3 个:① 产品的生命周期。处于不同生命周期阶段的产品或业务所需要的领导类型是大相径庭的。每个阶段都要求领导者具备特定的思维方式和技能,并能够应对该阶段特有的变化和风险。② 竞争优势。成功的业务部门或产品,必然有自己独特的竞争优势或差异化优势。有些是市场营销能力方面的差异化,有些体现为其特有的革新能力及创造新产品或服务的能力,而有些则体现为一本万利的能力。领导者和管理团队必须与公司的战略优势相得益彰。③ 领导者的变革能力。一种战略可能在十年内是成功的,一位领导者也可能多年保持常胜不败的记录,但这并不能保证该战略或者该领导者在未来能继续保持不败,因此,领导者自身也要随着环境、战略的改变而改变。罗斯柴尔德进一步指出,可以通过一系列的步骤,指导领导提升自身的战略领导能力。

12.3.1 根据公司的发展阶段选择领导类型

1. 增长型战略与创业型领导

当公司处于扩张阶段、实施增长型战略时,需要的是创业型领导者。创业型领导者具有远见卓识、积极进取的精神,以及强烈的直觉,喜欢不断创新。古普塔等在麦格拉思和麦克米伦[①]的基础上提出了创业型领导的理论框架,它包括两个挑战维度、五个创业型领导角色以及二十个特征,如表 12-2 所示。

表 12-2 创业型领导理论框架

挑 战 维 度	创业型领导角色	特 征	解 释
情景扮演	构建挑战(描述一个具有挑战性但可以实现的结果)	绩效 导向 雄心勃勃 消息灵通 拥有特殊的洞察力	设置一个高标准 提供努力的方向 设置高目标,共同努力 有知识的、对信息敏感 直觉
	不确定性吸收(承担未来失败的责任)	愿景 远见 自信建立技能	拥有愿景并对未来富有想象力 预测未来可能发生的事件 逐步灌输别人以自信
	路径清晰(与反对者进行谈判,并澄清情景实现的路径)	富有策略 有效的谈判技巧 令人信服 鼓励	熟练的人际技巧 能有效地与人谈判 具有说服别人的非凡能力 通过消除疑虑,给予别人自信和希望
任务扮演	建立承诺(建立一个令人鼓舞的目标)	有鼓舞力 热忱 团队建立能力 持续改进导向	鼓舞他人的情绪、信仰、价值观、行为,鼓舞他人努力工作 呈现强烈、积极的工作情绪 使组织成员一起高效工作 寻求绩效的持续改进
	阐明约束(明确什么事能做,什么事不能做)	整合能力 促进思考 积极 果断	使人和事有机地结合起来 鼓励他人思考 乐观并且自信 迅速、坚定地做出决策

两个挑战维度是情景扮演(scenario enactment)和任务扮演(cast enactment)。情景扮演是指在当前的资源约束条件下,预想和创造那些一旦抓住就可以对当前的处理方法(transaction set)进行彻底变革的机会;任务扮演是指使潜在的追随者和公司的股东确信在这个情景下,通过整合资源、转变当前的处理方法是可以成功实现预期目标的。

情景扮演包括以下三个创业型领导角色:构建挑战角色是指创业型领导者通过构建挑战,使团队能够将他们的能力发挥到最大程度。不确定性吸收角色是指创业型领导者需要构建一个愿景并由下属具体实施,但是创业型领导者必须承担失败的责任;考虑到不确定性对下属的影响,创业型领导者必须帮助下属建立自信,并使他们确信愿景是可以实现的。路径清晰角色是指创业型领导者需要与内外环境进行谈判,并能解决潜在的阻力,获得内部关键股东和外部利益相关者的支持,以及能够消除阻碍愿景实现的障碍。

任务扮演包括以下两个创业型领导角色:建立承诺角色是指创业型领导者需要使用团队建立技能来鼓舞、塑造一个高承诺的团队,并使这个团队承诺付出更大的努力来实现领导者

[①] TED N. Secrets of entrepreneurial leadership: building top performers through trust & teamwork[M]. Chicago: Enterprise Dearborn, 1993: 135-136.

所描述的愿景。阐明约束角色是指通过果断地阐明约束，领导者能够再造下属对他们自己能力的知觉，而且当约束被定义时，创造力更容易被发挥出来。

2. 稳定型战略与管家型领导

当公司实施稳定型战略，需要的是管家型领导，管家型领导也称为仆人式领导。根据格林里夫的研究，仆人式领导有以下10项特征。

（1）聆听（listening）。仆人式领导以对方为优先，通过用心聆听，触及别人的心灵，了解对方的想法和需求。聆听并伴以经常性的反思，对仆人式领导来说非常重要。

（2）同理心（empathy）。仆人式领导尝试了解与同情对方，关注的不再是个人荣辱得失，而是接纳与肯定团队内其他成员付出的劳苦，并表示欣赏。

（3）医治（healing）。疗伤之道是仆人式领导的强大武器，能够帮助他们跨越过渡转型、重组整合的各个艰难时期。仆人式领导的强项就在于他能够帮助他人以及他自己疗伤，一位经历过伤痛并已痊愈的领袖正是人们所期待的。

（4）觉醒（awareness）。觉醒，尤其是自我醒觉是仆人式领导的另一显著特征，他不会陶醉于过去或现在的成功，他知道有些时候需要被挑战、受搅动，才不会安于现状。

（5）说服（persuasion）。仆人式领导不是仗着职权或威信来管理下属，而是以"晓之以理，动之以情，析之佐据"的劝说方式，劝服别人认同计划努力工作，让人心服口服，而不是勉强为之。

（6）概念化（conceptualization）。仆人式领导敢于做梦，对他来说，再夸张的梦想亦有成为现实的可能。尽管他的想象力天马行空，在处理问题时却脚踏实地，他能够巧妙地平衡概念化的意向与日常事务的现实情境，两者皆为必需。

（7）先见（foresight）。人非圣贤孰能无过，仆人式领导也会犯错误，但他能够从实践中不断汲取教训，在行动中做出反思，从而获得对未来行为决策的先见。

（8）管家（stewardship）。人们所求于管家的，是要其有衷心。仆人式领导就怀有管家的衷心，热心为组织内成员服务，为组织所处的社区服务。

（9）委身于他人成长（commitment to the growth of people）。仆人式领导用心帮助组织内的每一位成员成长，使其更强壮、更聪慧、更自由、更自主。

（10）构建社群（building community）。仆人式领导不会"一将功成万骨枯"，他要构建生生不息、基业长存的社群，并工作、服务于其中。

12.3.2 实现公司的优势与领导者的匹配

有些公司通过产品或服务创新创造了可持续的竞争优势，如苹果、宝丽莱、英特尔等。有些公司则主要依赖销售方法创造差异化优势，它们创造了独特的销售、分销渠道，或一系列接触客户及诱导客户的方法，如亚马逊、特百惠及雅芳等。而有些公司则采用创新性的金融技能，创造独特优势，如IBM利用租赁方法成为计算机行业巨擘，通用电气利用了租赁、运营、强势的财务条款与条件。因此，企业必须根据自身的优势并配置战略领导者来获得发展。

1. 依据公司的差异化优势配置领导人才和管理团队

（1）产品战略所需的领导者和团队成员必须富有创新精神，善于解决问题，并且立足长远发展。此类战略推崇"胜者为王"的游戏精神，而公司领导者及其团队必须甘冒其险，并且愿意承担最后的结果。乔布斯和迪士尼即为此类典范。

（2）以市场营销或销售驱动的战略则需要一套不同的创造力和技能，包括构思并制定独特的销售方法，提高竞争能力，形成进入壁垒。此种战略要求领导者必须以市场营销及销售为导向，通常还需具备与客户建立牢固、长久关系的能力。

（3）以生产或物流为差异化优势的战略主要通过更好、更经济、更迅速地服务客户，形成竞争优势。贯彻此类战略的人士通常是制造和技术方面的行家，他们能发现更有效的做事方法，既能节约成本，又能赢得客户。

2. 领导者需要有效管理公司的核心竞争优势

核心竞争力是竞争优势的来源，公司凭借这种优势可以战胜竞争对手。核心竞争力之所以是企业竞争优势的来源，是因为它是"企业能够为客户提供独特价值的深层次能力"。一般而言，核心竞争力与组织的职能有关，如生产、财务、营销以及研发能力。战略领导者必须保证战略的选择建立在对核心竞争力理解的基础上，并且保证在实施战略时能充分发挥核心竞争力。例如，苹果的战略强调其设计能力，网飞的战略则集中体现在其为顾客提供在线影片以及原创内容的能力。公司通过从竞争行动以及对竞争对手的回应中吸取经验，逐渐发展出自己的核心竞争力。公司用所获得的经验不断地重塑能力，以确保这些能力有助于形成自身的核心竞争力，从而建立一个或多个竞争优势。

12.3.3 保持领导者的变革能力

领导者在进行战略决策和变革操作时都必须遵循以下 5 种解决问题的思路，以保持公司的变革能力。

（1）进行动态的战略定位。一个有才能的战略领导者能够合理地分析企业面临的内、外部环境，定期评估企业内部的优势和劣势，以及企业外部的机会和威胁。企业的组织活动是企业与内、外部环境相互作用的动态过程，企业战略的实质是企业内、外部因素的动态匹配和整合。因此，战略领导力的核心要素之一是应对企业和产业环境的变化，并能在动态环境中进行转变。战略领导层利用战略分析工具，通过对行业、市场、竞争对手、内部优劣势的分析来对自己进行战略定位，进行动态战略调整以实现战略变革。

（2）创造共同的战略变革愿景。战略领导者是变革愿景的发起者、倡导者和执行者，他为组织创造了清晰的愿景，并根据愿景中提出的战略目标制定组织的战略。愿景是组织可靠的、真实的、具有吸引力的未来，它代表所有目标努力的方向，能使组织更成功、更美好。愿景包括组织长期的计划与未来发展的景象，是组织现状与未来景象间的桥梁，对于领导者而言，它提供行动的目标，并帮助领导者超越目前的情境，达到组织的改进与成长。

（3）维护战略变革中关键利益相关者的关系。对于一个特定的组织来说，利益相关者通常是指那些与该组织有利益关系的团体或个人，组织与利益相关者之间存在着互动和共生的关系。战略领导者位于利益相关者网络的核心位置，肩负着维护利益相关者利益的重要责任。通过明确战略决策与利益相关者权力的相互影响，战略领导者可以在战略变革中进一步发挥利益相关者（重点是客户和组织成员）的积极性和创造性。

（4）明确和沟通战略变革方向。一个组织的战略变革方向体现在相互关联的使命、愿景、目的、长期目标和价值观中，这些都决定了组织的长期形象和身份。变革方向在组织内部的传递和沟通对组织的发展和变革至关重要，战略领导者应该建立一个由自上而下和自下而上的沟通机制组成的战略领导体系。下行沟通是人们最熟悉和最常见的正式沟通形式，它指的是信息和资讯从高层管理者向下传递给下属。上行沟通指的是在组织层级中自下而上的信息传递。

（5）监督和评估战略变革。战略领导者的责任是确保组织制定并成功实施相应的战略变革。一旦战略领导者确定了组织的战略方向、战略和实施计划，他们的最终责任就是建立组织控制体系，以确保变革的实际执行和结果的评估。因此，组织控制是战略变革过程中的一个重要组成部分，有助于调整战略，促进和支持战略变革。与关注短期财务结果的财务控制相比，战略控制集中于战略变革的内容而非结果。战略控制鼓励管理者做出包含适度和可接受风险的决策。在确定战略控制和财务控制之间的适当平衡方面，战略领导者发挥着重要作用。

本章小结

1. 战略领导指的是一种可以预测、展望、保持灵活性和必要时授权他人产生战略变化的能力。有效的战略领导主要包括决定战略方向、开发和维持核心竞争力、开发人力资本、维持一种有效的组织文化、强调伦理准则、变革组织文化和重组业务等 6 项工作。战略领导风格主要包括变革型、魅力型、伦理型和谦卑型 4 种类型。企业间战略领导力主要分为技术领导力、平台领导力、制度领导力 3 个层次。

2. 在战略实施中，战略与领导的匹配构成战略与企业内部要素配合的一个主要方面。一名合格的战略领导者，应该具备 6 种基本素质。企业应该根据战略实施的类型，选择与之对应的战略领导者。

3. 可以通过根据公司的发展阶段选择领导类型、实现公司的优势与领导者的匹配、保持领导者的变革能力这 3 个方面，去提升企业的战略领导能力。

关键概念

领导（leadership）　　　　　战略实施（strategic implementation）
战略领导（strategic leadership）　领导风格（leadership style）

思考题

1. 战略领导者应该具备哪些技能？
2. 身为领导者，你可以采取什么行动来保证战略领导的有效性？
3. 为什么说要将企业战略与领导者的特点相匹配？
4. 谈谈可以通过哪些方面增强一个企业的战略领导能力。

案例讨论

马钢集团重型 H 型钢厂厂长张力的领导风格①

一、逢机立断，机器人工两相宜

2019 年年初，马钢集团调时任制造部副部长的张力任重型 H 型钢厂厂长，旨在研制出

---

① 李召敏等. 应时而革，随事而制：重型 H 型钢厂张厂长的领导风格. 第十三届全国百篇优秀管理案例.

重型 H 型钢金字塔尖端产品美标"W44×18×313"规格,以打破欧美市场垄断。一上任,张力就将工作重心放在了"W44"产品的研制上,致力于技术创新,期望早日做出成绩。

然而张力刚上任不久,就因新冠肺炎疫情影响,钢厂于 2020 年 6 月初才实现全面复工复产。在新冠肺炎疫情期间,钢厂生产全靠人力的弊端就显现了,加之集团正在鼓励创新,张力认为这是推进智能化升级的契机,也可以借此为研制"W44"产品提供更好的研发环境,便召开了讨论会,以此调动钢厂全员的创新积极性。会上提出"5G+冶炼"能否碰撞出人工智能的火花,还得知设备部王部长曾计划申请实施智能机器人项目。张力了解到王部长在工作上认真负责,加之其表现出对智能升级的渴望,便将该项目交由他全权负责。王部长多番调研并与高层讨论后,很快拿出了"5G MEC 机器人"项目申请书。

在项目研发期间,考虑到王部长的能力和工作热情,张力对项目干预较少,只在进度和方向把握上给予适当建议。然而随着项目推进,王部长主动汇报的频率减少,工作热情明显下降。张力意识到由于前期自己参与度较低,王部长感受不到自己的工作价值。为了体现项目的重要性,张力在测试期间多次前往现场亲自把关,而王部长也从张力的实际行动中感受到了该项目的重要性,带领项目组人员挑灯夜战进行测试,争取让该项目按时保质完工。

2020 年 9 月 13 日,项目测试通过后,王部长便着手在各车间铺开实施。由于王部长认为机器取代人工是时代的进步,裁员是必要措施。但是王部长没有预估到大面积裁员会引发人事动荡,于是找到张力求助。张力理解王部长的想法但不认同其做法,便剖析利弊道:"技术革新引发的适当裁员是必然的,但不能用力过猛,进行人工和机器人混编可以减缓裁员压力。另外,机器人的操控并非只能招收新人,混编时可以对现有员工培训再上岗。"此外,张力强调了该项目的另一个重大意义:"5G MEC 机器人如果能成功上线,可为新产品'W44'研制工作的正常推进提供稳定、安全的试验环境。因此,王部长也在为新产品的研制出力。钢厂要发展,但也不能忘了员工。集团一直秉持'以人为本'的核心理念,这个初心王部长可不能丢了。"王部长随后顺利完成了项目实施。

二、大刀阔斧,智能控制谋全局

5G MEC 机器人项目的成功实施为集团带来了新气象,为了鼓励员工针对马钢数字转型各抒己见,集团设立了智慧制造方案投递专项邮箱,掀起了一阵创新热潮。2020 年 9 月 30 日,马钢的总工程师圣工带领张力实地观看了"W44"产品研制从原料到最终成品的全过程。张力认真倾听圣工对新产品所有工序生产试验的汇报后说道:"所有工序涉及六个中控室、四套数字设备,但它们不是由同一厂商提供的,互相之间的配合与参数收集都存在极大制约。如果可以统一管控,会更利于我们定位研制过程中的问题。"

于是,张力召集设备部王部长以及信息中心严部长到办公室,探讨将所有设备一体化的可行性,严部长提出了"互联网+冶炼"集中智控策略。会后,信息中心在严部长的带领下对试验车间的设备现状进行了梳理,很快制定出了升级方案。到了报集团立项的时候,张力打破常规,由严部长参与集团评审会进行方案讲解,面对局促不安的严部长,张力安慰道:"集团和钢厂的文化是'不拘一格降人才',这样的安排符合实际。况且集团目前处于战略转型期,鼓励各部门积极创新。因此,项目通过率很高,你不要有压力。"受到鼓舞的严部长日以继夜地完善提案文档数据支撑,尽最大努力提升汇报的深度和广度。最终,该项目冠以"智控中心"名号正式启动立项。

智控中心项目涉及的车间部门广,涵盖的设备系统多,项目组在准备招投标文件工作时,明显感觉到了压力。第一轮招标评选,没有一家承建商能完成项目的所有指标。张力建议组织二次招标，具体化招标文件，给投标公司更多的信息。在张力的鼓励下，严部长带领团队重新组织了二次招投标工作，经过严格筛选，确定该项目由中冶赛迪集团承建。然而各个车间部门的沟通上却出现了问题，项目推进缓慢，张力不认为自己下达命令就能推进项目实施，便道："对新事物的认知是一个缓慢过程。要想让各部门接受新系统，就要让他们感受到新系统带来的益处大于弊端。先让一个车间试点，其他车间部门看到成效了，自然愿意配合你的工作。"一番谈话让严部长醍醐灌顶，按照张力提出的策略成功完成项目实施。

三、抽丝剥茧，产品研发终落地

智控中心投运让新产品研制的数据参数更加透明化，为问题的追本溯源并进行分析带来了极大便利。"W44"产品工艺要求极高，生产难度极大，而由于新冠肺炎疫情，外方专家迟迟未能到场协助研发。张力结合当前形势谨慎评估，认为自主研发才能不耽误订单的交付。2021年2月底，张力找来圣工，询问目前的生产研制工作进度，得知由于没有外方专家支持，实验组成员对自主研发存在打退堂鼓的情况。看到圣工的急切和无助，张力安慰道："美标'W44'产品的研制要根据实际生产环境做评估，现在外方专家不能到位，研发工作全靠我们自己摸索，一时间出不了成果是必然的。你也不要太着急，让实验组的同事们不要有心理压力，把手脚和思维都放开。"同时，张力凭借他的基层工作经验，领会到圣工所说的问题出现在不同的生产道次上，便说到："根据你的描述，我认为目前要攻克的关卡有三个：一是产品过不了一次完整生产线；二是成品钢材尺寸无法达到控制标准；三是成品钢材外形存在腹板弯曲和罗圈腿。这三关可以按照生产流程的先后顺序，依次攻克。"在张力的开导下，圣工重拾信心，同时也在心底惊讶于张力对生产技术与流程的熟悉程度。

2021年6月，当最后一批出口美国夏威夷项目的"W44×18×313"规格订单的成功交付，标志着马钢重型H型钢产品与生产技术达到国内领先水平，跻身于世界一流行列。集团计划对张力进行专访记录，被他婉言谢绝，他提议对圣工带领的研发团队进行专访。

讨论题

1. 马钢集团实施的是什么类型的战略？张力的领导风格属于哪一类？
2. 结合案例谈谈张力是如何发挥战略领导力的？
3. 如何看待张力在不同事件中具有差异性的领导特征？这种领导与管理情境是否动态匹配？

经典书籍推荐

推荐书目：《战略管理：建立持续竞争优势（第17版）》，该书的作者是弗雷德·戴维，于2021年由中国人民大学出版社出版。

该书共包括战略管理概论、战略制定、战略实施、战略评价与治理、战略管理重要专题、战略管理案例分析六大部分，"获得和保持竞争优势"的理念贯穿始终，涵盖了战略管理的核心内容。书中不仅介绍了一套系统的适用于大中小公司、跨国企业和非营利性组织的矩阵分析方法（SWOT、BCG、IE、SPACE、GRAND和QSPM矩阵等），而且配有大量鲜活的来自不同产业的综合案例，内容编排注重实用和技能训练，可以帮助读者学习战略规划的整个过程。

第 13 章
组织结构与战略实施

 本章学习目标

1. 掌握组织结构的基本含义,了解组织结构的基本类型;
2. 明确不同战略与组织结构之间的匹配关系;
3. 理解组织结构战略调整的原则与组织变革;
4. 了解企业间关系视角下组织结构发展的新趋势。

引例

2014 年的米其林轮胎有限公司在问题发现方面的意识较差,一线生产人员积极性不高,总体生产效率有待提升,而且对于顾客需求变化的识别也缺乏敏锐度。于是,公司开始实施组织授权式变革(OR)。这场轰轰烈烈的授权式组织变革,给整条生产线带来了活力,给区域主管们带来了成长,让广大一线操作者有了更多话语权,肩负起更多责任与担当。回顾这场组织变革过程,其间虽然遇到过困难,也曾有人表示过疑虑与担心,但阶段性审视下来,变革是成功的。自 2014 年实行授权式组织变革以来,米其林员工敬业度逐年提升,推进至 2018 年,员工敬业度已经达到 93,全厂 96%的团队均已通过 OR2 阶段认证。这也意味着全厂一线操作者可以实现自主完成绩效目标,无须领导敦促与监督。与此同时,作为集团内部一家年轻的工厂,米其林不论是质量指标(如废品率)还是客户服务指标(如客户满意度)等诸多指标在集团内都位居前列。

公司领导层认为这种翻天覆地的变化来自于授权式组织的建立。它共分为四个阶段:依赖性业务单元、独立性业务单元、动态性业务单元以及持续性业务单元。依赖性业务单元是指团队领导是所有运营决策的中心;独立性业务单元是指团队领导在操纵日常工作过程中做支撑性、连接性决定;动态性业务单元即指团队领导作为团队的"成员"在团队的日常操纵中支持团队;持续性业务单元则是指团队领导作为"局外人"仅在团队需要的时候给予支持和辅导。

作为一家轮胎制造企业,员工不仅要掌握设备使用及工艺方法,更重要的是保证所生产轮胎的质量。变革后,这一切流程都是一线操作者自主完成,无须领导监督,这在许多人眼中是很难相信的。虽然成果显著,但米其林并未就此止步,于 2019 年年初,开始在全厂推广 MAPP 理念,旨在绩效自主管理的基础上,进一步推动团队自主"改进",期望能够借此拓宽授权式组织变革的深度和广度,探索更多团队自主管理、自主改进的实践。①

米其林公司的授权式变革,实际上是战略与组织的重新匹配过程。它首先对内、外部的

---

① 案例来源:米其林轮胎案例分析:走出困境的领袖智慧[EB/OL].(2017-09-07). https://www.doc88.com/p-4877428266789.html.

条件与环境进行分析，进而为新战略寻找到合适的组织结构，并重新配置岗位人员，使"战略决定结构，结构追随战略"的思想深深扎根于组织战略变革中。那么，战略如何决定结构？战略与组织结构如何进行匹配？组织结构如何根据战略做出调整？本章的论述将对这些问题做出解答。

本章我们将首先阐述组织结构的内涵，并对不同类型的组织结构进行深入分析。其次，对战略实施中的组织因素进行探讨，明确战略实施与组织结构之间的匹配关系。再次，论述组织结构的战略调整，对组织结构在战略背景下的调整，特别是组织变革进行深入探讨。最后，本章创见性地从企业间关系角度入手，分析组织结构新的发展趋势，这将为当前盛行的跨组织协调模式提供理论指导。

13.1 组织结构的内涵

13.1.1 组织结构的定义

美国著名的心理学家、1979 年诺贝尔经济学奖获得者赫伯特·西蒙曾经说过："有效地开发社会资源的第一个条件是有效的组织结构。"大卫·纳德尔等人认为组织结构就是无论竞争格局如何持续改变，为了最大限度地长期发挥其独特的能力，企业用以组织和协调其人员和流程的方法。[①]詹姆斯·吉布森等人认为组织结构就是企业内部相对固定和稳定的工作关系和工作群体的组合。[②]国内有学者认为，组织结构是管理者设计的用以分配任务、配置资源和协调部门关系的框架，包含了一家企业的职权层级体系、组织单元和部门以及其内部活动的协调机制。[③]我们认为，组织结构是指组织内各构成要素以及它们之间的相互关系，是对组织复杂性、正规化和集权化程度的一种量度，它涉及管理幅度和管理层次的确定、机构的设置、管理职能的划分、管理职责和权限的认定以及组织成员之间的相互关系等。

从组织结构的定义可以看出，它至少包含如下 3 个关键要素。

（1）复杂性。复杂性是指组织结构内各要素之间的差异性，它包括组织内的专业化分工程度，垂直领导的层级数以及组织内人员及各部门地区分布情况等。这其中最重要的三个方面是：第一，部门的组合。部门是指组织中主管人员为完成规定的任务，将人员编成其有权管辖的一个特定的领域，各个不同部门的组合构成了整个组织的方式。部门划分的目的是要按照某种方式划分业务，以起到最好地实现组织目标的作用。第二，管理层次和管理幅度。管理层次是指职权层级的数目，即一个组织内部从最高层管理者到最低层职工的职级、管理权力的层次数量。企业管理层次的多少，表示企业组织结构的纵向复杂程度。管理幅度是指主管人员有效地监督、管理其直接下属的人数。在组织规模一定的情况下，管理幅度增大，组织层次减少；管理幅度减少，则组织层次增多。这样管理层次就构成了组织的纵向结构。第三，指挥链。指挥链是指从组织高层延伸到基层的一条持续的职权线，它界定了谁向谁报告工作。它帮助员工回答"我遇到问题时向谁请示"，或者"我对谁负责"这类问题。

（2）规范性。规范性是指一个组织内的纪录、规章制度、工作程序、生产过程以及产品

[①] 大卫·纳德尔等. 赢在组织设计[M]. 北京：机械工业出版社，2022.
[②] 詹姆斯·L.吉布森等. 组织：行为、结构和过程[M]. 北京：电子工业出版社，2015.
[③] 陈劲等. 战略管理：打造企业动态能力[M]. 北京：北京大学出版社，2021.

的标准化程度等。组织规范性是约束组织按照既定规则正常运转的保障，是组织化生产必不可少的前提条件。规范性越强的企业往往更强调规则和流程。

（3）集权化程度。集权化程度是描述组织内决策权力的集中程度。如果高层管理者在做出关键决策时，下层员工没有参与决策的权力，这样的组织就是集权的。与此相反，如果低层人员实际上可以做出决策，那么，组织的分权化程度就越高。集权或分权只是一个相对的概念，在现实世界中，组织不可能是彻底集权的，也不会是彻底分权的。由于企业的外部环境复杂且不稳定，保持足够的灵活性和反应能力对于组织来说非常重要，因此，现今的大型企业更倾向于下放决策权以保持敏锐的市场嗅觉，从而支持经营活动和产品创新。

13.1.2 组织结构的类型

组织结构的类型多种多样，为了更直观地反映组织结构的特性，我们常利用组织结构图来表示每一种结构。

（1）直线型。直线型结构是最简单也是最早出现的集权式组织结构形式，又称军队式结构，如图13-1所示。其基本特点是组织中的各种职位按垂直系统直线排列，不设专门的职能机构。这种结构的优点是：结构简单，信息传递快，决策迅速，节约费用，效率高。但这种结构要求领导者通晓全部业务，因此，它只适用于规模较小、生产技术比较单一的企业。

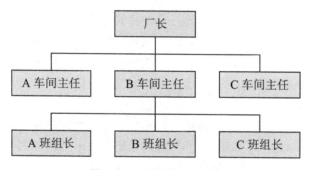

图13-1 直线型组织结构

（2）职能型，亦称"U"形组织。其特点是采用按职能实行专业分工的管理办法来代替直线制的全能管理者，即在企业最高负责人下面设立职能机构和人员，把相应的管理职责和权利交给这些职能机构，而各职能机构在自己的业务范围内可以向下级单位下达命令和指示，直接指挥下级单位，如图13-2所示。这种组织机构容易形成多头领导。

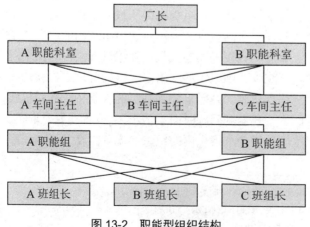

图13-2 职能型组织结构

(3)直线职能型,又称直线参谋制,如图13-3所示。这种组织结构形式具有以下特点:一是按照企业经营活动中不同的管理职能划分部门和设置机构,实行专业化分工,以加强专业管理,与此同时,企业整体的生产经营活动是由企业最高负责人统一领导和指挥的。二是这种组织结构形式把企业的管理结构和人员分为两类,一类是直线指挥机构及其人员,另一类是职能机构及其人员。直线指挥机构及其人员在自己的职责范围内有一定的决定权,对其所属下级有直接指挥和命令的权力,对自己部门的工作负全部责任。而职能机构及其人员,则是直线指挥人员的参谋,对直线部门下级没有直接指挥和命令的权力,只能提供建议和在业务上进行指导。三是在这种组织结构形式中,企业生产经营的决策权集中在企业最高领导层那里。

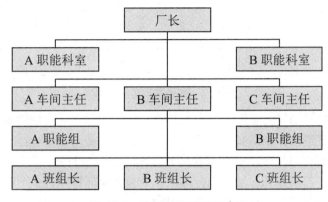

图13-3 直线职能型组织结构

该形式综合了前述两种形式的优点,一方面保持了直线制领导、统一指挥的优点;另一方面又吸收了职能管理专业化的长处,实行厂长统一指挥与职能部门参谋、指导相结合的组织结构形式。但其不足也十分明显:权力集中在最高管理层,职能部门缺乏必要的自主权;各职能部门之间的横向协调性差;企业信息传递路线过长,容易造成信息丢失或失真,适应环境能力差。

(4)事业部型,亦称"M"形结构。这种组织结构形式是按照"集中决策,分散经营"的原则,将企业划分为若干事业部,每一个事业群建立自己的经营管理机构与队伍,独立核算、自负盈亏,如图13-4所示。目前大部分企业集团,尤其是跨国公司通常采取事业部型组织结构,这一组织结构是业务导向型的,从权力结构上讲是分权制,基本单位是半自主的利润中心,每个利润中心内部通常又按直线职能式组织结构设计。在利润中心之上的总部主要负责研究和制定整个公司的各种政策,负责整个公司的重大投资,负责对利润中心的监督,而不管理日常具体的行政事务,因此,总部的职能相对萎缩,一般情况下总部仅设人事、财务、法务、战略投资等几个事关全局的职能部门。

事业部型组织结构具有以下特点:第一,专业化分工是按照企业的产出将业务活动组合起来,成立专门的生产经营部门。第二,生产规模较大、生产经营业务具有多样性。钱德勒指出,它"将许多单位置于其控制之下,在不同地点经营,通常进行不同类型的经济活动,处理不同类型的产品和服务"。第三,层级制管理,事业部制尽管增加了分权色彩,但在事业部内仍采用直线职能制结构,从总体上看,它仍属于等级制组织。

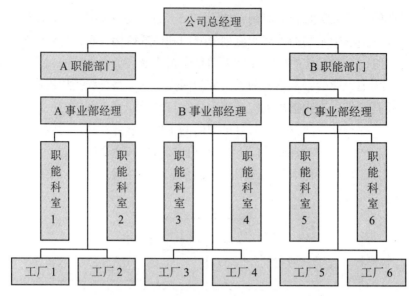

图 13-4　事业部型组织结构

随着企业规模的日趋扩大和经营产品的日趋多样，公司总部直辖的事业部也日趋增多，这就产生了管理跨度过大，难以实现有效管理的问题。于是，在 20 世纪 70 年代，美国、日本等的一些大公司里相继出现了"超事业部制组织结构"，即在公司总部和事业部之间增加了一级管理机构——超事业部，又称执行部。一个超事业部管理若干个事业部，而公司总部又直接管辖各个超事业部，使管理体制在分权的基础上又适当地集权。各个事业部的日常性事务，以及有关产品、市场、技术、价格、顾客等方面的决策性问题，分别向各执行部报告，而不必向最高管理层报告。

（5）矩阵型，又称规划—目标结构，如图 13-5 所示。我们把既有按职能划分的垂直领导系统，又有按产品或项目划分的横向领导系统的结构称作矩阵型组织结构。这种组织结构的特点是，为了完成某一项特殊任务，如为了产品创新，组成一个专门的产品小组去从事新产品开发工作，在研究、设计、试制、制造等各个不同阶段，由有关职能部门派人参加，力图做到条块结合，以协调各有关部门的活动，从而保证任务的完成。矩阵型组织结构的形式是固定的，但是每个专门的产品或项目小组是临时组织起来的，完成任务以后就撤销，成员回原单位工作。在一项任务的执行过程中，不是把这项任务从一个部门转移到另一个部门，而是不断地更换专门小组的成员，每一个专门小组都有负责人，他直接对企业最高领导负责。

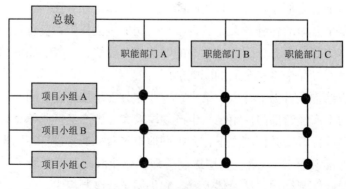

图 13-5　矩阵型组织结构

矩阵型组织虽然解决了部门之间横向沟通的问题，适应了不确定环境中频繁变化和复杂决策的需要，但是也导致了员工面临双重职权关系，容易无所适从，产生混乱感，并且对组织中员工的专业素质和人际交往技能要求较高。

（6）立体多维型。这类组织结构是直线职能型组织结构、矩阵型组织结构和事业部型组织结构的综合发展，是为了适应新形势的需要而产生的组织结构形式。实行立体多维型组织结构的企业，通常具备三类以上的管理机构，主要包括：按产品或服务项目划分的事业部，是产品利润中心；按职能划分的参谋机构，是专业成本中心；按地区划分的管理机构，是地区利润中心。这样，企业内部的员工可能同时受到来自三个不同部门或者组织的领导，如图 13-6 所示。①

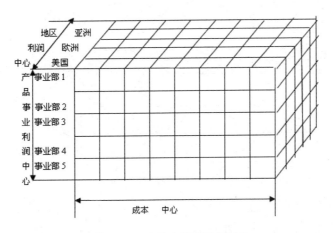

图 13-6　立体多维型组织结构

通过立体多维组织结构，可使这三类机构协调一致，紧密结合，为实现组织的总目标服务。但组织目标成功实现的前提是：必须在集团内部建立起有效的决策、管理、制约和激励机制，并配置完善而高效的网络体系。这种组织结构适用于体制健全的跨国或跨地区的、规模庞大的企业集团。

（7）流程型。流程型组织结构是为了提高对顾客需求的反应速度与效率，降低对顾客的产品或服务的供应成本而建立的以业务流程为中心的组织结构，如图 13-7 所示。与传统的职能型组织结构相比，流程型组织结构更加强调组织各要素之间的横向关系。在组织内部，提供一种产品或服务所需要的职能人员被安排在同一个部门，这个部门通常由一个"流程主管"来管理。简而言之，流程型组织结构是以系统、整合理论为指导，按照业务流程为主、职能服务为辅的原则设计的。

流程型组织结构形式由于企业内外环境的变化而千差万别，但是结构的内涵是一致的。佩帕德和罗兰认为，几乎所有的企业组织都建构在流程、人员和技术这三个主要基础上。因此，基于流程的组织结构也必须具备三个方面的内容：第一，组织以流程维度为主干，每一流程由若干个子流程和团队组成；第二，设计必要的职能服务中心，以保障流程团队和业务流程的有效运行；第三，团队之间、业务流程之间及其与职能中心之间的整合与协同工作需要信息技术的支持。

---

① 芮明杰. 管理学[M]. 上海：上海人民出版社，2000.

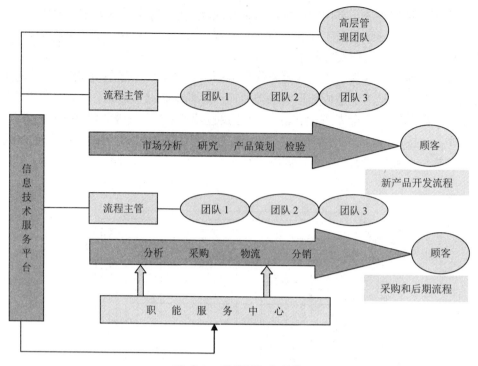

图 13-7 流程型组织结构

（8）网络型。网络型结构通常也指虚拟组织，它是指以信息技术和通信技术为基础，依靠高度发达的网络将供应企业、生产企业、消费者甚至竞争对手等独立的企业或个体连接而组成的暂时性联盟，而每一个伙伴各自在设计、制造、分销等领域为联盟贡献出自己的核心能力，并相互联合起来实现技能共享和成本分担，以把握快速变化的市场机遇，如图 13-8 所示。许多国际知名企业，如耐克、菲利普、索尼等正是通过虚拟经营，创造了辉煌的业绩。[①]采用网络型组织结构的企业是分别具有核心能力的独立厂商，为更好地满足市场需求，以

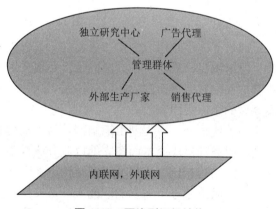

图 13-8 网络型组织结构

契约合作方式，通过信息化网络平台进行专业分工，以统一的品牌向市场提供产品或服务而形成的动态企业联合体。在这种组织结构中，企业在组织上突破有形的界限，虽有生产、营销、设计、财务等功能，但企业内没有完整的执行这些功能的组织，仅仅保留最关键的功能，而将其他功能虚化，通过各种方式借助外力进行整合弥补，在竞争中最大限度地发挥企业有限资源[②]，其目的在于共享技术、共担费用、联合开发。

与传统形式相比，网络型组织结构具有以下特点：第一，网络型组织具有自己突出的核心能力。每个成员企业将各自的商业活动减少到 1~2 个，即包括所谓的核心能力，成员公

[①] 李保民，胡迟. 新时期的企业发展呼唤管理提升[J]. 管理世界，2012（12）：1-6.
[②] 衡量，贾旭东. 虚拟企业供应链价值承载力作用机理探究[J]. 管理案例研究与评论，2020，13（05）：538-552.

司只专注于自己最有竞争力的业务。第二，快速反应。网络型组织是一个高度柔性的个体，它能根据市场需求的最新变化，迅速调整网络成员的构成，以利于新产品的开发及顾客需求的满足。第三，共赢关系。网络型组织由几个有共同目标和合作协议的公司组成，成员之间可能是合作伙伴也可能是竞争对手，它改变了过去组织之间完全你死我活的"输赢"关系，而代之以"共赢"的关系。第四，短暂的动态联盟。网络型组织本身在完成一项指定的工程后就会解散，而其成员企业将继续加入到其他的网络组织中去。网络型组织是各个网络成员在各自整体战略的指导下为达到一定的合作目的而临时组建起来的一种网络，一旦合作的目的达到，组织立即解散。第五，小批量与个性化的产品。网络型组织能够利用其成员容易调整、生产柔性较强的特性，充分考虑顾客的需求，为顾客提供小批量和个性化的产品。相比之下，传统形式是以大批量生产同质性的产品为主要特征的。第六，对信息技术和通信网络的依赖。通过高度发达的信息技术和通信手段，网络型组织成员之间可以跨越空间界限，进行便捷的信息沟通，真正达到信息共享，以此来保证各方合作顺利。第七，组织结构的扁平化。网络型组织内部的管理层级将因对信息流的高度应变性而相应变得扁平化，企业的主管基于高效的信息传输能够直接与每一子任务块进行交互式沟通，并迅速采取应变措施。第八，流程管理模式。第九，工作地点的离散化。为了更高效地整合资源，网络型组织联盟中往往融入了各种各样的企业，并且分布在全球各地，异地设计、异地制造、异地装配在网络型组织中是十分普遍的事情。第十，充分利用外部人力资源。网络型组织的管理者根据市场信息和企业自身的人力资源状况与外部企业进行人力资源优势互补，并通过信息网络把来自不同企业的人员集中在一起，为了一个共同的目标而协同工作，一旦目标完成，这些来自不同企业、职位和法律关系互不归属的人员的合作关系即告结束。

13.2 组织结构与战略实施的匹配

13.2.1 战略与组织结构的关系

1. 战略决定组织结构

美国学者阿尔弗雷德·钱德勒在对通用汽车公司（GM）、杜邦公司、新泽西标准石油公司（Standard Oil）、西尔斯公司（Sears）等 70 家上市公司的发展历史进行深入研究后，于 1962 年出版了《战略与结构：美国工业企业历史的篇章》一书，并提出战略与结构关系的基本原则，即组织战略决定组织结构。该原则指出，组织不能仅从现有的结构出发去考虑战略，而应根据外部环境的要求，动态地制定相应的战略，然后根据新制定的战略来审视组织结构并进行适当调整。只有这样，战略的实施才能得到组织层面的保障。

外部环境的变化，要求组织的战略及其结构也进行相应的调整，而组织结构变革的形式也往往与外部环境的动态程度相关。在外部环境相对稳定的情况下，企业战略实施的外部障碍相对较少，战略与结构调整的动因主要来自于企业内部，这时候的战略与组织变革往往是渐进的、温和的。随着环境变化的加剧，组织战略将面临重大转折，组织结构也不得不进行大的调整。

从工业化的发展过程来看，在工业化的初期，组织外部环境比较稳定，组织面临的主要矛盾是内部生产率低下导致产量无法满足市场的需求。在这种情况下，组织往往采用数量扩大战略，即在一个地区内扩大产品或服务的数量，相应地，组织结构也相对简单，以单一性的直线结构为主。

随着工业化的进一步发展，组织生产率得到了极大的提高，现有市场已经无法消化组织扩张的生产量，组织战略的转变体现为新市场的开发，即地区扩散战略，相应地，组织内部形成了总部与部门的职能型结构。

在工业增长阶段的后期，社会生产力水平进一步提高，产品供大于求，组织承受着巨大的市场竞争压力。为了减少压力，组织纷纷采用纵向一体化战略，通过控制原材料供应、产品销售等环节，实现规模经营、降低交易成本，因此，出现了中心办公室机构和多部门的组织结构。

当工业发展进入成熟期，企业竞争更加激烈，经营风险也随之增加。为了分散经营风险，保持稳定的利润水平，大型组织纷纷采取多元化战略，相应地，组织形成了总公司与事业部相结合的组织结构。

2. 组织结构支持战略

战略决定结构，组织战略的变化要求组织结构进行相应的调整，而结构同样能够对战略的实施起到支持和保障作用。一个成功的企业就在于制定适当的战略以达到其目标，同时建立适当的组织结构以贯彻其战略。

应该说，战略、组织结构与外部环境之间的交互作用，形成了一个战略—结构关系闭环，如图13-9所示。组织在战略实施的过程中，往往会因为内部条件或外部环境的变化而出现新的管理问题，并导致组织绩效的下降，为此，在调整战略的同时，需要建立新的组织结构，以改善组织绩效，提高战略执行的效力。

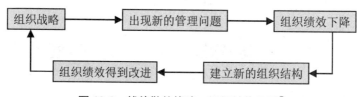

图13-9 钱德勒的战略—组织结构关系[①]

在战略实施的过程中，组织结构的保障作用非常关键。首先，组织结构是战略实施的载体。组织结构就好比战略的落脚点，没有组织结构的保障，战略实施中将无法形成有效的体系。其次，当前的组织结构能够影响未来的战略制定。组织结构本身具有刚性，企业在重新制定战略的时候，不可避免地要考虑到原有的组织结构特征和组织变革的风险。当对现有组织结构进行变革存在重重阻力，或者现有结构的调整成本过高的时候，组织高层可能会让战略变革对现有组织结构做出妥协，换言之，组织结构在新的战略中将得到保持。

总之，组织战略的变化会导致组织结构的相应调整，组织结构的重新设计又能够促进公司战略的实施。孤立地制定战略或进行组织设计都是无效的，只有将两者视为一个整体，综合加以考察，才能够确保战略实施的有效性。

3. 战略的前导性与组织结构的滞后性

战略与组织结构的关系首先体现在二者的先后关系上，即战略具有前导性，而组织结构则表现出相应的滞后性。在组织外部环境发生变化之后，组织将面临新的机遇或者挑战，为了抓住这一机遇或者应对挑战，组织需要对战略进行调整，以谋求经济利益的持续增长。新

[①] ALFRED CHANDLER. Strategy and structure[M]. Cambridge: Massachusetts MIT Press, 1962.

战略的实施，要求组织结构也进行相应的调整以适应战略的需要，否则，组织战略的实施效果将大打折扣，无法实现既定的利益目标。

组织结构的变化速度常常慢于战略的变化速度，这主要因为组织结构本身的刚性：第一，组织结构具有一定的惯性，从旧有结构向新结构的过渡需要一定的时间；第二，不同利益主体为了维持自身利益，往往排斥组织结构的调整。而战略则不同，战略方向的变化始于组织高层，而高层是最具灵活性的组织层级。

战略的前导性和组织结构的滞后性表明，在应对环境变化进行组织战略变革的过程中，总会出现一个利用旧结构推行新战略的过渡阶段。这就要求战略实施者清楚地认识到组织结构的滞后性特点，从而通过有效的措施确保新战略的有效实施。

13.2.2 组织结构与公司层战略的匹配

1. 组织结构与一体化战略的匹配

1）一体化战略对组织结构的要求

第一，集中化控制。一体化战略的有效实施能够降低组织的交易成本，同时实现规模经济。在整个生产经营的过程中，组织部门之间不可避免地要进行生产、原料供应等方面的协调，组织高层必须对整条价值链的运营进行集中控制。

第二，部门的自主权。一体化战略中的上下游部门来源于组织的扩张或直接投资，其生产运作具有很大的独立性，部门之间界限明显，在经营中需要保持部门的自主权。

第三，跨区域的部门设置。由于一体化战略需要利用不同地区的资源优势，使得组织的部门分布在不同的地理范围内。例如，福特汽车在美国、欧洲、中国都设有生产（或合作生产）基地，这使得一体化战略的部门设置需要考虑跨区域的问题。

2）一体化战略的组织结构设计

实施一体化战略的组织为了获取竞争优势，实现前向、后向一体化下的规模经济，组织规模和覆盖的地理范围都达到了一定的高度。与这种战略相适应，组织一方面建立了涵盖产、供、销一体化的组织结构，对组织经营活动进行统筹安排和指挥协调；另一方面，在不同的地区复制其已有的组织结构，形成地区组织结构，各地的业务由公司总部集中管理。总体来看，职能型组织结构能够满足一体化战略的需要，如图13-10所示。

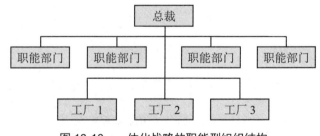

图 13-10 一体化战略的职能型组织结构

2. 组织结构与多元化战略的匹配

1）相关约束型多元化战略的合作式多部门组织结构

相关多元化是指组织开展的各项业务领域之间有着明显的关联关系，如相似的技术、共同的市场和分销渠道、共同的生产流程等，这些相关业务之间的价值活动能够实现有效关联或共享。相关约束型多元化战略则是指组织在各业务之间共享产品、技术和分销渠道，这也促成了各项业务之间紧密的联系。为此,不同业务部门之间的沟通与协调显得格外重要,这要求组织高层协调部门具有较高的地位和权威。

同时,在部门之间建立结构性整合机制显得非常重要,如在不同业务部门之间设立联络员,不同部门人员进行交换,等等。

对于实施相关约束型多元化的组织来说,采用如图 13-11 所示的多部门合作形式的组织结构是一种比较好的选择。在这种结构中,组织的协调与指挥职能都保留在总部,而下属各部门在经营各自业务的同时,还开展着信息与知识共享的工作。

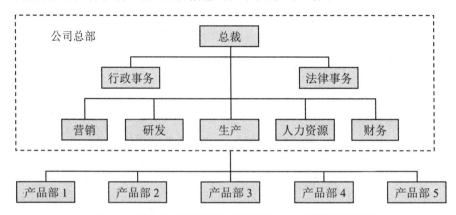

图 13-11 相关约束型多元化战略的合作式多部门组织结构

2)相关联系型多元化战略的事业部式多部门组织结构

相关联系型多元化战略下,组织的有些业务是直接相关的,而有些业务是不太相关的。这就涉及将部分相关业务组合为一个部门的组织结构设计工作,在这种情况下,超事业部(战略经营单位)结构是一种较好的选择,如图 13-12 所示。

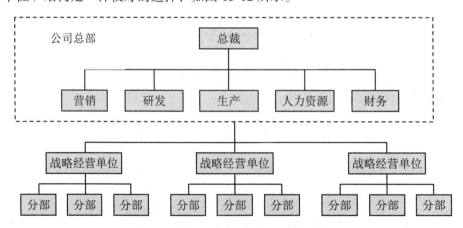

图 13-12 相关联系型多元化战略的事业部式多部门组织结构

在这种结构中,每个战略经营单位(strategic business unit,SBU)都是一个独立的利润中心,拥有较大的自主权。在市场发生剧烈变化时,战略经营单位可以自主决策,并做出相应的反应。

这一结构的问题在于,在整个组织结构体系中增设了一个层级,这无形中提高了管理费用。同时,组织高层在掌握下层信息时存在障碍,跨级的信息传递容易导致信息失真,为此,组织信息平台的搭建显得至关重要。

3）非相关多元化战略的竞争式多部门组织结构

在相关多元化以外，组织还可能采取各种业务之间没有相关性的非相关多元化战略，为此，组织结构也需要与之相匹配。一般认为，非相关多元化战略适宜采用竞争式多部门组织结构。这种结构强调对组织内部不同部门之间的竞争，并利用竞争完成企业资本的分配和控制。实际上，组织的各下属部门都是独立运作的有限公司，这些子公司有些是组织的全资子公司，有些是控股公司，它们在独立经营的同时，只需要对组织总部汇报重大的投资决策，如图 13-13 所示。而总部为了保持其中立性，与各分公司之间通常保持一定的距离，除了对分公司进行必要的经营审计以及对主要管理者建立规范和严格的考核制度以外，对分公司的经营管理采取不干预政策。

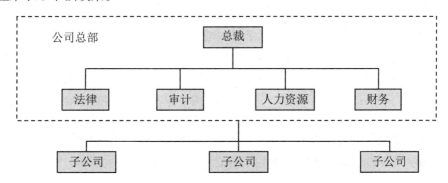

图 13-13　非相关多元化战略的竞争式多部门组织结构

3．组织结构与国际化战略的匹配

随着企业国际化战略的深入，企业在国外开展的业务类型也越来越广泛，企业的不同职能部门也开始不断向国外转移，并最终形成跨国公司。一般来说，组织在进行国际化扩张的过程中，可以采用 4 种类型的组织结构模式：国际分部、国际子公司、全球产品公司与跨国公司。

1）国际分部

国际分部保留了组织在本国的结构形式，而海外的业务统一由国际分部来管理。国际分公司对总部的生产、研发与最终产品具有较大的依赖性，并从简单的复制和转移中获取外部市场上的竞争优势。这种结构的不足是，缺少适合本地区的产品或技术。对于那些地域分布很广但产品差异性程度极低的行业，这种结构是组织国际化的优选结构模式。

2）国际子公司

国际子公司就是通过在国际目标市场设立子公司，以实施区域性经营方针和策略。这样，组织可以根据不同地区的差异，采取合适的经营策略，以使产品更加贴近消费者的需求。为了实施这种战略，组织需要建立地理区域结构，并实行分权化管理，由各子公司负责某一个国家或地区的各种产品的生产经营，公司总部只是通过财务资源的分配来控制国际子公司的运营。

3）全球产品公司

全球产品公司是一种产品分区性结构，它强调公司总部以决策权来协调和整合各个分离的业务部门的决策和行动，是高速发展的公司为寻求有效管理其多样化的产品线而选择的组织结构。全球总部通过将全球产品部门的信息进行加工和集中，一方面协调各个彼此分离的业务分部的管理，另一方面寻求全球范围内的规模经济与范围经济。

4）跨国公司

实施跨国战略的公司既寻求国际本土化战略具有的当地优势，又注重全球战略所带来的全球效率。实施跨国战略的组织结构必须具备集权化与分权化、集合与分化、制度化与非制度化的灵活机动。这些看起来相反的特性必须由一个整体结构来管理。跨国公司具有强调地位和产品结构特点的机制,要实现跨国战略,关键在于建立一个网络,将相关的资源和能力联系起来。[①]

13.2.3 组织结构与竞争战略的匹配

1. 组织结构与低成本战略的匹配

1)低成本战略的特点

(1)全过程性。根据迈克尔·波特的研究,在低成本战略下,企业的目标是要成为其产业中的低成本生产厂商,并且是明确的成本领先者,而不是成为竞争这一地位的几个企业之一[②]。低成本优势可能来源于规模经济、学习与溢出、生产能力的有效利用、价值链内部的联系、整合、时机选择、自主政策等,这也使得低成本战略贯穿了企业价值链中的各个环节。基于此,低成本战略表现出了与差异化战略不同的全过程性特点。具体地说,实施低成本战略的组织必须在内部生产与经营的每一个环节上挖掘成本空间,彻底释放企业的成本潜能。

(2)协同性。成本的挖潜不仅是聚焦于单个的价值模块,同时还要关注不同价值模块之间的联系,通过价值链上的纵向联系和横向联系,挖掘价值链上下游之间作业合并、作业剔除、作业减少的可能性,彻底消除浪费和不必要、非增值作业,从根本上优化价值链上的成本结构、降低组织成本水平。

2)低成本战略对组织结构的要求

(1)集权化。低成本战略全过程性、协同性的特点,要求组织结构具有集权化的特征。在组织内部,不同的零部件的生产一般在不同的班组或部门内进行,各班组或部门之间独立地进行生产往往只会考虑到自己的效益,也偏向于根据自己的工序特点安排生产。这实际上将彼此之间的联系割断了,从而阻隔了生产环节之间的协同,无法充分挖掘生产过程的成本空间。同时,不同职能部门之间也偏向于以自身利益为主,而忽视了整体成本的降低。因此,组织高层必须具有高度集中化的职权,以便对不同的职能部门、生产部门进行协调,最大限度地降低企业成本。

(2)专业化。首先,专业化能够提高工作效率、降低工作成本。低成本战略需要价值链管理与之相匹配,而价值链实际上是分工的产物,同时也随着分工的不断深化而发展。价值链上每一个环节都承担着系统价值提升与成本降低的任务,专业化是提高不同作业环节效率、降低其成本的重要途径。其次,专业化能够使自身作业与外部作业之间的协同点更加清晰,从而找到成本降低的新源泉。从这个意义上说,专业化实际上是推动了组织系统的协同控制,降低了不同生产环节之间的协同成本。

(3)规范化。一是组织内部工作流程的规范化,即通过规范的工作流程,提高工作效率,降低因反复改变、试错而产生的成本;二是部门之间协作方式的规范化,每个部门都有自身的利益要求,如果采用松散的协作模式,必然出现扯皮、推诿的现象,不仅降低工作效率,而且增加了管理协调成本。通过协作方式的规范化控制,可以在很大程度上避免这一问题,使协调成本控制在一个较低的水平上。

---

① 王星雨. 战略管理视角下美国跨国公司在华撤资研究[D]. 北京:中央财经大学,2019.
② 迈克尔·波特. 竞争优势[M]. 陈小悦,译. 北京:华夏出版社,1997.

3）低成本战略的组织结构设计

为了迎合低成本战略的以上要求，更好地服务于组织成本控制的目标，组织结构也需要与之相协调。一般认为，低成本战略对应的就是职能型结构，因为职能型结构更利于机械化的成本控制，而不利于适应市场变化的动态性要求。实际上，在职能型结构之外，流程型结构等组织结构中，现代先进的制造技术和信息技术对组织成本的控制也具有很好的效果。

（1）职能型组织结构。部门内部的程式化可由单一部门来完成，但各部门之间的工作流程和例外事件则需要由上级部门来制定和协调，如图 13-14 所示。同时，由于集中化的决策具有较高的机会成本，一旦失误，将导致较为严重的后果，因此需要设置参谋部门。

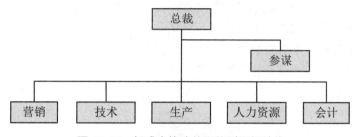

图 13-14　低成本战略的职能型组织结构

（2）流程型组织结构。整个组织以流程化运作，但保留高层的集中控制与协调的权力，如图 13-15 所示。

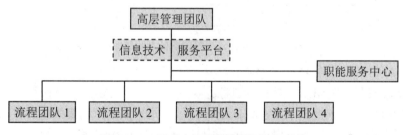

图 13-15　低成本战略的流程型组织结构

2．组织结构与差异化战略的匹配

1）差异化战略的战略重点

差异化战略的核心是使自己的产品在功能、性能、外形、品牌等方面表现出与众不同的特点，从而树立个性化的企业形象。因此，差异化战略的战略重点体现在以下 3 个方面。

（1）研发与设计。当今企业之间的竞争，很多都依赖产品功能、外形等方面的独特性。例如，苹果公司 ipod 系列的独特设计、质感与性能，IBM 笔记本电脑卓越的性能与极高的稳定性等，都是其独具一格、克敌制胜的关键。这使得产品的研发与设计成为差异化战略中的重点，企业需要将核心资源集中在这些部门，以提高研发与设计能力。

（2）营销渠道。随着产品价值向价值链两端的转移，营销成为企业重要的价值增长点，大型企业组织纷纷构建具有自身特色的营销渠道，并通过渠道竞争赢得消费者的青睐。在当今市场导向的企业经营模式下，控制了营销渠道就等于掌握了市场交易中的话语权。例如，前两年闹得沸沸扬扬的国美电器与格力空调之争，就是因为国美电器掌控了直接面向消费者的销售渠道，才使其确立了在与格力空调谈判中的主动地位。

（3）品牌建设。随着市场需求的日益个性化、差异化与多样化，企业组织越来越需要树立自身独特的个性，而企业之间的产品趋同化使得生产环节的个性化空间越来越小，品牌成为组织树立个性的重要途径。利用品牌建设，组织可以使消费者产生依赖，并且进一步提高产品的附加价值，从而巩固组织的差异化优势。

2）差异化战略的组织结构设计

由于差异化战略重点的偏移，使得研发、营销等成为组织中实施差异化战略的重要部门，如图 13-16 所示。在决策与控制权力上，由于差异化战略需要对市场进行快速反应，因此，权力的相对分散就成为实施该战略的组织结构的重要特征。例如，组织高层管理者可以将研发、设计的决策权下放给研发部门经理，而不是事事都经由高层决议。在组织结构的灵活性上，由于差异化战略强调组织对市场变化的即时反应，不同的部门、不同的工作都需要根据市场变动情况进行相应的调整，并不断进行营销与产品的创新，因此无法形成统一而具体的程式化规定，只能做较为宽泛的限定。同时，这也使得组织部门之间进行更多的沟通和协作，必要时，成立临时性项目小组，以便对某些特殊问题进行协同处理。基于以上分析，差异化战略的组织结构更趋有机化。

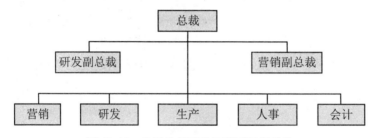

图 13-16　差异化战略的职能型组织结构

3. 组织结构与目标集聚战略的匹配

采用目标集聚战略的组织，其经营目标往往是针对某个特定的细分市场，很难产生规模效应，只能通过内部成本控制手段实现低成本目标。同时，目标集聚战略的组织层级较少，组织结构也不会很庞杂，因此，可以考虑采用简单的组织结构以降低行政成本。随着组织规模的扩大，组织内部的复杂性不断提高，组织也就需要考虑采用职能型结构。

在实施差异化集聚战略的组织中，小批量、灵活性的生产，以及力所能及的研发，是组织实现差异化的重点，也构成了此类组织的核心部门。在营销部门的支持下，企业可以对技术的变化做出快速的反应。在这样的组织中，不宜采用过度正规化与集权化的组织结构，应尽量保持结构的灵活性。

在实施目标集聚战略的组织中，由于规模效应的缺失，使得组织必须在内部成本控制上采用行之有效的策略，并辅之以严格的成本控制规范，以最大限度地挖掘组织的成本空间。目标集聚战略的组织结构如图 13-17 所示。

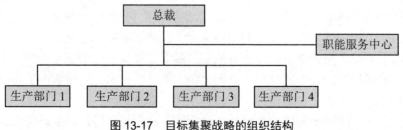

图 13-17　目标集聚战略的组织结构

13.3 组织结构的战略性调整与变革

外部环境的变化要求组织做出适当调整以更好地顺应环境的要求,并对组织运行给予有效的指导。战略随着环境的变化要求组织结构也做出相应的变化。根据环境影响程度的不同,组织结构进行调整的程度也不一样。当外部环境只发生较小变化,或者外部环境的变化没有影响到组织核心部门的运作时,组织结构只需要根据环境变化做出适当调整;当组织结构遭遇外部环境的剧变时,组织结构就需要进行根本性的变革。

13.3.1 组织结构战略性调整

组织结构的战略性调整实际上是组织结构与战略的二次匹配,通过组织结构对战略的循环适应与调整,强化组织结构的优势,规避其劣势。组织应从实际出发,对自身条件和战略实施的特点进行全面审视,对组织结构进行有效调整,使其既满足战略要求,又简单可行。

1. 组织结构战略性调整的原则

1)适应性原则

组织结构的调整是一个动态适应的活动,它需要与战略的变化保持一致,即结构跟随战略。这种适应是一种极为复杂的动态调整过程,它要求组织一方面加强内部管理,另一方面能够不断推出具有适应性的有效组织结构。可以从以下三个层面去理解组织结构对战略的适应性:第一,组织结构应有利于战略的实施;第二,组织的职权安排应有利于战略决策与落实;第三,组织的资源或可能占有的资源应能够适应外部环境的变化。

2)循环性原则

外部环境无时无刻不在发生变化,有时这种变化是无章可循的。为了保证组织运行的有效性,组织的战略与结构都需要根据环境的变化适时地进行调整。其严格的逻辑顺序是:环境的变化使得组织战略进行一定的调整,战略的调整又推动着组织结构的相应变化。然而,没有一个一劳永逸的办法,可以一次性地调整组织结构使其适应所有的战略变化。在日常组织管理中,看似固定的组织结构实际上在不停地发生着变化,比如增加了某个职位、减少了某个职位、员工职权的变动等。这实际上是组织结构为了迎合战略的不断调整而做出的适时变化。换言之,战略的变化会引起组织结构的相应变化,新的组织结构支撑着新战略体系的运行,当环境的变迁导致战略再一次变化时,组织结构又需要进行相应调整。整个战略、结构与环境的变化形成了一个动态调整的闭环,这也体现了组织结构调整中的循环性原则。

2. 组织结构战略性调整的基础与内容

1)组织结构调整前需完成的工作

为了确保组织结构调整工作的有效开展,在组织结构调整以前,需要做好以下4个方面的工作。

(1)确定战略实施的关键活动。组织战略管理中的业务活动有很多,但轻重缓急各不相同。组织应从错综复杂的生产经营各环节中,辨别出影响战略实施的关键活动。

(2)对战略实施活动进行必要的任务分解,即将企业整体战略实施过程划分为若干个战略活动单元,这些活动单元本身能够作为组织架构中的一个部分,从而也就形成了组织结构调整的基本框架。这也在客观上保证了组织战略的首要地位。

（3）明确各战略活动单元的责权。组织战略管理者应根据具体情况，进行适当的权力分配，将部分决策权下放到战略活动单元中，以保障整个战略体系的有效运作。

（4）协调各战略活动单元的战略关系，具体包括：通过构建组织整体权力等级层次实现对各战略实施活动单元的协调；在实施组织整体战略过程中吸收各战略活动单元共同参与，让其在实施过程中相互了解和沟通，从而充分发挥各方的作用。

2）根据战略变化对组织结构的调整

在以上工作的基础上，组织结构需要根据战略的变化做出以下3个方面的调整。

（1）设计组织结构的基本模式。通过对当前组织结构的分析，找出其优势和劣势，在此基础上，对新战略下的组织结构进行重新设计，以更好地规避劣势、强化优势。在组织结构战略性调整的框架下，组织结构的重新设计实际上只是对原有结构的修正或调整，而无须进行革命性的重构。经再设计后的组织结构模式应该能够满足战略的需要。在外部环境变化迅速的条件下，新的组织结构最好具备一定的柔性特征，从而减少后续结构调整的工作，提高结构的抗变能力。

（2）划分管理层级、设置部门岗位。在已搭建的基本组织结构基础上，对组织的管理层级进行划分，并设置相应的部门和岗位，以形成确保战略实施的实力。管理层级的划分不宜过多，以免导致信息传递的不通畅，抬高管理成本。同时，过多的管理层级也会使得组织对外部环境的反应比较滞后，影响组织的战略调整。部门岗位的设置应尽量考虑原有的设置情况，以避免过大的变动影响员工的工作与组织内部的协调。

（3）选择合适的人才。按照科学的程序，结合岗位的具体要求和工作特征，选择合适的员工。人才的选择应充分考虑到岗位的要求，既不能盲目追求高端人才导致增加人力成本，也不能过分降低需求标准以至影响工作效果。特别是在组织的关键岗位上，人才的选择至关重要。

13.3.2 组织结构战略性变革

狭义的组织设计是指组织结构设计，组织变革也相应地特指组织结构变革。一般来说，组织变革起因于内、外部环境的变化，其根本目的是形成一套长期性的、相对稳定的组织结构体系。这就需要与组织的战略相结合，即进行组织结构的战略性变革。以下我们主要从狭义角度，对组织结构变革，即组织变革进行分析。

1. 组织变革的含义

组织变革（organizational change）是组织为适应内、外部环境及条件的变化，对组织的目标、结构及组成要素等适时而有效地进行的根本性重构或再设计。组织变革是组织适应环境变化、保持自身活力的重要手段。组织作为一种开放有机体，必须随着内、外部环境的变化进行相应的调适与改变，以确保组织稳定成长，推动组织绩效提升。

哈默和钱皮在《公司再造》一书中将"3C"，即顾客（customers）、竞争（competition）和变革（change）视为影响组织市场竞争力的三种最重要的力量，并特别强调了变革的重要性，认为"变革不仅无所不在，而且还持续不断，这已成了常态"。换言之，组织变革是组织的经常性工作，需要组织人员长期、反复地进行。同时，一个组织变革的开展并不是终点，它会引起一系列的连锁反应，并可能引发更深远、范围更大的组织变革。

早期组织变革理论学家卢因将组织变革过程分成三个阶段：第一阶段，解冻（unfreezing），即提升变革动机，打破现有组织模式，从不同角度揭示组织变革的必要性；第二阶段，变革行动（moving），即变革策略执行，通过组织技术、人员、职权、组织结构等方面的调整，完成战略导向下的组织变革；第三阶段，再冻结（refreezing），即强化组织新平衡，组织在经过调整以后，能够适应新环境的要求，服务战略执行的基本条件，应保持较为稳定的状态。具体地说，一个组织的平衡包括下列内容：① 有足够的稳定性，以利于达到组织目前的目标；② 有足够的持续性，以保证组织在目标或方法方面进行有秩序的变革；③ 有足够的适应性，以便组织能对外部的机会和要求以及内部的变化条件做出合适的反应；④ 有足够的革新性，以便使组织在条件适宜时能主动地进行变革。

在此基本分析原型下，许多组织理论专家延伸出更贴近企业组织变革治理的变革过程，以约翰·科特（1998）为例，他提出8阶段的变革流程：① 建立危机意识；② 成立领导团队；③ 提出愿景；④ 沟通变革愿景；⑤ 授权员工参与；⑥ 创造近程战果；⑦ 巩固战果并再接再厉；⑧ 让新做法深植企业文化中。

应该看到，组织变革是一个循环往复的活动和过程，不存在一劳永逸的组织变革，组织的"再冻结"只是一个暂时性的活动，当组织环境再次发生变化时，组织必须重新"解冻"，进行新一轮的变革。

2．组织变革的类型

按照组织变革的侧重点的不同，可以将其分成5种类型。

1）综合性变革

综合性变革是指组织对长期发展战略或使命做出调整而引起的组织要素、结构等的变化。战略是一段时间内，组织一切行为的总纲领，是组织员工行动的指南针，当由于外部环境或内部条件的变化而引起了战略的调整，组织要素、结构、人员等必须进行相应变化，以迎合战略的需要。例如，当组织决定进行业务收缩时，就必须考虑如何剥离非关联业务；当组织决定进行战略扩张时，就必须考虑新组织的文化融合、结构调整、人员安置等。

2）结构性变革

结构性变革是指针对组织结构基本要素及组织整体设计所进行的改变。结构性变革包括组织部门的重组、职权与职责的重新分配、组织内部机能的协调、工作的设计等。组织的结构性变革可以发生在以下三个层次：一是系统层次，即对组织的构成要素、内部要素之间的架构关系等进行重新设计；二是中间层次，如组织新部门的设置、原有部门的合并与重组、部门之间职权的再配置等；三是组织基层，主要包括岗位的调整、工作内容或任职条件的变化等。

3）技术主导型变革

技术主导型变革是指针对生产的相关技术系统的调整而做出的组织人员、设备、结构、流程等的变革与修正，这些调整的范围包括工作流程与方法、生产与制造方法、控制系统与信息系统等。随着生产技术、信息技术、网络技术的迅猛发展，企业内、外部的技术条件与环境不断发生变化，这必然要求组织的设备、人员、结构、流程等进行相应的调整，从而引发了整个组织的变革。在技术变革如此迅速的环境中，技术主导型变革日益成为组织变革的主流。

4）以人为中心的变革

以人为中心的变革即通过改变员工的态度、能力与期望等所进行的组织变革。应该说，组织内部发生的一切变革都需要以人员调整为支撑，从这个层面上说，以人为中心的变革是组织一切变革的基础。具体来看，以人为中心的变革既可以涉及少数核心员工，也可以囊括一个大的群体甚至整个组织。一个典型的以人为中心的变革，是使员工对组织的目标和战略产生认同感，并能够为之不懈努力。

5）以任务为基础的变革

以任务为基础的变革主要是针对工作内容、程序与步骤所进行的变革。在任务变革中，主要涉及工作活动的次序与方式的变化，以及所要执行的作业的调整等。一般情况下，任务变革是技术与结构变革的连带活动，当组织需要进行技术或结构变革时，组织的任务必然要进行相应调整。少数情况下，任务变革会独立发生，如服务部门对售后服务流程的调整，仅仅是因为减少了部分的核查工作。

3. 组织变革的阻力

由于组织本身的刚性特征，组织变革往往不会一帆风顺，会存在各种各样的阻力。组织变革中要求变革管理者发现阻力，并通过努力来克服各种阻力。总的来看，组织变革的阻力主要存在于组织结构、业务流程、组织人员、组织文化、组织沟通、变革实施方面。

1）组织结构方面的阻力

组织结构界定了组织要素之间的架构关系及其相互作用方式，它同时也明确了组织分工的方式。组织结构本身存在很大的惯性，当某一组织要素发生变化时，必然会影响到相关要素的作用效果，相关要素必然会反作用于这一变化要素，使其保持原有稳定状态。这使得在影响组织结构的外部作用力不够强的情况下，组织结构会保持原有状态而不会发生变化。实际上，组织结构的这种惯性源自组织结构本身的整体性特征，组织作为一个整体，已经习惯于按既定的方式行事。在一定程度上，组织结构方面这种内部固有的机制可以帮助组织稳定现状，但是对于组织进一步发展却会产生阻碍。

随着组织的不断发展，组织规模不断扩大，工作复杂性也越来越高，往往会衍生出各种有关的结构和系统，此类结构和系统不断生成并相互缠结，最终使组织又不得不依靠它而生存。当某个子系统有变革的必要时，其他子系统就会对其产生作用，阻碍其变化。组织结构所带来的这些变革阻力，使各种变革显得成本昂贵，困难重重。

2）业务流程方面的阻力

业务流程明确了组织开展作业的顺序、进行作业协同的方式和路线。在组织生产方式不断演变、技术变革日新月异的情况下，组织业务流程会经常性地出现不适合现有生产管理需要的情况。例如，经过一段时间的运作，组织内部会产生一些多余的工作流程，不仅耗费资金、占用人力，而且还会降低工作效率。但是，对业务流程的变革也会遇到各种阻力：首先，会受到资源和技术的限制。变革的过程是一个资源耗费的过程，同时也需要相关的技术作为支持，有些组织可能因为无力摆脱这方面的限制而无法开展有效的变革。其次，会产生巨大的沉没成本和机会成本。许多企业拥有大量的固定资产，因为现存的基础设施（如技术及设备）都是之前以巨额投资建成的，如果要进行变革，这些基础设施就可能难以支持新的工作方式，巨额的沉没成本使他们不得不对流程变革思量再三。同时，变革要求组织投入大量的资金，这些资金的投入对于其他项目的开发起到了约束作用，实际上给组织带来了很高的机会成本。最后，变革管理者缺乏信心。业务流程的重新设计和改造可能涉及群体的专业技术知识更新，员工担心自己不具备变革后组织所要求的新技能和知识，这种由于信心不足而产生的对学习的恐惧，会成为变革业务流程的阻力。

3）组织人员方面的阻力

人是组织中最具有柔性的要素，但另一方面，人有时又会成为影响柔性的重要因素。特别是在组织变革中，组织人员可能为变革制造多方面的阻力。一是来自组织高层的阻力。正如彼得·德鲁克指出的，阻碍组织变革的关键在于经理人员理智上可能知道进行变革的必要性，但是感情上跟不上或不能做出相应的转变，因为现在的变革就意味着对自己过去决策的否定。这种思想大量存在于中国企业中，很多高管人员为了维持自己过去的决策，使自己的战略能够得到一贯而有效的实施，往往表现出怀念历史、抵制变革的消极态度。二是出于安全感的需要而产生的抵制。组织内部某些员工习惯了某些工作方式、思维模式后，对未来的不确定性会产生畏惧，从而滋生了对变革的抵制情绪。他们通过守旧来保持所谓的"安全感"，希望通过保持现状来维护自身的地位和利益。三是由于无法看到未来的收益，而对变革进行抵制。这主要来自于两个方面的利益考虑：从个人利益的角度来看，个人在组织中的权力和地位是通过其努力获得的，而每一次大的变革都会带来一些不确定性因素，使其权力或地位变得不确定，因此他们不会积极提倡变革；从组织利益的角度来看，变革本身就是一个风险极大的投资，变革之后的组织运行状况是否一定好于变革以前，组织高层并不能给出完全肯定的答案。

4）组织文化方面的阻力

随着企业的发展，企业需要不断加强内部企业文化的建设工作，使企业员工形成较为统一的价值观念和规范要求，从而有效地带动了内部凝聚力的提升，零散的观念和规范也逐渐形成群体的组织文化。而随着组织的持续发展，组织中对于相应文化的应用逐渐增多，也就使得当前的组织文化越来越走向统一化和单一化，企业内部员工对于相应文化的认同感加深，就使得这种组织文化在后期组织变革过程中难以改变，同时，这种组织文化也会对员工的思想产生一定的负面影响，从而对企业组织变革产生阻力，甚至可能严重影响企业组织变革的顺利开展。

5）组织沟通方面的阻力

信息沟通是产生组织变革阻力的重要原因之一，现有研究表明，企业内部资讯中有相当一部分的来源都是非官方的，主要是来自于企业员工之间的传闻，信息不具有权威性，而阻力往往是由于消息传播的失真、过滤或中断。另外，在传递信息的过程中，传递方和接收方的有效信息转化效果也会影响到整个交流过程，因为在庞大的信息流中，组织的交流是无法进行有效的传播的，事实上，他们会选择接受自己认为最好的或有利的信息，而忽略掉一些可能更为关键的消息。这些因素会直接影响到成员获取组织变化的信息，妨碍它们顺利地传递，造成团体对组织改革的执行不力，还会造成对组织改革的误解，从而引发其抵制组织变革。

6）变革实施方面的阻力

企业在组织结构改革方案设计好以后，往往会在如何实施这个环节出现很多问题，对于谁来执行、谁来负责、谁来监督等问题不断发生分歧，因为对于企业来说，稍有不慎就会带来巨大损失。组织结构变革不但要做员工的思想工作，企业创始人以及高层管理者自身的思想意识也要进行转变，这是比较难的，而且很多的高层管理者之间都有千丝万缕的联系，他们不可能去打破自己的利益团体，这对组织结构变革来说，难度也更大。即便这些高管同意进行改革，但又因为他们是负责推进组织结构改革的一方，因此在改革过程中他们起不到真正的监督作用，反而会使组织结构改革变得混乱，甚至难以继续。

4. 消除组织变革阻力的对策

通过以上对组织变革阻力因素的分析，现提出克服变革阻力的 6 项措施，可从不同角度推动企业组织的有效变革，以使企业组织更好地适应快速多变的外部环境，增强自身的市场竞争力。

1）设计弹性的组织结构

以内部专业化分工为基础的传统组织结构，层级多、分工细致、员工工作内容单一，极易养成个体惰性和群体惯性，从而增强变革的阻力。通过设计出具有高度弹性的组织结构，将有效地解决这一问题。所谓组织结构的弹性，是指组织结构在应对环境变化时，能够灵活地做出调整。要实现组织结构弹性，就必须打破专业分工和等级制的组织结构，减少管理层次和职能部门，强化内部信息交流与沟通，突出平等、速度与效率，以团队结构取代层次结构，按照生产的过程或顾客的需要而不是按照职能来进行组织，从而形成以工作小组、团队为基本单元的组织结构。德鲁克曾把这种具有弹性的组织比喻成一个交响乐团，在乐团中只有一个最高指挥，其成员都是各种类型的专家，各成员的地位、工作方式都是平行的，共同的组织目标把他们联系起来，使乐队能够有序演出。组织结构的弹性能够使组织更好地应对市场的变化，以更快的速度发出行动指令，并解决相应的组织问题，在信息传递上也更具灵活性和迅捷性，从而较好地推动组织变革。

2）更新管理者的观念

企业组织的变革，首先要求组织管理者的观念更新。作为企业组织变革的发起者和推动者，管理者对组织能否通过变革实现组织"渴望达到的平衡状态"担负着重要责任。管理者的观念和对变革的态度从一定程度上决定了员工参与变革的程度以及组织变革的执行情况。按照传统观念，管理者的职责是指挥和命令下属去完成工作任务，而自己高居于团队之上；或者在推行变革的时候，管理者认为变革是理所当然的，员工应该积极参与变革，尤其是当变革的目的是提高生产效率和员工的收益时。对于管理者来说，这些观念必须予以更新。首先，知识经济时代的员工更注重工作中的尊重和自我价值的实现，当变革开始的时候，管理者必须摈弃指挥和命令的高姿态，而采取说服的方式鼓励员工变革，并在变革中给予员工帮助和指导；其次，由于立场不同，员工和管理者对于变革的看法可能会存在重大差异，或者说由于员工自身角色的局限性，而对本来有益的变革存在心理上的不满。例如，当高级管理人员将实施新技术看作是生产力提高的原因时，实际操作人员可能更关心这些新机器将会怎样影响他们的常规工作。因此，管理者应该充当好"信息传递者"的角色，向员工传达有关变革的完整信息，从员工的立场出发告知其变革的益处，从而消除员工的心理抵御和部门的抵制[1]。

3）让员工参与变革

早在 1948 年，科克和弗伦奇就通过组织变革的试验证明，让员工参与变革过程将会使变革中的阻力显著减少。当组织中的员工对于变革认识不清楚，从而产生迷惘、不确定性、风险、威胁等心理感受时，员工对变革的认同感就会大打折扣，组织变革就会出现阻力。通过创新性组织文化的培育，使员工形成不断学习的习惯、创新的意识和变革的观念，从而在观念上接受变革；而通过对变革过程的参与，则让员工从实际行动上减少对变革的抵制。在让员工参与组织变革的过程中，变革推动者和管理者要注意以下 5 点：① 沟通。让员工充分了解到变革的理由、目标和流程。② 参与计划制订。让有关员工参与变革计划的制订，

---

[1] 陈春花，张超. 组织变革的"力场"结构模型与企业组织变革阻力的克服[J]. 科技管理研究，2006（4）：203-206.

使他们对变革有发言权。③ 促进与支持。变革推动者可以提供一系列帮助来支持员工的变革。④ 奖惩结合。及时对变革的先进单位和个人予以奖励，在组织内部形成积极向上、勇于变革的氛围。⑤ 利用群体动力。注意使个人、群体和组织的变革目标相一致，运用群体的归属感和凝聚力激发员工对变革的参与[①]。

4）培养创新型组织文化

组织文化反映了企业组织的价值导向和经营理念，不仅代表了现代组织发展的精神向导，同时还是员工共同价值观和外在行为方式的基础。组织文化对于组织的影响是多方面的，包括组织行为、员工的工作态度与热情、员工处理问题的方式与方法、组织的基本规章制度等。培育一种创新型的组织文化，能够在组织内部鼓励变革与创新，并减少组织变革的阻力。许多组织变革难以实施，其根本原因就在于组织员工害怕创新所带来的不确定性，不愿学习新知识，而创新的组织文化将引导组织成员接受新观念、学习新知识、敢于冒险和超越自我。通过创新性组织文化的培养，一方面能够塑造创新和知识共享的文化环境，包括相互信任、开放式交流、不断学习、共享与开发企业的知识运作机制、享受知识管理过程；另一方面能够强化"以人为本"的理念，即以人为中心，强调人和事的统一发展，注重开发人的潜能，特别是注重人的智慧、技艺和能力的提高与人的全面发展，以充分调动员工的积极性和创造性。

5）制定标准化交流体系

为了建立清晰的交流渠道，确保上下级、部门之间的信息交流，必须采取下列步骤：通过组织所属的党、团、工会组建的舆论信息网，对各部门在机构改革期间的工作职责进行统一的管理，并将其纳入绩效考评。根据舆论信息网的工作原则，要以书面形式对信息采集主体、对象和途径进行清晰的界定。例如，为将组织变革的阻力和外界的影响情况与企业的组织改革参与者进行及时的交流，各种组织（职能部门、党支部、团支部、工会）和各类群体等需重点收集信息，转化舆情，通过建立标准化的信息传递系统，就能保证变革的信息能够高效无误地传达下去，确保组织内部的通力合作。

6）加强组织变革过程的评估

为了保障组织变革的顺利开展和高质量落实，企业在不断推动企业组织变革的过程当中还要对企业的整个组织变革过程进行实时的评估工作。科学的评估工作可以及时发现企业组织变革过程中存在的问题，从而制定更加有效的改善措施，以保证企业组织变革工作内容的科学性和合理性，降低企业组织变革过程当中存在的风险，从而提升企业组织变革的质量，最终促进企业战略变革的阻力消除，并推动企业持续发展。随着企业内部组织变革过程中的评估分析工作不断推进，企业内部员工可以实时了解企业内部组织变革的情况，特别是让员工们了解已调整变动的短期改革目标和阶段性结果，以便在取得阶段性的成绩时，能够极大地提高企业全体成员的自信心和成就感。

13.4　企业间关系的组织结构创新

理论与实务界的相关人员习惯于将组织结构设计的视角限定在实体组织内部，认为组织结构就是企业组织内部各有机组成要素相互作用的方式或形式，它对外表现为不同要素相互

[①] 陈春花，张超. 组织变革的"力场"结构模型与企业组织变革阻力的克服[J]. 科技管理研究，2006（4）：203-206.

联结的框架。应该说,这只是对组织结构内涵的狭义理解。随着组织资源整合范围由内向外地拓展,外部协作成为组织运行中的重要力量,也推动着组织从单一竞争战略向竞合战略转变、从由内部寻求高效管理向在外部追求协同效应转变。组织开始越来越依赖外部力量来发展自身实力,越来越追求整合作用下的外部规模经济。确切地说,组织不仅重视内部管理与运营,同时也强调通过企业间关系管理以提高组织的市场竞争力。因此,从广义上来看,组织结构也包含了组织与其他相关组织的联结方式。与实体组织内部视角相比,企业间关系视角下的组织结构发生了层级化向网络化、部门化向模块化、原子化向生态化的3大转变(见表13-1)。

表13-1 传统组织结构与企业间关系视角下的组织结构比较

比较的要素	单一企业的组织结构	企业间关系下的组织结构
结构模式	层级化	网络化
结构构成	部门化	模块化
结构范式	原子化	生态化

13.4.1 协同化战略与组织结构网络化

1. 何谓协同化战略

协同一词由德国物理学家赫尔曼·哈肯于1971年提出,并于1976年系统地论述了协同理论,发表了《协同学导论》等著作。协同理论认为整个环境中的各个系统间存在着相互影响而又相互合作的关系,社会现象亦如此,如企业组织中不同单位间的相互配合与协作关系,以及系统中的相互干扰和制约等。

协同是经营者有效利用资源的一种方式,它使公司的整体效益大于各个独立组成部分总和的效应,一般被表述为"1+1>2"。在组织间关系作用下,协同效应可以同时在组织内部和外部达到。

伊戈尔·安索夫首次向公司经理们提出了协同战略的理念,他认为协同就是企业通过识别自身能力与机遇的匹配关系来成功拓展新的事业,协同战略可以像纽带一样把公司多元化的业务联结起来,即企业通过寻求合理的销售、运营、投资与管理战略安排,有效配置生产要素、业务单元与环境条件,实现一种类似报酬递增的协同效应,从而使公司得以更充分地利用现有优势,并开拓新的发展空间[1]。

从价值生成的角度来看,协同效应可以分割为3个方面的作用[2]。

(1)共用效果。组织的实体资产和隐性资产在组织之间能够同时为多种不同的业务单元所共享与共用,从而产生协同效应,即因共享与共用而节省或因共享与共用而增值。

(2)互补效果。互补效果是两种以上的资源组合后的增值(2+ΔV,1+1>2)或"保值"(1+1=2),它主要是通过对可见资源的使用来实现的。

(3)同步效果。通过建立同步协作系统,使组织间加强信息交流与共享,建立战略合作伙伴关系,从而实现产业链协同,是企业获得协同效应的必不可少的一个环节。

2. 外部协同下的组织结构网络化

从组织间关系角度来看,组织实体资产、隐性资产与外部的协同是组织竞争力的重要来

---

[1] IGOR ANSOFF. Corporate strategy, an analytic approach to business policy for growth and expansion[M]. NewYork: Mcgraw Hill, 1965.

[2] 邱国栋,白景坤. 价值生成分析:一个协同效应的理论框架[J]. 中国工业经济,2007(6):88-95.

源。在外部协同作用下，组织资源的整合方式会发生相应转变，即向有利于外部协同的方向调整。同样，组织结构也需要进行相应的变化，以迎合资源整合方式调整的需要。从内部来看，组织结构仍然保持纵向金字塔型的权力架构；从外部来看，组织结构出现了横向延展，即与其他相关组织进行横向协调。在内部纵向权力架构和外部横向协调模式的双重态势下，组织结构呈现出网络化的特征。需要指出的是，组织结构的网络化与网络组织并不是等同的，前者描述的是组织结构的基本状态，后者则涵盖了组织的网络化运行机制。

组织结构的网络化模式具有不同于传统的如下 3 个特点。

1）富有活力的节点

Z 理论的提出者威廉·大内指出："我理想中非常有效和完全一体化的企业是根本没有组织图、不分部门、没有明显结构的企业。从某种意义上说，用技术娴熟的篮球队来形容这种企业最合适不过了。一支篮球队所面临的问题是非常复杂的，问题出现的速度非常快。但是，一支有实力的球队解决这些问题不用正式请示报告，位置和任务只有最低限度的规定范围。"他所描述的正是组织结构的网络化模式。其中，单个队员就像一个员工或部门，他们具有很大的自由度，也因此而构成了组织结构的节点，组织对于他们的职责限定非常宽松，给予他们充分的自由发挥空间，以使得他们能够更快、更好地应对组织内、外部的不确定性。

2）超越格栅的管理联结

在组织结构的网络化模式下，传统组织里原隶属于某一职能范围的个人或群体逐渐演化为富有活力的节点。与之相适应，原有管理联结个人或群体的矩阵格栅式的结构也发生相应的变化。矩阵被分散，以便允许单位和个人能在网络中自由地活动，承担起他们所选择的责任，并利用内、外部资源和信息来完成他们自己的任务。[①]正如韦尔奇所说："如果你找到合适的人，让他们有机会施展他们的才能并给予报偿，你就几乎没有必要去管理他们。"这一管理联结模式贯穿了组织内部的各个部门以及组织与外部的联结，使组织资源的利用及其与外部的协同都是在高度自主性的情况下完成。

3）自由灵活的动态调试机制

网络化组织结构是一个开放而灵活的系统，一方面与外部环境保持着广泛的知识与信息交换；另一方面，能够对环境的变化起到缓冲的作用，使环境变化而带来的不确定性内化为无形。从组织结构设置来看，富有活力的节点提供了大量可以调控的对象，超越格栅的管理联结提供了调控的手段。在组织内部，各种节点可以根据组织任务、价值创造等各类需要进行暂时的和不稳固的管理联结。由于这些联结的相对独立性与多样性，组织可以任意使用这些联结而不需要付出过高的成本。从组织机制安排来看，组织结构的网络化模式中引入了市场机制，系统资源的调配与使用、组织与外部相关组织之间的协作等，都是通过市场机制完成。这种市场内化的运行体系，能够很好地避免过高的行政成本，并极大地提高系统运行效率。

3. 组织结构网络化中的组织间联结柔性化

随着组织结构的网络化，越来越多的实体组织开始建立整合平台，以完成与相关组织的对接。通俗地说，整合平台就是用以联结具有相关关系的不同组织之间的业务、流程、技术的基础设施、信息技术、人力资源、部门设置等的总称。就目前来看，很多大型组织都建立了整合平台，以便更好地与供应商、顾客等完成供应链的整合。但现有平台普遍存在投资大、

---

① 任浩. 企业组织设计[M]. 上海：学林出版社，2005.

调整难的问题,一旦投入,将只能用于特定业务的整合;当业务类型或整合对象发生变化时,平台的整合效果将大打折扣。换句话说,一旦组织间关系发生变化,平台将成为组织的沉没成本。基于此,我们应该使组织间联结结构具备柔性化特征。

柔性化的联结结构下,组织间的信息传递更加通畅、更加及时,公共知识更便于在组织间进行扩散与传播,组织也能够更好地发挥自身的优势、避免自身的劣势,并与其他组织实现更有效的联结。

具体来看,柔性联结结构的构建依赖于以下三个方面的工作:一是在每个组织中设置相关部门,专门负责组织间的联结问题;二是签订较为灵活的协议,针对不同的问题给出灵活的规定,以充分考虑到各种变化因素的影响;三是设立专门的协调部门,以统一协调联盟内部的事务,该部门可以由联盟内的核心企业负责,也可以由各企业联合组成。

13.4.2 外部化战略与组织结构模块化

1. 外部化战略的发展与战略平台构建

外部化战略起源于大型组织的业务聚焦。业务聚焦即将核心资源聚焦于少数核心领域,而将非核心业务剥离出去。例如,英国帝国化学工业公司出售了其制药业务,集中经营化工产品业务;联合利华则出售了它的化工产品业务,聚焦于清洁产品业务。随着非核心业务的剥离,组织需要依赖的外部资源与业务量也越来越大,从而催生了组织的外部化战略。

这样看来,组织的外部化战略包括两个层面的内容:一是组织非核心业务的外包,即由内向外的转移;二是对外部资源的利用与共享,即由外向内的吸入。从第一个层面来看,在市场竞争日趋激烈、环境变化不断加速的情况下,组织本身无法承担庞杂的机构和巨额的管理费用,无法对外界的变化做出适时调整。将非核心业务外包出去,能够在很大程度上减轻组织的成本负担,提高管理效率,同时还能够发挥核心资源的集聚效应,使组织呈现更加高效的资源利用模式。从第二个层面来看,组织利用自身发展自身的时代已经一去不复返,外部资源成为提高组织竞争力的重要力量。利用组织间关系的作用,组织可以在不花费过多成本的情况下,充分共享相关组织所拥有的资源。

实际上,组织间关系的作用就好比一个缓冲带,它能够很好地消化外部环境的动态性,并有效地结合各企业组织的资源优势,以完成联盟动态平台的构建。基于组织间关系的外部化战略平台构建需要从以下两个方面入手。

1)建立联合竞争情报系统

对于组织联盟来说,联合竞争情报系统的建立与应用具有重大意义。随着联盟的兴盛,现代市场竞争的主体由单一企业组织转变为组织联盟,在协同运作的联盟中,内部优势和薄弱环节、外部威胁和市场机会的分析需要大量的竞争情报。通过竞争情报的收集,联盟内的各个组织可以及时发现市场机会与威胁、对手的相关行动等,从而可以及时、有效地采取对策。而通过建立联合竞争情报系统,组织联盟中的任何成员收集的信息都可以共享。同时,不同成员之间可以进行情报收集的分工与协作,以便更高效地完成情报收集工作。因此可以说,联合竞争情报系统的建立是组织间关系视角下组织外部化战略的基础。

2)建立外部动态协调机制

在动态的环境中,组织经营的宏观环境时刻在发生变化,顾客的需求在不断变化,组织联盟中其他成员的实力与资源条件也在不断变化,这势必影响到联盟中组织协调机制的作用效果,使组织间的整合陷入被动与低效率,因此,组织间的协调机制应该是动态的,建立动态协调机制是组织外部化战略有效实施的重要保障。

2. 组织结构模块化[①]

外部化战略的重点在于如何有效整合外部资源，如何让不同决策主体更好地协作。从组织间关系协同角度考虑，我们认为，模块化运作模式是外部化战略下组织结构的必然发展趋势。

1）组织结构模块化的原理

正如前面章节中指出的，模块化理论突出的是以传统结构的解构与整合来重组企业内部的组织结构，通过组织结构模块化，使企业更具灵活性和创新性。组织结构的模块化包含两个层面的内容，一是职能单位的模块化，即横向结构的模块化；二是经营单位的模块化，即纵向结构的模块化。职能单位的模块化一方面体现为职能基因的重组，另一方面则是一种企业与市场的融合，通过外包等手段实现模块化。典型的职能单位模块化，如近几年发展迅速的人力资源外包，利用人事外包模块，不仅降低了企业人力成本，同时减少了企业负担。经营单位的模块化就是把企业的各种能力基因重新组合，使之成为具有极强市场竞争能力的企业基因组，使企业在隐性知识、资源、产品、顾客和服务等方面更具优势，重新定义或创新企业的商业模式。

2）组织结构模块化设计

组织结构即组织内部的各种有机要素及其相互之间的架构关系，组织结构设计旨在设计出科学、合理的组织构成要素及结构网络，以便更好地维持组织的运转。模块化组织随着模块化技术及产品的产生而演化发展，是模块化时代的衍生物。组织结构的模块化设计立足于两个目标：① 迎合模块化生产的发展，更好地协调模块化技术；② 使组织结构在历史变迁的路径上进一步得到改进与优化。

组织结构模块化设计包括主导模块、职能模块、经营模块的设计及各模块之间的架构关系设计。设计的宗旨在于保持各子模块独立运转，并维持组织结构的系统性和整体协作。因此，结构关系元素和岗位职能元素就是组织结构模块化设计的关键要素。结构关系元素是模块化组织整体结构搭建的细小微元，它构成了组织架构的最小可细分单位，界定了组织能力要素和岗位要素之间的关系；岗位职能元素是界定组织内不同岗位及其相应职能的单位，这些元素的有机结合，构成了模块化组织中的子模块。子模块之间的架构关系设计其实就是合理整合各种结构关系元素的过程，这一过程的完成意味着组织框架搭建完毕。主导模块、职能模块和经营模块的设计也就是将各岗位职能元素有效整合的过程，不同的元素及其之间的不同组合形成了不同的任务和职能。模块化组织结构设计的效果从纵向看应该有利于统一指挥，从横向看应该有利于协调合作和生产经营的独立性，从而使模块化的作用得以充分发挥。

13.4.3 平台化战略与组织结构生态化

1. 平台化战略及其实施关键

互联网平台是一种居中撮合、连接多个群体以促进其互动并实现自身盈利的市场组织。其特征是为不同客户群之间的互动提供物理或虚拟场所，提供居间服务，维持平台秩序。企业通过构筑各类创新型业务应用平台，可以在全球范围内整合多方资源，同时，平台型组织正逐步成为数字经济生态系统的关键环节。这些平台借助网络经济优势，依托其在核心业务市场上的优势向其他领域渗透，最终构筑起以各自核心业务为根基的数字经济生态链。成功

[①] 郝斌，任浩. 组织模块化设计：基本原理与理论架构[J]. 中国工业经济，2007（6）：80-87.

的平台化战略需要做到以下3点。

（1）开放。平台化战略强调要打破封闭，走向开放。开放性是平台的天然特性，只有开放，才能让更多的主体参与进来，才能发现更多的合作伙伴，缔结广泛的、紧密的合伙关系。当然，这种开放性又需要平台具有相应的准入和退出机制，确保平台参与者的质量。平台的开放性将逐渐消除企业与企业、企业与用户之间的边界。

（2）互动。平台内各主体间的互动关系呈现出双向、网络化、放射性的特征。正是因为这种互动关系的复杂化、互动量的规模化，能够给平台带来更高级的商业繁荣，创造更大的市场和商业价值。另外，平台内的各主体就像平台的神经细胞，与外部环境连接，形成平台与外围环境的广泛互动。

（3）共赢。共赢是平台化运行的前提，只有平台参与者借助平台满足其所需，获得收益，平台才具有黏性。同时，共赢也是平台化运行的结果，平台构建了一个多边市场，各主体在市场交易，创造价值，促成平台的繁荣，平台制造者及各个伙伴将会共享市场繁荣带来的收益。

2. 平台化战略促进组织结构生态化

平台化战略的重点在于如何有效连接外部关系，使企业与伙伴组织能够更好地共同演化。事实上，新兴互联网平台依托技术、计算、数据、用户规模等优势，已经成为平台运营规则的制定者、平台运营秩序的维护者和平台数字生态系统的承载者。因此，参考组织生态学的相关观点，我们认为，生态化运作模式是平台化战略下外部组织结构演化的重要趋势。

商业生态系统理论认为，所有企业与组织都应将自己看作商业生态系统的组成部分，其中的每个成员都与整个系统同呼吸、共命运，系统中的成员都是联系在一起的。[①]具体而言，商业生态系统是以组织和个人的交互作用为基础的经济联合体，这些组织包括供应商、生产商、销售商、市场中介、投资机构、政府、顾客等群体。商业生态系统这种战略思想借喻于自然生态系统，要求企业把自己看作一个更广泛的经济生态系统和不断进化的环境中的一部分。这意味着战略制定不再是一个企业内部的事情，必要时它应当与其相关的企业网络成员共同完成。

商业生态系统的微观结构可以分成生产者、消费者、分解者和市场四个单元，各单元发挥着各自的功能。生产者即企业，是产品和服务生产的经济单元，其功能是将生产要素资源转变成产品，其基本特点是改变物质形态，提高物质对人类的有用性，创造物质的附加值。消费者是产品和服务使用和消费的经济单元，其功能是将企业的产品转变成劳动力、知识等生产要素和发展能力，其基本特点是改变物质和精神服务的形态，产生知识、技术和人类延续和进化的能力。分解者是处理企业和消费者产生的废品物资的经济单元，其功能是将废品物资收进和处理并归还大自然，其基本特点是维护人类生存环境的"绿色"，保持自然生态系统的平衡，促进人类可持续发展。市场是企业之间、企业与消费者之间、企业与分解者之间进行物质交换的场所，其功能是在各经济单元之间进行物资、能源、资本、劳动、知识、技术、信息等商品与生产要素的等价交换，其特点是促进社会财富流动和优化配置，维持商业生态系统的价值平衡。

平台是一个可供商业生态系统各个微观结构循环流通的商业圈子，或者说，平台的目标就是要打造一个良性的生态系统，各主体处于生态系统中的不同位置，按照相应的平台规则和机制互动、交易。平台通过优胜劣汰和自我净化，提高平台参与者的质量。同时，平台还

---

① MOORE J F. The death of competition: leadership and strategy in the age of business ecosystem[M]. NewYork: John Wiley & Sons, 1996.

需要通过不断调整、进化，持续保持生态稳定性和先进性。作为平台的所有者，则需要清楚自己在平台的各个成长阶段的使命和作用，通过实施正确的平台化战略，有效促进和维护平台的长远发展。

本章小结

1. 组织结构是指组织内各构成要素以及它们之间的相互关系，是对组织复杂性、正规化和集权化程度的一种量度，它涉及管理幅度和管理层次的确定、机构的设置、管理职能的划分、管理职责和权限的认定以及组织成员之间的相互关系等。

2. 组织结构形式多种多样，有直线型、职能型、直线职能型、事业部型、矩阵型、网络型、流程型、立体多维型等。组织结构是保证战略实施的必要手段，企业经营层战略所采用的组织结构一般是职能型。同时，根据竞争战略的经典划分，以及不同的功能和组织特点，可以将职能型组织结构划分为低成本战略的职能型结构和差异化战略的职能型结构。

3. 企业战略可以划分为公司层战略和竞争战略。其中，公司层战略包括一体化战略、多元化战略和国际化战略三种类型；竞争战略包括低成本战略、差异化战略和目标集聚战略三种类型。钱德勒的研究表明，企业战略和组织结构的关系是战略决定结构，结构追随战略，战略具有前导性而结构具有滞后性。不同的战略需要不同的组织结构与之相匹配。

4. 组织变革是组织为适应内、外部环境及条件的变化，对组织的目标、结构及组成要素等适时而有效地进行的根本性重构或再设计。组织变革包括综合性变革、结构性变革、技术主导型变革、以人为中心的变革和以任务为基础的变革。组织变革中会出现组织结构、业务流程、组织人员、组织文化、组织沟通、变革实施等方面的阻力，为此，组织需要设计弹性的组织结构、更新管理者的观念、让员工参与变革、培养创新型组织文化、制定标准化交流体系和加强组织变革过程的评估。

5. 从广义上来看，组织结构也包含了组织与其他相关组织的联结方式。与实体组织内部视角相比，企业间关系视角下的组织结构发生了层级化向网络化、部门化向模块化、原子化向生态化的三大转变。

关键概念

组织结构（organizational structure） 战略实施（strategic implement）
公司战略（corporation strategy） 竞争战略（competitive strategy）
匹配（matching） 调整（adjusting）
组织变革（organizational change） 阻力（resistance）
企业间关系（inter-organizational relationship） 创新（innovation）

思考题

1. 组织结构的内涵是什么？试说出几种主要的组织结构类型及其特点。
2. 钱德勒提出的关于战略和组织结构的关系内容是什么？
3. 当组织实施竞争战略时，需要从哪些因素考虑来设计组织结构？当组织实施国际化战略时情况又如何？

4. 什么是组织变革？其出发点和基本原则是什么？

5. 组织变革的过程包括哪些内容？其中会出现哪些阻力？应如何消除这些阻力？

6. 从组织间关系角度来看，组织结构呈现出哪些新的发展趋势？这些趋势的特性分别是什么？

7. 有人认为："随着市场竞争的加剧，企业和企业的边界在逐渐消失，产业和产业的边界也在逐渐消失，因此，无论是企业战略的选择，还是战略实施方案，都不能受制于组织结构和边界的约束。"你对这种观点有何种看法？请阐述你的理由。

 案例讨论

广汽集团在变局中求发展①

转型升级，势在必行

2018年8月，广西汽车集团成立六十周年的庆典活动正如火如荼地进行。在庆典热闹景象的背后，花甲之年的广西汽车集团却正遭遇着一场全行业都在经历着的市场大变革。受宏观经济增速放缓、中美贸易摩擦、消费者信心下降、房地产挤出效应等多重因素综合影响，2018年汽车市场整体增速由正转负，曾经傲视全球的中国汽车市场首次呈现了低迷的状态。在汽车市场遭遇重大转折的关键点上，如何在变局中求稳定、求发展，成为摆在公司面前的一道难题。

该怎么样带领集团走出困境？公司上至董事长下至普通员工没少费脑筋，作为战略规划部总监的老李也一直在琢磨这件事。在一次研讨会上大家争得不可开交时，老李"噌"的一声从座位上站起来，大声地说："大家别吵啦，听我说一说。传统汽车的赛道已经很拥挤啦，咱现在进去已经竞争不过别人了！咱们同行都在开始造新能源车，尝试汽车金融、汽车贸易、汽车后市场等新业务，这些新领域才是咱们弯道超车的机会！只有布局新业务，才能找到咱自己的竞争优势，否则只能慢慢被市场淘汰。"

老李发完言后，全场安静了，董事长韦宏文也站起来，沉着冷静的说到："客观地来说，新能源汽车产业是典型的短时间、大资金运作模式，而我们集团靠自身滚动发展，积累的资金有限，支撑不了新能源整车业务。况且新能源汽车关键总成技术路线多、更新换代快，咱们集团从事新能源开发的研发人员仅十余人。我们自身有经营困境，且已经在新能源产业方面落后于竞争对手，咱要想单纯依靠自身积累发展已无可能。但老李有一点说得对，那就是我们得求变！危机也是转机，市场环境不好逼着我们变，那我们就积极地迎接变化，不能因为困难多，我们就不去改变，咱企业要想发展不是都得经历困难吗？我支持老李，发展新业务，造我们自己的车，这事儿不能再等了！"董事长说完，在场所有人陷入了沉思，但慢慢有几个人表态赞同董事长的观点。

经过数次激烈的辩论，集团高层们达成了一致共识：如果固步自封，那么广汽集团无法参与激烈的市场竞争，只能靠吃政府补贴勉强维持，然后逐渐衰落。不求变，只有死路一条！

立足市场，制定战略

确定了要变革的方向以后，又引出了更多新的问题：往什么方向变？广西汽车集团现在

---

① 案例来源：张琦，侯玥，屠梦玉. 从广西汽车集团（原五菱集团）看传统国企如何在变局中求发展[DB/OL]. 中国管理案例共享中心，http://www.cmcc-dlut.cn/Cases/Detail/5353，2020.

的主营业务就是汽车零部件，短期内要拿到整车生产资质非常困难。发展新能源车可以作为中长期战略规划，在经营已经比较困难的现阶段，以较小的成本迅速盈利，成为广西汽车集团的短期最佳选择。

正为这事儿苦恼的新产品开发部王总监的一个小发现，帮助了整个集团。王总监的女儿生日，老婆打电话让他下楼拿蛋糕，他看到快递员从快递盒里小心翼翼地拿出蛋糕，说："我怕你的冰激凌蛋糕化了，紧赶慢赶地骑过来，你快检查一下。"老王拆开厚厚的隔热包装，看到蛋糕完好就让快递员去送下一单。送走快递员后他心想：夏天到了，我们可不可以推出可以放冰激凌、雪糕的冷藏车？

老王赶紧向董事长汇报了这个想法，两人一拍即合。董事长赶紧召集生产制造部、技术中心、销售公司等各部门的经理一起讨论可行性。老王提的开发冷藏车的设想得到了在座同事的一致同意。于是在 2018 年的 9 月，集团从各个部门抽调人才，组建了一个专用冷藏车的项目部。

调整架构，产品导向

2018 年 9 月，专用车项目部生产的第一台冷藏车上市了。因为采用自己生产的零部件组装而成，这款冷藏车市场价较低，迅速获得市场青睐。这一好消息非常提振士气，于是，环卫车、物流车等更多专用车车型进入市场，专用车项目部短时间内收获了非常多的订单。

这时，矛盾出现了。集团当前的组织结构形式是以直线职能型为基础，所以具有部门之间协调不力、横向沟通困难、市场反应迟缓的先天不足。这种模式导致业务流程不畅通，响应市场与客户需求的速度缓慢，往往客户下了订单以后，需要有一大串烦琐的流程要走，十分影响运营效率。老郑作为人力资源部的老专家，发现了当前集团的组织架构不能适应新业务的发展，于是提出要尝试建立专用车事业部。在老国企中推行事业部的想法激起了千层浪，有多少人支持欢呼，就有多少人坚决反对。一时，老郑被推到了风口浪尖。

进行事业部制改革的消息传遍了公司上下，对于到底是和风细雨地温和改革，还是完完全全地重塑架构，大家心中充满了纠结和忐忑。温和派的方案是只将业务模块划分成事业部的形式，将职能部门中与产品模块相关的业务放到事业部内部。其他的职能部门变化不大，是较为保守的优化方案。另一种方案的改革力度更大，主要思路有两个关键点。一是调整企业的组织机构，使其能够更加贴近市场，将与市场响应密切相关的职能调入生产单元，实现职能闭环管理。二是将各个职能部门精简优化，职能部门能随业务变化、职能调整，及时"瘦身"优化。但这一方案涉及的人事和工作流程变动巨大，员工们能否适应快速响应市场这一公司战略，将影响这一架构的执行力。

两种方案的支持者各执一词。温和派认为渐进式的变革节奏比较适合广西汽车集团的现实情况，认为步子太大会影响集团的稳定；而变革派认为在汽车市场和集团自身发展都遇到困境的时刻，不进行大刀阔斧的改革是无法帮助集团突出重围的。公司经过多番讨论，最终决定采用"先试点，后推广"的方法来测试可行性。于是，集团选择先把专用车业务独立出来，成立专用车模拟事业部。根据经营指标反馈，专用车模拟事业部的市场反响非常热烈，利润空间大大提高。于是，集团将专用车事业部的做法成功复制到底盘和车身业务，最终完成了三大事业部的组织架构转型。

拨开迷雾，自信出发

危机往往也意味着转机。面对前景不容乐观的汽车市场，集团拿出了壮士断腕的决心，决意要以一场战略和组织的大变革来应对。通过将市场响应资源下放到生产部门，使企业具有超出同行的市场反应速度；精简生产制造部门、管理部门的人员构成，为企业精简不必要的开支；按照业务模块划分事业部，事业部自负盈亏，极大地调动了员工的工作积极性。经过不断地自我革新，整个组织焕发生机，即使是在下行压力巨大的 2019 年，广西汽车集团也交出了不俗的答卷。

值得一提的是，2020 年年初，新冠肺炎疫情大大挫伤了我国的经济，为激发经济活力，中央鼓励发展地摊经济。广西汽车集团专用车事业部第一时间响应政府号召，五天时间内，针对地摊经济所需要的"移动商铺"车辆，通过快速优化后体车厢结构，迅速推出"五菱荣光售货车"。正因为迅速抓住市场机遇，这款车型刚一上市便获得了超高人气，帮助广西汽车集团收获了一众好评。这样高效的市场反应速度，正得益于集团以产品为导向的战略定位和组织架构。除了售货车，高尔夫球车、巡逻车、房车、消防车、啤酒车、冰激凌车等各种车型如雨后春笋般冒出，在 2020 年我国专用车市场排名中，广西汽车集团异军突起排在了第四位。

讨论题

1. 广西汽车集团面临的外部宏观环境发生了哪些变化？为什么选择在组织管理层面进行转型升级？

2. 从企业战略变革和创新理论角度尝试探讨广西汽车集团如何重新进行进军专用车市场的战略选择？

3. 根据结构跟随战略理论分析广西汽车集团是如何进行组织结构调整的。

经典书籍推荐

推荐书目：《赢在组织设计》，该书的作者是大卫·纳德尔，由徐汉群、阮雯雯、栾茗乔翻译，其翻译版于 2022 年 4 月由机械工业出版社出版。

本书从追求企业核心竞争优势的角度出发，结合施乐、斯沃琪、ABB、康宁、凯泽医疗、通用汽车等知名企业推动组织变革的实例，描述了如何成功地在组织的各个层次设计中，把组织架构的理论转化为实际的操作程序。作者介绍了与此相关的概念、程序和工具，分析了组织管理和再设计的过程，探讨了管理者在此过程中面临的关键决策，并列出了将组织设计功能作为一个持续的、完整的过程纳入未来组织的指导原则。书中所介绍的理论都是经受过时间检验的，并且在讲解理论时结合大量案例，注重理论联系实际。

第 14 章
企业文化与战略实施

 本章学习目标

1. 掌握企业文化的含义;
2. 了解企业文化的构成与作用;
3. 了解企业文化对战略实施的影响;
4. 了解不同战略的企业文化。

引例

2017 年 6 月,吉利控股集团与 DRB-HICOM 集团在马来西亚签署协议,收购马来西亚民族汽车"宝腾"49.9%的股份。李书福董事长曾满怀诚意地向宝腾许诺,"将带领宝腾汽车走向复兴,让其重回马来西亚市场占有率第一、东南亚市场占有率前三的汽车品牌"。收购后,沉睡十年的宝腾宛如梦中苏醒,第一年便实现扭亏为盈,此后连续三年实现销量超十万辆,成为马来西亚出口量第一的汽车品牌。宝腾的复兴再一次创造了吉利海外并购史上的奇迹。

跨国并购并非易事,著名的"七七定律"指出,跨国并购的案例中有 70%没有实现预期商业价值,而其中 70%失败于文化整合。跨国并购面临复杂的文化差异和整合问题,而人力资源整合通常是跨国并购成功与否的关键。那么,吉利是如何打破"七七定律"实现双方企业共赢发展的?吉利的企业文化理念在并购后的人力资源整合中又发挥着什么样的作用?

一直以来,吉利秉承着"各美其美,美美与共"的全球型企业文化理念,始终秉持着尊重、适应、包容、融合的全球型企业文化观。为了实现双方企业的合作共赢与协同发展,吉利决定开展本地化人力资源改革实践。李春荣上任的第一天,就给宝腾所有员工写了一封邮件,在信中他指出了自己对相互尊重、相互包容、职业诚信、管理透明度和遵纪守法的几点期望。双方文化差异以及收购后公司的新发展战略,促使宝腾方面认识到企业文化重塑的重要性。尽管如此,吉利也没有直接要求宝腾员工接受吉利文化,而是与宝腾的管理团队合作,成立文化变革项目组,协助其共同创造宝腾的新愿景和价值观,在这个过程中,逐渐融入吉利企业文化。

跨国并购想要成功,必须要解决文化融合问题,尤其是像宝腾这样多元文化、民族自尊心强但工作效率较低的企业。吉利作为中国第一家跨国汽车公司,收购宝腾之后,在尊重双方管理模式及文化差异的基础上,采取本地化人力资源改革实践,并积极参与重塑宝腾文化,通过文化引导重振宝腾员工士气。"人心齐,泰山移",吉利经验无疑为中国企业跨国并购后全球人力资源整合提供了鲜活的样本! ①

---

① 案例来源: 吉利控股集团与马来西亚 DRB-HICOM 集团签署最终协议[EB/OL]. (2017-06-23). https://www.chinanews.com.cn/cj/2017/06-23/8259276.shtml.

20世纪末期，人类已经进入了知识经济时代，各种先进的管理技术在欧美地区的发达国家得到了广泛的应用，先进的管理技术深刻地影响着企业的管理活动，提升了企业战略实践的能力。流程再造技术的运用、企业资源计划（ERP）技术的广泛运用、计算机与互联网的普及、六西格玛（6 sigma）、质量管理等，有效地推动了企业的发展。先进管理技术的广泛应用使得企业的市场竞争越来越激烈，并且使企业文化成为企业战略实践中所面临的一个新的课题。经常可以看到很多中国企业的领导者在参加完某些培训课程后，很快也在自己的企业中掀起一场场"管理革命"，但是这些所谓的"管理革命"在实践中的实施效果却不理想，很多企业在花费了大量的人力、物力与财力对流程进行变革后，却发现新的流程并不能得到有效的实施，究其原因，主要是企业中缺乏激发企业员工作动力的文化。由此可见，中国企业迫切需要形成能够提高其管理变革执行力的企业文化，以此来提升自身的管理能力并最终确保战略的有效实施。

14.1 企业文化概述

14.1.1 企业文化的定义

文化在人们的日常生活中起着非常重要的作用，文化决定了不同人群之间的本质特征和相互差别。同样，企业文化可以在很大程度上区别各个企业，尤其是在价值观、经营理念以及企业形象塑造等管理软要素方面，企业文化使企业之间的差异一目了然。

对企业文化的界定，国内外学者们各有不同看法。威廉·大内的《Z理论》[1]一书给出了较为明确、完整的企业文化概念："一个公司的文化由其传统和风气所构成。此外，文化还包含一个公司的价值观，如进取性、守时、灵活性，即确定活动、意见和行动模式的价值观。"威廉·大内在该书中把典型的美国企业管理模式称为A型，把典型的日本企业管理模式称为J型，而把美国少数企业存在的、与J型具有许多相似特点的企业管理模式称为Z型。其理论主张是应将A型和J型的成功经验结合起来，形成在X理论和Y理论基础上的一次理论突破。Z理论的中心议题是：怎样才能使每个人的努力彼此协调起来产生最高的效率？该问题的答案中最基本的三点是在管理中要保持相互信任、注意微妙性和培育亲密性。如果缺少这三点，没有哪一个"社会人"能获得成功。

跨文化管理的权威，荷兰学者霍夫斯泰德[2]从企业文化层次的角度切入，通过定量和定性相结合的方法进行研究，并得出结论：企业文化由价值观和实践两个层面组成。其中，价值观是核心，而实践由表及里又可分为象征、英雄和仪式。价值观层面主要由安全需要、关注工作和权力需求三个维度支撑，而实践层面则由过程导向—结果导向、人际导向—工作导向、本地化—专业化、开放—封闭、控制松散—控制严格、规范化—实用化六个独立的成对维度构成。

1982年，哈佛大学教授特雷斯·迪尔和麦肯锡咨询公司专家艾兰·肯尼迪出版了《企业文化》一书，他们提出，企业文化的要素有五项：企业环境、价值观、英雄、习俗仪式和文化网络，其中，价值观是核心要素。他们还根据市场调查归纳出市场环境下的四种企业文化

---

[1] 威廉·大内. Z理论[M]. 北京：机械工业出版社，2021.
[2] 张敏. 企业文化与企业管理的关系探讨[J]. 企业改革与管理，2018：161.

类型，即强人文化、"拼命干，尽情玩"文化、攻坚文化和过程文化。这样看来，把握企业文化的内涵，就是要注重运用企业的价值观来塑造英雄人物，明确规定企业的特定行为方式或者习俗，并运用企业的文化渠道来培养职工，使其行为具有一致性。

美国麻省理工学院的沙因①，对企业文化的概念和深层结构进行了系统的探讨，特别是其提出的组织文化本质的五种深层次基本假设，成为企业文化研究的重要理论基础。沙因将企业文化表述为：在一定的社会经济条件下通过社会实践形成的，并成为全体成员遵循的共同意识、价值观念、职业道德、行为规范和准则的总和。

国内的企业文化作为一门学科被研究始于20世纪80年代后期，一方面国外文化管理思潮的影响不断加剧；另一方面国内学者对管理的研究越来越深入，新的经济形势下呼唤更加人性化的管理方法，于是企业文化作为一种全新的管理思维与行动日益被专家和学者重视。下面我们将列举对企业文化有代表性的几种解释，以便更确切地了解企业文化的内涵。

《企业管理学》②对企业文化的定义：企业文化是社会文化一定程度上的缩影，是企业在建立和发展过程中逐步形成并且日趋稳定下来的文化积淀；企业文化应该包括企业价值观、企业精神以及以此为主导的企业行为规范、道德准则、社会信念和企业风俗以及在此基础上形成的企业经营意识、经营指导思想、经营战略等；企业文化包括三种基本形态：观念文化形态、物质文化形态和制度文化形态；企业文化功能赖以发挥作用的关键在于企业生产经营中形成的社会群体文化氛围和心理环境。这一企业文化概念较为全面地表达了企业文化的内涵，并且对企业文化包含的内容、形态、功能做了一个简单的概括。

《企业文化生存与变革指南》③中对企业文化的定义：企业文化是指在一定社会历史条件下，企业在物质生产过程中形成的具有本企业特点的文化观念、文化形式和行为模式，以及与之相适应的制度和组织结构，体现了企业及其成员的价值准则、经营哲学、精神道德、行为规范、共同信念及凝聚力。

随着研究的深入，以上含义被认为是狭义的企业文化。很多学者认为企业文化包含着更多的内容，提出了广义企业文化的概念，即企业文化是指企业在创业和发展的过程中所形成的物质层面的文化和精神层面的文化，包括企业管理中的外显文化与隐性文化或者表层文化与深层文化两部分。我们认为，一方面，企业文化是一种新的管理方式，是以人为本的管理，通过塑造良好的企业文化，提升管理者的水平，加强企业内部员工的责任感，使其真正把自己看作企业大家庭的一员，与企业同呼吸、共命运；另一方面，企业文化的核心要素是价值观念，优秀的企业文化以共同的价值观念推动企业的发展，约束企业内部成员的行为。

14.1.2 企业文化的构成

关于企业文化的构成，美国哈佛大学教授狄尔和麦肯锡咨询顾问爱伦·肯尼迪在《公司文化——公司生活的礼节和仪式》一书中提出，构成企业文化的要素有五项：一是企业环境，对企业文化的发展和形成具有关键影响。二是价值观，是企业文化的核心和基石，是组织的基本思想和信念。价值观把员工凝聚在一起，产生共享价值的作用，大部分企业的成功在于能分辨、接受和执行企业的价值观，并将其贯彻到企业经营的各个方面。三是英雄人物，是

---

① 丹尼斯·李·约恩. 伟大的公司：卓越品牌与企业文化的融合[M]. 北京：机械工业出版社，2021.
② 秦勇等. 企业管理学[M]. 2版. 北京：中国发展出版社，2021.
③ 埃德加·沙因. 企业文化生存与变革指南[M]. 杭州：浙江人民出版社，2017.

企业文化的浓缩和结晶，把价值观人格化且为员工提供了具体的楷模。四是礼节及仪式，是公司日常生活中的惯例和常规，是企业动态的文化，使员工意识到企业所期待的行为模式。五是文化网络，有效传递企业价值观和英雄人物，是企业文化推行和流动的渠道。该书的问世标志着企业文化形成了一种系统的管理理论。

典型的企业文化结构理论方面，日本学者认为，从文化人类学的角度看，企业文化的结构可以分为3个层面，即物质层面，包括企业的设备、资源、建筑等一切器物，称为物质文化；动态层面，即外显的行为方式，称为行为文化；心理层面，包括知识、态度、价值体系等，称为观念文化。我国学者在这个角度上对企业文化结构的看法也大致相同，认为广义的企业文化可以分为3个层次，即物质层、制度层和精神层。[1]

（1）物质层。这是企业文化的表层部分，是形成制度层和精神层的条件，其往往能够折射出企业的经营思想、经营管理哲学、工作作风和审美意识。它主要包括厂容厂貌、产品的外观包装、企业技术工艺和设备特性三个方面。

（2）制度层。这是企业文化的中间层次，主要是指对企业职工和企业组织行为产生规范性、约束性影响的部分，它集中体现了企业文化的物质层及精神层对职工和企业组织行为的要求。制度层主要是规定企业成员在共同的生产经营活动中所应当遵循的行动准则，主要包括企业的工作制度、责任制度和特殊制度三个方面。

（3）精神层。精神层主要是指企业的领导和职工共同信守的基本信念、价值标准、职业道德以及精神面貌，它是企业文化的核心和灵魂，是形成企业文化物质层和制度层的基础和原则。

企业文化的精神层为企业文化的物质层和制度层提供思想基础，是企业文化的核心；制度层能约束和规范精神层与物质层的建设；物质层为制度层和精神层提供物质基础，是企业文化的外在表现和载体。任何企业都有自己好的或不好的文化。不规范的企业文化，是企业在运行和发展中不自觉的、自然而然形成的，一般来说是不完整、不协调、不成熟的，其中有不少内容对企业生存、发展起阻碍和腐蚀作用。规范的企业文化是企业适应环境变化和发展需求及企业各层次成员的共同需求而建立起来的一套价值观与行为方式，它有着完整性、协调性、成熟性的特点。

14.1.3 企业文化的特征

企业文化属于社会系统中的一个子系统，因此，企业文化具备社会文化的共性，即连续性、变迁性、后天性、适应性、超个体性、超国家性。同时，与其他文化相比，企业文化又具有以下6个特征。

（1）时代性。企业文化产生在特定的时代背景下，企业运作也需要一定的时空条件，因此，企业文化必然是时代精神的反映，渗透着现代经营管理的种种意识。良好的企业文化浓缩了时代的精神。

（2）人文性。企业文化是一种在小群体中调整人际关系和人本身的文化，它遵循的是文化规律，故具有人文性。

（3）独特型。企业文化反映的是特定企业的精神，铭刻的是特定企业的烙印，是企业所拥有的自己独到的、鲜明的文化特性。

---

[1] 何建湘. 企业文化建设实务[M]. 北京：中国人民大学出版社，2019.

（4）可塑性。企业文化的形成在很大程度上依赖于久远的文化传统和历史经验，因此，企业文化具有历史的惯性而表现出相对的稳定性。但企业文化又是由人塑造而成，进而又表现出可塑性，特别是当企业出现危机时，就必须对企业文化进行重塑。这类似于物理学中惯性和外力的关系：物体总想保持自己原有的运动状态（即物体具有惯性），直到外力迫使它改变这种状态为止。换言之，没有外力，状态不变；有了外力，状态必变。

（5）系统性。企业文化是由企业内互相联系、互相依赖、互相作用的不同层次、不同部分结合而成的有机整体。它拥有系统论范畴中系统的基本特征——整体性、结构性、目的性，因此，企业文化是一个系统，具有系统性。

（6）目的性。企业文化把企业的目标内化为企业的价值系统，强调全体员工的价值认同，把追求各种具体指数上升作为崇高的目标，因而具有明确的目的性。

14.1.4 企业文化的作用

企业文化对于一个企业的成长来说可能不是最直接的影响因素，但却是最核心、最持久的影响因素。纵观世界上的成功企业，具有深厚的企业文化是其长盛不衰的原因之一，而其他因素，如优质的产品、完善的服务等往往产生于深厚的企业文化。因此，我们说企业文化是企业的灵魂，对企业的发展具有重要的作用。企业文化的作用可以归纳为以下4点。

1. 引导作用

引导作用是指企业文化能把员工的个人目标引导到企业目标上来。在激烈的市场竞争中，企业如果没有一个自上而下的统一目标，就不能形成强大的竞争力，也就很难在竞争中求得生存和发展。传统的管理方法都是靠各种各样的策略来引导职工实现企业的预定目标，而如果有了适合的企业文化，员工就会在潜移默化中接受共同的价值观念，不仅过程自然，而且由此形成的竞争力也更持久。例如，华为公司用文化来管理，华为总裁任正非说："最自信的企业最自信的是改造人的力量，用一种思想聚集一群人迈向一个目标。这个思想就是灵魂，目标就是导向。"任何企业都会倡导自己所信奉的价值理念，而且想办法让自己所倡导的价值理念成为全体员工的共识，进而指导企业行为和员工行为。企业文化能够使得企业实现其战略目标，对员工行为能够产生积极的或消极的影响，从而直接影响企业战略目标能否实现。

2. 凝聚作用

企业文化的凝聚作用在企业危难之际和创业开拓之时可以发挥出巨大的力量。企业文化是企业的"灵魂"，它通过向员工宣传统一的企业价值观而将他们凝聚在一起，这些价值观影响着员工的生活方式、行为方式和价值观念，促使他们积极地为企业创造价值。

松下电器产业集团是日本六大独立企业集团之一，是目前日本最大的民用电器公司，也是世界上发展最迅速的企业之一。松下公司能从一个微不足道的小作坊发展成为规模庞大的跨国公司，其中的原因固然很多，但与其创始人松下幸之助的攻心策略和企业文化有着极为密切的关系。松下幸之助非常重视企业文化的作用，努力将企业的经营意图、指导思想、观点、信念灌输给员工，他提出了"松下电器公司应遵循的精神"，向职工灌输"全员经营""群智经营"的思想，让职工觉得"自己是松下电器的主人公"。这种企业文化的凝聚作用给企业带来了高效益和持续不断地成长。

3. 扩散作用

扩散作用是指员工对于企业文化的共享程度,常分为高和低两种程度。文化扩散程度高是指企业文化能够迅速、广泛地被员工接受;文化扩散程度低则是相反的情形。扩散程度高的企业文化有助于企业将各种能力和资源都用于生产经营活动,扩散程度低的企业文化却做不到这些。

4. 协调作用

协调作用是指企业文化协调各种关系、解决各种矛盾的功能,具体来说表现在三个方面:一是企业文化能够协调企业和社会的关系,使企业发展适应社会发展。因为优秀的企业文化的核心就是要使企业自觉地为社会服务。具体来说,通过文化建设,企业尽可能地调整自己,以便适应社会整体文明,满足顾客不断变化的需要。二是企业文化能够协调企业之间的竞争关系,给竞争加上了必须文明的限制。这样,即使两个竞争关系特别突出的企业,也不至于发生不合理的竞争行为。三是企业文化能够协调人际关系。企业群体活动总是在互相联系、互相信赖、互相协作的氛围中进行,企业文化所具有的共同价值观念,可以发挥其协调员工之间关系的功能,使企业员工具有共同信念和共同价值取向,有利于密切合作,建立良好的人际关系,形成团结和谐的气氛。

14.2 企业文化与战略实施的匹配

14.2.1 企业文化与竞合战略实施的匹配

1. 企业文化的分类

企业文化研究过程中产生了诸多理论,如Z理论、7s管理框架、革新性文化以及学习型组织文化等。在此过程中,许多学者对企业文化进行了分类研究,如河野义弘、迪尔和肯尼迪、海伦、科特尔和赫斯科特、高菲和琼斯、野村综合研究所、奎因以及华拉奇等,他们分别把企业文化划分为不同的类型,同时,中国学者对企业文化的分类也进行了相关研究,以下对具有代表性的企业文化的分类方式进行介绍。

1)河野义弘的企业文化类型

河野义弘在调查统计了上百家企业后,将企业文化归为5种类型,其具体分类及各类型企业文化的特点如表14-1所示。

表14-1 河野义弘的企业文化类型

要素	类型				
	活力型企业文化	独裁活力型企业文化	官僚型企业文化	僵化型企业文化	独裁僵化型企业文化
基本特点	富有创新价值且具有革命性的构想不断产生	追随独裁者,但却充满活力	行事注重固定的规则与流程	对于创造性思维不关心,习惯已有的模式	不做创新的事情,只会吹拍逢迎,以追求自身利益为主
对企业的忠诚度	两极化	终身雇佣	终身雇佣	有机会就换工作	有机会就换工作
实例	较为年轻的企业	年轻的企业	老化企业,大型的机械性组织产业	老化产业,独占企业,强大的企业	旧企业

（1）活力型企业文化。此种类型的企业文化具有活力，挑战精神较为旺盛，新的点子源源不断地产生，顾客导向，充分收集外部的信息，自发地产出构想，具有自由豁达的风气；无畏失败，能承受失败；上下级距离短，沟通良好，集思广益；对工作的责任感强。

（2）独裁活力型企业文化。政策卓越，尊重人性。这种类型的企业文化多出现于初创期的企业，领导者具有革新取向，全体员工有活力并且信赖领导者。

（3）官僚型企业文化。固执、谨慎、保守。在信息收集方面，注重理论，内部导向；构想的产生是技术导向和领导导向；本位主义强烈，派系思想严重。

（4）僵化型企业文化。成员只做习惯性的事情，崇尚惯例；具有"安全第一"的价值倾向；信息收集是内部导向，有创意的建议少。

（5）独裁僵化型企业文化。由于独裁者政策决定不符合环境要求，成员丧失士气，形成僵化的风气；成员仰赖上层，行为平庸，缺乏独立思考的意愿。

2）迪尔和肯尼迪的企业文化类型

迪尔和肯尼迪根据企业经营活动的风险程度及雇员工作绩效的回馈速度，把企业文化划分为 4 种类型，其具体分类如表 14-2 所示。

表 14-2　迪尔和肯尼迪的企业文化类型

回馈速度	类　　型	
	风险程度高	风险程度低
高	强人文化	"拼命干，尽情玩"文化
低	赌博文化	过程文化

（1）强人文化，即强者文化，其存在于高风险、快反馈的行业，如证券业、广告、影视、公关、体育运动等行业。强人文化要求企业家和员工要有坚强的意志，具备承担风险、接受考验的性格，有极强的竞争意识和进取精神，对于成功和挫折的考验都有极强的承受力。其突出特征是崇尚个人明星、个人英雄，对机遇特别敏感。

（2）"拼命干，尽情玩"文化。这种企业文化类型存在于行业风险很小，但绩效反应极快的企业，如房地产经纪公司、计算机公司、汽车批发商、大众消费公司等。该文化对于工作和生活都很重视，行动迅速，群体精神强，适于工作量大但需反复调整的工作。该文化缺乏深入思考和敏感的反应。其特征是行动就是一切，做什么事已经确定，只要努力去做，就一定能达到目的；崇尚群体的力量；着迷有利于群体的刺激性活动。

（3）赌博文化。这种企业文化类型存在于风险大、反馈慢的行业中，如石油开采、矿产开采、航空、航天、原创性新产品开发行业等。这种文化表现为决策过程反复权衡和深思熟虑，一旦决策做出便坚持到底，就此一博。但这种文化往往缺乏激情，节奏缓慢，按部就班，容易产生官僚主义。

（4）过程文化。这种企业文化类型存在于风险小、反馈慢，特别注重过程的行业，如学校、制药公司、银行、保险公司、金融服务组织、防疫部门、公共事业公司等。该文化强调过程的重要性，养成了文化的细致性、周密性和周到性的性格。但这种文化容易导致程式化、保守、因循守旧、烦琐和忘记大局。

3）科特尔和赫斯科特的企业文化类型

美国的科特尔和赫斯科特以企业文化和企业经营业绩的关系为标准，把企业文化划分为 3 种类型。

（1）强力型文化。在这种企业文化中，几乎每一个经理都具有一系列基本一致的价值观念和经营方法，企业新成员们也会很快接受这些观念、方法。该文化提供了必要的企业组织、机构和管理机制，从而避免了企业对那些常见的、禁锢企业活力和改革思想的官僚们的依赖。但强力型文化与企业经营业绩之间并没有必然的联系。

（2）策略合理型文化。在这种企业文化中，企业中不存在抽象的好的企业文化内涵，也不存在任何放之四海而皆准、适应所有企业的"克敌制胜"的企业文化。只有当企业文化适应企业环境时（这时企业环境可以指这一企业的客观状态，也可以指企业经营策略），这种文化才是好的、有效的文化。策略合理型企业文化认为，与企业良好经营业绩相关联的企业文化，必须是与企业环境、企业经营策略相适应的文化。企业文化的适应性越强，企业经营业绩越好；而企业文化适应性越弱，企业经营业绩越差。

（3）灵活适应型文化。这种文化是指那些能够使企业适应市场经营环境变化，并在这一适应过程中领先其他企业的企业文化，才会在较长时期与企业经营业绩相联系。市场适应程度高的企业文化必须具有在员工个人生活中和企业生活中都提倡信心和信赖感、不畏风险、注重行为方式等特点。企业员工之间相互支持，勇于发现问题、解决问题；公司员工彼此相互信赖、相互信任、互不猜疑，具有能够排除一切困难、迎接各种机遇的能力；企业员工工作热情高，具有愿意为公司发展牺牲一切的精神；公司员工还敢于革新，对变革持欢迎态度。

4）奎因的企业文化类型

密执安大学的奎因认为，企业文化可以根据两个轴向分成四大类，如图14-1所示。

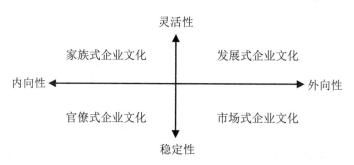

图14-1 奎因的企业文化类型

（1）发展式企业文化。其特点是强调创新和成长，组织结构较松散，运作上非格式化。

（2）市场式企业文化。其特点是强调工作导向和目标的实现，重视按时完成各项生产经营目标。

（3）家族式企业文化。其特点是强调企业内部的人际关系，企业像一个大家庭，员工像一个大家庭中的成员，彼此间相互帮助和关照，最受重视的价值是忠诚和传统。

（4）官僚式企业文化。其特点是强调企业内部的规章制度，凡事皆有章可循，重视企业的结构、层次和职权，重视企业的稳定性和持久性。

5）高菲和琼斯的企业文化类型

高菲和琼斯将企业文化用社交性与团结性这两个维度来表达，帮助管理者了解、评估、更新、塑造组织的文化。此架构运用两个已完全确立的社会学概念——社交性及团结性，它们描述两种一般形态的人类关系，导出了"双S立方体"的模型，如图14-2所示。

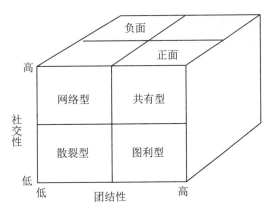

图 14-2 高菲与琼斯的双 S 企业文化分类模型

此模型以社交性及团结性高低四象限，将企业文化分为四种基本形态，分别为高社交性、低团结性之网络型（nerworked）企业文化，高团结性、低社交性之图利型（mercenary）企业文化，高团结性、高社交性之共有型（communal）企业文化，以及低团结性、低社交性之散裂型（fragmented）企业文化。此外，社交性和团结性两个维度都有正面和负面作用，故架构成"双 S 立方体"的模型。

社交性是一个组织成员友善的程度，当成员共享相似的观念、价值、态度和兴趣时，社交性就会滋长。社交性通常是自然发生，没有附带条件和隐藏，成员间彼此关心分享生活。团结性的基础是理性多于情感，成员的关系基于共同的职务、共同的利益与清楚了解并共同分享的目标。高度团结性的要素之一就是某种程度的不讲情面及直接对准目标。

6）中国企业文化的分类

中国企业文化从不同的角度可以划分为不同的类型，具体如表 14-3 所示。

表 14-3 中国企业文化分类

分类标准	具体类型
按行业	工业企业文化、商业企业文化
按层次	表层企业文化、中介层企业文化、深层企业文化
按所有制	国有企业文化、股份制企业文化、民营企业文化、三资企业文化
按特征	伦理型、政治型、人事型
按状况	竞争型、发展型、并重型、技术型、民族型

现实中的许多组织并不能简单、明确地归入上述企业文化的某一种类型，因为它们往往是一些不同类型文化的混合体，或者正处于不同类型文化的转型期，有一些组织在不同时期还会拥有不同类型的文化。

我们根据企业文化与外界环境的相容程度将企业文化分为异质性文化和兼容性文化，并以此来讨论企业文化与战略实施的匹配情况。

2. 与竞合战略实施的匹配

任何战略的实施都是在某一特定的企业文化中进行的，只有当战略与企业文化相匹配时，才能使战略实施得以顺利开展。通常要从文化与战略两个纬度阐述企业文化与战略实施的匹配程度。其中，企业文化根据其与外部环境的相容程度，分为异质性文化和兼容性文化；企业战略根据企业之间的关系，分为竞争战略与合作战略。异质性文化是指企业的文化具有自己的特色和优势，但很难与其他组织的文化相容，具有这种文化的企业一般倾向于采取竞争战略。兼容性文化是指企业的文化可以很好地与其他组织的文化相容，产生的冲突少，具有这种文化的企业一般倾向于采取合作战略，如图14-3所示。

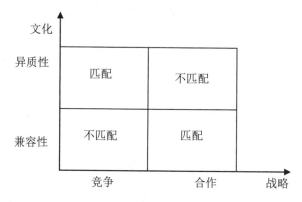

图14-3　企业文化—战略匹配模型

1）异质性文化与竞争战略

企业之间的竞争不仅表现为产品的竞争、服务的竞争、品牌的竞争等方面，而且还表现为文化的竞争。异质性文化由于具有自己的特色和优势，代表本企业的独特意图，具有独特的个性魅力，体现出与其他企业文化的差异性，并且很难与其他组织的文化相融合，因此，这种文化能促进企业竞争战略的实施。按照波特的观点，企业的竞争战略一般可以划分为3种类型，即成本领先战略、差异化战略和集中化战略。

（1）促进成本领先战略的实施。异质性文化强调自身的独特性，在企业盈利模式下，关注企业在降低成本过程中独有的竞争优势，以保持企业在行业中的长期竞争力。该文化鼓励和实施降低成本的文化准则，这与成本领先战略所要求的积极建立达到有效规模的生产设施，在经验基础上全力以赴实现成本领先，注重成本与管理费用的控制等是相匹配的。

鼓励和实施降低成本的文化准则主要包括促进"降低成本"的准则和促进实施两个方面。促进降低成本的准则是指在全体员工中培养成本管理的意识和降低成本的主动性的准则。在企业内部苦练内功，塑造一种注重细节、精打细算、讲究节俭、以成本为中心的企业文化。同时，建立目标成本管理方式，将成本与薪酬挂钩，激发员工降低成本的主动性，从而使降低成本的各项具体措施、方法和要求得到顺利地贯彻执行和应用。

促进实施的准则主要包括共同目标和严格管理。共同目标即降低成本，使企业每一个员工都相信，成本是可以控制的，成本管理需要大家的共同参与，并在工作中时刻注意节约成本。严格管理是指明确目标成本的各项指标是刚性的，执行起来不迁就、不照顾、不讲客观原因。

（2）促进差异化战略的实施。异质性文化鼓励和实施创新，这与差异化战略所要求的文化准则相匹配。差异化战略是实现公司提供的产品或服务差异化，形成一些在全产业范围中具有独特性的东西。为了实现差异化战略的实施，与之相应的文化就应该鼓励创新、发挥个性以及承担风险。

鼓励和实施创新的文化准则包括两个方面：促进创造性的准则和促进实施的准则。促进创造性的准则指促进员工进行创新的准则。在企业内部有尝试及失败的自由，可以接受错误，鼓励企业员工勇于挑战现状，对变革采取积极的态度，对员工提出的建议进行鼓励并促进实施，重视员工提出的观点，公开交流并分享信息，鼓励横向思考，提倡员工接受批评，不要过于敏感。

在促进实施的准则中，员工需要拥有自主权，有行动的自由，在较低层次有决策责任，并将官僚主义降至最低，采用迅速、灵活的决策方式；员工在行动中的信念不过于追求精确性，强调结果和质量，渴望完成任务。

（3）促进集中化战略的实施。集中化战略是指围绕某个特定的顾客群、某产品系列的一个细分区段或某一个地区市场而采用成本领先或者差异化战略，或者二者兼得。因此，异质性文化可以针对具体战略目标，与集中化战略下的成本领先和差异化战略所要求的文化准则相匹配。

2）兼容性文化与合作战略

合作战略是企业间在竞争的基础上，进行不同程度的合作，以实现共同目标的一种战略，战略联盟是企业组织间合作战略的主要表现形式。兼容性文化是一种善于整合的文化，它能够把其他企业的文化因素同化到自身的文化传统中，并且能在外来异质文化的冲击下既保持自己的文化，又能在文化整合过程中吸收与融合外来异质文化的因素。更重要的是，兼容性文化承认其他企业文化具有与本企业文化同等重要的意义。因此，兼容性的企业文化是与合作战略相匹配的，能促进合作战略的实施。特别是，在企业间知识共享的过程中，兼容性文化发挥着越来越重要的作用，具体表现在以下3个方面。

（1）促进企业间合作机制的建立。企业间的知识共享首先需要建立各组织主体间的合作机制，如图14-4所示。其中，企业之间的合作是核心与重点，同时，企业与政府、中介组织、风险投资机构以及大学研究机构也形成双向动态的合作关系。在这种互动关系中，相互宽容、吸纳文化合理因素的兼容性文化将有利于增强企业间的合作。

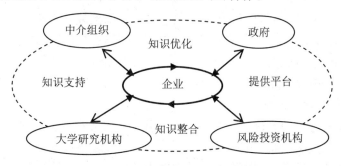

图14-4　创新集群中的合作机制

（2）增强企业间的沟通。在合作的基础上，兼容性文化有利于企业之间建立起以企业为核心的互动沟通机制，更好地进行知识共享。这一沟通机制包括沟通主体、沟通方式、沟通内容和沟通结果四个方面，如图14-5所示。

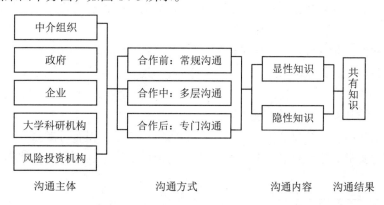

图14-5　企业与其他组织间的沟通机制

沟通的动因和目的都是围绕着企业获取知识、提高运营效益进行的。从沟通的时间性来看，创新集群的沟通方式可以分为三种：一是合作前的常规沟通，主要是定期或不定期的信息发布与交流，如协会联谊制等；二是合作中的多层沟通，指合作主体之间领导层、专家层以及员工层的多层深入沟通；三是合作后的专门沟通，主要是具体参与合作的相关人员的持续性交流与总结，总结和整理由于合作带来的新知识。在此过程中，兼容性文化成为企业与其他组织顺利进行沟通的润滑剂。

（3）推动企业间的相互学习。要提高企业间合作的成效，必须注重相互之间的学习。知识学习是一个多阶段的动态过程，其学习架构包括四个部分，分别为知识萃取、知识存储、知识重整、知识表达①，如图14-6所示。在此过程中，兼容性文化有助于提高企业间学习的效率。

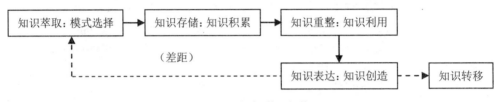

图14-6　知识学习架构

一个企业在与其他企业的比较中了解到差距，通过知识萃取将集群内的共有知识快速吸收、转化为企业内部可供转移的技术文件，并在此过程中进行学习模式的选择，即以信息技术实现的虚拟学习，或者以培训、导师制、研讨会、情景模拟等方式实现面对面学习。企业将萃取出来的知识进行存储，积累相关知识并重新整理以便加以利用。最后，在知识的创造性运用过程中对知识进行表达。对所表达的知识，一方面可以作为集群的共有知识再次步入知识转移环节，另一方面可以继续寻找差距并进行下一阶段的知识萃取。

3）培育文化与战略的匹配

战略的实施需要文化的支持，同时，文化也引导着战略的实施，两者不可分离、相互影响。一般来说，企业要实施新的战略，组织要素必定会发生重大变化，而这种变化大多与目前的企业文化不相适应，或受到现有文化的强有力的抵制。在企业战略与文化不相适应的情况下，企业在处理两者关系时，可以将企业内部各种组织要素的变化与企业内部文化的潜在关系作为分析变量，制作出战略与企业文化的分析管理图，使得企业文化与战略相匹配，具体可通过以下4点实现。

（1）让员工了解现有文化。在改变组织的现有文化之前，有必要让员工了解现在的文化是怎样的，这就是要认清现在企业中主导的价值观、信念、行为。传播企业文化有很多方式，而且有不同的种类，典型的分类方式是迪尔·肯尼迪在《企业文化——现代企业的精神支柱》中指出的，企业文化的类型取决于市场的两种因素：其一是企业经营活动的风险程度；其二是企业及其所雇员工作绩效的反馈速度。让员工认识到企业或所属部门属于哪一类型的文化，有利于工作的开展和战略的实施。

（2）向员工渗透新的战略意图。当一个新的战略实施时，很有可能会与现有的企业文化发生冲突，这就要求战略制定者要将战略意图渗透给每个员工，有时甚至要向企业的合作者

---

① 刘勇，曾康佳.基于系统动力学的学习型组织知识存量研究[J].科技管理研究，2018，38（13）：175-184.

解释理念。在此过程中，一定要让员工们相信改变的方向是正确的，最有效的方式是让各个利益相关者确信实施新战略后能给他们带来成功，这在很大程度上取决于高层领导者的能力。

（3）形成群体决策的氛围。如果一个组织在变革期间能快速地做出决策，就说明该组织拥有有效的变革管理机制。这需要一个团队去支撑，如果个人能够轻易做出决定，势必影响后续战略实施的控制。因为多数人都试图用自己的知识、力量去维护自己部门的立场，让个人的利益最大化。除非他们自己的利益没有受损，不然战略实施必将失败。从长期来看，这是不利于企业发展的。群体决策比个人决策更能让战略成功实施。

当然，群体决策也有不足之处，这就要看企业属于哪一类型的文化，如果是攻坚文化，如石油开采、航天航空企业，倾向于慢速反馈，做出决策的时间偏长，这样群体决策就更有利。但是如果在快速反馈的企业，管理者做出决策的时间很长，群体决策会影响战略实施的效率。我们这里指在实施一个新的战略时，如果企业文化与战略相抵触，这就需要利用集体的力量来改变现有文化，去创造一个使战略顺利实施的氛围。

（4）努力塑造学习型企业文化。当企业新的战略与企业现有文化不相适应时，就应被动地改变企业文化，使其适应新战略的需要。然而这种被动改变企业文化的风险、阻力都是非常大的，同时也是一个费时、费力的漫长过程，而且常常是低效甚至是无效的。要降低风险、减少阻力，变被动为主动，保证企业在不同时期各种新的战略实施的成功，就应在企业日常文化管理中努力塑造学习型企业文化。一个企业的文化如果是学习型的，当企业的战略根据企业的外部环境调整后，企业的员工就会以一种积极态度去面对这种改变，努力改变自己的行为方式，而不是以一种消极、抵触的情绪来对抗这种改变，这对于企业战略的实施是非常重要的。

综上所述，企业文化和战略态势的选择是一种动态平衡的过程，企业文化建设离不开企业的发展战略，而企业选择、实施的战略也不可避免地要考虑企业文化的影响，它们之间是相互影响、相互促进的。对于尚未进行发展战略规划的企业来说，企业文化建设的首要任务之一就是要勾勒出企业发展战略的轮廓，或者制定企业的发展战略，并以此作为文化建设的基本依据。企业未来所选择的战略只有充分考虑到其与目前的企业文化和未来预期的企业文化相互包容和促进的情况，才能被成功地实施。

14.2.2 企业文化与不同成长阶段战略实施的匹配

卓有成效地开展企业文化建设，使企业文化真正在企业经营管理过程中发挥作用，构建与本企业所实施的发展战略相匹配的企业文化是必不可少的条件之一。因此，企业文化与企业战略匹配问题，既是企业战略管理的重要基点，又是企业文化建设的核心与主线。要实现企业文化与企业战略的匹配，还要考虑到企业不同的发展阶段，如表14-4所示。

表14-4 企业生命周期、企业文化与战略选择

生命周期阶段	企业文化的主要特点	对战略选择的要求
孕育期	家庭式文化	企业进入战略、利基战略
成长期	创新式文化	专业化经营战略、成本领先战略
成熟期	官僚式文化	一体化战略、多元化战略、国际化战略
衰退期	创新式文化	放弃战略、联盟战略

1. 孕育期

在企业的初创阶段，企业首先面临的是生存问题，对企业最重要的是抓住有限的机会，从而赢得生存的基础。此时，企业的控制力还未建立，没有完整的制度，没有授权，企业领导人是唯一能够调控企业灵活性和控制力的人，是企业得以生存的关键。相应地，这一阶段企业文化产生的直接来源就是企业创建者和创业家族的创业意识、经营思想、管理风格以及胆识和品质等，企业文化在一定程度上反映了创业者的人生哲学。因此，此时的企业文化主要体现为创建者的思想和观念，从形态来看，即企业文化的朴素观念形态。这一时期的企业可以选择企业进入战略、利基战略。

1）企业进入战略

企业进入战略要考虑的是企业要进入的行业，企业必须利用自身的资源、能力以及环境所带来的机遇特点，明确使命目标，明确从事的业务范围以及服务的顾客在哪里。

2）利基战略

利基战略就是着眼于竞争并且聚焦竞争的战略方法，重点集中在战略的核心，专注于特定的细分市场，并集中资源在市场上采取低成本或差异化战略。具体而言，是指企业选择一个较小的产品或服务领域，逐渐做大市场、做大规模，形成稳定、持久的地位和竞争优势。

中小企业初创阶段在资金规模和资源获取能力上不具备优势，因此无法与行业现有企业展开正面的交锋，只能通过合适的战略获得生存和发展。另外，现有企业凭借自身资源与实力也不可能覆盖全部市场，满足所有顾客的要求。因此，中小企业可以利用自身的灵活性、对市场快速反应的优势进入被其他企业忽略、大企业无暇顾及或消费者偏好得不到满足的细分市场。实行利基战略的中小企业能够将资源集中于定位市场上，专注于客户的需求和创新，同时，企业在高度专业化的生产过程中逐步建立起学习曲线，实现规模经济，在研发中依靠专利技术的创新和垄断业内人才建立起多重屏障。中小企业在利基战略执行过程中逐渐构筑起来的进入壁垒很好地限制了竞争者的模仿，弱化了企业所在市场领域的竞争。

2. 成长期

在成长期，企业已经开始步入良性发展轨道，企业生产规模扩大，销售能力增强，业绩快速增长，是企业经济发展的大好时机。处于这一阶段的企业文化已经不单单由企业经营者的观念构成，广大员工的思想、企业所处的时代特征都对企业文化有着强烈的影响。从企业文化的形态来看，这一阶段的企业文化是在当时的时代背景下，多种思想经过博弈的结果。如果通过长时间的磨合、博弈和积淀，能够形成企业共同的价值观、企业精神和经营理念，企业的发展就有了精神和智力这一无形保障。从企业的经营实践来看，很多在成长期发展势头很好的企业寿命不长的重要原因之一便是没有很好地协调经济建设和文化建设之间的关系，没有注重企业文化理念的核心价值观的建设，"只管埋头拉车，没有抬头看路"，结果自然可想而知。这一时期的企业可以选择专业化经营战略、成本领先战略。

1）专业化经营战略

一般企业在创办之初往往都采取专业化经营战略，即将所有资源集中于单一业务，如单一产品、单一生产线、单一技术领域，以谋求企业的生存发展。实施专业化经营有其优势：经济目标集中，管理简单方便，便于集中使用整个企业的力量和资源；将目标集中于特定的部分市场，企业可以比它的竞争对手更好地熟悉这块市场，进行更多地耕耘，形成竞争优势；由于生产高度专业化，可以达到规模经济效益，降低成本；战略目标集中、明确，战略管理过程也容易控制。同时，专业化经营也有劣势：忽视其他能形成竞争优势的战略；企业对环境的适应能力差，经营风险大；忽视能形成长期竞争优势的创新投资；如果竞争对手打击到目标市场并采用更有效的专业化战略，则会对企业形成严重的威胁。

2）成本领先战略

成本领先战略是指企业发现和发掘自身的资源优势来强调生产规模和出售标准化的产品，在行业内保持整体的成本领先地位，并以行业内最低价格来为产品定价的战略。它的理论基础是规模效益，产品的单位成本会随着生产规模的扩大而降低。

实行成本领先战略可以获得许多优势，如可以抵挡住现有竞争对手的攻击；购买者惧怕提高现有企业的垄断水平，反而降低了购买者的谈判议价能力；能够更灵活地处理供应商的提价行为；通过巨大的生产规模和成本优势，形成进入障碍，使欲加入该产业的新进入者望而却步；树立与替代品的竞争优势。成本领先战略的实施可从以下几个方面入手：简化产品、改进设计、节约材料、降低人工费用、生产创新和提高自动化程度、合理设计业务流程、重新配置价值链等。

3. 成熟期

综合考虑成熟期企业的特点，依据奎因的企业文化分类，此时的企业文化基调应是官僚式文化。这一文化强调规范化的工作场所、程序式的工作方式，要求员工遵守企业的各种制度，领导则在其中起协调作用，人们更关心企业的稳定，避免未来的不确定性。在这个阶段，生产力稳定，在外部市场稳定的条件下，企业具有较强和稳定的获利能力，从而保持稳定的发展速度和较好的成长性。一体化、多元化、国际化战略成为这个阶段企业发展的战略选择范围。

1）一体化战略

一体化战略是指企业为了寻求发展，为了加强自身在行业中的市场地位和竞争优势，沿着产业链向上下游和水平方面不断延伸自己的业务活动范围，包括横向一体化和纵向一体化。横向一体化通常是指企业收购或兼并同类产品生产企业以扩大经营规模的成长战略。纵向一体化是指企业对纵向上跟企业经营业务相关的其他经营企业的直接拥有。一体化战略有下列优势：范围经济，内部信息畅通，内部交易，节省交易费用，稳定供应与销售，有利于开发新技术，合理避税，提高进入壁垒，市场敏捷度高。

2）多元化战略

多元化战略是指企业同时经营两种以上基本经济用途不同的产品或服务的发展战略，这种战略试图在现有企业中增加不同的产品或不同的事业部，以使企业能够从事更广泛业务领域的经营。此外，战术性发展也是企业实施多元化发展战略的重要因素，与战略转移相对应，当某个新行业的吸引力很大，也就是市场容量大、增长率高、竞争程度低的时候，拥有足够经营资源剩余的企业可能会以战术性发展为目标来进入新的行业，从事多元化经营。需要强调的是，企业在制定多元化战略的时候，必须将多元化与其自身的核心竞争力结合起来进行战略统筹，这样才能保证多元化战略的成功。

3）国际化战略

国际化经营战略是指企业从国内经营走向跨国经营，从国内市场进入国外市场，在国外设立多种形式的组织，对国内外的生产要素进行配置，在一个或若干个经济领域进行经营的活动的战略。通过系统地评价自身因素和经营使命，执行国际化战略的企业要确定战略任务与目标，并根据国际环境的时刻变化来拟定执行方针，这样才能在国际环境中长期生存和发展。

4. 衰退期

一般而言，企业衰退的原因往往是因为市场竞争的加剧或者需求发生了变化，企业未能及时采取应对措施，而导致业务萎缩、业绩滑坡、利润大幅降低，生存难以为继。实际上，处于衰退期的企业和孕育期的企业类似，生存问题是企业关心的首要问题。在企业经营状况不佳的情况下，如果企业在前期建立的共同信念不能得到更有效、更持续的贯彻，员工就有可能"人心涣散"，企业文化就会面临衰亡的威胁。因此，在这一阶段，企业的领导者应该秉承企业文化的信念和精神，增强员工的凝聚力，带领大家渡过难关，寻找"二次飞跃"的契机，再创企业的辉煌。衰退期的企业可以选择放弃战略、联盟战略。

1）放弃战略

放弃战略是指企业客观地评估企业的内、外部环境，将企业的一个或几个主要部门转让、出卖或停止经营。这个部门可以是一个经营单位、一条生产线或者一个事业部。放弃战略的目标是清理、变卖某些战略业务单位，以便把有限的资源用于经营效益较高的业务单位，从而增加企业盈利。在放弃战略的实施过程中通常会遇到一些阻力，包括结构上或经济上的阻力，即一个企业的技术特征及其固定和流动资本妨碍其退出；公司相关业务的阻力，如果准备放弃的业务与企业的其他业务有较强的联系，则该项业务的放弃会使其他有关业务受到影响；管理上的阻力，企业内部人员，特别是管理人员对放弃战略往往持反对意见，因为这往往会影响他们的业绩考核。要克服这些阻力可以采用以下办法：在高层管理者中，形成"考虑放弃战略"的氛围；改进工资、奖金制度，使之不与"放弃"方案相冲突；妥善处理管理者的出路问题等。

2）联盟战略

战略联盟是指两个或两个以上有着共同战略利益和对等经营实力的企业，为达到共同拥有市场、共同使用资源等战略目标，通过各种协议、契约而结成的优势互补或优势相长、风险共担、生产要素水平双向或多向流动的一种松散的合作模式。通过建立战略联盟的方式帮助企业进入蜕变期，重新获得生命力，实现可持续发展。战略联盟的好处包括提升企业核心竞争力，实现战略多样性，促进研究和开发，防止过度竞争。其方式包括合资，由两家或两家以上的企业共同出资、共担风险、共享收益而形成企业，合作各方将各自的优势资源投入到合资企业中，从而使其发挥单独一家企业所不能发挥的效益；合作研发，为了某种新产品或新技术，合作各方签定一个研发协议，综合各方的优势，可大大提高成功的可能性，加快开发速度，各方共担开发费用，降低各方开发费用与风险；定牌生产，如果一方有知名品牌但生产力不足，另一方有剩余生产能力，则另一方可以为对方定牌生产；特许经营，通过特许的方式组成战略联盟，其中一方具有重要的无形资产，可以与其他各方签署特许协议，允许其使用自身品牌、专利或专用技术，从而形成一种战略联盟；相互持股，合作各方为加强相互联系而持有对方一定数量的股份，这种战略联盟中，各方的关系相对更加紧密，而双方的人员、资产无须全部合并。

本章小结

1. 企业文化是企业发展过程中所形成的，为企业员工所共同理解、信奉并加以遵守的关于企业经营和管理的一系列价值观、基本信念和行为准则，它体现在企业的制度、规则、成员之间交流、企业与外部环境沟通的具体行为、物质环境中。企业文化有广义和狭义之分，广义的企业文化是指企业物质文化、行为文化、制度文化、精神文化的总和，狭义的企业文化是指以企业价值观为核心的企业意识形态。

2. 企业文化由物质层、制度层和精神层三个层面构成；企业文化起着引导、凝聚、扩散及协调作用。

3. 企业文化属于社会系统中的一个子系统，因此企业文化具备社会文化的共性，即连续性、变迁性、后天性、适应性、超个体性和超国家性。同时，与其他文化相比，企业文化又具有时代性、人文性、独特型、可塑性、系统性和目的性等特点。

4. 不同的学者对企业文化有不同的分类方式，如河野义弘把企业文化分为活力型企业文化、独裁活力型企业文化、官僚型企业文化、僵化型企业文化以及独裁僵化型企业文化；迪尔和肯尼迪把企业文化划分为强人文化、"拼命干，尽情玩"文化、赌博文化和过程文化；科特尔和赫斯科特把企业文化划分为强力型文化、策略合理型文化与灵活适应型文化；奎因把企业文化分为发展式企业文化、市场式企业文化、家族式企业文化和官僚式企业文化；高菲和琼斯将企业文化分为网络型企业文化、图利型企业文化、共有型企业文化和散裂型企业文化。

5. 中国企业文化按照行业、层次、所有制、特征、状况等不同标准，可以划分为不同的类型。我们根据企业文化与外界环境的相容程度将企业文化分为异质性文化和兼容性文化。

6. 培育企业文化与战略的匹配包括让员工了解现有文化、向员工渗透新的战略意图、形成群体决策的氛围、努力塑造学习型企业文化四个方面。

关键概念

企业文化（corporate culture） 战略管理（strategy management）
战略实施（strategy implementation） 学习型组织（learning organization）
战略匹配（strategy matching）

思考题

1. 什么是企业文化？它有哪些特点？
2. 简述企业文化的构成与作用。
3. 企业文化是如何影响战略实施的？
4. 各种战略下的企业文化具备什么特征？
5. 如何培育有利于战略实施的企业文化？
6. 不同发展阶段的企业应如何选择企业战略？
7. 企业文化与企业战略之间应如何管理？

案例讨论

比亚迪——"袋鼠理论"的文化导向[①]

一个公司在持续发展的同时,必须始终致力于企业文化建设,矢志于与员工一起分享公司成长带来的快乐。比亚迪坚持不懈,逐步打造"激情、创新"的企业核心价值观,始终坚持"技术为王,创新为本"的发展理念,用先进的理念指导战略的实施,为战略的前进指明方向,其中"袋鼠模式"更是比亚迪的企业文化的灵魂。

近段时间,很多企业都在倡导、学习狼性法则,而比亚迪更秉承袋鼠模式。学习"狼文化"是因为狼有三种习性值得借鉴:一是嗜血,反映出对市场信息的敏感性;二是耐寒,反映出百折不挠的进取精神和不畏艰难的意志;三是结群,反映出团队合作的精神。华为作为"狼文化"的倡导者其实也受到不少批评,完全从适者生存角度,从丛林法则角度来看问题有时候也过于偏激。而比亚迪借鉴了华为的狼文化,但又不过于偏激,把"狼文化"发展成了"袋鼠理论"。首先,狼隐含躁性,而袋鼠则更稳健,通过踏实地锻炼自己的长腿,袋鼠起跳得高且远。其次,相比较狼的凶猛,袋鼠则通过育袋稳妥地养育小袋鼠(新的产业或者产品),并由此做到了企业的发展与传承。最后,狼更强调对竞争对手的进攻,而袋鼠则习惯自我赛跑。在自己的跑道上,通过自我完善与进步,快速拉开与竞争对手的距离。同样,因为比亚迪拥有这三个优势,才能游刃有余地驰骋在汽车行业。

"长腿"——核心竞争力

多年来,比亚迪以自主创新为核心竞争力,在产品的差异化等方面构建起了企业的"长腿"。技术出身的王传福,对于技术研发非常重视,比亚迪不仅仅是实力第一,在技术研发上,甚至在全球范围内都拥有领先优势。比亚迪进入汽车业后,先在上海建了一个检测中心,这一"多余之举"其实极富远见,因为随后发生了奇瑞旗云在俄罗斯的对撞检测中被撞成一堆废铁的事件。在进入汽车业后,比亚迪首先考虑的就是先把试验平台打造好,避免出现类似悲剧。为此先后在上海和西安的基地分别建了一条试车跑道,还建设了碰撞实验室、道路模拟、淋雨、高温、综合环境、抗干扰等检测实验室。

"育袋"——前行保障

夏治冰曾经这样形容育袋:"比亚迪通过资源的传承形成了袋鼠的'育袋',像袋鼠妈妈保护小袋鼠那样帮助、保护新产品的培育和成长"。从电池大王到造车新秀,比亚迪在IT产业方面的经验厚积,得以在新领域薄发,由此培育的F3等精品车型,以国际品质和高性价比确立了在中国车市的地位。比亚迪选择汽车行业看似天马行空,实际上是形散神不散,整个产业链的各项业务之间可以发生聚合效应,形成一个巨大的资源库,就像袋鼠妈妈用育儿袋哺育、保护小袋鼠一样,为比亚迪汽车提供充足的动力。比如,日本汽车的崛起与电子器件在汽车中的广泛应用有很大的关系,装在他们汽车上的电控系统能安全可靠地运转。同样,在电子部件、模具、车载电池等领域的领先优势,使比亚迪依靠电池和IT的强大"育儿袋",可以生产某些具备核心竞争力的零件,再组成整车的集成优势,造就了一般民企无法超越的制高点。

[①] 案例来源:比亚迪:"袋鼠模式"多元扩张[EB/OL].(2007-11-02). https://finance.sina.com.cn/leadership/case/20071102/18284133638.shtml.

"我行我速"——拉开差距

类似袋鼠在大自然中高速而又高效的跳跃一样,"袋鼠理论"的最后一层含义就是标杆对手,即通过自我完善、提高奔跑速度,快速拉开与竞争对手的距离。在与客户合作中,比亚迪在控制体系等方面不断补齐短板,一次一次击败竞争对手,赢得通用、大众、劳斯莱斯等国际顶级客户大单。袋鼠模式说到底应该就是速度模式。速度经济其实质就是迅速满足顾客需求而带来超额利润的经济。可以预见:不远的将来,当速度成为竞争中起决定性力量的时候,以速度打击规模、以速度利润战胜规模利润将会成为衡量企业核心竞争能力的重要指标。

袋鼠模式说到底应该就是速度模式。速度经济的实质是迅速满足顾客需求而带来超额利润的经济。可以预见:不远的将来,当速度成为竞争中起决定性作用的力量的时候,以速度打击规模、以速度利润战胜规模利润将会成为衡量企业核心竞争能力的重要指标。

"培育—创新"的垂直整合战略

背靠优秀的企业文化,比亚迪将克隆战略发挥到了极致。从最早生产电池,到生产手机配件,再到跨入汽车业,比亚迪所有的战略发展都有着极其相似的发展史,都是"模仿—整合—创新—技术领先"的发展模式,而且将先前产业的优势经验复制到新开拓的产业上,就给看似陌生的行业带来了轻车熟路的感觉了。这与比亚迪的"袋鼠理论"不谋而合。当你走在比亚迪的技术博物馆时,不经意地就会看到一块块电池、各种手机外壳和内部的组件、整个车身、硬顶敞篷、发动机、气囊、车辆氧传感器、倒车雷达、空调……陈列在展台上,所有这些东西,只有一个制造商,那就是比亚迪。这些物品除了用于彰显比亚迪的技术外,还显示了比亚迪另一条非主流发展模式——垂直整合。谈到将"垂直整合"复制到汽车行业时,王传福是这样解释的:大多数 EMS(电子制造服务)企业只做组装环节,只能获得低廉的利润。但如果具备自上而下的垂直整合能力,做从设计到组装再到零部件的生产制造,得到的利润将高许多。各个行业是相通的,电子行业可以,我相信汽车行业同样可以,而且可以做得更好。王传福说到做到,他在比亚迪从电池及 IT 制造领域的成功经验中破译出通过"垂直整合"降低成本的"密码"后,把同样的"基因"嫁接到汽车制造上。现在,比亚迪汽车除了玻璃和轮胎,其他部件全部自己研发生产。在对整个生产线和成本垂直整合的基础上,节约了大量的成本,带来了较为丰富的利润,同时也得到了较多的市场份额,加强了与国内品牌(吉利、奇瑞、桑塔纳等)的竞争。这样就为比亚迪在紧追市场领先者的战略上提供了资源,也提供了竞争资本。比亚迪的企业发展理念就是"技术为王,创新为本",也早已提出了"用户体验就是技术创新的第一推动力",从一辆辆新车型的推出,一项项新技术的搭载,比亚迪能充分发挥旗下多个产业群的垂直整合优势,实现技术的集成创新与快速搭载,这也正体现了比亚迪"普世科技"给用户带来更安全、更便利、更享受的用车生活的理念。

21 世纪的第一个十年,比亚迪这辆在世界汽车行业中奔驰的"黑马"稳健驰骋,给我们留下了很多值得去关注、去思考的"印记"。它用先进的企业文化作为指导思想,整合了优势的资源来制定各个发展阶段的创新战略,并且脚踏实地地去执行和控制,使得比亚迪成为一个走在世界汽车市场中的中国民族品牌。也许,比亚迪还要面临很多难题,但它至少已经迈进了技术创新的殿堂,它的发展历程和经验是值得中国其他企业思考和借鉴的。

讨论题

1. 结合比亚迪"袋鼠模式"的指导作用,试阐述企业文化在企业发展中占据何等地位?

2. 试阐述在比亚迪的发展中，企业文化和资源优化配置是如何支撑其战略发展的？

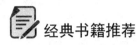# 经典书籍推荐

推荐书目：《企业文化落地路径、方法与标杆实践》，该书的作者是王旭东等人，于2020年由电子工业出版社出版。

该书的作者原为华为公司全球技术服务部副总裁，资深管理咨询专家。管理学大师彼得·德鲁克曾说："对于企业文化来说，战略是早餐，技术是午餐，产品是晚餐。企业文化会吃掉后面的其他东西。"可以说，企业文化建设关系着企业的成败。近年来，国内很多企业都已经认识到企业文化的重要性并着手进行建设，但是部分企业的文化建设仍然面临理念共识难、行为规范难等问题。该书旨在构建系统的企业文化建设和落地路径，对标微软、华为、阿里巴巴、国家电网等国内外知名企业案例，以期让广大经营者、企业文化建设管理者和工作者通过用对方法、学通案例，来做对、做好企业文化建设工作。

第6篇 战略评估

  战略评估立足于对战略管理绩效进行评价,通过开展战略评估活动,及时发现问题与不足,并对战略进行适当调整。任何战略均需要不断地审视、修订和评价,因为企业外部因素和内部因素在不断发生变化。

  传统观念认为,由于专业化分工的结果,先分析、制定,后实施,再评价的顺序在战略管理过程中是顺理成章的事情,各个阶段的分界应该是很清楚的。但是事实上,战略管理各过程已经从分离逐步走向交融,各阶段之间的界限正在逐步模糊。战略评估不仅仅是对战略执行状况的评估,而是对从战略分析到战略实施以至战略创新的战略管理全过程的评估。战略评估对于组织及时纠正偏差、确保战略执行力意义重大。开展战略评估,需要解决两个关键问题:评估工作如何开展,即评估流程问题;如何评估,即评估工具问题。

第 15 章
战略评估流程

 本章学习目标

1. 了解战略控制的前提、原则与类型；
2. 分析战略因素的变化；
3. 掌握战略评估流程的内容、步骤与方法；
4. 能够提出战略评估流程的注意事项。

引例

华为的"IPD-ISC"战略控制和评价体系是其实现长期战略目标和市场竞争力的关键。该体系通过整合产品开发（IPD）与供应链管理（ISC），形成了一种独特的管理哲学和实践方法，帮助华为在全球市场建立竞争力和获得持续发展。在"IPD-ISC"体系中，"IPD"即"集成产品开发"，重点将市场需求和技术创新融入产品开发的各个阶段。华为通过跨部门合作，确保产品从设计到生产的每一步都能快速响应市场变化，提升产品市场适应性和竞争力。"ISC"即"集成供应链"，则通过高度集成和自动化优化库存管理，降低成本，提升供应链的灵活性和响应速度。这种高效的供应链管理不仅降低了华为的全球运营成本，也增强了其市场响应能力。"IPD-ISC"体系实施后，华为在快速变化的市场环境中保持了竞争优势。"IPD-ISC"体系不仅强化了华为的产品开发和供应链管理，还促进了公司内部各部门之间的协同，从而确保战略目标的顺利实现。这一体系体现了华为对市场变化的快速适应、持续创新和高效运作的关键性

正如罗伯特·西蒙斯所说，评价和控制战略就好比驾驶一辆汽车，方向盘、加速装置和刹车能让驾驶者控制汽车的方向和速度；仪表盘提供行驶速度等数据，提醒驾驶者可能存在的安全隐患。越是表现优秀的企业，越是需要出色的绩效评估和控制系统对企业的运行情况进行监测，以便管理者充分挖掘企业的潜力，防范可能遇到的风险。

企业内、外部环境在不断地发生着变化，当这种变化积累到一定程度时，原有的战略便会过时，尽管战略的制定在很大程度上依赖于对未来的预测，然而这种变化是无法完全预知的；同时，即使战略基础没有发生变化，战略方案也非常正确，但由于种种原因，战略在执行的过程中也经常会有偏差，因此需要通过评估来对战略进行控制。正是基于此，谷歌制定和优化了战略评估流程，以确保战略规划的顺利实施。

15.1 战略控制与战略评估

战略控制属于管理控制的范畴，它遵循管理控制的一般原则，但战略控制与其他管理控制在侧重点上有所不同。战略控制除了根据控制目标进行测评、反馈和调整控制外，更重要的是要对企业的外部环境进行监控，保证企业的战略不发生方向性的错误。

既定战略的有效性建立在原有的内、外部环境结构的基础之上，一旦这种基础被动摇，既定战略就需要调整，这是战略管理的基本逻辑。环境总是变化的，在实际工作中并非所有的变化都会导致战略的变更。因此，需要检查环境变化对战略方案的影响程度，根据具体情况决定是否对战略进行调整，以及如何进行调整。此外，战略控制与评估的内容还包括检查企业在运作过程中有无偏离战略方向，是否完成预期的战略目标。一般来说，对战略进行选择并实施后，需按图 15-1 中的流程对战略环境以及既定战略的执行情况进行监控，并对战略方案或企业经营活动进行调整，从而保证战略的实用性和高效性。

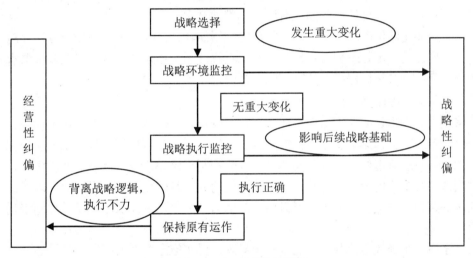

图 15-1 战略监控流程图

15.1.1 战略控制

1. 战略控制的层次

企业组织中的控制可以分为战略控制、战术控制和作业控制三个层次。战略控制层次最高，是企业战略领导者根据战略目标监测和评估环境变动与组织战略实施的关系，对实施状况进行全面评审的过程。它以企业高层管理人员为主体，以企业整体运营过程为对象，关注的是外部环境和企业内部业绩，对组织的经营方向和发展态势起决定作用。战术控制处于中间层次，以战略经营单位的高层管理人员为主，以战略经营单位的运营过程为对象，关注的是战略经营单位在实施总体战略的各部分时是否达到预定目标。作业控制作为基础层次，检查和调整生产作业等环节具体的战略活动，关注的是基层作业人员完成目标的情况。

战略控制、战术控制和作业控制均涉及组织中的所有机构和部门，只不过侧重点不同。在公司总部一级，更多的是关注战略控制和战术控制；而在独立的业务单位，如事业部、子公司等，则主要关注战术控制；基层作业部门主要负责作业控制。

2. 战略控制的前提

战略控制模式是否运行良好，取决于是否能同组织模式相匹配，其中，组织的硬件设施和软件设施两方面都要匹配。一般情况下，良好的战略控制需要具备以下 5 个基本条件。

（1）战略思想、战略意图、战略逻辑的明确。战略控制面对的是一个动态多变的环境，在实施控制的过程中，很难确定确切的控制指标。战略控制指标必须具有较大的弹性，同时又不能失去方向。因此，企业的战略思想、战略意图和战略逻辑必须明确，而且被作为一种程序来对企业运营的各个方面进行监控和检查。

（2）企业目标的宣传和理解。战略的实施是全员性的，其控制也应是全员性的，尤其在多维动态的环境下，基层员工对环境变化的感受是最为直接也是最为迅速的，战略控制脱离了基层员工，必然会使控制的效果大打折扣。要实现战略控制的全员性，就必须广泛宣传企业目标，使之深入每位员工的头脑中。

（3）控制职能的有形化。尽管战略控制必须有全员性的要求，但是战略是一项整体性的运作，鉴于它的重要性，战略控制必须形成一项职能，由某一部门来组织和实施。

（4）战略运作模式及评价体系的建立。控制职能建立起来后，还需要确立其运作模式并建立战略评价体系，来保证控制职能有序、正常地开展。

（5）企业文化的保障。对于全员性的战略控制而言，传统的考核与控制方法显然是不够的。全员战略控制一定是一种自我控制，实现自我控制一定是基于员工对企业价值观和战略目标的认同，没有文化做保障，战略控制往往会陷于孤立。

3. 战略控制的原则

战略控制的根本目的在于保证企业的经营与既定目标保持一致，如果出现偏差，则采取措施予以纠正。一般控制系统分为标准系统、业绩度量及信息反馈、衡量偏差、纠偏措施 4 部分。然而与一般管理控制评价不同的是，战略控制不仅评价经营计划的执行情况，更重要的是时刻保持对企业内部环境的监控，确认企业的战略基础是否发生了变化，以保证企业对环境变化的感知和适应，增强企业抵御风险的能力。一般来说，战略控制的原则包括以下 5 个方面。

（1）全面。实施战略控制，不能没有全局观，要实施全方位的控制，关键还是要从整体战略和公司的总目标出发来实施控制，将各个局部的目标协调一致。

（2）及时。只有及时采取措施纠正战略执行中的偏差，才能避免偏差的扩大或防止偏差对企业造成不利影响。及时控制，要求管理者及时掌握能够反映偏差产生及其严重程度的信息。

（3）适度。适度控制是指控制的范围、程度和频率要恰到好处。适度控制，核心是要控制关键点，管理人员越是尽可能地选择关键点来作为控制标准，控制工作就越有效。对于管理层而言，注视战略执行情况的每一个环节，通常是浪费和没有必要的，而应该采取适度地控制，将注意力集中于战略实施中的一些主要影响因素上，在相关环节设立预警系统或控制点进行重点控制，并以此掌握重要偏差，而不必去关注每件事。

（4）弹性。战略控制中如果过度控制、频繁干预，就容易引起消极反应。例如：上级对下级采取高压政策，对下级来说犹如"针刺"，下级会形成一种反管理集体，对上级实行"针刺"反击。因而针对各种矛盾和问题，战略控制有时需要有较大的回旋余地。只要能保持战略的正确方向，就应尽可能少地干预战略实施过程中发生的问题，尽可能多地授权下属在自己的范围内解决问题。

（5）综合。组织结构的复杂性和组织活动的广泛性，决定了战略控制的要素不是一个而是多个。以往许多专门控制技术和方法仅是针对某一个或几个因素来实施的。为了有效实施全面控制，必须运用综合性的控制技术和方法。

4. 战略控制的类型

战略控制一般涉及这样两类问题：一是在变化的环境中，战略是否还适用？二是既定战略方案的执行效果如何？由于战略关乎企业整体的以及长远的行动，对于战略控制而言，战略的正确性和适用性是最重要的因素。实际上，这两方面控制工作一般是一起进行的，首先求证当初制定战略时的一些因素假设，在确认战略制定无重大失误之后，仍需不断监测环境的变化，以便及早发现不利于企业战略实施的变化因素，尽早做出应对措施。具体来说，战略控制可分为以下4种类型。

（1）避免型控制。避免型控制是在战略实施过程中，对战略行动的结果趋势进行预测，并将预测值与既定的标准进行比较和评价，发现可能出现的偏差，从而提前采取纠偏措施，使战略推进始终不偏离正确的轨道，保证实现战略目标，也称为事前控制。事前控制对战略实施中的趋势进行预测，对其后续行动起调节作用，能防患于未然，因而是一种卓有成效的战略控制方法。

其具体操作方式为：事前控制是在战略行动的结果还未出现前，通过预测发现战略行动的结果可能会偏离既定标准，因此，管理者必须对预测因素进行分析与研究。预测因素包括：① 投入因素，即战略实施投入因素的种类、数量和质量，将影响产出的结果；② 早期成果因素，即依据早期的成果，可预见未来的结果；③ 外部环境和内部条件的变化对战略实施的制约因素。

（2）开关型控制。开关型控制是在战略实施控制过程中，按照既定的标准检查战略行动，确定可行与否，类似于开关的通与止，也称为事中控制。事中控制方法一般适用于实施过程标准化的战略控制。其具体操作方式为：① 直接领导。管理者对战略活动进行直接指挥和指导，发现差错及时纠正，使其行为符合既定标准。② 自我调节。执行者通过非正式、平等的沟通，按照既定标准自行调节自己的行为，以便和协作者配合默契。③ 共同愿景。组织成员对目标、战略宗旨认识一致，在战略行动中表现出一定的方向性、使命感，从而实现目标。

（3）诊断型控制。诊断型控制指管理层控制企业战略的实施，并对战略的实施偏差进行纠正，也称为事后控制。事后控制是在战略推进和转移过程中对行动的结果与期望的标准进行衡量，然后根据偏差大小及发生原因，对行动过程采取校正措施，以使最终结果能符合既定标准。事后控制方法在战略控制推进中控制的是结果，纠正的是资源分配和人的战略行动；根据行动的结果，总结经验教训来指导未来的行动，将战略推进保持在正确的轨道上。但是，事后控制往往由于纠偏不及时，会给企业带来一定的损失，其运用大都局限在企业经营环境比较稳定的条件下。其具体操作方式为：① 联系行为。对员工战略行为的评价与控制直接同他们的工作行为相联系，员工对此比较容易接受，并能明确战略行动的努力方向，使个人行为导向和企业经营战略导向接轨；同时，通过行为评价的反馈信息修正战略实施行动，使之更加符合战略的要求；通过行动评价，实行合理的分配，从而强化员工的战略意识。② 目标导向。让员工参与战略行动目标的制定和工作业绩的评价，这样既可看到个人行为对实现企业目标的作用和意义，又可从工作业绩的评价中看到成绩与不足，从中得到肯定与鼓励，为战略推进增添动力。

（4）互动型控制。互动型控制是介于开关型控制和诊断型控制之间的一种动态控制。它是指企业高级管理层基于战略环境的不断变化和大量的管理信息，结合战略实施情况进行控制。互动型控制不同于诊断型控制的特征有4个：① 他们关注的是高级管理层认为具有战略意义的不断变化的信息；② 这些信息的重要性足以引起各级管理层的不断关注；③ 互动式控制系统所生成的数据最好由上级、下级当面讨论分析；④ 互动式控制是关于潜在数据、假设和措施计划持续讨论的一种催化剂。

5. 战略控制的影响因素

尽管影响各种行业战略控制的因素不同，但大致仍可分为3类：需求和市场、资源和能力、组织和文化。这3类因素在现代企业中呈现出以下6个新趋势。

（1）更加重视质量、价值和顾客满意。不同的需求因素在不同时间和地点扮演了不同角色。顾客在做出购买决定时更加重视质量和价值。成功的企业致力于提高质量，同时，降低成本。指导思想是持续不断地用更少的成本提供更多的东西。

（2）更加重视关系建设和竞争导向。现代企业关注于培养顾客忠诚度，从交易过程转向关系建设，同企业的关联者保持和谐融洽的关系。

（3）更加重视业务流程管理和整合业务功能。现代企业从部门化管理转为流程化管理，企业组成跨部门的工作团队管理这些基本流程。

（4）现代企业的边界日益扩张，无国界经营成为发展潮流。当企业进入国外市场时，必须转变传统风气去适应当地的影响力量。企业必须从全球化角度进行战略思考，但计划和实施必须区域化、当地化。

（5）更加重视战略联盟和网络组织。为了保障价值链的完整，企业认识到和其他组织进行合作的必要性和重要性。高级管理层把越来越多的时间用于设计战略联盟和网络组织上，以此形成竞争优势。

（6）更加重视企业自身与相关利益主体间的平衡。任何组织都存在利用权势实现个人或集团利益的现象，甚至可以说，战略决策就是利益相关主体平衡后的决定。现代企业面临的环境决定了人们在目标、价值观和职责认识上的分歧。同时，彼此对对方既有控制，又有依赖。

企业战略的相对性使得战略控制是一个动态的过程。一般来讲，总体战略是逐步演变而成的，并在一定程度上是凭直觉形成的，但真正的战略却是在企业内部的一系列决策和一系列外部事件中逐步发展，使得最高管理层有了对行动的新的共同看法后才逐渐形成的。在管理良好的企业中，管理人员积极有效地把这一系列行动和事件逐渐概括成思想中的战略目标。

现代企业面临的环境控制因素的多样性及其相互依赖，决定了企业必须与外界信息来源进行高度适应性的交流，并充分利用所获得信息的有力刺激作用。战略控制要求保持高质量的工作效果、态度、服务和形象等有助于提高战略可靠性的因素。由于许多复杂因素的影响，必须进行适当的检验、反馈和动态发展，注意信息收集、分析和检验，以唤起人们的意识，广泛收集集体意见，形成联合其他一些与权力和行为有关的行动。这些都使得战略控制表现为动态性。

有效的战略一般是从一系列制定战略的子系统中产生的。子系统指的是主要为实现某一重要的战略目标而相互作用的一组活动或决策。每一个子系统均有自己的、与其他子系统不相关的实践和信息要求，但它又在某些重要方面依赖于其他子系统。有意识地运用系统性的动态控制，常常在三个方面发挥作用，即适应相互影响的每个主要决策所要求的各种各样的准备期和顺序安排；克服必要的变革遇到的重要政策和信息障碍；使个人与整个企业获悉、理解、接受并支持变革，培育共同愿景。

6. 战略控制的过程

在战略的实施过程中，企业的外部环境和内部条件发生变化，或者战略本身存在缺陷，需要在实施过程中进行修正、补充和完善，这都会导致企业的战略实施偏离预定目标。因此，战略制定者应该系统地审视、评价和控制战略的实施，主要包括3项基本活动：审视企业的战略基础，战略绩效衡量与偏差分析，采取纠正措施。[①]

1）审视企业战略基础

考察企业战略的内在基础与外在环境必然影响企业制定战略的准确性和实施战略的适应性。战略制定者在制定战略规划时，不仅要考虑当时企业内、外部环境的真实情况，而且要针对当前不可测量的以及将来不可预知的环境变化做出若干假设，正是这些信息和假设构成了企业战略的基础。

因此，战略控制的第一步是对企业内、外部环境进行考察，尤其要关注关键战略因素管理者通过波特五力模型研究企业在行业的战略定位是否发生变化，通过考虑更广泛的经济、技术、人口、社会和政治等宏观因素来分析企业的机会与威胁。同时，管理者还应关注价值链各方面的优势和劣势的变化，进而分析企业的内部战略定位是否发生变化。

2）战略绩效衡量与偏差分析

企业战略绩效的衡量与偏差分析属于战略的事后控制，是将战略规划中的目标与实际结果进行比较，找出实施战略规划过程中已取得的成绩，分析实际成果与评价标准的差距及其产生原因。这是发现战略实施过程是否存在问题和存在什么问题以及为什么存在这些问题的重要步骤。

发现偏差之后，企业首先要做的是分析偏差的性质：偏差是否可以接受？如果偏差不大，或者偏差无关大局，或者纠正它要花费太多的成本，那么最佳的选择是做适度微调。此外，在评价工作业绩时，企业不仅要将本企业的业绩与评价标准或目标进行比较，而且应当将自己的实际工作业绩与竞争对手相比较。这将有助于企业发现自身的弱点，以便采取适当的纠正措施。

分析偏差产生的原因，作为拟定纠偏措施并付诸行动的依据。实践证明，在原因不明的情况下拟定和实施纠正措施常会事倍功半，或者是即使这次纠正了以后还会再次出现此类偏差。偏差出现的原因是多方面的，需要认真加以分析。偏差可能是战略目标和战略本身的问题，即战略目标、战略规划与控制标准本身定得不科学，也可能是由于客观环境发生了始料未及的变化，原来的目标、战略或实施计划不再适应新形势的需要，偏差还可能出现在战略实施中，这时就需要把承担责任的部门识别出来。总之，偏差分析需要把战略本身的问题与战略实施中的问题区分清楚。对属于战略本身或实施原因造成的偏差，需要通过调整战略和修改标准加以纠正。

3）采取纠正措施

在战略控制的最后一个步骤里，企业应考虑采取纠正措施或实施权变计划。在生产经营

---

① 弗雷德·戴维. 战略管理：第16版[M]. 北京：清华大学出版社，2018.

活动中,一旦企业判断出外部环境的机会或威胁可能造成的结果,则必须采取相应的纠正或补救措施。当然,当企业的实际效益与标准效益出现很大的差距时也应及时采取纠正措施。针对偏差产生的主要原因,管理者在战略控制中可以采取的处理措施有以下3种:由于工作失误产生的问题,控制的办法主要是通过加强管理和监督,确保工作与目标接近或吻合;如果目标或战略不切合实际,控制工作则主要是按实际情况修改目标或战略;若是环境出现了重大的变化,致使战略或计划失去了客观的依据,那么相应的控制措施就是制订新的计划。

7. 战略控制过程的基本特征

企业的战略控制是一个动态的过程,这个过程有如下3个特征。[①]

1)渐进性

总体战略是逐步演变进化而成的。虽然人们可以在平时的点滴想法中发现一些正规的战略分析内容,但真的战略却是在企业内部的一系列决策和一系列外部事件逐步得到发展,使最高管理层的主要成员有了对行动的新的、共同的看法之后才逐渐形成的。另外,管理部门基本上无法控制的一些外部或内部的事件常常会影响公司未来战略的决策。从某种程度上来说,突发事件是完全不可知的。同时,一旦外部事件发生,公司也许就不可能有足够的时间、资源或信息来对所有可能的选择方案及其后果进行充分、正规的战略分析。

认识到这一点之后,高级经理们常有意识地用渐进的方式进行战略控制。他们制定的很多战略方案带有试验性质,随时准备在适当的时候进行复核和修正。对一些前景不太明朗的战略方案,大家希望对其先进行一定的检验,并希望借此了解外界的反应。为了改善战略控制过程,其逻辑要求而且实践也证明:通常最好是谨慎地、有意识地以渐进的方法进行战略控制,以便尽可能晚地做出战略决策,使其与新出现的关键信息相吻合。

2)交互性

现代企业面临的环境控制因素的多样性和相互依赖性决定了企业必须与外界信息来源进行高度适应性的互相交流。

对企业战略来说,最起码的先决条件是要有一些明确的目标,以便确定主要行动的范围,在这一问题上做到统一指挥,留有足够的时间以使战略有效,这是因为要使公众形成对自己有利的观点和行动需要很长时间,而这需要积极地、源源不断地投入智力和资源。

战略控制需要高质量的工作效果、态度、服务和形象等有助于提高战略可靠性的因素。由于许多复杂因素的影响,战略必须进行适当的检验、反馈和动态调整,注重信息收集、分析、检验,以唤起人们的意识,广泛收集集体意见,协调其他一些与权力和行为有关的行动。

3)系统性

有效的战略一般是从一系列制定战略的子系统中产生的。子系统指的是主要为实现某一重要的战略目标而相互作用的一组活动或决策。每一子系统均有自己的、与其他子系统不相关的时间和信息要求,但它又在某些重要方面依赖于其他子系统。

各个子系统有组织地针对全公司性的某个具体问题(如产品系列的布局、技术革新、产品的多种经营、收购企业、出售产业、与政府及外界的联络、重大改组或国际化经营等)制定战略,其逻辑形式十分完善,作为规范的方法,是企业总体战略的关键组成部分。不过每个战略子系统在时间要求和内部进度参数上,很少能够配合同时进行的其他战略子系统的需要,而且各子系统都有它自己的认知性限度和过程限度,因此必须采取有目的的、有效率的、

[①] 宋云. 企业战略管理[M]. 6版. 北京:首都经济贸易大学出版社,2022.

有效果的管理技巧把各子系统的战略整合起来。

由于各个子系统的进度千差万别，因此不管在什么时候，它们在明确问题、唤起注意、初步概念化、进行实验、产生集体意见、具体细节、确定措施和控制等方面各处于不同阶段。因此，除了概括的原则之外，不可能一下提出同时能顾及所有领域的企业整体战略。整体战略在细节上永远不可能真正地完整。即使所有的子系统偶尔在同一时刻安排妥当，按照逻辑，战略也会随着数据、新情况对它的影响而发生变化。

15.1.2 战略评估

1. 战略评估的定义及分类

战略评估一词的外延十分丰富，不同的人从不同的角度对其可能有不同的理解。但从战略评估总是贯穿于战略管理的全过程的角度出发，大体上可把战略评估概括为战略分析评估、战略选择评估和战略绩效评估3个层次。战略分析评估，即事前评估，它是一种对企业所处环境现状的评估，其目的是发现最佳机遇；战略选择评估，即事中评估，它在战略的执行过程中进行，其目的是及时获取战略执行情况并及时处理战略目标差异，是一种动态评估；战略绩效评估，即事后评估，它是在期末对战略目标完成情况的分析、评价和预测，是一种综合评估。因此，战略评估是以战略的实施过程及其结果为对象，通过对影响并反映战略管理质量的各要素的总结和分析，判断战略是否实现预期目标的管理活动。

（1）战略分析评估，指运用SWOT分析法，评估企业内、外部环境状况，以发现最佳机遇。此种评估也可称作现状分析评估，它一方面要检查企业现行战略是否能为企业带来经济效益，如果不能增效就要重新考虑这种战略的可行性；另一方面通过考察外部环境，判定在现行环境下企业是否有新的机遇。最后结合两方面的结果，决定企业是继续执行原战略还是实施适应环境要求的新战略。战略分析评估主要包括以下几个方面的内容：企业的现行战略和绩效的分析；不同战略方案的评估；对企业相关利益备选方案的评估；竞争力的评估，即对产品、市场、技术、人才、制度竞争力的评估。

（2）战略选择评估，指战略执行前对战略是否具有可行性的分析，这里涉及很多的评估模型，如战略对应性模型（SAM）、定量战略规划模型（QSPM）、Eletre方法（E方法）、战略规划评估模型（SPE）等。它们都是首先对环境因素进行分析，然后制定判断标准并打分，最后计算出结果。其中，SAM模型包含的数学方法主要有层次分析法、熵权系数法、主观概率和效用理论等。该模型是针对不同战略方案可行性的研究，是用数学方法对不同的战略方案所面临的机会与威胁设定标准，计算机会与威胁的权重，并根据所得风险与收益的结果来选择最优的战略方案。

（3）战略绩效评估，是在战略执行的过程中对战略实施的结果从财务指标、非财务指标进行全面的衡量。它本质上是一种战略控制手段，即通过战略实施成果与战略目标的对比分析，找出偏差并采取措施纠正。为大多数人所熟悉的平衡计分卡就是进行战略绩效评估的一种有效手段，它被认为是一种新的战略评估和管理系统。

与一般管理控制评估不同的是，战略评估不仅评价经营计划的执行情况，更重要的是时刻保持对企业内、外部环境的监控，确认企业的战略基础是否发生了变化，以保证企业对环境变化的感知和适应，增强企业抵御风险的能力。

2. 战略评估与战略控制的关系

战略评估是企业管理层能进一步采取措施，实施战略控制的前提和依据。企业通过定期开展的战略评估活动完成对战略设计的调适和战略执行的纠偏。战略在实施过程中会发生偏差，因此需要通过评估来控制。偏差的原因通常包括目标无法实现，为实现企业目标而选择的战略错误，用以实施战略的组织机构错误，主管人员或作业人员不称职或玩忽职守，缺乏激励，组织内部缺乏信息沟通，环境压力等。

战略评估与战略控制的关系可以概括为以下两点。

（1）战略评估是战略控制的基础和前提。只有通过恰当的评估和有效的反馈，战略设计的合理性和战略执行的有效性才能依靠相应的管理人员通过采取战略控制措施来实现。因此，选择什么评估工具和方法取决于战略控制的对象和策略。

（2）战略控制本身也是战略评估的对象和客体。战略评估的范围非常大，既包括战略分析的评估、战略选择的评估和战略执行的评估，也包括对战略控制措施本身的评估。只有通过战略评估来不断完善战略控制的有效性，才能保障战略目标的实现。

15.2 战略评估流程的内容

15.2.1 战略评估流程的框架

从系统科学的角度来看，评估是一项系统工程，它的基本内容包括：评估原则、方法及指标体系模块；系统结构评估模块；输入、输出、交互作用评估模块；系统、环境评估模块；数据资料及专家咨询系统模块。

与之相对应，战略评估也是一项系统的工作，当要进行评估时，首先要把所涉及的问题、过程、部门或体系等看成一个系统，研究其结构、输入、输出、环境以及环境与结构的交互作用、整体运行等方面，接着通过分析与改造，建立以下功能性的子系统：

（1）评估者模块；

（2）评估对象模块；

（3）评估方法、指标、标准模块；

（4）评估系统组织机构模块；

（5）数据资料及专家咨询系统模块。

经过以上战略评估系统的构建，便可以进行综合评估。所谓综合评估，就是通过定性分析与定量评判两种手段达到全面评估的目的。定量分析通常是用计算机加权综合分析来实现的，而定性分析则是根据评估工程中的各种信息（包括定量分析结果），对评估对象以往的表现、以后应该注意改进的问题以及希望达到的状态给予判断性的描述。

战略评估本质上是一种战略控制手段，即通过战略实施成果与战略目标的对比分析，找出偏差，并采取措施纠正。

15.2.2 战略评估流程的重点

环境监测和业务度量是战略评估的两个重点内容。业务度量是传统的评估内容，而在当今多变的环境下，环境监测显得更为重要。企业外部环境包括经济环境、政治法律环境、社会文化地理环境、技术环境、竞争环境等众多因素，而上述五种因素中又包含无数具体的影响因素。要做好环境监测工作，一方面需要对行业运作的特征非常熟悉，需要训练对环境变化的敏感性；另一方面也需要在理论上建立系统思维方式，帮助自己提高对环境变化的分析与把握。

因为环境监测的目的是了解企业战略方案赖以存在的基础是否发生了变化,因此环境分析的着眼点就应放在那些可能会使战略基础发生动摇的因素上。由此可知,只有找准企业战略方案的基础,才可能对环境变化进行有效的分析和应对。所有战略方案的背后都有一套完整的商业理论,而所谓的商业理论,其实是企业对环境和自身条件的判断总和,简而言之是一系列的假设。商业理论决定了一个组织的运作方式,指导其经营战略的制定,定义该组织存在和发展的根本目的。

一般来说,商业理论包括三个方面的内容:对外部环境及其变化趋势的假设、对自身根本目的的假设、对自身所拥有竞争优势的假设。这些假设就是企业制定战略的基础。

商业理论对企业的影响是深刻和全面的,因此商业理论的错误会给企业带来灾难性的结局。因此,战略评估首要考虑的就是不断检验企业对上述三个问题的判断是否符合现实。

监测环境的变化是评估的第一步,我们真正的目的是判断这些变化是否使得原有的战略方案必须进行调整。做出这样的判断需要回到战略选择阶段,根据现有环境进行重新分析,调整战略部署。但如果战略产生路径依赖,情况就变得更为糟糕。在这种情况下,企业变换战略已不可能或代价极高。如果企业战略存在路径依赖的可能,除了制定战略时应十分谨慎外,当环境出现长期不利情况时,最好迅速退出,以免陷入不利环境的泥潭中。

环境监测是最主要的战略评估工作,但除此之外,对战略执行情况的评估也是不可缺少的。在许多情况下,战略的执行往往比战略的制定更为重要。

15.3 战略评估流程的步骤与战略评估方法

15.3.1 战略评估流程的步骤

1. 确定评估对象

要保证企业实现战略目标,就必须分析影响战略目标实现的各种因素,并把它们列为需要评估的对象。通常,这些因素包括经济环境、发展趋势、资源投入和组织活动等。

2. 选择评估重点

企业无力也没必要对所有活动进行控制和评估,而是应该在影响战略实施的众多因素中选择若干关键环节作为重点评估对象。美国通用电气选择了关键绩效领域的8个指标。

(1) 获利能力,用来衡量企业经营成果的综合指标,反映了企业对某段时期内投资应获利润的要求。

(2) 市场地位,反映企业相对于其他企业的经营实力和竞争能力的指标。市场份额的下降意味着产品吸引力的降低,提醒管理者采取行动。

(3) 生产率。可用来衡量企业各种资源的利用效果,通常也是企业长期竞争力的体现。

(4) 产品领导地位。通常是产品技术先进水平和功能完善程度。为了维持企业产品的领导地位,必须定期评估企业产品在质量、成本等方面的状况以及在市场上受欢迎的程度。

(5) 人员发展。企业的长期发展在很大程度上依赖于人员素质的提高,为此,需要测定企业目前的活动以及未来的发展对职工技术、文化素质的要求,与实际情况进行比较以确定必要的教育和培训措施。

（6）员工态度。一旦发现员工态度不符合企业的预期，任其恶化是非常危险的，企业应采取有效的措施来提高员工的满意度。

（7）公共责任。企业的存续以社会承认为前提，因此，企业必须履行必要的社会责任。可根据有关部门对公众态度的调查，了解企业的实际社会形象，改善对外政策，提高公众满意度。

（8）战略目标的平衡。企业的生存和发展是相互依存的。在检查战略各指标的实现情况时，要确保各个指标实现目标和长短期目标的平衡。

3. 设计评估指标

评估指标是建立战略评估体系的关键和核心环节，指标的设计应该符合一致性和准确性的质量特征。要想使评估工作取得良好效果，评估过程必须严格遵守一定的原则，只有这样才能设计出一套好的评估系统。设计评估指标的原则包括以下 6 点。

1）系统优化原则

对企业的综合绩效进行评价，必须用若干个指标进行衡量，才能评价其全貌。这些指标必须互相联系、互相制约。同时，每个指标应尽可能边界分明，避免互相包含，减少对同一内容的重复评价。为实现系统优化原则，设计评价指标体系的方法应采用系统方法，如系统分解和层次分析法，将总指标（总目标）分解成次级指标，再将次级指标分解成第三级指标，并组成树状结构的指标体系，使体系的各个要素（单个指标）及其结构（横向结构、层次结构）能满足系统优化要求。

2）系统全面原则

企业业绩评价指标体系应能全面、系统并相互联系地评价企业的经营业绩。一方面，指标体系的设计应考虑到影响企业战略目标或竞争优势形成的各个主要方面，以便从各个不同角度对企业的经营业绩做出评价；另一方面，还应考虑指标项目之间的系统性和相互联系性，从而使指标体系能对企业的经营业绩做出综合评价。同时，建立的指标体系不仅能够反映企业的现有状况，而且还能够体现企业的未来发展趋势。

3）通用可比原则

评估不仅是对同一个企业这个时期与另一个时期进行比较，更重要的是与其他企业进行比较。因此，评估指标体系必须在两个方面具有通用性和可比性。一是同一个企业这个时期与另一个时期做比较（即纵向比较）时，评估指标体系有通用性、可比性。这一点比较容易做到，其条件是指标体系和各项指标、各种参数的内涵与外延保持稳定，用以计算各指标相对值的各个参照值（标准值）不变。但是，即使评价指标体系不改变，今年参加评估的专家与去年参加评估的专家不同，其评估得分的可比性不是很大，但各企业的排序仍有较大的可比性。二是各个企业使用同一评估指标体系进行评价、比较（横向比较）时，评价指标体系要有通用性、可比性。如何使这些不同企业使用通用的评价指标体系，并且使评价结果具有可比性，主要办法是找出它们的共同点，按共同点设计评价指标体系。指标在设计中要注意指标口径、方法的历史动态以及指标在空间范围内可比，尤其是国际可比。

4）实用性原则

设计评估指标体系，是为了实际应用，不仅供设计者使用，更重要的是供有关部门使用。因此，设计评估指标体系要做到以下四点：一是评估指标体系要繁简适当，计算评估方法简便易行。在能基本保证评估结果的客观性、全面性的条件下，指标体系尽可能简化，减少或去掉一些对评估结果影响小的指标。二是评估指标所需的数据易于采集，适应目前的科技管理水平。采集数据时要尽量与计划口径、统计口径、会计核算口径相一致。三是各项评估指标及其相应的计算方法、各项数据，都要标准化、规范化。计算方法、表述方法要简便、明确、易于操作。四是要在评估过程中能进行质量控制。评估过程中的质量控制主要依靠评价数据的准确性、可靠性以及计算评估方法的正确实施。评估指标体系作为主观反映客观的工具，要遵循实事求是的思想原则，使评估指标的定量描述以定性认识为前提，正确理解有关经济范畴，并正确分析评估客体的数量特征。

5）灵活可拓展性原则

指标的易理解性和有关数据收集的可行性，使所设计的指标能够在实践中较为准确地计量。此外，由于各个产业和企业有其特殊性，因此需要加入一些特殊的指标，这就要求指标体系和相应的评估模型有扩展的空间。

6）成本效益原则

若获取指标数据所花费的成本大于所带来的利益，一般应放弃该指标而转用其他成本较低的可替代指标。

评估指标确定后还要进行分解。诺贝尔奖获得者西蒙提供了一种新的决策方法，即目标—手段分析法。这种方法首先为要实现的总目标找到一些手段和措施，然后把这些手段和措施又看作新的、次一级的目标，再为完成这些次一级的目标找出更详尽、具体的手段和措施，这样分层反复找下去，直到有了解决办法为止。将企业的总体目标分解为部门和个人目标，也就找到了问题的解决办法。通过设置科学的指标体系，将目标与个人的行动有机地联系在一起，让每个员工在企业的价值创造过程中发挥作用，也厘清了个人的行动与企业整体目标之间的关系，从而满足了公司战略管理的需要。

4. 制定评估标准

对象不同，建立标准的方法也不同，常用的方法有统计法和经验判断法。评估标准必须具备以下三个要点：第一，标准应该具有挑战性；第二，标准应透明且广为人知；第三，标准应能量化，不能量化的标准必须具体、明确。

5. 确定评估频度

控制评估的频度不仅和费用相关，还可能导致纠偏行动的延迟，造成不必要的损失。对于以什么样的频度进行评估，取决于被控制活动的性质。需要评估对象可能发生重大变化的时间间隔是确定适宜的评估频度所需要考虑的主要因素。

6. 反馈评估信息

评估后，管理者应及时掌握反馈信息。因此，应该建立有效的信息反馈网络，使评估结果及时传递给有关的部门和个人。有效的信息反馈不仅有利于保证战略的实施，还能防止被评估部门产生抵触情绪。

15.3.2 战略评估的方法

战略评估一词的外延十分丰富，不同的人从不同的角度对其可能有不同的理解。从战略评估贯穿于战略管理全过程的角度出发，战略评估通常包括战略选择前对战略方案的评估和战略实施后对实施效果的评估。

对于前者，即如何评估战略方案的论述很多，下面我们介绍3种有代表性的评估方法。

1. 伊丹敬之的战略评估标准[①]

日本战略学家伊丹敬之认为,优秀的战略是一种适应战略,它要求战略适应外部环境因素,包括技术、竞争和顾客等;同时,战略要适应企业的内部资源,如企业的资产、人才等;此外,战略也要适应企业的组织结构。企业家在制定优秀的战略时应该权衡以下7个方面的内容。

(1)战略要实行差别化,要和竞争对手的战略有所不同。

(2)战略要集中。企业资源的分配要集中,要确保战略目标的实现。

(3)制定战略要把握好时机。企业应该选择适当的时机推出自己的战略,时机要由自己积极创造。

(4)战略要能利用自己的已有成果,发挥更大的优势,扩大影响,以便增强企业的信心。这一点实质上是强调企业要利用自己的核心能力。

(5)企业战略要能够激发员工的士气。

(6)战略要有不平衡性。企业不能长期稳定,要有一定的不平衡,造成一定的紧迫感,即战略要有比现实更高的要求。

(7)战略要能巧妙组合。企业战略须把企业的各种要素巧妙地组合起来,使各要素产生协同效果。

2. 斯坦纳的战略评估标准[②]

美国的乔治·斯坦纳提出评估战略时应该考虑以下6个要素。

(1)环境的适应性。企业所选的战略必须和外部环境及其发展趋势相适应。

(2)目标的一致性。企业所选的战略必须能保证企业战略目标的实现。

(3)竞争的优势性。企业所选的战略必须能够充分发挥企业的优势,保证企业在竞争中取得优势地位。

(4)预期的收益性。企业要选择能够获取最大利润的战略方案。需要注意的是,这里所说的战略利润是长期利润而不是短期利润。其指标是投资利润率,投资利润率=预期利润/预期投资总额。

(5)资源的配套性。企业战略的实现必须有一系列战略资源作保证,并且这些资源必须与战略相配套,暂时不具备而经过努力能够具备的资源也是可取的。

(6)战略的风险性。未来具有不确定性,企业有可能面临风险,在决策时要适当对待风险。一方面,在态度上要有敢于承担风险的勇气;另一方面,在手段上,要事先科学地预测风险,并制定出应变的对策,尽量避免孤注一掷。

3. 努梅特的战略评估标准[③]

英国战略学家理查德·努梅特提出了可用于战略评估的4条标准:一致、协调、可行和优越。协调与优越主要用于公司外部评估,一致与可行则主要用于公司内部评估。

(1)一致性。一个战略方案中不应出现不一致的目标和政策。努梅特提出了确定战略间不一致的3条准则:

① 尽管更换了人员,但是管理问题仍持续不断,如果这一问题像是因事而发生而不是

[①] 伊丹敬之. 经营学入门[M]. 3版. 北京:华夏出版社,2019.
[②] 戴剑,罗清亮. 战略规划:企业持续成功的基因[M]. 上海:上海财经大学出版社,2015.
[③] 理查德·努梅特. 好战略,坏战略[M]. 北京:中信出版社,2017.

因人而发生，那么便可能存在战略的不一致；

② 如果一个组织部门的成功意味着或被理解为意味着另一个部门的失败，那么战略间可能存在不一致；

③ 如果政策问题不断地被上交到最高领导层来解决，就可能存在战略上的不一致。

（2）协调性。协调性是指在评价时既要考察单个趋势，又要考察组合趋势。在战略制定过程中，将企业内部因素与外部因素相匹配的困难之一，在于绝大多数变化趋势都是与其他多种趋势相互作用的结果，对此必须综合考察。

（3）可行性。一个好的经营战略必须做到既不过度耗费可利用资源，也不造成无法解决的派生问题。对战略最终的和主要的检验标准是其可行性，即依靠企业自身的物力、人力及财力资源能否实施这一战略。企业的财力资源是最容易定量考察的，通常也是确定采用何种战略的第一制约因素。人员及组织能力是更为严格但定量性更差的制约因素。因此，在评估战略时，很重要的一点是要考察企业在以往是否已经展示了实行既定战略所需要的能力、技术及人才。

（4）优越性。经营战略必须能够在特定的业务领域使企业创造和保持竞争优势。竞争优势通常来自于资源、技能、位置三个方面的优越性，其中，良好位置的主要特征是，它使企业从某种经营战略中获得优势，而不处于该位置的企业则不能类似地受益于同样的战略。因此，在评价某种战略时，企业应当考察与之相联系的位置优势特性。

对于战略实施效果的评估，在建立评估指标和评估标准的同时，还要确定评估方法。评估方法是解决如何评估的问题，即采用一定的方法运用评估指标和评估标准，从而获得评估结果。目前在实践中应用比较广泛的评估方法主要有 3 类：单一评估方法、综合评估方法、多角度平衡评估方法。

（1）单一评估方法。单一评估方法就是选择单一指标，计算该指标的实际值，并与所设置的评估标准比较，从而得出评估结论。本书第 16 章将要介绍的全面预算管理就是这种方法的典型例子。

（2）综合评估方法。综合评估方法就是以多元指标体系为基础，在评估指标、评估标准和评估结果间建立一定的函数关系，计算每个指标的实际数值，并根据这个函数关系得出综合评价结论。我国财政部颁布的企业经济效益评估指标体系就是综合评估法的典型例子。在选择综合评估方法的过程中，存在指标的同趋化处理、指标的无量化标准和指标权数确定等问题。

首先，从评估标准的关系看，评估指标可以分为正指标、负指标和适度指标三种类型，因此，在选择评估指标时就应尽量保持方向的一致性，如尽量都选择正指标。若无法避免，则需要进行同趋化处理。

其次，不同的评价指标可能具有不可比性，这就需要把不同的指标进行无量化折算，这样才能把一个多元指标的评价问题转化为单一指标的评价问题来进行比较和排序。

最后，由于各指标对综合评价结果的影响程度不同，其重要程度需要通过对不同指标赋予不同的权数加以反映。评价指标权数的确定方法可以分为主观和客观两种类型，其中，主观赋权常用的方法有德尔菲法，客观赋权法有因子分析法、主成分分析法和聚类分析法等。

（3）多角度平衡评估方法。多角度平衡评估方法本质上也是一种综合评估方法，但是由于在评估指标的选择、评估程序的确定等方面具有自身的特殊性，因此演变成一种单独的评估方法。本书第 16 章将要介绍的平衡计分卡就是这种方法的典型例子。

15.4 战略评估流程的注意事项

无论是对战略方案的评估中还是对战略实施效果的评估,都必须经常检查战略评估流程的合理性和实际效果,具体要关注以下7点。

1. 注意消除人们对评估的疑虑

评估会涉及组织成员的利益,因此进行评估时要注意公布明确的目标,确保过程公开、公正、公平,并不断地与组织成员进行有效的沟通,要特别注意消除各级管理者的疑虑,争取更多人的理解、赞同和支持。

2. 战略评估的目标要切合实际

战略评估的差距可能来自不切合实际的目标。例如,目标定得太高或太低,即使知道实际的战略成果与目标有差距,也会出现不管采取任何修正行动都无法弥补差距的现象。在这种情况下,需要修正的是目标而非实际绩效,决策者要确保战略评价的目标是在公司或者部门的控制范围内的,并且可以通过努力达到。

3. 战略评估的标准要客观可比

战略评估的标准是战略评估和战略控制的首要条件。无论是定量指标还是定性指标,都必须与企业的发展过程进行纵向比较,还必须与产业内竞争对手、行业领导者、替代行业竞争对手以及潜在的进入企业进行横向比较。

4. 注意对环境进行扫描

所谓扫描是指企业组织在决策中获取所需信息的过程,包含了由集中程度较低的观察活动到集中程度较高的计划研究活动。对于什么样的信息是必要和适用的、什么样的信息是有战略价值的等问题,并不是所有的企业在任何时候都清楚的。但是,每当确定企业战略和长期规划时,高级管理层都力求预测和理解企业环境的变化,这就需要通过环境扫描把一个个细微到难以感知的信息融合成广阔的连续体。

5. 选取合适的战略评估方法

在面对多个业务单元的战略规划制定中,管理者在对战略方案进行拟定、评价与选择时往往要对评价方法进行多方面的考量、检验与比较。公司在充分考虑公司自身的状况、外部环境情势以及决策者知识经验和战略倾向前提下,需要根据战略评估的原则恰当地选取评估方法与评估工具。

6. 重点评估战略实施的早期和晚期

战略在早期和晚期的效率较高,这在战略学上被称为战略失效的"浴盆曲线"。作为管理者,必须高度关注这种战略实施与人们预期不一致的非理想状态的出现,加强评估的频度和力度。

7. 及时反馈战略评估的成果

战略评估的成果要做到及时反馈,从多个层面为决策者展现企业当前的战略状况,对在战略执行过程中的不足、失误、不合理的内容及时地发现与调整,帮助各业务部门与职能部门解决评估过程中出现的问题。

 **本章小结**

1. 企业的战略控制是一个动态的过程,这个过程有如下特征:渐进性、交互性、系统性。战略控制模式是否运行良好,取决于是否能同组织模式相匹配,良好的战略控制需要 5 个基本条件:① 战略思想、战略意图、战略逻辑的明确;② 企业目标的宣传和理解;③ 控制职能的有形化;④ 战略运作模式及评价体系的建立;⑤ 企业文化的保障。

2. 战略控制的根本目的在于保证企业的经营与既定目标保持一致。战略控制的原则:全面、及时、适度、弹性、综合。

3. 战略控制的类型:避免型控制、开关型控制、诊断型控制和互动型控制。

4. 战略评估流程的步骤主要包括:确定评估对象、选择评估重点、设计评估指标、制定评估标准、确定评估频度和反馈评估信息。

5. 战略评估流程的注意事项主要包括:注意消除人们对评估的疑虑;战略评估的目标要切合实际;战略评估的标准要客观可比;注意对环境进行扫描;选取合适的战略评估方法;重点评估战略实施的早期和晚期;及时反馈战略评估的成果。

 关键概念

战略控制(strategy control)　　　　　战略评估(strategy assessment)
公司治理(corporate governance)

 **思考题**

1. 战略评价与战略控制之间有什么关系?
2. 战略控制的三个基本过程是什么?
3. 有效的战略控制应遵循哪些原则?方式有哪些?
4. 怎么衡量战略评价与控制是否有效?

案例讨论

战略预算控制如何支撑青岛港的转型升级①

青岛港在中国山东省及环渤海港口企业中具有主导作用,是中国港口行业龙头企业之一。2015—2017 年,青岛港货物吞吐量和集装箱吞吐量均位居世界前十强,在中国长江以北区域,青岛港集装箱吞吐量位居第一,货物吞吐量位居前三。但是青岛港集团董事长表示,面对经济发展的新常态,青岛港的盈利增长点不再局限于以往二十年来的装卸业务,必须推动港口发展从单一化的吞吐量增长驱动向复合型的多核驱动转变。集团层面经过研讨确定:青岛港围绕建设"东北亚国际枢纽港"的战略目标,以经济效率为中心,以创新驱动、转型升级为主线,确定了"以码头业务为根基,积极发展现代物流业务,深入实施金融、国际化、

---

① 案例来源:周瑾. 青岛港肩负中国港口转型升级使命[EB/OL]. (2021-07-02). http://www.rmhb.com.cn/zt/ydyl/202107/t20210702_800251974.html.

互联网三大战略,内强管理,外拓市场,货物吞吐量和经营绩效保持稳健增长"的战略规划。

战略决定生存,执行决定利润。战略规划是为了实现企业的生存和长远利益的最大化,这一过程必须借助量化的预算指标体系支撑战略控制工程才能实现,通过不断地监控和评价战略的实施过程,并据此修正。预算的每个数字背后都是行动计划和行动方案,没有预算控制支撑的战略规划是空洞的战略,没有战略引导为基础的预算控制是没有目标的预算,难以提升企业的竞争能力和价值。

青岛港对集团财务部与培训部做出如下部署:作为集团预算管理的组织部门,由财务部设计内容、培训部负责具体执行,对各业务部门的管理者、各职能部门的管理者和各级预算管理员开展系列培训活动,从集团战略规划的角度、从各业务部门发展计划的角度、从资源有限和成本利润指标的关系等方面解读预算管理的政策和原则,逐渐转变相关责任人的观念,在预算资源配置上达成以下共识。

码头打造核心竞争力。我国港口行业的现状是码头主业已进入业务发展的成熟期,竞争异常激烈。交通运输部2014年6月发布的《交通运输部关于推进港口转型升级的指导意见》对推进我国港口转型升级提出指导意见,强调突出港口信息化带动作用,基本实现由主要依靠增加资源投入向主要依靠科技进步、劳动者素质提高和管理创新转变,由主要追求吞吐量增长向着力提升质量和效益转变。因此,进入成熟期的码头业务预算管理的重点为成本控制与质量提升。所谓成本控制不是指一味地节约成本,而是需要将码头业务的成本分为策略性成本和非策略性成本,其中策略性成本是指影响到核心竞争力的支出,这类成本不以节约为目的,而应该按照"压强原则"以超过主要竞争对手的力度向核心竞争力上配置资源。质量提升靠的是信息技术、靠的是核心竞争力,装卸效率代表着码头主业的核心竞争力,所以应以"压强原则"向装卸效率的提升上配置资源。

物流猛攻销售增长率。在转型升级战略的指引下,青岛港近几年以海向、陆向双向资源的优化配置,构建起安全便捷高效的物流"黄金通道",全面增强了青岛港作为"丝绸之路经济带"沿线地区"出海口"和"桥头堡"的竞争实力,为"一带一路"沿线国家和地区提供贸易便利与高效物流支撑。物流业务目前处于快速发展期,预算资源的配置上以销售预算为重点,主攻市场和客户的拓展。在海向方面,青岛港目前已聚集集装箱航线一百六十多条,居中国北方港口之首。在陆向方面,青岛港依托海铁联运优势,加强内陆港建设,完善网格化市场营销布局,提高海铁联运市场占有率,目前共开通班列四十条,覆盖山东、辐射沿河流域、直达中亚。继2015—2017年领跑全国后,2018年青岛港海铁联运再度实现爆发式增长,同比增长48.7%,成为全国沿海港口首家海铁联运操作箱量突破百万TEU大关的港口,连续四年蝉联全国港口冠军。未来,青岛港将与多个内陆枢纽城市联手建设海铁联运中转基地,打造东、中、西沿黄河流域三个核心区,为腹地客户架起与世界各地无缝衔接、高效运转的海铁联运物流"黄金通道"。海铁联运确实可能增加港口的腹地与业绩,但在港口整体激烈竞争和全球贸易增速放缓的背景下,这一看似蓝海的领域很可能将很快变为红海,甚至血海。因此,必须一鼓作气、乘胜追击,将有限的战略预算聚焦到市场与客户,抢占市场,推动业务量高速增长。

金融服务创新出大招。2014年财务公司的成立代表着青岛港金融业务的起步,三年多的运营,资金集中度达到80%以上,在全国一百九十多家财务公司中位居第六,资产规模升至港口行业财务公司第二位。尽管最近三年金融业务利润增幅位居集团各业务板块之首,产融结合、以融促产的积极作用初步显现,金融业务成为港口发展的新增长极。但从业务规模来看,金融业务还处于培育阶段,面临金融牌照不够齐全、产品种类相对单一、服务广度和深度不足等问题。要想让传统港口与时尚金融碰撞出火花,需要资源的强大扶持,才能让这一新的业务增长极产生强大的爆发力。因此在预算资源配置时,要有大局观,适当向处于培育阶段的金融板块倾斜。

"预算执行"——转型升级的关键。预算监控与分析是保证战略预算控制得以实施的最有效的一个环节。战略预算控制执行过程中,各业务部门消耗资源的同时创造着价值,而且各业务部门之间、业务部门与职能部门之间形成互为表里的影响关系,某个部门执行过程中产生的预算偏差会对其他部门产生有利或不利的影响,进而对公司的整体业绩产生影响。青岛港公司开发了一套预算执控系统,负责监控各部门的战略预算执行情况,通过该系统保障各部门之间发挥协同作战的精神,使预算控制目标得以实现。对预算执行的控制和分析,有助于监督和协调企业战略,了解战略的执行情况,以便及时对企业战略做出必要的调整。另外,预算通过绩效考核,把部门和员工的切身利益与企业的战略目标相联系,更有助于部门和员工在关注自身利益的同时关注企业的长期发展,从而有利于企业战略目标的实现。

讨论题

1. 战略控制的主要内容是什么?
2. 战略预算控制是如何保障青岛港实现转型升级和可持续发展的?
3. 你认为青岛港的未来战略转型升级能否成功,为什么?

经典书籍推荐

推荐书目:《战略解码:跨越战略与执行的鸿沟》,该书的作者是吕守升,于2021年由机械工业出版社出版。

该书论述了"让战略规划与战略执行有效衔接"的方法论和应用实践。作者基于多年的研究和在不同企业的实践,在书中全景式地将战略解码的原理、方法和应用展示给读者。战略解码是化战略为行动、变愿景为现实的利器。它通过团队共创的方式,对企业战略进行诠释,帮助企业明晰路径、明确硬仗、分解任务;帮助企业的战略规划转化为一线员工能够理解的语言,并落实为绩效承诺,输出为绩效结果;帮助企业实现"上下同欲""左右协同""力出一孔""使命必达"的局面。该书以RIDER模型(驾驭者模型)和RACE原则(竞赛原则)为主线,既有理论方法和逻辑框架,又有大量的实践案例(绝大部分来自中国创造和实践)。

第 16 章
战略评估工具

 本章学习目标

1. 了解战略评估工具的分类；
2. 掌握几种常见的战略评估工具；
3. 理解不同模式战略结果评估工具的区别。

引例

战略变革是战略管理的重要手段，其目的是实现企业的战略目标，绩效评价的目标是战略目标的组成部分。因此，绩效的评价方式也要以战略目标为导向，精确定位，但由于东阿阿胶的财务共享中心起步较晚，财务共享服务中心积累的管理数据也不多，同时又在信息技术发展水平上存在一定的落后之处，绩效评价信息系统跟不上信息的快速发展，无法有效地整合和利用绩效管理信息，因此，评估东阿阿胶财务共享中心的绩效水平也就变得越来越困难。

针对关键业绩指标体系的定位模糊和无法匹配公司战略需求的问题，杨勇对财务共享服务中心的建议是，采用平衡计分卡（BSC）这一新的绩效评价体系。从财务维度、客户维度、内部经营流程维度、组织学习与成长维度、风险维度以及大数据维度六个方面来测量其战略行动。在向王炜详细阐述了平衡计分卡的具体含义和应用原理后，杨勇又继续说道：下一步则是根据建立的平衡计分卡的绩效评价指标体系，计算每个具体指标所占权重，而权重的计算又可分为两步：第一步，采用层次分析法模型进行矩阵预算；第二步，进行模拟测试。

王炜收到了好友杨勇发来的关于如何收集东阿阿胶集团基于平衡计分卡模式下的绩效评价方案的商业资料，当他看到这份详尽的书面材料，以及杨勇向他仔细地阐述后，心中多了几分信心。接下来，他需要针对集团就如何建立财务共享服务中心的业绩评价体系做出一个完善的实施方案，并交由公司管理层会上进行讨论。

结合之前开会讨论的焦点，按照公司自身的实际情况，王炜针对业绩评价体系整理出一个大致的工作方案。王炜很清楚，大致需要经过三个重要的步骤才能真正地构建起公司的绩效评价指标体系。首先，基于财务共享服务中心的绩效评价，将集团整体的战略目标进行分解；其次，战略地图的设计指导着业绩评价的大致路径，需要精心地设计战略地图；最后，关键指标决定关键绩效评价的结果，确定好财务共享服务中心绩效评价的关键指标。

如何评价公司重新构建的绩效评价指标，让王炜感到有些棘手，他通过查阅相关企业的具体实践资料，并结合杨勇给他的商业资料，进一步对新构建的指标的合理性和实用性进行了评价，评价步骤包括：计算各个指标所占的权重，从各个维度进行赋权与绩效评价。

截至 2019 年 7 月底，集团财务共享服务中心在加强企业总部的管控能力方面取得了显著成效，东阿阿胶的财务业绩指标也因为这一评价体系的推行有了稳定增长，王炜认为为财务共享服务中心建立绩效评价体系提高了工作效率、促进了业务处理流程标准化。同时，通过实施"有目标"的财务共享服务，为企业经营决策分析提供数据基础，加强了财务资源与企业整体目标的协同效应，为集团能够稳定经营和持续发展贡献了应有的力量。

诚然，以平衡计分卡为基本原理设计的绩效评价体系早已在国内外知名企业中被广泛应用，但针对内部组织层级部分的应用还不够广泛，特别是在新型管理组织的实践应用中更是少之又少。因为基于层次分析法的权重设计具有一定的主观性，部门需要针对集团的战略目标，选择不同的绩效评价具体指标并进行实时调整。整个评价过程也相对复杂并且需要多个部门参与，同时在评价过程中涉及大量数据参数的收集、整理和预测，需要绩效评价人员完成大量工作。故而新的绩效评价体系建立之后，东阿阿胶还面临着一些困难，如何能够长期有效地将该绩效评价体系执行下去，仍需要去探讨和解决。一方面欣喜于绩效评价所带来的业绩提升；另一方面又担心如何保持评价体系的有效性，王炜缓缓起身来到办公室外侧的落地窗前，静静地观望着远方天空与大地的交接处，刚刚平静的内心又重新掀起一阵波澜……[1]

组织形成了全面完整的战略执行体系后，还需要定期地对战略的执行情况进行评估和分析，使得组织的管理决策层能够及时掌握和了解战略执行过程中出现的问题并进行决策。许多组织缺少有效的战略评估工具，在评估过程中难以把握重点，对评估过程需要关注哪些内容、如何进行分析、如何对评估形成的决议进行管理等方面缺少系统的认识。

战略实施的正确性和战略的适用性是战略评估时需要考虑的重要因素。由于战略涉及企业整体的以及长远的行动，实施过程往往跨越年度，因此，评估战略实施轨迹及其阶段性结果是否符合战略执行规划变得十分必要。另外，企业的内、外部环境不断变化，因此需要在战略的实施过程中，不断检测环境的变化是否将导致战略的失效？执行结果与预期目标间的差异是什么因素引起的？如何改善？战略是否执行得有效、到位？这些都是要通过评估工具为企业战略执行解决的问题。据此，战略评估工具一般分为战略适用性评估工具和战略执行评估工具两个层次。这里我们主要介绍战略执行过程中的评估。

战略执行评估根据执行的不同阶段可以分为战略过程评估和战略结果评估。战略过程评估属于事中控制，它用于战略的执行过程中，对战略执行情况与战略目标差异情况及时获取和处理，运用评估工具及时分析差异产生的原因，是一种由果及因的动态评估工具。在某些企业中，其战略往往是一个阶段性的滚动战略，在这种情况下，上一阶段战略目标的完成就成了下一阶段战略的基础，战略执行效果的检查也就具有了战略反馈的意义，具体的评估方法包括全面预算管理方法、标杆管理方法等。

战略结果评估又称战略绩效评估，是在战略执行期末，利用财务指标、非财务指标对战略目标的完成情况进行全面衡量和分析预测，是一种综合评估，属于事后控制。目前，企业战略结果评估工具主要包括三种模式：财务评估模式、价值评估模式、平衡评估模式。

---

[1] 案例来源：方慧，郁静怡，陆叶，廖昌. 东阿阿胶集团财务共享服务中心绩效评价变革之路[DB/OL]. 中国管理案例共享中心，http://www.cmcc-dlut.cn/Cases/Detail/4509#，2020.

16.1 战略过程评估工具

16.1.1 全面预算管理方法

1. 全面预算的概念

全面预算管理是一个由预算规划、编制、执行、控制、考核所组成的管理过程，是一个将业务流、信息流、人力资源流与资金流整合于一体并进行优化配置的管理系统。传统预算管理的主要不足在于：预算缺乏企业战略的明确指导。这样的预算管理无助于企业长远发展，也难以取得预期的效果。企业实行战略性全面预算管理应该从全方位入手，将财务、生产质量、顾客、流程、人力资源以及制度等各方面结合起来，全面描述企业战略在各个层面的具体体现，从而使企业战略处于管理体系的核心位置。

面向战略的全面预算管理作为一种战略管理，是指全面预算管理与战略管理相结合，成为战略预算管理。而实施战略预算管理，不仅应编制年度预算，贯彻企业的短期规划，而且应编制战略预算，贯彻企业的战略规划。年度预算的编制一般以销售预算为编制起点。而战略预算的编制应以战略目标为编制起点。战略目标是企业在战略分析的基础上进行战略规划的成果。企业可以将自己的存续期按投资有效期划分为不同的期间，也可以按生产经营周期划分为不同的阶段，然后确定其不同期间或不同阶段的战略目标。战略预算的编制以战略目标作为编制起点，将文字形式的战略目标转化为数字形式的战略预算，并通过实施全面预算管理来进行战略实施和战略控制。战略预算的编制应以连续预算和动态预算作为主要编制方法，由于战略预算是一个多期预算，因此，各年度预算之间应该是连续的、相互衔接的。由于战略预算是一个建立在对未来预测基础上的长期预算，而未来可能的结果不是唯一的，因此，所编制的预算应该是动态、弹性的预算，以提高预算的适用性。

2. 全面预算的评估方法

全面预算管理作为一种目标管理，以预算数字体现企业的目标而成为预算目标，充分发挥目标的导向功能，并以目标管理的思想和方法编制、执行、控制和考核预算。企业在实施战略性预算管理之前，应对自身所处的内、外部环境，企业竞争地位进行充分的分析研究，明确企业目前所处的位置，然后据此提出企业不同时期的发展目标，准确制定企业的发展战略，解决"企业向何处去"的问题。战略全面预算管理是对未来的一种管理，是实现全面预算管理目标和企业战略目标的整体行动规则。全面预算管理目标实际上是以企业战略为基础的预算管理目标，没有战略意识的全面预算会导致企业的短视行为，从而失去正确的目标和方向，无法增强企业的市场竞争优势。因此，战略性全面预算管理必须是围绕企业战略的制定、实施、控制而采取的一系列措施的全过程。企业的战略导向将直接决定预算模式的选择，决定预算重点及其需要重点保障的内容，决定预算目标的具体确定等。

当公司的各项预算均编制完毕并获得了预算管理委员会的批准之后，各项预算就开始进入执行阶段。为了了解预算的实际执行情况，企业必须设置专门的预算监控部门进行有效的监督，以降低风险，提高效率。对预算执行结果要有及时的信息反馈和预算调整，反馈是调整的基础，调整的实质是使预算更接近于实际情况，更符合企业自身发展需要。预算监控是指在预算执行过程中，对预算执行情况所进行的日常的监督和控制。为保证预算目标的实现，企业应建立全方位的、多元的预算监控体系。预算调整是指当企业内、外环境发生变化,预算出现较大偏差,原有预算不再适宜时所进行的预算修改。预算毕竟是一种预先的规划,是建立在对未来各种内、外经济环境预期的基础之上。在当今复杂多变的经济社会中,企业内、外环境随时都在发生着变化,当内、外环境发生了较大变化时,原有预算便失去了存在的基础,如果此时仍坚持原来的预算,就会妨碍企业的有效运作,因此,预算调整是一个必不可少的环节。通常,只有当外部环境发生重大变化或公司战略决策发生重大调整时,才能调整预算。

在全面预算管理循环中,预算考评处于承上启下的关键环节,在预算控制中发挥着重要作用。严格考核不仅是为了将预算指标值与预算的实际执行结果进行比较,肯定成绩,找出问题,分析原因,改进企业管理,也是为了对员工实施公正的奖惩,以便奖勤罚懒,调动员工的积极性,激励员工共同努力,以提高效率,确保企业战略目标的实现。

16.1.2 标杆管理方法

标杆管理与企业再造、战略联盟并称为20世纪90年代三大管理方法,其含义可概括为:不断寻找和研究同行一流公司的最佳实践,并以此为基准与本企业进行比较、分析、判断,从而使本企业得到不断改进并赶超一流公司,创造优秀业绩的良性循环过程。因此,标杆管理的实质就是站在全行业,甚至更广阔的全球视野上寻找基准的模仿创新的过程,通过学习,企业重新思考和改进经营实践,创造自己的最佳实践。

预算管理是将量化的企业战略目标作为管理基准,发挥财务工作在事中控制方面的作用,及时发现并纠正预算过程中出现的偏差,对预算执行结果进行分析评价;标杆管理则是将目标组织的经营绩效设立为管理基准,为企业优化、企业实践、调整经营战略提供了指导方法,从而缩小自己与领先者的距离。阿尔卡公司的质量副总裁汤姆·卡特先生曾说:通过实施标杆瞄准,我们确实知道组织的经营绩效应当达到而且可以达到什么水平,同时也明确了组织目前的绩效水平与我们应该并且可以达到的最佳经营结果之间,为什么会存在如此之大的差距。从本质上看,标杆管理是一种面向实践,面向过程的以方法为主的管理方式。它与流程重组、企业再造一样,基本思想是系统优化,不断完善和持续改进。第一,标杆管理是站在全行业甚至全球角度寻找标杆,突破了企业的职能分工界限和企业性质与行业局限,它重视实际经验,强调具体的环节和流程,因而更具有特色。第二,标杆管理也是一种直接的、中断式的、渐进的管理方法,其前提是企业的业务流程环节都可以解剖、分解和细化。企业可以寻找整体最佳实践,也可以发掘优秀"片断"进行标杆比较,由于现实中不同的企业各有优劣,因此这种"片断"标杆可以使企业的比较视角更开阔,也容易使企业集百家之长。第三,标杆管理具有渐进性,对标杆管理策略的贯彻落实是一个需要长期努力的渐进过程,需要在员工交流与培训上进行投资。企业可从初级到高级分阶段确立循序渐进的方案。此外,企业通过标杆管理,从与最佳企业的差距中找出自身不足,学习别人的符合市场规律的生产方式和组织模式,可以在寻找差异的过程中培育组织扩展型的思维模式,引导组织的管理水平和技术水平呈螺旋式提升,有时甚至可以激发创新变革,向学习型组织迈进。从知识管理角度看,标杆管理要求企业敏锐地挖掘外部市场和企业自身的知识,尤其是工作流程中的隐性知识,为企业提供了获取应用外界知识的工具和手段,为管理和应用知识找到目标,因此,标杆管理成为推动管理进步和组织进化的阶梯。

1. 标杆管理的实施步骤

面对企业战略容易制定却难以落实的问题,实现企业战略的要务,就是将战略转化成一整套有参照物的、可执行的绩效衡量标准与体系,以此来确定执行标准,引导和激励员工努力的方向。运用标杆管理可以有效地辅助战略实施,建立完整的战略执行体系。标杆管理的规划实施有一整套逻辑严密的实施步骤,大体可分为以下五步。

第一步,确认标杆管理的目标。在实施标杆管理的过程中,要坚持系统优化的思想,不是追求企业某个局部的优化,而是要着眼于企业总体的最优状态。同时,要制定有效的实践准则,以避免实施中的盲目性。

第二步,确定比较目标。比较目标就是能够为本企业提供有价值的信息的其他企业,比较目标的规模不一定同本企业规模相似(在考虑一个企业的做法在另一个企业中是否适用时要考虑这一点),但在所借鉴的某方面,它应是世界一流的领袖企业。

第三步,收集与分析数据,确定标杆。分析最佳实践和寻找标杆是一项比较烦琐的工作,但对于标杆管理成效的影响非常显著。标杆的寻找包括实地调查、数据收集、数据分析、与自身实践比较找出差距、确定标杆指标等,标杆的确定能够帮助企业找到改进的目标。

第四步,系统的学习和改进(这是实施标杆管理的关键)。标杆管理的精髓在于创造一种环境,使组织中的人员能够按组织远景目标工作,并自觉学习和变革,以实现组织的目标。标杆管理往往涉及业务流程的重组,从而会改变一些人的行为方式,使员工在思想上产生阻力。企业要创造适合自己的业务流程和管理制度,赶上甚至赶过标杆对象。

第五步,评价与提高。实施标杆管理不能一蹴而就,应是一个长期渐进的过程。每次完成后都有一项重要的后续工作,这就是重新检查和审视标杆研究的假设、标杆管理的目标和实际效果、分析差距,为下轮改进打下基础。

2. 标杆管理实施中的风险

在大力推行标杆管理的同时,我国的许多企业往往只是一味借鉴西方企业管理的成功经验,但是管理情境的差异性和企业自身知识的不断提高形成了标杆管理实施中的风险。标杆管理在具体实施中可能遇到的风险体现在以下4个方面。

(1)比较目标的选择风险。作为标杆的企业应在某一方面做得尤为出色,并因之持续增长,获得竞争优势。实际上,视野离企业和行业越远,就越有可能取得突破性进展,并让企业的竞争优势获得飞跃式提高。寻找产业外的企业来做比较对象,通常可以得到更新、更实用的信息。

(2)标杆瞄准的风险。系统地界定出优秀的经营管理机制与制度、优秀的运作流程与程序以及卓越的经营管理实践活动,就被称作标杆瞄准。对作为标杆的公司进行标杆管理比较的最佳场所不是在公司的总部,而是在生产服务的第一线。特别是在谈论客户满意度时,就是客户与一线员工直接打交道的地方。通过观察一线员工如何解决日常工作中的问题,以及如何满足顾客需求,就可以获得有效的工作流程、态度和行为的第一手资料。锁定标杆时还有一个不可忽视的问题,即最佳实践往往隐藏在员工头脑、企业制度、组织结构甚至企业文化中,企业要重视这些因素的作用和影响,采取相应的措施挖掘隐性知识,并与自身的实际情况结合起来,只有这样,实施标杆管理才可能取得成功。

(3)标杆瞄准执行成员的选择风险。参与标杆管理比较的团队成员应包括实际操作的人员,即业务流程的最直接参与者,他们最清楚企业的业务是怎样运作的,最清楚业务流程需要改进的地方。参与标杆管理有助于企业在实施管理过程中得到解决方案,但如果没有实际操作人员的参与,以改进流程为目的的任何措施都不会成功。

(4)忽视创新性的风险。现在很多公司,尤其是那些跨国公司,将标杆管理视为获取竞争优势的关键性管理工具。因为现行市场竞争的主题是创新速度,是如何确保自身的创新速度快于竞争对手,标杆管理恰恰紧紧围绕这个主题。在我国,有些企业在学习、运用标杆管理时却常常忽视这一点。公司的情况各不相同,在一种情境下有效的最佳实践知识在其他情境未必有同样的效果。所有这些曲解标杆管理思想实质,只模仿而不自我创新的错误做法,使得一些企业在实施标杆管理的同时,不可避免地陷入企业经营战略日渐趋同的误区。

3. 对标杆管理的反思

(1)企业道德问题。企业道德是任何商业团体或生产组织在合法从事经营活动时应遵守的道德准则。在标杆管理过程中,可能会遇到很多伦理问题,包括开展标杆学习的企业是否有权引入"标杆企业"的概念和方法;如果开展活动的公司收集了有关"基准公司"的宝贵信息,它是否有权将其用于自己的广告和其他活动。

(2)法律问题。标杆管理要求参与者了解这种标杆关系的一些法律问题,包括期望、所有者信息、知识产权、证据、贬低和诽谤交易。对标合作伙伴在合作前应就此达成一致,明确标杆从业人员应重点向标杆企业学习的方面。

(3)执行问题。标杆管理通常很有效,但实施中往往容易出现以下偏差:将注意力集中在数据方面,不了解数据的真正来源,偏离客户和员工,来自员工的抵触情绪,执行不当,意识和观念问题等。因此,企业在实施标杆管理之前,必须做好相关培训工作,使员工达成共识,只有具备学习的能力和技术技巧,才能达到标杆管理预期的效果。

(4)模仿问题。标杆管理不是一味地模仿。对标不是鼓励企业盲目模仿,而是寻求超越标杆企业的最佳时机。可以说,标杆学习是一个模仿与创新并举的循环往复过程,能否有效创新,直接关系到企业能否获得长期的竞争优势。

16.2 战略结果评估工具

对于战略实施结果的评估,需要建立相应的战略评估指标体系。评估指标体系是整个战略实施评估体系的核心,依据战略实施评估指标选取原则,从战略实施结果选取指标,构成完整的体现战略重点导向的战略实施评估指标体系,全方位描述战略实施的情况和战略实施所达到的效果。在选取战略实施评估体系的指标时,采取定量指标和定性指标相结合的方式来对战略管理进行全面评估。定量指标主要集中于财务和市场等方面,以统计数据为基础,把统计数据作为主要评价信息,通过指标计算公式,最终获得数量结果。企业的管理、创新、战略发展和客户感知等方面,一般不能采用量化的指标衡量,需要更多的不能量化的定性指标来进行综合评价,定量指标与定性指标相互结合、相互补充,才可能全方位衡量整个企业的运营与发展。定性指标的评价由评估人根据参与战略实施过程的感受,对战略实施做出主观判断与分析,依照评估标准界定的等级直接为评估对象打分或做出模糊评价。定性指标评价完全是利用评估主体的知识和经验做出判断和评价的,容易受主观因素影响。但评估主体是战略管理中不可缺少的能动因素,因此,了解他们的主观感受是客观评价战略实施成果所不可缺少的。目前,对企业进行战略评估的方法主要有财务评估方法、价值评估方法、平衡评估方法。

16.2.1 财务评估方法

从某种程度上讲，企业是以利润最大化为目标的经济实体，因此，资产保值增值率、净资产收益率等财务指标就反映了企业一定时期的经营业绩。日本中小企业厅开发的综合财务比率图（雷达图）和美国杜邦化学公司开发的杜邦财务体系分析法都是评定企业财务指标业绩的具体应用。这里主要介绍杜邦财务体系分析法。

1. 杜邦财务体系分析法的概念

20世纪初，多元化经营和分权化管理为业绩评价的进一步创新提供了机会。杜邦公司的财务主管唐纳森·布朗建立了杜邦公式，即投资报酬率=资产周转率×销售利润率，并形成了至今仍被广泛应用的杜邦系统图。一直以来，无论是理论界还是实务界，对企业进行业绩评价时大多也都是采用该方法。杜邦财务体系分析法是根据公开的财务报表信息计算有关指标，从而对企业业绩进行评价，该方法被认为是公司业绩评价的传统方法。

这种财务分析方法出于向投资者（股东）解释经营成果和提高经营管理水平的需要，以便据此评价和判断企业的经营绩效、经营风险、财务状况、获利能力和经营成果。该方法从评价企业绩效最具综合性和代表性的指标——权益净利率出发，层层分解至企业最基本生产要素的使用、成本与费用的构成以及企业风险，从而满足经营者通过财务分析进行绩效评价的需要，在经营目标发生变动时，能及时查明原因并加以修正。其具体分析方法如图16-1所示。

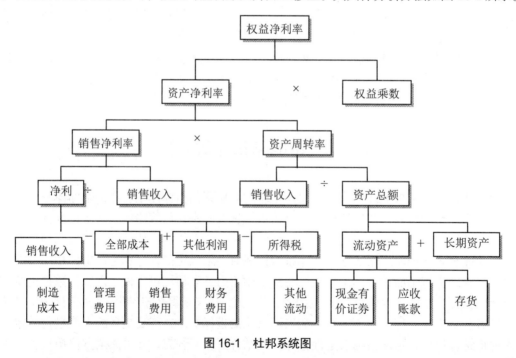

图16-1 杜邦系统图

2. 杜邦财务分析法的特点

杜邦财务体系分析法所使用的评价指标基本上都是财务指标，主要有净收益、投资报酬率、剩余收益和现金流量等。选用财务指标最大的优点在于其可以量化且操作方便。财务指标的数据来源于会计系统，比较方便获得，可信度比较高，能够对企业战略和经营策略的结果进行量化并总括评价，其评价结果具有较强的公信力。由此，可以总结出基于财务指标分析的特点，即评价体系结合了现行会计信息系统，计算简便、操作方便；会计信息系统是对已发生结果的记录和反馈；可以通过评价指标与行业标准值或上市企业进行比较和分析。

但是，这些指标容易受到人为因素影响，弹性很大，可信度也不高。首先，由于许多企业将财务指标与激励机制挂钩，管理者可以通过调整会计政策，控制研发费用、维修费用等来调节会计报表的数字，粉饰包装会计报表中的净利润，这就导致了许多部门经理对财务数据进行操纵或者就部门预算目标与总部讨价还价，最终可能形成追求部门利益而损害整体利益的后果。其次，该方法可能会使经营者过分注重短期财务成果，从而助长其急功近利思想和短期投机行为，使公司不愿进行那些可能会降低当前盈利目标的资本投资，弱化了其追求长期战略目标的动力，以至于可能使企业在短期业绩方面投资过多，而在长期价值创造方面的投资过少；再次，现行会计系统往往难以衡量经营者在研究和开发等方面为企业长远利益所做的贡献，难以适应知识经济时代无形资产在支出和创造价值方面的比重越来越大的要求。最后，财务评价方法过分看重财务业绩的可直接计价因素，从而忽视了如市场占有率、创新、质量和服务、生产力以及雇员的培训这类不可直接计价的非财务因素。财务指标作为滞后的结果指标，无法反映出财务指标和非财务指标之间的因果关系，而这些非财务因素对企业来说又是至关重要的，不可忽视的。

3. 使用杜邦财务体系分析法的注意事项

使用杜邦财务体系分析法时要注意应用范围。它只包括财务方面的信息，是财务分析的重要方法，这是它最大的优点，因此，也就成了它最大的弱点。

首先，杜邦财务体系分析法应用的财务指标反映的是企业过去的经营业绩，衡量工业时代的企业能够满足要求，但在目前的信息时代，顾客、供应商、雇员、技术创新等因素对企业经营业绩的影响越来越大，而杜邦财务体系分析法在这些方面是无能为力的。其次，杜邦财务体系分析法对短期财务结果过分重视，有可能助长公司管理层的短期行为，因而会忽略企业长期的价值创造，要避免这种应用行为。最后，企业的无形知识资产对提高企业长期竞争力至关重要，杜邦财务体系分析法却不能解决无形资产的估值问题，改进后的杜邦分析和传统杜邦分析都做不到。

须注意的是，杜邦财务体系分析法是财务分析手段，不是生产经营分析手段。

16.2.2 价值评估方法

价值评估方法是由美国麦肯锡公司的三位专家于20世纪80年代在《价值评估》一书中提出的。价值评估方法的产生和发展与美国企业的股权结构密不可分，以股东价值最大化为导向而进行的业绩评价指标的改进最终产生了业绩评价的价值评估方法。价值评估方法中较为成熟的是经济增加值（economic value added，EVA）指标。

1. 企业绩效评估的新方法——EVA

EVA也称为经济利润，是指扣除了股东所投入资本成本之后的企业真实利润。在传统的会计环境下，税后利润额通常被作为企业绩效评估的基本指标。现行的会计制度将利润作为收入与成本的差额，而损益表的费用支出项目并未考虑股权资本的成本，其隐含的意思是使用股权资本是免费的。因此，用会计报表中的税后利润作为企业绩效评价的指标，将造成对企业绩效状况的扭曲。事实上，只有当股权资本的成本像所有其他成本一样被扣除后，剩下的才是真正的利润。同以往的财务以及评价工具不同的是，EVA方法考虑了对所有这些资本所应该获得的投资机会报酬的补偿,量化了企业能够提供给投资者的增值收益,消除了对债务资本使用的有偿性和股权资本使用的无偿性的差别对待。这种方法成为高盛、JP 摩根和瑞士信贷第一波士顿等投资银行分析公司价值的基本工具。

作为公司治理和业绩评估标准,EVA 方法是一套财务管理系统、决策机制及激励报酬制度。在 20 世纪 90 年代,EVA 就已经在工业化国家(以美国为主)的很多公司中得到应用,并积累了丰富的运作经验,包括如何调整资产负债表和损益表的相关处理办法、不同行业和企业股权资本成本的计算原则与方法等。在我国,由于互联网和软件技术近年来的较大发展,给企业带来了无限的商机,人们渐渐意识到新的商业环境使传统的会计衡量标准和管理模式日趋落伍,而新的经济管理手段和技能越来越重要,EVA 作为一种新的企业绩效评估工具才逐渐被人们关注。

EVA 是指经过调整的税后经营利润(NOPAT)减去该公司现有资产经济价值的机会成本后的余额。其公式为

$$EVA = NOPAT - NA \times K_w$$

式中,K_w 为企业的加权平均资本成本,它考虑了公司股东和债权人对公司的资本投入情况。NA 为公司资产起初的经济价值,是对公司会计账面价值进行调整的结果;NOPAT 是以报告期的盈利利润为基础经过调整得到的。

EVA 的定义也可以用另一种形式表达,即

$$EVA = TC(ROA - K_w)$$

其中,TC 是总投入资本,ROA 是总资产报酬率,此公式清楚地揭示了 EVA 产生的价值驱动力的源泉。参照公式,我们还可以发现,EVA 系统指出了提高企业经济增加值的 3 种途径。

(1) 提高总资产报酬率(ROA):其主要途径为加速资产的周转,以既定的资产占有尽可能多的报酬;

(2) 降低资本成本(K_w):通过更有效的筹资方案来减少资本成本;

(3) 当 $ROA > K_w$ 时,尽可能多地投入资金,而当 $ROA < K_w$ 时,则尽可能减少资金的占用。

这 3 种做法都有利于公司价值的增长,与企业的目标相一致,由此可见,EVA 衡量管理人员的经营业绩时,会促使管理人员采用有利于公司价值最大化的行动。

2. EVA 业绩评估的作用

EVA 不仅是一种财务衡量指标,而且还是一种管理模式和激励机制。EVA 模式取得成功的关键就在于它将 EVA 的改善与员工业绩挂钩,建立一种独特的奖励制度,激发员工的想象力和创造性,从而培养出优秀的团队精神。

1) EVA 适应了企业评估的新变化

企业利用现有资源创造的财富只有超过资源占用的成本及其机会成本时才会产生财富增值;企业的经营并不只是财务资本的简单应用,它还是组织、管理生产以及使用智力资本和其他无形资产的过程。

在新的经济环境下,由于会计利润大大低估了企业的经营成本,企业经营的全貌是传统会计利润不能够反映的,会计师通常不扣减因使用权益资本而产生的成本,认为留存收益是可以无偿使用的,这样,就无法保障股东的权益能被真正关注并获取合理的回报。另外,会计师所度量的借贷成本通常也低于实际的资金借贷成本,因为考虑到公司使用借贷资金而带

来的财务风险，其资金成本高于会计账上所记的税后利息支出。

新的经济环境使得会计利润和经济增加值之间存在十分重要的区别。比如，运用新技术可以减少企业运作过程中资金的占用，按照原有的会计标准，6 天和 60 天的存货时间对利润的影响是没有差别的，而事实上，缩减存货时间、提高资本的运营效率可以降低资金成本。这正是新经济经营模式为公司经营带来的革新之一。

目前，许多企业将自身与其客户和供应商通过互联网联系起来，从而加快资金周转、减少资金占用、降低资金使用成本，达到增加经济利润的目的。原有的会计利润不能全面反映这些新兴的、高效的经营模式，经济增加值能够非常精确地体现这些经营效率的提高。

会计利润不是唯一被新经济抛弃的衡量标准，利润率标准也同样失去了其原有的重要性。与凯玛特百货相比，沃尔玛公司的销售成本与销售额的比率较高，同时，每元利润率较低。但是，这并不说明沃尔玛的经营效率低下。实际上，低利润率反而意味着良好的客户满意度。沃尔玛的低价促销政策吸引了广大客户，加快了其销售运转速度，从而产生更多的经济增加值。1981 年，沃尔玛的销售额为 16 亿美元，仅为凯玛特百货的十分之一，而如今，沃尔玛几乎是世界上销售额最高的公司。

今天，许多成功企业都是低利润率的企业。低利润率可能代表着良好的客户满意度、一种面向未来的投资，或者代表着加速资金周转、减少资金沉淀的结果。这种变化对许多既有的财务管理技能与方法提出了质疑，而 EVA 在这方面适应了企业评估时的新变化。

2）EVA 凸显了人力资源的重要性

众所周知，新经济条件下，人才的作用越来越重要，并要求企业对人力资源进行有效的会计处理，但人力资源投资并不能在传统的财务报表上得到充分与合理的反映。

与传统会计相比，经济增加值能够如实、准确地记录人力资源投资，包括用于招聘、培训和保留关键员工的开支，至少从内部管理角度来讲是一种资产，这些开支不再是用于充抵现期收入的费用，而被计为资产，在员工能够发挥其预期的生产效率期间予以摊销。举例来说，一个公司需要花费 20 万美元招聘、培训一个软件工程师，这个软件工程师或与工作小组的其他成员一起开发新产品，或建设网站，或编写用于收集和分析用户信息的软件。依据经济增加值原则，20 万美元的开支应被视为一种资本，虽然这个开支是在一个财务阶段实现的，但是这个被购买的"资产"会在未来的很多阶段对销售和收入有所贡献。就此例而言，如果工程技术人员在公司服务 4 年，并假设现期的资金成本为 10%，他需要每年创造至少 63 100 美元才能抵消公司对他的 20 万美元的投资，实现经济增加值的盈亏平衡。

彼得·德鲁克认为，经济增加值是衡量全员劳动生产率的一个重要标准，它反映了管理人员能够创造和提高价值的所有方面。EVA 不仅是一套完整的业绩评价系统，一个全面财务管理的构架，还是员工薪酬的激励机制。在这里，人力资源投资的管理是以雇员创造的经济增加值的最优化为标准。换言之，衡量经济增加值、奖励管理人员为提高经济增加值所做的贡献，是最佳的、能够保证人力资源发挥最大效率的办法。与其他衡量标准不同，经济增加值能够将用于聘用和培训人力资源的资本与这些人力资源创造的价值有效地连接起来。经济增加值的计算结果直接反映了企业目标的实现程度，因而将经济增加值与薪酬挂钩，更有利于企业战略目标的实现。

经济增加值在激励机制方面的做法是：以经济增加值作为评价指标，按照计划目标设定奖金，只对每年 EVA 的增量部分提供奖励，每年度的 EVA 改进目标一般 5 年左右确定一次，

而不是一年确定一次。EVA 奖金计算公式为

$$奖金=目标奖金+Y\%(\Delta EVA-EI)$$

式中，ΔEVA 为 EVA 增量，EI 为预期 EVA 增量，$\Delta EVA-EI$ 为超额 EVA 增量，$Y\%$ 为对超额 EVA 增量奖励的百分比。

实践证明，将 EVA 融入企业战略管理，是发挥 EVA 激励机制有效性的关键。在薪酬方案中，EVA 奖金计划必须达到风险、成本及激励之间的均衡。由于 EVA 奖金计划采用相对固定的奖金计算公式，这可以使管理者的目标与股东的目标保持一致，也就是说，随着股东价值的增加，管理者的奖金也会随之增加。EVA 奖金计划建立了以业绩为基础的激励机制，管理者有动力去关心企业业绩和股东价值。通过分析，把支付给管理者的薪酬控制在竞争性薪酬的范围之内，从而使股东成本控制在合理的范围之内。

3）EVA 适应了国际经济一体化趋势的需要

首先，EVA 有利于对国有企业的绩效进行监测和评估。世界上最好的国有企业都专注于资本的有效利用，国有企业股东更应专注于资本回报的最大化，而对资本利用效率进行测量的最好的工具就是经济增加值。当前，我国正在进行新一轮的国有资产管理体制改革，推行 EVA 财务管理系统，改进大型国有企业会计实务，将有利于国有资产管理机构对国有企业的绩效进行全面监测和准确评估。

其次，有利于规范上市公司的经营行为，推动我国股市走向成熟。目前我国股市还不规范，一些违规事件时有发生。EVA 指标代替会计利润指标，使经营者和股东的利益根本一致，使经营权和所有权二者关系进一步合理协调，使经营者和委托者保持同一立场，保持思维、行动和利益一致，从而减少和杜绝我国股市不正常现象的发生。

另外，有利于加快我国企业管理制度创新和技术进步。EVA 管理模式，不受企业是否上市的影响，适用于股份制和非股份制企业，尤其适用于国有企业。EVA 模式鼓励企业追求更高的经济增加值，只要投资回报率高于资金机会成本，就能给经营者和股东带来经济增加值，而且要想增加薪酬奖励，就必须不断增创 EVA。增创 EVA 的途径又在很大程度上依赖于技术进步，因此，EVA 模式的运用有利于创新和技术进步，这对我国企业具有特殊且重要的意义。

3. 运用 EVA 方法时的注意事项

尽管 EVA 作为绩效评估工具有很多优点，但就我国目前的情况来看，其运用也有一定的局限性。我国经济尚处于转轨过程中，市场发育程度相对较低，法制尚不健全，制约着 EVA 作用的发挥。EVA 作为战略评估方法在实际使用过程中仍存在很多需要注意的问题，具体包括以下 3 个。

（1）传统的会计利润指标具有很高的信息价值，EVA 指标不能完全取代会计利润指标。

（2）即便是应用 EVA，经理人员仍然可以通过推迟费用确认等手段包装经营业绩，它并不能完全避免人为因素对指标的影响。

（3）在实践中，由于权益资本难以确定，因而也可能会影响经济增加值的应用。

但是尽管如此，这些并不影响将 EVA 作为有效的企业战略执行评估工具在我国的推广和应用，随着我国市场经济制度的逐步成熟，经过学术界和企业界的积极研究探讨和摸索实践，EVA 这种新的评估工具必将不断地走向完善和成熟。

16.2.3 平衡评估方法

通过调整的方式，价值模式弥补了财务指标的不足。对财务指标的不足进行弥补的另一

种模式,也就是在财务指标的基础上补充非财务指标,这样就构成了一个多指标的业绩评价指标体系。美国通用电气公司选用的非财务指标包括生产率、市场地位、产品领先情况、个人发展、员工的态度、社会责任。飞利浦公司选用的非财务指标有出勤率、质量指数、可靠性、生产率、生产速度、销售实现率、销售增长率、存货保证率、消费者服务水平和纪律准确性。非财务指标的产生和发展为平衡模式的产生与发展奠定了基础。平衡评估方法中,平衡计分卡最具代表性。国际上普遍采用平衡计分卡的方法把战略实施转变成可操作和可衡量的评估框架,从"财务、客户、创新、管理"四个方面入手选取合适的评估指标,用以反映财务、非财务衡量方法之间的平衡,长期目标与短期目标之间的平衡,外部和内部的平衡,结果和过程的平衡,管理业绩和经营业绩的平衡等多个方面,从而反映整个公司的综合经营状况,使业绩评估趋于平衡和完善,有利于公司的长期发展。

1. 平衡计分卡

1) 平衡计分卡的概念

传统的企业业绩评估是以财务指标为核心,即以会计报表所提供的数据为基础,计算出有关的财务指标,对企业的经营绩效进行评估。这种评估模式只能发现问题而无法提供解决问题的思路,只能做出考评而难以改善企业的状况。在现代市场竞争环境下,各种不确定因素对企业前景有着众多的影响,仅仅对一些财务指标进行审计,难以评价企业经营管理工作的经济性、效率性以及效果性,难以满足企业经营管理的需要。传统的企业绩效评估重静态财务业绩考评、轻动态业绩考评,重财务指标、轻非财务指标,重短期业绩、轻长期业绩,重过去的财务成果、轻未来的价值创造,重局部业绩评价、轻整体效益评价,重所有者利益评价、轻顾客导向评价。面对企业日益复杂的内外环境,单纯的财务指标已经难以全面审计企业的经营业绩。这不仅不能适应未来经济发展的要求,而且将成为企业发展的严重障碍。因此,为了适应世界经济一体化的新格局,对企业经营业绩的审计必须突破单一的财务指标,采用财务指标与非财务指标相结合的多元化指标体系。

平衡计分卡是由罗伯特·卡普兰(哈佛商学院的领导力开发课程教授)和大卫·诺顿(复兴全球战略集团创始人兼总裁)对在绩效测评方面处于领先地位的12家公司进行为期一年的研究后发明的一种绩效管理模式,后来在实践中扩展为一种战略管理工具。目前,平衡计分卡是世界上流行的管理工具之一,《资产》杂志公布的世界排名前1000位的公司中,有70%的公司使用平衡计分卡系统。

平衡计分卡是一个把组织战略目标转换成一套平衡的、相互关联的财务与非财务指标相结合的指标体系,以促进组织战略实现的管理工具。从本质上说,平衡计分卡是一套提供企业战略信息的框架,它强调平衡的理念包括内、外部环境的平衡,业绩驱动因素与结果的平衡,财务指标与非财务指标的平衡,短期指标与长期指标的平衡等。它把战略置于中心地位,将企业战略目标在财务、顾客、内部流程和学习与创新四个方面依序展开,使之成为具有因果关系的局部目标,并进一步发展对应的评估指标,它在组织上下对战略进行交流和学习,与各部门和个人的目标联系起来,使战略运作达成一致。它将组织力量集中在战略目标上形成多种改革方案,通过定期的、不间断的反馈和学习,鼓励员工就如何实施蓝图和战略提出建议,这种反馈和建议可使雇员为企业的未来出谋划策、参与制定并执行战略、修改和发展战略。平衡计分卡的基本框架,如图16-2所示。

从这个框架可以看出,平衡计分卡把大量的指标归纳为四个层面,分别是财务层面、客户层面、内部业务层面、学习与成长层面。每个层面下,又设置多个指标,选择适合的指标来反映企业在各层面的状况,如表 16-1 所示。

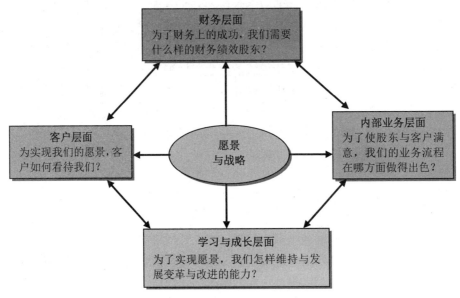

图 16-2 平衡计分卡框架图

表 16-1 平衡计分卡四个层面的衡量指标

绩效变量	衡 量 指 标
财务层面	经营利润率、销售增长率、销售率、资本收益率、利润额、现金流量、资产利用率
客户层面	客户满意度、客户获取率、潜在新客户需求、目标市场占有率、客户保留率、客户利润贡献率
内部业务层面	生产周期、成本和劳动生产率、流程错误率、新产品开发速度、产量、出勤率、合格率
学习与成长层面	员工满意度、新产品导入、员工的流动比率、新产品订货量、员工的培训时间、新产品订货率

平衡计分卡的构成维度之所以被称为"平衡",是因为它能够帮助管理层对所有具有战略重要性的领域做全方位的思考,具体体现在其保持了财务与非财务指标之间的平衡;长期目标与短期目标之间的平衡;成果与成果的驱动因素之间的平衡;内部衡量与外部衡量之间的平衡;管理业绩与经营业绩之间的平衡等。平衡计分卡能够保障公司业绩管理体系的稳健性和平衡性,因为它在保留主要财务指标的同时,引入了未来财务绩效的动因,从四个不同的视角,提供了一种考察价值创造的战略方法。

2)平衡记分卡对企业战略的支撑

过去十年来,平衡计分卡作为企业的战略管理工具,被运用于企业的战略实施中,并取得了巨大成功。平衡计分卡具有 4 个新的管理程序,它们可以单独或共同把企业长期战略目标与其行为联系起来发挥作用。

(1)说明远景。说明远景就是将企业的远景转化为一套被所有高级管理者认可的业绩评价指标的过程。这个过程一般包括如下环节:根据远景确定企业的使命;通过内部条件和外部环境分析、确定企业的战略目标;明确实现战略目标的关键成功因素;设计出计量这些关键成功因素的关键业绩指标;形成业绩评价指标体系。

(2)沟通和联系。沟通和联系是指管理者将战略目标上下沟通,使各个部门及个人都能理解企业的战略目标,并且使部门及个人目标与之保持一致。在这个过程中,在激励机制与业绩评价指标体系之间建立联系。传统上，激励机制都是与短期财务目标和指标相联系，容易造成各部门过度关注本部门目标而忽视企业战略目标的情况。因为非财务指标能够反映出那些关系到企业长远发展的关键成功因素，易于被各部门及个人所理解，因而弥补了财务指标的不足，使沟通和联系过程更为容易。

（3）业务规划。业务规划使企业能实现业务计划与财务计划的一体化。每个部门都有各自的关键业绩指标和改革措施，通过平衡计分卡，管理者将所有关键业绩指标放在一起考虑，从而使增强企业核心竞争力的不同改革措施同时出现在一份管理报告中。针对各种关键业绩指标，管理者制定业绩评价标准，并以此作为确定资源分配优先顺序的依据。因为战略管理的核心是竞争战略，因此，业绩评价标准为竞争标准。评价标准的建立，有助于企业采取可以推动长期战略目标实现的改革措施，并注意各种改革措施之间的协调。

（4）反馈与学习。反馈与学习赋予企业一项战略性的学习能力。现有的反馈和考察都注重公司及其各部门、员工是否达到了预算的财务目标。当管理体系以平衡计分卡为核心时，企业就能从非财务角度来控制业务过程、监督短期结果，并根据业绩评价的结果为管理者提供决策信息，评价战略目标的实现情况。因此，平衡计分卡能使公司及时修改战略，以随时反映学习心得。

3）平衡计分卡战略绩效评估方法的特点

平衡计分卡的企业战略绩效评估模式是测评战略的一个新框架，它在保留传统的企业绩效评估方法的同时，引进了未来绩效的驱动因素，具有以下4个意义和作用。

（1）同财务指标挂钩。在新的环境下，传统的绩效评估有着种种局限，但即使在当今以技术与顾客推动的全球竞争中，仅通过解决顾客满意程度、产品质量、缩短生命周期以及提高员工技能等手段，企业经营问题也未必能迎刃而解，相反，如果为改善经营而使固定成本提高，生产能力浪费，财务业绩也不能得到提升。因此，企业战略绩效评估仍注重财务成果，它以财务目标作为制定企业绩效评估的起点，而且使企业战略绩效评估的所有考评方法最终都通向财务目标。

（2）以因果关系为纽带。企业战略绩效评估模式包括财务与非财务的考评方法，但强调将已制定的财务与非财务方法融入企业所有层次员工的信息系统中，它来源于经营单位的战略是一个自上而下因果关系的驱动过程。首先，从企业战略绩效评估模式的制定过程来看，企业为将本单位的战略变为具体的经营目标，必须明确企业财务目标的重点是收入与市场的扩张或盈利能力的提高，还是现金流量的增加？为了达到财务目标，在顾客方面是否需要对顾客群体重新定位？顾客是否有新的要求？是否应制定新的顾客满意标准？继而，要确认企业内部经营过程的目标与考评方法。从考评与分析企业绩效的角度看，企业战略绩效评估模式的四个方面都可以细分为若干具体目标，每个目标又有相应的考评指标。以各指标对企业进行考评，可以从其因果关系中分析导致企业业绩好坏的原因。因此，通过信息反馈与因果关系分析，可理顺局部改善工作与企业成功因素之间的关系，使各部门能及时调整局部目标来支持经营单位的整体战略，保证战略目标的顺利实施。

（3）弥补了企业发展与制定战略、实施战略之间的差距。传统的企业绩效评估由成本和财务模式所驱动，造成战略的制定与实施之间脱钩。而企业战略绩效评估模式则从制定时就注意各部门之间的协调和沟通，将财务目标与各部门具体工作联系起来，由因果关系形成环环相扣的战略系统，是企业战略执行的基石。以前许多公司用形形色色的具体的业务指标来评价活动，但这些局部性的评价指标是由下而上产生的并来自特定程序，而平衡计分卡评价指标来源于组织的战略目标和竞争需要，使得战略目标明确、战略环节突出，有利于企业传达、执行战略目标。这样，平衡计分卡就解决了传统管理体系的一个严重缺陷：不能把公司的长期战略和短期行动联系起来。另一方面，由于其因果关系，也使得对某项未能达成的目标进行层层分析，溯本求源进行及时调整，保证战略实施。平衡计分卡帮助公司及时评价战略执行的情况，根据需要适时调整战略、目标和评价指标。而传统的业绩评价一年只做一两次，这与企业的战略执行是脱节的。总之，企业战略绩效评估模式的目标与企业的基本目标具有一致性，减少了各部门间因牵制而造成的人力资源和物力资源的不合理配置，弥补了企业发展与制定战略、实施战略之间的差距。

（4）超越了传统财务指标考评的视角。从传统的角度看，企业一直依靠财务计量指标来考评企业经营业绩，因为这些财务计量指标容易量化，并且容易改进会计利润。近年来，越来越多的企业采用非财务计量指标来计量企业经营业绩。一方面，由于企业经营活动及其环境的复杂化，单纯的财务指标难以衡量企业经营业绩；另一方面，非财务计量指标直接地将企业员工的注意力引导到他们自己能够控制的那些事物上来。因此，企业战略绩效评估模式是财务指标与非财务指标计量的集合，是一种超越传统绩效评估模式的现代内部审计的新视角。

然而，平衡计分卡不是一块适合于所有企业或整个行业的模板。不同的市场地位、产品战略和竞争环境，要求有不同的平衡计分卡。各单位应当设计出各有特点的平衡计分卡，以便与自己的使命、战略、技术和文化相符。

4）实施平衡计分卡应注意的问题

（1）不要照搬其他企业的模式和经验。实践证明，只有将平衡计分卡的原则与企业的具体情况相结合，才能发挥平衡计分卡的有效性，而不能简单地模仿其他企业已经开发的平衡计分卡。企业应根据不同的背景和战略任务，制定不同的目标及其衡量指标。总之，每个企业都应该开发出具有自身特色的平衡计分卡，如果盲目模仿或抄袭其他公司，不仅不能充分发挥平衡计分卡的优势，反而会影响对公司绩效的正确评价。

（2）提高企业管理中的信息质量。与发达国家企业相比，我国企业信息的精细度和质量要求相对较低，这将极大地影响平衡计分卡应用的效果。比如，设计实施的考核指标过于粗糙或不真实准确，不能有效衡量企业的经营业绩。此外，无法证明正确使用平衡计分卡的合理性也会阻碍公司应用它。

（3）妥善处理实施成本与收益的关系。平衡计分卡的四个维度是相互关联的，要改善财务指标，首先需要改进其他三个方面，而改善需要投资，因此，平衡计分卡的实施首先表现为成本而不是收益。在实施平衡评分卡时，一定要顾全大局，着眼长远，确信加大对改善非财务指标的投入一定会从财务指标中得到回报。总之，要正确处理实施成本与收益的关系。

（4）平衡计分卡的实施应与奖励制度相结合。为了充分发挥平衡计分卡的作用，要建立相应的激励约束机制，在关键业务部门和个人层面实行均衡计分，使各级关注点聚焦于各自的工作绩效。这就要求将平衡评分卡的实施结果与奖励制度挂钩，并注意及时的奖惩实施。

2. 动态平衡计分卡

1）动态平衡计分卡——平衡计分卡基础上的进阶

动态平衡计分卡与普通的平衡计分卡相比，差别在于一个"动"字。虽说具有四个维度的平衡计分卡相比以前的只有财务指标的业绩评价体系已经有所突破，但是在当今这个瞬息万变的社会，每一分、每一秒遇到的机遇和挑战都有可能不同，因此，"时间"作为一个不可忽视的指标,一定要被重视起来。动态平衡计分卡就是在"时间"的前提下进一步细化了普通的平衡计分卡,具体表现在以下4个方面。

(1)可以从整体和系统的观点分析企业的管理。动态平衡计分卡将企业绩效评价上升到战略管理的层面,从而加强了绩效评价的引导作用。以企业的战略目标为出发点,以业绩评价为切入点,通过对公司进行绩效评估,将公司的战略目标变为可实施的具体目标,以达到公司的战略目的,从而为公司的经营战略提供有效的支持。

(2)能够改善企业绩效。动态平衡计分卡既能作为企业业绩评价的手段,又能通过仿真来判断企业的利润变动趋势,从而对公司的总体业绩做出评估。海尔布局全球市场,拥有一整套从研发、销售到售后的经营过程。与此同时,由于家用电器行业的激烈竞争,这就需要企业从各方面提升绩效水平。因此,动态平衡计分卡作为一种企业绩效评价方法,能够分析企业在不同的阶段产生不同绩效结果的原因,为企业管理者今后的决策及管理目标提供支持。

(3)绩效评价及时。传统的绩效评价方法是以绩效评价结果为基础的,存在一定的滞后效应,而动态平衡计分卡模型既可以评价目前的绩效完成水平,又可以实时地评价、反馈和控制公司的绩效发展趋势,使绩效评价拥有及时性。

(4)契合企业实施战略绩效评价的需求。企业的绩效评价体系可能存在着内容片面、因果关系不明确、评价结果滞后等缺陷,这些都会影响到公司的战略目标和管理能力。而动态平衡计分卡的优点恰好可以动态且均衡地反映出各评价指标之间的因果关系。这样可以使决策者能够及时地运用反馈信息,对复杂的问题进行分析,从而做出正确的决策。因此,动态平衡计分卡的实施能够使企业的绩效评价更加高效和正确。

2)动态平衡计分卡绩效评价的实施步骤

基于上述研究,将平衡计分卡与系统动力学相结合,既能达到指标的一致性,又能对平衡记分卡进行改进。平衡计分卡立足于公司的远景和策略,通过四个层次来建立相应的绩效评价指标,同时将战略分解为多个可操作的小目标,以达到公司的战略目标。动态平衡计分卡不仅能够更好地执行绩效评估、反馈式学习,进而改善或修改企业的策略和计划,还能对绩效指标和指标之间的差异进行分析,从而确保了公司的目标得以实现。建立动态平衡计分卡的基本架构可以根据下列步骤进行。

(1)明晰企业愿景,确定企业战略。平衡计分卡的执行要求企业的战略决策是清晰的,因此可以利用鱼骨图等系统的分析技术来确定企业的存在目的。

(2)对各个职能部门的业绩、人员配置等进行详尽的理解和科学的分析,对整个企业的经营过程进行全面的把握,即对企业的内部状况进行分析,找到自己的长处和短处,尤其是找到公司形式独特能力的根本原因,从而对平衡计分卡的内部过程维度进行分析奠定基础。

(3)公司的外部环境分析。它包括总体外部分析和行业分析,以此来厘清宏观经济政策和产业环境中的风险和机遇,这是平衡计分卡顾客层面研究的主要方法,也是平衡计分卡的内外均衡思想的体现。

(4)通过对战略目标的分解,明确具体目标的实施和计划,建立相关的测量和标尺。在此阶段分解战略目标并将其与相应的行为相关联,建立综合度量和可量化指标。

(5)战略地图构建。初步设计平衡计分卡,分别从平衡计分卡的四个维度的角度出发,进行因果关系的分析。

(6)反馈环分析。反馈环分析是为了找出导致系统动态变化的变量,对系统反馈环的分析是建模调试的基础,利用反馈环分析的方法确定出平衡计分卡的模型。

（7）流图建立与系统方程的确认。将战略地图转换为系统流图，确立相应的因果关系，然后建立系统方程。

（8）模型的有效性检验。采用问卷调查和查询数据的方式，确定模型中使用的变量初值并验证模型的正确性。若检测合格，则继续进行下一步骤，反之，则返回模型应用与目标实现步骤。对已经通过有效性检验的模型进行应用，采用灰色关联度分析实际值与目标值的差异，分析企业差异存在的原因，并提出对策。

3．战略地图

1）战略地图的概念

战略地图（strategy map）是由罗伯特·卡普兰和戴维·诺顿提出的。在对实行平衡计分卡的企业进行长期的指导和研究的过程中，两位大师发现，企业由于无法全面地描述战略，管理者之间及管理者与员工之间无法沟通，对战略无法达成共识。平衡计分卡只建立了一个战略框架，而缺乏对战略进行具体而系统、全面的描述。

战略地图是在平衡计分卡的基础上发展起来的，与平衡计分卡相比，它增加了两个层次的东西，一是颗粒层，每一个层面下都可以分解为很多要素；二是增加了动态的层面，也就是说战略地图是动态的，可以结合战略规划过程来绘制。战略地图是以平衡计分卡的四个层面（财务层面、客户层面、内部业务层面、学习与成长层面）目标为核心，通过分析这四个层面目标的相互关系而绘制成企业战略因果关系图，如图16-3所示。

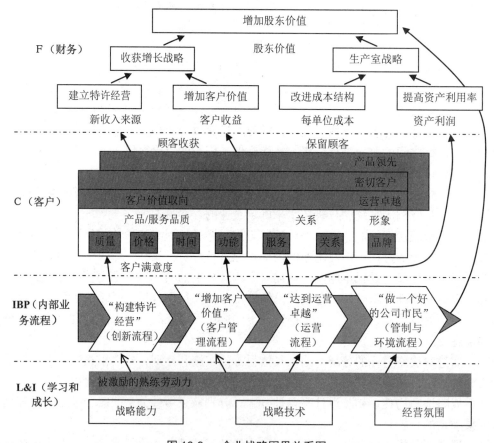

图 16-3　企业战略因果关系图

资料来源：罗伯特·S. 开普兰. 战略中心型组织[M]. 北京：人民邮电出版社，2008.

企业战略因果关系图形象地表现了驱动企业绩效的关键目标,以及关键目标之间的重要关系。企业战略因果关系图包括目标、目标市场、价值定位、重要的内部流程、主要能力以及其他重要的因素。该图画出了企业战略与如何实施战略的重要因素之间的假定关系;表明了财务目标和非财务目标之间的假定因果关系;同时,也揭示了结果指标(滞后指标)和绩效驱动指标(领先指标)之间的因果联系。常见的战略评估指标包括以下4个。

(1)财务。企业各方面的改善是实现目标的手段,而不是目标本身。企业所有的改善措施,都应当通向财务目标。因此,企业战略绩效评估模式将财务目标作为其他目标考评的焦点,即考评的最终结果要回归于"提高财务绩效"。财务绩效的指标能反映出企业的财务业绩对净利润的提高是否具有帮助,典型的财务目标是和获利能力联系在一起的。获利能力的指标包括营业收入、资本报酬率、经济附加值、销售增长率以及现金流量等。在不同的经营战略阶段,企业财务考评的侧重点有所不同。处于成长阶段的企业,其财务目标侧重于销售收入增长率、目标市场、顾客群体和销售额增长等;处于维持获利阶段的企业,其财务目标与获利能力相关联,如营业收入、资本报酬率和经济附加值;处于收获阶段的企业,其财务目标更注重现金流量的最大化。经营单位的战略一般包含三个财务目标,即收入的增长、降低成本与资产的利用。可见,财务目标与企业战略是紧密结合在一起的,同样,财务考评也应与企业经营战略相结合。

(2)客户。企业要想获取出色的财务业绩,就必须研发出受顾客青睐的产品或服务,企业战略绩效评估模式为解决客户方面的问题,选择了两套考评方法:一套是企业在客户方面所期望达到的绩效而采用的考评指标,也称为核心考评组指标,主要包括市场份额、客户保持率、客户获得率、客户满意程度、客户获利能力等,这些指标构成一个因果关系链;另一套考评方法则是针对第一套考评方法中的各项指标,分析达到各项指标应采取的措施及影响因素,然后给予测评。对于各分项指标,又制定细分评估手段,如产品和服务属性、客户关系、形象和声誉等,逐层细分,制定出评分表,每月除统计客户满意程度等各部分得分外,还可以了解各部门的业绩表现,总的累计得分又可反映企业在哪些方面未能满足客户要求及其原因等。

(3)内部业务流程。企业战略绩效评估模式的第三个方面是为企业内部业务流程制定目标和评估手段,这是企业战略绩效评估与传统的企业绩效评估最显著的区别之一。传统绩效评估集中于控制和改善现存职能中心和部门的作用,有些企业即使增加产品质量回报率、生产能力、生产周期等考评指标,也大都停留于改善单个部门的业绩上,仅靠改善这些指标,只能有助于企业生存,而不能形成企业独特的可持续发展的竞争优势;企业战略绩效评估模式从满足投资者与客户需求的经营战略出发,制定了井然有序、自上而下的经营目标评估手段。企业应从内部价值链出发,针对创新循环、经营循环和售后服务循环的不同阶段设置不同的评估指标。

对于企业创造价值而言,创新循环是一个漫长的过程。在这个过程中,企业以客户为导向,探寻客户显露出来的潜在需要,发现和培育新市场、新客户,因此创新循环表现出价值创造的"长波"过程:在企业设计和开发新产品和服务以满足新市场、新客户的需要以及满足客户最新的需要时,继续价值创造和增长的"长波"过程。这一过程的主要考评指标是:新产品在销售额中所占的比重,专利产品在销售额中所占的比重,在竞争对手之前推出新产品的能力,开发下一代新产品的时间等;相反,经营循环的过程表现为价值创造的"短波"过程:在这个过程中,企业交付现有的产品和服务给现有的客户,其业绩考评指标有时间、质量和成本等。售后服务是内部价值链中第三个也是最后一个阶段，这一阶段主要包括保证书、修理退货和换货、支付手段的管理。因此，灵敏的、友好的、可信赖的保证和服务工作是这一阶段的重要特征，而服务反映周期、人力成本、物资成本、售后服务的一次成功率是这一阶段的主要业绩考评指标。

（4）学习与成长。企业战略绩效评估模式的第四个方面是学习和成长过程。企业的学习和成长来自三个主要的资源：人员、信息系统和企业程序。在企业战略绩效评估模式中，财务目标、客户目标和内部经营过程目标通常显示出现有的信息系统和程序的生产能力与实现突破性业绩目标所要求的生产能力之间的巨大差距。为了弥补这个差距，企业必须培训员工，提高信息技术和信息系统以及企业程序和日常工作的效率，这个目标在企业战略绩效评估模式的学习和成长方面是相互关联的，其采用的考评指标主要包括员工满意程度、员工留存率、员工培训与提升、员工素质、企业内部信息沟通能力等。企业员工只有不断学习与成长才能不断创新。应该说，企业能否实现财务、客户和内部经营过程等方面的目标，将取决于企业的学习与成长过程。

财务、客户、企业内部业务流程、学习与成长四个层面紧密联系，共同确立了企业战略绩效评估模式的基本框架。其中，学习和成长层面确立了企业长期进步的基础结构，客户方面和内部经营过程方面确立了现在和未来成功的关键因素。但企业战略绩效评估模式又不是上述四个层面的简单组合，也不是一些财务指标与非财务指标的简单拼凑，它与企业战略和整套考评手段相联系，从经营单位角度为整个企业的未来绘制蓝图，制定企业的全盘发展战略，以促进各单位之间的相互了解，使员工看到自己是如何为企业的成功做贡献的。因此，企业战略绩效评估模式具有可行性，为企业提高业绩提供可持续的推动力量。

企业战略绩效评估的每一项指标都是一系列因果关系中的一环，这些指标把相关部门的目标同组织的战略联系在一起，而且指标之间形成一定的"驱动关系"。一是各指标必须代表业绩结果与业绩驱动因素的双重含义；二是各指标必须通过财务与非财务评估手段之间的相互补充达到"平衡"。这种互动关系不仅使绩效评估的地位上升到组织的战略层面，使之成为组织战略的实施工具，同时也是在定量评价与定性评价之间、客观评价与主观评价之间、指标的前馈指导与后馈控制之间、组织的短期增长与长期发展之间、组织的各个利益相关者的期望之间寻求"平衡"的基础上，完成绩效评估与战略的实施过程。该模式简单、清晰，能够快速、全面地考评企业的经营绩效。

2）战略地图的绘制方法

第一步，确定股东价值差距（财务层面），比如说股东期望五年之后的销售收入能够达到五亿元，但是公司只达到一亿元，距离股东的价值预期还差四亿元，这个预期差就是企业的总体目标。

第二步，调整客户价值主张（客户层面），要弥补股东的价值差距，要实现四亿元销售额的增长，须对现有的客户进行分析，调整客户价值主张。客户价值主张主要包括价格、质量、时间、功能、伙伴关系、品牌。

第三步，确定价值提升时间表。针对五年实现四亿元股东价值差距的目标，要确定时间表，第一年提升多少，第二年、第三年提升多少，将提升的时间表确定下来。

第四步，确定战略主题（内部流程层面），要找关键的流程，确定企业短期、中期、长期做什么事。这里有四个关键内部流程：运营管理流程、客户管理流程、创新流程、社会流程。

第五步，提升战略准备度（学习和成长层面），分析企业现有无形资产的战略准备度，具备或者不具备支撑关键流程的能力，如果不具备，找出办法来予以提升，企业无形资产分为三类，人力资本、信息资本、组织资本。

第六步，形成行动方案。根据前面确定的战略地图以及相对应的不同目标、指标和目标值，再制定一系列的行动方案，配备资源，形成预算。

16.2.4 战略结果评估方法比较

无论选择哪一种战略评价工具，其首要任务都是为了实现企业目标。下面主要从评价模式构成要素角度和企业管理系统角度进行比较，如表16-2所示。

表16-2 战略结果评估方法比较

比较纬度	财务评估方法	价值评估方法	平衡评估方法
理论基础	会计基础	市场基础	利益相关者基础
评价指标	传统财务指标，ROI、ROE等	修正的财务指标，EVA、REVA	多维业绩指标，财务指标与非财务指标结合
评价方法	通过单个或多个财务指标评价企业单个或综合运营能力	经济增加值是一种广义上的财务指标，只不过是对严格意义上的财务指标进行了适当的调整	引入了非财务指标结合财务指标共同进行战略评估，但无法回避指标的权重确定问题，没有给出确切的计分方法
评价标准	预算标准、行业标准、历史标准	长期计划标准	竞争标准
目标导向	企业目标是利润的最大化	股东财富最大化还是企业价值最大化	企业价值最大化为目标导向
数据获得	直接使用会计报表中所提供的数据计算评价指标	在会计数据的基础上进行调整得出评价指标	除了使用财务指标，还要使用非财务指标，这对信息系统提出更多的需求
激励机制	财务指标设计激励机制将导致企业行为短期化，造成局部利益最优而忽视企业整体利益最优	以长期计划作为评价标准，也就是当企业未来发展证明了员工行动与企业长期目标一致时，才兑现激励	在激励设计中，既强调非财务指标对短期行为的纠正，又强调评价标准对于资源分配、企业目标实现的作用
应用领域	一般企业	尤其适用于上市公司	一般企业

本章小结

1. 全面预算管理是一个由预算规划、编制、执行、控制、考核所组成的管理过程，是一个将业务流、信息流、人力资源流与资金流整合于一体并进行优化配置的管理系统。标杆管理是指不断寻找和研究同行一流公司的最佳实践，并以此为基准与本企业进行比较、分析、判断，从而使本企业得到不断改进，并赶超一流公司，创造优秀业绩的良性循环过程。

2. 战略结果评估又称战略绩效评估，是在战略执行期末，利用财务指标、非财务指标对战略目标的完成情况进行全面衡量和分析预测，是一种综合评估，属于事后控制。企业战略结果评估工具主要包括三种模式：财务评估模式、价值评估模式、平衡评估模式。

关键概念

战略过程评估（strategic feedback appraisal）
战略结果评估（strategic outcome appraisal）
全面预算管理（total budget management）
标杆管理（benchmarking）
杜邦分析法（DuPont analysis）
经济增加值（economic value add）
平衡计分卡（balanced score card）
动态平衡计分卡（dynamic balanced scorecard）
战略地图（strategic map）

思考题

1. 简述战略管理评估工具的类别及含义。
2. 简述标杆管理的实施步骤包括哪些。
3. 简述杜邦分析法的分析模型及其优、缺点。
4. 简述经济增加值的评价指标及其对战略管理的意义和对传统管理模式的挑战。
5. 简述平衡计分卡方法的衡量指标及对战略管理的意义。
6. 阐述不同模式战略结果评估工具的区别及联系。

案例讨论

浙江万里扬启用 EVA M[①]指标[②]

浙江万里扬股份有限公司召开企业决策战略研讨会，针对如今汽车市场的环境竞争力开始产生压迫性影响给出合理性建议。会议上高管们各抒己见，经过一番激烈的讨论，最终管理层将目光锁定在了 2009 年由 Bennett Stewart 提出的经济增加值动量理念。这一在经济增加值基础上再次进行优化的新指标，不仅能够关注到企业价值总量的静态数据，还将企业价值创造效率纳入考核范围，可以衡量企业在可预见未来期间内的价值创造潜力，给多元素环境下的企业绩效评判提供了新的方向。黄河清思考着这一讨论得出的结果，开始在脑海中描绘起企业发展潜力多维度分析及提升的蓝图……

1. 表实不符，评估漏洞引争议

浙江万里扬作为国内汽车变速器行业的龙头企业，业绩水平一直备受行业关注。在高层决策分析会上，财务总监胡春荣用激光笔在屏幕上画着，红点的三次相同波动说明三者呈现同增减情况，企业的价值创造处在一个非常可观且科学的状态，在保证企业盈利水平的同时，

---

① 经济增加值增量（EVA Momentum）。
② 案例来源：高智林，赵颖．浙江万里扬企业绩效管理新视野：价值创造效率的平衡[DB/OL]．中国管理案例共享中心（http://www.cmcc-dlut.cn/Cases/Detail/5892），2020．

企业的价值创造能力也在逐步攀升。但随即胡春荣的眉头一皱，指出虽然经济增加值动量基本维持不变甚至略有增长，净利润保持上升趋势，然而与之相违背的是，经济增加值有较大幅度的下降。会议室里的气氛产生了微妙的变化，为什么以经济增加值和经济增加值动量对企业的价值评估会出现两种相反的结论呢？黄河清看着经济增加值的数据结果，指出经济增加值虽然是评估企业价值的重要标准，是企业股东财富增量的绝对值数据，但在实际操作中，经济增加值未能反映出企业价值创造效率的高低变化，缺乏可以判断企业增益潜能的相对数动态指标，此外还会受到企业资本规模、成长阶段以及市场行情等影响。因而即便经济增加值在一定程度上对企业全部的资本成本进行了效益判断，但在企业未来的发展上还缺少相对客观的持续性预测。

针对所发现的问题，本次会议将基于经济增加量和经济增加值动量对企业的价值创造能力进行合理判断，并对浙江万里扬所适应的价值指标给出相关财务政策和运营方案的分析和建议。

2. 唇枪舌剑，浪花丛中定指标

1) 放弃旧指标偏好

对于评价企业价值的指标的选取，目前500强企业普遍采用营业收入及每股收益排名的方式。财务总监胡春荣偏向于将经济增加值作为评价标准，它除了将企业运营的全部资本成本纳入考虑范畴外，还综合考量了必要的会计事项的调整，这充分关注到了企业运营资金的资本成本占有情况。董事吴月华也觉得这项指标存在着可取之处。此时顾勇亭依然提出了疑虑，认为经济增加值再怎么好，也还是基于一个定量指标对企业进行分析，难以避免受到企业发展规模、成长阶段、行业环境等因素的干扰，在分析的过程中极有可能会出现企业的规模越大、净利润越高，则经济增加值越高，或者成熟型企业的经济增加值比萌芽型企业的经济增加值高等情况，这对企业业绩评价的客观和合理性提出了挑战。黄河清点了点头，这也正是他所思考的问题，要是有个不以绝对值计量，而用相对值计量，并且能继承经济增加值优点的指标就好了。此时，胡春荣灵光一现，想起了2009年由Bennett Stewart提出的经济增加值增量五理论，独特的是，它的侧重点在于企业的市场行为能够为价值创造效率提供多少贡献，而不只是重视价值创造的绝对值数量。根据经济增加值增量的中心观点，浙江万里扬如果想要提高价值创造效率，必须保证每单位的经济增加值都要超过股东期望值。这就迫使管理层需要密切关注各期经济增加值的变化，不能盲目追求业务或资本规模的扩大，并且需要将股东预期纳入考虑范围。董事刘杨对此半信半疑，黄河清皱着眉头仔细思考着胡春荣给出的理论，片刻后给予了肯定的答复，认为经济增加值动量是将营业收入作为规模代表，对经济增加值的增加量进行平均，体现的是单位规模经济增加值的增加量，以此消除了因不同规模的企业盈利水平不同而对绩效评判的影响。除此之外，经济增加值增量的评判标准是单位经济增加值变动，可以利用相对量来判断不同企业的发展状态，避免了绝对值比较的误差，甚至能够增加不同行业的可比性。

这样一说，仿佛为遇到瓶颈的万里扬开拓出了一个新的发展规划，如果经济增加值增量的指标可行，则能够较为精准地预测股东的财富创造潜力。只要经济增加值增量为正，股东财富的增量就在加大，由此就可以基于股东的期望值对企业运营做出合理的财务规划，引导企业向一个明确且科学的财务目标迈进，以不断提升企业绩效和实现股东财富最大化。

2) 立足现实拆分经济增加值增量

黄河清建议将经济增加值增量拆分成企业运营效率和市场盈利效率两大指标。运营效率通过计算单位营业收入的经济增加值变化来消除企业规模的影响，而且本期和上一期经济增加值与营业收入比值的差值，就是企业运营效率的变化情况。这样的优化使得经济增加值动量排除了企业成长阶段、规模大小以及行业类别的干扰，只有对企业资本做出合理规划，创造具有经济价值的收益时，企业的运营效率才会提升。而对于市场盈利效率的评价，黄河清执意加入营业收入增长率指标，强调无论是从市场关联度，还是从对市场的敏感度来说，营业收入都是与之关系最紧密的一个指标。因此将营业收入加入企业价值创造的判断过程中，既可以体现企业市场盈利效率的变动，又可以规避管理层因过于追求提高市场占有率而产生的经营风险。而营业收入增长率指标的加入也在一定程度上避免了绝对数业绩指标不能体现未来收益潜力的局限性。

会议进行到此，管理层们纷纷表示这是一个非常符合万里扬战略分析现状的参考指标，董事会决定基于本次会议，于两个月后定位经济增加值增量指标，对万里扬的发展做出分析报告。

3. 浙江万里扬的成长态势渐好

历年汽车变速器业务的营业收入都占总营业收入的 60% 以上，从 2018 年开始，其所占比例稳步攀升，甚至在 2020 年突破了 90%，成为企业收入效益的主要价值。在比例大幅上升的 2019 年和 2020 年里，企业投入资本增长率和营业收入增长率均在提升，企业的投入资本对经济增加值动量产生了正向的提高作用。这两年的营业收入增长率也在持续提升，说明浙江万里扬 2018 年开始的主营业务收入比重大幅上升影响企业运营效率，促进了经济增加值增量指标的提升，企业价值创造效率也相应提高。2018—2019 年，浙江万里扬由衰退型回升至增值型。万里扬坚持自身核心业务的不断深化，加强经营管理，开展降低成本、提高效率的改革工作，并于 2020 年加深企业的增值型进程，在保持单位营业收入能给企业带来价值创造贡献的基础上，大幅提升营业收入水平，使企业进入了良好发展状态。

企业成长类型的转变和经济增加值增量的波动有着紧密的联系。图 16-4 中，横轴影响经济增加值增量中的市场盈利效率，其变化幅度影响着企业运营效率，当有向左的变动趋势时，说明企业运营效率为负，企业的市场占有率及盈利能力都有所下降，经济增加值增量整体会相应降低。因此根据所处的成长阶段变化，万里扬可以及时观测企业价值创造效率的变动，为未来的发展提供很好的监测工具。

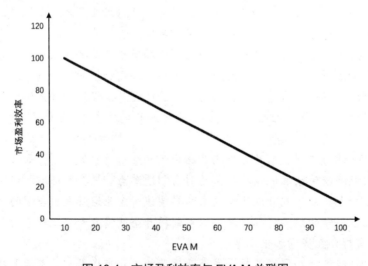

图 16-4　市场盈利效率与 EVA M 关联图

讨论题

1. 经济增加值和经济增加值增量有何联系，浙江万里扬为什么采用经济增加值增量指标？
2. 浙江万里扬是如何进行经济增加值增量分析的？发现了企业经营中的哪些问题？

经典书籍推荐

推荐书目：《华为战略管理法：DSTE实战体系》，该书的作者是谢宁，于2022年由中国人民大学出版社出版。

众所周知，华为公司不仅仅是世界500强企业，更是一家持续成功的伟大企业（虽然华为创始人任正非从来不认为华为已经成功了，只是暂时没有失败）。该书作者更是认为华为是战略管理成功企业的典范，非常值得国内企业深入学习和借鉴，理由包括以下3个。

（1）自1987年创立以来，华为一直保持非常良好的业绩增长势头，可谓中国企业持续成长的典范。

（2）华为的成功是全方位的，是从农村市场的成功到城市市场的成功，从国内市场的成功到海外市场的成功，从新兴市场的成功到发达市场的成功，同时在运营商业务（B2B）、企业业务（B2B）和消费者业务（B2C）这三种差异非常大的业务中取得了巨大的成功。这说明在经过不同竞争环境和业务场景的考验后，所形成的华为管理体系，尤其是战略管理体系具有卓越性和普适性。

（3）同样受到一些国家政府的制裁，有些公司立即进入休克状态，而华为在受到加码制裁政策压迫之后，还能持续实现收入和利润正增长，战略管理水平高下立判。